JN251909

フリードリヒ・シュレーゲルの「生の哲学」の諸相

酒田健一 著

御茶の水書房

フリードリヒ・シュレーゲルの「生の哲学」の諸相

目次

目次

第二部　補論

凡例

一　本論集は、『ヘーゲルの鉄槌』、『ヘーゲルの鉄槌をめぐる応酬』を除き、他はすべて学会誌『ドイツ文学』（日本ドイツ語学・文学会）、『WASEDA-BLÄTTER』（早稲田大学ドイツ語学・文学会）、『早稲田大学文学研究科紀要』、『シェリング年報』（日本シェリング協会）、『モデルネの翳り』（シェリング論集(3)）等に載った諸論考にそれぞれ大幅な、場合によってはほとんど改作に近い加筆、修正を施し、それに応じて改題し、『本論』、『補論』に組分けした上で、『フリードリヒ・シュレーゲルの「生の哲学」の諸相』と題する大枠に収めたものである。『補論』について言えば、これはもともと『註』として書かれたもの、あるいは『註』を念頭に置いて構想されたものが『註』の域を越えて増殖したものと、始めから一論として構想されたものとに分かれる。前者にはゲオルク・ジンメルとの類縁性に関するもの、「エンツィクロペディー」概念に関するもの、ニーチェとの交差に関するものが属し、後者にはヘルダー、フィヒテ、ヘーゲル、シェリングら同時代の思想家たちとの関わりを扱った比較的長文の論考が属している。

二　本文中で引用されているフリードリヒ・シュレーゲルの断章の括弧（）内の記号と数字は、ベーラー全集版（KA）収録の次の四断章集のそれを示している。

LF（Lyceums Fragmente）『リュツェーウム断章集』（KA II）

AF（Athenäums Fragmente）『アテネーウム断章集』（KA II）

FPL（Fragmente zur Poesie und Literatur）『詩文学と文芸のための断章集』（KA XVI, XVII）

PL (Philosophische Lehrjahre)『哲学的修業時代』(KA XVIII, XIX)

三　本文中の引用箇所に付された傍点は、引用文における強意の指示（イタリック等）による。また、太字体の部分はすべて筆者の意向による。

フリードリヒ・シュレーゲルの「生の哲学」の諸相

「イロニーはパラドックスの形式である。善にして同時に偉大なるものはすべてパラドックスである。」（LF 48）

本書はフリードリヒ・シュレーゲルの右の断章に捧げられている。

第一部　本論

序章　回顧と総括、生と生成の論理学・循環のエンツィクロペディー

一

一八二九年一月十一日、日曜日、午後十時過ぎ、宿泊地ドレースデンのホテル『ベルリン市』の一室で、同地のホテル『ポーランド』での連続公開講義『生の哲学』の次回第十講の草稿と取り組んでいたフリードリヒ・シュレーゲルは、仕事半ばで突然ペンを置く。そして就寝後、日付が十二日に変わって間もない午前一時前後、激しい脳卒中の発作に襲われ、動転する姪のアウグステ・フォン・ブットラーの腕の中で悶死する。(1)五十七歳にわずかに二カ月足りない生涯だった。文字通りシュレーゲルの最後の仕事となったこの未完の講義は、翌一八三〇年、彼の最後の機関誌『コンコルディア』の同人で盟友だったフランツ・ブーフホルツの哀悼の序文を添えて『哲学講義、特に言語と言葉の哲学について』の表題のもとにヴィーンのシャウムブルク社から出版され、(2)ついに語られることなく終わった最終講の草稿も世に知られた。一切の概念化を拒んで流れつづける「生」がこの「生」の根源態から発出して「生」の外へ、あるいは「生」を越えて流出し、この「生」がそのつどの自己実現――「生」の自己客体化――の場として持たねばならない「生」の生成発展の諸段階、すなわち「生」の産出する一切のものを概念と言語のうちに捉え込もうと

する精神の知的工程に組み入れられるという「生」の自己展開の諸段階を踏んだのち、これらの「生」の所産のすべてを引っ提げて再びその発出の源泉である「生」の根源態のうちへと帰還する――このような「生」の無限流動の循環を世界把握の根底に据えた「生の哲学」の見地から、「生」とは総じて何であるのかという根源的な問い掛けを不可避的に内包する展望のもとに理解作業としての「知」の本質を問おうとしたこの遺稿は、「全的に完成された完全な理解そのもの［は］しかし」(Das ganz vollendete und vollkommne Verstehen selbst aber) の八語[3]をもって途絶えている。完璧な理解とはいかなるものかと問い掛けるかに見える主語群は、「しかし」を境にその沈黙する述語群から永久に断ち切られたのである。

シュレーゲルに当夜ペンを置かせた確かな理由は分かっていない。数時間後に迫った死の予兆がすでに何らかの身体的不調として現れていただろうことは推測される。しかしこの公開講義に出席するためにドレースデンに滞在していた友人のルートヴィヒ・ティークがフリードリヒの兄アウグスト・ヴィルヘルム・シュレーゲルに宛てた翌十三日付けの手紙によれば、フリードリヒはその日の午後一時から四時までティークのもとで「快活かつ多弁」に談笑し、その後さらにティークの女婿でシェイクスピアのドイツ語訳の協力者だったヴォルフ・ハインリヒ・フォン・バウディッシン伯爵を訪ねて六時まで「普段にもまして多弁かつ活発」に論じ合い、また、ホテルへ戻ってからも、姪の用意した茶を「快活かつ多弁」に飲み、危惧すべき何らの兆候も示さず、そのあと仕事に取り掛かり、仕事を切り上げ、そして就寝に到るまでの様子にも別段の異常は観察されていないところを見れば、死の到来は突然だったと思われる。ヴィーンからのただ一人の道連れとして叔父の最期を看取ったアウグステが体験したその夜の出来事の恐ろしい経過は、同じティークの手紙が代弁している。十二日午前零時過ぎ、心身の不調と両手の冷えを訴える叔父のためにアウグステは湯を沸かす。この時はまだ彼は快活で、意識も確かで、再び床に就く。しかし午前一時近く、彼の足音を耳にしたアウグステが起き出してみると、彼は覚束ない足取りでよろめきながら、気付けのオーデコロンを要求する。姪は叔父の腕を取ってソファに坐らせ、たまたま病気で臥せていたホテルの従業員を無理に起こして医者を呼びにやらせるが、不在。なす術もない彼女の腕の中で叔父は痙攣を起こし、眼球を剥き出し、赫らんだ顔に蒼ざめた死相を走らせて絶息する。遅ればせにやって来た医師が「手遅れ」を確認する。(4) 葬儀は一月十四日、陽光ふりそそぐ冬の朝、ドレースデン駐在オーストリア帝国大使の主催で執り行われ、多くの顕官、大使館員、ティークをはじめ公開講義の聴講者だった友人たちの見守る中、遺骸は歿地ドレースデンの郊外フリードリヒスシュタットのローマ・カトリック教会の墓地に埋葬された。(5)

シュレーゲルに講義草稿を中断させた直接の原因は確認できない。しかしティークが伝える前日午後の長時間にわたる彼の「普段にもまして」亢進したかに見える「快活かつ多弁」は、それが発症の引き金となったのか、あるいはその前触れだったのかの詮索はともかく、ある切迫した何ものかの接近を感じさせる。事実、ブーフホルツがアウグスト・ヴィルヘルム・シュレーゲルに宛てた一月二十二日付けの手紙は、フリードリヒの健康状態がこの時期すでに危険水域に達していたことを窺わせる。この手紙によればシュレーゲルはそれまでにも何度か「卒中性の発作」に襲われ、特に六年前の発作は最も激烈で、それ以後もたびたび危惧すべき眩暈に見舞われたため、ヴィーン在住の高名なイタリア人医師、ジョヴァンニ・マルファッティ――この医師は二年前の一八二七年三月に同じく五十七歳で世を去ったベートーヴェンの主治医でもあった――の処方に従ってしばしば放血を行い、時には蛭を這わせるなど「適正なダイエット」に努めていたが、今回の一連の公開講義――一八二七年の『生の哲学』、一八二八年の『歴史の哲学』(共にヴィーン)、同年十二月に開始されたこの『言語と言葉の哲学』――によって過度の消耗を来たしていたに相違なく、しかも毎回ごとに講義草稿の執筆に追われたことに加えて、このドレースデン講義と前回のヴィーン講義との間が短かすぎたことも、睡眠不足や体の酷使と相俟って困憊の度を一挙に深めたに違いないというのがブーフホルツの分析である。(6)

そのブーフホルツはこのドレースデン講義刊行の序文に加えて、さらに巻末にも短い後記を付し、「死の天使」にペンを奪われ、その生涯の「最後の瞬間に到るまで」追求し続けてきた「一つの課題」の達成を印づける「最終的な結びの言葉」を書き留めることさえ許されることなく終わった書き手の悲運を悼みながらも、そこに「測り知れない神意」を読むとしているが、(7)もしこの「神意」が「死の天使」のペンの奪い方をも規定するものだったとすれば、この奪い方の唐突さはまさに二重の意味でシュレーゲルの意に適うものだったと言えるかもしれない。第一に、哲学の本質は「永遠に求め、かつ見出し得ないこと」(8)のうちにあるとする探究の無窮性、人間の形而上学的欲求の不可避性とその充足不可能性の自覚——これがシュレーゲルの生涯を貫くイロニーの源泉だった——を彼自身の生の原動力と感じ続けてきたシュレーゲルにとって、彼を差し招くものみなすべては、進むごとに先へ先へと逃げてゆく永遠に越境不可能な「しかし」の地平線によって隈取られていたからであり、第二に、その発端と終末の両端が共に記述可能な歴史の彼方の闇の中へ消えているばかりでなく、闇のこちら側においてすらも「最高の原像」が「没落した世界の諸断片」のごとく孤立しつつ散在していることも稀でない(9)広漠たる古代ギリシャ文学の歴史的全体をいかに把握し、読み解き、記述するかという文献学的課題を原点として出発した彼の生涯の思想と著作のすべては、その対象の如何にかかわらず、その根底には常にこれと同質の課題、すなわち永遠に失われたもの、復元し得ないもの、捉え難いもの、読み解き得ないものをその根底に深く沈ませている対象の読解、すなわち対象の本質理解とその記述の可能性への問いを、「全的に完成された完全な理解そのもの［は］しかし」のかたちで内包していたはずだからである。

「理解すること」——これが永遠の問題性として時にはシュレーゲルを導き、時にはその行く手を遮りながら常に彼の眼前に漂い続ける概念だった。「真に批判的な文献学者はそれとは知らずにきわめて哲学的に読む。〔それは〕絶対的理解への志向である」という一七九七年、二十五歳のシュレーゲルが書き残した断章集『文献学のために』の一節は、[10]「理解することを理解するところから始めて欲しい」という一八〇一年の『レッシング論・完結篇』における提言を経て、[11]「絶対的真理は存在し得ない」がゆえに一切の「独断論的」思弁を排除する哲学は「絶対的真理」と共に「絶対的理解の可能性」をも排除しなければならないとする、一八〇〇年の冬学期に開始されるイェーナ大学講義『超越論的哲学』における「真理の絶対的相対性」――「真理は近似値である」――のパラドックスと絡み合う。[12]そしてこのパラドックスは一八〇五年から翌一八〇六年にかけて行われるケルン私講義の一つ『序説と論理学』に到って、哲学が「永遠の生と生成」[13]の刻々に変転しつつ果てしなく流動する無限の世界の全的把握をその根源的な欲求として持つ限り、この「永遠に汲み尽くし得ない」世界および世界内事物の一切を固定化する「実体概念」の幻想に基づく確実性と明証性の呪縛から脱却した「蓋然性の論理」、すなわち「アナロギーによる推論」のみが唯一可能な哲学的方法の基礎であるとする「新しい論理学」の構築へと向かわせる。[14]こうした世界および世界内の一切の対象の認識と理解の本質へ迫ろうとする一連の試行錯誤を、ドレースデン講義の最終講における断ち切られた最後の問い掛けと重ね合わせるとき、彼の最も内なる課題、ブーフホルツの言う、シュレーゲルがその生涯の「最後の瞬間に到るまで」追求し続けてきた「一つの課題」が何であったかを疑問の余地なく告げるのである。

フリードリヒ・シュレーゲルは一七九〇年代の半ば、正確には一七九四年に発表された最初の文献学的論考『ギリシャ文学の諸流派について』によって「著述家」[15]としての第一歩を踏み出す。そして同論考に続いて、古典文献学の分野においては『ギリシャ喜劇の美的価値について』、『美の諸限界について』、『ギリシャの詩人たちにおける女性的性格について』、『ディオティーマについて』、『ホメロスの詩について――ヴォルフの研究を顧慮しつつ――』、彼のこの分野での主著となる『ギリシャ人とローマ人――古典古代についての歴史的・批判的試論』(『ギリシャ文学研究論』)、「オルペウス期」への独自の言及を含む『ギリシャ人とローマ人の文学の歴史』等の労作を矢継ぎ早に発表し、また、これと平行して批評の領域においては、パリで獄中自殺を遂げたジロンド派の思想家コンドルセの『人間精神の進歩の歴史的展望の素描』に捧げられた追悼の論評、カントの『永遠平和のために』に触発されて書かれた『共和制の概念についての試論』のほか、シラー、ヘルダー、ヤコービ、レッシング、ゲオルク・フォルスターらに関する幾多の論評、そしていわゆる『リュツェーウム断章集』として知られる『批評的断章集』等によって、気鋭の批評家、博覧強記の新進著述家としての地位を確立したのち、一七九八年、文学と哲学との渾然一体的結合を新時代の文学的・哲学的創造の基本理念として掲げた初期ロマン主義運動の機関誌『アテネーウム』を兄アウグスト・ヴィルヘルムと共に創刊し、彼の批評理論の範例的実践とも言うべき『ゲーテのマイスターについて』、彼のその後の思想的展開の哲学的基底を形作ったと言える『神話についての講話』を含む『詩文学についての会話』、そして『イデーエン』を含むいわゆる『アテネーウム断章集』、同誌最終巻の巻末を飾る『難解ということについて』等々、その一つ一つが新たな一時代の到来を予告する「作品」を発表する。そして同誌廃刊後の一八〇〇年、急遽イェーナ大学で学位を取得すると、同年秋から翌年春にかけて同大学において私講師の資格で『超越論的哲学』を開講するが、結果は不首尾に終わる。翌一八〇二年の一月、ドレースデンを出立してパリへ向かい、到着後、パリ国立図書館所蔵の夥しい東洋諸語の写本と対面、アントワーヌ゠レオナール・ド・シェジのもとでペルシャ語を学び、カルカッタのアジア協会会員アレグザンダー・ハミルトンの指導でサンスクリットの学習に没頭。次いで翌一八〇三年から一八〇七年にかけての数年間、パリで出会ったケルンの富商の息子ボワスレー兄弟らに請われ、これら少数の聴き手たちのために一連の哲学、文学、歴史に関する私的講義――『ヨーロッパ文学の歴史』、『哲学の展開十二講』、『序説と論理学』、

『文学の歴史』、『世界歴史』等々――を行い、これと平行して一八〇三年から一八〇五年までの三年間、第二の機関誌『オイローパ』を創刊、主としてイタリア絵画論を中心に健筆を振るい、その間の一八〇四年に九篇のレッシング論を含む三巻本の『レッシング選集』の編纂に携わる。次いで一八〇八年、サンスクリット文学と古代インドの思想世界の熱狂的な学習と受容の成果である『インド人の言語と叡知について』を刊行、これと時を同じくしてカトリックへ改宗してヴィーンへ移住。一八一〇年には公開講義『近世史』、一八一二年には同『古代・近代文学史』を講じ、次いで一八一二年から一八一三年にかけて、中世以来のドイツの文学的・哲学的伝統の価値と意義をあらゆる分野にわたって再検討、再評価しようとする愛国的感情の発露を基底とする第三の機関誌『ドイッチェス・ムゼーウム』を刊行。これに先立つ一八〇九年、対ナポレオン戦争にオーストリア帝国軍事委員会の宮中秘書官として従軍、ヴィーン近郊アスペルンおよびヴァグラムにおける戦闘にも参加、その間、軍司令部発行の『オーストリア新聞』の編集に従事する。戦後の一八一四年から一八一五年にかけてのヴィーン会議、次いで一八一五年から一八一七年にかけてのフランクフルト連邦議会においてはオーストリア政府派遣の委員として種々の建白書、憲法草案等の作成に携わる。派遣委員解任後は、一八二〇年から一八二三年にかけて反革命・反議会主義を標榜するカトリック保守派を糾合したフリードリヒ・シュレーゲル最後の機関誌『コンコルディア』を創刊、同誌に『現代の徴候』、『内的生の展開――霊魂について』を発表、傍ら一八二二年には自選『フリードリヒ・シュレーゲル全集』の出版を開始するが、三年後に出版元の経済的破綻により十巻にて頓挫する。このほとんど息つく暇もない多忙極まる独立独行の――大学、その他この種の機関への就職運動はすべて実らなかった――、それゆえ常に貧窮と背中合わせであり続けた一本立ちの著述家としての人生行路の総決算が、一八二七年に開始される最後期三部作、すなわち二つのヴィーン公開講義と最後のドレースデン公開講義である。そしてこのいわば最後の晴れ舞台での不慮の客死を前に――その死の一週間前の一月五日付けの妻ドロテーア宛てのシュレーゲル最後の手紙は、「高揚した思考と内なる興奮に圧倒され、困憊せぬよう自重しなければならない」ほどに「すべてが迸り出ては流れ去ってゆく」[16]という、いわば絶壁に立つ者の転落の不安を訴えている――彼は改めて「完璧な理解」とはと問い、「しかし」と書いて絶句し、ペンを置き、そのまま座を立ち、世を去ったと見るのが、この最後の公開講義の最終講に対する最も相応しい、というよりは最も礼に叶った読方――レッシングに捧げられたシュレーゲル自身の言葉を借りるならば――「霊前の供養」[17]であるだろう。フリードリヒ・シュレーゲルの生涯を締め括ったこの絶句、この最後の、一切の後続語を断ち切った「しかし」のあとの絶句は、彼にとって常に「その向こう側」をこそ知りたいという激しい欲求を孕んだ促しであると同時に、その欲求をそのつど激しく押し返す「向こう側」からの拒みでもあり続けたこの接続詞の突然の機能不全だったと言えるかもしれない。

ところでこの最終講は、一八二七年の『生の哲学』、翌一八二八年の『歴史の哲学』、そして同じ一八二八年の十二月に開始され、二カ月足らずで断ち切られるこの『言語と言葉の哲学』をもって一応の完結を見るはずだった一連の公開講義全体の中でも特異な、というよりはむしろ孤立した一断章を形成している。この後期三講義の最終目的は、第二講義『歴史の哲学』の序文によれば、人間のうちで失われていった「神の似姿」の「復元」ないしはそれへの「帰還」[18]にあり、これが哲学の最も切実な対象にして第一の課題とされる。そしてこの復元ないしは帰還が「内的意識の認識と理解」の圏内に限定される限りにおいて、この内的意識そのものが「純粋哲学」、すなわち「真の認識」のための高次の意識を覚醒させ、あるいは喚起するという課題を負う第一講義『生の哲学』の内容を構成し、次いでこの復元ないしは帰還の過程の現実的検証、すなわち全人類がその失われた神の似姿を各時代における「恩寵」の諸段階に応じて取り戻してゆく過程、「原初の啓示」から救いと愛の中間期を経てその最終的な完成に到るまでの過程を辿ることが第二講義『歴史の哲学』の課題となる。そして最後にこの両哲学の純粋意識と歴史的現実という二つの両領域、すなわち「信仰」と「自然」の両世界を結合する「生きた思考」としての「言語世界」の哲学的考察を通してこの復元ないしは帰還の真の完成を目指すのが、第三講義『言語と言葉の哲学』である。[19] それゆえこの第三講義は、独特の言語起源論や言語形態論を含むものであっても、本来の意味での言語哲学ではない。それはあの「神の似姿」の復元、というよりはむしろすでに失われて久しい神との本源的一体性への帰還における没我的陶酔の仮想的再構成の言語的記述の試みとも言うべきものであり、例えば同講義第三講で展開される「言語起源論」は、当時その緒についたばかりのいわゆるインド・ヨーロッパ諸語の歴史的探究と、太古の人類に無媒介的に啓示されたに違いない始原的な「神的言語」についての超歴史的な神学的思弁とが奇妙に絡み合った一種の言語神授論[20]である。同様のいわば認識神授論の視点から、シュレーゲルは最終講に先立つ第九講において、「真の知」とは対象から「神の潜在的な遍在性」を感得することにほかならず、これによって対象の真の「内的本質」は把握されるのだから、事物の内的本質は、事物をそれが「神に由来し、神のうちに宿り、そして神の前に、神の遍在的な眼の前に立ち、神によって見られている」ものとして覚知することのできる者によってのみ真に把握され、認識され、理解される[21]と説くのである。「最高の知」はすでに最高の秘儀として神の導きの手によって差し出され、それを受け取る者もすでにいわば神智学的法悦のうちにある。

しかし図らずもこのようなカトリック的有神論への熱狂的帰依をその信仰基盤として展開される独自の「生の哲学」の最終総括となった『言語と言葉の哲学』の絶筆草稿には、この種の法悦的言辞の片鱗すらも見られない。一八〇八年のカトリックへの改宗後の自己の思想的展開の総決算を意図したものだったに違いないこの三部作全体に張る伝道者的気負いと一種の秘法伝授的雄弁——それはこの講義の聴講者の一人だったティークにとって「キリスト教の独裁者」の口調と身振り、「黙示録、最後の審判、磁気催眠術、預言といったものの一切合切が奇怪に混合」した「精神錯乱」の徴候としか映らなかったが[22]――は影を潜め、神的なものの再興ないしはそれへの帰還を説く熱弁は、「永遠の真理は神そのものである[23]」といった命題と共に姿を消す。『フリードリヒ・シュレーゲル原典批判全集』の編集主幹エルンスト・ベーラーによって「神秘的実在論ないしは実在論的唯心論[24]」として、同共同編集者ジャン＝ジャック・アンステットによって「キリスト教的心霊主義[25]」として一括総称された最後期シュレーゲルの思想的文脈の中で「イロニー」、「機知」、「想起」、「予見」、「観念論」、「実在論」、「プラトン」、「スピノザ」等々、かつてシュレーゲルの思想世界を賑わせた幾多の概念、言説が、この時期、新たな救済理論として登場する「意識論」――「神」を唯一至高の仲介者として達成される「精神」（男性原理）と「霊魂」（女性原理）との陶酔的合体による「分裂的な人間意識」の「神的本源状態」への回帰をその実践的課題とする「意識論[26]」――と絡み合って繰り広げられる一種の神智学的思弁に慣れてきた前講までの聴講者たちは、この俄に神の気配を絶ったかに見える最終講に自己自身とのみ向き合って独自の論理の糸を操る予期せぬシュレーゲルを見ることになったはずである。

「われわれがある現実的な何かを思想のうちに捉えるとき、この現実的なものの思考は常に一つの知を含んでいる」に始まる最終講は、後期三講義全体をその根底において規定している「生の哲学」――「生と生の根源感情」から発出し、一切を「生の所産」として「生の現実」に則して読み解き、しかるのち再び「生」の永遠の流れの根源態へと還元しようとする哲学――のいわば要諦としての「生の論理学」である。未推敲草稿としてやや雑然たる様相を呈しているその論理は、概略以下のように再構成できるだろう。

「生」の根源的把握を含む思想のみが「知」の本来の内実であり、「完成された完璧な知」とは、この「唯一現実的なもの」である「生そのもの」から発出し、この「生そのもの」と「この生を根底に据えた生きた思考」の「完璧な展開」である。このような「生」と思考の発展連鎖は以下のような三段階を踏む。まずこの連鎖の根底に「発端の事実」として充満する「生」の「直接的感受」の原初的段階。次いでこの直接的知覚が「精神的加工」によって「有機的構成体」として「秩序ある全体」へと統合され、その限りにおいて一応の完結した認識と理解のための圏域を形成しながらも、そこに常に「理解できないもの、不可解なもの、説明できないもの」を残存させざるを得ない「生の概念的把握」の第二段階。そして最後にまさにこの不可避の残存物のゆえに「生」とは総じて何であるのかという、「知における内的確実性と真理についての叡知的感情ないしは判断」と結びついた「生」の発展連鎖全体の全的理解への問い掛けとして成立する第三段階、すなわち「理念」の段階である。だがこの究極の問い掛けはここで——それへのいかなる応答も見ることなく——断たれる。(27)

「生」は根源事実として「前概念的」な永遠の流動のうちにある。「知性」はその固有の加工プロセスによってこの流動の全域を「概念」によって汲み尽くそうとする。しかし「生」の本質は、「生」がいかなる概念によっても完全には汲み尽くされ得ないことのうちに存する。そこで「知性」はその「概念化」の努力の果てにこの「汲み尽くされ得ない生」そのものの最終目標を問わざるを得ない自己自身と向き合う。「真の知」はこのような三段階を踏む循環のうちに「生きた思考」の漸進的発展として常に三段階的に成熟してゆき、かつまた、このような知の成熟過程に応じて「対象理解」の各階梯が形成されてゆく。シュレーゲルはこの各段階を、(一)生の前概念的段階、すなわち生の概念的把握がいまだ不可能な段階、(二)生の概念的把握の段階、(三)「生の発展全体」への展望の段階、すなわち「生」の概念的把握をすでに越えている段階、として記述しようとする。しかしこの記述の決定的な難点は、ほかならぬこのような記述の客観性を保証する唯一の場が第二の段階、すなわち生の概念的把握の段階であるということ、すなわち「生」の直接的直観も、生の全的把握と理解も共に不可避的に拒まれている段階であるということである。すなわち「生」は概念と思考の源泉であり内実でありながら、この「生」の根源的な現実は概念と思考によって残りなく把握され得ないものとして、一切の概念、一切の思考、それゆえ一切の記述の「彼岸」にあるばかりでなく、「理念」の段階に到って初めて「生」の最終的な完結像として求められる「生」の全的展開の総体、およびそれへの「全的に完成された完全な知」、「全的に完成された完全な理解」もまた、一切の概念的把握と記述の「彼岸」にあるということである。「生そのもの」の直接的知覚という原体験的事実も、それ自体としてではなく、概念の段階での「精神的加工」のプロセスに組み込まれたかたちにおいて初めて「生の直接的知覚」として追認識ないしは追記述されるにすぎない。そもそも記述するという作業自体がすでに概念化の加工プロセス以外の何ものでもない。そして「全的に完成された完全な理解」の達成可能性についての記述もまた、この同じプロセスの遙かな延長線上に浮かぶ可能的達成への展望であって、これまた「概念的」な表現を越えるものではない。一切の概念化を拒む「生」の根源態と、一切の概念的把握を越えた「生」の全的展開の総体という、この両端の「彼岸」が認識と記述の絶対的限界として、概念なくしては成立し得ない認識と記述の糸を断ち切り、同時に概念によっては汲み尽くされ得ない「理解できないもの、不可解なもの、説明できないもの」をこの両限界の内側に残存させ続ける。シュレーゲルはこの両端の「彼岸」に囲まれた、あるいは阻まれた圏域に、常に「理解できないもの、不可解なもの、説明できないもの」をどこまでも深く蔵したこの概念と言語の世界に身を置きつつ、「知と理解」の究極の完成をあの限界の彼方に遠望しながら、「しかし」を記述の極限としてペンを置いたと見るのが、この遺稿のいわば現場検証的総括であるだろう。

記述の両端は共に記述の彼岸であり、共に記述の深淵である。記述の客観性が保証される場はこの両端によって阻まれ押し戻されることによって成立する圏域、すなわち「概念の国」以外にはない。そしてこの「概念の国」そのものは、当の「概念」によっては完全に汲み尽くされ得ないそのつどの残余を「概念的認識」のうちに織り込み、繰り込みながら流れ続ける生の無限性と、それにもかかわらず「概念」によって汲み尽くし、余すところない全的認識と理解へ到達しようとする、まさに限界の彼岸への越境衝動との間を不断に揺れ動いている。生の根源とその発展の全過程を捉え、かつ記述しようとする衝動とその不可能性の確認との葛藤が、フリードリヒ・シュレーゲルの永遠の渇望の源泉である。その渇望の永遠に揺れ動く定めなき羅針盤[28]が、それを操る航海士の突然の死によって機能不全に陥ったあの永遠の「しかし」である。

二

シュレーゲルの精神的視界にこのような「生の哲学」の概念が初めて明確な姿を取って浮上してくるのは、『アテネーウム』誌廃刊後の思想的模索の跡を随所に刻印しているイェーナ大学講義『超越論的哲学』においてである。『序論』とその補説『体系詳論』、第一部『世界の理論』、第二部『人間の理論』に続く、この講義全体を総括する第三部『哲学の自己自身への回帰――哲学の哲学』において彼は、「すべての哲学は宇宙の哲学である」という冒頭命題に続いて、哲学を弁証法的な三重構造の無限運動態として示そうとする。哲学はまず自己自身を構成する自己完結的な「理論哲学」として出発し、次いで自己のうちから出て「生」の中へと踏み込み、道徳、宗教、政治、文学、芸術、科学等々、人間の自然的・精神的・社会的生の全域にわたって実践的に関わる「生の哲学」となり、そして最後にこのようにして獲得された「生の形式と内容」に関わる学問的諸成果のすべてを引っ提げて再び自己自身のうちへと回帰して「哲学の哲学」となるという循環を全うする。「哲学の哲学」とはそれゆえ、「生の哲学」の活動とその所産のすべてを再び自己の哲学的反省の対象として取り戻すことによって自己自身をも取り戻し、かくしてこの循環の全容を展望し得る視点を確保するに到った哲学、すなわち「生の哲学」の哲学、いわば「累乗された哲学」である。

しかしこの全うされた循環は哲学そのものの終結を意味しない。生の内容は無限であり、従って「生の哲学」の課題もまた無限であるのだから、哲学の最終目標はこの目標への無限接近以外の何ものでもなく、それゆえ全うされた循環もまた無限循環のそのつどの一巡であるにすぎない。というよりも哲学はこのような自己の課題の永遠の未完結性のゆえに、「生の哲学」の活動と所産のすべてをそのつど自己の哲学的反省の対象として自己のうちへ持ち帰ることをいわば強制され、こうして哲学は「哲学の哲学」となることによって初めて「生の哲学」としての自己自身を再確認するのであって、このような自己内回帰によって「自分がその一項にすぎない全体、すなわち諸学問と諸芸術の有機的全体のうちに自己自身を再認識する」に到った哲学をシュレーゲルは「真に批判的」と呼ぶ。哲学がその自己完結性を越え出て「生」のカオスの中へ踏み込むだけでは、本来の意味での「生の哲学」は成立しない。それは経験的諸学問に連れ添う哲学の無自覚的・無批判的な行為にすぎない。「生の哲学」は、自己自身を哲学的反省の対象として持つことによって初めて「生の哲学」としての自覚に辿り着くのであり、この「累乗された哲学」の対象となるべき最包括的な意味での「生の一切の経験と理論の結合体」、「すべての学問と芸術の有機体」を、シュレーゲルは「エンツィクロペディー」と呼び、その上で現在の哲学も哲学者もこのいわば「哲学の第三幕」を演出・上演できるまでに成熟しているとは到底言えないと挑発する。ところでこの「生」の全的な有機的複合体としての「エンツィクロペディー」はむろん「生」そのものと同様、永遠に未完結的である。しかしほかならぬこの未完結性が「自己超出」と「自己回帰」の無限循環の動因であり、かつ回転軸であり、それゆえこのような循環構造以外にいかなる哲学的営為の場もあり得ないとする視点がシュレーゲルにとっての「超越論的見地」である。それゆえ「超越論的哲学」とは「類語反復」であり、哲学はすべて「超越論的哲学」たらざるを得ず、その作業の一刻一刻は「超越論的実験」

であり、この実験のもとに「宇宙の哲学」としての哲学は、「理論哲学」に相当する『序論』に続いて『自然の理論』を、次いで『人間の理論』を構成し、最後にこの両理論の綜合、すなわち最包括的な意味での「生の哲学の哲学」としての「エンツィクロペディー」への展望をもって完結する、というよりそのつどの固有の循環を一巡するというのがイェーナ大学講義『超越論的哲学』の基本的構造である。

まず『序論』において、哲学は絶対的なものの絶対的定立という「絶対的恣意」ないしは「決断」をもって開始される。哲学は絶対的なものを絶対的に志向する。絶対的でないものはすべて廃棄されねばならない。絶対的なものはしかし、「無限なるもの」のみである。この「無限なるもの」が端的に定立されねばならない。しかしこの端的に定立されるものに対して定立するものが絶対的に残る。これが「無限なるものの意識」である。この「無限なるもの」と「無限なるものの意識」とが哲学の対極的な両根源要素である。スピノザの実在論は「無限なるもの」のみに向かい、フィヒテの観念論は「無限なるものの意識」のみに向かう。しかし真の哲学はこの対極的両根源要素をその中間、すなわち「無差別点」にあって綜合するものでなければならない。この仲介的無差別点が「実在性」の概念である。もともと「意識」は「無限なるもの」への根源的な、しかし無意識的な反省であり、「無限なるもの」はそのような「意識」に対してのみ実在性を持つのだから、真の哲学はこの両対極の絶対的相関を保持しながら両対極そのものを仲介するものでなければならない。「一切のものは一なるもののうちにあり、一なるものは一切である」（ES IST ALLES IN EINEM, UND EINS IST ALLES.）――これがこの仲介の定式である。そしてこの定式によって宇宙生成の「無限に多なるもの」の一切を「永遠に一なるもの」のうちに統合して、宇宙を無限の有機的生成（一なるものの多、多なるものの一）として眺める新たな見地が、あるいは両対極の一方の極である「無限なるもの」のみに向かうスピノザの「思弁の体系」（一にして全なるものとしての神的自然ないしは宇宙の理念の体系）と、もう一方の極である「無限なるものの意識」のみに向かうフィヒテの「反省の体系」（絶対的活動性としての根源的主観ないしは自我の体系）とを綜合して一つの新たな体系、すなわち無限の宇宙、あるいは自然の全域を「生成する神性」の顕現——「自然とはいわば現実的となった神性である」——の諸相として捉え、かつ構成する新たな体系を可能ならしめる新たな見地が獲得される。この新たな見地が「超越論的見地」であり、この見地に立って構築される「超越論的哲学」の体系、すなわちスピノザの体系とフィヒテの体系とを両者の無差別点を成す「実在性」を仲介概念として綜合する体系が、求められる新たな体系としての「予見の体系」である。「予見」（Divination）とは、宇宙、あるいは自然を「生成する神性」、もしくは「生成する神性の形象」として眺める眼を獲得した思考であり、また「思考する」とは「神性を思考する」ことにほかならないことを覚知するに到った思考が「予見」である。

この原理論に続く『世界の理論』では、このような「永遠に一なるもの」が「自己を無限に有限化する」ことによって成立する「有機的生命体」（永遠に一なるものの無限の自己客体化ないし個体化）としての世界（現実的自然界）の特質が、多分に自然哲学的な思弁、独自の個体理論、時間・空間論を交差させながら論じられ、次いで『人間の理論』では、この「永遠に一なるもの」の自己実現の場が自然界から人間社会へと進展することによって生じる幾多の倫理的・宗教的問題が、カントの『永遠平和のために』に触発されて書かれた一七九六年の『共和制の概念についての試論』以来の共和制擁護論の残響と中期以後のカトリック的君主制支持への序奏とを微妙に入り混じらせながら、「道徳と宗教とを統合する政治」という枠組みの中に位置づけられてゆく。特に道徳に関しては、一切のメカニズムを排除する自然と精神との絶対的一体性の表現である「生成する神性」の理念に基づいて、両断された自由の原理と自然の原理との相剋を自明の前提としたカントの道徳的二元論が背理として糾弾される。「二つの概念」がわれわれの行く手を遮っている。「意志の自由と自然の法則性」がそれである。しかし「ただ一つの世界が存在するのみであることと、すべての現存在は有機的であることを唯一の内容とする「われわれの哲学」の見地に立てば、「意志の自由」のもとに考えられる「絶対的因果性の能力」はただちに廃棄され、同時に「自然の諸法則」も消滅する。なぜなら「意志の自由と自然の諸法則とは一蓮托生」だからである。――そして最後に『哲学の哲学』に到ってこれら一切の成果、「生の哲学」の全複合体である「生の一切の経験と理論の結合体」、無限に生成・発展する人間の精神的生の活動とその所産のそのつどの全内容の総括、すなわち「予見の体系」のそのつどの最終的な結実が、「すべての芸術と学問の有機体」として定義づけられる「エンツィクロペディー」の概念のうちに包摂されてゆくのである[29]。

このような哲学の弁証法的展開と自己自身への回帰として構成されるイエーナ大学講義『超越論的哲学』の根底を成しているのが、前記のような唯一無限の生成の理念、すなわち生成が一切であり、一切が生成であるとする理念である。「生の哲学」としての『超越論的哲学』の対象は、この理念のゆえに永遠に未完結的な「ただ一つの世界」、「一切のものは一なるもののうちにあり、一なるものは一切である」という「定理」に総括される世界であり、そしてまたこの「一なるもの」が生成の無限の未来を孕み、しかもこの未来が無限の生成の無限展開の最果てにおいてもなお永遠に「一なるもの」であり続け、それゆえ、というのはまさにこの世界の唯一性のゆえに、この無限の「全一的世界」の生成発展の最終目標はこの「全一的世界」の本源である「無限に一なるもの」への回帰以外にはあり得ない世界である。――「ただ一つの世界が存在するのみであること。それゆえ無限なるものへの回帰以外の何ごともあるべきではない[30]。」――「生の哲学」とはこのような永遠に生成しつつ、しかもこの永遠の生成の本源に向かって回帰しようとする「唯一無限の生と生成」の思想であり、生成の主語も述語も共に生成以外にはあり得ないとする思想である。この意味で「スピノザの能産的自然と所産的自然は、生成する生成と生成せしめられた生成と呼ぶこともできるだろう」(PL VII-78)という、イェーナ大学講義に続くパリ時代の一八〇二年に書かれた一断章は、「生成する宇宙、すなわち自然以外にいかなる宇宙も存在しない。しかしわれわれが自然を捉えようとすれば、感性をもってするほかはない。それゆえ自然の学問は感性論〔美学〕である」（PL III-412）という、同講義の一年前の一七九九年に書かれた断章と共に、一切は生成のうちにある、一切は生成である、いや、端的に生成のみあるという、生成と存在との、あるいは生成の能産と所産との根源的同一性を言い表す根本命題として、シュレーゲルの「生の哲学」の本質をこれ以上的確かつ永続的に代弁するものはない。それは唯一者「生成する生成」の無限性と、それによって産出され、そのつどの生成過程を完了させては再び「生成」の奔流へと流れ戻ってゆく無限循環のうちにその歴史的使命を全うする「生成せしめられた生成」の無限性との渾然一体的表象であり、そしてまた自己の産出物で充満させ、充満させ続け、充満の限りを尽くしてなおその充満の限界を果てしなく押し広げてゆく「生成」の無限創造の姿でもある。「生成が世界本質」であるがゆえに、「世界」と「世界過程」の一切は無限にして無尽蔵である。この永遠に汲み尽くし得ないもの、全的把握を拒み続けるもののすべてを掴み、所有し、「生成」の一切を展望し、「生成」の一切の根源的な意味を探り出し、それを人間的理解と記述の地平へと持ち帰ること、すなわちそのつどの「生成せしめられた」ものの有機的複合体の一切を「エンツィクロペディー」として構成すること——フリードリヒ・シュレーゲルの生涯を貫く哲学的、文学的、文献学的欲求のすべてはこの一点に集中し、かつまたこの一点から幾多の枝葉に別れて無限に伸び広がってゆくのである。

＊〔フリードリヒ・シュレーゲルの「生と生成の論理学」に関しては、補論（一）『ゲオルク・ジンメルの「生の哲学」との類縁性』を参照されたい。〕

ところでこのイェーナ大学講義と平行して、というよりは昼間の講義とその準備の余暇を盗むかたちで夜間に執筆され、一八〇一年に刊行された兄アウグスト・ヴィルヘルムとの共同編集になる二巻本の論集『批評と特性描写』の第一巻に発表された『レッシング論・完結篇』（一七九七年の『レッシング』の続編）において、シュレーゲルはほかならぬこの「エンツィクロペディー」の理念を、真の対象認識ないしは対象理解の技法としての「批評」と最包括的な文学史との渾然一体的関係を表示する「未来学」として打ち出す。批評とは理解の作業であり、これは対象と対象がその一部として属しているある全体的なものとの有機的連関を把握することなくしては不可能である。ところでこのような意味での真の対象理解を可能ならしめる「中枢器官」となるのが、「一切の芸術と学問の有機的組織体」としての「エンツィクロペディー」にほかならず、ここにこそ「積極的批評のための客観的法則の源泉」は見出されるというのが、シュレーゲルのここでの批評理論の根幹である。ある作品を「理解」するとは、それを「一切の芸術と学問のあの大きな有機体との関わりのうちで発生論的（genetisch）に構成する」ことであり、この意味において「理解することを理解する」ところから始めよとシュレーゲルは要求する。このような「対象理解の根本学」としての「エンツィクロペディー」の極まるところ、そこに「一切が一者たろう」とする欲求、「一切の芸術が一つの芸術たろう」とし、「一切の詩が一つの詩たろう」とする欲求の極致としての「唯一無限の書物」の理念が成立する。[31] これはすでに一八〇〇年刊行の『アテネーウム』誌第三巻第一輯所載の断章集『イデーエン』の一つにおいて、「一冊の無限の書物」、「書物それ自体」、「絶対的書物」、「永遠に生成する一冊の書物」等の理念として掲げられている。「古代人の古典的な詩作品はすべて互いに分かち難く連関し合い、一つの有機的全体を成しており、正しい眼をもってこれを眺めるならば、ただ一つの詩作品、すなわち詩芸術そのものがそこに完璧な姿をとって現れ出ている一篇の詩である。これと同様に、完全な文芸においては一切の書物がただ一冊の書物であるべきであり、そのような永遠に生成する一冊の書物の中で人類と文化の福音は啓示されるだろう。」（ID 95）——またこれに先立つ一七九九年の断章の一つにも、「歴史の構成規則はまだ発見されていない。文学全体を一冊の書物に変えることこそが歴史の傾向ではないだろうか」（PL IV-768）という一文が見出される。このように人間の精神的所産の一切を、いや、「生」の無限生成の一切を「永遠に生成する一冊の書物」として構成ないしは編集しようとする着想は、すでに一七九八年の『アテネーウム断章集』の一つで打ち出される「ロマン主義文学」の定義、すなわち「永遠に生成するのみで、けっして完成され得ないということ」をその「本質」とし、「分断されたあらゆる文学ジャンルを再統合し、文学を哲学や修辞学と接触させる」ばかりでなく、さらに「韻文と散文、独創性と批評、人為文学と自然文学とを時には混合させ、時には融合させて、文学を活気あるもの、社交的なものたらしめ、実生活と社会とを文学たらしめ、機知を詩化し、芸術の諸形式をあらゆる種類の醇乎とした形成素材によって充満させ、飽和させ、そして諧謔の羽ばたきによって精気あらしめ」、しかも「幾つもの体系を内包する最大の芸術体系から、詩を作る子供がその素朴な歌の中へ漏らす溜息や接吻に到るまで、およそ文学的でさえあればどんなものでも包み込んでゆく」ものであるがゆえに、一切のジャンルを包括し、それゆえ「一切のジャンルを超えた、いわば詩芸術そのものであるような唯一のジャンル」を構成するような、いわば「永遠に生成の途上」にある「一にして全なる」宇宙文学とも言うべき最包括的な「進展的普遍文学」の定義（AF 116）のうちに表明されている。

「近代詩文学の歴史全体は次のような哲学の短いテキストへの絶え間のない註釈である。すべての芸術は学問となり、すべての学問は芸術となるべきである。詩文学と哲学とは合一されねばならない。」（LF 115）——「哲学と詩文学が切り離されている限りでは、なされ得ることはすべてなされ、完成されている。ゆえにいまや両者を合一すべき時である。」（ID 108）——文学的営為と哲学的営為との渾然一体的合作として構想されるエンツィクロペディーの理念はまた、同じ一八〇〇年の『アテネーウム』誌第三巻第一輯、第二輯所載の『詩文学についての会話』第三章『ロマーンについての書簡』において、「一篇のロマーンは一冊のロマン〔主義〕的書物である」という「類語反復的定義[32]」に集約されている。「ロマン主義文学は進展的普遍文学である」限りにおいて、一切のロマーンは「一冊のロマン〔主義〕的書物」、すなわち「一切のジャンルを越えた」、「ジャンルのジャンル」ないしは「ジャンルそのもの」とも言うべき一冊の書物、人間の精神的生の能産と所産の一切を包括する「永遠に生成する一冊の書物」であり、また、この限りにおいて、「ロマーンは明らかに〈絶対的に体系的〉であり、最高の意味において一冊の書物」（FPL IX-135）であり、そしてこの「絶対的に体系的」であるという最高の意味において、「絶対的ロマーンは、ホメロスのように時代の文化全体の総括でなければならない」（FPL V-365）のである。このような最包括的な「普遍文学」としての「絶対的ロマーン」と「エンツィクロペディー」との同義性は、同時期の断章の一つで、「エンツィクロペディーは哲学と詩文学の精神以外のいかなるものも一切の芸術と学問の中へ持ち込んではならない。——〈次の世代にはエンツィクロペディーに代わってロマーンが登場するだろう〉」（PL V-520）という命題に刻印されている。

このような最包括的な「永遠に生成する絶対的書物」の理念——哲学史家ヴィンデルバントがその『ヨーロッパ哲学の歴史』の中でドイツ観念論哲学の根本性格を「形而上学的宇宙詩[33]」と一括総称した意味での宇宙文学としての「エンツィクロペディー」の理念——は、一八〇三年から翌一八〇四年にかけて行われるパリ私講義『ヨーロッパ文学の歴史』において、学問と芸術の一切の所産を包括する「文芸（Literatur）」の理念へと敷衍される。すなわち哲学が「最普遍的な学問」、「諸学問中の学問」として数学、化学、物理学等々の一般諸学問のすべてを包括し、詩文学が「最普遍的な芸術」、「諸芸術中の芸術」として絵画、彫刻、音楽等々の一般諸芸術のすべてを包括するものである限りにおいて、すなわち哲学が一般諸学問の「精神」として、詩文学が一般諸芸術の「精神」として一切の学問と芸術の「本来の世界霊」、「共通の中心点」を成す限りにおいて、それゆえ一切の学問と芸術が不可分に結合されて、その「根」が哲学、その「果実」が詩文学であるような「一本の樹木」を形成する限りにおいて、「すべての芸術と学問の有機体」としてのエンツィクロペディーの理念はそのまま最包括的な文芸の歴史として普遍的文化史の基本理念となる。[34]そしてこの理念は、「生と人間そのものを対象として持つ」限りでの「一切の芸術と学問」、「人間の精神的生の全体」を包括する限りでの「文芸」の歴史的記述、古代ギリシャ（そして古代ギリシャに関わる限りでの古代インド、古代オリエントを含む）からフィヒテとティークに代表される当時の最現代に到るまでの人間精神の「歴史的特性描写」としての綜合的文化史を意図した一八一二年のヴィーン公開講義『古代・近代文学史』[35]にその最終的な結実を見るのである。

三

「絶対的ロマーンは、ホメロスのように時代の文化全体の総括でなければならない」という先の断章（FPL V-365）は、シュレーゲル独自のエンツィクロペディー構想の原点を示唆している。事実、彼は一七九八年の『アテネーウム』誌創刊と同時期の『ギリシャ人とローマ人の文学の歴史』において、ホメロスの叙事詩をいわゆる「体系的エンツィクロペディー」とは別種の、古代ギリシャ世界の「きわめて包括的で充実した景観」の全的描出として捉え、[36]またその二年前の一七九六年に発表された『ホメロスの詩について——ヴォルフの研究を顧慮しつつ——』においても、この叙事詩的世界を、その範囲は「際限なく」、そこでのどんな出来事もその一つ一つが「先立つ出来事の結果であると共に後続する出来事の萌芽」を含みつつ「果てしない連鎖の一環」を成して連綿と続き、その時々の「周囲の世界全体の完璧な景観」の描出を完成させる以外にはいかなる目的も持たず、それゆえ「始まりもなく終わりもなく」、いずれの方向においてもおよそ「完結性」とは一切無縁な「永遠の生成」の流動する全体として捉え、これを

「博識家の体系的エンツィクロペディー」と区別する。[37]この「博識家の体系的エンツィクロペディー」とは一線を画した独自の「エンツィクロペディー」構想――とはいえこの時期シュレーゲルはまだこの用語の独自の使用に踏み切ってはいない――の実現への第一歩はしかし、これよりさらに二年早い一七九四年に書かれた処女論文『ギリシャ文学の諸流派について』において彼が自分に与えた文献学的課題、すなわち「ギリシャ文学を一つの全体として生み出しながら、なおかつこの全体を幾つかの大きな群に分かち、しかもなおこれらの諸群を再び一つの全体へと統合させている」ところの「ギリシャ的自然」そのものの営みを究明し、「ギリシャ文学の諸流派、これら諸流派間の連関、それらの性格、限界、根底を正確に規定し」、そして「全体の失われた各部分に対しても全体におけるそれらの歴史的連関を想定する」ことによって古代ギリシャ文学全体についての展望と認識を獲得する、すなわち「ギリシャ文学の完璧な歴史」を構成するという課題[38]と共に踏み出されている。この課題はそれ以後、一七九五年に書き始められている『ギリシャ文学研究論』や『ギリシャ人とローマ人の研究の価値について』等の諸論において「古代」と「近代」との綜合として成立すべき「普遍的人類史」の理念と融合しつつ成熟してゆき、やがて前掲の『ギリシャ人とローマ人の文学の歴史』に到って、「ホメロス以前」の「オルペウス期」の「密儀とオルギア」と「ホメロス以後」の後期的文化現象に属する「ギリシャ哲学」との間に推定される内的連関をも視界のうちに収めるより綜合的な文化史的展望を獲得してゆく。

＊（フリードリヒ・シュレーゲルの「エンツィクロペディー」構想については、補論（二）『フリードリヒ・シュレーゲルの「エンツィクロペディー」概念をめぐる二篇の論考』を参照されたい。）

シュレーゲルはまず、自然原理に基づく古代の「自然的形成文化」と自由原理に基づく近代（古代没落後の中世以後の全歴史）の「人為的形成文化」との対立に新たな統一的な近代文化史論の糸口を見出そうとした『ギリシャ文学研究論』[39]とほぼ同時期に書かれた未発表論文『ギリシャ人とローマ人の研究の価値について』において、古代史研究を、「羅針盤もなく嵐の大海原に放り出されて」、「遙かな目的地も視界も等しく闇に覆い隠され、それを透かし見ることはおろか、正しい航路ひとつ見出すこともできずに」漂流する船乗りオデュッセウスの遍歴に譬え、彼の行く手を阻む「永遠の夜の暗黒」の中で「無目的と混乱」の餌食になるまいとすれば手放すことのできない唯一の「導きの糸」として「全体的なものの包括的展望」、あるいは「統一的全体性」の理念を提示する。だがシュレーゲルはこの理念を携えて一気に古代の歴史探索の域を踏み越え、それを原理的に相容れない両世界として対峙するかに見える古代文化と近代文化とを包み込む更なる一つの大いなる全体性の理念へと拡張する。すなわちこの最包括的な全体性の理念のもとに、「人類史の重要な半分」である「ギリシャ人とローマ人の歴史」ともう一つの「重要な半分」である近代人の歴史とを統合し、「自然原理と自由原理との相互作用」の一切を包括するような「完璧な人類史」、すなわち「理論理性」と「実践理性」との双方の要求を等しく充足させながら「悟性の権利」も「経験の事実」も共に損なうことのない人間精神の歴史の構築のための「ア・プリオリな設計図」を見出そうとする。そして彼は、「自然原理」に基づいて「理論理性」を充足させながらも「自由」を侵害しない唯一の歴史の体系を「循環の体系」と呼び、「自由原理」に基づいて「実践理性」を充足させながらも「自然」を侵害しない唯一の歴史の体系を「無限進行の体系」と呼び、この両歴史体系の統合のうちに人類の未来像を遠望する。自由概念を充足させ得なかった古代の自然的形成文化は「無限進行の体系」との合体によって一個の完璧な全体となり、一方、近代の人為的形成文化は古代文化が達成した「人間の心情の永遠の法典」、「倫理的・精神的人間の自然史」、「純粋に人間的な享受の無尽蔵の泉」を「人間性の原像」として、その歴史全体の唯一可能な基礎として受容しながら、同時にこれら古代文化に由来する「全人類的素材」にその向かうべき本来の道を指し示す。すなわちその自由原理のゆえに「永遠の未完成」を運命づけられている近代精神にのみ許された「実践理性の充足」を共有することによって、初めて古代文化はその「最美の価値」を獲得することができるというのが、カント的用語で武装したこの時期のフリードリヒ・シュレーゲルが思い描く全ヨーロッパ歴史の幻想の未来図である。[40]

しかしシュレーゲルは彼のギリシャ古代史の研究の途上で、古代ギリシャの「自然的形成文化」固有の「循環の体系」――「自然」のうちにその発生と発展の根源を持ち、次いでこの「自然」の「最も幸運な諸状況の最も稀有なる合流」という最高の「自然の薫育」によってその形成のあらゆる段階において「自然の恩寵」の極致を体現したのち、再び「衰亡のすべての段階」を辿って「絶対的な粗野な自然状態」へと沈み戻ってゆくという、古代ギリシャ的生成と没落の循環の体系――とは異質な形成原理に気づく。すなわち「循環の体系」においてはその時々の文化段階の最高値を意味する「自然的形成」の極大は常に相対的なものでしかないが、この「相対的」な極大とはまったく類を異にした、それゆえどんな「経験的な歴史のうちにも時間のうちにも」見出すことのできないある「絶対的な極大」をその究極の理想として目指す、あたかも「自由原理」に突き動かされた近代精神の発現にも似た文化現象に遭遇するのである。それは、人間精神が突然の飛躍によるかのように「自然」の後見から身を振りほどいて自立を主張し始める段階――シュレーゲルはこれを「熱狂」の段階と呼ぶ――において発現する、明らかに「無限進行的」な方向性をもって「自然概念」に基づく「循環性」の連鎖を断ち切って飛翔する「自由概念」の自己解放とも言うべき瞬間である。そしてそれはまた、「循環の法則」に従って「絶対的な粗野な自然状態」への道を辿らざるを得ないと思われた古代の自然的形成文化の没落過程において訪れた決定的瞬間――宗教的見地からこれを見れば、「自然の作品」である「神々の物語」（神話）に基づく古代的な「民族宗教」に代わる「人為的神話」とも呼ぶことのできる「教義」に基づく近代的な「普遍宗教」（キリスト教）の登場をすでに予告しているかのような決定的瞬間であって、シュレーゲルは没落の古代末期における「道義の頽廃の奔流」の中にあって「理性の最初の萌芽」をその哲学のうちに宿していたソクラテスを、そしてさらに遡って「倫理と国家の基礎を純粋理性の理念に従って確立しようとした最初の人」であるピュタゴラスを、古代ギリシャ世界が知ったまったく新しい精神的局面、すなわち「無限の完全化」への宗教的・哲学的志向として現れた局面の先頭に立たせるのである。(41)

シュレーゲルが古代史研究における「最も困難な契機」と呼ぶ(42)このいわば「古代における近代精神」の発現は、その三年後の『アテネーウム』誌創刊と同じ一七九八年に発表された前記の『ギリシャ人とローマ人の文学の歴史』では「オルペウス期」の「密儀とオルギア」に淵源するものとして考察される。例えば「クレタのゼウスやディオニュソス崇拝」に見られる「秘密の聖なる意味を内包する法定の儀式」における「オルギア的陶酔や祝祭的狂騒」、ストラボン描くところのあの「戦闘的な踊りのもと、喧騒と咆哮によって、太鼓、シンバル、武器、ラッパ、そして荒々しい叫喚と共にすべてのものを恐怖で満たしたあの太古の熱狂的なバッカス祭」は、「無限なるものの予感」、「捉え難きものの予感」が太古の精神のうちに、その「幼い理性」のうちに注ぎ込んだ極度の畏怖――「灼熱の空のもとにあっては、非常にしばしば「われとわが身をずたずたに切り裂く凶暴さ」にまで人々を追い込まずにはおかなかったに違いない圧倒的な畏怖――からの自己浄化的自己解放の激発的表現にほかならず、(43)また、例えば「エペソスのアルテミスの神像のまわりで熱狂的な出陣の踊りを披露した舞踏者たち、アルテミスを自然へと解釈し直した神官たち、アルテミスをよく知られた手法でアレゴリカルに造形した芸術家たち、アルテミスをアルテミスとして歌った詩人たち、自然についてのおのが著作をこの偉大な女神の神殿に奉納したヘラクレイトス」、こうした人々の精神に横溢する「捉え難い無限性」の生き生きとした表象(44)も、「ホメロス的世界」とはまったく別種の世界への、すなわち「ホメロスに数世紀も先立って特殊な秘教集団を形成していた神官」たちが存在したという「疑い得ない事実(45)」との内的連関を想定することなしには考えられない「オルギアと密儀」の世界への参入の瞬間のそれだったのであり、シュレーゲルはまさにこの秘教的境界への没我的参入の瞬間のうちにギリシャ哲学の起源を、というよりは「一切の哲学の始めと終わり」を探り当てたと確信する。彼によれば、「聖なる詩人たちの熱狂は本来の憑依と高次の霊感にほかならない」とする洞察がギリシャ人の精神のうちに初めて芽吹いて以来、プラトンの『パイドロス』における「憑依と狂気」の「聖なる陶酔」――「ムーサたちの狂気なくして詩の門に近づこうとする者は、いつまでも不完全であり、かの聖なる神殿に参入することはできない。そうした者もそうした醒めた者たちの詩も、狂騒の人の詩に比すれば無に等しい」――や、そのプラトンにとって「あらゆる秘儀にもまして秘密に満ちて暗いあの冗談と真面目とのソクラテス的混合」とも言うべき「ソクラテスのイロニー」といった、後代のギリシャ哲学を彩る諸概念、諸理念のすべてはこの決定的瞬間に淵源するもの[46]であり、このようなギリシャ哲学の誕生、ないしはその胎動によってホメロスの世界――「自然の捉え難い本質についての象徴的な秘儀」も、後世の神官、詩人、思想家の言う意味での「オルギア」も熱狂も知ることなく、またそこに登場する歌人たちは「激情的な憑依者」でも「神に満たされた者」でもなく、「聖なる陶酔」とはまったく無縁であるばかりか、「一切を産出させ、一切を維持する根源的な力」としてのデモーニッシュな自然に対して微かな予感すらも持たず、それどころか「悲劇」における「絶対的な自然必然性の表象」、すなわち「運命」の概念さえも知らなかったホメロスの世界――の発現形式である「循環の体系」の連鎖は断ち切られ、この無限の循環的流動のうちで「始まりもなく終わりもなく」回転し続けてきたホメロスの詩的宇宙に亀裂が走る。[47]かくしてギリシャ文化史の全体はシュレーゲルにとって、古代における「古代」と「近代」、すなわち「初期ギリシャ神話」とホメロスの叙事詩とによって代表されるギリシャ文学と、「後期外来神話」とピュタゴラス教団とに代表されるギリシャ哲学との、古代における古代的な「循環の体系」と古代における近代的な「無限進行の体系」との二元性によって規定されるものとなる。

この古代史論を規定する二元性は、当然のことながら、古代と古代没落以後の近代とを「循環の体系」と「無限進行の体系」との相互補完的対立のうちに捉える『ギリシャ文学研究論』における単純な二項対立的二分法の再検討、少なくとも古代の本質を「循環の体系」とのみ規定する理論の原理的改造を要求している。しかしシュレーゲルはこの構造的な難問の克服――あの両体系の対立を古代か近代かの二元性としてではなく、人間精神そのものに内在する根源的な二元性として捉え直すことによって、彼の求める「全人類史」記述のための統一的視点を確立する好機となったはずのこの難問の克服――にはもはやそれ以上の関心は示さず、これ以後も依然として「古代文化=循環の体系」という固定観念の支配から脱却することなく――その際、彼の念頭には常に「ホメロスの世界」のみが去来していたと思われる――、この自然原理に基づく「循環の体系」として捉えられる限りでの古代文化の自己完結的歴史と自由原理に基づく「無限進行の体系」として捉えられる限りでの近代文化の未完結的歴史とを綜合する最包括的な全人類史記述の構想を、この古代ギリシャ研究期に続く『アテネーウム』誌刊行の時期においては、スピノザの全一的な神的自然とフィヒテの世界創造的精神との綜合、すなわち観念論の胎内から観念論の精神に浸透されつつ誕生する新しいスピノザ的な詩的実在論として近代文学の永遠の土壌となるべき「新しい神話的原世界」創出の構想と、次いで同誌廃刊後の一八〇〇年の秋に開始されるイェーナ大学講義『超越論的哲学』においては、スピノザの「唯一無限の実体」とフィヒテの「唯一無限の自我の活動」との渾然一体的融合による「生成する神性」の世界創造という新たな哲学的課題のもとに「自然原理」と「精神原理」との綜合の最終的帰結として打ち出される「エンツィクロペディー」構想と同化させてゆくのである。

かくしてイェーナ大学講義以後のシュレーゲルの「エンツィクロペディー」構想は、古代ギリシャにおける「古代」と「近代」との相剋に関わる原理的な不整合を内包したまま直進し、一八〇三年から翌一八〇四年にかけて行われるパリ私講義『ヨーロッパ文学の歴史』においては、ギリシャ神話を「最古のホメロス期の神話」と「新しい外来の異質な神々の神話」とに区分した上で、前者に対する後者の宗教的・哲学的優位性を主張するばかりでなく、この「外来種の秘教的神話」に淵源するギリシャ哲学の使命を、すでにカトリック・キリスト教への傾倒と共にシュレーゲルの思想の根本概念として定着しつつあった「啓示」ないしは「原啓示」の概念と結合させる。「全ギリシャ哲学は人類の失われた最古の諸啓示、この一切の知、詩作、思考の源泉を再興しようとする試みである。人間のうちに宿る一切のものは一つの源泉に由来する。もしより高次の存在者が人間をわが身に引き受け、彼に神的な光の一部を分かち与えることがなかったならば、人間は人間でなかっただろう。このような啓示のうちにのみ人間のすべての精神的な能力と活力の源泉は求められるのである。」――「人類のこのような根源的な啓示を告知すべきものだったギリシャ人の神話や宗教がその後完全に失われ、まったく浅薄で官能的なものへと堕落し果てたとき、哲学が登場してこれら頽廃した神話、詩文学、宗教に対して異議を発した。そしてこれらのものに高次の解釈を与え、一切の人間的思考の失われた中心点を――古代人の表現を借りるなら――一切の現存在の源泉を見出そうとしたのである。[48]」――この時期すでに人間を「現存在の第一原理」である「神的無限者」のもとへ帰還させようとする志向のうちに一切の宗教の本質を見ていたシュレーゲルは、「至高の無限者」との再合一を目指す「諸精神の連合」である「ピュタゴラス教団」の理念に「戦うキリスト教教会」の理念との類縁性を見出し、そしてまたプラトンの思想のうちに、「至高なるものの完璧な認識」はただ「神の国」においてのみ可能であるのだから、われわれが哲学と呼ぶところのものは「至高なるものとの再合一」への「無限接近」でしかなく、それゆえ「哲学」とは「哲学への接近」、あるいはその永遠の近似値にすぎないとする人間的叡知の原点と限界とを見るのである。[49]

「無限進行の体系」がそのまま「本源的なもの」への「帰還」の体系でもあるという、イェーナ大学講義『超越論的哲学』において「宗教の原理」として表明され――「ただ一つの世界が存在するのみであること。それゆえ無限なるものへの回帰以外の何ごともあるべきではない」――、次いでこのパリ私講義において確立されるに到る根本思想が、カトリック・キリスト教的世界への傾倒を強めてゆくシュレーゲルのこの時期以後の思考の軌道を規定するものとなる。ここで言う「本源的なもの」への「帰還」とは、「無限進行の体系」と「循環の体系」との新たな綜合以外の何ものでもない。「循環」とはまさに「進行」の一刻一刻がそのまま「帰還」であるということのうちに存するからである。そしてこの「進行」＝「帰還」の綜合モデルは、その後のシュレーゲルの思想的推移に対応しつつ自在に機能してゆく。『超越論的哲学』において随所に反復、強調される、「ただ一つの世界が存在するのみである」のだから「無限なるものへの回帰」以外の何ごともあるべきではない」という、いわば仲介項を欠いた、というより暗黙のうちに仲介項を前提とした一種の「省略三段論法的」命題は、ケルン私講義『哲学の展開十二講』に到って、この循環と直進とを螺旋運動として融合させる『世界生成論』の原理となり、特に同ケルン私講義『序説と論理学』において確立される「生成の存在論的法則」――「永遠の循環の法則」（生成の総体に関わる発出と帰還の法則）、「対立者への飛躍的移行の法則」（世界内の個体的存在者における革命的変動の法則）、「同質的なものの吸引の法則」、「異質的なものの結合の法則」(50)――に従って展開される「根源自我＝世界自我」の世界創造(51)は、確かにこの創造の過程を無限の螺旋的上昇として捉える人類史記述の一類型を提示するものではあるだろう。しかしこの『世界生成論』の真の特質は、この螺旋運動のそのつどの頂点を結ぶ無限上昇的進行線それ自体が一つの循環の一接線を成しているという点にある。その一瞬一瞬の微小接線が果てしなく上昇しながら一つの大いなる円環を構成してゆくこと、すなわちこの無限上昇的進行がそのままこの進行の発出の原点への帰還、いわば無限進行的帰還であること、無限の往路そのものが無限の帰路であること、世界生成の第一歩がその発出の源泉への帰還の第一歩であること、いや、世界生成および世界内存在の一切はその発出の瞬間においてすでに永遠の帰路――われわれの永遠に到達し得ない原郷への、永久に失われてしまったわれわれの「前存在」（Präexistenz）、すなわち「神的存在者」と一体であったはずの根源態への旅路の途上にあるということである。しかもこの本源帰還論は、われわれのそのつどの「現在」をこの喪失した「神的存在者」との一体性からのいわば「流出論的下落と頽廃」の極みと位置づけ、そこからの起死回生の浮上と「神的存在者」への帰還の不断の努力とを人間の究極的使命と見るシュレーゲルの宗教的倫理観に浸透されており、この見地はパリ私講義以後、最後期三公開講義の最終場面に到るまで一貫して変わらない。事実、彼は最後のドレースデン公開講義『言語と言葉の哲学』において、人間は人間としての原初の段階においてすでに「根源的な調和から分裂への転落」そのものであり、本源的存在者の「絶対的統一性」から「放逐」され、その「原初の尊厳」を一挙に数段階も下落させ、しかもますます深く下落させ続けてゆくという、「古代のあらゆる民族の見解や意見」に共通する教説に言及し、このような「根源的な暗黒化、あるいは混乱と頽落」が人間の「現存在の最内奥の根底」を直撃している以上、「この現存在のうちにあっては単に外界との関係においてばかりでなく、純粋な内的思考、感情、意欲においてさえも、ほとんどすべてのものが崩壊し、互いに抗争し合い、自己自身のうちで引き裂かれ、生きた調和のうちに実り豊かに協力し合うことなどいよいよもってあり得ないことである」とした上で、にもかかわらずわれわれの「内なる根源的調和」への帰還の道を見出すことこそが「哲学の本来の課題」であると主張するのである[52]。

　このような古代の教説の典型であるインドの「流出と輪廻」の思想に対するシュレーゲルの傾倒は深く、カトリック改宗と同年の一八〇八年に刊行される『インド人の言語と叡知について』の第二部第二章『輪廻と流出』において彼は、「流出の体系」が「最古にして最普遍的な迷信の根」でありながら、機会を捉えて人間に神性への帰還を想起させ、神性との再合一を人間の行為と努力の唯一の目的と考えるように仕向けるという意味で「帰還の教説」と見られる限り、この体系はその「最も卓越した、最も美しい姿」を見せるとし、一切の存在者の道徳的堕落と不幸についての、そしてそこからの自己浄化と神性への帰還についての信念と結びついている限りでの「輪廻」の思想を、この「流出の体系」の必然的帰結として賛美する。[53] この「帰還の教説」としての「輪廻」の思想へのシュレーゲルの心酔は彼の最後期三公開講義の一つ『歴史の哲学』に到っても変わらず、神的存在からの人間の「無限の脱落と疎隔」の意識と、この「地上の穢れ」との苦闘に耐えて再び神的存在との合一を果たさねばならないとする信念から、「至高の存在者」の「測り難い深淵」の中へ全霊を没入させ、「虚妄の現世における生存形態」を幾たびも身に纏う「変態と遍歴」からの脱却を目指す「輪廻の教説」にインド哲学諸派共通の究極目的を見ると共に、「神性との最も緊密かつ永遠の合一」のためには時としてほとんど「自己破壊」の域にまで徹底するインド人の実践哲学に近世ヨーロッパの神秘主義を重ね合わせるのである。[54]

「世界は無限の生成の汲み尽くし得ない総体である」――この無限生成の生産と所産の一切を残りなく汲み尽くすべき「一冊の無限の書物」として構想された「エンツィクロペディー」の理念は、シュレーゲルの循環思想のいわば形而上学的基底を成すこの「永遠に失われてしまった本源」への無限希求としての原郷概念と不可分のものである。それはまたギリシャ文学の起源は永遠の闇の中にあるという、残存する文献資料の読解以外に頼るべきツールを持たなかった時代のシュレーゲルの文献学的断絶の原体験に由来するものと見ることもできる。「ギリシャの歴史の最古の記録」であるホメロスの叙事詩を越えて向こう側へ降り立つタラップを提供する文献学的資料は一切なく、それゆえ後代の断片的伝承以外に頼るすべとてない「オルペウス期」は、シュレーゲルにとっていわば文献学的深淵だったはずである。彼は書いている、「ギリシャ文学の発祥は闇に包まれている。[……] われわれはただ伝聞に耳を傾けるほかはない。ギリシャ文学の淵源は覆い隠されている。その他の点ではきわめて多弁な伝承も、その成立と伝搬の歴史についてはひたすら沈黙を守るばかりである。古文書類もまた、すでにプラトンが嘆いているように、いかなる解答も与えてくれない。[55]」──そうした彼にとって「循環」を「無限進行」と結合させることによって獲得される「無限進行的本源回帰」の思想は、それゆえこのような文献学的基層に身を置きつつこの深淵を覗き込むまいとして覗き込まずにはいられない強迫観念と眩暈を──このほかならぬ深淵そのものを帰還の本来の目標と定めながらも、しかしまさにそこが深淵であるがゆえに永遠に帰還の本来の目標とはなり得ないことを知りつつ──一刻一刻の、その都度その都度の読解と類推という文献学的埋め立て作業によって払いのけようとする不断の努力から生まれるべくして生まれた、いわば仮想の足場だったと見ることができるかもしれない。それゆえまたこのような強迫観念と眩暈とに絶えず付きまとわれた根源的なものへの及び達し難さの意識に浸透された、いわば窮余の体系志向として捉えられる限りにおいて、シュレーゲルの「エンツィクロペディー」構想は、これまた同じ根源的なものへの及び達し難さの意識に貫かれたその切れ切れの表出である「イロニー」の別様の表現と見ることもできるだろう。なぜなら無限に生成する「生」の所産のすべてを包括し、かつ記述しようとする試み──「生成する宇宙、すなわち自然以外にはいかなる宇宙も存在しない」（PL III-412）がゆえに、「宇宙を構成することが、古来、最も偉大な哲学者たちの最終目標だった」（PL IV-191という意味での哲学の最終目標として打ち出されたほかならぬこの「エンツィクロペディー」構想という試み自体が、そのあらゆる局面において、いや、その表層からその根底に到るまで、「最大の体系ですら断章にすぎない」（FPL V-930）、というよりは「普遍哲学の本来の形式は断章」（PL II-1029）であり、それゆえ「一切の哲学の基礎」を成すばかりでなく、それのみが唯一の哲学と呼び得る超越論的哲学──「超越論的哲学のみが哲学である」（PL II-761）──のための形式もまた「断章」にすぎない（PL II-771）という意識──「エンツィクロペディーは端的に、かつ徹頭徹尾ただ断章においてのみ叙述され得る」（PL VII-141）という意識に貫かれているからである。「私は断章的体系家である」（PL II-815）と書き、そして「体系を持つことも体系を持たないことも、精神にとっては等しく致命的である。ゆえに精神はこの二つながらのことを結合すべく決意しなければならないだろう」（AF 53）と書くフリードリヒ・シュレーゲルにとっての、これが精神的生の所産のすべてを包括するという意味での「すべての芸術と学問の有機体」と定義された「エンツィクロペディー」構想の実相である。

とまれ古代ギリシャ文学の生成・発展の全体像を「循環の体系」として捉えながら、同時にこの体系そのものが内包する近代原理である「無限の完全化の体系」への志向を介して古代と近代の両世界を統合する普遍的人類史の可能性を模索するという課題と共に降り立った「近代古典文献学」の島、哲学と文学との、学問と芸術との渾然一体的綜合とその記述の可能性を、人間の精神的生の無限の生成・発展の全域を網羅する歴史哲学的複合体として構想される「エンツィクロペディー」のうちに求めた「普遍的文化史」の島、同じく「エンツィクロペディー」構想のもとに「理解すること」の本質を「発生論的方法」と「特性描写的方法」という独自の複眼レンズの操作によって究明し、「批評とは理解することである」という意味での対象理解の理論を構築しようとした「近代的批評」の島――「私は体系的批評家である」（PL II-815）――、その発出と終末とが共に認識の暗黒の彼方に消えている生成の無限性を「螺旋的進展」という新たな「循環」の概念の導入によって記述の領界内に引き入れようとした特異な『世界生成論』という「思弁的歴史哲学」の島、「流出と輪廻」の思想にこの新たな循環の概念の極致を見出し得るとの熱狂的な確信に導かれてその太古の神々の世界の中へ進んで迷い込んでいった「古代インド論」の島、そしてこれらの成果のすべてを一種の「神智学的法悦」のうちに合流させて「神の恩寵」の証とした最後期三公開講義における「キリスト教的神秘主義」の島、実証的歴史主義と超歴史的思弁との奇妙な合作として『言語と言葉の哲学』の洋上に漂う「言語起源論」の島――だがこうした幾多の島々のどこにも安住できず、常にその時々の刺激者、問題提起者となりながら、そのいずれの島にあっても専門家としての評価を得られず、また得ようともせず、イェーナ大学講義に対するシェリングの酷評を借りるならば、敢えて「詩的・哲学的ディレッタンティズム」[56]のレッテルに甘んじ、永遠の原郷イタカへの帰還を夢見つつ漂着と離島とを繰り返したのち、おのが幻想の多島海漂流の長い遍歴の総括として、あの「しかし」と限りない「以下余白」とを残して消えた「船乗りオデュッセウス」――「私は断章的体系家であり」(PL II-815)、「私の哲学は諸断章の体系、諸構想の進展である」(PL II-857)と書かざるをえなかった自己分裂的、自己相剋的な自己意識を普遍性と全体性への限りない希求の象徴であるカトリックの法衣の下に押し包んだまま、突然、向こう側の世界へ、世界の向こう側へと旅立ってしまった奇妙なオデュッセウス[57]、これがわれわれの知ることのできるフリードリヒ・シュレーゲルの最後の旅姿である。

第一章　予見的批評、あるいは「絶対的解釈学」の構造

「ロマン主義文学は進展的普遍文学である」という定義で始まる『アテネーウム断章』（AF 116）は、次のような一文を含んでいる。「ロマン主義文学ジャンルはいまなお生成の途上にある。いや、永遠に生成するのみで、けっして完成され得ないということが、このジャンルの固有の本質である。それはいかなる理論によっても汲み尽すことができない。ただ予見的批評にのみこのジャンルの理想の特性描写を企てることが許されるだろう。」

予見的批評（divinatorische Kritik）――このいわば秘法伝授的な響きを漂わせた文献学的概念のここでの出現は、『アテネーウム断章集』においてしばしばそうであるように唐突であり、読者を一瞬の混乱に陥れるという点できわめて意図的かつ挑発的である。この概念が、前記の冒頭命題に次いで提示されている「ロマン主義文学」の理念――「分断されたあらゆる文学ジャンルを再統合し、文学を哲学や修辞学と接触させる」ばかりでなく、「韻文と散文、独創性と批評、人為文学と自然文学を時には混合させ、時には融合させて、文学を活気あるもの、社交的なものたらしめ、実生活と社会とを文学たらしめ、機知を詩化し、芸術の諸形式をあらゆる種類の醇乎とした形成素材によって充満させ、飽和させ、そして諧謔の羽ばたきによって精気あらしめる」ことをその「使命」とし、それゆえ「幾つもの体系を内包する最大の芸術体系から、詩を作る子供がその素朴な歌の中へ漏らす溜息や接吻に到るまで、およそ文学的でさえあればどんなものでも包み込んでゆく」がごとき、一言をもってすれば人間の精神的生の生産と所産の全域

を網羅する最包括的な文学ジャンルとも定義されるがごとき「ロマン主義文学」の理念――と不可分の関係にあることは明らかである。しかしこの関係の論理的連関はここでは明確にされていない。この断章の書き手自身にもそれは明確でなかったはずである。彼がこの連関を明確に把握して独自の批評理論を確立するのは、一八〇〇年の『アテネーウム』誌第三巻の第一輯、第二輯に連載された『詩文学についての会話』の第二章『神話についての講話』（以下『神話論』）、同誌廃刊後の一八〇〇年秋から翌一八〇一年春にかけて行われたイェーナ大学講義『超越論的哲学』、この講義と同時進行的に書き進められていった『レッシング論・完結篇』、一八〇四年に刊行されるシュレーゲル自身の編纂になる三巻本の『レッシング選集』に付された九篇の論評等を経て、一八〇四年から一八〇六年にかけて行われるケルン私講義『哲学の展開十二講』および『序説と論理学』へと到る模索の数年を重ねたのちである。

　ところで先の『アテネーウム断章』は次のような論法の転換をもって終わっている。「ロマン主義文学ジャンルはジャンルを超えた、いわば詩芸術そのものであるような唯一のジャンルである。なぜならある意味ですべての文学はロマン主義的であり、あるいはそうあるべきだからである。」――批評の定義に関しても同様の論法が、遺稿断章集『哲学的修業時代』の一つに見出される。「すべての批評は予見的である。」（PL II-308）――「すべての文学はロマン主義的である」と定義するシュレーゲルにとって「ロマン主義文学」とはすでに類語反復であるように、「予見的批評」もまたシュレーゲルにとって、それが予見をすでにその概念の構成要素として含んでいなければならない批評の本質的性格の陳述であり、批評とは予見にほかならないことをすべての批評の根底に据えようとする思想の確認であるという意味において類語反復である。「批評の精神は懐疑ではなく予見である」（PL V-710）――「批評のカテゴリーの演繹＝特性描写の哲学」（FPL V-567）として主題化されるシュレーゲルの批評の理論を再構成しようとする試みは、それゆえ彼の思想世界全体の中で果たしている「予見」の概念の機能に注目しつつ行われねばならない。

一

「予見」の概念がフリードリヒ・シュレーゲルの著作にいわば公式発言として初めて登場するのは、一八〇〇年の『アテネーウム』誌所載の『詩文学についての会話』第二章の『神話論』で展開されるスピノザの「実在論」とフィヒテの「観念論」との綜合の試みにおいてである。

近代文学の致命的欠陥は、古代ギリシャ人にとって神話がそうであったような共通の中心点が決定的に欠如していることに尽きる。ゆえにわれわれの課題は来るべき未来の文学全体の共通の基盤、「母なる大地」となるべき「新しい神話」の創出である。だがこの新しい近代神話は古代神話とは正反対の道を辿って到来するほかはない。古代神話が「若々しい想像力の最初の開花として感性界の極く身近な部分に密着し、そこから養分を吸収して成長してきた」ものだったとすれば、このような自然との一体性を断ち切って久しい近代人にとって、「新しい神話」は自然という古代原理に代わる近代原理である「精神」の「最も深い根底」から誕生するほかはなく、しかもそれは「他のすべての芸術作品を包括し、詩文学の太古の永遠の源泉のための新たな川床となり、容器となり、しかも自身他のあらゆる詩の萌芽を内蔵する無限の詩」として「あらゆる芸術作品のうちで最も人為的なもの」でありながら、しかし他のすべての神話と同様、「ある原初の根源的で模倣し難いもの」、「端的に解き明かし難いもの」、「いかなる変形を加えられたのちにもなお太古の本性と力とを仄かに輝き出させているもの」でなくてはならない(1)。このような「精神」の根底から誕生する新しい神話的原世界創成の可能性をシュレーゲルは二人の哲学的対蹠者フィヒテとスピノザとの綜合、すなわちフィヒテの世界創造的自我の観念論と「一にして全なる」神的自然への絶対的帰依の表現であるスピノザの実在論との綜合のうちに探るという哲学的課題として提示するが、しかしこの課題の解決をただちに詩人の手に委ねようとする。シュレーゲルによれば「現代の偉大な現象」であるフィヒテの観念論とは、「自己自身を規定し」つつ絶えず「自己を越え出てゆき、そして再び自己へと帰還する」ことをその本質とする精神の永遠の弁証法的循環活動の実践であり、この精神の「自己法則の承認、この承認によって倍加された生命」そのものであって、「すべての学問、すべての芸術に大いなる革命」の到来を予告する「革命の精神」にほかならない。近代文学の変革が「新しい神話」の成立によって成就されるべきであるとするならば、フィヒテの観念論はこの「新しい神話」の精神、あるいはその「普遍的形式」である。それゆえこの精神の胎内から神話の実質として同様に無限な「新しい実在論」が成立しなければならない。この意味で観念論はその成立の仕方においてそれ自身「新しい神話」の一例証であるばかりでなく、その「間接的源泉」でもある。このフィヒテの観念論の「胎内」から生まれ、その精神によってくまなく浸透された新しいスピノザ的実在論はしかし、その理想の伝達機関を「観念的なものと実在的なものとの調和に基づく詩」以外には見出し得ない[2]。それはもはやいかなる哲学体系としても存続することはできず、「ヘン・カイ・パン、このスピノザ主義の神」(PL IV-379)も、いまはただこの新しい詩的原世界のいわば大地母神的基層としてのみ生き続けることが許されるというのが、この『神話論』におけるスピノザ哲学の存在意義である。「すべての哲学は観念論である。そして真の実在論は詩の実在論のほかにはない。」(ID 96)——一七九七年の断章の一つでスピノザを「学問と芸術とが渾然一体となっている唯一の人、無限の理性の高貴な神官」(PL II-1050)と讃えたシュレーゲルは、いまやフィヒテと共に「新しい神話」の始祖となるべきスピノザについてこう書き綴る。

「スピノザはあの伝説の中の善良な老サトゥルヌスと同じ運命を辿ったように私には思われる。新しい神々がこの高貴な人を学問の崇高な玉座から追い落としたのだ。想像力の神聖な闇の中へ引き退いて、彼はいま他の巨人族たちと共に名誉ある流亡のうちに生きている。彼をしてそこに留まらしめよ。ムーサたちの歌声に包まれて彼の古き支配への追憶は一抹の憧れとなって溶けよ。彼はその体系の戦闘的な衣装を脱ぎ捨て、新しい詩の神殿の中にホメロスやダンテと共に棲み、神に酔えるすべての詩人たちの守護神や客人たちの仲間入りをするがよい。」――「実際、スピノザを尊敬し、愛し、その弟子となりきることなくして、どうして詩人たり得るのか、私にはほとんど理解することができない。」――「諸君はスピノザのうちに一切の想像力の始まりと終わりを、諸君の一人一人が拠って立つ普遍的な基盤と土壌を見出すだろう。」――「スピノザの感情もまたその想像力と同質のものである。それはあれこれの個々の事物に対する敏感な反応、高まるかと見れば再び萎え衰える激情ではないが、しかし清らかな香気が全体の上をあるかなきかに漂い、至る所、永遠の憧れが、静かな偉大さのうちに根源的な愛の精神を息吹く素朴な作品の深みからその余韻を響かせるのだ。」――「人間のうちに宿る神聖のこのような穏やかな反映こそが一切の詩文学の本来の魂、その点火する火花ではないだろうか。」――「美しい神話はすべて、想像力と愛とによって淳化された周囲の自然の象形文字的顕現でなくて何であろうか。」――「神話とはこのような自然の芸術作品であり、自然の織物の中で最高のものが現実に形成されているのである。一切のものは連関と変形であり、新たに作られては作り直されてゆく。そしてこの造成と改造とがまさしく神話の固有の方式、神話の内的生命、いわば神話の方法なのである。(3)」――

シュレーゲルは彼の『神話論』の祭司の一人にスピノザを選んだ理由として「神秘主義の価値と尊厳」を挙げ、さらに語を継いで、「『知識学』が、観念論の無限性や不滅の豊かさに気づいていない人々の見解に従ってさえ、少なくとも一切の学問にとっての一つの完成された形式、普遍的な図式であり続けるように、スピノザもまた同様にあらゆる個性的な神秘主義にとっての普遍的な基礎であり支柱なのである(4)」と書く。そしてこの両哲学者の思想世界の綜合の更なる展開を予告するかのように、ほとんど秘法伝授の託宣にも似た呼び掛けをもってこの『神話論』を閉じる。

「すべての思考は一つの予見である。しかし人間はいまようやく自己の予見能力を意識し始めたばかりである。いかに測り知れない拡張を、この能力はこのさき経験することだろう。いや、いまこの時点においてもだ。思うに、この時代を、つまりは全面的な若返りのあの大いなる過程を、永遠の革命のあの諸原理を理解するほどの者ならば、人類の両極を把握し、原初の人間たちの行為と、そしてまた来たるべき黄金時代の性格とを認識し、理解することに成功するに違いない。そのとき饒舌は熄み、人間は自分が本来何であるのかを悟り、ひいてはこの大地を、そして太陽を理解するだろう。[5]」――

フィヒテの観念論とスピノザの実在論との綜合として開拓されるべき新しい詩的・神話的原世界を、同じく「スピノザの思弁の体系」と「フィヒテの反省の体系」とを綜合する独自の「予見の体系」として「哲学的」に――スピノザに再度仮の哲学的武装を施して――再構成しようとしたのが、『アテネーウム』誌廃刊後の一八〇〇年から翌年にかけて行われたイェーナ大学講義『超越論的哲学』である。その『序論』においてシュレーゲルは前記の両体系の仲介的綜合の能力としての「予見」――「予見は思弁と反省との中間に位置する」(PL V-1188)――を以下のように演繹している。

哲学は絶対的なものの探求――相対的に絶対的なものではなく、絶対的に絶対的なものを目指すという意味での絶対の探求であり、それゆえ絶対的ではない一切のものを捨象すると共に絶対的なものを絶対的に構成することが、それ自体が一つの「絶対的知」であるべき哲学の最終的課題でなければならない。ところでこの絶対的捨象(「根源的捨象」)によって絶対的でない一切のものが捨象され尽くしたあとにも、「絶対に捨象されないもの」が残る。これが「無限なるもの」である。哲学はまず「絶対的なもの」を「無限なるもの」として端的に定立するのである。しかし「無限なるもの」を定立し、「無限ならざる一切のもの」を捨象し尽くしたあとにもなお依然として何ものかが残っている。これが「無限なるもの」を絶対的に定立するという絶対的行為によって、ほかならぬこの「無限なるもの」の対極に立つところの、すなわち「無限なるもの」の定立者として「無限なるもの」に根源的に向き合って立つところの、「無限なるものの意識」である。この「無限なるものの意識」は、一切の相対的、経験的意識を捨象し尽くしたあとにも残る「意識の根源形式」、「全意識を包括する意識」としての「知的直観」であって、このような「意識」に対してのみ「無限なるもの」は「実在性」を持つ。すなわち「意識の唯一の客体」が「無限なるもの」であり、「無限なるものの唯一の述語」が「意識」であるという絶対的な相関のうちに、両者は一つの完結した無限の圏域を形成するのであり、この圏域内を哲学は、「無限なるものを無意識的に考察するとき最深の深みへと沈み、意識をもって考察するとき、人間の精神が到達し得る最高の高みへと昇る」という収縮と拡張の無限運動態として活動する。「意識」とは「無限なるものへの無意識的な反省」であり、「宇宙（極大）の本源的な根としての極小」を知覚することが「知的直観」（「無限なるものの意識の意識」）である。あるいは「自我（意識）の極小は自然（無限なるもの）の極大に等しく、そして自然の極小は自我の極大に等しい。すなわち意識の最小圏域は自然の最大圏域に等しく」、それゆえまた自然の最小圏域は意識の最大圏域に等しい。――すべての哲学の「源泉」であるばかりでなく、すべての哲学がその周りを廻る「回転軸」でもなければならないこの対極的両根源要素としての「無限なるもの」と「無限なるものの意識」とが「実在性」の概念を仲介項として形作るこのような完結した無限圏域をシュレーゲルは、「一切のものは一なるもののうちにあり、一なるものは一切である」という「定理」によって言い表す。そしてこの生成する無限の多なるものの充満（一切のもの）としての無限の統一性（一なるもの）、この「一にして全なるもの、全にして一なるもの」――この「生成する宇宙、すなわち自然以外にいかなる宇宙も存在しない」（PL III-412）という意味での自然ないしは宇宙の「全一性」をもってシュレーゲルは、「無限なるもの」（絶対的自然としての神的宇宙の理念）のみに向かうスピノザの「思弁の体系」と「意識」(絶対的精神としての根源的自我の理念)のみに向かうフィヒテの「反省の体系」とをその中心点、すなわち両者の「無差別点」としての「実在性」の概念を介して綜合する「われわれの哲学」の根源形式であるとし、そしてこの根源形式に従って「無限なるものが無限に有限化されるとき、無限なるものから意識が成立し」、「自我と非我の意識のうちで両者の合一が達成されるとき、無限なるものが成立する」という「無限なるもの」と「意識」との相互証明的相関関係を再確認した上で、この哲学の対極的両要素の一方の極を他方の極へ移行させるという独特の「結合術的実験」(kombinatorisches Experiment)によって、「神性」と「予見」の概念を、そしてこれに関わる諸概念を導出してゆく。

まず最初に「無限なるもの」を「意識」へ移行させると、「無限の意識」としての「思考」の概念が得られ、逆に「意識」を「無限なるもの」へ移行させて両者を重ね合わせると「意識された無限なるもの」が得られる。これが「神性」の概念である。さらにこれらの諸概念を仲介概念である実在性と結合させ、「思考」を「意識」のもとにこの実在性と結合させると、「意識を具えた実在的な思考」としての「知」の概念が得られ、次いで「神性」を「実在性」と結合させ、これを「無限なるもの」を介して中心に据えると、「無限性を具えた実在的な神性」としての「自然」の概念が得られる。「自然」とは「現実的となった神性」であり、ここに「神性を実現することが自然の無限の課題である」という命題が成立する。このことから人は神性以外の何ものをも思考し得ないことが帰結される。神性を思考することからは、それ以上のいかなる概念も導出され得ない。この神性思考が「予見」にほかならない。人は神性以外の何ものをも思考し得ず、そしてこの神性の現実化が自然であるのだとすれば、われわれは「自然」以外の何ものをも知り得ず、従ってすべての学問は「自然学」、すなわち「神性についての学問」以外の何ものでもない。以上を綜合すれば、「自然学は目に見えないかたちで予見をもって始まり、予見をもって終わる」と言わねばならない。

さらに「意識」と「自然」とを結合させて、「知」をその中心に据えると「反省」の概念が得られ、「知」を「無限なるもの」と結合させて、「自然」を中心に据えると「思弁」の概念が得られる。この「反省」と「思弁」とを仲介するのが「予見」である。この仲介項を捨てて両者のいずれか一方に依拠するとき、われわれは「反省」の見地か「思弁」の見地のいずれかを、すなわちフィヒテの体系かスピノザの体系かのいずれかを選ぶことになる。それゆえこの両体系を綜合する「予見」の体系とは、「自然」、すなわち「生成する宇宙、すなわち自然以外にいかなる宇宙も存在しない」(PL III-412) という意味での「自然」を「生成する神性」、あるいは「生成する神性の形象」として眺める根源的な眼を獲得した思考であり、あるいはまた、「人は神性以外の何ものをも思考し得ない」のだから、「思考する」とは「神性を思考する」ことにほかならないことを覚知するに到った思考が「予見」であると言うことができる。[6]

――これが「すべての思考は一つの予見である」という『神話論』の末尾の秘法伝授的命題の演繹の帰結である。「哲学するとはこれですべて予見することである。ただし方法をもって。」(PL V-1016) ――

「生成する神性」以外のいかなる自然も存在せず、「生成する神性の形象」以外のいかなる自然の営みも存在しないのだとすれば、自然は「神性」の「顕現」、すなわち無限の多様性と可変性のうちに生成・消滅する一切の森羅万象としての「顕現」以外の何ものでもない。「自然」は「神性」の自己実現の場であり、「神性」の自己実現の無限の様態が「自然」である。「神性を実現することが自然の無限の課題である」ならば、自然はその「様態」のすべてにおいてこの実現の意味を、すなわち「自然」が「生成する神性」であることの本来の意味を語り出るものでなければならない。ここからシュレーゲルは独自のアレゴリー論を展開する。

シュレーゲルは同講義の第一部『世界の理論』において、「なぜ無限なるものは自己のうちから出てゆき、自己を有限化したのか」と問い、次いで「なぜ諸個体があるのか」と問い、この二重の問いを一つの仲介概念によって解決しようとする。この仲介概念が「形象」ないしは「表出」としての「アレゴリー」である。「無限なるもの」が「自己自身を有限化」するとは、自己自身を無限に個体化すること、それによって自己自身を無限の派生的個体で充満させることであり、このようにして産出された派生的・有限的個体の充満が「唯一無限の実体」としての「無限なるもの」の現実態である。従ってなぜ世界は不可視の「無限なるもの」であるばかりでなく、この「無限なるもの」の自己有限化、自己個体化、自己可視化の過程であるのかという問いは、そのまま「なぜ諸個体があるのか」という問いに集約され、そしてこの問いが「アレゴリー」を介して解決されるとは、これらもろもろの個体一つ一つが「唯一無限の不可視の実体」のその時々の可視的顕現、すなわちその「形象」、「表出」、「似姿」と捉えられることによって、「無限なるもの」と有限的存在者との根源的な相関関係――「無限なるもの」が自己を有限化し、この有限化によって生み出される無限の派生的諸個体を介してこの「無限なるもの」の有限化の本来の意味を、ほかならぬこれら有限的諸個体に向かって間接的に告知するという無限循環的な相関関係――の中で問い直されて初めて解決されるということである。現象世界と現象世界内の有限的個体のすべては、「唯一無限の実体」（永遠に一なるもの、名状し難い不可視のもの）の無限の顕現、形象、似姿、模像、描出（無限に多なるもの）であり、「アレゴリー」とはそれ自体がこのような形象、模像、描出として「唯一無限の実体」を現実世界へと仲介する有限的な「別様の言い表し」である。この意味で「世界はアレゴリーにすぎない」[7]と言うことができる。

この意味でシュレーゲルは「予見」を再定義して、「アレゴリー」を介して「無限なるもの」を「意識」へもたらす能力でもあるとする。「予見」とは「アレゴリーの能力」にほかならない。そして「思考とは予見すること」であるとすれば、「思考が捉え得るものはすべてアレゴリーでしかない。」この意味で「思弁の体系と反省の体系との綜合」として成立する「予見の体系」は、そのまま「アレゴリーの体系」――「反省と思弁が再び結合されるとき、アレゴリーが得られる」[8]――となるのである。

ところでシュレーゲルは同講義の第二部『人間の理論』において『宗教の原理』に言及して次のように述べている。「神性はただ生成のうちにおいてのみ考えられ得る。そしてこのことのうちに擬人論を正当化する本来の根拠がある。生成ということに着目すれば、神よりも神々について語るほうが適切だからである」と。そして「神々と人間たちとの関係は、ある古代ギリシャの詩人の表現を借りるなら、こう言い表すことができるだろう。人間たちと神々とは同じ一人の母親から生まれ、共に同じ空気を吸っているのだ[9]」と。「神性はただ生成のうちにおいてのみ考えられ得る」とは、「神性」は「生成する神性」としてのみ現実的なものとして思考の対象になり得るということであって、ここで言う「神性」とはそれゆえ「生成する宇宙、すなわち自然以外にはいかなる宇宙も存在しない」（PL III-142）という意味での、「自然は生成する神性の形象である[10]」、あるいは「神性は自己自身を表示するために世界を形成した[11]」という意味での「宇宙」ないしは「自然」であって、このような神的自然が、われわれ人間が直接交わりを結ぶことの許される唯一現実的な「神性」、無限の多様性と可変性のうちに生成発展する生きた自然として顕現する「神性」であり、この顕現の最も純粋な形象である古代ギリシャの神々の世界、すなわち「そこには素朴な深い意味が倒錯したものや狂ったもの、単純なものや愚劣なものの外見を装って仄かに輝き出ている」ような、あのオリュンポスに群れ集う太古の神々の世界である。――「実際、合理的に思考する理性の歩みと法則を廃棄して、再び想像力の美しい混乱、人間の本性の根源的なカオスの中へ身を沈めるところに、一切の詩文学の起源があるのであって、このようなカオスに対しては、あの古代の神々の多彩な集団以上の見事な象徴を私はいまもって知らない。」（『神話論[12]』）――そしてこのような「神々の現存在」を「内的感覚」、あるいは「知的直観」によって直接的に捉えることができるとする見地が、古代神話における擬人観を正当化する見地でもある。「神は世界の〈うち〉に存在するのではなく、世界のうちで生成するのである。」(PL IV-1277) ――「神性の詩的形姿がいわば世界霊であり、生成する神性、神々なのである。」(PL V-237) ――そしてこの「神々」こそが「唯一無限の実体」としての「無限なるもの」の顕現の象徴、形象中の形象、「周囲の世界の象形文字的顕現[13]」としての「アレゴリー」である。このことを『神話論』の末尾の『会話』の一節は次のように敷衍している。「芸術のあらゆる聖なる戯れは、世界の無限の戯れ、永遠に自己自身を形成し続ける芸術作品の遙かな写し絵にすぎない。」――「別言すれば、すべての美はアレゴリーということだ。至高なるものは、まさにそれが名状し難いものであるがゆえに、ただアレゴリーをもってしか言い表せないのだ[14]。」――また、イェーナ大学講義『超越論的哲学』と平行して書き進められていった『レッシング論・完結篇』にも、「至る所で有限的なものの仮象を永遠なるものの真理へと関わらせ、そうすることによってこの真理の中へ溶け込ませてしまうところのもの、すなわちアレゴリーによって、あるいは象徴によって、惑わしの幻影に代わる予見的示唆が登場するのである」という一節[15]が見出される。

このような自然汎神論的な神話的原世界、すなわち「アレゴリーの体系」として、あるいは「予見の体系」として、あるいは「生成する神性」の体系として描かれる宇宙の体系――「生成する宇宙、すなわち自然以外にいかなる宇宙も存在しない」(PL III-412) ――を世界創造の絶対的主体である「根源自我」の「無限の有機的生成と発展の総体」という独自の『世界生成論』として構成しようとしたのが一八〇四年から一八〇六年にかけて行われるケルン私講義『哲学の展開十二講』と『序説と論理学』である。ここではスピノザの「唯一無限の実体」とフィヒテの「世界創造的自我」との綜合は、もはやスピノザの名もフィヒテの名も冠されることなく、ただ「唯一無限の根源自我の個体化原理による無限の自己有限化の総体としての世界」として構想されている。

「根源自我の世界生成」の思想は一切を流動の相のもとに捉えるという見地をその中核的原理としている。捉えるということは、ここでは固定することを意味しない。動くものが動くものとして捉えられ、しかも捉える主体もまた不断に動く。世界を固定相のもとに捉え得たと確信している主体もまた不断の流動のうちにある。シュレーゲルは世界を固定相のもとに捉える見地を「実在論」、流動相のもとに捉える見地を「観念論」として区別した上で、両論の一致と相違を次のように説明する。実在論と観念論とはいずれも「超感性的な唯一最高の無限の実在性」をその求めるべき究極の絶対的対象として持つ限りにおいては一致する。その決定的な相違はしかし、実在論がこの「無限の実在性」の消極的認識を志向するのに対して、観念論がその積極的認識を追求する点にある。消極的認識とは、世界生成の根源的な唯一者である「無限なるもの」とその「無限の多様性と充溢」とを明証的な「実体概念」、あるいは同じことだが論理的同一性の概念、すなわち同一律のもとに捕捉し、諸現象の無限の多様性、無限の差異性の実在性を否定することによって一切を「永遠の自同性」の概念へと還元することである。「実体」として捉えられる「無限なるもの」は、いわば静まり返った「空虚な完全性」である。徹底した実在論は、一切の多様性と豊穣の大地である有限的存在者の世界、流動してやまない森羅万象を認識の迷誤、虚妄と見なし、永遠にして不動の「唯一最高の神性」との合一を目指すべき認識の極致として夢想する「汎神論的熱狂」の哲学的基礎となり、その必然的帰結はこの夢想の裏返しである、一切を無の深淵に投げ込む「ニヒリズム」[16]である。これに対して観念論は「無限なるもの」の「無限の統一性」を静止した実体としてではなく、永遠に生成する創造的生命力の源泉として捉える。従って「無限なるもの」の積極的認識、すなわち世界の「無限の多様性と充溢」の生き生きとした全的把握と総括を目指す観念論的認識は常に絶対的な明証性を欠くばかりでなく、永遠に未完結的であり、目標への永遠の接近、常に一つの近似値でしかない。

観念論的認識に対して「無限なるもの」＝世界は「無限の統一性」と「無限の多様性と充溢」の両面をもって顕現

する。この「無限なるもの」の二つの概念についてシュレーゲルは『序説と論理学』第三部の第一章『心理学』において次のような演繹を試みている。感性的＝有限的直感は常に多様性と豊かさを含んでいる。しかしこの「多様性、豊かさそのもの」は感性的には与えられない。それは明らかに「超感性的起原」のものである。これが「無限なるものの多様性と充溢」、あるいは「無限の多様性と充溢」である。同様にどんな直感にも「統一性」が前提とされている。そうでなければ対象の知覚と認識は不可能だろうからである。そして一切の経験的知覚に先行するこの統一性もまた、それ自体「超感性的起原」を持つ根源的統一性であって、これが「無限なるものの統一性」、あるいは「無限の統一性」である。それではわれわれの意識はいかにしてこの二つの根源概念に想到するのだろうか。まず「無限の統一性」は意識の現在の状態から導き出すことはできない。この概念はわれわれの個体的自我がかつて「無限なるもの」の根源的自我と一体であった「前存在」（Präexistenz）の状態の「想起」から生ずる。この根源的統一性に再び目覚めた意識が、与えられた対象を統一性の概念のもとに包摂して認識にまで高める根拠にほかならない。これに対して「無限の多様性と充溢」はわれわれの精神の活動の所産であって、「人間精神に内在する無限の多様性と充溢への無限の志向」から導き出される。この志向の能力が「想像力」、あるいは「予感」と名づけられるものである。想起は過去に対する能力であり、予感は未来に対する能力である。従って一般に概念とは想起と予感、すなわち過去と未来とを包括する直観、つまり普遍的表象（カント）として固定されることなく過去と未来とを「現在」においてその実質として含む流動的表象と解されねばならない。このような概念だけが「無限なるもの」の積極的認識、すなわち「生と文化、自然と精神のさまざまな現実的内容に積極的に関わり、これを最高の認識へと高める」ことを目的とする哲学的認識のための真の機関となることができるのである。（『概念の源泉について』[17]）——

ところで概念を哲学的に使用するとは、「事物の本性、その成立、その漸進的発展、その普遍的にして必然的連関、そこに働く多種多様な諸力、それらの諸形式、およびそれらを規定する諸法則を認識する」こと、すなわち「対象の本質の把握と対象の根源的な成立過程の解明を結合する」ことである。それゆえ哲学的定義に要求される第一の要件は、それが常に「発生論的」（genetisch）でなければならないということであり、これが「概念の完全性」の決定的な徴表である。次いで哲学的定義に要求される第二の要件は、それが「特性描写的」（charakteristisch）でなければならないということである。言うところの「特性描写」とは、対象を定義するに当たって対象の個々の特性を捉えることだけで満足せず、そこに奥深く潜んでいるあらゆる特質的なもの、個性的なものを探り出し、これらを結合して当該対象の定義の内実たらしめることである。「発生論的であると同時に特性描写的であること」が、すべての哲学的定義の必要にして充分な条件である。（『概念の論理的完全性について』[18]）――この発生論的＝特性描写的な世界把握ないしは記述の方法論、あるいは機関として求められる真に哲学的な論理学は、永遠に自己完結的で明証的な実体概念に依拠する一切の論理学的原則の否定を意味している。ところでこの実体概念の根本命題は同一律A＝Aであり、この同一律から必然的に導出される同類の論理的原則が矛盾律と充足根拠律である。しかし「万物は不断の変化、推移、流転のうちにある」のだから、哲学的認識にとってAの「微小時間内における微小変化」を無視することはできない。それゆえ同一律は、そしてその消極的表現である矛盾律もまた、無限に生成発展する宇宙の発生論的特性描写を目的とする哲学の対象認識とその記述の機関とはなり得ない。従って充足根拠律も、先の実体概念に依拠する限りでの有限的諸事物間の因果関係の探り手としての実用的妥当性と価値とを持ってはいても、哲学の真の対象である「無限なるもの」、すなわち「無限の多様性と充溢」と「無限の統一性」との融合・合体として言い表すことのできる「無限の有機的全体性」――有機体とは統一性と多様性との緊密な結合にほかならないのだから――に対しては完全に無効、かつ無力である。

世界は無限の有機的生成と発展の総体である。「一切は有機的連関のうちにあり、一切は有機的に組織されている。無限の存在連鎖のうちには死せるもの、機械的なものはない。一切は同一の生きた精神によって活かされ満たされている。いたるところ程度の差はあれ無限の力と活動とが啓示され、それによって一切のものは結合されて一個の大いなる体系を形作っている。そして個々の事物の中にも全体の中にも等しくこの力と活動は生きている。そこにはいかなる裂け目も、いかなる静止もない。いたるところ緊密な連関と永遠に進展し続ける調和的な相互作用と統一性が支配しているばかりである。」（『論理学の諸原則の検証』[19]）――この無限の有機的生成と発展が、「根源自我」の創造である。ヘルダーの世界生成論（『神、あるいは若干の対話』）を想起させるこの汎生命論的・力動的世界把握のうちにシュレーゲルの「予見的批評」の理論はその哲学的基盤を獲得する。

＊〔この点についての詳細は、補論（四）『ヘルダーの遺産、見送る者と引き継ぐ者』を参照されたい〕

二

「いかなる存在もない。ただ生成あるのみである。」[20]――「世界は体系ではなく歴史である。」[21]――この両命題は、「無限の生と生成の総体」としての世界、あるいは「生成する宇宙、すなわち自然以外にいかなる宇宙も存在しない」という意味での、あるいは「無限の有機的生成と発展」以外の何ものでもないという意味での世界を「発生論的」かつ「特性描写的」に再構成しようとする独自の『世界生成論』をその重要な一章として含むケルン私講義『哲学の展開十二講』の根本思想を要約している。それと同時にこの両命題は、世界の体系的把握の断念の表明であると共に、この体系的把握に代わる新たな世界構築の可能性を模索するフリードリヒ・シュレーゲル自身の新たな体系志向の告白でもある。なぜなら「世界は体系ではなく歴史である」という認識そのものが、生成の無限のカオス、「そこから一つの世界が生じて来ることのできるような混乱のみがカオスである」（ID 71）という意味での無限のカオスを総括してこれを「歴史」という名のコスモスへと形作ろうとする意志を内包しているからである。そしてもしこのような「永遠にただ生成するのみで、けっして完成することがない」（AF 116）ことをその本質とする無限の世界過程の総体を「歴史の体系」と呼ぶことができるならば、それはもはやいかなる体系思考によっても汲み尽くすことのできないような体系、それゆえそれ自体が一切の体系の不可能性の不断の証言であるような体系である。このいわば非体系的体系への押さえ難い体系志向を、シュレーゲルは『アテネーウム断章』の一つであからさまに告白している、「体系を持つことも体系を持たないことも、精神にとっては等しく致命的である。ゆえに精神はこの二つながらのことを結合すべく決意しなければならないだろう」（AF 53）と。

「体系を持つことは精神にとって致命的である。」「体系を持たないことは精神にとって致命的である。」「ゆえに精神は体系を持つことと体系を持たないこととを結合すべきである。」——この「持つことと持たないことを同時に持つ」というパラドックスを自己の体系志向のうちに一体的なものとして押さえ込もうとする決意、それは、あらゆる体系をそのつど突き崩しては呑みこんでゆく生成の無限の流れの数限りない波頭の一つ一つ——「最大の体系ですら断章にすぎない」（FPL V-930）——を、それにもかかわらず一個の統一的な全体として眺め、把握し、理解し、そして記述することを可能ならしめるような見地に立つことへの決意である。シュレーゲルによって「歴史的全体性」（FPL V-7）、あるいは「ロマン〔主義〕的全体性」（FPL V-342）、あるいはまたケルン私講義『序説と論理学』においては「エンツィクロペディー的展望」と、さまざまに名づけられたこのような、永遠に把捉し尽くせない生成の無限の総体を遙かに遠望する見地のもとに開かれる新たな地平においてのみ、ただ無限接近によってしか到達され得ないこの「全体性」は、「ただ一つの哲学」と「ただ一つの方法」とによって構築される「ただ一つの体系」――「ただ一つの体系とただ一つの哲学しかないように、ただ一つの方法しかない」（PL I-14）――としての「歴史」となる。『アテネーウム断章集』での「ロマン主義文学」の定義を借りるなら、「永遠に生成するのみで、けっして完結され得ない」ことをその本質とする「進展的普遍文学」（AF 116）にも比すべき「歴史の体系」となるのである。

このような生成の非体系的体系としての「歴史の体系」という一冊の書物、「永遠に生成する一冊の書物」をいかに読み解き、いかに編集するかということが、それゆえシュレーゲルの哲学の、というよりはむしろ哲学的文献学の当面する課題でなければならない。事実、彼は彼の遺稿断章集『哲学的修業時代』その他の中で、このような編集の理論としての哲学について次のような幾つかの覚書を記している。「真に厳密な哲学は宇宙の特性描写以外の何ものも含んでいないはずである。」（PL II-494）――「宇宙の特性描写のみが哲学である」（PL III-218）――「特性描写――実用的批評」（PL III-17）、「批評的実験」（PL III-224）、「批評の完成作品」（PL IV-502）、そして「批評の芸術作品」（AF 439）――これらさまざまに定義づけられているこの特異な批評形態について、シュレーゲルは一八〇四年にみずから編集・刊行した三巻本の『レッシング選集』に付された九篇の論評の一つ、『批評の本質について』の中で次のように解説している。「ある作品、ある精神の成立過程と構造とを追構成することができるときにのみ、人はこの作品や精神を理解したと言える。このような根本的な理解の作業、これを特定の言葉で表現するなら特性描写と呼べるものだが、これこそがまさに批評の本来の職務であり、その内的本質である。[22]」――それゆえシュレーゲルにとって哲学とは宇宙の「成立過程と構造」の追構成、すなわち「世界生成論」にほかならず――「最高の形式において哲学は世界生成論以外の何ものでもないだろう」（PL X-181）――、そして彼が遺稿断章集『哲学的修業時代』の一つに記しているように、「特性描写は歴史の秘儀である」（PL IV-1220）ならば、この秘儀を解明することが「世界生成論」の方法論、あるいは同じことだが、世界の、そして世界内に生起するあらゆる対象の「根本的な理解の作業」のための機関となるべき「新しい論理学」――「私の哲学のもう一つの叙述法としての新しい論理学」（PL X-218）」――を確立することにほかならない。シュレーゲルにとって哲学とはこの意味で宇宙読解のための、従ってまたあらゆる対象読解のための新たな技法の探求である。

ところでシュレーゲルは、前節ですでに見たように、『アテネーウム』誌廃刊後の一八〇〇年の秋に開始されるイェーナ大学講義『超越論的哲学』の序論において、このような宇宙読解の機関となるべき哲学――「すべての哲学は宇宙の哲学である」――の予見的性格を演繹している。「意識」にのみ向かうフィヒテの「反省の体系」と「無限なるもの」のみに向かうスピノザの「思弁の体系」の中間にこそ「真の実在性」は見出されるとするならば――「予見は反省と思弁との中間にある」（PL V-1188）――、この「真の実在性」をその最終目標とする哲学にとって、前記両体系の真の綜合は「予見の体系」として構成されるほかはない。すなわち真の哲学が「無限なるもの」と「意識」との絶対的相関性を保持しつつ「無限なるもの＝自然＝宇宙」の全的認識ないしは理解（真の実在性）を目指すものであるべきならば、そして「無限なるもの」の無限性はそれが汲み尽くされ得ないところにおいて成立するのだから、「反省」の対象としての「無限なるもの」の総体は「反省」にとって、「生成する宇宙、すなわち自然以外にいかなる宇宙も存在しない」という意味での自然、「生成する神性」としての自然の予見的読解の体系として構成されるほかはないということである。「哲学するとはこれすべて予見することである。ただし方法をもって。」（PL V-1016）――「予見の体系」とはそれゆえ、それぞれが「自我」（精神の原理）と「宇宙」（自然の原理）というただ一つの中心をもって構成される「円」として互いに交わることなく対峙するフィヒテの「反省の体系」とスピノザの「思弁の体系」とを二つの不可分な中心として包摂し、そのことによって両体系を相互補完的な相関関係の中へ大きく抱え込んでゆく楕円の構造を持つものであり――「哲学は楕円であり、二つの中心を持っている」（PL V-217）――「哲学は一つの楕円である。その中心の一つは理性の自己法則であり、われわれがいまいるところはこの中心に近い。もう一つの中心は宇宙の理念であって、ここにおいて哲学は宗教と接するのである」（ID 117）――、かくして「生成の絶対的主語」、あるいは「歴史の絶対者」としての「無限なるもの」と、「生成の絶対的述語」、あるいは「歴史」の読解者としての「意識」とのこのような相関関係のうちに――「意識の唯一の客体が無限なるものであり、そして無限なるものの唯一の述語が意識である」[23]――「宇宙の構成」ないしは「宇宙の特性描写」（PL III-218）としての哲学、あるいは「私の哲学のもう一つの叙述法としての新しい論理学」（PL X-218）としての「批評」の理論の解釈学的空間が成立するのである。「哲学を楕円と見る私の理念に従えば、論理学と批評が哲学の二つの中心である。」（PL V-493）

根源的な理解作業（特性描写）としての対象認識は、対象と認識主体との対等な共存・協同関係のもとで初めて可能となる。これが「宇宙の実在的中心」（対象一般）と「理性の理念的中心」（認識主体）とによって形成される楕円の思想である。そしてもしこの楕円の二つの中心のための最も完成された形式を提供するのがスピノザとフィヒテの両体系であるならば、シュレーゲルにとって楕円の形成は両者の綜合である。この綜合の可能性を彼は両者に欠落している視点、「世界は体系ではなく歴史である」という視点の中に見出す。すなわち「生成」の概念の導入によって両者の体系的完結性、あるいはただ一つの中心点を守って譲らない両者それぞれの絶対円の完結性を破壊し、両哲学の原理をそれぞれ歴史的生成の主体と歴史的認識の主体として分かち難く相関させることによって、生成する「無限なるもの」の積極的認識、すなわち生成する宇宙の「無限の多様性と充溢」のカオスを統一的な歴史的認識の有機的複合体として構成することはいかにして可能かという課題のもとに両哲学の共同関係を成立させること――これがシュレーゲルにとっての両哲学綜合の意味である。楕円の形成は、それゆえスピノザとフィヒテの批判と改造とを同時に含んでいるものでなければならない。

＊〔この点についての詳細は、補論（三）『楕円の思想、スピノザとフィヒテの綜合、あるいはフィヒテの中のスピノザ』を参照されたい。〕

イェーナ大学講義『超越論的哲学』において、「すべての理念の原理にしてすべての原理の理念」としてすべての哲学の「源泉」であるとされた「定理」――「一切のものは一なるもののうちにあり、一なるものは一切である」[24]――に要約されるスピノザ由来の全一性の根本思想は、シュレーゲルにとって生成の絶対的主語を確保するための最も完成された形式を用意するものだったが、しかしほかならぬこの形式がスピノザにあっては一切の生成の概念を排除し、世界を固定相のもとに――「永遠の相のもとに」――眺める徹底した実在論を盛る最も完璧な器となり得るということによって、それはまた最も完成された誤謬の形式ともなり得る。シュレーゲルのスピノザ観は絶え間のないアンビヴァレンツの中を漂っている。スピノザは彼にとって「いわば哲学の中心的太陽」（PL V-967）であると同時に「誤謬の完璧な総括」（PL X-386）でもある。それゆえここで求められる改造は、スピノザの絶対的な「存在」の体系を一挙に無限の「生成」の体系に転化させることによって完了する。「生成する宇宙、すなわち自然以外にいかなる宇宙も存在しない」（PL III-412）のだから、「スピノザの能産的自然と所産的自然は、生成する生成と生成せしめられた生成と呼ぶことができるだろう」（PI VII-78）。――このようなスピノザ解釈ないしは改変は明らかに、世界の「内在的原因」である「実体」を「根元力」として捉え、スピノザの「一にして全なる世界」をライプニッツの「モナド理論」の導入によって「無限のモナドの充満する唯一無限の生きた実体」へと改造し、スピノザの静的世界を一挙に汎活力論的、汎生命論的な力動的世界に改造しようとしたヘルダーのスピノザ論（『神、あるいは若干の対話』）を継承していると言えるだろう。ただしカントの「批判主義」を「普遍妥当的越権」として激しく拒み、認識能力そのものの検証を自然と人間性の冒涜として退けたヘルダーが、それゆえ徹底した自己批判によって確立された認識主体としての理性ないしは自我という批判的認識論の拠点も持ち得ぬまま、彼のスピノザ論を、生成する神的宇宙との一体感の法悦の告白に終わらせているのに対して、シュレーゲルはカント＝フィヒテ的原理の独自の導入ないしは受容によって、このようなスピノザ＝ヘルダー的宇宙空間の中に、ほかならぬこの宇宙空間読解（「発生論的特性描写」）のための新たな解釈学的立脚点ないしは観測点を構築しようとするのである。ヘルダーのライプニッツ＝スピノザ主義は、シュレーゲルにとって楕円の一方の中心（認識主体の絶対的自立性）の否定であり、真の対象認識の場の批判的構築への努力の放棄である。しかしまた同様にカント＝フィヒテ的方向も、もう一方の中心（認識客体の絶対的自立性）の否定として逆の意味での楕円構造の破壊である。

＊〔この点についての詳細は、補論（四）『ヘルダーの遺産、見送る者と引き継ぐ者』を参照されたい。〕

対象認識の場としてのこの楕円構造は、対象認識の根拠を客観の側に求めるべきか主観の側に求めるべきかという二者択一的な認識論的論争からの脱却を意味している。いずれの立場が取られるにせよ、それは楕円のいずれか一方の中心の消滅ないしは抑圧をもたらすだろうからである。認識主体の活動の自由と独立性を否定する独断論的見地は、シュレーゲルにとってもとより問題にならない。この独断論的見地の一つである経験論に到っては「もともと哲学とは称し難いもの」、いわば「哲学の断念」である。[25] しかし観念論といえども、それがある単一の原理ないしは機関（論理学）からする対象認識の理論の展開を意図するものである限り、哲学の本来の基盤を突き崩すものと言わねばならない。この意味において、というのはその絶対円的な主観主義から脱却し得ないという意味において、カントの認識論は「甚だしく奇怪な、人間の本性に矛盾する体系」[26]であり、「非我」として規定されたフィヒテの対象概念は、「空疎な言葉」（PL IV-1253）、「作り上げられた無」（PL IV-841）である。——「不当にも最初の『知識学』では自我**のみ**が描かれている。」（PL IV-1318）——「奇妙なことに最初の『知識学』では自己との弁証法しかない。彼の哲学の自我は非我を欠いている。」（PL IV-684）——いかなる対象も、理論的な意味においても実践的な意味においても、理性の立法ないしは自我の定立の絶対的形式のうちに組み込まれることによって初めて対象としての存在意義（むろん理性ないしは自我にとっての）を獲得するのではない。カントにおいてもフィヒテにおいても認識対象と認識主体とのア・プリオリな相関性は成立している。しかしこの相関性の担い手としての権利と責務とは一方的に理性ないしは自我の側に握られている。しかも対象をこれら理性ないしは自我の形式の中に完全に押え込むことが人間の道徳的使命の究極の理想とされるとするならば、このような関係のうちに成立するのは支配であっても理解ではない。「カントは義務のために真理を犠牲にした超道徳家である。」（PL II-12）——対象認識と対象読解の新たな地平を開拓しようとするシュレーゲルにとって、とりわけフィヒテ批判の中心は、それゆえ楕円の一方の中心点の道徳的圧殺の象徴とも言うべき非我概念との対決である。

　非我は、フィヒテの主張するように、たとえそれが自我によって自我のうちに自我に対して定立されるものであっても、やはり現実的には、とくに実践的見地においては、自我の無限活動の障害物として自我を何らかのかたちで制約する「他者」である。それゆえ対象と自我との連帯と交流とが両者の絶対的な相関性の中で確保されるためには、何よりもまずこの「非我」の概念が排除されると共に、これに代わる新たな対象概念が確立されねばならない。この新たな対象概念が、「自我に向かい合うもう一つの自我」としての「対我」（Gegen-Ich）である。ケルン私講義『哲学の展開十二講』の第二、第三、第四講『意識の理論としての心理学』の第一章『直観の理論』と第二章『想起と悟性の理論』は、非我の概念の否定と「対我」の導出とをその基礎的作業の一つとして含む一種の人間精神の現象学を展開している。

シュレーゲルはまず自我の、すなわち意識一般の「発生論的分析」から出発し、「われわれは自己をかくも有限的と感じながら同時に自己の内的無限性を確信せざるを得ないのはなぜか」という「自意識の謎」に導かれて、一切の個体的自我を包括する「根源自我」の概念に逢着する過程を描く。自我は自己を有限的であると同時に無限的であると感じる――この「感情の二律背反」はしかし「生成の概念」の導入によって解決される。すなわち「生成する無限なるもの」はその生成の全行程を完了しない限りにおいては――しかし「無限なるもの」はその無限性のゆえにおのれの生成を完了することはない――有限的であり、また「生成する有限的なもの」はその「内的生命力と活動の無限性」を含む限りにおいて無限である。それゆえ生成の概念は「無限なるもの」と有限的なものとの間に横たわる深淵を埋め、両者の根源的同一性を証明する。自我は有限的であり、同時に無限的である。自我は「直観」の領域において「自我の外」に対象を、自我にあらざるもの、すなわち「非我」として持つ。しかしこれは仮象にすぎない。自我が有限的であるとき、すなわち個体的、派生的であるとき、対象は自我の外にある。しかし自我が無限的であるとき、すなわちそれが無限の「根源自我」と一体的であるとき、あるいは自分が「根源自我」と一体的であると感じられるとき、対象は「自我」の内にある。万物は「生成する無限なるもの」としての「根源自我」の無限創造である。無限の「根源自我」の無限生成のほかに何ものも存在し得ない。生成の絶対的主語である「無限なるもの」がその本質において「世界創造的自我」と捉えられることによって、生成の生産と所産の全体――「生成する生成と生成せしめられた生成」、あるいは「能産的自然と所産的自然」(PL VII-78)の一切――は、ことごとく本源的な「自我性」の概念のうちに汲み尽くされる。根源的には自我以外の何ものも存在しない。いや、端的に自我のみがある。かくして自我の外に定立され、自我を何らかの仕方で限定するような非我の概念は廃棄される。外的対象といえどもそれは

「根源的他者」として自我に対立する「非我」ではない。それは「根源自我」の本質同一者、あるいは「本質分与者」として自我に向かい合い、語りかける「対我」であり、「君」(Du)である。ただその発する言葉を理解し、その本質を窺い知るにはわれわれの個体的特殊性の制約が大きすぎるというにすぎない。対象性とは「唯一なる精神を覆うヴェール」――「無限の有機的形成と変形のうちに織りなされる不思議な象形文字」にすぎず、このヴェールが取り払われるとき、すべての対象はその本質を――われわれもまたそれであるところの「根源自我」の無限の創造を語るだろう。「われわれは至る所でわれわれ自身を見出す。」――「われわれはわれわれの一部にすぎない。」――対象は単なる感性的所与として固定された非我にとどまる限り無に等しい。しかしその有限性の中にいわば幽閉された「君」として、すなわち同じく有限性の制約のもとに立つわれわれの自我に向かって語りかけるもう一つの自我(対我)として、その固有の「形象」、独自の「言葉」によってわれわれにその本質の「意味」(Bedeutung)を開示するとき、対象はわれわれにとって初めて「何ものか」になる。われわれが対象をわれわれの外に持つとき、対象の「実在性」は証明されない。対象はそれ自身の存在によって実在性を得るのではない。対象の実在性は、自我に対して、自我に向かい合って立つもう一つの自我、自我に向かって呼び掛け、また自我の呼び掛けに応答する「対我」として存在する限りにおいてのみ与えられる。

ここにそれ自体としては無内容な同一律の命題A＝Aがまったく異なる位相のもとに現われる。すなわちA＝Aは、Aがそれ自身にではなく、それが語り出る「意味」に等しいと解される限りにおいて、新たな論理学的有効性を獲得するということであり、「意味」というこの新たな仲介項によって結ばれて、対象は「対自我」(Gegen-Ich)として、自我は「対事物」(Gegen-Ding)として緊密な、いわば根源的に血を分け合った「相互証明的連関」という新たな「楕円」を形成するのである。新たな「楕円」とは、単に「二つの中心を持つ」だけでなく、「二つの中心が互いに何事かを告げようとして向かい合って立つ」ところに成立する緊密な相関の象徴である。対象を認識するということは、その「意味」を理解すること、少なくとも「予感」することである。そしてこの理解、ないしは予感において成立するのは、自我と対象との「愛に充ちた合一」である。「認識とは愛である。」――宇宙は唯一の「根源自我」の無限の創造過程である。自我の外にはいかなる根源的他者も存在しない。自我の唯一性から見れば、宇宙は絶対的統一性ないしは全一性の相のもとに現れ、その創造の無限性から見れば「無限の多様性と充溢」の相のもとに顕現する。そしてこの宇宙に含まれる一切のものはその個体性のゆえに有限的であると同時に、「根源自我」の生命の分与者として無限的であり、またその根源的同一性、同質性によって、いかにその外見、組織、機関を異にしていようとも、互いに「それは私だ」と指さし合う。「生成する宇宙」、あるいは「生成する神性」として絶えずわれわれに向かってその隠された「意味」を告げ知らせようとさまざまな姿かたちを借りて語り掛けてくるかに見える自然、それは、「無限の有機的形成と変形」のうちに織りなされる「不思議な象形文字」としてわれわれにその解読を迫ってやまない「唯一無限の実体」である「根源自我」の多種多様な様態である。――こうしてわれわれは再び『神話論』の世界に立っている。

ところで対象の認識、あるいは「自然の象形文字」の解読のためには、対象と自我とのあの楕円構造を保持しつつ対象の内側に潜む「意味」を直接的に把握し、あらゆる対象を生命に充ちた「対我」として確保する能力が要求される。シュレーゲルはこれを感性的直観に対して「内的直観」、「精神的直観」、あるいは「感情」と呼ぶ。これが直観する自我と直観される自我（対我＝対象）との「愛に充ちた合一」の基礎である。精神的直観とは愛の行為、すなわち「接触」、「和合」、「結婚」にほかならない。しかし対象を覆うヴェールは厚く、しかも多種多様を極め、複雑多岐にわたり、人間の精神的直観の能力を遙かに超えるため、この愛の行為は甚だしく不完全である。精神的直観が産出する認識は常に「予感」、「推測」の域を越えず、その陳述は常に「予言的」であるほかはない。ところでこの予感、予言という不完全な愛の行為をその根底において支えているのが、世界の超感性的な基層にその淵源を持つ「想起」、すなわちあの唯一者「無限なるもの」とのかつての至福の一体性への時空を絶した回帰としての「超越論的想起」である。なぜならこの想起は一切の個体的自我の根源的同一性を確信させる「根源自我」の無限の統一性ないしは全一性の意識、「自我のみがある」という絶対的命題の意識の源泉だからである。「想起」に対して世界は根源的同一性として現れ、精神的直観に対しては生成する「根源自我」の創造の無限の多様と豊饒、すなわち無限の派生的、個体的自我の充満として現れる。この意味で「想起」は根源自我の全域を、精神的直観は個体的自我の全域を汲み尽くす。シュレーゲルはこの二つの能力を「一切の認識の源泉」と名づける。

ところで対象の本質、すなわち「意味」を直接的に把握する精神的直観は、同時にまた美的能力、芸術的能力でもある。シュレーゲルによれば、美の本質はまさに「意味」のうちにこそ存在するからである。このような「意味」を介して結ばれる直観する自我と直観される自我（対象）との間に営まれる愛の行為はそのまま「美の行為」である。精神的直観は美の産出能力としての美的直観でもある。美は単に直観するものの側からの一方的産出ではなく、直観するものと直観されるものとの協同的産出（Symproduktion）である。従って美の理想は、「無限の多様性と充溢」の予感が「無限の統一性」の想起と合流するところ、美的直観がその愛の営みを完成して対象の「意味」を完全に理解するところ、すなわち自然の「象形文字」の解読の瞬間において実現される。この美的産出の極致が、シュレーゲルにとっては同時に哲学的認識の完成をも意味する。美の産出能力としての精神的直観は哲学的認識に対して「詩作」と呼ばれる。すなわち「直観する自我と直観される自我との接触」から生じる「相互的理解の稲妻」がもはや説明し難い精神の瞬間的創造、いわば「無からの創造」のごときものと見られる限りにおいて、精神的直観は詩作にほかならない。この詩作の源泉が「産出的構想力」であり、人間精神のあらゆる能力のうちで最も自由であり、その活動は自我の全域に及び、無限の多様と豊饒に向かって自己を拡張してゆく活動として詩作能力の基礎となり、同時にまた「無限の多様性と充溢」を自己のうちに包摂してゆく、いわば収縮の活動として「根源自我」の無限創造の全的総括を目指す哲学的能力の基礎ともなるのである。この意味で「産出的構想力」、あるいは想像力は、いわば「魂の呼吸」である。そしてこの想像力の自由な羽ばたきの中で直観する自我と直観される自我（対象）との協同的産出作業として生み出されてくるのが、「対象の自己表現であると同時に自我の対象認識の所産」でもあるところの「形象」と「言葉」である。あるいは「形象」と「言葉」は自我によって産出される対象の自己表現である。対象はその固有の諸制約の中に閉じ込められた「対我」として、その多種多様な「形象」と「言葉」とによって織りなされる「象形文字」として自我に向って絶え間なくその「内的意味」を告げている。対象を認識するということは、この内的意味を読み取ることであり、対象の自己表現であるこの「象形文字」を解読することである。対象認識ないしは対象理解という根源的な作業は、それゆえ対象と認識主体との相互的な語り掛けによって成立する「対話」であり、理解するものと理解されるものとの合作である。(27)

対象からのわれわれへの語り掛けと解されることによって初めて解読可能なものとなる自然の「象形文字」は、われわれの精神的直観が産出する「形象」と「言葉」とによる対象への呼び掛けとこれへの対象からの応答の形象化であり、いわばわれわれによってわれわれに「判読可能」なかたちに翻訳された対象の自己表現であると言えるだろう。そしてこの判読の能力こそが、「形象」（アレゴリー）を介して「無限なるもの」を「意識」へともたらす能力としての「予見」にほかならない。それゆえわれわれと対象との間の「対話」は常に対象からの語り掛けの訳し返しとしての「推量」ないしは「類推」としての「アナロギー」の上に成立しているのであり、従ってこの対話の記録は常に「予言的」、「予感的」であり[28]、それゆえ「予見的」である。このことが、「世界は体系ではなく歴史である」という見地からする対象認識ないしは対象理解の根本形式なのである。世界の体系的な把握と記述の不可能性を知る者に対して、世界は常に「予見の体系」ないしは「アナロギーの体系」としてのみ構成可能なものとして現前する。そしてこのような「構成」が、すなわち無限に生成しつつ不断に転変する世界を的確に把握し、こうして掴み取ったものを認識と理解の地平へもたらすことが哲学の課題であるならば、哲学とはまさに「宇宙の特性描写」、すなわち、宇宙の、それゆえまたこの宇宙に充満するすべての対象の「成立過程と構造の追構成」以外の何ものでもなく、この追構成の根本性格は「予見」以外の何ものでもない。そしてこのような追構成ないしは特性描写が、対象からの語り掛けとしての、というよりは対象それ自体が語り掛けであるところの、あの「象形文字」の解読の記録であるならば、この記録はアナロギーの体系、あるいはアナロギーに基づく対象記述の体系を形成するだろう。「真の象形文字は宇宙についてのアナロギーである。」(PL IV-1412) ――「アナロギーは宇宙の特性描写のための原理である。」(PL IV-213) ――「アナロギーの積極的な要素は予見である。」(PL V-892) ――「宇宙についてのアナロギーは予見の演繹と弁明をもって始まらねばならない。――アナロギーは本来歴史の精神と魂を含むものである。」(PL IV-1436) ――これらの言表は、シュレーゲルにとって対象読解の学としての哲学の本質がどのようなものであるかを端的に示している。

彼はもう一つのケルン私講義『序説と論理学』の第三部第三章『三段論法』において、単に所与の経験の分析に終始する形式論理学的三段論法に基づく明証的な確然的推論に対して、永遠に完結することのない「無限に生成する宇宙」の全容、その歴史的展開の全過程を余すところなく、とはいえ永遠の近似値として「特性描写」することに耐え得る「真に哲学的な三段論法」は、「蓋然性ないしはアナロギーによる推論」に基づく三段論法以外にはあり得ないとし、これを大前提（生成の総体）が暗黙のうちに省略されている特殊な省略三段論法に喩えている。[29] この比喩は永遠に汲み尽くし得ない世界の無限生成の体系的把握ないしは構成の不可能性の告白であり、宣告である。哲学が「宇宙の特性描写」を目指すものである限り、その完成は生成の完了によって初めて可能となるであろうところの理想であり、従って特性描写はこの理想へ向かっての「無限接近」である。いかなる対象も、それが「有限的なものと無限なるものとの一個のカオスであり、そしてまた一個の体系でもある」（PL IV-1091）と見られる限りにおいて、すなわち生成の「無限の多なるもの」を内包する「無限の一なるもの」と見られる限りにおいて、汲み尽くし得ない何ものかである。対象は常に対象より多くの何ものかであり、われわれの対象認識は常に近似的なものでしかあり得ない。対象を認識し、かつ理解するということは、それゆえ常にそのつど「より少なく」認識し理解することに甘んじざるを得ないということであり、それゆえそのつど常に「より多く」認識し理解するように駆り立てられるということである。この志向が対象への不断の呼び掛けであり、対象の不断の形象化であり、そしてこの呼び掛けへの対象の応答がその時々の「象形文字」であり、この応答の確認が「象形文字」のその時々の解読なのである。これに対して認識の完結性を前提とする明証的な体系的思考は、対象へ向かっての呼び掛けの放棄であり、対象の内的生命の無視ないしは圧殺であり、すべての対象を非我という名の沈黙の群像と化せしめる対象支配の原理である。これが「世界は**体系ではなく歴史である**」という命題の、シュレーゲルにとっての帰結である。

生成する宇宙は「永遠に一なるもの」における「無限の多なるものの充満」、というよりは刻一刻が「より多く」の「多なるものの充満」であり、「無限の統一性」と「無限の多様性と充溢」との渾然一体であるのだから、「宇宙の特性描写」も無限に多様かつ豊饒であり、それゆえアナロギーもまた無限に多様かつ豊饒である。「観念論にとっては」とシュレーゲルは一七九九年の断章の一つで書いている、「観念論にとっては無限に多くのアナロギーが存在しているはずである。だからして人は観念論の真理についてイロニーなしにはほとんど語ることができない。観念論は無限に真理であるが、しかしこの真理の無限性はけっして完成されることがない」(PL V-1028)と。そしてイェーナ大学講義『超越論的哲学』第三部『哲学の哲学』にも次のような一節が見出される。「経験の根本諸概念によって要求されるのは、正しく類推する力である。これは一種の天才である。全体についての未完成の知識は、この仲介項すなわち天才によってあたかも完成されているかのように描出されるのである。全体なるものはすべて本質において一なるものである。だからこそある帰結から別の帰結へと進むことが可能なのである。アナロギーとは一つの未完成の知識であるということが、このことからも裏付けられる。個々人の知識は完成されることがない。各個人それぞれが宇宙のための一つの新しい言葉である。[30]」——シュレーゲルは、前述のように、ケルン私講義『序説と論理学』において「真に哲学的使用に耐え得る」推論として「蓋然性ないしはアナロギー」に基づく特殊な三段論法を掲げているが、ここではアナロギーが「全体なるものの永遠に完成されない知」を「あたかも完成されているかのように」描き出す「一種の天才」とも呼ぶべき能力として捉えられ、そしてこの能力が前提されている限りにおいて、「全体なるもの」(無限に生成する一なるものとしての宇宙)への人間的関与の一つ一つを「宇宙のための一つの新しい言葉」として読み解く見地と技法とが提示されるのである。「一切のものは一なるもののうちにあり、一なるものは一切のもののうちにある。これがアナロギーの魂である。」(PL V-1131)——「プラトンと哲学的対話、すなわちアナロギーによって宇宙へと連れ戻してゆく哲学的対話との関係は、シェイクスピアと演劇との関係に等しい。」(PL IV-1235)——「すべてのアナロギーは無限接近である。」(PLIV-1406)——「宇宙の理論に関わらねばならないアナロギーなくしては、いかなる歴史学も存在しない。」(PL IV-1446)——「アナロギーの最後の根拠は原理ではなく、秘儀である。」(PL V-80)——「アナロギーはたぶん矛盾律と根拠律との綜合であって、結合術的案出の技法の最初の芽生えを含んでいる。」(PL V-267) ——

アナロギーが「結合術的案出の技法の最初の芽生え」と捉えられている右の最後の断章はイェーナ大学講義と同時期のものだが、この講義の、先の「天才」に関わる一文に続く箇所でシュレーゲルは、アナロギーを駆使する創意、案出の能力、あるいは経験と理論とを仲介する能力としての「結合術的精神」(kombinatorischer Geist) に言及し、次のように述べている。「類似性の真理がアナロギーである。こうしたさまざまな類似性を知覚する力が結合術的精神である。この結合術的精神の圏域は徹頭徹尾無規定的である。しかしそれが活動するに際して従うべき一つの方法がなければならない。この方法が実験ということになるだろう。この方法に従って事を処理してゆく者は、最も大胆な試みを敢行することとさえ許される。その者は確実に実在性に辿り着くだろう(31)」と。われわれの有限的な現象世界を無限に多くの創意、案出、発見によって豊かなものにするのが、無限に多くの「類似性の真理」ないしは「真理の近似値」の切れ切れの断片を知覚し、それらをさまざまに組み合わせ、結び合わせ、それらの間に何らかの意味連関を成立させる能力、すなわち「アナロギーを駆使する」能力としての「結合術的精神」である。このような結合術的能力をシュレーゲルはまた「機知」の能力と一体的なものとして捉え、これを哲学的資質の必須条件の一つに数えている。ケルン私講義『哲学の展開十二講』の『意識論としての心理学』第三章の『人間意識個別論』によれば、個体的自我は「想起」を介して「根源自我」との「同一性」の意識に目覚める。しかしこの目覚めは同時に超経験的意識への目覚めでもある。なぜなら「同一性」の概念は経験的意識の彼岸に横たわっているからである。そしてこの超経験的意識の圧迫によって個体的、経験的自我は絶えず自分を「派生的存在」として意識せざるを得ない。「われわれはわれわれの一部にすぎない。」——一方では一切の個体性、有限性の廃棄を意味するこの命題も、他方では個体的、有限的意識の尖鋭的表現となる。そして自分を一個の「引きちぎられた断片」と感じる意識は、この意識に最も相応しい発現形式を断片的・断想的・断章的なもののうちに見出す。これが人間意識の特質的な形式としての「機知」である。このような「機知」の発現の特性は連関性、連続性の徹底的欠落である。いかに恣意的な想像力の活動の中にも何らかの発想の脈絡は見出される。しかし機知は先行するものとのいかなる連関もなしに、それどころか時にはそれと鋭く抵触しながら、個々ばらばらに、まったく不意に、唐突に、いわば「脱走兵」のように、あるいはむしろ「意識の世界と並んで存在する無意識の世界からの稲妻」のように出現して、「派生的意識の断片的情況を鮮やかに描き出す」のである。――「機知は縛めれた精神の爆発である。」(LF 90)――「機知に富む思いつきは、長い別離ののちに訪れた二つの親密な思想の意外な再会に似ていることがある。」(AF 37)――「機知」は、「根源自我」が「派生的自我」との間を隔てる「個体化原理」の壁を一挙に断ち割り、突如として、無媒介的に個体的自我の意識全体を占拠する一瞬の衝撃である。「意識的なものと無意識的なものとの結合、混合」、あるいは経験的意識の場において実現される「根源自我」と個体的自我との不測の遭遇と予期せぬ驚愕の合一、これが機知なのである。

しかし機知の機能はこれだけではない。「無限の統一性」と「無限の多様性と充溢」の認識源泉は「想起」と「予感」である。自我の統一性の基礎である「想起」による認識が常に確実、かつ完結的であるのに対して、自我の無限生成の全域とそこに含まれる一切のものを対象とする「予感」、すなわち「精神的直観」による認識は常に不確実、かつ未完結的である。この両認識の不均衡、不整合を調停しようとする個体的自我の仲介能力が機知である。従って機知の概念は統一性と多様性との二重の関係、すなわち類似性(同一性)と差異性(多様性)を同時に志向するという二重の関係を含んでいる。機知は一見まったく無関係な、異質的な、あるいは隔絶された諸対象の間にさまざまな類似性を発見することによって、それらをその時々の特殊な統一的脈絡のうちに結合する能力でもある。そして機知が包括する「多様性と充溢」が多ければ多いほど、また結合される諸対象の質的差異性が大きければ大きいほど、それだけ機知は「輝かしいもの」となる。このようなかたちで発現する機知が「結合術的精神」なのである。「結合術的精神」の本質はいわば「幸運な推測」、「創意の能力」、「創意の天才」である。その際限なく多岐にわたる結合能力によって、「精神的直観」が産出する予感に満ちた多種多様の認識は時には一種の学問的高みにまで上昇する。「機智」は個体的意識における「直観的精神」の特質的な形式であるばかりでなく、語の最高の意味において「知の最高原理」でもある。すなわち機知は「予見」によって「創意」へと持ち来たらされる対象の「多様性と充溢」をその独特の「結合術的精神」によって更に「学問的形式」のうちへと運び込むのであり、かくして単に「確実性をもって知られたもの」の住処でしかなかった領域を大いなる「豊穣」と「多様性」の国土へと拡張、拡充するのである。哲学史上の偉大な創見のほとんどすべてはこのような「結合術的精神」の発現形式の一つである「機智」の所産である。「機智」こそが「学問的創意の原理」であり、「結合術的精神」の欠如が学問の空疎と無味乾燥の元凶である。[32] それゆえシュレーゲルは次のように書くのである。

「すべての機知は普遍的哲学の原理にして機関であり、また、すべての哲学は普遍性の精神、永遠に混合と分離を繰り返すあらゆる学問の中の学問、いわば論理的化学以外の何ものでもないのだから、あの絶対的な、熱狂的な、徹頭徹尾質料的な機知——この分野での達人がスコラ的散文の両巨頭ベイコンとライプニッツであり、前者はその最初の一人、後者はその最大の一人だったわけだが——の価値と尊厳は測り知れない。」(AF 220)

機知は個体的自我の意識の個性的発現形式である。しかしそれは、機知の第一の側面が示すように、普遍的な「根源自我」の無意識的意識との超経験的結合に基づいている。この結合が結合術的精神としての機知の源泉である。なぜなら「多様性と充溢」を一個の統一性へと結合することは「根源自我」の絶対的統一性の超個体的前提なしには起こりえないだろうからである。機知の普遍性は「根源自我」の普遍性にほかならない。『神話論』において機知が

「技巧的に組織された混乱、さまざまな矛盾からなる魅惑的なシンメトリー」と定義されるとき、機知は多様と豊饒とを意識的に組織する結合術的精神である。しかしこの結合術的精神も、「ある原初の根源的で模倣し難く」、「いかなる変形を加えられたのちにもなお太古の本性と力とを仄かに輝き出させているもの」、すなわち根源自我の無限性なしには活動の基盤を失う。機知の本質はその時々の思い付きにあるのではなく、「全体の構成」の中に基礎づけられるものでなければならない。(33) 機知は徹頭徹尾個性的であり、同時に普遍的である。精神的直観に対して自然は無限の「象形文字」として顕現する。この精神的直観が産出するさまざまな形象を結合して一個の認識へと形作る能力としての機知は、「象形文字」解読のための「予見的・天才的」能力と呼ぶことができるだろう。

「根源自我」の思想は孤立した絶対的存在者としての個体自我の廃棄の理論である。一切は「私」であり、「われわれ」である。この根源的一者の創造の普遍性と無限性のうちに、根源者との一体性を意識する限りでの個体自我の諸能力、すなわち精神的直観、美的直観、詩作能力、想像力、すなわち芸術的＝哲学的創造力の普遍性と無限性は基づく。しかしそれにもかかわらず個体的自我は、根源自我との同一性と一体性の深い形而上学的感情に充たされながらも、個体的存在者として個体的、有限的制約のもとに立っている自己自身をあらゆる瞬間に確認せざるを得ない。個体的自我は廃棄されていない。あるいはむしろ個体的自我のみが存在する。「私」の語る言葉は私のうちなる根源自我の思想である。だがそれはやはり「私」の口を借りて語るのである。「私」は根源的一者ではない。個体的有限性を廃棄して根源自我の思想に導いたあの「感情の二律背反」、すなわち「私は有限的であると同時に無限的である」という命題は、「私は無限的であるにもかかわらず有限的である」という命題となって再び個体的自我の全意識を充たす。このような個体自我の意識の発現形式の一つが「機知」なのである。

三

『超越論的哲学』第二部『人間の理論』の中で、シュレーゲルは「全体なるもの」としての自然に関わる限りでの「自然学」に言及して次のように述べている。「全体なるものはその有機的組織のうちにあってこそ自由である。全体なるものは生成する神性の形象、というよりはむしろその歴史である。このことはしかし象徴としてではなく、本来の姿において理解されるべきである。自然とは、二元性と同一性という両根源事実の間に現れる生成と生なのである[34]」と。

ここで言う「生成する神性の形象」ないしは「歴史」として顕現する「全体なるもの」とは、「有機的組織のうちにあってこそ自由である」ような自然、すなわち合理的・機械論的思考体系のメカニズムによっては永久に汲み尽くされ得ない「生成する宇宙」としての全的自然であり、また、「永遠に一なるもの」の原理である「同一性」（スピノザ的実在論の原理）と「無限の多様性と可変性」の原理である「二元性」（フィヒテの観念論の原理）という二つの相対する「根源事実」を両軸として成立する「一にして全なる」無限の領野を隙間なく満たして現象する万象である。しかしこのことがここでは「象徴」としてではなく、「本来の姿」において理解されることが要求される。すなわちこの「生成と生」の充満する現象世界のただ中へ踏み込み、この無限生成のカオスを一つのコスモスへと構成すること――「一つの世界が生じて来ることのできるような混乱のみがカオスである」（ID 71）――が求められるということである。そしてこの課題がシュレーゲルにとって「歴史」の課題にほかならない。「生成する宇宙、すなわち自然以外にいかなる宇宙も存在しない」（PL III-412）という意味での、不断に生成し続ける万象のカオスを「歴史」として構成すること、これが「生成する神性の形象」を「本来の姿」において捉えるということである。「自然は生成する神性」[35]であり、「自然は生成する神性の形象」[36]であるがゆえに「唯一の学問は、従って自然学である」[37]という命題は、ここでは客語を「歴史学」に置き換えられる。「生成する宇宙、すなわち自然以外にいかなる宇宙も存在しない」がゆえに「自然学」が「唯一の学問」であり、「生成する宇宙」とは「生成する宇宙」の歴史、すなわち「自然」の歴史以外の何ものでもないがゆえに、「歴史学」が「唯一の学問」である。同講義第三部『哲学の哲学』においてシュレーゲルは、「哲学の哲学のための観念論の成果は、以下の諸点に還元される」として、(一)哲学は徹頭徹尾歴史的であるべきである」こと、すなわち「歴史が仲介概念となって、経験と理論との合一を可能ならしめる」こと、従って「われわれの哲学はそれ自体が歴史である」こと、(二)このような歴史と哲学との一体性を確保するために、「哲学の仕事は必然的に論争をもって始まる」べきであることを挙げ[38]、さらに哲学の構成要素を以下の三点に要約している。

(一)論争の正当化。
(二)歴史の哲学、あるいは歴史と哲学の合一。
(三)すべての芸術と学問の有機体という図式の一体系、あるいは、すべての芸術と学問のエンツィクロペディー[39]。

そしてこのような構想の達成のために要請される「新しい論理学」の中枢機関として彼は結合術的であると同時に発生論的であるような方法を挙げ、これを歴史的方法と呼ぶのである[40]。

ところでシュレーゲルは、一八〇四年の一連のレッシング論の一つ『批評の本質について』において、対象(「ある作品、ある精神」)の「成立過程と構造とを追構成する」ことが「対象理解の作業」としての「批評の本来の職務、その内的本質」であり、この作業の本来の技法が「特性描写」であるとした、先の引用個所(前節58頁)を中に挟むかたちで、次のように総括している。

「批評を歴史と哲学との仲介項、すなわちこの両者を結合し、統合してある新しい第三のものを形成させる仲介項と考えてみることである。哲学的精神なくしては批評は発展しない。これは誰もが認めるところである。しかし歴史的知識なくしてもこれまた同様に批評は発展しないのである。歴史や伝承の哲学的解明と検証は異論の余地なく批評である。しかし哲学の歴史的展望もまた同様に異論の余地なく批評である。」――「つまりある歴史的事実の集積から得られる確実な成果を一つの概念に総括すること、あるいはまた、一つの概念を、単に判別のために規定するだけでなく、この概念の生成過程をその発生の源泉から究極の完成に到るまで構成すること、すなわち、概念と同時に概念の内的歴史をも与えることなのであって、この二つながらの作業を行うのが特性描写であり、これこそが批評の最高の課題であり、歴史と哲学との最も緊密な合体である。[41]」

哲学が体系への志向である限り、歴史はこの志向への原理的な抵抗である。哲学と歴史との結合によって形成される「新しい第三のもの」とは、それゆえ、すでに見たように、生成の無限の「多なるもの」を無限の「一なるもの」のうちに統合しようとする志向、それ自体が永遠の生成以外の何ものでもない生成の総体の全的把握と記述への志向としてしか言い表し得ないような非体系的体系構築の理念である。このような理念をシュレーゲルはケルン私講義『序説と論理学』の序文で「エンツィクロペディー的展望[42]」と呼び、この展望のもとに包括され構成される歴史の体系――「歴史と体系的哲学とが完全に一体的であり」（PL II-799）、「歴史が同時に普遍哲学である」（PL II-1030）ような体系――を「エンツィクロペディー」と名づける。

一八〇三年に開始されるパリ私講義『ヨーロッパ文学の歴史』の序文において、シュレーゲルはこのようなエンツィクロペディー構想を人間の精神的生の活動と所産のすべてを包括する「文芸」（Literatur）の概念と結合させる。

「文芸が**すべての学問と芸術とを包括する**限りにおいて、それは**エンツィクロペディー**である。」[43]――この結合に先立って彼は文芸の概念を次のように規定する。「この概念はしかしながら暫定的なものでしかない。なぜなら完全な概念は文芸の歴史そのものだからである」[44]と。文芸の概念は文芸の歴史として初めて構成されるということが、エンツィクロペディーとしての文芸の本質規定である。文芸もまたその固有の歴史を持つということではない。文芸の歴史それ自体が文芸なのである。エンツィクロペディーは、それが「すべての芸術と学問の有機体」であるという意味において「普遍性の教科書」(PL IV-706)であると同時に、その「体系はくまなく歴史的であり」(PL V-613)、「歴史およびその諸原理と一体的である」(PL V-251)という意味において徹頭徹尾歴史的概念である。「エンツィクロペディーとは、いわば歴史への讃辞以外の何ものでもない。」(PL V-722)――「生成する宇宙」以外にいかなる宇宙も存在せず」(PL III-412)、この生成の全体を構成し得る学問は「宇宙の特性描写」としての「哲学」(PL III-218)以外にはない。しかるにすべての学問は発生論的であるがゆえに、歴史〔学〕が「あらゆる学問のうちで最も普遍的にして最高の学問」[45]にして「唯一の学問」[46]である。そしてこの「最高」にして「唯一」の学問が、「精神の年代記、内的人間の地誌」、「最高の文献学、すなわち批評の総括」(PL IV-502)としての「歴史哲学」、あるいは「エンツィクロペディー」としての「文芸史」にほかならない。

　エンツィクロペディーは、生成の無限を総括する全体性の理念であるということによって、この理念のもとに初めて可能となる世界の歴史的構成、あるいはその「特性描写」のための方法的基礎である。このことは、ケルン私講義『序説と論理学』において、エンツィクロペディーが「諸学問、諸芸術およびそれらの内容、本質、性格、連関についての理論」[47]と定義されていることからも明らかである。この定義は対象認識ないしは対象理解、あるいは同じことだが、対象の特性描写ないしは「批評」の場においてエンツィクロペディーの果たす解釈学的機能を大づかみに要約している。「批評は**絶対的普遍性**を介して初めて成立する。」（FPL V-662）――「批評はそれだけでは絶対的なものではない。体系的作業なくしては批評は特性描写を達成し得ない。批評は一個の普遍哲学的技法なのである」（PL II-1063）――「エンツィクロペディーと批評とは切り離し難く結合している。」（PL IV-62）――対象は、それがいかなるものであれ一個のエンツィクロペディーとして把握され構成される限りにおいてのみ、対象の理解と記述の技法としての「批評」の真の対象たり得る。「あらゆる理解の第一条件は、それゆえまたある芸術作品の理解［の第一条件］は、全体の直観である。」（『批評の本質について』）[48]――この「全体の直観」を常に確保し続けること、すなわち対象がいかなるものであれ、常にそこにエンツィクロペディー的構造を確認し、かつ確保することが批評の第一の課題であり、この課題を達成することが逆にまた、批評にその方法的基礎を確保させるのである。このような根源的にして普遍的な対象読解の技法の基礎となるべきエンツィクロペディーを、シュレーゲルは「高次の文献学の哲学的基礎」（PL V-724）と呼ぶのである。

ところで対象におけるエンツィクロペディー的構造は、対象における「個体性」にほかならない。個体とは生成の無限の「多なるもの」を「一なるもの」のうちに統合する全体性の概念だからである。このような多様の統一をシュレーゲルは、ここでもまたヘルダーのいわば隠れた弟子として、「有機的連関」と呼ぶ[49]。世界は無限の有機的生成と発展の総体であり、この生成発展のいかなる部分もまた、それ自身の生成の無限を内包する一個の有機的形成体である。宇宙は無限の個体であり、すべての個体は有限の宇宙である。個体の概念はこの意味においてすでに「批評のカテゴリー」に属している。対象は、それが個体（一個のエンツィクロペディー的複合体）として把握される限りにおいてのみ、批評の真の対象たり得るのである。――「批評されるべきものはすべて**個体**でなければならない。」（FPL V-634）――「個体のみが特性描写され得る」（PL II-715）のである。「特性描写は対象の肖像画であってはならず、個体的種の理想でなければならない。」（FPL V-1133）——ここで言う「理想」とはそれゆえ対象がその固有の生成の歴史によって培ってきた「絶対的性格」であり、「絶対的個体性」である。——「体系とはある圏域内に見出されるすべての個体の歴史のことである。」（PL II-809）——「体系とは絶対的性格であり、絶対的個体である。」（FPL V-947）——そしてこの「絶対的個体」（「個体的種の理想」）としての対象概念そのものの成立過程と構造の解明、すなわちこの概念の「発生論的」にして「特性描写的」な追構成が、批評の方法論としての「新しい論理学」の中心となるのである。

すでに前節でも触れたように、シュレーゲルはケルン私講義『序説と論理学』の本論第一章『心理学』において「真に哲学的な使用に耐え得る概念」のエンツィクロペディー的性格と構造について概略以下のように述べている。「概念は、予感であると同時に想起であるような直観と説明することができる。想起とはここでは過去の表象を、予感とは未来の表象を、そして直観とは現在の表象を意味する。」一般に概念は「幾つかの感性的表象の比較と結合とから生じる普遍的表象」と定義されているが、このような定義によっては概念の「成立過程や内的本質」は解明され得ない[50]。対象がその成立過程ともども単なる「感性的所与」としか見られていないならば、対象の概念は常に「現在」の平面に固定され、対象固有の内的構造については何ごとも語らない虚ろな形骸、あるいは「もの言わぬ他者」としての「非我」にすぎない。従ってこのような概念によって描き出される世界もまた、それがいかように細工され彩色されていようとも、感性的直感による下絵に留まっているだけの沈黙の画像にすぎない。それゆえこのような画像を覆う感性的表皮を引き裂き、そこから溢れ出てくるもの、語り出ようとしているものを捉え、かつそれを誘導してその隠れた内的連関と秘められた意味とを探り、それを注意深く吟味しつつ、そこに新たな生きた画像を描き上げることが、シュレーゲルにとっての批評の理論として要求される「新しい論理学」の本来の課題であるならば、この論理学は何よりもまず、世界の根底に「静止した不動の基体」を想定せざるを得ない感性的存在者としての人間の思考の不可避的な「迷誤と偏見」を打破するものでなければならない[51]。あらゆる体系的思考が意識するとしないとにかかわらず最後まで引きずってゆくこの宿命的な「迷誤と偏見」の普遍的な根本形式を代表するのが、対象の「内的生命」の自由な発現を圧殺する「実体概念」であり、その論理的表現が「同一律」、「矛盾律」、そして「充足根拠律」ないしは「因果律」等の独断論的諸原則である。——「形式論理学と経験心理学は哲学的グロテスクである。」(AF 75) ——そしてこの対象圧殺的な形式論理学に対する徹底的な批判によって切り崩され、切り裂かれてゆく諸事物の「物言わぬ」体系的画像の背後に目撃されるのは、言うまでもなく生成の無限の連なりであり——「生成は世界の本質であり——それゆえ世界の源泉である。」(PL IV-1041) ——、この無限の連なりの一項を成すもろもろの個体の千変万化する多種多様な「生と生成」の姿である。そしてこれらの個体はすべて「意識の形式」からみれば「想起」と「予感」を、「時間の形式」からみれば「過去」と「未来」を包蔵する有機的な形成物としてそれぞれ固有の「形象」と「言葉」とをもってわれわれにその「内的意味」を告げるのである。

この「想起」と「予感」を、シュレーゲルはここでもまたあの「無限なるもの」の根源概念である「統一性」と「多様性と充溢」から導出する。対象の成立の源泉へと遡る能力としての「想起」は、われわれの個体的自我が「無限なるもの」の自我(根源自我)と一体であった「前存在」への無意識的=超意識的な希求の表現であり、対象の生成の未来への関与としての「予感」は、同様に「無限なるもの」の無限に多様な生成への無限志向(無限なるものの世界創造)を支配する「根源的予感」の派生的表現である。この「未来の表象能力」としての「予感」が、われわれを感性的表象の世界から「自由な精神の創造」の空間へと飛翔させるあの「形象産出能力」としての「構想力」(想像力)である。そしてこの構想力と想起とによって与えられる対象の生成の多様な情報を総括し、これを対象の「現在」として構成するのが、対象の根源的な理解の能力としての「悟性」である。この対象の「現在」は、それゆえ固定的ではない。対象は常に現在の相のもとに現れる。しかしこの「現在」は不断に「未来」の中へもぐり込みながら不断に「過去」となるという連続性の中で両者を結合する流動的な現実であり、この流動のうちに対象の生成の過去と未来、歴史と予見とを綜合する一個の「全体」である。対象の「現在」、すなわち対象の概念は、常に至る所このような綜合的＝全的構造の表現であり、またこのような構造を表現するものとしてのみ、対象の概念は構成されるのである。

このような構成を、前述のように、シュレーゲルは「発生論的にして特性描写的」な構成と呼ぶ。発生論的とは、「対象の本質の把握と対象の根源的な成立過程の解明とを結合する方法」を意味し、特性描写的とは、対象の個々の特徴を指摘するだけでなく、「対象に含まれる一切の特質的なもの、個性的なものを徹底的に追求し、それらを結合することによって全体を特徴づける方法」を意味する。発生論的であると同時に特性描写的であるということが、ある対象についての概念が哲学的であるかどうか、すなわち、対象の「本性、その成立、その漸進的発展、その最終にして最高の規定、およびその普遍的かつ必然的な連関、その多様な活動と力、形式と法則を最内奥の根底から認識し把握する」という概念本来の目的に耐え得るかどうかを決定する試金石なのである。しかし右の二つの方法が別個のものでないことは、先のレッシング論の一つ『批評の本質について』における特性描写の定義によっても明らかである。発生論的視点を欠いた特性描写は単なる「対象の肖像画」を描くに留まるだろう。特性描写は、それが同時に発生論的であるときにのみ、対象の概念の真の構成原理たり得るのである。

しかし対象の概念は対象の生成の「未来」への「予感」をもその構成要素として含んでいる。それゆえ特性描写が発生論的であるというだけでは不充分である。特性描写が対象における生成の「未来」をその「過去」と共に対象の

「現在」として構成すべきものであるならば、発生論的であると同時に予見的であることが要求されねばならない。この「予見」によって捉えられる対象における「未来」をシュレーゲルは「傾向」(Tendenz)、あるいは対象の「内的本質と志向力」と呼び、これをあらゆる対象の「真の現実的定義、あるいは特性描写のために使用され得べき普遍的な抽象概念の体系」としての「カテゴリーの表」の主要な一項目(第三表)に加えている[52]。対象の「内的意図」とも定義されるこの特異な本質規定である「傾向」――「定義とは、ある事物の内的意図、傾向、根本理念を規定することである。」(PL VIII-329)――は、それゆえ対象の内的無限性の暗示ないしは確認であると共に、この無限性が単なる無規定的な潜在力としてではなく、対象固有の方向性によって規定されたカテゴリアールな根源力として捉えられていることをも示している。「傾向」とはまさにこのような根源力として、対象が常にその「現在」を破り出て新たな「現在」を形成しようとする志向、あるいはむしろその「現在」を不断に「未来」へ向って膨張させ、常により多くの、より充実した「現在」たろうとする志向の表現である。対象の中に渦巻くこのような未来志向としての「傾向」を対象の成立過程と共に描出することが、特性描写の、それゆえまたシュレーゲルにとっての歴史記述の、というよりは歴史哲学の本来の課題である。歴史は単に生成の過去を構成するに留まるものではない。歴史学が世界の無限生成の総体をその記述の客体として持つ限り、それは同時にまた世界の無限生成の未来への「予見の構成」を含むものでなければならない。予見それ自体が歴史なのではない。「予見」が絶えず生成の「現在」として発生論的に構成され続けてゆくことが歴史なのである。「予見」はこの意味で徹頭徹尾歴史的概念である。と同時に同じ意味で「歴史の最内奥の原理は予見」(PL IV-1224)なのである。

対象はその生成の未来への志向(傾向)によって絶えずその「現在」を乗り越えようとしながら常に「現在」に留まるところの「何ものか」である。そしてそのようなものとして対象は常にわれわれに向かって語り掛けようとしている「何ものか」であり、そのような「何ものか」として捉えられることを欲している「何ものか」である。そのような存在として対象はわれわれに向かって不断に語り掛けてくる。と言うよりは対象とはそれ自体がわれわれに向かっての不断の語り掛けなのである。ここに、あの同一の「無限なるもの」の理念から導来された二つの解釈学的視点、すなわち「エンツィクロペディー」と「楕円」の両構造が合体する。前者は対象の「絶対的性格」ないしは「絶対的個体」としての独自性を、後者はすべての個体の根源的同一性と個体間の交流（対話）の可能性ないしは必然性を基礎づける。認識とは理解することであり、理解とは相互の語り掛けとしての対話を成立させることである。この対話はしかし、対象が一個の独立した「絶対的個体」として確立されるときに初めて成立する。対象のこの「絶対的個体」の独自性と独立性とを破壊し、一切の対話の基盤を突き崩すのが、ただ一つの絶対的中心点によって構築される絶対円を唯一の拠り所とする体系的思考の支配者原理である。対象の絶対的個体性とは、生成の無限、すなわち生成の未来への無限志向を内包する有限的形成物、あるいは永遠の未完結性をその本質とする歴史的形成物である。このような個体がその有限的な諸制約を介して、というよりはこの諸制約と共に——なぜならこの諸制約が個体の表現形式にほかならないのだから——語り出ようとしているところのものを聞き取ることが、対象理解の作業としての「対話」の本質である。ところでこのような対象の外的有限性と内的無限性、対象のいわば外皮としての構造性とこの外皮のうちに封じ込められている内的生命＝傾向との関係を、シュレーゲルは「文字と精神」[53]という文献学的対概念の中へ吸収して、これを作品読解のための基本モデルとなるべき「批評のカテゴリー」（FPL V-567）の中枢に据えるのである。

「文字は固定された精神である。読むということは、縛められた精神を解放することであり、それゆえ一つの魔術的行為である。」（PL IV-1229）——「批評とは本来、無限なるものとして、すなわち絶対者であると共に個体でもあるところのものとして扱われるような一つの作品の精神と文字の比較以外の何ものでもない。――批評するということは、一人の作者を、作者自身がみずからを理解していた以上によく理解することである。」[54]（FPL V-992）

この二つの命題は、シュレーゲルにおける批評の原理を端的に総括している。作品の読解とは、作品を「文字」という固定的形成物と、そのうちに潜む「内的志向」（傾向）としての精神との二元構造として把握し、次いでこの両要素を「比較」し、すなわち両者の緊密な相関の中で行われる分析作業によって作品の「内的志向」（「内的意図」、あるいは「意味」）を「文字」の桎梏から解き放つことである。それゆえこの「解放」は単なる抽象ではなく、「文字」という形成物を介して語り掛けてくるもの、というよりはこの形成物それ自体が語り掛けであるところのもの、すなわち、あの「象形文字」の解読としての――それゆえ「魔術的行為」としての――解放である。われわれがこの「象形文字」の解読の鍵を完全に所有しているかどうかということ（例えば作品が母国語で書かれているかどうかということ、あるいは、人間の言語で書かれているかどうかということ）は偶然的な事柄にすぎない。「象形文字」とは、読む者の側からの呼び掛けとそれへの作品の側からの応答とによって成立する「対話」そのものであり、それによって単なる記号は意味のある言葉となるのである。そうでなければ作品は、いわばもの言わぬ「非我」として、単なる死文字の羅列にすぎないだろう。すべての作品は、それを読む者にとって常に一連の「象形文字」の集積体である。「文字なくして精神はない。文字は流動化されることによってのみ克服される。」（PL V-274）――流動化とはいわば溶解である。「文字」を液状化させることによって作品の内なる「精神」を浮上させ、その液面に波打たせることが、読むということである。読解とは、「精神」を「文字」から抜き取ることではなく、液状化した「文字」に「精神」を溶かし込むことによって「文字」そのものを変貌させることである。そしてこの変貌が「象形文字」の解読にほかならない。それは「文字」をして「精神」を語らしめる関係から「精神」をして「文字」を語らしめる関係への転換であり、この転換によって生じる作品そのものの変容が、「文字」を離れては存在し得ない「精神」の「解放」なのである。

このような読解の対象となる作品は、それ自体が「無限なるもの」、「絶対的なもの」であるような「個体」、すなわち、その有限的な組織のうちに生成の無限を内包している一個の全体――エンツィクロペディー――としての作品である。このような作品をシュレーゲルは「古典的」（classisch）と呼ぶ――「エンツィクロペディーの理念は古典的、原初的、かつ普遍的である。」（PL IV-724）――「古典的でないものは無に等しい。」（PL IV-887）――「古典的な作品のみが批評の本来の対象である。」（FPL V-666）――このような作品は、その「文字」が押し包む「精神」の無限性によって、「文字」として現前する作品より多くの何ものかである。作品は、常に自己自身の「現在」より以上の何ものかであろうとする「内的志向力」を孕んでいるものとして初めて一個の絶対的な作品、すなわち「古典的」と呼ばれるに値する作品たり得るのである。解放されるべき「精神」は、それゆえ作品の形成者の精神、すなわち意識的意図を含みつつ、なおより多くの精神、すなわち内的意図、あるいは傾向である。作品とは、それが一個の「絶対的性格」、「絶対的個体」を形成している限りにおいて、作者の意識的意図を含みつつ、なおそれを越えて広がり、かつ深まる作品それ自体の多層的な意図の充満である。この意味で「批評の本来の対象はもっぱら作品と作品の体系のみであって、人間ではない」（FPL V-665）のである。批評とは、作品そのものの秘められた「内的意図」（「傾向」）への洞察、すなわち作品の生成の未来への「予見」を作品の成立過程の追跡ないしは追体験のうちに織り込みつつ描出することである。そして作品の中に渦巻くさまざまな生成の未来へのこのような積極的な関与、これが、批評とは何か、対象理解の技法としての批評の概念はいかにして確立されるかという自問に対するフリードリヒ・シュレーゲルの最終的な自答である。すなわち批評の原理は「予見」にほかならず、それゆえ「予見」の演繹と構成が批評の理論と実践の要諦であるということである。「諸事物そのものは、〈二元論の覆い〉としての形象にすぎない。予見（正しくは予感としての知覚）は、悟性と認識の最高の頂にして理解の根である。」（PL X-78）——

個体は孤立を意味しない。すべての対象はその固有の内的志向、すなわち「傾向」を包蔵する一個の全体を形成しつつより大きな集合体の中へと組み込まれてゆく。この集合体もまた、それが一個の全体を形成する限りにおいて、その中心的な「傾向」を暗示しつつさらに大きな集合体の中に組み込まれてゆく。そしてこうしたすべての「傾向」は「生成する宇宙」の根源的にして最終的な「傾向」の中へと包み込まれてゆくはずである。この究極の「傾向」を探求すること、そしてその全過程を記述すること、すなわち最も本来的な意味において「世界生成論」を構成することが、「宇宙の特性描写」としての哲学の課題であり、「人間の意識の特性描写」としての文芸史の課題である。そしてこのような「エンツィクロペディー」としての「世界生成論」ないしは「文芸史」の課題を達成する（とはいえ目標への無限接近としてではあるが）ための唯一の方法が、「発生論的であると同時に予見的である」ような「特性描写」、すなわち対象の成立過程を対象の未来への予見と共に現在において構成するところの「批評」である。このような批評を、その対象の未来への積極的関与という意味において「予見的批評」と呼ぶことができるならば、「予見的批評」とは、永遠に未完結的な無限生成のカオスの「全体」を一手に抱え込み、その構成要素の一つ一つを読み解き、克明に記述しつつ、その成果の一切を同様に永遠に未完結的な「一冊の書物」に編集する分析的にして綜合的な技法である。批評のこのような最包括的な分析的・綜合的機能を、シュレーゲルは彼の遺稿断章『哲学的修業時代』の一つで次のように総括している。

「文献学は考古学を介して完全に歴史学の中へ移行し、歴史学もまた同様に批評を介して完全に文献学の中へ移行しなければならない。——批評の中にまさしく一切のものが合流する。歴史学、文献学、考古学——文学と哲学——

それどころかエンツィクロペディーまでが。批評は全面的なカオスである。エンツィクロペディーが普遍的な学問であるとすれば、批評は普遍的な芸術である。」(PL V-534)

そしてこのような批評の理念を、シュレーゲルは新しい領域の開拓者に相応しい大胆さをもって「絶対的解釈学」(FPL V-568) と呼ぶのである。

第二章　イロニーの風景（一）ロマーン理論のディテュランボス的基層

「人間は有限的なものと無限なるものとの一個のカオスであり、そしてまた一個の体系でもある。これが人間の本性なのであって、彼の理想はこれら二つながらのものの体系であることだ。プラトンでさえも、時には一方のものへ、時にはもう一方のものへと逸れているのである。」（PL IV-1091）

フリードリヒ・シュレーゲルが遺稿として残した優に二万点を越す膨大な断章群は、そこに何らの脈絡もなく、互いに競合し合うというには余りにも互いに無防備に犇き合っているとしか見えない数限りない切れ切れの思想断片のカオスによって、この思想家が自分を幾重にも深く押し包んでいるものの強大な内圧にいかに耐えねばならなかったかを伝えようとしているかのようである。根源的なもの、名状し難いものが、絶えず彼の思考の中枢に喧しくつきまとい、彼によって名と姿とを与えられることをせがみながら、同時に、そうされることを意地悪く拒んでいるかのようである。このものは、絶えず彼に追いすがり、自分についての一部始終を物語れと彼に要求し、だが彼がそうするより早く物語のすべてを取り消せと迫り始めるかのようである。そして何よりも、このものは彼の哲学的精神に媚びて自分を一個の体系に仕立ててくれと望みながら、同時に、本当はそんなことは望んでいないし、またできる話でもないと絶えず彼の耳に囁き続けているかのようである。こうしてフリードリヒ・シュレーゲルの形而上学的欲求は、ほかならぬこの欲求の不可避性とその実現の不可能性とをこの欲求そのものの向かうべき唯一の目標、永遠の無限接近という目標として掲げなければならないというパラドックスの中を永遠に浮動してゆくかに見える。

「イロニーはパラドックスの形式である。善にして同時に偉大なるものはすべてパラドックスである。」――一七九七年の『芸術のリュツェーウム』誌に発表された『批評的断章集』に見出されるこの一節（LF 48）は、シュレーゲルの精神の葛藤を時ならぬ稲妻のように鋭く鮮やかに照らし出している。特に後段が重要であるだろう。なぜなら「善にして同時に偉大なるもの」のすべてを放棄してしまうなら、この命題は不要だろうからである。それゆえこの命題は、ほかならぬこのパラドックスを生きようとする決意の表明でなければならない。同じ決意は、一七九八年の『アテネーウム断章集』の一つでいっそう鋭く鮮やかに表明されている。「体系を持つことも体系を持たないことも、精神にとっては等しく致命的である。ゆえに精神はこの二つながらのことを結合すべく決意しなければならないだろう。」（AF 53）――「体系を持つことは精神にとって有害である。」「体系を持たないことは精神にとって有害である。」「ゆえに精神は体系を持つことと体系を持たないこととを結合すべきである。」――この奇妙な二律背反とその解決――体系への意志と体系への意志の否定との合体――をこの両命題の綜合の課題として掲げねばならないこの難解な三段論法は、持つことと持たないこととを同時に持つという一種の論理的短絡として投げ出されていることによって、「持つことも持たないことも」のパラドックスはほとんど自壊寸前のところまで先鋭化している。

矛盾律という論理的関係がまったく意味をなさない地層から突出してくるかのようなこの根源的な矛盾をシュレーゲルはこの時期、すなわち『リュツェーウム断章集』から『アテネーウム断章集』にかけての時期において、「自己創造と自己破壊との絶え間のない交替」（AF 51）と定義される「イロニー」の概念のもとに辛うじて押さえ込んでいる。だがその彼にとってこのようなイロニーの「本来の故郷」が「哲学」にほかならない（LF 42）のだとすれば、そしてまたこの哲学についても、「宇宙の特性描写のみが哲学」(PL III-218) であり、しかも「生成する宇宙、すなわち自然以外にいかなる宇宙も存在しない」(PL III-412) のだから、「最高の形式において哲学は世界生成論以外の何ものでもなく」(PL X-181)、この意味で「宇宙を構成することが、古来、最も偉大な哲学者たちの最終目標だった」(PL IV-191) のだとすれば、この最終目標はその崩壊、すなわち、この目標そのものの「自己破壊」を同時に含むものとしてのみ、最終目標たり得るということ、宇宙の体系的構築とこの構築の破壊とを共に行うことが宇宙の哲学的構成の概念のうちにすでに織り込まれているということ――これがここでの「イロニー」の意味であり、作業であるということになるだろう。

シュレーゲルはこのパラドックスを、世界の概念とカオスの概念との融合・合体によって一挙に解決しようとする。「そこから一つの世界が生じて来ることのできるような混乱のみがカオスである。」(ID 71) ――世界の形成と崩壊とがここでは、両者の絶対的相関の中で互いに規定し合う一個の全体として把握されている。「生成する宇宙」以外にいかなる宇宙も存在しないのであれば、宇宙とは生成への意志そのものにほかならず、その生成の一刻一刻において常に新たな生成であろうとすることが、この意志の本質であるだろう。そしてカオスもまた、この常に新たな生成のために常に新たなカオスであろうとする意志であるだろう。とすれば一つの世界たろうとする意志は自己否定、すなわちカオスへの意志を母胎としてのみ自己自身たり得るというのが、右の断章の真の意味でなければならない。そしてこの「自己創造」と「自己破壊」との綜合のパラドックスが、シュレーゲルのロマーン理論をその根底において規定している原理なのである。

「ロマーンは明らかに〈絶対的に体系的〉であり、最高の意味において一冊の書物である。」(FPL IX-135) ――「ロマーンにおける本質的なものはカオス的形式――アラベスク、メールヒェンである。」(FPL IX-274) ――

一

一八〇〇年刊行の『アテネーウム』誌第三巻所載の『詩文学についての会話』第三章『ロマーンについての書簡』〔以下『書簡』〕には、次のような一文が見出される。「一篇のロマーンは一冊のロマン〔主義〕的な書物である。——あなたはこれを無意味な類語反復と見なすだろう。」——むろんそうではないことをシュレーゲルがこの『書簡』に名を借りたラプソディー風の軽快なエセーにおいて論証し得たかどうかはともかく、次の点がまず確認されねばならないだろう。シュレーゲルにとって「ロマン〔主義〕的なもの」とは「古代的なもの」に対して真にその独自性を主張し得るような、すぐれて近代的なものの徴表、すなわち「古代の古典的文学作品に対抗し得る」ような作品を創造し得た限りでの、古代人の対蹠者としての近代人に与えられる時代概念であり、またこのような意味での「近代精神の普遍的な文学形式」がロマーンなのである。[1]「近代」とはここでは「近代文学はダンテをもって始まり、近代哲学はスピノザをもって始まる」〔FPL V-1036〕という意味での、そしてこのほかならぬ「ダンテの『神曲』は一篇のロマーンである」〔FPL V-76〕という意味での、さらにまた「シェイクスピアの普遍性はいわばロマン〔主義〕的芸術の中心点である」〔AF 247〕という意味での、レッシングの「『エミーリア・ガロッティ』は言葉では表せないほどに近代的であっても、けっしてロマン〔主義〕的ではない[2]」という意味での、一個の様式概念を意味している。

しかし重要なのはこの点ではない。このような独自の文学史的見解や視点を一挙に無意味なものにしてしまう発想の転換と概念の拡張とがここでは重要なのである。シュレーゲルは『書簡』の筆者に次のように書かせている、「ロマン〔主義〕的なものは一つのジャンルであるよりはむしろ文学の一要素と言ったほうがよい」のであり、それゆえ

「すべての文学はロマン［主義］的であるべき」であり、またロマーンも「それが一特殊ジャンルであろうとする限り、嫌悪すべきものである[3]」と。この概念の拡張はただちにロマン主義文学の定義に捧げられた『アテネーウム断章』の結びの一節を想起させる。「ロマン主義文学ジャンルはジャンルを超えた、いわば詩芸術そのものであるような唯一のジャンルである。なぜならある意味ですべての文学はロマン主義的であり、あるいはそうあるべきだからである。」（AF116）――この「あるいは」は幻惑的であり、誘導的である。「そうあるべき」ものは、必ずしも「そうである」とは限らないのだから、それに先立つ「なぜなら」という接続詞は前節の理由づけを果たすよりは回避しているという点で、多分に詭弁的でさえある。この種の「あるいは」は、シュレーゲルにしばしば見られる論理の一瞬の意図的な踏み越え、ないしは非意図的な踏み違えである。だがこの踏み越え、踏み違えを跳躍台として、シュレーゲルは常に新たな地平に降り立とうとする。すべての文学はロマン主義的であるべきであるがゆえに、すべての文学はロマン主義的なのである（傍点は筆者）。彼は一八〇三年の断章の一つで先の『書簡』でのロマーンの定義を次のように書き替えている、「一冊の文学的な書物がロマーンなのである」（PL VII-256）と。――「ロマーン」とは「ジャンルを超えた、いわば詩芸術そのものであるような唯一のジャンル」としての、いわば文学自体としてのロマン主義文学の理念の具現者なのである。

　このようなロマン主義文学を、前記の『アテネーウム断章』は「進展的普遍文学」と定義する。そして「進展的」なる語の意味を次のように説明する。「ロマン主義文学ジャンルはいまなお生成の途上にある。いや、永遠に生成するのみで、けっして完成され得ないということが、このジャンルの固有の本質である」と。「生成する宇宙」以外にいかなる宇宙も存在しないのだとすれば、宇宙の無限性は生成の無限性において、あるいは同じことだが、永遠に未完結的な進展性において現れ、そしてまた宇宙の普遍性は、すべてのものが融合・合体する「一にして全」なるものの理念において現れるだろう。このような「無限に生成する無限に多なるものの無限の充満」として捉えられた「永遠に一なるもの」としての「全一性」の理念を、シュレーゲルは「エンツィクロペディー」の概念と結合させる。一八〇三年から翌年にかけて行われるパリ私講義『ヨーロッパ文学の歴史』において彼は、哲学が一切の学問を、詩文学が一切の芸術を包括する限りにおいて、この人間の精神的生の生産と所産のすべてを網羅するものとしての文芸（Literatur）をエンツィクロペディーと呼ぶのだが[4]、このようなエンツィクロペディー構想の実現を委ねるべきその本来の担い手としてロマーンが彼の念頭に去来していたことは、一八〇〇年頃に書かれた断章の一つからも見て取ることができる。「エンツィクロペディーは、哲学と詩文学の精神以外のいかなるものも一切の芸術と学問の中へ持ち込んではならない。――〈次の世代においては、エンツィクロペディーに代わってロマーンが登場するだろう〉。」（PL V-520）――「哲学と詩文学とが切り離されている限りでは、なされ得ることはすべてなされ、完成されている。ゆえにいまや両者を結合すべき時である」（ID 108）ならば、この結合の理想を達成し得る唯一の機関はロマーンを措いて他にないだろうということが、ここでのエンツィクロペディー概念の、それゆえ先の『アテネーウム断章』におけるロマン主義文学の定義の現実的な意味である。

だが「進展的普遍文学」としてのロマーンがなお「一冊の書物」であるべきならば、それは一切の精神的生の所産を包括する「一にして全なる」宇宙文学（エンツィクロペディー）としての、永遠に未完結的であることをその本質規定とするような一冊の書物であるだろう。ロマーンがこの「一なるもの」と「全なるもの」という「二つの絶対者、すなわち絶対的**個体性**と絶対的**普遍性**との結合である」（FPL V-436）限りにおいて、「ロマーンは明らかに〈絶対的に体系的〉であり、最高の意味において一冊の書物」（FPL IX-135）であると言うことができるだろう。「ロマン〈主義〉的命法は、すべての文学ジャンルの混合を要求する」ばかりでなく、「一切の自然と一切の学問が芸術となり

——芸術が自然となり学問となること」(FPLV-586) をも要求するのであって、ここに「物理学の最高の叙述は必然的にロマーンとなる」(PL III-379) のであり、また、「真のロマーンは自然文学と混成的な芸術文学のあらゆるジャンルに、芸術文学の最も純粋にして最も完全にして最も包括的なジャンルをも結合しなければならない」(PL II-95) ばかりでなく、「きわめて異質な諸要素をも、それどころかあらゆる神話をさえも混ぜ合わせ、編み合わせることがロマーンの必然的な課題」(FPL X-99) となる。そしてこのような「絶対的ロマーンは、ホメロスのように時代の文化全体の総括でなければならない」(FPL V-365) のである。

このような「絶対的ロマーン」の理想型を、シュレーゲルは聖書に求めている。「われわれが聖書と名づけているもの自体、幾多の書物の体系にほかならない。これはけっして恣意的な言葉遣いではない。実際、一冊の無限の書物の理念を他の凡百の理念から区別するのに、聖書、書物そのもの、絶対的書物以外の呼び名があるだろうか？[……] 古代人の古典的な詩作品はすべて互いに分かち難く連関し合い、一つの有機的全体を成しており、正しい眼をもってこれを眺めるならば、ただ一つの詩作品、すなわち詩芸術そのものがそこに完璧な姿をとって現れ出ている一篇の詩である。これと同様に、完全な文芸においては一切の書物がただ一冊の書物であるべきであり、そのような永遠に生成する一冊の書物の中で人類と文化の福音は啓示されるだろう。」(ID 95) ——この福音についてシュレーゲルは一七九九年の断章の一つで次のように書いている。「文学と哲学とが一つになるとき、人類は一つの人格となる。その時には言語そのものもまた神話となるだろう。——ギリシャ人と他の古代人、例えばインド人とが綜合されて新しい人類となる。〈その時にはさまざまな作品が現れるだろう——さまざまな歌謡が——さまざまな会話が、それにさまざまな演説や物語も再び現れるだろう。中心は神話となるだろう。その時には芸術家と人間とはもはや分かたれていないだろう。そしてこの世界そのもののうちにおいても自然と宇宙と神性は融け合うだろう。〉」(PL IV-739)

——この万物の合流・合体を約束する絶対的な書物としての「聖書」を、シュレーゲルは「比類なく真実の、絶対的に普遍的な民衆ロマーン」（FPL V-423）と呼び、また、「いかなる国籍も持ってはならないということが、ロマーンなるものの概念には含まれている」（FPL V-467）とも書くのである。

一冊の宇宙文学としてのロマーンの理念は、一小宇宙である人間——「人間は一個の小宇宙である。個体の特性描写のためには宇宙の特性描写が必要である」（PL IV-418）——による個々のロマーンの現実を規定する。「進展的な人間は誰しもその内面に一篇の必然的なロマーンをア・プリオリに持っている。このロマーンは彼の全本質の最も完璧な表現以外の何ものでもない。それゆえそれは必然的な有機的形成体であって、偶然的な結晶ではない」（FPL V-576）。ここでいう「進展的な人間」とは、生成する宇宙と呼吸を合わせるすべを知っている人間、宇宙の無限の進展に個体として参加するすべを知っている人間のことであり、そのような意味において「形成された人間、あるいは自分をみずから形成しつつある人間は、誰もがその内面に一篇のロマーンを蔵している」（LF 78）のであり、それゆえ同じ意味において誰よりもまず哲学者が最もすぐれたロマーン作者であるはずであり、「哲学者の一人一人が一篇のロマーンを書くようにならねばならない」（FPL V-107）のである。一篇のロマーンは、ほかならぬこのような「独創的な個人の精神的生の全体の便覧であり、エンツィクロペディー」（LF 78）であって、その限りにおいて、というのは絶対的な個体としての小宇宙の特性描写であるという点において、個々のロマーンもまた一個人についてただ一冊しかあり得ないはずである。「その芸術家が新しい人間に生まれ変わりでもしない限り、一篇以上のロマーンを書くのは余計なことではないだろうか？——ある作者のすべてのロマーンは、明らかにその全体が関連し合っていることが稀ではなく、それらはいわばただ一篇のロマーンでしかない」（LF 89）からである。

人間の精神的生の無限生成の所産のすべてを「進展的普遍文学」ないしは「ロマーン」という名の一冊の「絶対的

書物」にまとめ上げること——この構想は『アテネーウム』期以後もシュレーゲルの多岐にわたる思想的展開の通奏低音として貫かれてゆき、『アテネーウム』誌廃刊後の一八〇〇年の秋に開始されるイェーナ大学講義『超越論的哲学』においては、「一切のものは一なるもののうちにあり、そして一なるものは一切である」という「定理」[5]のもとに、彼言うところの「超越論的実験」の諸成果の雑然たる集積とも言うべきこの講義を最後の一点——「すべての学問と芸術の有機体」としての「エンツィクロペディー」構想[6]へと引き結んでゆく一本の赤い糸となる。そしてこの構想が、この講義と平行して書き進められていた『レッシング論・完結篇』[7]においては、独自の批評理論の基幹として引き継がれてゆき、さらに一八〇三年のパリ私講義『ヨーロッパ文学の歴史』においては、哲学と文学との、学問と芸術との合体によって可能となる普遍的な文芸史記述のための原理となり——「文芸が一切の学問と一切の芸術を包括するものである限りにおいて、それはエンツィクロペディーである[8]」——、そして一八一二年のヴィーン公開講義『古代・近代文学史[9]』に到って、このエンツィクロペディー構想は最包括的なヨーロッパ文化史として一応の結実を見るのである。

このような一連のエンツィクロペディー構想と比べるとき、シュレーゲル自身の「独創的な個人の精神的生の全体の便覧であり、エンツィクロペディーである」(LF 78)はずの唯一のロマーン『ルツィンデ』は、いわば路傍にひとり佇む除け者の感がある。作者自身もこの問題児に対して必ずしも好意的ではない。「『ルツィンデ』は完成した。しかしロマーンとしてではけっしてなく——独り合点の作品として——まるで形を成していない詩文のたぐいとしてである。」(FPL X-105)——「『ルツィンデ』は抒情的ロマーンである。[……]それはロマーンではなく、一篇の主観的な、未熟な自己中心詩(主観的な極光)にすぎない。」(FPL X-112)——『ルツィンデ』がシュレーゲルの思想世界全体の中でどのような地位を主張し得るか、一個の作品としてどのような評価を要求し得るかという問題は、別個の検討の場を必要とするだろう。ここではただ、『ルツィンデ』が一冊の「絶対的書物」としてのロマーンの理念にはそぐわない一種の鬼子、理論に生まれ劣った未熟な実践の落とし子であることを、作者シュレーゲル自身が誰よりもよく知っていたという点を指摘するだけで充分である。

果たしてそれだけで充分かという疑問がただちに提出されるだろう。なぜならもしこの鬼子であることが作者自身のロマーン理論に内在するパラドックスの必然的帰結だったとすれば、この作品はもはや鬼子ではない、というよりはむしろ、鬼子であることこそがこの理論の正嫡の証にほかならないだろうからである。とすれば次の問題はこの理論を構成するもう一つの要素――「絶対的書物」たろうとするロマーンの意志に内在する、この意志そのものへのアンティテーゼ――の分析でなければならない。『ルツィンデ』に関して言えば、ここでのパラドックスはさしずめ次のような二律背反的対立命題に要約されるだろう。

それはロマーンであってロマーンではない。

それはロマーンではないロマーンである。

二

「古代人のロマン［主義］的形式はソクラテス的対話であり、回想録であり、シンポジオンであり、牧歌であり、悲歌であり、風刺詩であり、神々の会話であり、プルタルコス的伝記であり、年代記等々である。」(FPL IX-68)――「ロマーンはわれわれの時代のソクラテス的対話である。人生知は学校的知識を嫌って、このリベラルな形式の中へ逃げ込んだのである。」(LF 26) ――この二つの断章は、あの絶対的人格による絶対的書物の構成という、「ロマン主義文学」の「ロマン主義的」発現の形式である「ロマーン」の理論をその基盤もろとも突き崩そうとするものであるだろう。なぜなら「ソクラテス的対話」の本質はシュレーゲルにとって「イロニー」の概念、すなわち「無制約的なものと被制約的なものとの、また、完璧な伝達の不可能性と不可欠性との解決し難い相剋の感情を含み、かつ、それを喚起し」ながら、「絶え間のない自己パロディー」の中を「最も自由なライセンス」を確保しつつ自在に躍動する精神の「徹頭徹尾非意図的でありながら、しかも徹頭徹尾考え抜かれた比類のない擬装」と定義され（LF 108）、そしてまたこの擬装を武器に目まぐるしく千変万化する精神の「自己創造と自己破壊との不断の交替」（AF 51）とも言い換えられる「イロニー」の概念の生きた証言にほかならず、従ってある絶対的な何ものかを志向する意志は必然的にこの志向の実現不可能性の意識の浸透をも受けずには済まないだろうからである。

「あるロマーンのすべての作中人物が、まるで太陽の周りをまわる惑星のようにただ一人の人物をめぐって動きまわっているような場合、そこには洗練された刺激などあるはずがなく、感じられるのはもっぱらエゴイズムをくすぐるだけの粗野な刺激だけである。こうした人物は概して作者の躾けの悪い秘蔵っ子であって、やがては熱狂した読者の手本ともなれば追従者ともなる。出来のよい人間は自分にとっても他人にとっても単に目的であるばかりでなく手段でもあるように、出来のよい文学作品にあってもすべての登場人物は目的であると同時に手段でなければならない。体制は共和主義的でなければならないということであって、そこではある部分は能動的で、他の部分は受動的であることも常に許されていなければならないのである。」（AF 118）——エンツィクロペディーの理念のもとに一冊の書物たろうとする意志によって統治された、いわば多民族国家的君主制に対して、ここでは、幾多の独立した個性たちから成る独自の会話集会の自由、シンポジオンの自由、あるいはシュレーゲルの造語によれば「共同哲学」（Symphilosophie）の自由を保証する共和制が、真の「ロマーン」を成り立たせるための唯一の体制として主張される。「共同哲学をもってする以外に、宗教、文学、芸術について哲学することは不可能であるだろう。――共同哲学はロマーンへ接近してゆく。」(PL III-225)――それゆえこのような「共同哲学」の場としての「対話」は、「もはや哲学の形式ではなく――文学の形式である。哲学的対話とは、すなわちロマーンである」(PL X-155)という意味での「哲学的ロマーン」においては、「主人公なるものも、完全に受身な人間というものも存在しない。すべての人間が主人公でなければならない。さもないとそれはきわめて非リベラルなものになってしまうだろう」(FPL V-393)からである。

このリベラルな、しかも全員が主人公であり、従ってもはやいかなる特定の主人公も存在しないという相互関係の中で成立する対話的世界において許容し難いものがあるとすれば、それは何らかの権力主義的な体系への意志、あるいは同じことだが、この対話的世界そのものを一冊の「絶対的書物」の体系たらしめようとする意志であるだろう。確かに各人がそれぞれ「一個の小宇宙」としての独立性を保持しながら、なおかつそれぞれが「一篇のロマーンを書く哲学者」となって自由に集い合い、全体として一冊の「絶対的書物」を形成するということは可能であるし、また「エンツィクロペディー」の構想自体がそのような有機的な合作体制を要求してはいる。だがこのような合作的な協同作業の体制を誰がどのように統治するというのか。いかなる独裁的意志も排除されるというのが、ここでの共和制の意志でなければならないとすればである。仮に一冊の書物たろうとする意志がこの共和国の構成員すべての意志を代表するものであったとしても、この意志が、この意志をも含めていかなる絶対的体制も持つまいとする意志の中に吸収され、相対化され、無化され尽くすところに、本来のソクラテス的対話の世界は成立しているはずだからである。絶対的な何ごとかが確立されねばならないとする信念が、この信念の発生と同時に無効を宣告され、一挙に空洞化されるということが、「絶え間のない自己パロディー」としてのイロニーのここでの作業であるのだから、もしこのようなソクラテス的対話の精神に浸透された世界そのものが一個の「ロマーン」であると定義されることを要求したとすれば、それは「一冊の絶対的書物」たろうとする「ロマーン」の概念そのものの自壊を意味することになるだろう。そしてもしそうなら、何のためのそれは自壊なのか。

しかしイロニーがもたらすこの自壊作業は音を立てない。「ソクラテスのイロニーは、徹頭徹尾非意図的でありながら、しかも徹頭徹尾考え抜かれた比類のない擬装である。それを装うことも、それを漏らしてしまうことも、共に不可能である。」(LF 108)――それゆえ、というのは「ロマーン」が「ソクラテス的対話」である限りにおいてというこどだが、この「ロマーン」という名の共和国での各主人公たちの発言――「文学とは共和主義的演説である。それ自体が自分の法則であり、かつまた自分の目的であるような演説である。そこではあらゆる部分が自由な市民であり、投票に参加することが許されている」(LF 65)――の真の草案起稿者は、深く姿を晦ましたこの共和国の原理、永遠のソクラテスとしてのイロニーである。そしてもしこの共和国の自称主人公たちが全員一致して「一冊の絶対的書物」たろうとする意志を大真面目に表明しようとするときには、この隠れた本当の主人公は密かにそれを笑っているのである。「絶対的ロマーンは、ホメロスのように時代の文化全体の総括でなければならない。」(FPL V-365)――だがこの「絶対的ロマーン」の本来の主人公であるホメロスも笑っているらしい。「ホメロスにはイロニーがある。彼自身もまた微笑んでいたのだ。」(FPL V-1012)――このような微笑の中で、「一冊の絶対的書物」たろうとした共和国の体系への意志もまた、おのれを省みて微笑むだろう。この国の住人たちも互いに微笑みを交わすだろう。「ソクラテスのイロニーは相互的なパロディーであり、相乗されたパロディーである」(FPL V-519) のだから。

ロマーンが「われわれの時代のソクラテス的対話」と定義されたことは、「一冊の絶対的書物」たろうとするロマーンが、おのれの意志の挫折をみずから告白せざるを得ないということであり、ロマーン概念はその内部にソクラテスを抱え込まされたことによって、ほかならぬこの概念そのものの不成立、あるいは不可能性をみずからに宣言せざるを得ないということである。すべてのロマーンは、その持続的な自己展開の中断を申し立てる内なる声、内なる「パレクバーゼ」の破壊的な騒乱の強圧に絶えず怯え続けなければならない。「パレクバーゼと合唱隊とはいかなるロマーンにも必然的（ポテンツとして）である。」（FPL IX-133）――「パレクバーゼ」〔パラバシス〕とはアテネの古喜劇に用いられた舞台進行の意図的中断の技法であって、シュレーゲルによれば、「作品の上演の最中に合唱隊が作者の名において観衆に向かって行う演説」というかたちをとった「作品の完全な中断、廃棄」であり、「手のつけられない大混乱が支配する中、舞台の前面ぎりぎりのところまで出張ってきた合唱隊によって観衆に向かって聞くに堪えない雑言が浴びせかけられる」というものである。[10] このような作者の名による作品の意図的な中断としてのパレクバーゼが「ロマーンにとって必然的」であるということは、ロマーン概念の内部崩壊――これがパレクバーゼのここでの意味を構成するものだが――は、ロマーン概念の必然的帰結であるということであり、この自壊作業がこの概念の中枢を支配しているとすれば、内部崩壊をむしろ進んで実現することが、ロマーン概念の自己展開のここでの積極的な意味を構成するだろうということである。「ロマーンはパレクバーゼを志向する」（FPL V-137）ばかりでなく、「パレクバーゼは幻想的なロマーンにおいては永続的でなければならない」（FPL V-463）のである。パレクバーゼは、ここではロマーンの「自己創造」の中にその必然的な構成要素として永続的に組み込まれた「自己破壊」そのものにほかならず、そして「イロニー」は、ここでは「永続的なパレクバーゼ」（PL II-668）として発現するのである。ただし「ロマーンにおけるパレクバーゼは包み隠されていなければならず、古代の喜劇におけるように露骨であってはならない」（FPL V-397）というのが、近代のソクラテス的対話としてのロマーンのソクラテス的作法である。

だがこのような崩壊は何を指さし、また、どこへ通じているのだろうか。

シュレーゲルは彼のケルン私講義の一つ『序説と論理学』の第二章『論理学の歴史と概念』においてソクラテス＝プラトンの弁論術を取り上げ、この両哲学者の「イロニー」の概念についてやや教科書的に、というのはこの対話に基づく論争的弁論術がソフィストたちの確信を混乱に陥れることによって彼らにいわゆる「無知の知」を悟らせようとする一種の教授法的真理探究の一方法であるとする通説に半ば従うかたちで解説しているが、しかしここで注目すべきは、この「イロニー」と共に「アナロギー」がソクラテス＝プラトン的弁論術（弁証法）のもう一つの原理、「真の哲学的構成」の必須要件の一つとして挙げられていることであって、同講義第三章の『論理学の記述』にはこの「アナロギー」のために『アナロギーの理論』という特別の一節が与えられているのである。[11]

シュレーゲルにとって「宇宙の特性描写」としての哲学の真の構成とは、生成の「多様性と充溢」の無限性によって永遠に未完結的たらざるを得ない「生成する宇宙」と、そのうちにあって絶え間なく変化し、流動してやまない諸現象の全体を、何らかの体系的思考に屈従させることなく、また、何らかの確然的命題によって押さえ込み、固定化することなく、「蓋然性」の広大な空間に羽ばたく自由な「結合術的精神」によって、生きた有機的生命体として描き出し、描き尽くそうとすることである。そしてこのことを可能ならしめる唯一の哲学的推論が、シュレーゲルによれば「アナロギー」に基づくそれであって、「物言わぬ他者＝非我」の群塊として横たわるこの宇宙の一切は、この「アナロギー」による推論、対比、類推、あるいは比喩という自由な結合のさまざまな縦糸・横糸を介して生きた形象の無限の連なりとして「体系的思考」の墓場から甦り、新たな意味と、それを語る新たな言葉とを獲得するのである。「**アナロギー**は宇宙の特性描写のための原理である。」(PL IV-213)——そしてこのようなアナロギーの活動の場を大きく確保するのが、「イロニー」の作業なのである。なぜならイロニーとはあらゆる体系的思考の確然的で明証的な推論や命題に対する疑念と嫌悪の表明であり、固定化した世界を崩壊させて、「そこから一つの世界が生じて来ることのできるような混乱」（ID 71）、すなわち一つの「パレクバーゼ」を用意するものだからである。この意味でシュレーゲルは「アナロギーとイロニー」とを「三段論法の内的ファクター」（PL V-1022）と呼び、哲学的構成の、というよりは構成一般の基礎となるべき「真の方法」を、「一つのまったきカオスを産出し、結合術的な思想の充満を方法のもとに従属させること」（PL VI-297）のうちに見出そうとするのである。

ところでイロニーによる「まったきカオス」の産出とこのカオスのまったき形象化の理想を、シュレーゲルは「神話」のうちに見る。――われわれが「合理的に思考する理性の歩みと法則とを廃棄して、再び想像力の美しい混乱、人間の本性の根源的なカオスの中へ身を沈める」とき、と彼は『神話論』の中で書いている、この「根源的なカオスの象徴」としてわれわれは「古代の神々の多彩な集団」以上に美しいそれを知らないと。そしてそれはまた「自然の象形文字」によって綴られた始原的なもののカオスの直観、「人間の想像力の最古の、根源的な形式」である「アラベスク」とも言うべきものであって、そこには「原初の根源的で模倣し難いもの」、「端的に解き明し難いもの」が「いかなる変形を加えられたのちにもなお太古の本性と力とを仄かに輝き出させている」ばかりでなく、「素朴な深い意味が倒錯したものや狂ったもの、単純なものや愚劣なものの外見を装って」現れ出ているのであるとも。[12]この始原的なもののカオスの形象化が「神話」にほかならない。「カオスは神話の根本概念である。」（PL III-401））――「古代の神話は明らかに最高度に形成されたカオス以外の何ものでもない。」（PL V-11）――「神話的な詩の本来の根本形式は絶対的カオスである。」（FPL IX-421）――

「宇宙を構成することが、古来、最も偉大な哲学者たちの最終目標だった」（PL III-181）という意味での、あるいは「宇宙の特性描写のみが哲学である」（PL III-218）という意味での「宇宙の構成」ないしは「宇宙の特性描写」としての哲学の真の「機関」が「ソクラテス＝プラトン的方法」の二つの原理、すなわち「イロニーとアナロギー」以外のどこにも見出し得ないとすれば、そしてこの両原理のここでの作業の最終目的が、ほかならぬ宇宙の「カオス化」とこの「カオス」の「形象化」として定義づけられる神話的原世界の創出だったとすれば、同一の原理に支えられている「ソクラテス的対話」と規定されたことによって始まるロマーン概念の解体過程もまた、そこから「一つの世界」が――ここでは「一冊の書物」が――生じて来ることのできるような始原的カオス、すなわち無限の世界生成の根源的な母胎としての「カオス」への没落的帰還の過程である。「ロマーンにおける本質的なものはカオス的形式――アラベスク、メールヒェンである。」(FPL IX-274) ――「叙述的文学、ロマーン等はすべて無意識的なアラベスクである。」(FPL IX-246) ――アラベスクとは、ここでは解体の形象的表現である。

　シュレーゲルは一七九八年の断章の一つで、「あらゆるカオスの本質は、絶対的な否定性のうちにあるように思われる」(PL IV-406) と書いている。神話もまた「根源的なカオスの象徴」として、同様の意味において一つの「絶対的な否定性」の表現である。ロマーンはみずからを神話化＝カオス化することによって、まさに自己自身に対して一個の絶対的な否定性の契機として働く。「一つの世界」、「一冊の書物」、「一個の体系」たろうとする意志の自壊作用が、ここでのパレクパーゼである。シュレーゲルは一八〇三年の断章の一つで、この問題に決着をつけようとでもするかのようにこう書き記す、「ロマーンにおける私の傾向は、ロマーンを徹頭徹尾神話化すること、すなわちロマーンを〈ロマーンとして〉破壊することである」(FPL XIII-94) と。

　ロマーン概念は、「一冊の書物」たろうとする意志とこの意志の自己否定ないしは自壊作用という二本の脚でシュレーゲルの肩に跨がっている。これは二律背反でさえない。それはもはや調停を迫っているようには見えないからである。彼は、というよりは彼のロマーン理論は、この二つながらのこと、すなわち「体系を持つこと」と「体系を持たないこと」とを同時にその肩に乗せながら、この構築と自壊の両命題の相剋そのものを生きているかのようである。「一篇のロマーンは一冊のロマン〔主義〕的な書物である」[13]という自明の「類語反復的」命題を嘲笑して、「ロマーンはわれわれの時代のソクラテス的対話である」(LF26)と訂正するのは、いかなる同一律的命題も哲学的使用には耐え得ないとする彼のうちなる「ソクラテス」である。「一冊の絶対的書物」としてのロマーン概念を内部から一挙に空洞化しようとするこの発言に対して、あらかじめ答えを用意していたかのようにシュレーゲルは一七九七年の断章の一つでこう書き記している。「サタンの仕事は誘惑し、内面を破壊し、罪を広めることだ。サタンとは本能からするまったき意図である。サタン性は〈ドイツの発明品〉であり、ドイツにおいて初めて正しく形成されたグロテスク美学の一概念である。」(PL II-1052)——サタンは、ここではシュレーゲルの胸の奥底に住みついたソクラテスという名のデーモンである。「デーモンを持たない者は、**イロニー**を持つこともできないだろう」(PL IV-279)。

そこで最後に問われるのは、「絶対的な否定性」であるカオスとそのようなカオスの産出の源泉であるイロニーとが「ロマーン概念」の内実のうちに浸透してゆき、「一冊の絶対的書物」に求められるべきその有機的体制のすべてを瓦解させようとするのは、いったい何のためなのか、何のためにロマーン概念は二つの互いに否定し合う本質規定を内包させているのかということである。

三

「**ファンタジー**の中に——まず自然の無化が、次いでカオスの神化が生じるだろう。カオスは熱狂のうちに登場する。」(FPL IX-352)——「**イロニー**は熱狂、独創性、手練の技、エネルギーの**結合されたもの**である。」(PL IV-275)——「カオス」という「絶対的な否定性」が熱狂のうちに登場する、あるいはこの否定性の産出者ないしは担い手が

「熱狂」であるとはどういうことなのかという問題は、シュレーゲルのロマーン概念に内在するアンティテーゼの由来を問うことと重なる。なぜなら以下に挙げるプラトンについての幾つかの断章は、この問題の本来の在り処を指し示すものだからである。

「プラトンと哲学的対話、すなわちアナロギーによって宇宙へと連れ戻してゆく哲学的対話との関係は、シェイクスピアと演劇との関係に等しい。」(PL IV-1235) ――「プラトンは普遍性の点でギリシャの散文のシェイクスピアである。彼は弁論述的に、ディテュランボス的に、称賛演説的に、分析的に論理的に、神話的に、それどころか確言的(立法家的)にさえ書く。」(FPL V-883) ――「プラトンのうちでギリシャの散文のあらゆる文体の純粋種が、古典的な個性を保ちつつ混ざり合うことなく、しかもしばしば鋭い対照をなして並び合っている。論理的な、自然学的な、演技的な、称賛演説的な、神話的な、そうしたあらゆる文体が。演技的文体がそれらの基盤であり普遍的な要素であり、他の諸文体はしばしば単に挿入的なものでしかないように思われる。さらに彼はもう一つ、そこにおいて彼が最もすぐれてプラトンとなる彼固有の文体を持っている。ディテュランボス的文体がそれである。それは神話的文体と称賛演説的文体との混合と呼ぶことができるかもしれない。たとえそれが自然学的な文体の簡潔にして素朴な品位の幾許かも具えていないとしてもである。」(AF 165) ――「詩文学に対するルソーの論難も、結局はプラトンの悪しき模倣にすぎない。プラトンが攻撃したのは詩文学ではなく、むしろ詩人のほうである。彼は哲学を最も大胆なディテュランボス、最も調和した音楽と見なしていたのである。」(AF 450) ――「ファンタジーのオルギアとアレゴリーの神秘とが一体となって神話は生まれる。プラトンは、哲学を真の詩文学にして最高の音楽として示そうとする意図さえ持っている。」(FPL IX-283) ――プラトン的対話(つまりはソクラテス的対話)は、一切のものを「宇宙へと連れ戻してゆく」ばかりでなく、この宇宙への帰還それ自体をディテュランボスとして歌うものであるということが、ここでは重要である。シュレーゲルはこの点をさらに一般化する。「対話は倫理的、神話的、ディテュランボス的、カオス的である。」（FPL VII-48）——単にカオスを産出するばかりでなく、そしてこれを神話へと形成するばかりでなく、それをまた「ディテュランボス」として歌うことが、真の対話の本質なのであり、そしてまたこのような対話の精神の中に真のエートスの基礎が見出される限りにおいて、対話はまさに「倫理的」と呼ばれ得るのである。

プラトンと対比されているシェイクスピアの世界もまた、シュレーゲルにとっては一つのカオスとしてのディテュランボス的宇宙である。「シェイクスピア。一つのディテュランボス的ファンタジー。」（FPL V-865）——「ディテュランボス的ファンタジー。——この無形式、反形式、そして超形式にあっては、素材は絶対的に絶対的であり、かつまた絶対的に普遍的であらねばならない。」（FPL V-417）——絶対的に絶対的であるような素材とは、ここではカオスとしての宇宙、あるいは宇宙としてのカオスでなければならないだろう。このような宇宙、われわれがそこへ向かって「連れ戻され」つつ帰還してゆく宇宙の全的崩壊としてのカオスが、この崩壊の宇宙を「絶対的に絶対的」な素材としてディテュランボスを歌おうとしている。そしてこの「水にも譬えられるだろう全面的溶解としてのディテュランボス」（FPL IX-540）を歌うのは、「バックスとオルペウスとキュベレー〈あるいはこれにアポロンが加わる〉」（FPL XI-349）であり、そこに表現されているのは、「アウローラ、聖母との関わりにおける宗教と位階制の描写。エホバ＝火。ディテュランボスとエレギーにおいて描かれる死と快楽」（FPL IX-892）である。それは崩壊と死の歌であると共に、そこでは「ひょっとすると他の惑星や太陽の詩が模倣されているのかもしれない」ような「愛の秘儀による自然の啓示」（PL IV-732）であり、「自然の宗教——生の啓示」（FPL VI-49）である。この歌は、生成のすべてを呑み込み、呑み尽くすカオスの永遠と不滅への讃歌であり、そこで語られるのは、このカオスの無尽蔵を証明する生成する宇宙の未完結性——「〈世界の未完成がディテュランボスの主題であるだろう〉」（FPL IX-678）

──であり、それゆえここでは、この歌と共に、「カオスは熱狂のうちに登場する」(FPL IX-352) のである。「エジプト神話のヴィジョン、イスラム神話のファンタジー、グノーシス的キリスト教のロマンスの中。──自己聖別によって太陽に見入る自由な眼差。──ディテュランボスの原理は宗教ではなく熱狂である。」(FPL VI-54) ──

シュレーゲルもまた、彼の長文の断章の一つを彼自身のディテュランボス的ファンタジーに捧げている。

「ディテュランボス＝世界生成論と絶対的パトスとの総和。カオスとしての世界と、世界のためのカオス。──宇宙は永遠にして不変だが、コスモスとしての世界は永遠の生成のうちにある。──詩文学の福音、すなわち詩文学の詩文学。──〈精神とその内的創造力とから始めねばならない。──〉ファンタジーのオルギア。結びの詩には謎言葉を。──子供たち、娘たち、若者たち、母親たち、男たち、祭司たち、その他の者たちの合唱──祭司たちは世界の起源を歌う。──母親たちと子供たちは愛を表現しなければならない。若者たちと娘たちは自然を。──生命の樹、歓喜の泉についてのアレゴリー──愛は、死せる宇宙がそこから生命を得て自然となる神的火花である。そして理性によって自然は再び神性へと高まる。──全体なるものは自然の秘儀であり──美の、あるいは愛のオルギアである。──すべての形象は真実である。──〈すべての形象は真実である。〉光は生命と愛である。すべての素材は人間的であり、すべての形式は神的である。原初的自然界への帰還は、人間を動物や植物から真に区別するものである。──パラダイス。──絵画の光景か？　アダムとイヴ。──天国はベーメにおけるように内的なものである。──アレゴリーと物語の充満。──天国の描写。──ダンテにおけるような光の国。──人類は神性の直接的な流出である。──動物界、植物界、そして諸要素の世界もまた、人類の性格に従って理想化される。──太陽の直接的な直観、そしてまた、いまは失われてしまった根源的な感覚。自然における愛の領域の音楽を聴き取ること。ベーメにおけるような奏楽天使たち。原初の言葉が可能な限り多く模倣されている。太初の大爆発ののちの人間たちの荒々しい本性を描くためには、巨人族は非常に役に立つ。――太初の大爆発ののちの荒廃――太初の偶発的な大変動ののちの黄金時代――次いで再び偶発的な混乱。このことがなければ、愛の時代は永遠だっただろうに。」(FPL VI-48) ――

このような諸形象のカオスのアラベスク模様――あるいは「形式と素材との純粋に恣意的な、あるいは純粋に偶然的な結合はすべてグロテスクである」(AF 389) ならば、そして「グロテスクに対する感覚なくしては、いかなる普遍性もない。グロテスクは普遍的遊戯である」(PL II-1056) ならば、まさにこのようなディテュランボス的ファンタジーのグロテスク模様――は、常に新たな世界として、あるいは常に新たな世界の常に新たな切れ切れの断片として現われ出ようとして犇く永遠のカオスの沸騰であり続けているシュレーゲルの断章的宇宙の一断面を、きわめて断章的に表現している。「私は断章的体系家である。」(PL II-815) ――「私の哲学は諸断章の体系、諸構想の進展である。」(PL II-857) ――「普遍哲学の本来の形式は断章である。」(PL II-1029) ――「断章は普遍性の精神であり、かつ形式である。」(PL V-478) ――「どんな体系も断章から成長するほかはない。」(FPL V-496) ――「断章は私にとって伝達の本来の、そして最良の形式である。」(PLVIII-106) ――そしてシュレーゲルは、彼が彼自身の「エンツィクロペディー」として実現させたいと激しく望み、激しく挑んだ「一冊の絶対的書物」とはなり得なかった彼の唯一のローマーン『ルツィンデ』を、このようなディテュランボス的ファンタジーの中で歌われる死と生への永遠の讃歌で終らせている。「ディテュランボスによって『ルツィンデ』は最も力強く、最も見事に締め括られる。――〔それは〕愛についての祝祭であると同時にシンポジオンである。――『ルツィンデ』の根本形式は祝祭、オルギア、バッカナールのそれである。――『ルツィンデ』は抒情的なものの根であると同時に牧歌の根でもある。――『ルツィンデ』はカオス的な詩として断章的な詩の対蹠物である。」(FPL X-3) ――

「古い、なじみ深い感情が過去と未来との深みから響いてくる。その感情が聴き耳を立てる精神にかすかに触れるやいなや、それは再び、鳴りやんだ音楽と暗い愛の背後へとすみやかに姿を消してゆく。すべてのものが美しい混乱のなかで愛し、生き、嘆き、そして喜ぶのだ。このどよめく祭りに、歓喜するすべての人びとは一斉にくちびるを開いて合唱する。〔……〕

このとき青春の花の新鮮な息吹と幼な子の喜びの聖なる輪光が、生存の全体に流れわたる。男は愛する女を、母親は子供を、そしてすべての人は永遠の人間を神に祀るのだ。

このとき魂は小夜啼鳥の嘆きと新生児の微笑とを理解し、そしてまた、花や星に秘密にみちた象形文字として意味ありげに現われているものを理解する。生命の聖なる意味と自然の美しい言葉とを理解するのだ。あらゆる事物が魂に語りかけ、そしていたるところに魂は、繊細な覆いをすかして愛らしい精神を見るのである。

この華やかに着飾った大地を、魂は生命のかろやかな踊りをおどりつつあゆんでゆく。無邪気に、そしてただ、社交と友情のリズムに従い、愛の調和をいささかも乱すまいと、ただそのことのみを心にかけて。

そこへ永遠の合唱が響いてくる。魂にはただ時折その切れ切れの言葉が聴き取れるにすぎないが、しかしそれだけでもすでにより高い奇蹟をうかがわせるものなのだ。

この魔法の国はいよいよ美しく魂を押しつつんでゆく。魂はこの国から逃れ出ることができない。そして魂がかたちづくり、あるいは語るところのものはみな、無邪気な神々の世界の美しい秘密を歌うすばらしいロマンツェのように、感情の魅惑的な音楽に伴われ、愛らしい生命の最も意味深い花々で飾られて響くのだ。」(『ルツィンデ』最終章『ファンタジーの戯れ』より)[14] ——

このような「ディテュランボス」によって告げられているのは、「新しい神話」の到来であるだろう。「新しい神話が成立するだろう。それはほかでもない、新しい言語が成立するだろうということである。」(PL V-888) ——そしてもしこの「新しい言語」によって語られる物語の世界を「絶対的ロマーン」と呼ぶことができるならば、そこにおいては「すべてのものが溶解されねばならず、そして溶解され得ないものは排除されていなければならない」(FPL V-798) ような世界がそれであるだろう。そしてこのような絶対的な溶解の中では、「いかなる自己破壊もみずからを破壊する」(FPL V-254) ことによって、みずからを再び「自己創造」へと反転させる「絶対的なイロニー」を成立させるだろう。「完成された絶対的なイロニーは、イロニーであることをやめて、真面目なものとなる。」(FPL V-700)――この命題は、生成の自己創造（体系化）の無限と生成の自己破壊（カオス化）の無限との絶対的な綜合、和合、和解が、フリードリヒ・シュレーゲルの思想世界の深層に横たわる根源的な主題だったことを告白しているかのようである。「一冊の絶対的書物」たろうとする意志が内なるソクラテスに誘われて、一切の体系への意志を呑み込んで崩壊させる「絶対的な否定性」としてのカオスの中へ帰還することによって、自己自身の本来何者だったかを発見する、あるいは自己の精神の出生の秘密を知るということが、フリードリヒ・シュレーゲルのロマーン理論の隠れた主題だったと言えるかもしれない。彼のロマーン概念を絶えず「パレクバーゼ」という意図的カオス化の危機に晒し続けてきたあの互いに否定し合う二律背反的命題――「体系を持つことも体系を持たないことも、精神にとっては等しく致命的である」(AF 53)――は、生成の創造と破壊とがもはやいかなる矛盾でもないことを歌う「死と快楽」のディテュランボスの中で溶け合う、というよりはむしろ両者はそこではもともと同根だったのだということを確認し合うというのが、この命題の隠れた「形而上学的慰め」だったと言えるかもしれない。「形而上学的慰め」――ニーチェがその『悲劇の誕生』第七章で、「諸現象のあらゆる転変にもかかわらず破壊し得ぬほど強大にして快楽に満ちている」存在の根源的生命の無尽蔵の豊饒への信頼の証として用いているこの一語[15]ほど、フリードリヒ・シュレーゲルの二律背反的な分裂的思想世界を辛うじて支えていたものの正体を的確に言い当てている言葉はないだろう。体系への意志とこの意志の自己否定――「一冊の絶対的書物」たろうとする意志の発現としての「エンツィクロペディー」の思想とこの意志の自壊作業として発現する「イロニー」の思想、この剥き出しの二律背反そのものを両者共通の源泉へと「連れ戻してゆく」のが、その形態においては「無形式、反形式、超形式」であり、その素材においては「絶対的に絶対的」であり、かつ「絶対的に普遍的」であるような「ディテュランボス的ファンタジー」（FPL V-417）である。そして「全的溶解」（FPL IX-540）としての「カオス」が「愛の秘儀による自然の啓示」（PL IV-732）として歌う「ディテュランボス的」な合唱の中で、「体系を持つことと体系を持たないこと」という「この二つながらのことを結合すべく決意しなければならない」とするパラドックスは解消される、というよりは解消されるかに見える。なぜならこの「パラドックス」が永遠に解消され得ないだろうことは、「決意」の一語が証明しているからである。シュレーゲルは彼の思想的展開のあらゆる局面においてその時々の「ディテュランボス」を歌い続けるべく「決意しなければならない」ことを、この一語は告げているからである。これが、ニーチェに先立ってフリードリヒ・シュレーゲルが抱え込んだ、あるいは抱え込まざるを得なかった彼の思想世界の形而上学的暗黒だったと言えるかもしれない。

　このような精神の根源的な地層から、例えば彼の『神話論』の一節は読み返されねばならないだろう。

「ところで私はここにロマン主義文学のあの大いなる機知との著しい類似性を見出す。ここで言う機知とは個々の思いつきにではなく、全体の構造の中に現れるものであって、それについてはわれわれの友人がすでに非常にしばしばセルバンテスやシェイクスピアの作品をもとに論じてくれている。実際、この技巧的に組織された混乱、さまざまな矛盾からなる魅惑的なシンメトリー、全体のどんな微細な部分にも息づいている熱狂とイロニーとの驚くべき永遠の交替は、私にはそれだけですでに間接的な神話であるように思われる。両者の構造はまったく同じものなのだ。そしてアラベスクもまた人間の想像力の最古の、根源的な形式であると言えるだろう。このような機知も、そしてまた神話も、ある原初の根源的で模倣し難いもの、端的に解き明し難く、いかなる変形を加えられたのちにもなお太古の本性と力とを仄かに輝き出させているものがなくては成立することができない。そこには素朴な深い意味が倒錯したものや狂ったもの、単純なものや愚劣なものの外見を装って仄かに輝き出ているのである。実際、合理的に思考する理性の歩みと法則とを廃棄して、再び想像力の美しい混乱、人間の本性の根源的なカオスの中へ身を沈めるところに、一切の詩文学の起源があるのであって、このようなカオスに対しては、あの古代の神々の多彩な集団以上に見事な象徴を私はいまもって知らない。[16]」――むろんシュレーゲルはこのような「神々の集団」の主神に、特に「個体化原理の壮麗な神像」としての「アポロン[17]」の名を冠してはいない。しかし『ギリシャ文学研究論』に見出される次の短い一文は、ニーチェの『悲劇の誕生』との類縁性を探らせるに充分誘惑的である。

「ソポクレスの心情のうちでディオニュソスの神々しい陶酔、アテネの深い創意、アポロンのしめやかな思慮が均等に溶け合っていた。[18]」

「だが見よ！　アポロンはディオニュソスなしには生きられなかったのだ。[19]」

＊〔フリードリヒ・シュレーゲルとニーチェとの類縁性については、補論（五）『ディテュランボス、憑依と狂気、ニーチェとの交差』を参照されたい。〕

第三章　イロニーの風景(二)「鉄のやすり」、あるいは「レッシング論」という武器

「レッシングのイロニーは本能である。」(『リュツェーウム断章』(LF 108)
「レッシングの傾向は徹頭徹尾論争的だった。」(『プロテスタントの性格について』[1])

一

一七九七年、二十五歳のフリードリヒ・シュレーゲルは『芸術のリュツェーウム』誌第一巻第二輯に彼の最初のレッシング論――『レッシングについて』――を発表する。『レッシング著作集・書簡集』全三十巻(一七九四年完結)の刊行を機に、「レッシングを幾重にも押し包んでいるさまざまな伝説、偏見、偏愛、誤解、歪曲等の分厚い世評の網」を断ち切り、彼の精神を「その全体にわたって特性描写する」ことによってこの「革命的人物」の全面的見直しを図ろうとしたこの気鋭の論争書は、「私は俳優でも詩人でもない」という『ハンブルク演劇論』の「エピローグ」でのレッシング自身の述懐をもとに、レッシングを詩人としてよりはむしろ哲学者として評価すべきであるとする視点の転換を読者に迫る。シュレーゲルはまず、『サラ・サンプソン』と『エミーリア・ガロッティ』と『賢者ナータン』とを同列に論じて憚らないどころか、レッシングを「最も偉大な詩的人格」、「黄金の中庸の達人」として

偶像視するあまり、彼の演劇作品、例えば『サラ・サンプソン』を「その意義、価値、芸術性、独創性」の点で彼の思想的作品、例えば『人類の教育』や『エルンストとファルク』の遙か上位に置き、しかも「芸術批評家」としてのレッシングを「比類ない完璧な芸術の精通者」、「一芸術、一学問」を越えた「万能的天才」であるかのように讃える従来の通説を、「私は彼が詩人であったのか、いや、そもそも詩的感覚や芸術的感情を持ち合わせていたのかさえも疑っている」という一言をもって切り捨て、この激しい断定の論拠としてレッシング自身の、例えば『ハンブルク演劇論』での告白を引証する。

先の「私は俳優でも詩人でもない」という『ハンブルク演劇論』の「エピローグ」での述懐に続く箇所でのレッシングの告白。「人々は私を後者〔詩人〕として認めるという名誉をときとして私に与えてくれているらしい。しかしそれはただ私を誤認しているからにすぎない。私が挑戦した若干の演劇的試作から、そういう気前のよい結論を引き出すべきではなかっただろう。絵筆をとって絵の具を浪費する者なら誰でもひとかどの画家というわけではあるまい。ああした試作の最も古いものは、意欲や有能さがてっきり天才だと思われていたあの数年間に書き捨てられたものだ。近年の作でなんとか我慢できるものと言ったところで、それらは一にも二にも批評のお陰だと私は痛感している。私は、自分自身の力によって沸き上がってくるような、自分自身の力によって豊かで新鮮で純粋な噴水となって迸り出てくるような生きた泉をわが身のうちに感じたことがない。私はすべてを圧搾機械と導管によって私の中のものを絞り出しているのだ。もし私が他人の財産をほどほどに借り受け、他人の炎でわが身を温め、芸術の眼鏡で自分の眼を強化するすべを幾分なりとも習得していなかったならば、私はまったく貧しく、冷たく、近視眼的だったろう。それゆえ批評を貶めるようなものを読んだり聞いたりしたときには、いつも私は恥ずかしく不快な気持ちになったものだ。批評は天才を窒息させると言われる。だが私は批評から天才に非常に近い何ものかを得ていると思ってみずからを慰めている。」――

この告白こそレッシングの真の文学的資質を占う最も重要な「テクスト」である。にもかかわらず世人がこれをまったく見過ごすか軽視してきたことがレッシングの正当な評価を妨げる障壁の一つであると指摘すると共に、シュレーゲルは、「芸術感覚」や「詩的感受性」よりも遙かに稀有な才能に属する「機知と散文」の領域におけるレッシングの卓越した能力とその非凡な実績もまたほとんど無視されているに等しいレッシング評価の現状をも厳しく批判する。「彼の機知こそはすぐれて古典的と呼ばれるに値するものであり、ドイツの散文の実践的理論は彼の文体の特性描写をもって始められ閉じられねばならないだろう。」――このレッシングにおける「機知と散文」、というよりはそのほとんどすべてが「断章としてしか残されていない」彼の哲学的思索の記録である彼の散文に充満する「機知」の自由奔放な羽ばたき、一切の論証的・体系的思考の連続性を断ち切って飛翔するこのような「機知」の羽ばたきこそが、彼の哲学的・批評的精神の真の発露であって、その切れ切れの言説は常に「合図と暗示」に満ちた「最も成熟し、最も完成された断章中の断章」であり、「力と精神と塩に満ちた僅かな堅牢な言葉で書き捨てられ」、「人間精神の領域における暗部をしばしば稲妻のように照らし出し」、「最も神聖なものをきわめて大胆に、ほとんど傲岸なまでに」描き出し、「最も普遍的なものをきわめて巧妙かつ滑稽に」表現し、しかも「分析も証明も一切抜き」で、その「主たる命題」をあたかも「数学の公理」のように、だが「一連の機知に富んだ着想」として提示する。「哲学的芸術家たろうとする批評家」にとって、あたかも「造形芸術家にとってのトルソー」にも比肩する価値を持つこのような散文の断章的書法の威力は、例えば先の『ハンブルク演劇論』の「エピローグ」においても遺憾なく発揮され、「比類なく独特のやり方で商業的な契機や週毎の歓談の計画から出発して、あっと言う間に大衆的地平を跳び越えて舞い上がり、一切の時間関係には頓着せず」、「最も純粋な思弁」へと没入し、「詩的ユークリッドの反語的目標」めがけて一気呵成に突進し、しかも「その逸脱した軌道にありながら、きわめて個性的に生き生きと、まさにレッシング的に仕上げられ」、それ自体一個の「モノドラマ」とも呼ぶべき作品となるのである。

このような「機知と散文」によって描き出されるレッシングの「断章的宇宙」に比べれば、とシュレーゲルは続ける、「芸術的勤勉と推敲の比類のない成果」である『エミーリア・ガロッティ』といえども、畢竟、「凍えながら賛嘆し、賛嘆しつつ凍えねばならない演劇的代数学の偉大な実例」、「汗と苦しみのうちで生み出された純粋悟性の傑作」の域を出るものではないと。確かにこの戯曲はレッシングの「詩的芸術の最高峰」として位置づけられるに相応しい作品ではある。だが演劇作品としての出来栄えはこれより「遙かに劣る」と言わざるを得ないあの『賢者ナータン』――あの「神の気配の漂う精神」によって燃え立ち、「純粋理性の熱狂によって生み出され、生気を吹き込まれ」て、ここでは「演劇的形式は単に乗り物にすぎない」と思わせるほどに「三段論法のすべての格、演劇的詩芸術のすべての規則」を文字通り「塵と化せしめる神聖な何ものか」が生きて漂う『賢者ナータン』には遠く及ばない。そして登場人物サラディンのスルタン職に具現されているような、あの「作為的な不自然さが頂点に達するやいなや、まさにそのことによって自己自身を跳び越えて無条件的に自由な自然のもとへと帰還する道を再び切り拓いてゆく」、あのような精神のあり方を「シニシズム」と呼ぶことができるならば、『賢者ナータン』こそはまさにこのような「高次のシニシズムの演劇的入門書」と評して過言ではなく、「レッシングの個性が最も深く、最も完璧に、しかも申し分のない大衆性をもって描き出されている」という点において、それは「**一篇のレッシング的な詩**」、「**レッシング中のレッシング**」、「彼の作品中の**作品自体**」とさえ呼ぶに値するレッシングの真の代表作である。

『賢者ナータン』へのシュレーゲルのこのようなほとんど心酔に近い傾倒は、レッシングの人格への畏敬の念と不可分である。「レッシングその人の価値はレッシングのすべての才能を越えている。」――それゆえレッシングを俗論の桎梏から解き放とうとするシュレーゲルの論調は、この点ですでに激しく論争的である。彼の矛先は何よりもまず、「倫理的形成と倫理的偉大さへの感覚の全般的な欠如と教条的な道学者流の狭隘さが跋扈する時流」の中で「レッシングの人格が無視されてきたこと」に向けられる。彼は痛憤と共にレッシングの真価を列挙する。何よりもレッシングの「男性的な諸原則」、レッシングの「偉大で自由な生活態度」、レッシングの全本質の「大胆な自立性」と「堅忍不抜さ」、「高貴なシニシズム」と「聖なる寛容さ」、「子供の義務、兄弟の忠誠、父性愛等々、およそ自然の最初の絆と社会の最も緊密な結束に関わる一切のもの」においてレッシングが示す「偽らざる情愛」、「虚言、怠惰に対する高潔な憎悪」、「権利や自由の僅かな侵害に対しても示される嫌悪」、「認識の拡張のための手段」となり得る限りにおいて「人類の財産」と見なされ得るすべてのものへの「暖かく活発な畏敬の念」、俗世の見方からすれば徒労にすぎないと知りながら、いかなる目的よりも価値あるものと確信して精根傾けるときのレッシングの「純粋な熱意」、「偉大さの本能から発動し、触れるものすべてに強力に働き掛け」、それを「善にして美なるもの」へと変えてしまうあの「神々しいまでの焦燥」等々。――こうしたレッシングの全人格的な特質、「最も内的にして最も深い精神、すなわち人間における神性のあの生き生きとした活動性と力強さとを具えた偉大な人物」のみが所有することのできるこうした特質、彼の「万能性」、「独創性」として讃えられてきたものの一切を遙かに凌駕するこうした特質が全面的かつ徹底的に顧みられることなく現在に至っていること、これがフリードリヒ・シュレーゲルの眼に映じた目下のレッシング評価の、それゆえまた『賢者ナータン』評価の惨憺たる現実である。『賢者ナータン』とは、「すべての非寛容な神学に対する論駁」であると共に、「すべての不自然と幼稚な行為、誤った教育によって自分や他の人々のうちに生み出されてゆく愚鈍、人間と神との関係における馬鹿げた虚飾に対する論駁」の書である。「『賢者ナータン』を正しく理解する者は、レッシングその人を知る者である」と書くシュレーゲルは、すでにレッシングその人に成り代わっている。

レッシングを詩人としてよりはむしろ哲学者、あるいはむしろ一個の哲学的人格と見るべきだとする転換によって、『エミーリア・ガロッティ』の文学精神を犠牲に供してまでも『賢者ナータン』の哲学的精神を称揚し、さらに『エルンストとファルク』や『ゲッツェ論駁』――「『賢者ナータン』は『ゲッツェ論駁』の継続、すなわちその第十二章である」――を視界に収めつつ、レッシングの哲学的・神学的思想の核心、とりわけ彼の哲学的思考をその根底において規定している「断章的」な書法と論法の本質に肉薄すると共に、このようなレッシング再検討、再読に批評の本質への問いをも併せ託して追求しようとしたこの若きシュレーゲル気鋭の論考『レッシングについて』は、しかしそこに漲る論争的・挑発的言説と絶え間のない論脈脱線とによって、独特の批判的情念の一貫性は保持しながらも、論理と記述の統一性を維持することができず、結局は、レッシングの思想世界の諸相を鋭利な刃物で際限なく突つきまくるという無限進行に陥り、レッシングは論者にとって依然として「入るは容易にして出るは至難の迷路」であることをやめず、論考全体が、「私の哲学は諸断章の体系、諸構想の進展である」(PL II-857)という論者自身の言葉通りの様相を呈し、どこまで行っても収拾のめどが立たぬまま紙数が尽き、「レッシングは、どこでもそうであるように、文学においてもきわめて**パラドクシカル**に終わっている。達成された目標が逸脱した行程を説明し、弁明するのである。『賢者ナータン』は**レッシングの文学全体の最良のアポロギー**であり、この作品がなければ彼の全文学は一つの**誤てる**傾向としか見えなかったはずである。それというのも修辞的な舞台演劇の応用的効果を狙った作品が、演劇的芸術作品の文学的純粋性によって不器用に攪乱され、そのことによって舞台進行が不可能になってしまうほど無用に妨害されてしまう」のが劇作家レッシングの実情なのだからという、レッシング弁明にいわば自己弁明を重ね合わせるがごとき言辞と、「レッシングは、至る所でそうであるように、文学においても出だしはまったく小さく微かに始まりながら、やがてはまるで雪崩のようになる。最初は目立たず、だが最後は巨大なものになるのだ」という、何事かを言外に予告するような言葉を最後に、「完結稿は次号にて」を当座の口実として、いわば戦場離脱のかたちで打ち切られる。(2)

しかし本論考発表の直後に『芸術のリュツェーウム』誌の主宰者ライヒャルトとの間に悶着が起こり、同誌上での『レッシング論』の継続が不可能となったため、シュレーゲルは『一般文学新聞』十二月号に改めて同紙での掲載を予告するが、この約束も果たされぬままに終わる。翌一七九八年五月、兄アウグスト・ヴィルヘルムと共に機関誌『アテネーウム』を創刊した彼は、そのいずれかの巻での『レッシング論』の続行を考えながらも、自誌の編集、刊行、そしてそれへの執筆等の仕事に忙殺されて実現を見ないうちに、読者にとってこの未刊の続編は「承前」の意味を失い、筆者である彼としてもこの点を顧慮せざるを得なくなり、結局、同時期の他の諸論に新作を加えた評論集にこの『レッシング論』正・続両篇を併せ収録するという構想を立てるが、しかしこの構想の実現も、一八〇〇年八月の『アテネーウム』誌廃刊に続くベルリン移住後の一八〇一年五月、同じく兄アウグスト・ヴィルヘルムとの共同編集によって刊行される評論集『特性描写と批評』(3)を待たねばならない。

ところで同年九月の『エアランゲン文学新聞』に掲載された同評論集に対する書評においてシュライエルマッハーは、この新・旧両『レッシング論』の内容的・文体的非連続性を指摘し、「論述がにわかに読者への語り掛けに変わるばかりでなく、前篇の示唆によって当然期待されるはずのものがほとんど見当たらない」続篇は、前篇とは「まったくの別物」であるのみならず、ここでは「そもそもレッシングについてろくに論じられていないではないか」と批判している。(4)しかしこの一八〇一年の新・『レッシング論』が、たとえ「完結篇」を意図したものだったにせよ、旧・『レッシング論』に対して『アテネーウム』期の三年間を大きく跨いでの新作であり、『アテネーウム』期の著作活動と編集作業の体験すべてを踏まえながら、さらに『アテネーウム』誌廃刊後の新たな一歩のためのプログラムを模索しつつあった新たな「諸断章の体系と諸構想の進展」の中から生まれ出たものだったことを考えれば、シュライエルマッハーの批判はむしろ当然の、というよりはむしろ正当な評価とさえ言えるだろう。しかもその執筆が一八〇〇年十月に開始されたイェーナ大学講義『超越論的哲学』の進行と重なり、イェーナからの同年十一月二十四日付けの兄アウグスト・ヴィルヘルム宛の手紙(5)からも想像されるように、昼の時間は講義に、夜の時間はこの新・『レッシング論』に当てるという、いわば講義とその準備の余暇を盗むかたちで行われていたことは、この論評に教授資格取得後の哲学的冒険への抱負と試行錯誤とを濃密に共有させる結果となったに違いなく、『アテネーウム』誌廃刊後の新たな活動領域の地平を開拓しようとする彼自身の新たな挑戦が、レッシングに捧げられ、レッシングを論じ、レッシングの精神と書法とを絶えず脳裏に去来させながらも、ひたすら自分自身を、自分自身の構想の未来図のみを語るといういわば倨傲な精神状況を作り出し、これがシュライエルマッハーの顰蹙を買ったと見てよいだろう。

レッシングを彼が世人の無理解と誤解によって押し込められてきた「文学と文学批評」の牢獄から解放し、彼の精神の本領である哲学、「彼の塩」を必要としている哲学の領域へと連れ戻すこと、これが旧・『レッシング論』執筆の真の意図だったと総括した上で、シュレーゲルはこの同じ意図を新たな視点に立って完成させるべく起草されたこの『レッシング・完結篇』(6)を、諸芸術の革新と人間の解放を約束する新時代の到来を予告する一篇の捧げの詩によって開始する。

冷やかな懐疑家たちさえも予言者のように語り、
透徹した眼ももはや光を恐れず、

奇しくも真理の力がその忠実な従者たちのうちに
姿を現し、稲妻の閃光を雲がむなしく弱めようとする、
そのとき新しい時代は明けそめ、
そのとき暁の光はわれわれを喜ばせ、
そのとき諸芸術もまた刷新され、
人間はそのちっぽけな軛のすべてを打ち砕くことができるのだ。
「新しい福音は到来するだろう」――
レッシングはそう告げたのだったが、所詮、愚昧の徒は
この開かれた扉に気をとめようともしなかったのだ。
だがしかし、かの卓越した人が企てたすべてのものも、
その思考、その研究、その論争、そしてその真面目と冗談のすべても、
この永遠の言葉の貴重さには及ばないのだ。

「新しい福音は到達するだろう」――シュレーゲルがレッシングの幾多の精神的事業のすべて、その髄液ともなっている彼の断章的発想と機知のすべて、そこに渦巻く「真面目と冗談」のすべてをもってしてもこの簡潔な一行には及ばず、「たとえ彼がこの一語以外になんら見るべき言葉を発しなかったとしても、彼を敬愛せずにはいられなかっただろう」と絶賛し、これを「分厚く取り巻く低劣な俗世」への「砂漠の声」とまで呼んだこのレッシングの哲学的断章集『人類の教育』の一篇、正確には、「かならずや到来するだろう、『新約』の基本諸書においてすらわれわれに

約束されているあの新しい永遠の福音の時代は」という一篇（第86節[7]）の部分引用のここでの本来の意図は伏せたまま、シュレーゲルはまず、「歴史的感覚」にも「文学の歴史的知識」にも欠け、到底「芸術批評家」とは見なせないレッシングの真価はどこにあるのかとあらためて問い、彼のうちで「真に成熟に達したもの」、すなわち「文学、論争、機知、哲学の混合」以外にそれを求める場所はないと断定し、自分をかくも魅了し続けているこの「諸要素の混合」というレッシングの特質に自分なりの「思想のアンソロジー」をもって応えることが、わが「導きの星」として選んだこの不滅の人物への「霊前の供養」たるに相応しい行為だと述べるや、ただちに『リュツェーウム断章集』からの四十篇、『アテネーウム断章集』からの五十三篇、これに新たな断章四篇を加えた計九十七篇の「断章的普遍性」なるものを『鉄のやすり』と題して列挙し、ここでもシュライエルマッハーの顰蹙を買う。「最初の『レッシング論』と同じ号の『芸術のリュツェーウム』誌に発表されたかなりの数の断章を含む夥しい断章が、織り込まれているというよりは、羅列されているだけ」ではないかと。しかしそれが「単なる羅列」でないことは、このアンソロジーを締め括る二つの断章が雄弁に立証している。以下、この両断章の全文を掲げる。

「ソクラテスのイロニーは、徹頭徹尾非意図的でありながら、しかも徹頭徹尾考え抜かれた比類のない擬装である。それを装うことも、それを漏らしてしまうことも、共に不可能である。それを持っていない者にとっては、たとえあからさまに打ち明けられたところで、それはあくまでも謎でしかない。それを欺瞞だと見なす人たち、つまり全世界を茶化すという飛び切りの悪ふざけを楽しめる人たちとか、自分も当てこすりの対象になっていると感じるやいなや立腹する人たちとか、そういう人たち以外の誰をもそれは欺くことがないというわけである。そこではすべてが冗談であり、すべてが真面目であり、すべてが天真爛漫であり、すべてが深く擬装されている。それは処世術的感覚と学問的精神との結合から、完成された自然哲学と完成された芸術哲学との合作から生まれる。それは無制約的なものと被制約的なものとの、また、完璧な伝達の不可能性と不可欠性との解決し難い相剋の感情を含み、かつ、それを喚起する。それはあらゆるライセンスのうちで最も自由なものである。なぜならそれによって人は自分自身を越え出ることができるからである。しかしまたそれは最も合法則的なものでもある。なぜならそれは無条件に必然的だからである。円満な俗物たちが、この絶え間のない自己パロディーにどう対処すべきかまるで見当がつかず、その都度あらためて信じてみたり、疑ってみたりを繰り返した挙げ句、ついには目が眩み、冗談をてっきり真面目と思い込み、真面目を冗談と思い込むようになるのは、まことに結構な徴候ではある。」(LF 108)[8]——

「イロニーはパラドックスの形式である。善にして同時に偉大なるものはすべてパラドックスである。」(LF 48)

——

『鉄のやすり』の総括と呼ぶに相応しいこの両断章——「キリスト教の問題においてイロニーの域にまで達していた」レッシングの「高貴なシニシズム」への、あるいは「高次のシニシズムの演劇的入門書」ともいうべき『賢者ナータン』へのオマージュと見ることも、同時にまたレッシングの「倫理的偉大さ」への一貫した畏敬の念を基調とした両『レッシング論』全体のモットーと読むこともできるこの両断章に続いて、シュレーゲルはまず、このアンソロジーが「イロニーをもって受け取られるにせよ、イロニー抜きで受け取られるにせよ」、この種の「結合術的刺激剤」[9]のどれか一つくらいは諸君の真面目な考察に値するはずだと読者を挑発し、さらにまた「要求が重すぎるわりに思想が軽い」と思う向きがあれば、それは「重い問題をぶつけられた人間を陽気な気分に誘い込もうという意図」から出たことで、そうした気分に浸っていてこそ死すべき人間も「真実の真面目と真面目な真実との測り難い重み」を感じ取ることができるのであり、とりわけ「真実の真面目は、非常に多くの場合、真実の冗談であるのが常なのだ」からと執拗に絡んだあと、「諸君はもうすでにこの勿体ぶった物言いからお察しだろうが、私は批評家としての別れの挨拶を述べようとしているわけだ」と、ようやく本題の扉をあけて見せ、ただし自分には「名声赫々たるイロニーの武器を論争の殿堂の中に吊るして、戦場を他人に譲る」つもりも、「文学的技法なり、哲学的技法なりの諸作品相手にこれから先も従来通り自分と学問のために実験を続けるのを断念する」つもりもないから、批評家稼業から足を洗うと言っても、それは「自分の特殊体質」をわが法則としているこの仕事を今後は徹頭徹尾「詩芸術の歴史と哲学の批判という二つの目的に限定する」ことを意味するにすぎない。むろん哲学の批評は論駁の部分を含まざるを得ないから、この面でも自分の「転向」は完全ではない。譲るものがあるとすれば、わが身についての評価を新しい次世代にゆだねるということくらいか。——

この底意を秘めたというにはあまりに露骨な悪ふざけに類する転向表明に続けて、シュレーゲルは一挙に問題の核心に迫る。自分はいま未完の論評にけりをつけようとしているわけだが、実際にはむしろ「全体の序文」を書いているつもりなのだ。そもそも一連の試論を一つの「全体」と見なすことを許す必須条件は何か。「精神の統一性」すなわち「一貫した傾向と不変の実践的原則」がそこに見出されることでなければならない。ここで言う「傾向」とは、「一切を全体のうち」で「判定し評価するよりはむしろ理解し説明」しようとする志向である。ある作品はその作者の「全作品の体系」の中でのみ完全に理解されるのだから、ある作者の精神を真に認識した者だけが国や時代の差を越えて「眼に見えない人々」と関わりを持ち、その人々と一つの「全体」を形成することによって、自分がこの「全体の一環」にすぎないのを理解する。この「全体」への飽くなき志向の到達する「中心点」が「全芸術、全学問の有機体」であり、かつ「この有機体の法則と歴史」であるとすれば、「想像力と芸術のこの形成理論」もまた一つの学問と見なすことができるはずである。そしてこのような学問を自分は「エンツィクロペディー」と呼びたいとシュレーゲルは提案し、同時に「このような学問はまだ存在していない」と断定する。

しかしただちに彼は、この「エンツィクロペディー」以外のどこに「積極的な批評のための客観的法則の源泉」を見出すことができるかと反問し、このような批評の法則を渇望する者にとって「学問としてのエンツィクロペディー」の確立がいかに急務であるかを、いわば信念からする証言として力説し、さらにこの同じ信念の帰結として、芸術と学問の発展に寄与しない作品、すなわち、あの有機的な全体との関わりのうちに「本来的に存在していない」ような作品は「真の批評」の対象たり得ないと主張する。むろんこのような全体における「非存在や零価値」を摘発するには、論争・論駁が不可欠だが、しかし論争・論駁はそうしたいわば必要悪を遙かに越えた存在理由を持っている。それは本来「人間のうちに宿る神的なもの」の活動を確認するための「成熟した悟性の試金石」にほかならない。そもそも善と悪とを区別することがあらゆる認識の始まりなのだから、寛容を衒うあまり、傑出したものをさえも時には「悪しき原理」の所産として批判する精神を持たない者は、充分に明晰であるとは言えない。それゆえこの信念と論争ないしは論駁の精神の根底を成す「絶対的主観性」を承認し、かつ、この絶対的主観性を実現するための実践的原則を明示し伝達することが、ここでの肝要事である。しかし芸術の全領域に跋扈する益体もない大衆の根絶を目指すよりはむしろ、「善き原理と悪しき原理との峻別」を徹底的に推進することをわが使命とし、浅薄な連中が模倣の理想として讃える対象に敢えて挑戦し、そこから「イロニーをもって称賛するすべを学んできた」自分としては、絶対的主観性の実践的原則について今更くだくだしく述べ立てる必要はなく、だがそれだけに絶対的主観性そのものに対しては一層揺るぎない承認を与えておく必要があるだろうから、この『レッシング論』を「あり得べき最も主観的なもの」、すなわち「一篇の詩」をもって閉じるのが至当であると書いたあと、シュレーゲルは、明らかにレッシングに捧げられているこの結びの詩――『詩神たちを率いるヘラクレス』――に先立って、レッシングについて「なお数言を費やしたい」として、この論考の最後の核心部へと踏み込んでゆく。

一般のレッシング評価を覆すことによってレッシングの隠れた真価を明るみに引き出そうとする本論に対する世間のあり得べき反応は、例によってそれを「難解」だとする苦情に尽きるだろうから、論者の「ささやかな願い」もまた、「理解することを理解するところから始めて欲しい」と訴えることに尽きるとした上で、シュレーゲルは、その「哲学的精神の偉大な傾向」のゆえにレッシングを独創的と見、その「象徴的形式」のゆえに彼の作品を「高次の芸術」に属するものと見る論者の視点を明らかにする。そもそもある作者や作品を「理解」するとは、それらを「一切の芸術と学問のあの大きな有機体との関わりにおいて発生論的に構成する」ことだが、このような構成のためには、対象に見出される一切の「特性的なもの」がそれへと分類される基本概念が必要であるとして、「形式と内実」、「意図と傾向」という二つの対概念を挙げ、この両概念の要求を十全に満たしているスピノザとフィヒテの思想の特質を、そのいわば適用外のカントとヤコービのそれと対比しつつ、独自のカテゴリー論を展開する。

共に「**全素材の同一性**」を保証するところの「唯一無二の不可分な中心点」へと還元され得るスピノザとフィヒテの思想にあっては、「形式」は常に「内実」、すなわちこの「全体の唯一無二の不可分な中心点」である「内実」の表現、象徴、反映であり、この意味においてスピノザの形式は「実体、恒常、堅牢、静止、単一性」であり、フィヒテの形式は「活動性、敏捷性、不断の前進」であって、その限りにおいて両者の形式は対極を構成する。一方、「意図と傾向」のカテゴリーについて、例えば「全体における意図」を問題にするならば、ヤコービやカントはいかなる「傾向」も持たないか、「絶対的に誤った傾向」を持っているにすぎないが[10]、この「絶対的に誤った傾向」は、それが錯綜した迷路によっていかに巧妙に隠蔽されていようと、実質は無に等しい。この種の思想家がその正体を顕すのは、その身に纏っている夥しい「副次的意図」の複合体から「全体の中心的意図」が露呈されるときであり、この瞬間、幻影は雲散霧消する。スピノザとフィヒテの場合は違う。ここでは個々の作品のうちで「意図」が明瞭かつ純粋に表現されており、全体として見れば「彼らの傾向なるものを無条件に叙述するか無条件に伝達しようという意図」以外のいかなる意図も見出すことができない。ここでは「傾向がすべて」なのである。こうした点で「スピノザを愛していた」レッシングもその哲学的資質において同様の賛辞に値する。彼はいわゆる「哲学的創造者の一人」ではなく、彼の全存在はいわば「卓越した哲学者のスケッチ」に留まっているとしか言えないものなのだから、思想の素材や体系は問題にはならず、それだけに一層形式が問題となるのであって、それゆえここで問われるのは常にすぐれて「形式と内実」、「意図と傾向」との完全な一体性を表現するところの「高次の芸術と形式」でなくてはならない。

ところでこの「高次の芸術と形式の本質は全体への関わりのうちにある」——と、シュレーゲルはここで再び彼の「エンツィクロペディー」の構想に立ち帰るが、その記述はいわば秘法伝授的な宗教的法悦の気配を漂わせるものとなる。「高次の芸術と形式」は、この「全体への関わり」ゆえに「無条件に合目的かつ無目的」であり、「最も聖なるものと同様に聖なるもの」と見なされ、また、この関わりゆえに「一切のもの」は「同一のもの」を、「到るところ一者にして不可分な単一性のうちにあるもの」を欲し、それゆえにこそ「一切の作品は一つの作品」、「一切の芸術は一つの芸術」、「一切の詩は一つの詩」たろうとする。人間精神の最高の形成物においても認められるこのような「全体」たろうとする願望は「アレゴリー」ないしは「象徴」を介して、「有限的なものの仮象」が「永遠にして無限なるものの真実」へと解消される過程というかたちで実現され、ここに「現存在における唯一現実的なもの」としての「意味」（Bedeutung）が顕現する。また、「形式と内実」との根源的一体性を表示するこのような「高次の芸術と形式」においては、芸術と自然の分離はすでに不可能であって、芸術はむしろそれ自体が「自然」であり「生」そのものであり、それらと一体的であるばかりでなく、さらに言えば「自然の自然」、「生の生」、「人間における人間」でもあるのだから、いかなる作品も本来このような絶対的な「全体性」を「意味」すべきものであり、この「意味」とその「写像」とによってこのような「全体性」たるべきものである。真に実在性を持ち得るのは、この「意味」と、この「意味」が指し示すあの「高次のもの」、すなわち「全体性」以外にはない。けだしこの「全体性」、この「全体なるもの」、この「高次のもの」、「最初にして最後のもの」、「本質的にして最高のもの」との――「意味」を介しての――相関のうちにおいてのみ、「高次の芸術と形式」は可能となるのである。それゆえこのような芸術と形式は、その本質からして「ただ一つ」しかあり得ず、それゆえまた哲学的作品にも芸術的作品と同様の「アレゴリー」ないしは「象徴」の形式が要求されねばならない。

　ところでシュレーゲルにとってレッシングにおけるこの「高次の形式」こそが「パラドックス」である。シュレーゲルは先に予告した結びの詩『詩神たちを率いるヘラクレス』へと続く箇所で次のように書き、この論考を締めくくっている。

「パラドックスは時として中心逸脱的と呼ばれる。そもそも常識の発言を意図的にそれが言わんとしている以上に文字通りに受け取って見せるのは、称賛すべき格律というものだが、それがとりわけ求められるのが、ここパラドックスにおいてである。

　ところで哲学的生のパラドックスのためにはあの曲線、すなわちその中心の一つが無限性のうちに存するがゆえに、可視的な連続性と法則性とをもって前進しながらも常にただ断片のかたちでしか現れ得ないようなあの曲線以上に美しい象徴があるだろうか。

　このような**超越的曲線**（transcendente Linie）がレッシングその人だったのであり、そしてまた彼の精神と作品の始原的形式だったのである。

　この形式の最も明快かつ平明な実例を、諸君は彼の最も洗練され最も完成された作品である『エルンストとファルク』に見出すだろう。ここでそのことを理解したならば、諸君はまた『人類の教育』にも同じ形式を見出すだろうし、それどころかもっと大がかりな規模において、とはいえつまらない素材や誤った傾向という煩わしい付属品付きでではあるが、それをしもなお一つの作品と見なされる限りにおいて、あの『ゲッツェ論駁』にも、そして『演劇論』にも見出すだろう。しかし最大の規模においてそれが見出されるのは、彼の文学的生涯の全体にわたってである。

まさにこの同じ形式がプラトンのそれである。諸君は、あの曲線の象徴をもってする以外に、彼の個々の対話篇も一連の対話篇も納得のゆくかたちで再構成することはできないだろう。

その天才によってあのような低俗さ、あのような充満する誤った傾向の真っ只中から、まさにあの全体なるものの形式において、最も崇高な哲学者にして最も巧妙な弁論芸術家の高みへと近づいたあの人物に対して述べるべきどんな言葉があるだろうか。」——

一八〇一年のこの新・『レッシング論』は、プラトンへのこの短い賛辞によって、一七九七年の旧・『レッシング論』と同様の未完の匂いを濃厚に残しつつ打ち切られ、冒頭の捧げの詩に謳われた「新しい福音」の理念と本論の主題——批評と「エンツィクロペディー」——との論理的関係は最後まで明かされない。そしてこの捧げの詩に呼応するかのようにレッシングを筆頭に、ゲーテ、ヴィンケルマン、フィヒテ、ティーク、兄アウグスト・ヴィルヘルム、ノヴァーリスらが一人ずつ名指しで称賛され、最後に「友等よ、喜ばしい勇気をもって働け、さすればヘラクレスの力はゲルマンの原野をもムーサたちの庭園に変えるだろう」という呼びかけに終わる長大な詩によってこの論考は締め括られる。

二

レッシングに言及するときのシュレーゲルの論争的な語勢にはしばしば抑えきれない苛立ちがつきまとう。先の正・続二篇の『レッシング論』はまさにその典型例である。そこで放たれるイロニーの矢はしばしば、「それを装うことも、それを漏らしてしまうことも、共に不可能である」ような、「徹頭徹尾非意図的でありながら、しかも徹頭徹尾考え抜かれた比類のない擬装」(LF 108) をかなぐり捨て、「イロニーはパラドックスの形式である」(LF 48) という自縄自縛的な制約さえも打ち砕いて自らの正体を臆面もなく晒すがごとき様相を呈する。一般のレッシング評価を覆すことによって逆にレッシングの真価を問おうとする自分の姿勢と論法に対する世間のあり得べき反応は、例によってそれを「難解」だとする苦情に尽きるだろうから、論者の「ささやかな願い」は「理解することを理解するところから始めて欲しい」という一事に尽きるとする、先の『レッシング論・完結編』の一節は、明らかにこの『レッシング論』の一年前に刊行された『アテネーウム』誌最終号を締め括るシュレーゲルの巻末論評『難解ということについて』[11]を貫く憤懣を引きずっている。「イロニー」それ自体を、あるいは剥き出しの「イロニー」を論題として掲げたこの論評の題名は、時代への挑戦として始まり、そして結局は振り出しに戻って、再び時代への新たな挑戦の始まりを宣告するというかたちで終わるほかなかったこの初期ロマン主義運動の機関誌の幕引きとしてこれ以上に相応しいものはなかったと言えるかもしれない。ここで激しく吐露されるシュレーゲルの鬱屈は、『アテネーウム』誌に向かって絶えず放たれてきた「難解」という苦情が不当であり、かつ至当であり、不当である点できわめて心外であり、至当であるという点できわめて遺憾であるというパラドックスに巻き込まれているだけでなく、自分をかくも痛烈に直撃してやまないこうしたパラドックスの二重底的性格が世間にはまるで通じていないという歯噛みするほどの苛立ちをも抱え込まされてきたことへの痛憤であり、同時にイロニーという「絶え間のない自己パロディー」（LF 108）を理解する能力も意欲もない「円満な俗物たち」から理解されないことを「結構な徴候ではある」（LF 108）と言いつつも断じて許すことができないわが身の無残な滑稽さへの自虐的憤懣である。そしてこれが同じ俗物たち、「神的なもの、人間的なものの一切を博愛精神というシロップの中へ溶かし込む仕事に飽くことなく没頭しているあの尊敬すべき詩人や芸術家たち、あの円満な俗物たち[12]」から無理解の嘲罵を浴び続けてきたレッシングへのシュレーゲルのほとんど一心同体的な親愛感の原点でもある。彼が最初の『レッシング論』においてレッシングに対する世の浅薄な誤解と誤解の浅薄さについて、連中には「レッシングは真理と探究を愛し、論争や論駁を好み、パラドックスを弄することを甚だしく好み、恐るべき洞察力に恵まれ、時には愚昧なやからを少しばかりからかい、知識の普遍性と精神の多面性においてライプニッツと驚くほど似通っており、しかも生涯の終わりに臨んで、悲しいかなスピノザ主義者にもなったのだといった程度のことしか」分かっていなかったのだと書くとき[13]、そこにはいわばイロニー抜きの剥き出しの冷笑が漲っている。にもかかわらず、もしその論法、筆法において全篇あまねくこれと同質の冷笑と鋭利な抜き身のイロニーに貫かれている『アテネーウム』誌最後の論評に最も相応しいモットーがあるとすれば、それは遺憾ながらせいぜい「真実の真面目は、非常に多くの場合、真実の冗談であるのが常なのだ」という、その一年後に書かれることになる先の『レッシング論・完結篇』の挑発的言辞を越えるものではないだろう。

シュレーゲルはまず、「そもそも思想の伝達は可能であるのか」ということ以上に誘惑的な問題提起はなく、しかも『アテネーウム』誌以上に執筆者にも読者にもこの「伝達の可能性ないしは不可能性」の問題を絶えず突きつけ続けてきた雑誌はないだろうと、この論評の主題の在り処を明らかにした上で、一気に積年の鬱屈を発散させる。「難解であること」、「理解できないということ」は、むろん「悟性の欠如」、理解力の不足を意味するものだろうが、かく言う自分は「生来、この悟性や理解力の欠如にまったく我慢できない質の人間」であり、特に「愚か者たち」ならざる「利口者たち」のそれが最も我慢ならない、というわけでかねがね自分のために「新しい別種の読者」を「構成」ないしは「演繹」しようとさえ思い決するようになったのだが、さりとてそれを昔流の「神秘的」な流儀でやってみても始まらないから、「然るべき理由のある誤解」に対してだけは止どめの一撃で終止符を打つという世間並みの手法に頼ろうとしたが、それさえもが「誤解」されてしまった、いや、「まったく誤解の余地ない事柄」までが「誤解」されてしまったのだ。その一例が、「フランス革命、フィヒテの『知識学』、ゲーテの『マイスター』が当代の最大の傾向である」に始まる「悪名高い三傾向」の断章（AF 216）であり、自分はこれを「真面目な意図」をもって書いたのであって、そこにはイロニーなど毛筋ほども含まれてはいない。つまり「誤解の余地」はないのだ。「芸術を人間性の核心」と見なし、「フランス革命を超越論的観念論の体系に対する卓抜なアレゴリー」と見なすのは、むろん「きわめて主観的な私見」にすぎない。とはいえこの見解についてはこれまですでにさまざまなやり方で分かってもらおうと努力を重ねてきた私としては、読者もそろそろこの見解に慣れてくれてもよさそうだくらいのことは期待したくなるというものだ。その他の箇所はすべてこのキーワードで解読できる「暗号文」でしかない。例えば「ゲーテの全精神を『マイスター』のうちにさえ見出し得ない者は、それをどこに求めようとも無駄だ」ということであり、「文学と観念論とはドイツの芸術と教養の中心」であることくらいは誰でも知っていてよいはずだし、たとえそれを知っている者でも、そのことをいくら思い出させられても充分すぎることはないと、この私は言いたいのだ。そもそも「最高の真理」などというものはすべて「どこにでもあるもの」なのだから、こうした真理が依然そこにあり、しかもそれがもともと「完全には言い尽くし得ないもの」だということを忘れないためにも、こうした真理を常に新たに、しかも「可能な限り常に逆説的に表現する」ことが何よりも必要なのだ。さてここまでは全部、「完全にイロニー抜き」の話であり、当然のことながら「誤解の余地はない」はずである。

しかしここに「誤解の余地はない」とは言いきれない要素が一つ残っている。「傾向」という言葉がそれだ。そしてこのあたりから「イロニー」が始まると言ってよく、この言葉は、例えばこんな具合に「理解される」ことだってあり得る。つまりこの私がフィヒテの『知識学』をカントの『純粋理性批判』と同様に「一つの試み」、「一つの暫定的な試み」としか見なさず、だからそれを私自身のやり方でもっとよく仕上げ、最終的な完成にまでもってゆこうと考えている、つまり私がフィヒテの肩に乗ってやってゆこうと思っているというわけだ。そうなるとフィヒテはラインホルトの肩に、ラインホルトはカントの肩に、カントはライプニッツの肩に乗っているということになり、これが際限なく続いていって最後に根源的な肩に辿り着く。とまあ、こんな愚にもつかぬ話を私に押しつけてくる向きもあるのではないかと密かに期待していたのだが、そんな気配はどこにも感じられない。ならば誰も誤解しようと思っていないのに、私のほうからわざわざ誤解の種を蒔いて歩くいわれはないわけだから、そこでまた「イロニー」を断念して、「あからさまに」こう説明することにした。「傾向」ということ、ここで言う「当代」とは、「さまざまな諸傾向を孕んだ時代」ということだ。ところで私見によれば、これらすべての傾向が整えられ、完結を見るのはこの私自身に組み込んで読むならば、「一切はただ傾向でしかない」という言葉の意味するところは、これを「断章の語法」によってなのか、私の兄かティークによってなのか、またはわが一派の誰かによってなのか、あるいはわれわれの息子、孫、曾孫の誰か、はたまた「二十七世代後の子孫」の誰かによってなのか、それとも「最後の審判」に到ってなのか、あるいはそもそもそんな時は来ないのか、こうしたことはすべて読者の「叡知」に委ねることにしよう。

「真面目」と「冗談」との境界線上をわざと千鳥足で歩いて見せるような筆法でここまで書いてきたシュレーゲル

は、再び『アテネーウム』誌の「難解さ」の問題に大真面目で立ち戻り、その原因の大部分は、異論の余地なく、この雑誌の至る所に顔を出すイロニーにあるとして、ここでもまた先の両『リュツェーウム』断章、すなわち「ソクラテスのイロニー」と「パラドックス」の断章を一式一組のものとして掲げる。そして『アテネーウム断章集』に精通した読者ならいざ知らず、これを「難解」と思う人々のために——何といっても「イロニーが日常茶飯となった」のは、ようやく新世紀の夜明けの光の中であらゆる「大小さまざまなイロニー」が一斉に芽吹いて以来のことなのだから——ブフレールが挙げている人間の心のさまざまな類型——「大きいのや、小さいのや、薄いのや、太いのや、詰まらないのや、桁外れのや」——に倣って、自分もまた「イロニーの全体系への展望を容易ならしめるために」として、その主要な類型の幾つかを挙げる。

まず「最も顕著なもの」として「粗野なイロニー」。次に「繊細な、あるいは洗練されたイロニー」。次いで「極上のイロニー」。道化役スカラムーシュがよくやる相手の不意を衝く悪戯などのそれ。次いで「あからさまなイロニー」。例えば、古い庭園に設けられたすばらしい洞窟がその涼しいふところに多感な自然愛好家を誘い込んでおいて、いきなり四方八方から水を迸らせ、彼の優しい心を追い払ってしまうといった種類のもの。次いで「劇場的イロニー」。詩人が三幕まで書いたところで、予期せぬ人物がもう一人現れたため、もうあと二幕、余分に書かざるを得なくなるといったたぐいのものがこれに当たる。それから「二重のイロニー」。これはイロニーの二つの線が、一つは平土間に向かって、もう一つは桟敷席へ向かって互いに妨害することなく平行に走り、だがその際、小さな火花が楽屋にも入り込むことがあるといったもの。そして最後に来るのが「イロニーのイロニー」。「最も徹底したイロニーのイロニー」と言えるのは、イロニーを至る所でしつこく繰り返し見せつけられてほとほとうんざりさせられるといったたぐいのものだが、ここで問題になる「イロニーのイロニー」とは、一つには「イロニー抜きでイロニーについて語る」というときのそれ。次いで「イロニーをもってイロニーについて語りながら、その際、自分がもっと露骨な別種のイロニーの中にいることには気付かないでいるような場合」のそれ、あるいは自分が「もはや二度と再びイロニーから抜け出せなくなっているような場合」のそれ。そしてこの最後の場合が、筆者にはほかならぬこの『難解について』の試論に当てはまるものと言えそうである。次いで「イロニーが手法となり、その結果、詩人をもいわばイロニー化してしまうような場合」のそれで、「どうでもよいポケット版のために前もって手持ちの蓄えを見積りもせずにイロニーを約束してしまったため、腹痛を起こした役者のように、嫌々イロニーをでっちあげる羽目に立ち到ったような場合。その他イロニーが「荒っぽく」なったり、「手に負えない代物」になったりする場合、その他、その他、その他である。

シュレーゲルは明らかに怒り狂っている。彼は怒りの饒舌に引きずり回されている。彼は「もはや二度と再びイロニーから抜け出せなくなっている」自分に対して「イロニー抜き」という新手の「イロニー」をもって向かい合っている。「徹頭徹尾非意図的でありながら、しかも徹頭徹尾考え抜かれた比類のない擬装」という真っ赤な嘘が、「イロニーのイロニー」とか「累乗されたイロニー」といった借りものの概念の上げ底的軽薄さが、『アテネーウム』を「難解」と評した読者の顔を借りて冷笑し、イロニーの種類を数え上げる筆者のしたり顔を嘲笑う。むろんシュレーゲル自身にもそのようなことに血道を挙げる愚劣さは重々分かっている。しかし怒りの筆は止まらない。彼は続ける。「いかなる神々がわれわれをこのようなすべてのイロニーから救い出せるだろう。あの大小さまざまなイロニーのすべてを一つ残らず呑み込み、呑み下してしまうような性質のイロニーがあるとすれば、これこそが救いの神だろう。そして私はほかならぬ私のイロニーにそうした性質を感じ取っていると告白せずにはいられない。とはいえそれとても束の間の助けにしかなり得ないだろう。運命が暗示しているかに見えるものを私が正しく理解しているとすれば、私の気掛かりは、まもなく新しい世代のちっぽけなイロニーたちが生まれて来るだろうということだ。実際、星たちは不思議な前兆を示しているのだから。たとえ長い間、すべてが平穏無事に過ぎたとしても、当てにはならないだろう。イロニーは笑い事では済まされないものだ。イロニーは信じられないくらい息の長いものなのだ。過去の時代の最も作為に満ちた芸術家たちの何人かは、その死後幾世紀にもわたって彼らの最も信心深い崇拝者や信奉者たちに対してもイロニーを弄し続けているのではないかとさえ私は疑っている。シェイクスピアは無限に多くの深淵、策謀、底意を持っている。彼もまた、後世の最も才気ある芸術家たちに自分たちがシェイクスピアに引けを取らないやり手だと忽ち信じ込ませてしまうような、油断ならぬ罠を自分の作品の中に密かに仕掛けておくという意図を持っていたのではないか。確かに、彼はこの点で人の予測を遙かに越えた策士だったと言ってよいだろう。」

巧みに内心の憤りを押し隠しながらの、筆者シュレーゲルのこうした半ば冗談、半ば喧嘩腰の饒舌が、とりもなおさず『アテネーウム』誌を「難解である」とする世間の苦情の間接的な承認であることは、むろん筆者シュレーゲル自身も先刻承知のことである。それどころかこの雑誌は「イロニーの炎の真っ只中で生まれた」のだから、今更それを引っ込めたところで話にならない。そんなことは始めから分かっていたことだ。「イロニーをわが手で疵物にする」いわれがどこにあろうか。シュレーゲルはここで開き直って見せるほかはない。「難解」ということはそれほど非難すべきこと、悪しきことなのか。「創造主の叡知」にも譬えられる「国家や体制といった人間の最も巧妙な作品」がしばしば「どれほど驚嘆してもし足りないくらい巧妙に人を欺く」ことがないとしたら、人の世はどうなってしまうだろう。この世のすべては難解、不可解の上に築かれていてこその安寧と平安ではないのか。一切が「揺るぎなく堅固に、かつ純粋に保持されて」いさえすれば、そして「不遜な悟性が敢えてその神聖な境界に接近するようなこと」が許されることさえなければ、人の世は「信じられないくらい僅かな分け前」で充分に足りるのだ。それどころか

「人間における最も貴重なものである内的充足」でさえもこのような究極の一点、すなわち「暗黒の中に放り出されている」一切のものを支え保ってくれる一点に依存しているのであり、それゆえもし人がこの一点を「悟性の中に解消させてしまおう」などとすれば、その瞬間、この全体を維持する力は消滅してしまうだろう。だからもし世界全体が、諸君が要求するように、ひとたび「真面目に、かつ完全に理解できるものにでもなろうものなら、諸君はそれこそ不安におののくに違いない。そもそもこの世界、この無限の世界そのものが悟性によって不可解なもの、あのカオスの中から形成されて来たのだから。」

シュレーゲルは続ける。「『アテネーウム』誌の難解さをみずから承認することに対するもう一つの慰めの根拠は、この承認自体のうちにある。なぜならほかならぬこの承認がわれわれに、災いは一時的なものだろうことを教えているからである。新しい時代は足の早い、踵に羽の生えたものとして立ち現れている。曙光は一足七里の長靴を履いている。疾うに文学の地平線には稲妻が走っているのだ。一つの巨大な雲に天空のすべての電気エネルギーが凝縮されている。その雲は凄まじい雷鳴を轟かせるかと思えば、早くも遠ざかってゆき、ただ遠方から稲妻を閃かせるにすぎないように見えるが、それとてもやがてはそれだけ一層凄まじい勢いで再来するためでしかない。しかしやがてはそうした個々の雷雲など問題でなくなり、全天は一つの炎となって燃え上がり、諸君のちっぽけな避雷針などはもはや何の役にもたたなくなるだろう。そのとき十九世紀は本当に始まるのであり、そのとき『アテネーウム』誌の難解さという小さな謎は解かれるだろう。何という大詰めであることか。そのときこそ真に読むすべを知る読者が存在することになるだろう。十九世紀には誰もが断章を、食後の消化の数時間、大いに寛ぎ、かつ満足しながら味わうことができるようになるだろう。そして最も固く消化しにくい断章にもクルミ割りの道具など必要としなくなるだろう。」

シュレーゲルは執拗に続ける。だが彼の論調は、いわばレッシングの咎めるような眼差しを感じたかのように、穏やかな一般性を帯びるものとなってゆく。「悟性と悟性の欠如との大きな懸隔はいよいよ一般的となり、激しく、かつ鮮明になってゆくだろう。そしてもっと深いところに隠れていた更なる無理解、難解、不可解さがどっと溢れ出てこざるを得なくなるだろう。しかし悟性もまたその全能を発揮することだろう。すなわち心情を性格へと、能才を天才へと高め、感情と直観を芸術へと醇化するのだ。悟性それ自体もまた理解されることになるだろう。そして最後には、誰もが最高のものを獲得することができるということ、人類はこれまで意地悪でも愚かでもなく、ただ不器用で未熟だったにすぎないことを洞察し、かつそれを告白せざるを得なくなるだろう。私は至高の神性の崇拝を早まって冒涜しないようにわが身を戒めよう。しかしその際に重要となる大原則である志操についても、これを冒涜せずに伝えることができなくてはなるまい。そこで私はこれを、スペイン人たちがグロッセと呼んでいる詩型に則り、深遠でもあり愛らしくもある一詩人の詩句を基に表現してみることにしよう。私の望みと言えば、われわれの卓越した作曲家の誰かが私の詩を伴奏に乗せるに値するものと思ってくれることだけである。詩と音楽とが優にやさしい調和の中で人類を高貴ならしめること以上に美しいことはこの世にないのだから。」

シュレーゲルはゲーテの教訓詩『銘記すべし』の終わりの四行を導入部としてこれに四つの詩節を連ねるという型通りのグロッセを作ることでこの戦闘的な論考『難解ということについて』を締め括っているが、「人はそれぞれやり方が違うのだから、各人、自分のやることなすことには気を配り、立っている者は転ばぬようにせよ」という導入の詩句はともかく、「われわれに点火されて自力で燃え立っている者は何人かはいる」が、「暗い穴蔵の中から阿呆どもがこぞって見苦しく唸り」、「愚衆がたむろし、夥しい無頼の徒が結束している」というくだりにさしかかったとき、作曲家はシュレーゲルの望むような「美しい」曲想を捻り出すことができただろうか。

三

「完成された絶対的なイロニーは、イロニーであることをやめて真面目なものとなる。」(FLP V-700)

「名声赫々たるイロニーの武器を論争の殿堂の中に吊るして、戦場を他人に譲る」つもりなどさらさらないという、一八〇一年の『レッシング論・完結篇』の言葉はまさにレッシングその人のために用意されたものと言うほかはない。イロニーについてこれほど戦闘的な言辞は、シュレーゲルの他のいかなる著書にも見出すことができないからである。「レッシングのイロニーは本能である」(ID 108)と書きながら、同時にレッシングの「傾向」は「その初期の試論から最後の断片に到るまで彼の全著作」を貫いて「徹頭徹尾論争的」だったと書く[14]シュレーゲルの、それは世人の誤解と偏見の「砂漠」の中に晒され続けてきたレッシングの生涯と作品の実相を彼自身のそれと重ね合わせるときに無限の苛立ちと共に彼の全精神を引き裂く、もはやいかなる韜晦の衣装にも丈の合わない、それゆえ剥き出しの「イロニー」の、それゆえまた「イロニー」概念そのものの自己否定であるような「イロニー」の告白である。レッシングのイロニーについて論じるときのシュレーゲルは、「真実の真面目は真実の冗談である」というところに成立する彼自身の「ソクラテス的イロニー」をもう一つの「論争の殿堂」の中に吊るして、一途に「真面目」である。

前記の『レッシング論・完結篇』と時を同じくして行われたイェーナ大学講義『超越論的哲学』においてシュレーゲルは、「**ただ一つの世界が存在するのみである**」がゆえに「無限なるものへの回帰以外の何ごともあるべきではない[15]」という一種の流出論的世界観に基づいて、哲学を「唯一無限の不可視の実体」である「無限なるもの」への永遠に到達し得ない無限接近的探究と定義し、この探究――「無限なるものへの回帰」――の途上にあってこの「無限なるもの」、「永遠に一にして全なるもの」へと連なろうとする人間精神の根源的志向の前に立ち塞がるすべての「独断論的」抵抗勢力に対して飽くなき戦いを挑み続けることが哲学の実践的使命であるとし――「有限的なものの仮象は根絶せしめられるべき」であり、そのためには「すべての知が一つの革命的状態に置かれねばならない」[16]――、哲学を真に哲学たらしめる必須条件の一つとして、「論争の正当性」――「哲学の仕事は必然的に論争をもって始まる」[17]――を掲げるのだが、彼の思考のバランスを時として激しく揺さぶるこの激しく論争的な彼の性格は、この講義の三年後の一八〇四年に刊行されるシュレーゲル自身の編纂になる三巻本『レッシング選集』に付された九篇のレッシング論の一つ、『プロテスタントの性格について』において遺憾なく発揮される。

　前記のイェーナ大学講義によれば、哲学は「絶対的なもの」を目指す。相対的に絶対的なものをではなく絶対的に絶対的なものを絶対的に目指すのが哲学である。この絶対的に絶対的なものは「無限なるもの」のみである。哲学の傾向が絶対的なものへの絶対的志向である限り、哲学の課題は、「無限なるものへの憧憬」をすべての人間のうちに喚起し、かつ育成し、「有限的なものの仮象」を根絶せしめることであり、そのためにはすべての知が常に「革命的状態」に置かれねばならない。ここでいう「有限的なもの」とは「無限なるもの」への一切の志向を妨害する「抵抗」、無限の生成の流れを阻止して「停滞」の淀みを作るものとしての固執性、凝縮性一般であり、哲学におけるそのような「有限的なもの」の現実的形態が「体系」である。体系とは、哲学の「内的生命」である「精神」をその縛めの外皮として覆う「文字」である。「有限的なもの」に囚われ、「有限的なものの仮象」の幻影から解放されることなく何らかの自己完結的な論理的一貫性の体系を目指すのが独断論であり、その構成要素は経験論とエゴイズム（自己への排他的凝縮）である。独断論は常に「文字」として登場し、また「文字」をもって自己防衛の堡塁とする。しかしすべての「文字」は「儚く消えてゆく」ものでしかなく、「留まるものは精神のみ」である。とはいえ「文字なくして精神はない」(PL V-274) という相関関係もまた、人間の思考の運命として揺るがない。シュレーゲルはこの相関を「生成」のうちに埋め込まれた「抵抗」の概念として説明する。シュレーゲルによればすべての生成は一つの抵抗を前提とする。さもなければ生成は「一瞬のうちに」経過してしまい、もはやいかなる生成もなく、あるのは唯一の「絶対的存在」ということになるだろうからである。生成のうちにその不可分の構成要素として埋め込まれている「抵抗」は、いわば「生成」の「文字」、「抵抗」なくしていかなる「生成」もないという意味での「文字」である。「文字」とは、無限の流動としての生成を現実の生成、すなわち有限的な個体的形成物たらしめる個体化原理であると同時に、生成の流動を阻止する「悪しき原理」でもある。「悪しき原理」は克服されねばならない。生成はそれゆえ、生成にその自己実現、自己表現の唯一可能な場を提供する「生成そのものに埋め込まれた抵抗」であるこの「悪しき原理」を克服する以外に生成の本来の姿に立ち返るすべはないというパラドックスのうちにその存在の意味を見出さねばならない。「文字はそれが流動化されることによってのみ克服される。」(PL V-274) ――「文字なくして精神はない」ということは、「文字」は「精神」によって克服されるべきものとしてのみ「文字」であるということである。シュレーゲルにとって哲学とは、その実践的本質において一切の体系哲学、一切の体系的思考に対する終わりのない挑戦である。そしてそのような永遠の論争の根底を規定する原理が懐疑と熱狂である。懐疑がすべての独断論、ないしはこれと類似のすべての体系哲学に対する論駁の基礎であり、そして熱狂が「無限なるもの」への、「無限なるものの知」への絶対的志向、けっして達成されることのない無限接近的志向としての哲学的営為の源泉である限りにおいて、哲学は常に、そして永遠に「懐疑」と「熱狂」と共にある。

イェーナ大学講義において「精神と文字」の問題をめぐって展開されるシュレーゲルの論述の筆法は、一八〇四年の『プロテスタントの性格について』における論述の筆法と重なる。いずれの場合にも、シュレーゲルの念頭に去来していたと思われるのは、レッシングが一七七七年に刊行した『無名氏の草稿から、啓示に関する断章数篇』（いわゆる『ライマールス遺稿断章』）に附した『編纂者の反論』と題された批判的註解の一節――「要するに文字は精神ではない。そして聖書は宗教ではない。従って文字に対する、そして聖書に対する異論はそのまま精神に対する、そして宗教に対する異論とはならない」――と、このレッシングの挑発に激しく応戦してきたルター派正統主義の堡塁に立てこもるハンブルクの聖カタリーナ教会首席牧師ヨーハン・メルヒオア・ゲッツェとの間に交わされた計十一回にわたる論戦の記録、いわゆる『ゲッツェ論駁』[18]におけるレッシングの論跡である。『プロテスタントの性格について』[19]はその論調において、このレッシングの『ゲッツェ論駁』への激越なオマージュである。

プロテスタンティズムの本質は「真理への熱狂、誤謬に対する神的な激昂と憤激」である。――これがこの論考の冒頭命題であり、最終命題である。「論争」こそが「すべてのプロテスタントたちの、すべての戦士たちの本質」であり、彼らの「全性格」はこの「論争」の概念のうちに汲み尽くされる。論争こそが彼らの「一切の志向の原理」であり、その「活動形式」である。「論争とプロテスタンティズムの精神とは完全に一体的である。」――ただしこの論争が真剣なものであるか、「真理への深い憧憬」と「みずから考える自由への果敢な戦い」に発するものであるか、それとも単なる「模倣品ないしは偽物」にすぎないものであるかを測る試金石は、「停滞」の概念である。「真の論争は無限」であり、しかも「あらゆる方向にむかって不断に進展的」である。だが「不純な副次的意図」が混入するか、せいぜい「贋の勇気が自由の外観を装っている」にすぎないところでは、遅かれ早かれ「停滞」が生じる。「懐疑」が終わるところ「停滞」が、すなわち「信仰箇条」が始まり、これに疑いを差し挟むことは「従前の体制下にもまして厳しく」禁じられる。これがプロテスタントたちが陥った陥穽だった。プロテスタンティズムがこの「新しい教皇制」と「信仰箇条」という新たな「文字」の支配へ転落してゆくとき、いやしくも「真のプロテスタント」ならば、「プロテスタンティズムそのものに対してプロテストしなければならなかった」はずである。「思考の自由はいかなる停滞も知らず、論争はいかなる制限も知らない」からであり、そして何よりもまずプロテスタンティズムは本来「闘争と戦乱の宗教」だからである。にもかかわらずプロテスタンティズムは「停滞」した。彼らはルター派正統主義という名の新たな「教皇制」のもとに権威主義への道を辿った。この弱体化したプロテスタントたちの強固な堡塁に向かってレッシング以上に激しい攻撃を加え続けた者はなかった。彼は「真のプロテスタントだった」がゆえに、プロテスタンティズムの教義における「文字」の権威に激しく抗議し、かつての懐疑と自由な思索の原則を堅持しつつ、プロテスタンティズムの「精神」を「文字」の軛から解放しようとする。この箇所でシュレーゲルは明らかに、「真のルター主義者はルターの著作にではなく、ルターの精神にその拠るべき場所を求めようとする。そしてルターの精神とは、いかなる人間も真理の認識において彼自身の判断に従って前進するのを妨げられてはならないことを断固要求するものである」という『ゲッツェ論駁』第一章中の有名な一節[20]を念頭に去来させていたと思われる。シュレーゲルによれば、そもそもプロテスタンティズムなるものは本来、それが「活力に満ちたある種の自由思想や無信仰――その源泉はやはり宗教的である――さえもキリスト教の本質に属するものであり、キリスト教と対立するものではなく、それどころかすべての根源的な背教すらも普遍的に包括していたキリスト教の発展の必然的な一現象」として見られる限りにおいて、必然的に「内部抗争や内乱にまで発展するような戦闘的宗派」なのである。従って「否定的で有限的なものが僅かでも残っている限り、すべての外皮がまだ照らし尽くされず、それゆえ精神によってくまなく浸透されず、それゆえまた神の言葉がいまだに遍在的となっていない限り、そして死んで干からびた文字の可能性が僅かでも残っている限り、悪しき原理もまた存在する」のだから、「この悪しき原理に対して不断に、そして容赦なく戦いを挑むのが論争の高貴な使命であり、従ってもしこの悪しき原理が克服され尽くした暁には、論争はその最後の総仕上げとして、自己自身を破壊すること」、すなわち論争をその本質とするプロテスタンティズムそのものの「自己否定」を論争の最終的帰結として持つということである。この論争の徹底性がプロテスタンティズムのプロテスタンティズムたることの本来の姿であって、それゆえ「真理を欠くところ愛はなく、勇気を欠くところ真理はない」のだから、自分たちを「博愛と仁慈の人と思い込んでいる」大多数の者たちが「心の怯懦」からよくやるように、「早々に手にした武器を捨ててしまうくらいなら、初めから武器など執らぬがましである」というのが、「真のプロテスタント」としての徹底性に貫かれた論争家レッシングへのシュレーゲルの——「名声赫々たるイロニーの武器を論争の殿堂の中に吊るして、戦場を他人に譲る」つもりなどさらさらないと宣言したシュレーゲルの無上の賛辞である。

しかし同時にまたシュレーゲルは、レッシングがプロテスタントたちの教義における単に「文字」でしかないものに対してばかりでなく、プロテスタントたちが「永遠にして遍く広められた神の言葉」という概念を「聖書に適用する」ときのあまりに「粗野で物質的なやり方」に対しても激しく抗議し、しかもその際、「祖先の伝承や教区の最良の人々の賛同に支えられて、カトリック的な信仰規範をすらも擁護している」ことを、レッシングの思考の奥行きの深さを証明する特筆すべき功績の一つに数えるのである。

シュレーゲルはカトリシズムを「ポジティヴな宗教」、プロテスタンティズムを「ネガティヴな宗教」と名づけ、以下のような説明を加えている。すなわちギリシャの詩人たちは、素材の甚だしい相違にもかかわらず、少なくとも「アレゴリーの形式」と「古い寓話や神話」への敬虔な信仰を「ポジティヴな宗教」、すなわち啓示と伝承の宗教であるカトリシズムと共有している。これに反してギリシャの哲学者たちは古い信仰やその残滓を敵視し、それらを徹底的に非難し、一切の象徴やアレゴリーを排除しようとしたのであって、これこそが「ネガティヴな宗教」、すなわち否定の宗教としての「プロテスタンティズムの精神」にほかならず、それゆえプロテスタントたちの活動の本質は、ギリシャ哲学の精神の継承、あるいはその再興への志向と見なすことができる。この意味でカトリシズムは「詩的な宗教」であり、プロテスタンティズムは「哲学的な宗教」である。

シュレーゲルによれば、カトリシズムがますます固定化し、石化してゆく方向を辿ったとすれば、プロテスタンティズムの辿った道は、「可変性以外にほとんど何ごとも不変であり続けなかった」という原理、すなわち一切は不断の変化のうちにあるということがプロテスタンティズムにおける不変の法則であるという原理に導かれたものだった。そのためプロテスタンティズムが一面において宗教の領域から市民世界の中へ踏み込んでゆき、そこで政治的体制全体の改革をも企て、同時に他面において宗教を純化し、精錬しようと企てた結果、最後には宗教そのものが蒸発して、完全に希薄なものとなって消失するに到ったのであって、カトリック、プロテスタント両宗派の退化はきわめて自然の成り行きだった。なぜなら自由な活動性の本質は、この活動性が外へ向かうか内へ向かうかによって、自己の領域を跳び越えて他者の領域へと出てゆくか、あるいは自己自身のうちへ舞い戻って、自己自身を掘り崩して「自己破壊」にまで到らしめるかの何れかの経過を辿ることになるからである。カトリシズムもプロテスタンティズムも共にその固有の本質傾向によって必然的に「宗教そのものの没落」を帰結せざるを得なかった。この避け難い没落を救う「第三の道」を見出そうとしたのがレッシングである。「始原的にしてポジティヴ」なものへの帰還への道がそれである。この「唯一真なる道」は、「不当にも古きものを非難さるべきものと見なしているすべての近代人たち」に向かってこう告げる。「ただひたすら遡ってゆけ。そして古いものに代えてより古いものを、最も古いものにして原初のものを想定せよ。そうすれば諸君は確実に正しく、かつ真なるものを見出すだろう」と。そこに見出される

「真なるもの」とは、レッシングによれば、「人類の一切の形成と自由の最初にして最古のもの」であり、「カトリック的でもプロテスタント的でもなく、同時にそのどちらでもあるような一時期」を持った「キリスト教」でなければならない。もともとレッシングは彼の神学的ないしは神学論争的経歴を、「一切の宗教の根絶に到るまでに純化し、改革しようとする啓蒙熱」に最も強烈に異議を唱えることによって開始している。これは当時の啓蒙主義者たちにとって「異端中の異端」だったはずである。

シュレーゲルは続ける。近年のプロテスタントたちは広く寛容を誇っている。しかし真の寛容は、「互いを穏やかに認め合う共存の精神」といったたぐいのものではない。それは「自分が悪しきことと見極めたものを憎み、かつ生死を賭してそれと戦う能力を持ち、自分にとって正しいとは承認できないものを、にもかかわらずそれに耐え抜いてゆくことのできる」者にして初めて口にする資格を与えられる概念である。「寛容が要請され、また、それが称揚されてしかるべきなのは、その原理からしてむしろ非寛容が期待されるような人物においてである。」——寛容は「戦闘続行中の教会」にとってこそ美徳となり得るが、「平和の宗教や勝利を祝う教会においてはもはや不要、かつ不可能」である。真の寛容は「文化的形成とその諸時期の構成という歴史的観点を与える普遍的見解」から生まれる。そしてこのような「宗教の歴史的見解」を少なくともわれわれの時代において真先に提起したのが、「不滅の作品『人類の教育』」におけるレッシングである。

「ヒューマニズム」の概念についても事情は変わらない。レッシングが『フリーメイソンについての会話』において要請する「ヒューマニズム」の概念は、徹頭徹尾プロテスタントたちに向けられたものであるとシュレーゲルは読む。シュレーゲルによれば、この概念は、寛容と同様、プロテスタントたちにとって自然のものではない。そもそもプロテスタンティズムはその出発からして「ヒューマニズムとはまったく無縁」であり、終始一貫して「戦闘的な宗派」として「愛と倫理性によって和らげられた」ためしはなく、「人間のうちに潜む残忍かつ過酷な原理を自由奔放に解き放とうとする」ものだったのであり、そのことがかえってヒューマニズムの概念に「その最も純粋かつ真正な意味」を付与するという結果をもたらしたのであり、ヒューマニズムとはここでは「他者の悲惨への共感や哀れみの情」などではなく、「他の人々の自由と知性へ参加することの深い喜びと心からの共感」であり、「この精神の自由を能う限りわれわれのうちにも喚起し発展させたいという願望であり、絶えずそのために共に尽力しようとする用意であり、それへと導いてゆくあらゆる手段を見出そうとする活発な思慮」にほかならない。

プロテスタンティズムは「理性の宗教」であると言われているが、理性とはそもそも「永遠の自由の一思想」以外の何ものでもない。この意味でレッシングの哲学的、神学的な著作、断片、草案、論争文のすべては、内容においても形式においても常に「自由な思索者と思索する自由」という同一の精神を呼吸している。これが「私がレッシングのプロテスタンティズム」と呼ぶゆえんのものであるとシュレーゲルは総括する。というのも彼の哲学的信条告白を綴った一草案は、彼の中傷者たちが彼には欠如していると主張したがっている彼の宗教性を最も明白に照らし出すと共に、彼がプロテスタント哲学者（哲学と宗教との密接な結合こそがプロテスタンティズムの本質を成すものだから）であるばかりでなく、真の宗教の擁護者にして告知者でもあったことを実証しているからであると。

最後にシュレーゲルは、レッシングの思想を根底において規定していたと見られる「汎神論的実在論」に言及し、レッシングにとってこの実在論は単なる「体系と文字」以上のもの、すなわち確かに他の実在論的体系と一致するところがあるとはいえ、それはすでに実在論の第一諸原理を遙かに越えた高次の領域に属している一つの「自然観」、すなわち「輪廻の仮説」を踏まえたものであると見る。その上でシュレーゲルは——明らかに『人類の教育』を、とりわけ「しかしなぜ各個人もまたこの世界に一回以上存在したことがあってはならないのか」（第94節）、あるいは

「この仮説がこれほど滑稽なのは、それが最古の仮説だからなのか、人間悟性が、まだ諸学派のさまざまな詭弁によって破壊されて弱体化する前に、早くも思いついたからなのか」（第95節）に始まる結びの数節[21]を念頭に去来させつつ――、レッシングがこの仮説に想到するのは、彼が「過去を理解し始め」、「未来を眼前に彷彿させる」ことができたときであったとし、そしてこの仮説にこそ、彼の言う「来るべき新しい福音の告知」、「宗教の大いなる再生への信念」、「彼がキリスト教に今後数百年はおろか数千年にもわたる存続をさえ予言するときのあの揺るぎない確信」の源泉は読み取ることができるとしたあと、宗教が「外見は宗教と称されているもの」の中でほとんど完全に死滅してしまったかに見えるこの時代にあって、「自己を無限なるものへと高める」能力も意志も欠落している「俗衆たちの嘲笑」に晒されながら、あたかも「砂漠に呼ばわる孤独な声」のように「宗教の新たな復活への永続的な信仰」を真先に告知したのがレッシングだったのであると述べ、この「徹頭徹尾論争的」なレッシング論を、一八〇一年の『レンシング論・完結篇』冒頭の、同じ『人類の教育』第86節からの部分引用、「新しい福音は到来するだろう」の一行を含む捧げの詩の全文を再度掲げることで閉じるのである。

ところでこの結びの部分でシュレーゲルが、レッシングが信奉したとされるスピノザの哲学について、「スピノザが最も純粋な宗教へと高められるのは、彼の体系によってではなく、彼の愛に満ちた感情によってである」と指摘している一節は重要である。なぜならこの一節は、レッシングの本質をその透徹した哲学精神と「高貴なシニシズム」とさえ呼び得るような境地にまで完遂された「論争的精神」を基軸として「特性描写」することをその主要目的の一つとして掲げている一七九七年の最初のレッシング論――『レッシングについて』――と直接繋がる問題性を孕んでいるからである。すなわちシュレーゲルが、演劇的には完璧の域に達している『エミーリア・ガロッティ』といえども、「神の気配の漂う精神」によって燃え立ち、「純粋理性の熱狂によって生み出され、生気を吹き込まれ」て、「三段論法のすべての格、演劇的詩芸術のすべての規則」を文字通り「塵と化せしめる神聖な何ものか」が生きて漂う『賢者ナータン』には遠く及ばないと書いたあと、その例証として一方の主人公であるサラディンを挙げ、そのスルタン職に具現されているような、あの「作為的な不自然さが頂点に達するやいなや、まさにそのことによって自己自身を跳び越えて無条件的に自由な自然のもとへと帰還する道を再び切り拓いてゆく」精神のあり方をすべて「シニシズム」と呼ぶことができるならば、『賢者ナータン』こそはまさにこのような「高次のシニシズムの演劇的入門書」と評して過言ではないと続けている箇所がそれである。

ここで言う問題性とはすなわち、「シニシズム」と愛、あるいは「愛のパラドックス」として一括することもできるだろう問題領域を意味している。ここではサラディンの名が挙げられている以上、シュレーゲルが念頭に置いているのはむろんサラディンの前での大いなる和解の大詰めの場であるだろう。しかしシュレーゲルが言及はおろか、暗示さえしていないある場面がわれわれにこれとは別種の、しかも痛切無比な「高貴なシニシズム」を実感させるという読み方もまた可能であるだろう。想定されるその場面は第四幕第七場のうち、すなわちキリスト教徒の武装集団によって「すべてのユダヤ人が、女子供の区別なく虐殺され、自分の妻やうら若い七人の息子たちも家の中で焼き殺されてしまった」その同じ夜にわが手に授かった一人のキリスト教徒の幼い女の子を神の思し召しとして手厚く養い育てていまに到ったナータンの愛と苦悩とその克服の感謝と喜びに満ちた告白を聞いたキリスト教徒の修道士が、「これぞキリスト教徒だ、神かけて、あなたこそまさしきキリスト教徒だ」と言って讃える場面(22)——その際この修道僧のキリスト者としての心情の中では、ユダヤ人虐殺の張本人がキリスト教徒だったという事実と、真に偉大な愛の行為はキリスト教徒以外にはなし得ないという揺るぎない確信とが矛盾なく同居している——がそれである。シュレーゲルが「高次のシニシズムの演劇的入門書」とまで絶賛するこの演劇的作品の大詰めの場に先立つ、極度の緊張に凝縮したこの一場のこの一瞬がもたらす異様な違和感と共感との混合感情の根源は、まさに「完璧な伝達の不可能性と不可欠性との解決し難い相剋の感情を含み、かつ、それを喚起する」ことにその特質の一端が示される「ソクラテスのイロニー」の極限的状況において、「イロニーはパラドックスの形式である。善にして同時に偉大なるものはすべてパラドックスである」(LF 48) ことの本来の意味がナータンの全人格——「徹頭徹尾意図的でありながら、しかも徹頭徹尾考え抜かれた比類のない擬装」によって分厚く鎧われたナータンの全人格に具現されて無限の愛、あるいはむしろ「無限なるもの」への愛のパラドックスとして奔出する圧倒的な危機的瞬間のうちに立ち現れる「高貴なシニシズム」以外の何ものでもないのであって、それゆえシュレーゲルがサラディンの広大無辺の、だが複雑な回路を持った寛容精神に帰しているあの転換——「作為的な不自然さが頂点に達するやいなや、まさにそのことによって自己自身を跳び越えて無条件的に自由な自然のもとへと帰還する道を再び切り拓いてゆく」という精神の転換は、このナータンにおいてこそその最高の実例を見るとしなければならない。修道士の感嘆の言葉に対して「あなたが私をキリスト教徒にしてくださるのなら、私もあなたをユダヤ教徒と呼びましょう」というナータンの返事は、ここでは「ソクラテスのイロニー」という擬装の発するその場しのぎの単なるレトリックにすぎない。もし『賢者ナータン』を「高次のシニシズムの演劇的入門書」と讃えたシュレーゲルがその証例として大詰めの場でのサラディンただ一人を念頭に置いていたのであれば——というのもここで具体的に名が挙げられている唯一の登場人物はサラディンだけだからだが——、この賛辞は真の対象を失って漂流し、従ってまた「スピノザが最も純粋な宗教へと高められるのは、彼の体系によってではなく、彼の愛に満ちた感情によってである」という命題も、「高貴なシニシズム」の概念と交わることなくその真の意味を——少なくともこの『賢者ナータン』論の中で——獲得できなかったことになるだろう。シュレーゲルの賛辞は、ここでは断然、ナータンが跪いて「神よ、あの七人の代わりに一人だけは帰ってまいりました」と言いつつ啜り泣く場面に捧げられたものでなくてはならず、また、この場面に象徴されるあの「哲学的生のパラドックス」――「その中心の一つが無限性のうちに存するがゆえに、可視的な連続性と法則性とをもって前進しながらも常にただ断片のかたちでしか現れ得ない」あの「超越的曲線」の上を漂うほかない有限的存在者の永遠のパラドックス[23]に耐えながら、かの「不可視の中心」である「無限なるもの」へ無限の連鎖の一環として連なろうとする決意を新たにしたナータンその人の苦渋の決断に捧げられたものでなくてはならない。そうであってこそこの劇作品は「高次のシニシズムの演劇的入門書」に値するものとなり、そうであってこそ一八〇一年の『レッシング論・完結篇』の中でレッシングに捧げられたシュレーゲル自身の断章アンソロジー『鉄のやすり』が『リュツェーウム断章集』からの先の両断章によって締め括られていることの本来の意味が解かれることになり、そうであってこそシュレーゲルが彼自身の「高貴なシニシズム」を駆使しつつ、彼が「師表」と仰ぐレッシングを論じ、あるいはレッシングと共闘しつつレッシングを論じ、かつまた自己自身を論じるとき、この両断章にまさる鋭利で多目的、かつ多層的な使用に耐える論争の武器はないと言うことができるだろう[24]。

「**機知**はシニシズムの本質的構成要素だが、しかし論争的で素朴でしかないシニシズムのそれである。〔……〕シニシズムは倫理に限定されるものではけっしてない。――シニシズムは道徳的独創性である。」(PL II-851) ――

「道徳哲学はすべてプロテスタント的精神とシニシズムの精神とを呼吸していなければならない。」(PL IV-1539) ――

第四章　イロニーの風景（三）ヘーゲルの鉄槌、怒れる「絶対精神」の闇

フリードリヒ・シュレーゲルの「イロニー」に対するヘーゲルの激越かつ執拗な批判はドイツ思想史上の奇観の一つである。ヘーゲルの度重なる鉄槌に打ちのめされたシュレーゲルの傍らに怪訝な面持ちを装って佇む憤懣やるかたないシュレーゲルという構図がそれである。どちらのシュレーゲルがシュレーゲルの実像かという議論は、ヘーゲルの攻撃の実証的な論拠を捜し求めて無駄足を踏んだことのある研究者にとってはもはやさしたる意味を持たないだろう。ヘーゲルには「イロニーを理解しようとする努力の跡がどこにも見られない」――「ヘーゲルによって並べ立てられたイロニーの特徴の一覧表」は、すでにオスカル・ヴァルツェルが「空を斬ったも同然」と喝破しているように、「シュレーゲルのイロニーとはほとんど交わっていない」ばかりか、そもそも「ロマン［主義］的イロニーに関するヘーゲルの論述はその対象とはほとんど渡り合っていないから、論駁とさえ呼び得ない。それはまさしく一つの告発、しかもこれを見よ！　と言わんばかりに身振り手振りを交えての告発である」――要するに「フリードリヒ・シュレーゲルを話題にするやいなや、ヘーゲルは盲目的で理不尽な憤激に取り憑かれるのだ」というエルンスト・ベーラーの腹立たしげな総括[1]（『ヘーゲルのイロニー論駁』）に対して、こんにち異論を差し挟む者はまずないと見てよい。しかしそれと同時にあの奇妙な構図をいわば力ずくで作り出さずにはおさまらなかったヘーゲルの怒りの鉄槌そのものの意味もまた改めて問い直されるだけの価値はあると見るべきかも知れない。打ちのめされたシュレーゲルも

それを平然と傍観するシュレーゲルも共に同じシュレーゲルの実像だったのではないかという点をも含めて。ヘーゲルの「告発」は、それが理不尽であればあるほど、かえって理不尽であることの正当性を執拗に主張し続けているように思われるからである。それほどシュレーゲルのイロニーに対するヘーゲルの怒りの発作の激しさと根深さは常軌を逸したものがある。因みにこの二歳違いの両人――ヘーゲルは一七七〇年の、シュレーゲルは一七七二年の生まれである――は、晩年の一時期、ヘーゲルは一八二八年の『ゾルガーの遺稿集および書簡集』への書評（以下『ゾルガー書評』）の中で、シュレーゲルは一八二七年のヴィーン公開講義『生の哲学』の中で、互いに噛み合わぬ毒舌を投げ合ったほかは直接的な対決の機会も論戦の場も敢えて求め合うことなく、相手への歯軋りするほどの嫌悪と敵意もあらわにすれ違って行った逆縁の仲である。とはいえ戦況は決定的にシュレーゲルに不利だった。ヘーゲルはシュレーゲル攻撃のために大学という公的機関を存分に利用することができたからである。シュレーゲルに対するヘーゲルの名指しの批判は前記『ゾルガー書評』、刊行された『法哲学の基礎』等を除けば、主として大学講義（『歴史哲学講義』、『美学講義』、『哲学史講義』等）の中でなされたため、シュレーゲルは伝聞によってヘーゲルの自分への批判のあらましを窺い知るほかはなく、また、シュレーゲルの死の前年の一八二八年に発表された『ゾルガー書評』の随所に差し挟まれている痛烈な、時には誹謗に近いシュレーゲル批判も、シュレーゲルは読むことなく、あるいは読んだとしても反論のペンを取る暇もなく世を去ったと思われる。その結果、ヘーゲルのイロニー批判は、ヘーゲルの一方的な論告のみが残されシュレーゲルの反論は事実上封殺されたに等しいという、いわば永劫の欠席裁判として、シュレーゲルの死後の評価に決定的な影響力を行使し続けることとなる。かくして以後一世紀半以上にわたってこの裁判記録は不動の権威として生き続け、シュレーゲルのイロニーには「即自的かつ向自的に存在するもの」としての「真の現実性」が欠落しており、従っていかなる「真なるもの」、それゆえいかなる「真に美なるもの」とも触れ合うところがないとするこの論告の核心は、キェルケゴールからヘーゲル左派、十九世紀リベラル派文学史家、そしてディルタイ、ルカーチ、カール・シュミットに到るまでの左右両翼を網羅する広範な諸陣営の「有力な哲学者、歴史学者、社会学者ら」によるロマン主義批判の、とりわけ「ロマン主義的災厄の首謀者」フリードリヒ・シュレーゲル叩きの伝統的手法の金科玉条的原典であり続けたというのが、ロマン主義批判の再批判的歴史記述に一書『ロマン主義批判――文学的モデルネに対する哲学の疑念』を捧げ、「近代精神に関するいまだに続く執拗な誤解の一つを解決する」ことと併せて、「近代精神という複合概念を歴史的に解明しようとした」カール・ハインツ・ボーラーのシュレーゲル側弁護人としての見地[2]である。

以下、まず『美学講義』と『ゾルガー書評』において特に激しく噴出するヘーゲルのシュレーゲル批判の論跡を、それへのシュレーゲルのあり得べき仮想の異議申し立て――というのも生前のシュレーゲルには反論の場は与えられていなかったのだから――をそこに折り込ませてゆくというかたちで辿り、しかるのち『補論』(六)としてヘーゲルに対する反論の現在における最終的総括と見ることのできる二篇の論考、すなわち一九八九年に刊行された前記ボーラーの『ロマン主義批判』と、一九九七年に刊行されたベーラーの自選論文集『イロニーと文学的モデルネ』所載の『ヘーゲルのイロニー論駁』を取り上げ、これら二書の反論の正当性と妥当性――ここではヘーゲルが欠席裁判の被告席に坐ることになるのだから――を検証する。特にボーラーの対ヘーゲル再批判が「ロマン主義は近代精神である」というテーゼを旗印に勃興した「ロマン主義の再発見と復権」へのラディカルな運動、わけてもヴァルター・ベンヤミンの初期の諸作(ここでは特に一九一七年の『ドイツ・ロマン主義における芸術批評の概念』と一九二九年の『シュルレアリスム論』)に発し、ノヴァーリス、アルニム、ブレンターノらドイツ・ロマン派の詩人たちを「アポリネールからブルトン、アラゴンを経てコルタサルへと到るシュルレアリスム運動の先駆者」として捉えようとする

「従来の価値基準の根本的転換を強力に促す潮流」に乗って、ヘーゲルのシュレーゲル批判のすべてを旧世代的権威に基づく誤解、誤認、無理解の原型にして典型[3]として告発する新たな法廷を用意するものであるとすれば、この法廷の正当性と妥当性の検証は一層避け難いものとなる。のみならずボーラーの再審要求はヘーゲルの鉄槌によって強引に作り上げられたあの奇妙な構図の呪縛からシュレーゲルを果して解放できるのかという新たな疑問を避け難く投げかけるものであってみれば尚更である。実際、ヘーゲルからの批判に対しても、ボーラーのそれへの反論に対しても、傍聴席のフリードリヒ・シュレーゲルが浮かべる(と想像される)表情は困惑だからである。特に後者に対しては助け起こされた者の、というよりは倒れてもいないのに助け起こされた者の、あるいはむしろ倒れていないところで助け起こされているのが自分だと知った者の困惑だからである。

一

「フリードリヒ・シュレーゲルの思想と理論の中から多種多様な形態をとって発展してきたいわゆるイロニーなるもの」は、「その位相の一つからフィヒテの哲学の諸原理の芸術への適用と見られる限りにおいて」、その「より深い根拠」を「フィヒテの哲学」のうちに見出したのであり、それゆえ「フィヒテの諸命題とこの方向でのイロニーとの関係」に立ち入ろうとすれば、われわれはただ以下の点、すなわち「フィヒテは一切の知、一切の理性と認識の絶対的原理を自我、しかも徹頭徹尾抽象的で形式的なものに留まっている自我であると断定したという一点」を強調しさえすれば済む。——この用心深く回りくどい、だが断定的なヘーゲル独特の論法——しかし簡潔に言えば、「シュレーゲルのイロニー概念がフィヒテの自我論に基づいていると見られる限り、フィヒテの自我論がシュレーゲルのイロニー概念の成立の母胎でなければならない」という単純な循環論法でしかないのだが――によって性急に攻撃目標が設定されると共に開始される『美学講義』におけるヘーゲルのイロニー批判[4]は、フィヒテの自我論とその文学的亜流と目されるシュレーゲルのイロニー理論への有無を言わさぬ鉄槌の乱打である。そしてこの鉄槌の金敷は、「芸術」とは「絶対的理念」の表現であり、「絶対的なものの感性的描出」であり[5]、その意味において「芸術の国は絶対精神の国である[6]」とするヘーゲル自身の揺るぎない芸術哲学的信念である。

「一切の知、一切の理性と認識の絶対的原理」であるはずのフィヒテの「自我」なるものも、その実態は、何らかの固有の価値を主張し得るような客観的、具体的な内容を産出することも確保することもできない「徹頭徹尾抽象的で形式的」な活動態でしかない。にもかかわらずこの不毛の自我がその揚言するところの、これまた「抽象的自由」によって万物の「主人」ないしは「創造主」の地位を僭称し、「存在するものはすべて自我によってのみ存在し」、「自我によって存在するものはすべて自我によって再び無化される」のだから、本来自我に対して自立的存在として向かい合っているはずの事物やその内容のことごとくが「もっぱら自我によってのみ定立され承認される」だけの空無な非存在と見なされ、かくして万物はこの「抽象的自我」の絶対的な「主観性」によって産出される「空虚な諸形式」の中を漂うほかはないという状況が現出する。唯一の主権者が自我であり、「人間的なもの、神的なもの、世俗的なもの、神聖なもの」のすべては「それ自体のために、それ自身によって真実かつ現実的であるもの」、すなわち「即自的かつ向自的に価値あるもの」であることをやめ、「自我の権力と恣意」によって自在に操られる単なる「仮象」と成り果てる。

このようなフィヒテの自我論が「美と芸術の理論」に適用されるとき、芸術家は、「芸術家として生き、自己の生を芸術的に形成する」という芸術家本来の存在意義とその根底とをみずから放棄することになる。その結果、芸術家の芸術家たることの行為とその表現の一切は、それが関わりを持つ事柄の現実的内容の如何にかかわらず、芸術家にとって単なる「仮象」と化し、この世の事象のすべては「芸術家の意のままに」生成し、かつ消滅する形態を取るものとなる。そこにはもはや一片の「真面目さ」も存在しない。なぜなら「真面目なもの」が芸術的営為に流入してくるのは、何らかの「実体的関心」、「自己自身のうちにその内実を有するような事柄」を介してであり、ある内容が芸術的主体としての「私」にとって「それ自体としてすでに本質的なもの」と見なされ、従って「私」がそのような内実の中へ没入して、「私」の知と行為のすべてにわたってこの内実に即応し、「私が私自身に対して本質的になる」ということによってのみ可能だからである。それゆえこの世のすべては単なる「仮象」にすぎず、「それを作るも壊すもおのれの自由裁量である」と自負する絶対的自我としての芸術的主体のもとでは、いかなる「真の真面目さ」も生じ得ない。このような「絶対的自我の形式主義」に貫かれて登場する「神的天才性」の「名人芸」が、世に言う「イロニー」にほかならず、このような天才性の高みからこの世の一切合切を非本質的な被造物と見下し、自分自身はそうした一切のものから完全に脱却している「自由な創造者」であると自負するくだんの芸術家は、そのような被造物を作り出すことも消し去ることも意のままにできるという意味において、これらの被造物に縛られることはない。このような「神的天才性」の高みに君臨する者は、いまだに正義、倫理等の価値を揺るぎなく実体的なもの、本質的なものと固く信じて疑わない世の人々を、「偏狭かつ浅薄の徒」として見下す。彼は彼の友人や愛人たちと共に生きながらも、こうした人々との特殊な現実関係、特殊な行為、そしてその限りにおいて「即自的かつ向自的に普遍的であるもの」の一切は、「天才」である彼にとって「空無なもの」と化する。現実的なものの一切を空無と見なし、現実との「一切の絆」を断ち切ってひたすら「自己享受の至福」のうちにのみ生きようとする自我の「自己自身への凝縮」としての「天才的・神的イロニー」の考案者——近年、騒々しく喧伝され、受け売りされ、常にこと新しく受け売りされ続けてゆくこのイロニーの考案者が「フリードリヒ・フォン・シュレーゲル氏」である。

ところで芸術的形成の原理としてのイロニーが最も顕著に発現するのは、それが自己の主観的生の特殊な芸術的造形であれ、それ以外の芸術作品一般の制作を意図するものであれ、文学においてである。そしてここでもまた「天才的な個性」としてのイロニーの本質は、「壮麗なもの、偉大なもの、卓越したものを自己否定へと追いやる」ことのうちにある。かくして「客観的な芸術諸形姿」はことごとく「絶対的主観性の原理」の表出となり果て、人間にとって「価値と尊厳を有するもの」、「高貴で最善のもの」の一切が「無意味」で「無価値」であるとされる。しかもこの価値の転倒は、この「高貴で最善のもの」が「ある個人、性格、行為」のうちに現れ出ようとするときに「高貴で最善のものそれ自体がみずからを論駁し、否定する」というかたちで行われる。このような「自己否定」がイロニーの自己自身に対する本来の振る舞い方を規定しているのである。

世界を「実体のない空無な仮象」たらしめることによって、イロニーの主体もまた「実体を奪われた空無な存在」と化した自己自身を思い知らねばならない。「否定性」としてのイロニーの最も端的な形式が、一切の事象的なもの、倫理的なもの、実質的なものの「空無性」であり、一切の「客観的なもの」、「即自的かつ向自的に価値あるもの」の「無価値性」であるのだから、自我がこのような観点に立ち続ける限り、自我にとって自己の「主観性」を除く一切のものが無価値で空無と見なされるばかりでなく、自己の主観性それ自体もまた空疎、空虚、空無となる。従って自我はその「自己享受」のうちにあっても満足を見出し得ず、絶えず自己のうちなる「欠乏感」に悩まされ、その結果、自我は「揺るぎなく実体的なもの」への、「確固として本質的なもの」への抑え難い渇望に苛まれることになり、ここに自我の不幸と矛盾が生じる。すなわち自我は「実体的な真理」に参入しようと望み、「客観性への要求」を抱きながら、その主観性の「孤独と自閉」という「抽象的な内密性」から身を振りほどくことができず、「われわれがすでにフィヒテの哲学に見たのとまったく同様の憧憬[7]に取り憑かれる。あの「静寂と無気力」――「内的調和」を断念せずには何事もなし得ず、何事にも触れ得ず、「実在性と絶対的なもの」への虚しい欲求を胸に抱きながら、「自己のうちで純粋であり続けてはいるものの、非現実的で空虚なままであるという無気力」――が、あの病的な「美しい魂」と「憧憬癖」とを生む。この憧憬癖はしかし「空虚で空無な主観の無価値性の感情」にすぎず、それゆえこの主観には自己の空無性から脱出し、「実体的な内容」によって自己の空白を満たす力が欠落している。これに対して本来の「美しい魂」とは、みずから「行為するもの」として「現実的」であるはずである。

「病的な美しい魂」と「真の美しい魂」との関係は、「イロニー」の原理と「喜劇的なもの」の原理との関係に似ている。「喜劇的なもの」における「自己否定」とは、「自己自身において無価値なもの、偽りの、自家撞着的な現象、例えば気まぐれ、我意、強烈な情熱に対する特別な嗜好」、あるいは「自分では揺るぎなく正しいと思い込んでいる原則や格律」に対する「批判的」な自己否定であるのに、イロニーにおける「自己否定」は、「真に倫理的で真実のもの、すなわちそれ自体において実体的であるような内容一般」が「ある個人」において「自己自身の無価値を立証する」という類のものであり、そのような個人はその性格において無価値で軽蔑すべき存在となり、しかもこのような「性格の劣弱さ」、というよりは「無性格性」そのものがここでの描写の対象となる。こうしたことはすべて「自分たちの確固たる主要目的」に耐えられず、それを再び放棄することによって自滅してゆくにまかせるという「劣悪で役立たずの主観たちのなせる業」である。このような無性格性、あるいは「無性格性のイロニー」を、イロニー自身は好む。「真の性格」には「目的の本質的な内実」と「この目的の確保」とが不可欠であって、自分に本来与えられている目的を放棄する個人は、彼の「全存在」を失うことになる。この本来の目的の実体性とその確保とが「性格の根音」を成すものであるのに、イロニーが「描写の根音」とされるやいなや、最も非芸術的なものでさえもが芸術作品の真の原理と見なされることになりかねず、また、「内実も内容もない」人物たちが、時として「心情におけるあの憧憬と解き難い矛盾」と共に押し入ってくることにもなりかねない。このような描写はいかなる「真の関心」をも呼び起こさない。それゆえ「イロニー」の側からは、「このイロニーの高みを理解しない大衆」には「深い感覚や芸術観」も「天才性」も欠如しているという嘆きの声が絶えず放たれることになるが、しかし「こうした内実のない、憧憬に窶れた連中が大衆に理解されないのは結構なことであり、あの不誠実と欺瞞が好まれず、反対に、人々が充実した真実の関心や、自分たちの実質的な内実に忠実であり続ける性格を欲していることはせめてもの慰めである。」——

以上が、ヘーゲルの『美学講義』によって描き出された、あるいはヘーゲルの意図からすれば炙り出された「フリードリヒ・フォン・シュレーゲル氏のイロニー」という名の「むく犬」の正体である。ところでもしシュレーゲルがこの告発状を面と向かって突きつけられたならば、彼はまず驚嘆し、次いで当惑し、最後には絶望しただろう。驚嘆とは、自分がほんの数篇の切れ切れの断章によって切れ切れに書き綴ったにすぎない僅かなテクストを材料に、これが自分のイロニーの理論だったのかと疑うばかりの論理的構築物をフィヒテ的自我の主観性という絶対的かつ単純な、それだけに牢固たる土台の上に見事に組み立て、しかも聴講者たちを講義の晦渋さに飽きさせないために一種のデマゴギー的物語性——これがその後のロマン主義文学記述の揺るぎない基礎になってゆくことは、むろんシュレーゲルも当のヘーゲルも知らない——さえも加味して見せるという、ヘーゲルのまさに「神的天才性」の「名人芸」に対してである。当惑とは、何を根拠にかくは言うぞ、というわば身に覚えのない過ちを不当に叱責されていることと、すなわち「フリードリヒ・フオン・シュレーゲル氏」のイロニー理論なるものが当のフリードリヒ・シュレーゲルのいかなる言説に基づくものであるかが明示はおろか暗示さえもされていないことに対してである。そして絶望とは、論拠の提示という批判の常道を一切無視してまでも相手を叩き潰さずにはおかないという論者の鉄の意志に対してである。記憶の底を探れば、確かに思い当たるふしがないわけではない。例えば「ソクラテスのイロニー」についての『リュツェーウム断章』(LF 108) の終わりの一節——「円満な俗物たちが、この絶え間のない自己パロディーにどう対処すべきかまるで見当がつかず、その都度あらためて信じてみたり、疑ってみたりを繰り返した挙げ句、ついには目が眩み、冗談をてっきり真面目と思い込み、真面目を冗談と思い込むようになるのは、まことに結構な徴候ではある」——が、「こうした内実のない、憧憬に窶れた連中が大衆に理解されないのは結構なことである」という、「自称イロニーの理解者」たちに対して「イロニーを理解しない大衆」が本能的に抱く反感を味方に取り込むことを戦術的に得策と考えたヘーゲルの逆襲を誘発したと見ることができるかもしれない。しかしこれとてもむろん前記断章の当該箇所を明示ないしは暗示した上での逆ねじではない。あるいはまた、「哲学はイロニーの本来の故郷であって、このイロニーをわれわれは論理的美と定義したい」という一節に始まり、「古代にも近代にも、全体にわたって至る所すみずみまでイロニーの神的な息吹を呼吸しているような詩作品がある。そうした作品には真に超越論的な喜歌劇精神が生きている。内面においては、一切を見渡し、一切の制約されたものを、自分自身の芸術、美徳、独創性すらをも無限に越えて高まる気分が横溢し、外面、つまり舞台上の所作においては、どこにでもいる善良な喜歌劇の道化役の身振り手振りがあるばかりなのである」という、しばしば引用される命題をもって終わる『リュツェーウム断章』(LF 42) も、ヘーゲルの言う「絶対的主観性の原理」の導きに身を委ねて宙に舞い漂う芸術家の「天才的・神的イロニー」の美的自己陶酔の臆面もない告白の好個の事例として、ヘーゲルの攻撃目標の「一覧表」に書き加えられていたかもしれないと想像できないことはない。だがこれとてもむろん憶測の域を出るものではない。

ところでもしヘーゲルが実際に『リュツェーウム断章集』に眼を通していたとすれば——通していないとなれば、

ヘーゲルにはシュレーゲルのイロニーを批判する資格を欠くことになっただろう――、前記の「哲学はイロニーの本来の故郷である」とする一節だけでも彼を逆上させるに充分だったに違いない。事実、一八二六年に刊行されたルートヴィヒ・ティーク、フリードリヒ・ラウマー共編による『カール・ヴィルヘルム・フェルディナント・ゾルガーの遺稿集および往復書簡集』に対する二年後の書評、すなわち『ゾルガー書評』においてヘーゲルは、シュレーゲルの哲学領域への参入――明らかにヘーゲルは一八〇〇年の夏学期に開始されたシュレーゲルのイェーナ大学講義『超越論的哲学』を念頭においてのことと思われる――を哲学への高慢不遜な冒涜的介入として指弾する。実際、この『ゾルガー書評』においても『美学講義』におけると同様、「客観的なものを自覚的に無に帰せしめることをイロニーと言う」という定義のもとに「イロニーの父」フリードリヒ・シュレーゲルが批判の矢面に立たされるが、『ゾルガー書評』第一部では特に哲学に適用されたイロニーが、ひいてはシュレーゲルの哲学的資質そのものが俎上に乗せられる。ヘーゲルは、ゾルガーが一八〇八年刊行のシュレーゲルの『インド人の言語と叡知について』における叙述に言及して、何よりもまず「流出」、「汎神論」、「二元論」といった「一面的で空虚な概念」、「生きた認識を無残にも解剖する時代の産物」でしかない常套句をただちに破棄することが肝要であると述べている箇所を引用することによって攻撃を開始し、ただちに破棄すべき常套句としてさらに「神秘主義」、「内的生命」、「詩文学」を追加する。そしてこの種の雑多な「抽象概念」や「反省規定」を操って宗教や哲学の諸問題を「一段高いところ」から見下す「高雅」な手法――だが実際にはこれらの問題を「その本来の内容とはまったく関わりを持たないところで安直に片付け、脇へ追いやったにすぎない」――こそが「フィヒテの主観性の哲学」に由来する「客観性に対する決定的な否定性」と同一線上にあるイロニーにほかならないとした上で、「インドの宗教の専門家たちの一部の人々」に対するゾルガーの批判――「彼らは、私ならば一切をそこへと関連づけることのできる糸をまったく一面的に理論的に、そして独断的に引っ張ってくるため、それはもはや生きた紐帯としての糸ではなくなってしまう。こうしたやり方の特に甚だしいのがフリードリヒ・シュレーゲルである」――を重ねて引き合いに出し、ここで指摘されているのと同様の態度を「その全経歴にわたって哲学に対して」も取り続けてきたのが同じフリードリヒ・シュレーゲルであるとして、哲学の聖域への彼の傍若無人な乱入ぶりを痛罵する。「フリードリヒ・シュレーゲル氏は」とヘーゲルは書く、「一度として哲学的内容や哲学的諸命題について、それどころかこれらの諸命題の論証過程についてさえ一言の説明も付したためしがなく、ましてやそれを証明したためしも論駁したためしもなく、哲学に対して常に判定者として振る舞い、だから仮にも「反駁するに必要な何らかの根拠を提示する」こと、すなわち「事柄の中へ踏み込んでゆく」などということは、「判定し、そして否認する」という彼の「高雅な立場」、あるいは「(かつて彼が考案したカテゴリーの一つを借りるなら)神のごとき厚顔不遜な立場」(「これをイロニーの高みに立って言うならば、魔王のごとき、あるいは悪鬼のごとき厚顔不遜な立場」)から、「哲学することの大地、事柄の大地へと天下ること」になるのであると。そしてさらに続ける。シュレーゲル氏は「こんなやり方で絶えず自分が哲学の頂点に君臨していることを仄めかして」いるわけだが、その実、「およそこの学問の中へ分け入り、たとえ月並みな仕方であれ、それに通暁していることを実証して見せてくれた」ためしなど一度たりともない。確かに彼の「明敏な洞察力や博覧強記は、宗教と共通する哲学の諸問題や、文献学的な批判や文学史においてさえも遭遇する諸問題に関して、彼の名を高からしめ」はした。しかしこれらの諸問題の解決の仕方たるや、それらを簡潔に表現するか、でなければ哲学的にその正当性を立証しようとする代わりに、至る所で「暗示に走り」、「綺羅びやかに飾り立てることで相手の賛同を得ようとする」ものであって、こうした個人的に都合のよい主観的解決法の域を出ない彼の常套的手法は、「思考する理性の欲求」、「理性の根本問題」、「哲学という意識的で、かつ自己自身に対して誠実であるべき学問の根本問題」が彼にはまったく「無縁のもの」であり続けたことの何よりの証拠である。[8]

フリードリヒ・シュレーゲルの憂鬱は、ヘーゲルの批判の矢が自分のどこを狙ったものなのか、具体的には自分のどの著作、自分の著作のどの箇所に突き刺さっているのか、あるいは突き刺さっていないのか、依然として見当がつかないことだろう。確かにヘーゲルがある程度シュレーゲルの刊行された諸作に眼を通しているらしいことは、先きの記述からも見て取れる。そして初期の古典文献学的労作である『ギリシャ文学研究論』、同じく初期の数篇の『レッシング論』を含む文芸批評的諸論評、『リュツェーウム』誌や『アテネーウム』誌所載の諸作、あるいは改宗後の最初の代表作である公開講義『古代・近代文学史』に対しては、それらがヘーゲルの理解する意味での「詩文学」の領域内に収まっている限りにおいては、それなりの評価を得ているらしいことも、前記の批判の合間からそれとなく読み取ることはできる。しかしその「詩文学」なるものが自分に許された領域を越えて哲学の「聖域」へ折り重なってくることは、ヘーゲルにとって許し難い冒涜的越権行為であるらしい。実際、ヘーゲルは「思考による内容の客観的形象化」という「哲学固有の職務」を脇へ置くことによってシュレーゲル流の「法螺吹き」(Scharlatanerie)から賢明に身を守ったティークの著作態度に賛辞を惜しまない。[9] それにしてもフリードリヒ・シュレーゲルを名乗る傲岸無礼な門外漢が「イロニーの高み」に立って哲学的営為のすべてを見下し、しかもその彼の眼には遙か下界に横たわっているらしいこの聖域へと「天下る」などという奇怪な戯画が、一体どうすれば一人の哲学者、いやしくも理性の、それどころか「絶対精神」の使徒をもって自認して憚らない人物の脳髄の中で出来上がってゆくことができたのかと、シュレーゲルはその人物の満腔の敵意を全身に浴びながら困惑するばかりだったに違いない。もし自分のイェーナ大学講義『超越論的哲学』がこのような戯画の素材を提供していたのだとすれば、それがどこに、どのようなかたちで存在しているかを明確に指摘する責任が、仮にもこの講義の聴講者の一人として出席していたと公言するヘーゲルにはなければなるまい。たとえ彼がそこに「高貴なものと劣悪なもの、卑近なものと遠大なもの、輝かしいものと暗いものを、しばしば意味深げに、しばしばひどく浅薄に、ごった煮的に沸き立たせ、しかもとりわけそれ自体が曖昧模糊としていて恣意的である自然と精神の領域を巧みに利用してゆく想像力の助けを借りて、普遍的な諸理念に広範な活動の場を与えるというやり口[10]」しか見なかったとしてもである。何よりもまずこの講義の根本命題として自分が掲げているフィヒテの自我の絶対的主観性の体系とスピノザの神的自然の絶対的客観性の体系との仲介的綜合の課題——「われわれの哲学体系は、スピノザの体系とフィヒテの体系との共通の体系たるべきものである。」——「哲学の両要素は意識と無限なるものであり、両者の中間に実在性が位置する。反省の体系（フィヒテ）は意識へと向かい、思弁の体系（スピノザ）は無限なるものへと向かう。われわれの体系はその中間にあるもの、すなわち実在性へと向かわねばならない。[11]」——から、一体どのような脳中の回路を経由させれば、フィヒテ由来の絶対的自我の「抽象的主観主義」のたぎり立つ「ごった煮的沸騰」の中から非哲学的に暴発するイロニーなどという奇怪な物語が紡ぎ出せるのか。そもそもこの講義の中で「イロニー」に言及されている箇所は一箇所もないはずだ。いわんやイロニー問題でフィヒテとの何らの関わりが示唆されているようなところは皆無である。それともヘーゲルは批判の標的を、彼が読むことのできたはずの『リュツェーウム断章集』や『アテネーウム断章集』に含まれる数篇の断章に絞ろうというのか。しかしこれらの断章のどこをどう捜索しても、やはりフィヒテ流の「抽象的自我」の「絶対的主観性」の専権を賛美するがごとき言説は摘発できないだろうし、摘発できない以上は、この同じフィヒテ流の「抽象的自我」の「絶対的主観性」の高騰の必然的帰結として生じてくると指摘されているあの「空虚で空無な主観の無価値性の感情」や喪失した「実体的な内容」を虚しく求めるあの「病的な美しい魂」とその「憧憬癖」といった批判もまた、実証的論拠のない一種の誣告でしかないだろう。敢えて「憧憬」の二字にこだわるとしても、例えば、「哲学の傾向は絶対的なものを目指す。ここから哲学のための次のような二つの条項が帰結される。（一）無限なるものへの憧憬がすべての人間のうちで展開されるべきである。（二）有限的なものの仮象は根絶せしめられるべきである。そしてそれを行うためには、すべての知が一つの革命的状態におかれねばならない」という同講義の『序論』の一節[12]は、「憧憬」概念そのものをどう捉えるかはともかく、「絶対的主観性」という「孤独と自閉」の檻の中で「実在性と絶対的なもの」への虚しい欲求を胸に抱きながらも、ついにおのれの抽象的な非現実性と空無性から脱却できないあの「静寂と無気力」の徒、あの純粋な「美しい魂」の発言では断じてないだろう。――いずれにせよヘーゲル自身が永久に口を閉ざしてしまっている以上、シュレーゲルにとっては身に覚えのないこれらの批判の論拠を突き止めることもまた永久に不可能である。すべては推測であり、しかもそのほとんどが、いや、すべてが徒労の推測である。

最後にもう一つ――それはヘーゲルのシュレーゲル批判の眼目の一つだが――この徒労の推測の一段と虚しい実例を、シュレーゲルは耐え難い疲労感と共に挙げずにはいられないだろう。すなわち『ゾルガー書評』第二部において槍玉に挙げられているシュレーゲルが犯したとされる「ソクラテスのイロニーの歪曲ないしは偽造」の嫌疑がそれである。ヘーゲルによれば、この歪曲ないしは偽造の原因はまたしても「抽象の極限にまで昇り詰めてフィヒテ哲学の根本規定となった否定性一般」、すなわち、その定式「自我＝自我」のもとに一切の「有限性」のみならず、諸事物、諸事象の「すべての内実」をも消滅させてしまう抽象性の極限としての否定性である。本来は哲学的諸問題の解決のための最高の出発点となるはずであるこの「否定性」も、フィヒテにあっては依然として「自我」に付着した「一面的で有限的な肯定」、すなわち「単に主観的でしかない肯定」のうちに留まり続けていたため、この未熟な「否定性」がフィヒテから「思弁的なものの無理解と無視ともどもフリードリヒ・フォン・シュレーゲルへと受け継がれ、思考の領域の埒外へと引きずり出され、いきなり現実世界に適用されて、理性と真理の生命を否認し、この理性と真理とを主観における仮象、他のもろもろの主観にとっての仮象へと貶めるところの、あのイロニーとなって栄える」こととなり、こうした歪曲によって「罪のないソクラテスのイロニー」はその名を穢されることになったのである。もともとイロニーは、「あの快活で友好的なアッティカ風の高雅な談話、プラトンやアリストパネスがその偉大な達人だったこうした談話の優美なソフィスト的流儀にすぎない側面」を持っていたのだから、この側面を切り捨て、イロニーをもっぱら「学問的な教育法」にのみ関わらせ、これがソクラテスの本来のイロニーであるなどと主張するのは不当である。それゆえソクラテスのイロニーの特質を、彼が「自分は何も知らない」という確信を相手に伝えることによって論戦を開始し、ソフィストたちや自称学者たちに彼らの知恵や学識を披瀝するように促して、やがて彼特有の弁論術によって彼らを混乱に陥れ、恥じ入らせるように仕向けたという点にのみ限定するならば、その成果は消極的なものでしかなく、何ら学問的成果をもたらすことなく終わるだろう。ソクラテスの特質とその偉大な活動は、「人間を熟慮へと励起し、人間をその内面へと、道徳的および知的自由へと引き戻そうとする点」にある。人間は自分にとって真実で正しいと思われているものを自己自身の内面から熟慮によって汲み出し、実証しなければならない。これは「精神の自由な自己意識一般」に関わることであり、それゆえ「真実を偽っている」と見られていたあのソクラテスの対話の導入の言葉、すなわち「自分は何も知らない」、「自分はどんな学識も持ち合わせていない」という言葉は、彼の「大真面目な発言」であり、「文字通りに正しい」ものであって、けっして「イローニッシュ」なものと考えてはならない。[13]——

仮にこの批判がシュレーゲルの『リュツェーウム断章』（LF 108）における「ソクラテスのイロニー」の定義に向けられたものだったとすれば——この推定は、ヘーゲルの批判がここではかなりの具体性を帯びていることから、必ずしも大きく的を外したものではないだろう——、この批判、というよりは「ソクラテスのイロニー」に関するヘーゲル自身の見解とヘーゲル言うところのシュレーゲルの「歪曲と偽造」とを対質させる数少ない事例であるだろう。だがヘーゲルの振り回す鉄槌がシュレーゲルの言説のどこをどう掠め、どこをどう打ち据えているかは依然として不明のままである。肝心なことは何一つ見えてこない。

「ソクラテスのイロニーは、徹頭徹尾非意図的でありながら、しかも徹頭徹尾考え抜かれた比類のない擬装である。それを装うことも、それを漏らしてしまうことも、共に不可能である。それを持っていない者にとっては、たとえあからさまに打ち明けられたところで、それはあくまでも謎でしかない。それを欺瞞だと見なす人たち、つまり全世界を茶化すという飛び切りの悪ふざけを楽しめる人たちとか、自分も当てこすりの対象になっていると感じるやいなや立腹する人たちとか、そういう人たち以外の誰をもそれは欺くことがないというわけである。そこではすべてが冗談であり、すべてが真面目であり、すべてが天真爛漫であり、すべてが深く擬装されている。それは処世術的感覚と学問的精神との結合から、完成された自然哲学と完成された芸術哲学との合作から生まれる。それは無制約的なものと被制約的なものとの、また、完璧な伝達の不可能性と不可欠性との解決し難い相剋の感情を含み、かつ、それを喚起する。それはあらゆるライセンスのうちで最も自由なものである。なぜならそれによって人は自分自身を越え出ることができるからである。しかしまたそれは最も合法則的なものでもある。なぜならそれは無条件に必然的だからである。円満な俗物たちが、この絶え間のない自己パロディーにどう対処すべきかまるで見当がつかず、その都度あらためて信じてみたり、疑ってみたりを繰り返した挙げ句、ついには目が眩み、冗談をてっきり真面目と思い込み、真面目を冗談と思い込むようになるのは、まことに結構な徴候ではある。レッシングのイロニーは本能である。ヘムスターハイスの場合、それはギリシャ研究である。ヒュルゼンのイロニーは哲学の哲学から生まれ、前二者のそれを遙かに凌駕し得るものである。」(LF 108)——

以上が「ソクラテスのイロニー」を扱ったシュレーゲルの唯一の断章の全文であり、この問題に関してヘーゲルが法廷に提出できる証拠物件、すなわちヘーゲルが読むことのできた、あるいは批判するためには読んでおかねばならなかった証拠物件は、これ以外にはまったく存在しない。哲学をもって「イロニーの本来の故郷」（『リュツェーウム断章』（LF 42）であるとし、しかもそのイロニーを「無制約的なものと被制約的なものとの、完璧な伝達の不可能性と不可欠性との解決し難い相剋の感情を含み、かつ、それを喚起し」ながら「絶え間のない自己パロディー」の中を「最も自由なライセンス」を確保しつつ躍動する精神の「徹頭徹尾非意図的でありながら、しかも徹頭徹尾考え抜かれた比類のない擬装」と眺めるというシュレーゲルの見地は、ヘーゲルにとってその主観的自己陶酔の絶対の高みから「罪のないソクラテス」を見下して嘲弄する悪質な冗談以外の何ものでもなかったのかもしれない。しかし「真実を偽っている」と見られていたあのソクラテスの言葉――「自分は何も知らない」、「自分はどんな学識も持ち合わせていない」――は「大真面目な発言」であり、「文字通りに正しい」ものであって、「イローニッシュ」なものと考えてはならないというヘーゲルの結論は、それが哲学的弁証法の創始者をもって自認するほかならぬヘーゲルのものであるだけに、人を少なからず困惑させずにはおかないあまりに平板かつ浅薄かつ陳腐に流れた発言である。シュレーゲルはソクラテスが「大真面目」だったことを否定しているのではない。ましてやソクラテスの言葉を「イローニッシュなもの」と考えているのでもない。そういうことではない。シュレーゲルにとってソクラテスの「大真面目」それ自体がイロニーなのであり、このような見地に立つ者だけが、ヘーゲルの言う「**罪のないソクラテスのイロニー**」の本質を、「徹頭徹尾非意図的でありながら、しかも徹頭徹尾考え抜かれた比類のない擬装」、けっして剥げ落ちることのない本物の擬装、嘘偽りのない真実という偽装として捉える、というより眺めることができるのである。だがこの種のシュレーゲル流イロニー解釈こそがソクラテスの発言の真実を見抜けない非哲学的妄言、修辞的屁理屈にほかならないと確信するヘーゲルにとって、「真実の真面目さは、非常に多くの場合、真実の冗談であるのが常なのだ」という『レッシング論・完結篇』[14]におけるシュレーゲルの挑発的言辞――これもヘーゲルは、一八〇一年に刊行されたシュレーゲル兄弟共編になる論集『特性描写と批評』の一章として読むことができたはずである――もまた、端的に不謹慎の一語に尽きるものだっただろう。その限りにおいて、というのはこの絶望的なすれ違いを評論家風に眺める限りにおいて、ヘーゲルには「イロニーを理解しようという努力の跡がどこにも見られ」ず、「フリードリヒ・シュレーゲルを話題にするやいなや、ヘーゲルは盲目的で理不尽な憤激に取り憑かれる」というベーラーの批評[15]は的中していると言わねばならない。

なお、もともとイロニーには「あの快活で友好的なアッティカ風の高雅な談話、プラトンやアリストパネスがその偉大な達人だったこうした談話の優美なソフィスト的流儀にすぎない側面」を持っているのだから、この側面を切り捨て、イロニーをもっぱら「学問的な教育法」にのみ関わらせ、これがソクラテスの本来のイロニーであるなどと主張するのは不当であるというヘーゲルの、前後の文脈と奇妙に噛み合っていない付け焼き刃めいた先の発言に対して、シュレーゲルは例えば先の『リュツェーウム断章』の全文を、もしお読みでなかったならばとして進呈したことだろう。

「哲学はイロニーの本来の故郷であって、このイロニーをわれわれは論理的美と定義したい。というのも、実際の対話であれ、書かれた対話であれ、それが完全に体系的な哲学になっていないようなところでさえあれば、どこでもイロニーを行使し、かつ、要求すべきだからである。ストア派の哲学者たちでさえも都会風の優雅さを美徳と見なしていた。むろん修辞的イロニーなるものもあってよく、慎ましく用いられていれば卓抜な効果を挙げる。論争においては特にそうである。だがそうしたイロニーも、ソクラテス的詩神の崇高な優雅さに比べれば、絢爛たる雄弁の華麗さを高貴な様式で書かれた古代悲劇に比較するにも等しい。詩文学のみがこのような側面から出発しても哲学の頂へと達することができる。と言ってもそれは修辞法におけるような個々のイローニッシュな章句に基づいてのことではないのである。古代にも近代にも、全体にわたって至る所すみずみまでイローニーの神的な息吹を呼吸しているような詩作品がある。そうした作品には真に超越論的な喜歌劇精神が生きている。内面においては、一切を見渡し、一切の制約されたものを、自分自身の芸術、美徳、独創性すらをも無限に越えて高まる気分が横溢し、外面、つまり舞台上の所作においては、どこにでもいる善良な喜歌劇の道化役の身振り手振りがあるばかりなのである。」(LF 42) ――

二

ヘーゲルは『ゾルガーの遺稿集および往復書簡集』の刊行について、「これほど豊かで多様な、しかもわれわれのごく身近な多くの諸問題に関わりのある幾多の内容を含んだ著作集」はなく、また、これほど「われわれの好奇心を満足させたいという欲求」に応えてくれる資料として「刺激的な個々の事例」をわれわれに提供してくれるばかりでなく、何にもまして「幾つかの堅実な視点」、すなわち「この人物の気品のある個性の記念碑」として「その遺された最後の仕事」によって彼の「哲学形成の最終地点」をもわれわれの一覧に供するという使命を持った秀抜な編集事業はないと絶賛したあと、それへの『書評』の中でゾルガーの幼年時代の逸話の一つを紹介している。

「ゾルガーは彼の弟と長らくお互いにあなたと呼び合っていたのだが、このことがしばしば彼らの子供っぽい喧嘩の際に二人の関係に滑稽な物々しさを与えることがあった。紙で動物や人間の姿を切り抜くという子供の頃の才能によって、彼はしばしば弟と遊んでやることができたのだが、この弟が都合の悪い時でもそれをせがんで彼を煩わせるようなことがあると、彼は大いに真面目くさった表情を作り、非常に激しく弟の不当な要求を撥ねつけ、こう叫んだものである――あなたは、私があなたに人形を切り抜いてあげること以外にすることがないとでも思っているのですかと。」――そしてヘーゲルは、「この滑稽な物々しさ」、「自己のうちで自己を無化する真面目さ、真面目さを装う無意味さ」こそが、たとえ「こうした子供っぽさが成熟によって、また性格の堅固さによってやがてはおのずと消えてゆく気まぐれの一つの形態」と見なすことができるとしても、「イロニーの原理」として「ゾルガーの意識」が生涯にわたって追求し続けたものだったと解説している。[16] ここでヘーゲルの言う「滑稽な物々しさ」とは、本人には自覚されていない擬装のうちで遂行される自己否定の現れとしての「真面目さ」（「自己のうちで自己を無化する真面目さ」）という厳めしい滑稽さであり、「真面目さを装う無意味さ」とは、同様に本人には自覚されていない真面目さの自己パロディー（装われた自己否定）と見ることができるだろう。ヘーゲルが先の逸話からゾルガーの「イロニーの原理」としてこれだけのものを読み取ることができていたとすれば、その同じヘーゲルが「ソクラテスのイロニー」を主題としたフリードリヒ・シュレーゲルの断章における同様の、というよりまさしく同質の「擬装」――「徹頭徹尾非意図的でありながら、しかも徹頭徹尾考え抜かれた比類のない擬装」、「それを装うことも、それを漏らしてしまうことも、共に不可能であるような擬装」という「絶え間のない自己パロディー」に対しては――といってもヘーゲルがこの断章を世間の伝聞によってではなく、実際に自分自身の眼で読んで知っていたとしてのことだが――なぜあのような無視とも無理解ともつかぬ手荒で冷笑的な仕打ちで応えているのか理解に苦しむところだろう。それともソクラテスの言葉は「文字通りに正しく」、かつ「大真面目な発言」だったとするヘーゲルの断定のあまりに「滑稽な物々しさ」は、「自己のうちで自己を無化する真面目さ」というゾルガー的イロニーのヘーゲル流のパロディー、シュレーゲル流に言えば「相乗されたイロニー」、すなわち「イロニーのイロニー」とでも言うべきものだったのだろうか。

いずれにせよゾルガーの「イロニー」に対するヘーゲル論調は、シュレーゲルのそれに対する論調とは対照的に、論駁する際にもきわめて礼儀正しく鄭重である。礼儀正しく鄭重であるとは、ゾルガーのイロニー理論を正面から受け止め、これをヘーゲル流に再構成して見せた上で批判の俎上に乗せるという批判の常道を踏んでいるということである。例えば『美学講義』の『イロニー』の項のシュレーゲル批判に続く箇所で、ヘーゲルは「イロニーを芸術の最高原理として受け入れている」ゾルガーとティークについて言及し、特にゾルガーに論点を絞り、「表面的な哲学的教養」に満足することなく、常に「真に思弁的な最内奥の欲求」に突き動かされて哲学的理念の深層にまで沈潜していったこの思想家の辿り着いた地点とヘーゲル自身の哲学理念とを対置させ、その一致点と差異点とについて次のような批判的論評を加える。すなわちゾルガーが彼自身のイロニーの理念の「弁証法的契機」として到達した地点は、確かに自分へーゲルが「無限の絶対的否定性」と名づけた地点、「無限で普遍的なものとしての自己を否定して有限で特殊なものとなり、さらにこの否定を同様に再び止揚し、これによって普遍的で無限なものを有限で特殊なもののうちに再興するという理念の活動」という地点と一見重なりはするが、しかしゾルガーは思弁的理念における「一契機」として本来は再度否定されねばならないはずの「否定性」に固執し続け、しかも彼においてはこの「否定性」が「有限的なものの単なる弁証法的不安と解体」としてのみ捉えられてしまったがために、先の契機は単なる契機であるに留まり、ゾルガーが本来求めていた「全的な理念」とはなり得なかったことが惜しまれると。そしてヘーゲルは、ゾルガーがその「あまりに早い死によって彼独自の哲学的理念の具体的な実現に到達し得なかった」こと、彼が「否定性」の一側面、すなわち「自己のうちなる実体的なものや確固としたもののイロニー的解体と類縁性を持ち、そして彼がそこに芸術活動の原理をも見出そうとしていた否定性」という側面に立ち尽くしたことを遺憾としながらも、その一生を通じて実生活での彼は常に「確固とした真面目で有能な性格」の持ち主であったがために、例のシュレーゲル流の「イロニー的芸術家」になることなく、また、その持ち前の「芸術の持続的研鑽」によって大きく培われた彼の「真の芸術への深い感受性」もけっして「イロニー的性質」を帯びるようなこともなく、この意味でゾルガーの生活、哲学、芸術のすべてはシュレーゲル一派の「イロニーの使徒たち」のそれとは区別されねばならないと結論づける[17]。

ヘーゲルはまた一八二一年の『法哲学の基礎』の第二部『道徳性』においても、「プラトンのイロニー」に言及して「思想の本質的な運動は弁証法的」であって、イロニーが「最終的なもの、理念そのもの」ではないとしている箇所での脚註の中で、彼の「亡き同僚」ゾルガーを引き合いに出し、彼もまた、「フリードリヒ・シュレーゲル氏によってその文筆的経歴の初期に言い立てられ、あの自己自身を最高のものとして自覚する主観性の高みにまで押し上げられたイロニー」という表現を受け入れはしたが、実際にはそのようなイロニーの規定からは程遠い彼生来の「より良き感覚と哲学的洞察」によって「そこに本来の弁証法的なもの、思弁的考察の脈動という側面のみを捉え、かつそれを保持し続けたのだった」とした上で、このゾルガーの卓越した哲学的洞察の一端を如実に示す「彼の最後の充実した仕事」である『アウグスト・ヴィルヘルム・フォン・シュレーゲル氏の《演劇芸術と文学についての講義》に関する論評』（以下『論評』）の中の次の一節を引用する。「真のイロニーは、人間がこの現世を生きている限り、みずからの使命を達成できるのは、言葉の最高の意味においてさえ、畢竟この現世を措いて他にないという見地に発している。われわれがそれによって有限的な目的を越え出てゆくと信じている一切のものは、思い上がった空虚な妄想である。最高のものでさえもわれわれの行為に対しては限定された有限的形態のもとに顕現するにすぎない。」――そしてゾルガーのこの発言にヘーゲルは、これぞまさしく「プラトン的思想」にほかならず、「抽象的な無限なるものへの空虚な志向」などとは比較にならない「真摯な発言」であると賛意を表しながらも、それと同時に、「最高のものが限定された有限的形態のもとに顕現する」ということと、それが「有限的な目的を持つ」ということとは別の事柄なのだから、有限的なものの形態や形式はこの有限的なものが内包している「実体性」や「無限性」を何一つ奪うものではないという彼自身の見地に立って、ゾルガーの「悲劇的イロニー」の定義――「最高のものはわれわれのもとにおいては最も取るに足らぬものと同様に空虚であり、それゆえ必然的にわれわれとわれわれの空虚な感性と共に没落する」のだが、この没落によって「神のうちにのみ存在する最高のものが神的なものとして輝き出てくる」のであり、われわれの現実世界の消滅と共に顕現するこの「神的なものの直接的現前」がわれわれを「神的なもの」に与らせるのであって、この「神的なもの」が「直接的に人間の諸事象のうちに顕現するとき」にわれわれを襲う独特の気分が「悲劇的イロニーである」という定義――に疑義を呈している。(18)

『ゾルガー書評』第二部においてヘーゲルがゾルガーのイロニーの諸相を批判的に取り上げる際の論調もまた、シュレーゲルに対する時のそれとは対照的に一貫して鄭重さを失わず、ここでは別して引用箇所の明示という点で折り目正しい批評の常道に忠実に従っている。ヘーゲルは、ゾルガーがイロニーの本質を「人間が真面目に関心を持っている」事柄、例えば「人間の本性における分裂的状態」のすべてを「侮蔑的に片付けてしまう」ことのうちにではなく（『論評』、第二巻五一四頁）、それどころか逆にイロニーをそのような意味に解することを「彼のすべての原則に反するもの」としてきっぱりと撥ねつけている点を高く評価する一方で、ここでもまたこのゾルガーの卓越した見解が、彼の思弁的理念との関係から見るとき、単なる「否定性の思弁的カテゴリーを純粋に抽象的なかたちで保持する態度」に終始していることに不満の意を表明する。しかもここでは特にヘーゲルは、「この否定性のカテゴリーの特殊なもの、すなわち義務、真理、諸原則が始まる領域への移行」のうちにおいてこそ「イロニー」は立ち現れると見なければならないと述べて、ヘーゲル自身のイロニー観の一端を窺わせている。

ヘーゲルはまた、「神秘主義は、その眼差しが現実世界に向けられているときにはイロニーの母であり、永遠の世界に向けられているときには熱狂、あるいは霊感の子である」というゾルガーの命題（『論評』第一巻六八九頁）に注目し、これを「われわれの現実性の消滅と共に自らを啓示する神的なものの直接的顕現」という同じくゾルガーの「悲劇的イロニー」の理念（『論評』同巻五一五頁）と結び合わせ、「神のうちにのみ存在する最高のもの」が「神の没落のうちに自らを神的なるものとして顕現させる」という「悲劇的イロニー」の高揚感を、古代悲劇は「祭祀」の芸術表現にほかならなかったとする見地から、神への没我的帰依に発するものと捉え、これを「精神が俗世の関心と憂慮の患いから、そして心情の不純さから、神を求めて飛翔してゆく心の高まり」と定義する。それゆえ「帰依の心」がこの精神の高揚という霊的滞在地から俗世の現実へと戻ってゆくとき、それは必然的に「義務の承認」を伴い、「この義務とこの世の職務を果たすための力の増強と逞しい真面目さ」を伴うはずであり、それゆえゾルガーの「悲劇的イロニー」の見地は、「最高のものでさえもわれわれの行為にとってはただ限界づけられた有限的形態の中でしか存在し得ない」という俗世の現実を「有限性」についての抽象的なカテゴリーによって「取るに足らぬもの、軽蔑すべきものと見下す」こと、すなわちこれらの有限的な事象のすべてに対して「イロニーをもって振る舞う」こととはまったく次元を異にするものであり、それゆえ「現世の仕事の日々と活動は神なき生活でしかなく、またそうでしかあり得ない」という見地ほどゾルガーにとって縁遠いものはなかったというのが、ゾルガーのイロニー、とりわけ「悲劇的イロニー」に寄せるヘーゲルの好意に満ちた批判的解釈である。

この「悲劇的イロニー」と共にヘーゲルはまたゾルガーの「喜劇的イロニー」にも言及する。ゾルガーによれば、「喜劇」は「人間的本性における最善のもの、神的なもの」が「分裂、矛盾、虚妄に満ちたこの人生の中」に立ち現れてくるさまを描くことによって、この「善にして神的なもの」を現世の領域にそっくり移植し、われわれに身近なものに造り変える。こうして「最高にして神聖なるもの」もまた人間のもとで「具象化され」て「喜劇の対象」となるのであり、またそうあってこそ「喜劇的なもの」は、「ほかならぬイロニーのうちで再びその真面目さを、いや、その辛辣さをさえも獲得する」ことができる。このようなゾルガーの「喜劇的イロニー」についてヘーゲルは、「喜劇」という形態のうちに立ち現れる「最高にして神聖なるもの」こそが有限的な俗世の現実と、この有限的なものを越え出てゆこうとする「高揚」との間にあって両者を媒介する中間項を形成し、この中間項を介して「最高にして神聖なるもの」は人倫、法、愛、その他あらゆる徳目において世俗的な現実的存在となるというのがゾルガーの本来の見地にほかならず、そのようなゾルガーであったればこそ、俗世の現実の至る所に「倫理的生活の全体を神の啓示と見る」ことができたのであり、それゆえソルガーの「喜劇的イロニー」における「俗世の現実の肯定」は、もともとフィヒテ＝シュレーゲルにおけるような「具体的なものに対して否定的に振る舞い続ける単に主観的でしかない肯定」（「自我＝自我」としての肯定）とは本質的に異質なものだったのであると結論づける。

このような見地に立ちながらヴルガーが、先の『論評』の中で（第二巻五一四頁）、アウグスト・ヴィルヘルム・フォン・シュレーゲルの『演劇芸術と文学についての講義』の「真の中心」であると認識していたイロニーが、そしてほかならぬゾルガー自身もまた彼の『哲学的対話』において、「欠くことができないものと考えていた」イロニーが、同『講義』の中では「ただの一度しか言及されていないことに非常に驚かされた」と書いている点について、ヘーゲルは「驚くことのほうがむしろ滑稽」であるとした上で、この「驚き」を「無意識的イロニー」と呼び、これをアウグスト・ヴィルヘルム・フォン・シュレーゲル流の「真面目と冗談」とが共に根を下ろしているような「生の見地」に由来するものと区別する。そしてゾルガー自身も彼特有の「最も内面的な精神の真面目さ」をもって行っている「最高理念の思弁的提示」に際しては、同様に「イロニー」にはまったく言及していないことを挙げ、それは

「イロニー」がそこでは「心の最内奥において熱狂と一体となっており、しかもその最も深いところで芸術、宗教、哲学は同一のものと見なされている」からであり、そしてまさにこの点においてこそ「高貴な秘密」、「偉大なる知られざるもの」としての本来の「イロニー」が哲学といかなる関係にあるかが明らかになるからであるとした上で、アウグスト・ヴィルヘルム・フォン・シュレーゲルの想定する「生の見地」を「イロニーとは正反対のもの」と見るゾルガーの判断はこの意味において正しかったのであり、実際、このときのアウグスト・ヴィルヘルム・フォン・シュレーゲルの念頭には「イロニー」はなかったはずであり、またゾルガーがこの『論評』第二巻に収められている国家や倫理性の理念について「思弁的で真面目な論述」を試みている箇所においても、「イロニーのカテゴリー」は彼の念頭にはなく、このときの自身の根本的な「生の見地」もまた同様に「イロニーとは正反対のもの」だったはずであると述べ、そもそも「具体的なもの、真面目なもの、真実のものが真面目に、かつ真っ当に論じられている」ところでは、「イロニーの原理」はおのずと脱落してゆくものであることは、例えばティークが小説『詩人の生涯』の中で真の熱狂をもって描いているシェイクスピアの『ロメオとジュリエット』についての記述を見れば明らかであるとし、恋する二人の愛と過酷な運命の中に「イロニー」を構成する箇所を見出すことは容易に期待できたはずであるのに、ティークの記述には「イロニー」への言及はまったく見られず、また誰一人として「イロニー」に思い到ることもなかったことをその何よりの証左として挙げている[19]。

ゾルガーのイロニーをめぐる諸問題についての以上のヘーゲルの論述は、ヘーゲルには「イロニーを理解しようとする努力の跡がどこにも見られない」というベーラーの批判を覆えし、これをヘーゲルには「フリードリヒ・シュレーゲルのイロニーを理解しようとする努力の跡がどこにも見られない」と訂正すべきであることをあからさまに要求している。シュレーゲルのイロニーを乱暴に払いのけたヘーゲルも、ゾルガーのイロニーにはむしろ懇ろに、しかもそのつどシュレーゲルのそれとの精神的位階の格差を殊更に強調するという底意を剝き出しにしながら付き合っているからである。いずれにせよヘーゲルのゾルガー批判は、「弁証法」的思考をもって生の現実の哲学的把握と構成のための唯一可能な絶対形式であるとする信念を貫き通そうとする思想家にとって、イロニーの理論が——たとえそれが哲学的思考の弁証法的運動においては克服されねばならない「否定性」の中間段階に留まるものでしかなかったとしても、いや、まさにそのようなものだったからこそ——けっして無縁のものでなかったことを証明している。それどころか哲学的弁証法の熟達者をもって自認するヘーゲルからすれば、未熟な、あるいはむしろ虚弱な弁証法的思考の段階で自己満足しているにすぎない（としか思えない）イロニー理論の内情はいわば手に取るように分かっていたと言えるかもしれない。実際、ゾルガー論には時としてヘーゲル自身のイロニーへの鋭い理解と感受性の一端を覗かせている箇所——例えばあのゾルガーの少年時代の挿話の解釈——も少なからず見出される。むろんこうしたイロニーへの理解と感受性にもかかわらず、彼自身の哲学的弁証法とイロニーとの内的類縁性ないしは同質性を認めることなどヘーゲルには思いも寄らぬことだっただろう。なぜならイロニーがその本来の「生の見地」に呼び戻されるやいなや——ヘーゲル的に言えば、人間が「生の真実を生きる」という局面に立たされるやいなや——イロニーはイロニーそのものの原理を否定する別の原理、すなわち本来の「実体的」な生の原理の支配に服さざるを得ないという、「否定の否定」としての弁証法転機を迎えねばならないこと、すなわちイロニーがイロニーであることときっぱり手を切らねばならない瞬間に耐えねばならないことを、ヘーゲルは自明の理、すなわち彼の哲学的弁証法の必然的帰結として要求するからである。この意味でヘーゲルにとって真に批判的検討に値するイロニーは、「単なる否定性」の中間段階の域に留まっていたとはいえ、その根を揺るぎなく「真実の生」の「倫理的現実存在」の中に持っていたと思われるゾルガーの哲学的・思弁的イロニーであって、おのれの「天才的」なイロニー感覚を全開させて、いわば文学的・哲学的混成概念の主観的濫用としか思えないあの断章的思考の渦を所嫌わず巻き上げて見せるだけの「フリードリヒ・フォン・シュレーゲル氏」のイロニーは、ヘーゲルにとってまさに唾棄すべき半可通の哲学的ディレッタンティズム以外の何ものでもなかったに違いない。

だがしかし前述のゾルガー批判においてヘーゲルがゾルガーの見地に沿おうとする限りにおいて示している洞察、すなわち「イロニー」は「心の最内奥において熱狂と一体となっており、しかもその最も深いところで芸術、宗教、哲学は同一のものと見なされている」という洞察は、「熱狂」と「懐疑」をもって哲学の対極的な二つの構成要素として捉え、とりわけ「熱狂」と不可分に結合した「無限なるものへの憧憬」のうちに芸術、宗教、その他人間の精神的生の一切を包括する「エンツィクロペディー」（「すべての学問と芸術の有機体」）としての哲学への根源的衝動を想定しているイェーナ大学講義『超越論的哲学』におけるシュレーゲルの見地[20]と同根のものと見ることができたはずである。にもかかわらずヘーゲルはこの講義に雑多な思想断片の「ごった煮的沸騰」しか見ようとせず、また、イロニーと熱狂との渾然一体的融合に神話的原世界の根源形式を探ろうとした『アテネーウム』誌所載の『神話論』には一顧だに与えていない。それどころか「イロニーはパラドックスの形式である。善にして同時に偉大なるものはすべてパラドックスである」という、先のゾルガーの「悲劇的イロニー」とも「喜劇的イロニー」とも通底する『リュツェーウム断章』（LF 48）もヘーゲルの注意を引いた形跡はまったくない。とすればヘーゲルがもし仮にシュレーゲルの遺稿断章集『哲学的修業時代』の一節、「完成された絶対的なイロニーは、イロニーであることをやめて真面目なものとなる」（FPL V-700）を目にする機会に遭遇したとしても、彼は先の『ゾルガー書評』において『ロミオとジュリエット』を例に取って解説して見せた、イロニーの「イロニーとは正反対なもの」への弁証法的転化というイロニーの自己否定の論理などまるで忘れたかのように、シュレーゲル流の安直なレトリックの一つとして平然とこれを無視したに違いない。フリードリヒ・シュレーゲルの言説はすべて例外なく真面目な考察に値しないというのが、ヘーゲルのシュレーゲル批判における一貫した論理的、倫理的、美学的原則なのであって、前記のゾルガー論が、そして何よりもそこでのシュレーゲル批判が如実に示しているように、ヘーゲルにとってはイロニー問題でさえも、と言うよりはむしろイロニー問題こそは、その本質において真っ当で地道な哲学的思索の対象たるべきものであり、「哲学と詩文学とが切り離されている限りでは、なされるべきことはすべてなされ、完成されている。ゆえにいまや両者を結合すべき時である」(ID 108)などと放言して憚らない「法螺吹き」の天駈ける「詩的構想力」につけ入る隙を与えるようなものであっては断じてならない。そもそも「精神を欠いた短い言葉の中に哲学の本質や主要問題を与えようなどと思う連中の空疎な形式は学問的な意義はおろか、およそ人の関心を引くようないかなる意義も持ち合わせてはいない」[21]のである。

ヘーゲルを苛立たせ、ときには激昂させたのは、この「詩的構想力」の翼に乗って、しかも「普遍哲学のための本来の形式は断章」(PL II-1029)であり、「断章が普遍性の精神にして形式である」(PL V-478)などと称して「精神を欠いた短い言葉」の切れ端を振り回しながら、例えば「哲学はイロニーの本来の故郷であって、このイロニーをわれわれは論理的美と定義したい」と唱えて哲学の聖域に闖入し、しかも「イロニーの神的な息吹を呼吸している詩作品」の中では「真に超越論的な喜歌劇精神が生きている。内面においては、一切を見渡し、一切の制約されたものを、自分自身の芸術、美徳、独創性すらをも無限に越えて高まる気分が横溢し、外面、つまり舞台上の所作においては、どこにでもいる善良な喜歌劇の道化役の身振り手振りがあるばかりである」(LF 42)などと書いてはひとり悦に入っているとしか見えないフリードリヒ・シュレーゲルという「法螺吹き」の傍若無人な論法ないしは書法だったと言えるかもしれない。実際、「私は断章的体系家にしてロマン主義哲学者にして体系的批評家である。」(PL II-815)

――「私の哲学は諸断章の体系、諸構想の進展である。」(PL II-857) ――「構想を作成し、断章を補完することが観念論の仕事である。」(PL II-880) ――「最大の体系ですら断章にすぎない」(FPL V-930) ――「断章は超越論的哲学のための形式である。」(PL II-771) ――「断章は普遍性の精神であり、かつ形式である。」(PL PL V-478) ――「真の哲学的書法はフィヒテの方法と断章(すなわち無規定的な構成におけるそれ)の綜合である。」(PL VII-255) ――「断章は私にとって伝達の本来の、そして最良の形式である。」(PL VIII-106) といった、ヘーゲルの眼には支離滅裂、論旨不明としか映らなかったに違いない切れ切れの「短い言葉」を自分の覚書帳に書き連ね――これらの遺稿断章はむろんヘーゲルの眼に触れることはなかったが――、さらに止どめを刺すかのように、「主張したり定立したりするのは、説明したりするのと同様、本来の意味で不粋である。哲学するとはこれすべて予見することである。ただし方法をもって」(PL V-1016) と書いて見せる自称「ロマン主義哲学者」のしたり顔の書法、しかもあろうことかその名も『超越論的哲学』と称するイェーナ大学講義の中で、「論理的な証明などというものは存在しない[22]」として論証性という連続的な論理の敷石を退け、「意図的・非意図的」な省略三段論法的非連続性の迷路に相手を誘い込んでゆく、このいかにも才走った、人の目を晦ます、飛び石伝いに跳ね飛んで見せるような書法――このシュレーゲル流儀の「名人芸的」書法は、その『精神現象学』の序論で「真理が現実にそこに存在する本当の形態は、真理の学問的体系を措いて他にあり得ない。哲学が知という形式にいっそう近づくために、つまり、愛知という名を捨てることができ、現実の知であろうとする目標にいっそう近づくために、努力を人々と分ち合おうとするのが、私の企てたことである[23]」と確信しているヘーゲルにとって言語に絶して耐え難いものだったろうことは容易に想像される。特にヘーゲルのこの確信を逆撫でするかのような『アテネーウム断章』――「体系を持つことも体系を持たないことも、精神にとっては等しく致命的である。ゆえに精神はこの二つながらのことを結合すべく決意しなければならないだろう」(AF 53)

——は、ヘーゲルにとって自分の全哲学の根幹に突きつけられた無頼の刃のごときものだったかもしれない。さらにヘーゲルの体系的哲学精神を一種の論理的困惑と苦痛に陥れたに違いないのは、シュレーゲルの断章集の至る所に、しかも明らかに意図的に設けられている論理的非連続性の迷路である。『アテネーウム断章集』のどれを取って見ても、例えば「イロニーに到るまでに、あるいは自己創造と自己破壊との絶え間のない交替に到るまでに自然的、個性的、あるいは古典的であるもの、もしくはそのように見えるものが素朴である。それが単に本能にすぎないときには、それは無邪気であり、稚拙であり、もしくは陳腐である。だがそれが単なる意図でしかないときには、思わせぶりが生じる。美しい、詩的な、理想的な素朴は、意図であると同時に本能でなければならない。意図の本質はこの意味において自由である。意識だけではまだ到底意図とは言えない」（AF 51）という一篇も、あるいはまた「理念とは、イロニーに到るまでに完成された概念であり、もろもろの絶対的アンティテーゼの絶対的綜合、二つの相争う思想の絶え間のない自己生産的交替である。理想とは、理念であると同時に事実である」（AF 121）という一篇も、確かにそれぞれがある全体的理解のための概念を共有しているようでありながら、それでいて互いに交わろうとはせず、そのどれもが常に途中で始まり途中で打ち切られてしまう幾つかの「短い言葉」の際限のない組み合わせから出来ているため、それを基にシュレーゲルの「イロニー概念」を確定することはおろか、推定することさえもヘーゲルにはできなかっただろう。それゆえ仮に彼が、例えば前記二例の『アテネーウム断章集』の一つ（AF 51）について敢えてこの苦行に耐えようとしたとしても、第一にこの断章の冒頭の「イロニーに到るまでに」を意味あるものとして成り立たせていなければならない「自然的なもの」、「個性的なもの」、「古典的なもの」、「素朴」等の諸概念にはいかなる説明も施されていないから、この断章の全体は意味論的脈絡を欠き、一個の命題としては成り立っていない。そこでこの一連のいわば先決問題未決の概念の羅列の中に何らかの意味の脈絡を探るべく、前記文中の「意図」と

「本能」の両対概念についてその理解の手掛かりを他の断章に求めようとすれば、例えば「イロニーにまで達し、しかも自己破壊の恣意的な外観を具えるまでに到った意図は、イロニーにまで達した本能と同様に素朴である。素朴が理論と実践との諸矛盾と戯れるように、グロテスクなものは形式と素材との気紛れな置き換えと戯れ、偶然的で奇異なものの外見を好み、いわば無制約的な恣意に媚を呈する」(AF 305) といった、これまたヘーゲルにとっては「天才的独創性」を絵に描いたような文例にぶつかり、ここで唐突に出現する「グロテスク」の概念の使われ方を探ろうとすれば、今度は、「形式と素材との純粋に恣意的な、あるいは純粋に偶然的な結合がすべてグロテスク〔模様〕であるとするなら、哲学もまた文学と同様のグロテスク〔様式〕を持つことになる。ただ哲学にはその辺の事情があまり分かっておらず、そのため哲学固有の秘められた歴史を解明する鍵をいまだに見出すことができずにいる。哲学には、われわれがそこから解体とはいかなるものかを学び知ることができるようなさまざまな道徳的不協和音によって編まれた織物であるような作品、あるいは混乱が整然と構成され、均整のとれた姿を見せているような作品がある。少なからぬ数のこの種の哲学的な人為的カオスは、ゴシック教会よりも長生きするに充分な堅牢さを具えている」(AF 389) といった、甚だ人を食った別の迷路の中へ一層深く誘い込んでゆくような断章に突き当たることになる。しかもヘーゲルにとっては徹頭徹尾無形式かつ無内容な諸概念の非連続的・非論証的羅列としか思えないこのような諸断章の果てしない連なりをどう関連づけ、どう読み解くかはもっぱら読み手、受け手の知性と感性の問題であるとでも言わんばかりに書き捨ててゆくシュレーゲルのこれ見よがしの高踏的手法は、概念の現実的展開を哲学的論証の本質と位置づけているヘーゲルにとって、これまた唾棄すべき知性の怠慢ないしは責任放棄以外の何ものでもなかったに違いない。そのヘーゲルがもし仮にシュレーゲルの『覚書帳』を覗いて次の一文を目にするようなことになったなら、それは彼にとって文字通りの悪夢の一瞬だったろう。「サタンの仕事は誘惑し、内面を破壊し、罪を広めることだ。サタンとは本能からするまったき意図である。サタン性は〈ドイツの発明品〉であり、ドイツにおいて初めて正しく形成されたグロテスク美学の一概念である。」(PL II-1052) ――

ヘーゲルのイロニー批判は「その対象とはほとんど渡り合っていない」というベーラーの指摘は、シュレーゲルの泡立ち流れる言葉の群れのあちらこちらに見え隠れしつつ漂ってゆくイロニーの尻尾を掴みあぐねて呆然たらざるを得ないヘーゲルの困惑を裏書きするものだろう。困惑は苛立ちへ、苛立ちは怒りの激発へと駆り立てたに違いなく、「フリードリヒ・シュレーゲルを話題にするやいなや、ヘーゲルは盲目的で理不尽な憤激に取り憑かれるのだ」というベーラーの言葉通りの「理不尽な」激情の中でヘーゲルはこうした自分の手に余るシュレーゲルの詩的・哲学的混成語法の一切合切を――ここで再びイェーナ大学講義『超越論的哲学』についてのフリードリヒ・ラウマー宛のヘーゲルの手紙を借りるならば――「高貴なものと低劣なもの、卑近なものと遠大なもの、輝かしいものと暗いものを、しばしば意味深げに、しばしばひどく浅薄に、ごった煮的に沸き立たせ、しかもとりわけそれ自体が曖昧模糊として いて恣意的でもある自然との領域を巧みに利用してゆく想像力の力を借りて、普遍的な諸理念に広範な活動の場を与えるというやり口」のすべてを――フィヒテの世界創造的自我の絶対的主観性という鋳型の中へ強引に溶かし込むことによってヘーゲル自身に把握可能な、従って攻撃可能な標的たらしめたというのが、ヘーゲルのシュレーゲル批判の、というよりは悔しまぎれのシュレーゲル理解の現実、あるいは限界だったと思われる。むろんシュレーゲルがこのような虚構の鋳型におとなしく収まる相手でないことは、虚構の作り手であるヘーゲル自身が誰よりも承知していたはずである。だが一旦振り上げた鉄槌は打ち下ろされねばならない。相手が実際にそこにいようがいまいがである。

ヘーゲルにとってシュレーゲルのすべては、「フィヒテ的自我の絶対的主観性」の出口なしの、だがヘーゲルから見れば大いに住み心地のよい自堕落な魔圏の中で「自己創造と自己破壊との絶え間のない交替」――ヘーゲルがこの『アテネーウム断章』(AF 51) を実際に読んでいたとしてだが――というイロニーの無限運動の「天才的独創性」の遊戯に浮かれ騒ぐうちに、やがて自己の本質の空無性の自覚とこの自覚によって呼び覚まされる「真実の生」への虚しい憧憬との葛藤によって次第に疲弊し、内部崩壊してゆくほかはない、いわば精神的自閉症患者として、だが依然として自己の単なる主観を宇宙の詩的・哲学的創造者、少なくともその創造の唯一の契機と勘違いしたままこの自己自身の生産的主観性という幻想に浸り続けながら何一つ「真に現実的なもの」、すなわち「即自的かつ向自的に存在するもの」のうちに根を深く下ろしていなければならない「真に現実的なもの」を作り出すことはおろか、その片鱗にすら触れることもできない甘やかされた傲慢無礼な時代の穀潰しとして哲学の聖域から追放されるべき無用の存在以外の何ものでもなく、従って断固として揺るぎない哲学者の意志をもってこのようなシュレーゲル像を脳裏に描き、そしてこの設計通りに彫り上げたシュレーゲル像をわれとわが手で再び嘲罵と共に叩き潰して見せることをもって世間への見せしめ――ベーラーの言う「これを見よ！　と言わんばかりに身振り手振りを交えての告発」――たらしめようとしたのが、フリードリヒ・シュレーゲルのイロニーへの批判と銘打たれたヘーゲルの鉄槌のすべてである。この鉄槌の論理と論法は、批判する側にのみ絶対的正義があるのだから、一切の論拠、すなわち批判される相手方の言説その他の資料を提示する義務も必要もなく、すべては伝聞と状況証拠、それどころか世間の一般的心証――例えば「ソクラテスのイロニーの歪曲者、偽造者」であるという点で被告は誰の眼にも有罪であるといった――だけで「証拠」として充分であるとする不動の確信に基づいている。それゆえシュレーゲル側の弁護を買って出た人々は、自分たちの反論のすべては虚しいという結末を始めから抱え込まされる。ヘーゲルの批判は、「その対象とはほとんど渡り合っていないから、論駁とさえ呼び得ない」とするベーラーの当然の反論を、シュレーゲルのイロニー概念にはフィヒテ哲学の末期現象以外の何ものも見出し得ないとする確信で武装したヘーゲルは、イロニー問題を挟んでシュレーゲルと「渡り合う」つもりなど初めから毛頭なかったと突っぱねただろうし、また、ヘーゲルの批判をこれ見よがしの派手な「告発」だと言い募るベーラーに対しては、シュレーゲルを打ちのめすのにそれ以外にどんな手があったかとやり返したに違いなく、そしてまた、「ヘーゲルはフリードリヒ・シュレーゲルを話題にするやいなや、盲目的で理不尽な憤激に取り憑かれるのだ」という同じベーラーの批判に対しても、そういう自分を抑える必要がどこにあったかと語気荒く応酬しただろう。

三

そのほとんどすべてが文字通り推測の域を出ない、時には推測すらできないヘーゲルのシュレーゲル批判の憶測的典拠を探り出そうとする虚しい作業の過程で確実に見えてくるのは、ヘーゲルが頑なに明かそうとしなかった批判の論拠となるテクストの中にはこの論拠自体を確実に覆す反証となるテクストが含まれているという事実である。ヘーゲルが批判の論拠の立証のために求められるすべてのテクストを全面的に、というよりは無差別的に提示しないという挙に出ているのは、ヘーゲルにとって不利となる種類のテクストがその中に含まれていることを気取らせることなく等し並みに隠蔽してしまおうとする戦術的詐略に基づくものだったのではないかと疑わせるに充分、ヘーゲルの批判は批判の常道を逸脱していると言わざるを得ない。しかしヘーゲルの批判にそんな手の込んだ戦術を想定するよりは、思い切ってヘーゲルはシュレーゲルの著作を何一つ読んでいなかったのだと断定してしまうほうが、ヘーゲルの批判の妥当性をめぐる問題の全貌を覆って立ち込めている曖昧模糊とした靄を切り払うためには、最も事実に則した解決法であるかもしれない。シュレーゲルのイロニーについて発言するときのヘーゲルの「興奮、憤激、憎悪の度外れの烈しさ」に今更ながら驚きを禁じえないと慨嘆するエルンスト・ベーラーをして、さらに「ヘーゲルがその二十巻を越える著作の中で他のいかなる対象に対してもこれほどの激昂をもって語っているところはない[24]」と重ねて慨嘆させていることを考えれば、これほどの激情を叩きつけずには収まらなかった相手の著作を、ヘーゲルがたとえ一行たりと読む気になったとは到底考えられないからである。ヘーゲルは彼の『哲学史講義』の序論においてインド哲学研究の最近の動向に言及する箇所にさしかかったとき、シュレーゲルの『インド人の言語と叡知について』に僅かに触れ、次いで、むろん多数の聴講者を前にして、むろん講堂に著者本人はいないと承知の上で、シュレーゲルに向かって冷笑の矢を放つ。「フリードリヒ・フォン・シュレーゲル氏はインド哲学に打ち込んだ最初のドイツ人の一人だが、その成果はさしたるものではなかった。というのも彼が読んだのはせいぜい『ラーマーヤナ』の目次くらいのものだったからだ[25]。」――だがヘーゲルがこの著書を実際に読んではいないまでも、ざっと目を通すくらいのことをしていたならば、そこには付録としてシュレーゲル自身による『ラーマーヤナ』、『マヌの法典』、『バガヴァッド・ギータ』、『シャクンタラー』からの抄訳が収められていることくらいは当然知っていなければならないはずである。それともヘーゲルにはこれらの抄訳が「目次」に見えたのだろうか。いずれにせよ大学の講壇という公器をいわば私憤を晴らすために巧みに利用したと取られても仕方のないヘーゲルのこの傲岸無礼な放言は、シュレーゲルの書いたものは何であれ、読んだこともなければ読もうとも思わないと満天下に公言したにも等しく、これは明らかに相手不在を知った上での一方的な売り言葉である。

そこでヘーゲルの批判の論拠の探索という際限のない不毛の作業を打ち切るために、シュレーゲルをフィヒテの自我論の一面的な主観主義の胎内から躍り出た時代の鬼子としてのみ扱おうとするヘーゲルのほとんど偏執的なシュレーゲル批判の基盤を一気に覆すに足る二つのテクスト群を挙げることにする。その一つは、近代文学（文化）を蝕む美的主観主義への批判をその論争的要素の骨子として含む『ギリシャ文学研究論』（『ギリシャ文学を研究するということについて[26]』）であり、もう一つは、この『研究論』には「イロニーが完全に欠如している」と告白する『リュツェーウム断章集』中の自己批判的一篇（LF 7）である。

一七九七年、フリードリヒ・シュレーゲルは『ギリシャ人とローマ人、古典古代についての歴史的・批判的試論』と題する論集の第一篇として前記『ギリシャ文学研究論』を発表し、「自然」と「悟性」との、あるいは自然と精神との完全な調和的一体化のもとに成立・発展してきた「古代自然的形成文化」の精華であるギリシャ文学をもって美と芸術の完璧な「自己規定性と自立自存の最高の頂」、「詩芸術の普遍的な自然史」、「普遍的な人間的自然の最も純粋にして最も確固とした、最も単純にして最も完成した写像」、「芸術と趣味の自然的形成の極限、自由な美の極致」であるとする見地から、この「自然的形成文化」の没落の結果として成立する近代の「人為的形成文化」の美的主観主義の末期的症状を分析、かつ批判する。

古代ギリシャ人の完成された「自己完結的」な「自然的形成文化」もその歴史的推移と共に衰退の一途を辿る。そしてこの文化固有の「有限的実在論」の喪失と「完成された形式」の崩壊とによって「無限的実在論」への志向が誘発され、これが時代思潮の一般的な基調となり、この「反自然的」な原理が「ローマ人の巨大な逸脱」、「新プラトン主義哲学という奇妙な現象」、人間精神を惑溺に誘い込む「形而上的宗教」といったものへの全般的な傾向を生むに到り、ここに「美しい仮象」や「倫理的遊戯」への感受性は完全に失われ、これに代わって人類を「剥き出しの実在論」へと下落させてゆくあの「古代ローマ風俗史上の決定的瞬間」が到来する。この老残の古代末期の遺産を「野蛮なインテルメッツォ」――中世――を挟んで引き継いで成立したのが「近代人為的形成文化」である。そしてこの遺産の「受益者」ないしは「管理者」となったのが、古代ギリシャの「自然的形成文化」のもとでは「自然の下僕」、「自然の通訳者」でしかなかった「悟性」であり、これが「最高の立法者」ないしは「指導者」として、古代文化の「自己完結的全体」、「有機的統合体」に代わる新たな世界秩序をその「人為的メカニズム」によって支配するようになる。芸術と趣味のすべての要素が均等に形成され完成されるところ、すなわち「自然的形成文化」においてのみ可能だったあの「最高の美と芸術」は、これに取って代わった「人為的形成文化」において主導権を獲得した「悟性」の権能の恣意的な発動によって取り返しのつかぬまでに失われる。だがしかし「古代文学の晩年の果実が近代文学の先触れ」であり、近代文化の人為性は、古代の自然的形成文化そのものの退化と変質のうちにその萌芽を持っていたのだから、この人為性における反自然性の克服の可能性は古代の自然性への回帰、ないしはその復興への志向のうちに見出されるはずである。――これが、自身ほかならぬ「近代人為的形成文化」の「主観主義」の渦中に浮遊する身であることを誰よりも痛切に自覚していたフリードリヒ・シュレーゲルの「近代人為的形成文化」の克服に賭ける幻想の未来である。それだけにシュレーゲルの近代文学（文化）の現状批判は痛烈を極める。

「純粋にして無制約的な美的価値の第一条件」が「客観性」にあるとするならば、近代文学（文化）の憂うべき現状はこの絶対条件の完全な欠如であり、もっぱら主観的な「関心」のみに囚われて「普遍妥当的」な「美と芸術の純粋法則」への要求をまったく放棄してしまったに等しい近代文学（文化）にはもはやいかなる価値もない。「美」はもはや近代の支配原理ではない。たとえそこに「完全な美への微かな予感」が見られるとしても、それは「静かな享受」のそれではなく、「満たされない渇望」としてのそれでしかない。「美しいものを激しく志向すればするほど、美しいものは遠ざかってゆく」というのが近代文学（文化）の宿命である。

学問と芸術、真なるものと美なるものとの限界は甚だしく混乱し、「永遠の限界の不易性」の確信は全般的に動揺を来している。哲学は詩と化し、詩は哲学と化し、歴史は虚構と、詩文学は歴史と混同され、別して詩文学のジャンルにおいては独自の領域を越えて互いに交じり合い、抒情詩の雰囲気が演劇の対象となり、演劇的な素材が抒情的な形成を強いられるという一種の「無政府状態」が「趣味と芸術」の全域に拡がる。美的生産力は休むところを知らず、だが個人の感受性も公衆の感受性もまた満足することを知らず、絶えず不満をかこつ。「理論」でさえも目まぐるしい変化のうちにあって確固たる定点を見失い、「公的な倫理」は無きに等しく、これに代わって公的趣味の戯画でしかない「時流」が常に新たな偶像を用意する。美的理論や芸術家の実践において顕著となったこのような「無政府状態」は、一切の「合法則性」、「限界性」、「統一性」、「共同的関係性」の欠如という近代文学（文化）全体の、あるいは近代性一般の特質を総括している。

「詩文学の実践的理論」は失速し、時には権威の刻印を帯びた作品が模倣すべき永遠の範例として推奨され、時には「絶対的独創性」が一切の芸術的価値の最高の尺度として立てられる。「神秘的託宣」によって「天才」が偶像視され、「人為的な無法則性」が第一原理となり、「芸術の普遍妥当性」や「趣味の不変の目標」は否定され、「芸術美の偶然への依存性」がさまざまな体系の信奉者たちの一致した見解として主張される。かくして「無性格が近代文学（文化）の唯一の性格」、「混乱が近代文学（文化）全体の共通性」、「無法則性がその歴史の精神」、「懐疑主義がその理論の帰結」となる。

一切の形式に対する無関心、素材に対する飽くなき渇望。絶えず刺激されることのみを求め、芸術家から「興味ある個性」以上の何ものをも要求しない「甘やかされた大衆」。このまさに「美的雑貨屋」としか形容し得ない近代文学（文化）の現状が絶えず醸成するのが、「ますます募る満たされない欲求と弛緩した感受性と厭わしい無力感」、「風紀の荒廃」、「虫食いだらけ」の精神である。こうした状況にあって持て囃されるのが「天才的な独創性」であり、

「根源的で純粋であるべき芸術の諸ジャンルを恣意的に時には分離し、時には混合して「自然」を攪乱し、その「単純さ」を偽造し、その「美しい有機的組成をその元素にまで分解しよう」として見せる「悟性の化学的実験」である。

近代を全面的に支配しているこのような「無目的性」と「無法則性」を、にもかかわらずそこで産出される個々の作品に往々にして見られる「高度の卓越性」と併せ眺めやるとき、近代文学（文化）の全体は、さながら「せめぎ合う諸力の海にも似た、解体された美の断片、破壊された芸術の破片が犇き、互いに混乱と刺激を与え合う混沌の海、一切の崇高と美と魅力のカオス」のごとき様相を呈する。

だが「無政府状態」は「革命の母」である。「美的無政府状態」は「一面的な美学理論の独裁的支配を解体させるのに役立つ」という意味においてそうである。現代はいま「美的無政府状態」からの脱却という決定的瞬間の到来を迎えようとしている。「個性的なもの」、「主観的なもの」の過剰はおのずから「客観的なもの」、「普遍的なもの」への志向を生む。近代文学（文化）の最終目標は「最高の美」、すなわち「客観的な美的完全性の極致」でなければならない。この究極目的に向かって近代文学（文化）の幾多の河川のすべてが合流しつつあるという「未来の有益な大変動」への期待はすでに兆している。「客観的なものへの欲求」が至る所に芽吹き、「美しいもの」への信仰も再び目覚めつつある。「美的革命」の機は熟している。退化して自己自身との一体性の感覚を失った存在は「批判」と「検閲」を必要とする。だがこの批判と検閲は一つの「立法」を前提とする。完全な「美的立法」は「美的革命」の第一の機関である。その使命は「盲目的な力」を教導し、「無法則的なもの」に秩序を与え、「美的文化」に確固たる「合法則的な基礎」を与えることである。そのためには近代文学（文化）の徹底的な改造、すなわち「革命」を必要とする。

この「美的革命」の指針となるのが、常にただ自己の「内的発展」の促しに従い、しかもこの発展の全過程を通じて常に「自然的」であり続け、いかなる点においても単に意図的な作用によって強制されることなく最高の頂に達し、しかるのち完全な「循環」の法則によって「再び自己自身のうちへと沈み帰っていった」あの古代ギリシャの「自然的形成文化」の「自己完結的な全体性」である。ギリシャ人の「美的芸術の自然的形成の極致」は「近代人為的形成文化」にとっての永遠の「原像」である。それゆえ近代人は、自分たちの「美的革命」を成就するためには、ギリシャ文学（文化）の諸原理とその有機的連関を探り出すことによって、「歴史の客観的哲学」と「芸術の客観的哲学」の原則と概念とを所有していなければならない。「美的描写の普遍妥当的な学問」と「ギリシャの古典的範例の正しい模倣」、これが「真正な美的芸術の復興」のための必然的条件である。

この近代人為文学（文化）の歴史的段階において成し遂げられるべき「美的革命」、「真正な美的芸術の復興」への大いなる希望をわれわれに投げ掛けているのがゲーテである。ゲーテの文学は「真正の芸術と純粋な美の曙光」である。彼の後期の作品の「哲学的内容、特質的な真実性」はシェイクスピアに比肩する。『ファウスト』が完成すれば、『ハムレット』を凌駕するものになるだろう。「ゲーテの芸術の客観性は、単に生まれながらの資質であるばかりでなく、形成の果実でもある。これに対して彼の作品の美は、彼の天性の賜物である。」この偉大な芸術家は「美的文化のまったく新しい段階への展望」を開いて見せる。ゲーテの作品は、「客観的なものは可能であり、美しいものへの希望は理性の空虚な妄想ではない」ことの揺るぎない証明である。「客観的なもの」はここにすでに現実に達成されている。ここにわれわれは大いなる「道徳的革命」を期待することができる。そしてこのような革命ののちには、あらゆる文化の歩みは「人類の目的と法則」によって規定され、真に「人間的なもの」が優位をかち取るのである。

さらに近代文化の「美的無政府状態」打開の大いなる希望を与えるもう一つの事例がフィヒテの哲学である。「合理的・経験的美学の独断論的体系」から「美的懐疑主義」の混乱期を経て「美的判断力の批判」への道を辿った近代の「美学理論」――この最終段階に到達したカントの批判主義でさえもその方法と原理においていまだ混乱と動揺を脱しきれず、美的懐疑主義からの不断の攻撃に晒されていたのだが――、この「美学理論」の混迷と閉塞状態を打破したのがフィヒテであって、事実、「フィヒテによって批判主義の基礎が発見されて以来、カントの実践哲学の設計図を修正し、かつ実現するための確実な原理」が確保されたばかりでなく、「実践的・理論的美学の客観的体系の可能性についても、これを疑う根拠ある理由はもはやあり得ない」といって過言ではない。

それと同時にギリシャ文学(文化)研究においても新たな時代が始まりつつある。その第一期における「恣意的な仮説」、第二期における「一切の哲学的仮説を排した事実史的研究」に続く第三期の現在は、ギリシャ世界全体を「客観的原理」に従って組織する方向への道を辿っている。個々の事象の「カオス的豊饒」と全体に関するさまざまな見解の間の論争は必然的に「全体の普遍妥当的秩序」を求め、かつ見出す。ドイツにおいて、そしてドイツにおいてのみ、「美学」と「ギリシャ研究」は、詩文学と趣味の全体的変革をもたらし得る水準にまで達した。哲学的美学の発展は「合理的体系」と「批判的体系」とによって推進された。前者はバウムガルテン、ズルツァー等によって、後者はカントとその後継者たちによって。美学の経験的、懐疑主義的体系は、若干のイギリスの著作家たちの功績というよりは、むしろ哲学の一般的な歩みの必然的結果である。古典の批判的研究の初期段階においては、レッシングがその洞察力と美的感受性とによってイギリスの先輩たちを無限に凌駕している。「ギリシャ研究」のまったく新しい、比類なく高い段階をわれわれに用意したのは、「包括的な知識と繊細な感情と柔軟な感受性」を一身に兼ね具えたヘルダーである。ヴィンケルマンは別格としても、その他、ビュルガー、ゲーテ、シラー、ヴィーラントらのギリシャ人への接近は疑う余地がない。あらゆる制限への根源的嫌悪によって「古典的」なものから最も遠く隔たっているかに見えるシラーの抒情詩とピンダロスのそれとの類似は明らかであり、ヴィーラントの「客観的な可笑しみ」は真にギリシャ的であり、アリストパネスやメナンドロスとの類縁性は否定さるべくもない。——

以上が『ギリシャ文学研究論』における論争的部分の概略だが、これに対してヘーゲルはいかなる主観主義批判の二の矢を用意できただろうか。実際、その『美学講義』の『古典的芸術形式』の章において、「ギリシャ人に与えられた贈り物[27]」とも言うべき美と芸術の古典的極致について、「内容とこれに端的に即応した形態とが自由な全体性のために形成する自己完結的な一体性」として言い表すことのできる「美と芸術の理想」を現象世界において実現させたのが古代ギリシャの「古典的芸術形式」であると述べ[28]、次いで「精神と自然との調和的合体」、「精神によって精神的なものへと作り変えられた自然形態」というかたちで成就された「精神的なものと自然的なものとの完全な統一性」、精神が「自分にとっては他者であるところのもののうちで、それへと自己を規定し続けてゆきながら、あくまでも自己自身であり続け、自分が客観的なものと化しながらも自己自身との関わりを持ち続けてゆくような全体性」、すなわち「自己のうちなる自由な全体性」として言い表すことのできるような「自立性」、あるいは「精神的なものとその自然形態とが相互に浸透し合うところに成立する自立性」のもとにおいて初めて成立するような「精神と自然との統一性」、「精神的なものをより高次の全体性へと高め、他者のうちで自己自身を保持し、自然的なものを理念化し、自己を自然的なもののうちで、自然的なものによって表現させる」という意味での、あるいは「本質的にして絶対的なものが直接的な自然的で感性的な存在態として形作られてゆく」という意味での「形式と内容との完全な調和的合体」——このような「精神と自然との一体性」に古代ギリシャの古典的芸術の基盤を見ようとするヘーゲル[29]にとって、『ギリシャ文学研究論』におけるギリシャ的形成についてのシュレーゲルの論述は、当時のギリシャ観の共通のトポスの大枠内に収まるものとして、概念規定や語義、論脈に相違はあっても、決定的な批判ないしは論争の火種とはなり得ない。それどころかヘーゲルにとってシュレーゲルの主観主義批判はむしろわが意を得たものとして大いに歓迎しなければならなかっただろう。

さらにまた「自然的形成文化」から「人為的形成文化」への歴史的推移の問題についても、シュレーゲルの見地は基本的にヘーゲルのそれと大きく食い違うものではない。ヘーゲルはまず芸術を、宗教、哲学と共に「絶対精神の国」に属するものとし、次いで芸術の目的を「絶対的なものの感性的表現」にあるとした上で、「絶対精神の完全な自己充足」へ向かっての第一歩である芸術的営為の歴史をさらに三態の「芸術形式」の推移として示す。すなわち「絶対精神」が自己実現の場を求めて身を置く「自然」の国において「完全な自己充足」を虚しく模索しながら「自然的諸形象」の間を放浪する「象徴的芸術形式」の第一期。次いで「絶対精神」が自然との完璧な合一と調和を見出す「古典的芸術形式」の第二期。そして最後に「絶対精神」がこの自然と精神との完璧な合体と調和という理想には留まり得ない自己の内的衝迫に突き動かされて「自己自身」のうちへ、すなわち「自己自身の最内奥の原理」である「絶対的な自由と無限性」という新たな原理に向かって沈潜してゆき、この原理に基づく新たな精神世界の内実によって自己の内部を満たし、この「より深められた内実」のための表現形式を捜し求めることによって、「古典的芸術形式」を内部から崩壊させ、解体させてゆく時期、すなわち「ロマン〔主義〕的芸術」の時期[30]がそれである。そしてこの最後の芸術時期は、「キリスト教」の出現に代表される初期、すなわち精神がまだキリスト教の歴史的諸要素等に自己形成の契機を見出すことができた初期の段階と、やがて精神の自己回帰、精神の内省化の深まりと共に「芸術形式が精神の最高の欲求の対象であることをやめてしまう」後期的段階、すなわち「芸術が自己自身を越え出てゆこう」とする、いわば「芸術以後」の段階とに分けられる。そしてヘーゲルはこの「ロマン〔主義〕的芸術形式」の後期的段階のさらなる末期的状況を「われわれの時代」と呼ぶ[31]のである。——ヘーゲルにとってこの「われわれの時代」の末期的現状は、「絶対精神」が自己自身への最終的回帰の途上にあって身を託さねばならなかった不可避の宿駅の一つであり、それゆえかつての「古典的芸術形式」への逆行は、たとえそれへの憧憬としてであっても許されない。この「絶対精神」の遍歴の各段階は、「芸術」から「宗教」を経て「哲学」、すなわち「即自的かつ向自的に存在するものとしての自己自身」についての知をその唯一の対象として持つ「哲学」に到って初めて成就される「絶対精神」の自己実現への絶対的な行程であって、(32)「われわれの時代」の哲学、文学、その他のあらゆる精神的諸現象はこの絶対的な行程という絶対的尺度に従ってのみ評価され、あるいは批判されねばならない。この点で、近代の「人為的形成文化」の主観主義的混迷を古代ギリシャの「自然的形成文化」の衰亡の必然的結果と捉え、「美と芸術の永遠の規範」である古代ギリシャ的自然への回帰ないしはその復興にこの「美的無政府状態」からの脱却の唯一の可能性を見出そうとした『ギリシャ文学研究論』におけるシュレーゲルの見地は、ヘーゲルにとっては歴史哲学的基盤を持たない単なるグレコマニーでしかないと言えたかもしれない。しかしこの『研究論』を貫き流れている古代ギリシャ的「客観性」への渇望、あるいは賛仰のどこにも、フィヒテの自我論の芸術への転化という極端な「主観主義」の烙印を押すことだけはヘーゲルにもできなかったはずである。

そもそも『研究論』におけるシュレーゲルの時代批判は、当然、同じこの時代の「主観主義」の呪縛から自由でない自分を知っていたシュレーゲル自身のわが身の病巣に対する徴候学的診断という側面を持っていたと見なければならない。実際、この自己批判的時代分析は、その精神においてヘーゲルの近代文学批判、とりわけイロニーを標的としたシュレーゲルのフィヒテ的主観主義に対する批判を先取りしている、と言うよりはむしろ代弁しているとさえ言える。しかも遙かに雄弁かつ多彩にである。そしてシュレーゲルのこの自己批判的現状分析には、当然のことながらフィヒテの自我論の主観主義に対する批判ないしは疑念も含まれていたと見なければならないとすれば、尚更もって両者の批判の類縁性、というより同質性は否定できないだろう。事実、この時期に先立つ一七九五年の兄アウグスト・ヴィルヘルム宛の手紙（八月十七日付け）の中でフィヒテを「いま存命中の最も偉大な形而上学的思想家[33]」と呼んだシュレーゲルのフィヒテへの敬意の内側は単純ではない。フィヒテをゲーテと並ぶ「客観性」への「曙光」と讃える『ギリシャ文学研究論』での公式発言とは裏腹に、彼の覚書帳――これを読む機会はむろんヘーゲルには与えられなかったが――には、フィヒテについての微妙に屈折した書き込みが目立つ。「時代の憲法としての、哲学の象徴的書物としての『知識学』」（PL IV-515）――「『知識学』は純粋自我の自然史でも自由史でも――形成理論でもない。それは一人の漂泊し放浪する神秘主義者の思いつきであり、物語である。」（PL II-175）――「『知識学』は、われわれの国民の富（national wealth）、われわれの趣味（taste）である。」（PL IV-639）――「私はまだフィヒテを信じている者を一人も見出していない。彼に感嘆する者は多い。彼を知る者は若干いるし、彼を理解している者も一人、二人は見受けられる。だがフィヒテは実のところ、片側から馬に乗っては、それを乗り越えて向う側へ落ちるという行為を飽きもせずに繰り返している酔っ払いに似ている。」（PL II-138）。――「自我も非我も共に自我の根源的行為の所産である」（『知識学』）とする限りにおいて自我のみがあるという圧倒的な想念に酔う男にとって、馬の乗り手（自我）も乗られる馬（非我）も共に同一の自我の絶対的行為の所産にほかならず、従って常に落ちるべくして永久に落ちないことがここでの自我の絶対的な弁証法的帰結であるかのような、例えば川の中空で自分の髷を掴んで乗馬もろともに引っ張り上げようとする法螺吹き男爵ミュンヒハウゼン的情景を、この「酔っぱらい」断章から読み取るべきかどうかはともかく、フィヒテへの一切の依存を断ち切ろうとするかのように、シュレーゲルは同じ覚書帳にこう書き込む。「『知識学』はフィヒテ的文字によるフィヒテ的精神のフィヒテ的描写である」（PL II-144）と。――しかしこれらの遺稿断章を知らなくとも、ヘーゲルは先のフィヒテ哲学についてのシュレーゲルの公式発言――このようなフィヒテ解釈が哲学的・哲学史的に適切であるかどうかはともかく——だけでもすでに、フィヒテの自我論に対する批判をそのままシュレーゲルのイロニーに対する批判と一体化することの戦術的不利を悟ったはずである。そしてもし仮にヘーゲルが不運にもシュレーゲルの覚書帳を実際に読まされる羽目に立ち到ったならば、自分のシュレーゲル批判が原理的に破綻していることを思い知らされたはずである。「不当にも最初の『知識学』では自我のみが描かれている。」(PL IV-1318) ——「奇妙なことに最初の『知識学』では自己との弁証法しかない。彼の哲学の自我は非我を欠いている。」(PLIV-684) ——「フィヒテの三つの命題は三つの論理的幻影の翻訳である。」(PL V-1124) ——しかしフィヒテからの決定的な離反を示す次の一文はイロニーのヘーゲル的解釈を一掃しただろう。「フィヒテの論証においては、A＝Aからまったく同様に〈非我は自己自身を定立する〉が帰結されないだろうか？ ——もしそうなら、シェリングに有利な展開となるだろう。」(PL Beil.I-51) ——この断章は、自我の絶対的な自己定立と自我による自我のうちでの自我のための非我の定立というフィヒテの『知識学』の「第一根本原則」からの脱出宣言である。非我の自己定立とは非我の自立を意味する。ここでの非我はもはや非我でない。非我とは、フィヒテにあっては自我にあらざるものとして自我に反立されてありながら自我を絶対的に前提せざるをえない、自我への根源的依存性以外の何ものをも意味しないだろうからである。「非我は空疎な言葉である。それは、何か〈etwas〉と呼ばれるべきだろう。」(PL IV-1253) ——世界は、「自我によって定立され、それゆえまた自我によって再び無に帰せられる」ような非我ではなく、自我に対してその独自性を主張し得る〈何か〉である。それは自我の「絶対的な主観性」の延長線上に生起しては消滅してゆく何ものかであることを拒否する何ものかである。このフィヒテからの脱出はすでに、「自己創造と自己破壊との絶え間のない交替」というイロニーの定義をもっぱら自我＝自我という論理学的形式の呪縛から逃れられない「自閉的」なフィヒテ的弁証法の亜流としてしか見ようとしないヘーゲルの弾劾的な視界を遥かに越えた別次元の出来事である。

こうしたすべての言説は、ヘーゲルにシュレーゲル批判の手持ちの武器を破棄することを要求している。しかしヘーゲルは動じない。なぜなら彼は『ギリシャ文学研究論』を実際に読んでいなかったか、読まなかったことにしたのかはともかく、この初期シュレーゲルの古典文献学的主著を完全に批判の埒外に置いてしまっているからである。実際、ヘーゲルはその『美学講義』においてもその他の講義においても、そして『ゾルガー書評』においてさえも、シラーの『素朴文学と情念文学』と時を同じくして刊行され、この時代を代表する文化論との競合をも辞さなかったシュレーゲルの野心作を徹底的に無視している。だがその間にもヘーゲルはシュレーゲルの存在だけは忘れていない。いや、忘れるどころではない。ヘーゲルは『美学講義』の『美の理念』の章の「独創性」の問題に論及している箇所で唐突にシュレーゲルを思い出し、あるいは思い出したかに装い、例によって例のごときイロニー批判に絡ませた底意地の悪い個人攻撃を差し挟む。

「この機会に重ねてイロニーについて言及しておくが、このイロニーの主たる特質は、いかなる内容にももはや真面目に関わり合うことなく、冗談をただ冗談のためだけにやってのけるのを最高の独創性と称して得意がるという点にある。また別の面から見れば、イロニーはその叙述の中にたくさんの外的事象を一緒くたに盛り込みながら、その最も内的な意味は詩人の胸中にありとする。こうしてこの種の観念は広げられてゆき、これらもろもろの集積物やもろもろの外的事象の中にはあの《文学の文学》と称される最も深く最も卓越したもののすべてが隠されており、しかもそれはまさにこの深層に潜むものであるがゆえに言葉には表し得ないが、だがまさにこの点にこそかのイロニーの策略と偉大さとが存すると主張されるのである。例えば自分を詩人だと思い込んでいた頃のフリードリヒ・フォン・シュレーゲルの詩の中では、こうした言葉には表し得ないものが最良のものであると説かれていたが、その実、この

《文学の文学》なるものたるや平板きわまる散文でしかなかったのである。[34]」——

そこで次に第二のテクスト群である『ギリシャ文学研究論』に対するシュレーゲルの自己批判的言説をヘーゲルに代わってヘーゲルのイロニー批判の俎上に乗せてみなければならない。シュレーゲルはこの『研究論』刊行後の、同じ一七九七年の『芸術のリュツェーウム』誌の秋号に発表された『批評的断章集』の一篇で次のように書いている。

「ギリシャ文学研究についての私の試論は、文学における客観的なものに捧げられた散文による作為的な頌歌である。その最も悪い点は、なくてはならないイロニーが完全に欠如していることであると私には思われる。最も良い点は、文学は無限に価値あるものであると確信をもって前提していることである。まるでこのことが決着済み事項ででもあると言わんばかりにである。」（LF 7）——

ヘーゲルがシュレーゲルのイロニー批判の途上でこの断章に足をとめた形跡はまったくない。しかしヘーゲルの脳裏に絶えず去来していたに違いない例のソクラテスのイロニーについての断章（LF 108）——むろんこれとてもヘーゲルが確実に読み、かつ的確に把握していたかどうかは甚だ疑わしい——を含むこの断章集をヘーゲルが読んでいなかったとは到底考えられないから、当然、先の断章もヘーゲルの目に触れはしたに違いない。にもかかわらずこの断章は、それゆえまた「イロニーの欠如」を著者自身によってその最大の欠陥として指摘されている『試論』、すなわち『ギリシャ文学研究論』も、すでに述べたように、ヘーゲルのシュレーゲル攻撃の射程内にはまったく見当たらない。しかしヘーゲルがこの断章と同じ一七九七年に刊行されたこの『試論』に眼を通していなかったとはやはり考えにくい。そこでヘーゲルはこの『ギリシャ文学研究論』を読んでいたと仮定する。いや、読まなかったはずはないと仮定する。彼はそれをむろん真っ当に、文字通りに、すなわち「イロニー抜き」で、というのはそこに「なくてはならないイロニーが欠如している」ことなど夢想だにせず読んだはずである。しかるのちその彼が前記の『リュツェーウム断章』に遭遇したとすれば、自分の真面目な対応が意地悪くはぐらかされ、揶揄されたと感じなかったはずはない。さらに「文学の無限の価値」を「まるで決着済み事項でもあると言わんばかりに前提している」ことがこの「作為的な頌歌」の「最も良い点」であるなどという、ひと捻りした「作為的」な筆遣いにも、ヘーゲルは小賢しい手の込んだシュレーゲル流のイロニーの臭みをたっぷりと嗅がされたはずである。そもそも「なくてはならないイロニーが欠如している」というこの『試論』の「最も悪い点」は、まさに「文学の無限の価値」を「まるで決着済み事項でもあると言わんばかりに」前提していることだと読ませたいくらいのことは、それをわざわざ「最も良い点」などと一捻りして書いてもらわずとも、ヘーゲルに分からぬはずはなかっただろう。そしてここでもまた古典文献学的寄与の一作として自信満々世に問うた自分の野心作の一切を「なくてはならないイロニーの欠如」の一語で片づけてしまおうとするシュレーゲルの手口に、ヘーゲルは、自分の作り出したものを再びわが手で平然と葬り去って羞じない「芸術に適用されたフィヒテ哲学」としてのイロニー的手法のいつもながらの濫用を再確認したかもしれない。ヘーゲルのシュレーゲル批判の原理からすれば、これ以外の読みをヘーゲルに期待することは不可能だっただろう。それともヘーゲルはこの断章を、例えば、ヘーゲルの『美学講義』は「絶対精神に捧げられた散文による作為的な頌歌」であり、その「最も悪い点」は「なくてはならないイロニーが完全に欠如していること」であり、「最も良い点」は、「哲学は無限に価値あるものであると確信をもって前提していることである。まるでこのことが決着済み事項でもあると言わんばかりにである」という当て擦りと読んだのだろうか。これはヘーゲル自身がこの種の毒のある当て擦りの名手だったことを思えば——例えば『精神現象学』の序文——、あながち的外れの憶測ではないだろう。そしてもしこの憶測が当たっていたとしたら、ヘーゲルは満面朱に染めてその頁を引き千切ったかもしれないという憶測もまた、ヘーゲルの激烈なシュレーゲル批判の典拠につきまとう際限のない憶測の一つを立派に構成するものだろう。

しかしもしヘーゲルが沸き上がってくる憤懣をしばし抑えて——むろんヘーゲルにはできない相談だっただろうが——シュレーゲルのこの「作為的な」自己批判的断章の真の狙いを確かめようとする気を起こしていたならば、彼はシュレーゲルの言う「なくてはならないイロニーの欠如」についてのシュレーゲル自身の註解を同じ断章集の一つに見出し、そこにシュレーゲルのイロニー概念が用意する新たな論争の地平を見出すことができたかもしれない。その断章の全文は以下の通りである。

「ある対象について的確に記述することができるためには、その対象に対してもはや関心を持っていてはならない。熟慮をもって表現すべき思想は、すでに完全に過去のものとなっていなければならず、いつまでも心に掛かっていてはならない。芸術家が創作したり熱中したりしている限り、彼は伝達のためには少なくともある不自由な状態の中にいる。そういう時、彼は何もかも言い尽くそうとするだろう。これは若き天才たちの誤った傾向であるか、さもなければ老いたる能無し共の紛れもない独りよがりである。こうして彼は自己限定の価値と尊厳を見損なうのである。だがこの自己限定こそが芸術家にとっても人間にとっても最初にして最後のもの、最も不可欠にして最高のものである。最も不可欠なものであるというのは、人が自己自身を限定しないところではどこでも、まわりの世界のほうが人を限定し、このことによって人はその下僕となるからである。最高のものであるというのは、人が無限の力、すなわち自己創造と自己破壊の力を具えている時と所においてのみ自己を限定することができるからである。友好的な会話でさえも、それは無条件の恣意によっていつ何どきでも勝手に打ち切るわけにはゆかないものだから、多少の不自由さを伴っている。しかしすべてを語り尽くそうとし、またそれができる著述家、何ひとつ肚に残さず、知る限りの一切合切を言い尽くしたいと思っている著述家は、非常に嘆かわしいものである。ただし三つの過ちを犯さぬように用心すべきである。まず無条件の恣意、従ってたとえ非理性ないしは超理性と思われたり思わせたりするものであっても、やはり根底においては端的に必然的で、かつ理性的でなければならないということであり、さもないとその時々の気分は我意となって不自由さを生み、自己限定は自己破壊となってしまう。第二に自己限定をあまり急ぎすぎてはならないこと、それが容易に達成できるようになるまでは、自己創造、すなわち創作と熱狂に活動の場を譲らなくてはならないことである。第三に自己限定もやりすぎてはならないことである。（LF 37）——

シュレーゲル特有の、ヘーゲルにとっては耳障りなだけの饒舌的要素を除けば、ここでの主題は真の書法の原則論である。ここで「芸術家にとっても人間にとっても最初にして最後のもの、最も不可欠にして最高のもの」としてあらゆる表現者に求められている「自己限定」とは、「自己創造」と「自己破壊」との一種独特の弁証法的綜合である。すなわち表現者がその創造行為において身を置かざるを得ず、それなくしてはいかなる創造も開始され得ない何らかの拠点となる対象、表現されるべき何らかの事柄、それへの関心ないしは熱中、それへの不動の信念ないしは確信、こうしたものに対する「いつまでも心に掛かっている」という現在的執着からの自己否定的、自己超出的、自己反転的な自己解放としてのその都度の新たな自己創造である。そしてこのような「自己限定」——「自己創造」を介しての「自己破壊」、「自己破壊」を介しての「自己創造」の不断の連続的続行、不断の累進的自己更新のうちに「対象について的確に記述する」ための原理が求められねばならないとすれば、このような「真の書法」の原理がシュレーゲルにとってイロニー概念の別様の表現にほかならないことは、「イロニーに到るまでに、あるいは自己創造と自己破壊との絶え間のない交替に到るまでに自然的、個性的、あるいは古典的であるもの、もしくはそのように見えるものが素朴である」という書き出しで始まる『アテネーウム断章』（AF 51）からも明らかである。イロニーは、ここでは何よりもまず、「ある対象について的確に記述する」ための書法、あるいは対象記述の技法の原理として捉えられている。このような書法を真に体得した者にとって、その都度その都度の瞬間に彼を押し包もうとしてくるあらゆる関心事をそれへの執心もろとも「完全に過去のもの」へと追いやってしまうためには、当の関心の主体である彼自身もまた絶えずその都度の事柄そのものを越え出てゆき、これらすべての事柄とそれへの関心の全体を完全に見渡す境域、すなわち「内面においては、一切を見渡し、一切の制約されたものを、自分自身の芸術、美徳、独創性すらをも無限に越えて高まる気分が横溢し、外面、つまり舞台上の所作においては、どこにでもいる善良な喜歌劇の道化役者の身振り手振りがあるばかり」という、あの「イロニーの神的な息吹き」に満たされた「ソクラテス的詩神の崇高な優雅さ」にまで達した「真に超越論的な喜歌劇精神」(LF 42) を体得する境域へと自分を高めてゆかなくてはならないのである。

これら一連の断章、あるいは断章的命題がヘーゲルにとっては例の「短い言葉」による「空疎な饒舌」にすぎなかったとしても、しかし次の比較的長い断章の冒頭の一節には彼も幾ばくかの関心を示してよかったはずである。なぜならこの一節は、イロニーがけっしてヘーゲルの指弾するような、あるいは彼が指弾のために作り上げたような「絶対的否定性」という弁証法的中間段階をわが自在の住処として思うがままに振る舞い続ける抽象的な芸術概念でないことを証明しているだろうからである。すなわち「理念とは、イロニーに到るまでに完成された概念であり、もろもろの絶対的アンティテーゼの絶対的綜合、二つの相争う思想の絶え間のない自己生産的交替である。理想とは、理念であると同時に事実である。」(AF 121) ――

この一節は、前記の諸断章と結び合わせることによって次のように書き直せるだろう。「理念とは、自己創造と自己破壊との絶え間のない交替、すなわち絶え間なく進展する刻々の自己限定として完成されながら、その都度その完成の外皮を脱ぎ捨てて、自己破壊ないしは自己破壊へと反転することによって新たな自己創造の無限の流れに身を投じ、再び新たな自己限定――寸刻の間の自己表現の成就――へと進展してゆく無限の活動態として言い表すことのできる概念であり、永遠に綜合を嫌う絶対的に反立的な諸要素――例えば互いに相容れない二つの思想――の絶え間のない相互限定的創造の交替としての綜合である。理想とは、それ自体が理念であると同時に、理念と現存在との渾然一体的融合、すなわち「事実」として言い表すことのできる理念の現実態としての自己限定の極致である」と。――これを『ギリシャ文学研究論』の文脈に引き入れてパラフレーズすれば、「自己創造と自己破壊との絶え間のない交替」としての「イロニー」に達するまでに完成されたもの、「自然的」であると同時に「個性的」であるところのもの、すなわち「自然的形成文化」と「人為的形成文化」という相容れない文化の両根源要素の渾然一体的調和をその相互限定の相のもとに実現するところのものとして言い表すことのできる「素朴さ」、このような「素朴さ」のみが、明らかにシュレーゲルの念頭にあったと思われるシラーの『素朴文学と情感文学』の意味において「古典的」と呼ばれ得るに値する書法の理想であると。――シュレーゲルは彼の覚書帳にこう書き込んでいる、「イロニーのうちで自己限定と一切の生への参加とが結合する。自立性が生の生である」（PL IV-291）と。

ヘーゲルが「イロニー」に対する、というよりここではフリードリヒ・シュレーゲルの「イロニー」に対する拒絶反応を無理にも抑えて、これらの断章の描き出す思想の景観を虚心に眺める余裕を持つことができていたならば、彼は前記の諸断章と『美学講義』第一部の『芸術美の理念、あるいは理想』における彼自身の論述との意外に深い一致を読み取ることができたかもしれない。ヘーゲルは述べている。「精神は自己を自己のうちで特殊化し、かつ否定するが、しかし自己自身によって措定されるこの自己自身の特殊化と否定とを再び廃棄し、限界と制約とを持つ代わりに、自由な一般性の中で自己自身をこの他者と合体させる。このような理念性と無限の否定性が精神の主観性の深い概念を成すのである。[35]」――「精神は有限性そのものを精神の否定性として捉え、そうすることによって精神の無限性をかち取るのである。有限的精神のこのような真実が、絶対精神である。[36]」――しかし精神が単なる「主観性」として、「その真の概念をまだ自己自身のものとして掴むに到っていない」段階、すなわち「絶対的なものそれ自体が精神の客体となる」までに成熟していない段階においては、「精神は絶対的否定性としてのみ現実的である。[37]」――ヘーゲルの言うこの「絶対的否定性としてのみ現実的である」限りでの精神こそが、シュレーゲルにとっての「自己創造と自己破壊との絶え間のない交替」のうちにその寸刻の間の実在性（自己限定としての）を見出すことのできる「イロニーの精神」ではないのか。

しかしヘーゲルは、もしそうしようと思えば読み取ることができたかもしれないシュレーゲルとの思想的類縁性[38]を暗示するこれら一切の言説の示唆には一瞥も与えず、一顧だにせず、フリードリヒ・シュレーゲルの思想のすべては、それが「フィヒテの哲学の諸原理に根ざすものと見られる限りにおいて、フィヒテの哲学にその成立の根拠を持つ」という循環論法に固執する。そしてこの出口なしの永遠の循環の中でヘーゲルはその『哲学史講義』の「フィヒテの哲学と関連する哲学的諸形態」と題する一節で、相も変わらぬフリードリヒ・シュレーゲルの肖像画を相も変わらぬ筆遣いで描いて見せる。彼はまずフィヒテについて、「フィヒテの自我が彼の哲学において獲得している内容に関して言えば、完全な精神性の欠如、ぎこちなさ、そして敢えて言うならば全面的な陳腐さがあまりに目につきすぎて、とても長くは付き合ってはいられない」と、ほとんど口癖になったような毒舌を吐いたあと、このようなフィヒテの自我論の主観主義が残存させていた「非哲学的に敷衍された語法」の一つから生じた「フリードリヒ・フォン・シュレーゲルのイロニー」に言及して次のように総括する。「主観は自己のうちなる自己を絶対的なものとして覚知し、他の一切のものはこの主観にとっては虚しいものとなる。自我が正義や善について自己自身に対して与える一切の規定を、自我は再び破壊するすべを知っている。自我は何でもやって見せることができる。だがそれは虚妄であり欺瞞であり不遜である。イロニーはこうした一切のものの上にその熟練の技を振るうのである。だがそこには何ごとに対しても真面目さがなく、すべては形式との戯れにすぎない。——独自の世界観に基づく主観性と個性のうちに自我はその最高の虚妄、その宗教を見出す。ありとあらゆるさまざまな個性が自己のうちに神を持つ。弁証法が自己を高め維持するための究極の手段となるのである。[39]」

　フリードリヒ・シュレーゲル、とりわけフリードリヒ・シュレーゲルのイロニーに言及するときのヘーゲルの「興奮、憤激、憎悪の度外れの烈しさ」は、ベーラーの指摘を待つまでもなく異常、かつ異様であり、ヘーゲルの批判の刃は、まるで絶えず追いすがってくる夢魔を切り払おうとするかのように、偏執的に否定と否認に徹している。しかもヘーゲルの語調には、自分が振るう刃の手応えをそのつど充分に感じているかのように迷いがない。だがその彼も相手の「フリードリヒ・フォン・シュレーゲル氏」が、例えば一八二三年の覚書帳に次のような書き込みをしていることを知らない。

「この時代を規定しているのは個々の著作家たちであるよりはむしろ、ある決定的な危機に先行するのが常であるようなある種の知的緊張と膨脹である。それはいわば神経衰弱的状態であって——この神経衰弱的性格は芸術においては他のさまざまな現象のうちに、例えば、ローレンス、ロッシーニ、バイロン卿といった人びとのうちに見られる、ある魔術的効果をもたらす幻燈仕掛けへの傾向の中に現れているのである。——〈ヘーゲルの哲学もまた弁証法的な過度の緊張であり、しかも同じ神経病的性格まで持っている。〉(FPL XXIII-129)——

　ヘーゲルを念頭に置いてのシュレーゲルの覚書帳への書き込みはすでにその六年前の一八一七年から始まっている。シュレーゲルもまた、ベーラー言うところの「批判の対象とはほとんど渡り合っていないから、論駁とさえ呼び得ない」ような告発、それも「これを見よ！　と言わんばかりの身振り手振りを交えての告発」の矢をヘーゲルに放ち始めている。彼はまず一八一七年の覚書帳に次のように書き込む。「精神の本質を成しているのは、対立するものの止揚とか否定（ヘーゲルによればだが）ではなく、天命である。」（PL Beil. X-196）――「否定の体系は、無神論や自我と自己の神格化（フィヒテのそれ）よりも一段と悪質であり、否定の精神の本来の神格化、それゆえ実際、哲学的悪魔主義とでも言えるものだろう。」（PL Beil.X-197）――次いで一八二二年の論考『ヤコービについて』においてシュレーゲルは初めて名指しのヘーゲル批判に踏み切り、「精神は霊魂を介して神のうちに生き、神の栄光の啓示としての神の言葉のうちで生きる」という「真にキリスト教的哲学」の基盤を成す「内的生命」の理念を掘り崩したのが、「ヘーゲルの体系と著作のうちに見出される空虚な抽象的思考」とそれによってもたらされる「一切の神的なものに対する感覚の鈍麻」であると糾弾する。(40)

そして最後期の三公開講義の一つ『生の哲学』――このヴィーン講義が行われたのは一八二七年であり、出版されたのが翌一八二八年だったから、ヘーゲルにその気があればこの講義を聴くことも読むこともできたはずである――の第一講においてシュレーゲルは、さすがに名指しこそ控えはしたが、ヘーゲルをほかならぬバイロン卿の劇詩『カイン』において「否定の精神」の具現者にして「冥府の王」ルシフェルへの偏愛を隠せなかったバイロン卿――の精神的血縁者として描き出す。シュレーゲルはまず、カントによる旧来の「無制約的理性」の批判から出発した近代ドイツ哲学が、「絶対的自我」と「神的なもの」との同一視〔フィヒテ〕、「絶対的理性の幻影」にすぎない「汎神論的自然神格化」〔シェリング〕という二段階の迂路を経て辿り着いた「哲学的逆行」の最終段階が、「否定の精神」をその体系全体の主導理念とする「形而上学的虚言」、「無制約的理性」の体系という衣装を纏って舞い戻ってきた太古の「自然汎神論」の公然たる復権〔ヘーゲル〕であるとした上で、このヘーゲルの「無の形而上学」を哲学における「悪魔主義」に擬して次のように指弾する。

「最近、ドイツ哲学は部分的には再びまた絶対的思考という空虚な空間の中へ完全に舞い戻ってしまった。しかもここではこの絶対的思考といい、そこに含まれている絶対的理性への偶像崇拝といい、それらはもはや単に内面的に理解されるだけでなく、客観的にも捉えられ、一切の存在の根本原理として提示されるに到っている。それにもかかわらず、もしわれわれがいかに精神の本質が決定的に否定へと定立され、いかに否定の精神が体系全体にわたって支配の精神となっているかに思いを致すなら、そこではやはりほとんど悪質とさえ言える混同が行われているらしいことが分かる。なぜなら生きた神に代わって、この神に敵対するあの否定の精神が抽象的な混乱のうちに提示され、神格化され、その結果、ここでもまた再び形而上学的虚言が神的現実に取って代わっているからである。――かくしてわれわれの時代の迷路の中で、外面的にはまったく触れ合うことのない最も縁遠い精神の両極端が、突如、人目を欺くまばゆい光の同じ一点で、というよりはむしろ輝かしい暗黒の中で遭遇するという奇妙な内的符合と親近性が見出されることとなる。一人の驚嘆すべきイギリスの詩人、われわれの時代の最も偉大な、しかしおそらくは最も常道を踏み外した詩人が、その最古の弟殺しの悲劇的な描写において、人類の敵にして冥府の王をこの犯行の元凶として、神の世界秩序の巨大な批判者として、すべての不平分子の首領にして全被造世界における反逆行為の頭目として描き、しかもいまだかつて例を見ないほどの筆致、これに比すればそれ以前の最も著名な詩人たちすべての類似の描写ですら真実性を欠いた恣意的な幻影としか見えなくなるほどの筆致で、人の心を鷲掴みにする驚嘆すべき真実さをもって、生けるがごとくに描き出しているとすれば、しかもこの描写たるや、その行間から密かに漏れ出てくるある種の偏愛なしには起草されなかったと思われるほどのもの、すなわち詩人がこの暗黒の人物像に彼の想像力の魔術的力のすべてを傾注していると思われるほどのものだったとすれば、まさしくこれと同一の敵対の原理、この絶対の精神、すなわち否定と矛盾の悪しき精神が、ドイツ哲学最後の邪道の中で――とはいえ抽象的な不可解さの中で、混乱した諸体系の真っ只中で王座に就いたのである。けだし奇妙な予定調和によって反キリスト的詩人と反キリスト的思想家とがまやかしの栄光のある一点において図らずも出会ったのである。これが観念論的混迷の第三の段階、最高の段階、あるいは学問的無神論の最終段階なのである。[41]」

ヘーゲルに対するシュレーゲルの、フィヒテやシェリングに対してはほとんど見せたことのない激越な舌鋒は、名指しではないにせよ、この後期三講義の随所に見られ、それはシュレーゲルの絶筆となった一八二八年の十二月に始まる未完のドレースデン講義『言語と言葉の哲学』に到っても変わらない。例えばその第四講においては、「絶対的なもの」は「絶対的思考」であれ「絶対的意欲」であれ「生における破壊者」、「誤謬の体系の第一源泉」、「人間悟性の形而上学的偏見」、「根深い遺伝的、生得的な理性誤謬」の根源であるとして糾弾される。そしてこの逸脱した源泉から生じ、いまや「支配的な時代哲学の自家製捏造諸体系」の中にあって「無制約的な理性偶像」の典型として出現し、これまで以上に広範、かつ絶大な尊敬をもって迎えられ、ほとんど神格化されるに到った「絶対的否定の破壊的精神」、「世界のすべてを混沌の中へ投げ込む」元凶、まさに「死の発明者」と呼ばれるに値する「絶対的否定の、永遠の矛盾の、無限の破壊の精神」――バイロンが劇詩『カイン』によって「その闇の壮麗さのすべて」を描き尽くしているあの「永遠の深淵という世界支配の精神」――が、その「絶対的なものの頂点にまで押し上げられた理性体系」によって「神学の一章全体」を一字一句変えることなく「神の真理の否定の側面」へと反転させ、それをそっくり「永遠の愛と啓示」に対する最初にして最大の敵サタンの手に委ねたのであり、その結果、「想像力の誤てる魔力」、「無限なるものの倒錯した適用とその威力」によって引き渡されて「背徳的となった理性的存在者」人間の「悪しき原理」の荒々しい発現、「自然的な衝動を越えた激情」、恐怖と怒り、憎悪、嫉妬、復讐欲、逆上、凶暴の発現が世界を支配するに到ったと主張され、かつ慨嘆される。[42]

ヘーゲルの「絶対精神の体系」を「無制約的なものの妄想」として批判するシュレーゲルの論調は、同講義第九講においても一貫して変わらず、もう一つの哲学的誤謬、「地下に迷い込んだ哲学」としての「唯物論」と「アトム論」の誤謬に対する批判をも巻き込むかたちで辛辣を極める。すなわち「あの哲学的誤謬の二大源泉」、すなわち、無制約的存在者と同一性思考の幻想、およびそこから種々様々な形式、例えば「論理的誤謬推理」、「偽装三段論法」、「虚偽の思想連関」、「欺瞞的で実効性のない証明法」といった形式を駆使して立ち現れてくる「学問的宿命論」や「詩的汎神論」、その他の倒錯した、あるいは誤った「悲劇的世界観」、「アトム的自然観」とこれに属する他のすべての唯物論的思考、次いでアトム的思考そのもの、そして生命を欠いた「解剖学的」な概念分析と思想の細分化、およびこれらの基礎となっている人間の心情に深く根ざした「死の想念」――こうしたもろもろの悪しき原理が、「至高の支配者」として君臨しようと企む理性の抱くあの「簒奪的独裁」と「絶対的全能」という幻惑の呪縛を、あるいはまた完全に物質的な絆に囚われた思考能力の第二の天性となった「精神的不毛と内的涸渇」という「遺伝性を帯びた病的症候」を形成するに到ったのだと主張されるのである[43]。

フリードリヒ・シュレーゲルとヘーゲルとは、それぞれその死を間近にした晩年の一時期、双方ともにあらぬ方向に切っ先をむけて「渡り合い」、双方ともに相手への痛打の手応えに満足しながら、だが双方ともにまったくの無傷のまま、ドイツ思想史の一隅に佇んでいる。ヘーゲルは、すでに自分の「イロニー」の武器庫でもあり宝庫でもあった『リュツェーウム断章集』や『アテネーウム断章集』を、その他の初期諸作ともども、一八二二年に開始された『自選全集版』から排除してしまっているシュレーゲルに向かって季節外れの「イロニー批判」の大弁舌を振るい、シュレーゲルは、「純粋理性の体系は必然的に無神論へと導く」というヤコービ譲りの「異端審問官」ばりの大言壮語をもって、だがドレースデンでの最後の公開講義を聴講していたティークの眼には「キリスト教的独裁者」の「精神錯乱[44]」としか映らなかった長広舌を振るいながら。――アウグスト・ヴィルヘルム・シュレーゲルはこの世にも奇妙な相手不在の果たし合いに、座興の戯れ歌を献上している。

シュレーゲルは、ヘーゲルを罵倒する。
悪魔を的に一発食らわせるのだ。

ヘーゲルは、シュレーゲルを嘲笑う。
奴は規則知らずのお喋りだ。

シュレーゲルは、神秘の帆を張り、
ヘーゲルは、論理の棍棒を掴む。

来たれ、ドイツ人諸君、一家総出で、
ザール河からプレーゲル河まで一円の方々！

見よや、シュレーゲルがヘーゲルと戦うさまを！
見よや、ヘーゲルがシュレーゲルと戦うさまを！[45]

だがその後のヘーゲル哲学の異常な隆盛と共に、この戯れ歌も路傍の落書き同然に忘れ去られ、ヘーゲルの批判の「論理の棍棒」のみが「ザール河からプレーゲル河まで」の住人たちの記憶に焼きついて残り、ヘーゲルが逆立ちしたのちにも、これだけは不思議に逆立ちすることなく、左右両派共有の金科玉条としてその猛威を振るい続けた[46]。時には奇特な人々、例えばディルタイのような研究者が現れて状況の異様さ、いかがわしさに控えめな注意を喚起するようなことがあっても[47]、その声は多忙なヘーゲル研究者たちの耳には届かず、たとえ届いたとしても、ヘーゲルの託宣によってその存在の無価値を十二分に証明され尽くされているフリードリヒ・シュレーゲルごとき似而非思想家の世迷い言のために一肌脱ぐような者はなく、また、イロニー問題でシュレーゲルの名が多少の共感をもって遠い記憶の底から呼び出されるようなことがあっても、例えばシュレーゲルをフィヒテの亜流と見なすという点で最後までヘーゲルの忠実な弟子であり続けたキェルケゴールからは、「絶えず小言ばかり食らっていた」不出来な学生といった程度の同情[48]をもらうのが関の山だったのである。こうした状況が一世紀半以上にもわたって延々と、右に揺れ、左に揺れつつ、その時々の予断と偏見に揉まれながら続いたのちに、ドイツ・ロマン主義研究に決定的な「新しい波」を作り出したとされるヴァルター・ベンヤミンの導きのもと、と言うよりはヴァルター・ベンヤミンの旗印を高々と掲げて、シュレーゲルをヘーゲルのイロニー批判という誤解と誤読と誤認の呪縛から最終的に解き放とうとしたのが、カール・ハインツ・ボーラーであり、それに力を得てついに明白なヘーゲル批判に踏み切ったのがエルンスト・ベーラーである。

＊〔両者のヘーゲル批判、およびそれへのヘーゲルのあり得べき仮想の反論については、補論（六）『「ヘーゲルの鉄槌」をめぐる応酬』を参照されたい。〕

第五章　秘儀としての観念論、あるいは「超越的曲線」

「パラドックスは時として中心逸脱的と呼ばれる。そもそも常識の発言を意図的にそれが言わんとしている以上に文字通りに受け取って見せるのは、称賛すべき格律というものだが、それがとりわけ求められるのが、ここパラドックスにおいてである。

ところで哲学的生のパラドックスのためにはあの曲線、すなわちその中心の一つが無限性のうちに存するがゆえに、可視的な連続性と法則性とをもって前進しながらも常にただ断片のかたちでしか現れ得ないようなあの曲線以上に美しい象徴があるだろうか。

このような超越的曲線（transcendente Linie）がレッシングその人だったのであり、そしてまた彼の精神と作品の始原的形式だったのである。

この形式の最も明快かつ平明な実例を、諸君は彼の最も洗練され最も完成された作品である『エルンストとファルク』に見出すだろう。ここでそのことを理解したならば、諸君はまた『人類の教育』にも同じ形式を見出すだろうし、それどころかもっと大がかりな規模において、とはいえつまらない素材や誤った傾向という煩わしい付属品付きでではあるが、それをしもなお一つの作品と見なされる限りにおいて、あの『ゲッツェ論駁』にも、そして『演劇論』にも見出すだろう。しかし最大の規模においてそれが見出されるのは、彼の文学的生涯の全体にわたってである。

まさにこの同じ形式がプラトンのそれである。諸君は、あの曲線の象徴をもってする以外に、彼の個々の対話篇も一連の対話篇も納得のゆくかたちで再構成することはできないだろう。」(『レッシング論・完結篇』[1])

一

一七八〇年の某月某日、エルンストとファルクが日没を機に別れの挨拶を交わしたあの日から四半世紀——それはフランス革命の勃発から数次にわたる対仏同盟戦争を経てナポレオンの台頭と独裁的支配への道を辿った激動の四半世紀だったが——、両人はレッシングの著作の墓場から蘇って再会を果たす。その舞台は一八〇四年の某月某日、フリードリヒ・シュレーゲルによって編纂・刊行された三巻本『レッシング選集』の最終巻に付された編者自身の手になる論評、『エルンストとファルク、フリーメイソンについての三度目の会話の断片』である。「三度目の会話」とあるのは、一七七八年刊行のレッシングの『エルンストとファルク』第一、第二、第三会話を一度目、一七八〇年刊行の同第四、第五会話を二度目と見立ててのことと思われる。因みに同巻には『人類の教育』、『賢者ナータン』(シュレーゲルによるエピローグ付き)、そして『エルンストとファルク』の三作が収録され、これを巻頭の論評『プロテスタントの性格について』と巻末の上記の『会話』、およびこの会話を中断して挿入される『哲学の形式について』と題する『手記』とが囲むかたちで配列されている。[2]

二人の旧友は久闊を叙したあと、まずエルンストが口火を切る、「あれ以来、なんと多くのことが変化し、なんと多くのことが起こり、私自身もまたなんという体験をしたことだろう」と。「確かに多事多端だったたし、少なくとも世人はてっきりそう思い込んでいるようにも見える。しかし果して変化があったのだろうか」とファルクは応じる。「すると君はあらゆる革命のうちでも最も凄まじいあの革命を、あの最も恐るべき戦争の最も恐るべき災害を、祖国とすべての旧体制の崩壊を取るに足らぬことと見なすのか」とエルンスト。「そうした事態はみな透徹した眼にはすでに久しい以前から明白に、残念ながらあまりに明白に見えていたものの発展、必然的な発展だった。最古の災厄の新しい形式にすぎなかったのだ」とファルク。「しかし少なくとも革命の消極的な重要性は君だって否定するわけにはゆくまい。かつてわれわれにとって貴重だったなんと多くのものがいまは消滅して跡形もなくなってしまっていることか。例えばかつてはしばしばわれわれの探究と話題の対象だったあのフリーメイソン、あれはいまどうなっているのだろうか。フリーメイソンなどはもはや存在していないのだ。どうしてあんなものがいまだに存続できるはずがあるだろう。人類があのような全体的な連携によって利潤、贅沢、美などといったものを追求することなど今更できるはずがないではないか。あらゆる社会の本質が破壊されてしまっているというのに」とエルンスト。「だがそれが実際に本質だったのなら、破壊されるはずはない。全面的に、永久に破壊されてしまうことなどあり得ない。ところでフリーメイソンだが、君が言うのはそれ自体のことなのか、それとも単にその最近の形態に限ってのことなのか」とファルク。「どういうことか分からない。むろん両方だ」とエルンスト。「ならば私は君と意見が違う。フリーメイソンの現在の形態ということなら、むろんそれは破棄される、永久に破棄されてしまうことだってあるだろう。だがフリーメイソンそれ自体は存続するだろう。われわれがそれについて知ったこと、確認したことを君は忘れたのか」とファルク。「けっして忘れはしないが、敢えて言わせてもらえば、君に示してもらった道を辿っていったら、歴史的な疑惑にすらぶつかってしまったのだ。この結社はもともと君が想定しているようなある遠大で包括的な目的を持つものだったのだろうか、むしろ職人的な狭さへと通じる傾向を持っていたのではなかろうかという疑惑にだ」とエルンスト。「われわれが語ったのはフリーメイソンの永遠の理念だったのか、それとも単に歴史的事実だったのか――もし後者だというのなら、個々の学問や芸術は最高の学問と芸術に連なっていないということになってしまうのではないだろうか。機械的な技術のようなものでさえそれなりの秘法を持っていないということになってしまうのではないだろうか。誰にも究め尽くすことができず、また、それを知っている者も口にすることは許されず、伝えることさえ禁じられている秘法を」とファルク。「そうしたことがいまのわれわれに何だというのだ。まずは必要なことに心を砕き、そんな高級で余計な問題は後回しにしろと言いたい。現在なすべきことは、最良の国家でさえも抱え込まざるを得ないような欠陥を補うための有効な手段を講じることなどではない。すべての国家と人類とが没落を免れ、すべての正義、すべての道義、名誉、自由、君主の品位が幾許なりと保持され、蘇るということ、この一事こそが肝要なのだ」とエルンスト。「その通りだ。しかし人々の内的結合と共同関係がある強力な改革によって再興され、若返りを見ない限り、そうしたことの達成は困難だ」とファルク。「君は哲学と哲学がこうむった変化のことを言っているのだろう」とエルンスト。「むろんそうだが、哲学者たちの哲学だけを言っているわけではない」とファルク。「君の言うのは民衆のものでもある確信、信念、要するに宗教のことだね。だがこれとても全面的な震撼から免れることができたわけではない」とエルンスト。「むろんだ。しかし志は同じでも、われわれがそれぞれ別個に進んできた道は、なんと違っていたことだろう。君は国家と体制の没落を嘆き、私はすべての宗教の解体を恐れる。――もし宗教そのものがこの解体に道を譲ることにでもなったら、それは恐ろしいことだ。君は革命の目撃者、その仔細な観察者となったが、思索の孤独のうちにあった私にとって現実の革命はさしたる重大事ではなかった。少なくともこの間に人間精神の内面に起こったもっと巨大で、もっと急激で、もっと包括的な革命ほどには重大でなかったのだ」とファルク。「その革命とは何を指してのことか」とエルンスト。「観念論の創出だ」とファルク。「哲学の新しい学派のことか。それなら私もいろいろ耳にし、好奇心と知識欲をそそられてきた」とエルンスト。「いや、私が言いたいのは、新しい学派といったようなものではない――少なくとも体系などではない。言いたいのはただ、人間が自己自身を発見したということ、それと共に一切の公教的社会の、そしてまた秘教的社会の新しい法則も見出されたということなのだ。だが口頭で伝える代わりに、それについて書いたものがここにある。君に読んでもらってから、改めて議論したい。それは私がかつて試みたのとは違った側面からフリーメイソンが不滅であることを立証すると共に、この組織が破壊されるに到るのはいかなる形態のもとにおいてであるのかということを暗示するものでもあるだろう」と言いつつファルクは、『哲学の形式について』と表記された手記を取り出す。――しかしこのファルクの『手記』には、その末尾に、このあと「二人の友人が、一方はその新たな革命的経験によって、他方はその新たな哲学的確信によってそれぞれまったく別個のフリーメイソン像を獲得したのち、互いにどのようなフリーメイソン観を交換し合うことになったかについては、いずれ場所を変えて余さず読者にお伝えする機会もあるだろう」と付記されているにもかかわらず、フリーメイソンの名は二度とは登場せず、その結社としての意義も古代のピュタゴラス教団のそれに吸収されるかたちで最後に浮上してくるにすぎない。従ってまた二人の友人、結論を急ぐ好奇心旺盛なエルンストと内省的で油断のない二枚腰のファルクの再度の出会いの機会はついに与えられることなく終わっている。

哲学の真の形式はどこに求められるべきかを問うこの『手記』は、何よりもまず哲学の堕落の現状への手厳しい批判をもって開始される。そもそも哲学の本来の特質と実践とは「叙述」のうちにではなく、「生そのもの」のうちに、「生きた伝達と生きた活動」のうちにこそあるべきであり、そしてこの伝達は「品位あるものを品位をもって扱っていた古代人たち」、「秘密のうちに結ばれていた真の宗教の最初の信奉者たち」のもとでのように、「もっと神聖なやり方で遂行されるべきである」のに、昨今の状態は、この哲学的真理の伝達形式が哲学の本質そのものを破壊するような機関、すなわち俗世の「市場」や「書店」、「これと似たり寄ったりの大学講堂」に移り、公共性の名のもとに公開の講演や世間向けの著述によって「哲学の一切」が「愚衆」の手に譲り渡されかねないところにまで来ている。「宗教改革、別してフランス革命」の必然的帰結としてもたらされたこうした「無制限の公開性」の測り知れない弊害に立ち向かい、これを克服するすべは、哲学の本質であり、その真の発現形式である「秘儀」の復興を措いて他にない。この「秘儀」こそが、およそいかなる著作、文字、体系をもってしても捉え得ない「無限の精神」の生きた活動である哲学、まさに「生の哲学」と呼ぶに相応しい哲学の「根源形式」――真に学問的な作品においてわれわれが「哲学の形式」と呼ぶことのできるものはすべてこの「根源形式」の模倣にすぎない――であり、それゆえ「最高の認識への参入を許された人々の神聖にして秘密に満ちた結社」こそがその「理想の形態」である。この理想の実現のためには何よりもまずあの「古代の秘教集団」を範とした哲学者たちの「不可視の、だが強固に結束した盟友たちの連帯」を呼び掛け、その揺るぎない秘教的連携のもとに崩壊に瀕した「キリスト教的宗教」を再興し、「真に自由な君主体制」を確立し、「名誉と自由と忠誠」を基盤とする「古きドイツの制度」を再建することこそが、「新しい哲学の不動の目的」とされねばならない。このような未来像――すべての外的諸関係が破壊され、「専制的革命」によって「平等の混沌たる集塊」へと解体され尽くしたヨーロッパ世界の廃墟の中で永久に滅び去ったかに見えるかつての「結社の精神」の再生――への切望をもって、ファルクの手記は終っている。[3] この十八世紀末から十九世紀初頭にかけてのヨーロッパ世界の大変動期の現状批判的論争文は、追って次回に、という約束こそ果たし得なかったとはいえ、シュレーゲルによる『エルンストとファルク』の再度の仮想フリーメイソン談義の舞台裏の生々しい歴史的景観を彷彿させるに充分である。

シュレーゲルの論調はこの時期すでに、フランス革命以後のヨーロッパ史のすべてを宗教改革に起因する全面的堕落の総決算として糾弾し、「古きドイツのカトリック的帝制」の復活によるヨーロッパ世界の「最終的没落」の克服を提唱する、十六年後の『コンコルディア』誌所載論文『現代の徴候』[4]における反革命的論客のそれである。この時期――自然を「生成する神性」と捉え、この「神性の顕現」としての自然の探究をもって哲学の根源的課題であるとする自然汎神論的視界の中で、「宗教の構成」のためには「信仰、奇蹟、啓示の概念は不要である」と言明し、「宗教的位階制度」と「家族制度」とを政治カテゴリーの両構成要素としながらも、依然「共和制」を理想の国家像として捉える見地にも固執し続けた一八〇〇年のイェーナ大学講義『超越論的哲学』[5]の悪戦苦闘からすでに三年、その間、半ば失意のうちに敢行された一種の逃避行、「フランスへの旅」も、彼にとってはまさに古きドイツ、「眠れる獅子」ドイツへの旅、父なるライン、「すべてのドイツ人の心を憂愁の想いで満たさずにはおかない」ラインへの旅となり、同時にまた、宗教感情の「絶対的な死滅」のゆえに堕落の極みに達し、みずから「機械」と化するに到った人間たちの犇く分裂したヨーロッパ世界の衰亡の予兆を至る所に見出すだけの旅[6]となった。そうした彼はまたパリでのサンスクリットとの遭遇、インドの神々との出会い[7]によって神話問題の、とりわけギリシャ神話の再検討を迫られ、その結果として、一八〇三年から翌一八〇四年にかけてケルンの若い商人ボワスレー兄弟らに請われて行われた私講義『ヨーロッパ文学の歴史』においては、異教的「秘儀」とキリスト教的「啓示」とを共に包括する一段と根源的な神話的原世界へと導かれ、「すべての詩文学は人類の原初の啓示の断片にすぎず――この唯一偉大で根源的な詩を完全に語り尽くし、描き尽くそうとする志向にすぎない[8]」という認識に辿り着く。前記三巻本『レッシング選集』に付された九篇の論評の執筆時期は、このような新たな外圧、内圧のもとに、「一切の文学の起源」をオリュンポスの「神々の多彩な集団」の象徴[9]のうちに捉えていた『アテネーウム』期の思想圏からの脱却の論理化を迫られる中、ローマ教皇を呼びつけてのナポレオン戴冠という、シュレーゲル＝エルンストにとってもシュレーゲル＝ファルクにとっても予想外の政治展開を一年後に控えた一八〇三年である。この『レッシング選集』の最終巻の末尾を飾る（と言うに値する）『続篇・エルンストとファルク』とそれに続く手記『哲学の形式について』は、本来ならば当然そこに期待されるはずのパロディーの片鱗すらも見られない切迫感に満ちている。

「道義は荒廃し、規律は失墜し、あらゆる概念、身分、関係が混合され、攪乱され、偽造され、宗教においてさえもその神的起源を想起させるものが滅多に見られなくなってしまった昨今」に始まるこの手記は、この冒頭部からしてすでに檄文に近い。俗悪、有害なものの一切が結束してすべてのより良き、より高きものを蹂躪し、こうしたものへの畏敬の念もろとも、人間の胸のうちに宿る偉大にして美なるものへのあらゆる記憶をさえも根こそぎにしようと誓い合っているかに見える昨今――とはいえあの「より良き原理」が人々の考え方や体制の中で支配的だった「短命の中間期」、すなわち中世を除けば、この惨状こそが遡れる限りでの常に変わらぬヨーロッパ諸国史の現実だったのだが――、この大きく伸び広がって幾重にも絡み合った植物のように至る所に根を張り、あまたの高貴なものを覆い隠してしまった「凄まじい下劣さの大集塊」に立ち向い、人間を「太古の聖なる伝承の言葉」の忘却と歪曲から救出して、人間の幸福を再興し、維持することができるのは、「最高の存在者と一切の神的事柄の確固として深く根拠づけられた認識」としての「哲学の静かな火」を措いて他にない。そしてこの哲学はあたかも奇蹟のように、それが最も必要とされるまさにこの時期、しかもそれがまだ可能だった唯一の土地、少なくとも徳、名誉、真剣さといった概念が依然として踏み止まっており、少なくとも古来の考え方や自由の個々の痕跡がいまだに残っている唯一の土地、「むせ返るような学識の充満」の中に喘ぎながらも、なおかつ厳格な芸術感覚を失うどころか、かえって新たな覚醒の時を見出し、「最高の認識の曙光」を見る眼を養い、近年の気違い沙汰やナンセンスによって打ち捨てられ、忘れ去られていた「古きもろもろの啓示」の隠れた意味を理解する心を開かせることのできる唯一の土地、すなわちドイツにおいて、かつてない鮮烈な炎をあげて燃え盛った。この哲学の炎こそが観念論である。[10]

現状を最悪と見、この最悪の現状を梃子に起死回生の跳躍への決意を促すというシュレーゲルの論法は、主観主義に浸食された近代文学の現状批判をその論争的要素として含む彼の最初の文化革命論である一七九七年刊行の『ギリシャ文学研究論』や、来るべき近代文学のために新たな豊穣の大地を開拓しようとした一八〇〇年の『神話についての講話』（『アテネーウム』誌第三巻所載の『詩文学についての会話』第二章、以下『神話論』）におけるそれと変わらない。そしてこの梃子の一端の担い手がドイツ観念論であることもまた変わらない。シュレーゲルにとって観念論とは、前者『ギリシャ文学研究論』においては、古代の「自然的形成文化」の衰退と没落と共に成立したヨーロッパ近代の「人為的形成文化」の圧倒的支配——「主観性」がその原理、「絶対的独創性」がその「最高の尺度」となり、芸術はもはや「自然の贈り物」であることをやめて「天才的独創性」の「自由な活動」、「精神の内的自由の所産」となり、だがその実、「悟性の化学的実験」以上の何ものでもなくなり、その結果、「無性格がその唯一の性格」、「無法則性がその歴史の精神」、「懐疑主義がその理論の帰結」とさえ言えるまでに重症化したヨーロッパ近代の「人為的形成文化」の圧倒的支配——によってもたらされた現下の近代精神文化全体の憂うべき「美的無政府状態」のただ中へ新たな建設の杭を打ち込み、その主観性の「せめぎ合う諸力の海にも似た、解体された美の断片、破壊された芸術の破片が犇き、互いに混乱と刺激を与え合う混沌の海、一切の崇高と美と魅力のカオス」を「客観的」な統一的世界へと再構築する「美的革命」の原理として、[11]そして後者『神話論』においては「人類が没落か再生か」の瀬戸際に追い詰められた未曾有の混乱の時代に到来した「革命の精神」、「理論的な視点から見れば、人類が全力を尽くして自己の中心を見出そうと格闘する現象」の一形態、「実践的な視点から見れば、われわれが自分自身の力と自由とによって実現し、かつ広めてゆくべき革命の精神、革命の偉大な原則」として、[12]常に革命と再建、破壊と再構築のための「燃え盛る火」を意味してきた。すなわち『ギリシャ文学研究論』においては、「美的懐疑論」からの不断の攻撃に晒されてきたドイツにおける美学と芸術理論の無政府的な現状に「実践的・理論的美学の客観的体系の可能性」への確固とした基盤を与える原理として、[13]『神話論』においては、無限の神的宇宙の理念であるスピノザの実在論との渾然一体的綜合によって創出される新たな神話的原世界の土壌の一方の耕し手となるべき世界創造的自我の原理としてである。[14]この意味においてシュレーゲルは一八〇〇年の『アテネーウム』誌最終巻所載の『難解ということについて』の中で「私の極度に主観的な見解の一つ」と断りながらも、「フランス革命を超越論的観念論の体系に対する卓抜なアレゴリー」と見なす[15]のである。

ところがいまこの手記『哲学の形式について』において、シュレーゲルはこの観念論がその限界に達したと見るのである。確かに「ドイツ観念論」は、人間が自己自身の「自由な思考力と技法」のみによって、そして「ひとたび認識された諸原則を堅持し続けようとする揺るぎない勇気と意志」によって成し遂げることのできる「極限」をわれわれに示すものではある。だがこのような「人間の精神と人間の技法」によってのみ創出され、形成された従来の観念論、このいわば「人間的観念論」は、その完成の極限に達するやいなや、必然的にあの太古の「神的観念論」へと帰還してゆかざるを得ない。ここで言う「神的観念論」とはすなわち、その起源においてあの「原初の諸啓示」と同様に古く、人間によっては創出されず、またその必要もなく、ただただ発見され、あるいは再発見されるにすぎないような、人類最初期の、あの最も無垢な時期においては至る所に顕現していたばかりではなく、その後の最も堕落し、最も荒廃した人間世代にも時として出現して「原初の諸啓示」をその時々の新たな「神的証拠」によって暗示し続けてきたいわば根源的観念論である。[16]

世界および世界内の一切の事物、事象は、その発展の極限に達すると、「永遠の循環の法則」に従ってその発出の原点に帰還するか、「対立者への飛躍的移行の法則」に従ってその対蹠者ないしは敵対者への劇的移行ないしは転化を果たすかの岐路に立たされるとするシュレーゲルの歴史の論理は、この時期に続くケルン時代の一八〇四年から翌一八〇五年にかけて行われる私講義『哲学の展開十二講』、および一八〇五年から翌一八〇六年にかけて行われる同私講義『序説と論理学』において「生成の存在論的法則」として確立され[17]、特にその第一法則である「永遠の循環の法則」は、生成の超歴史的な究極目的としての「神の国」の実現の唯一の可能性を、同じく生成の超歴史的な起源である「原初の啓示」への帰還のうちに求めようとする超越的循環理論の基礎[18]となるのだが、この新たに形成されつつあったシュレーゲルの歴史哲学的見地が、先の「フリーメイソン問答」において「革命とは観念論の創出だ」と言うファルクの言葉の真意を問い糺そうとする短兵急なエルンストの追及によって触発されたかたちで、ここでいわば前段階的な唐突さをもって提示されたと見てよいだろう。「完成された人間的観念論」はその発展の極限に達したいま、必然的に太古の「神的観念論」、すなわち「神的真理の最古の秘儀[19]」へと帰還してゆかざるを得ないのだ——これが私の言う哲学における「革命」の意味であるというのが、エルンストへのファルクの答えである。

このような「秘儀」としての、すなわち「神的真理の最古の秘儀」への帰還としての観念論が要求する「真正にして最良の形式」とはいかなるものでなければならないか。これがこの『手記』の本来の主題であり、求められる形式は一般的な意味での「体系」ないしは「体系的統一性」ではあり得ないというのが、ここでのシュレーゲル＝ファルクの確信である。哲学とは「永遠に求め、かつ、見出し得ない」という無限探究であり、それが目指す「至高のもの」は一切の概念的把握を越えて「名状し難く」、それゆえ哲学はすべて「必然的に神秘的」であり、その対象は「あらゆる秘密の中の秘密」であり、しかもこの秘密はただ「秘密に満ちた仕方」でしか伝達され得ない。このような「秘儀」を根源形式とする哲学の唯一現実的な形式を、シュレーゲルはプラトン的対話の弁証法のうちに見出す。

すなわち哲学とは本来、「不断の結合を繰り返しつつ進展するさまざまな思想の未解決の交替」のうちに、あるいは「永遠に求めること」と「けっして見出し得ないこと」との絶え間のない交替のうちに、常に「何ものか」を獲得しながら、その「何ものか」の底に常に「いまだ知られざる何ものか」を残存させつつ展開されてゆく知的探究の「模倣」である。それゆえ真の哲学的対話にあっては少なくとも二人の人物、すなわち知識欲に燃えて「最高の秘密」を見出そうと逸る人物と、この秘密をすでに所有していて、しかもそれを相手に残りなく伝授すべくあらゆる努力を惜しまず助力の手を差し伸べながら導いてゆき、こうしてやがておのれの知るすべてを語り尽くすかに見える最後の瞬間に到って突如として対話を打ち切り、「茫漠たる無限の展望」の中に相手を置き去りにし、相手の憧憬を新たに燃え立たせずにはおかない人物——まさしくエルンストとファルク——がいなくてはならない。このような哲学的対話のパラドックスのうちにシュレーゲルはプラトンの対話篇における弁証法の本質を見、そしてまたシュレーゲル自身の「哲学の形式」の本質を見るのであって、このような対話的・弁証法的形式と対比するとき、最も完全な統一体を形成している「体系的作品」といえども、その原理は「生きた精神の伝達の無限の多様性に対する緩和剤的定式」として、この生の多様性の中に打ち込まれた強固な、だが暫定的な定点ないしは拠り所となること以外にいかなる機能も目的も持ち得ず、それゆえ本来の哲学的使用にはまったく耐え得るものではない。従って「体系的叙述」をもって哲学の完璧な叙述たらしめようとするいかなる試みも、哲学の本質とは無縁な誤った傾向である。哲学とはいかなる体系的形式によっても捉えられない「天上の光、神の火」であり、それゆえ「一つの美しい秘密」であり、それ自体が「神秘論」、すなわち「神的秘密の学問であり技法」である。この意味で古代人のもろもろの「秘教」はその形式においてすでに「真正の哲学」の開始だったのであり、キリスト教もまたこれらの「秘密結社の秘教」の一つとして出発したのである。しかしキリスト教はその最初期の段階での「公教化」、すなわち「世俗化」によって必然的に幾多の堕落の様相を帯びることとなる。それゆえ哲学がたとえ「公共的」なものとされ、著書として論述される場合においても、その形式と表現は「秘密に満ちたもの」でなければならず、例えば、哲学本来のあの無限接近的探究の反映として、個々の部分においては最高度の明晰さに達しているかに見えるあのプラトンの「弁証法的作品」でさえも、その全体的連関の中に「解き明かし難い何ものか」を常に残存させ、かつまたこの「解き明かし難い何ものか」を象徴的に示唆しつつ、絶えずわれわれをそこへと差し招き、そしてそこへと誘い、導き続けるものでなければならないのである[20]。

このようなプラトン的弁証法の特質を、「その中心の一つが無限性のうちに存するがゆえに、可視的な連続性と法則性とをもって前進しながらも常にただ断片のかたちでしか現れ得ない」ような「超越的曲線」といういわば秘法数学的象徴によってのみ言い表せるような「哲学的生のパラドックス」として描いているのが、文頭に掲げた『レッシング論・完結篇』の末尾の一節である。

「秘儀」のパラドックスは、それが「秘儀」として認知されることなしには「秘儀」として存在し得ないという点にある。「秘密の結社」はその秘密を共有する者たちの秘匿の形態によってその片鱗を、いわば「超越的曲線」の一断片ないしは一接線として窺わせることなしには結社としての存在意義もその実践的価値も共に失う。「解き明かし難く名状し難いもの」は、「解き明かし難く名状し難いもの」という現世の言葉、「可視的な連続性と法則性」のみが支配する現世の有限的な言葉なくしては「解き明かし難く名状し難いもの」の無限性を認識させることはおろか、予感させることさえもできない。「秘儀」の導師は新参者に秘儀参入への無限志向の必然性とこの志向の達成不可能性とを同時に感得させる以外に秘儀参入への道を伝授し得ないということが、一切の秘法伝授の形式のパラドックスである。あの「超越的曲線」もまたその中心の一つを「無限性」のうちに持つためには、もう一つの中心を「有限性」

のうちに持っていなくてはならないということ、その逆ではないということがこの曲線の本質である。すなわちここでの決定的な点は、可視と不可視との不断の交替の流れの中で「ただ断片のかたちでしか」その姿を現さないこの曲線の一刻一刻の姿を、まさにそのようなもの、すなわち「超越的曲線」として見ること、あるいは予見することができるのは、この曲線の中心の一つを自己の「有限性」のうちに持つべく運命づけられている現世の有限的存在者の側であって、「秘儀」の内奥に隠れ棲む無限にして名状し難い「至高の唯一者」ではないということである。シュレーゲルは一七九九年の断章の一つでこう書いている、「人間は有限的なものと無限なるものとの一個のカオスであり、そしてまた一個の体系でもある。これが人間の本性なのであって、彼の理想はこれら二つながらのものの体系であることだ。プラトンでさえも、時には一方のものへ、時にはもう一方のものへと逸れているのである」(PL IV-1091)と。有限的なものと無限なるものとを併せ持つ体系を欲することはプラトンにとってさえ至難の業、というよりは不可能事であり、その必然的帰結は「体系」そのものの断念以外にはない。なぜならここで求められている「カオス」と「体系」との更なる合体としての「体系」、カオスの体系にして同時に体系のカオスであるような「体系」とは、ほかならぬ「有限的なものと無限なるものとの一個のカオスであり、そしてまた一個の体系でもある」ような、その中心を「有限性」と「無限性」とに分かち持つあの「超越的曲線」に象徴される「体系の絶対的不可能性」そのものだからである。「最大の体系ですら断片にすぎない」(FPL V-930)。

二

秘儀としての観念論、あるいは哲学の「秘教化」という神秘主義的傾向がシュレーゲルの思想的発展のどの段階でどのようなかたちを取って現れたかを概観することは困難ではない。彼がフィヒテの『全知識学の基礎』を知ったと思われる一七九五年――この年、兄アウグスト・ヴィルヘルム宛の手紙の中で初めてフィヒテの名が「いま存命中の最も偉大な形而上学的思想家」として登場する（前章203頁およびその註（33）参照）――を境に書き継がれゆく最初期の幾つかの断章で、彼は「精神と自然」ないしは「主観と客観」の「根源的同一性」として言い表される「絶対者」の探究に専念する一群の思想家たちを「神秘主義者」と総称し――「主観と客観の同一性が神秘主義者の自然な思想である」（PL I-42）――「神秘主義は徹頭徹尾、絶対的統一性を志向する」（PL I-40）――、これら「絶対者の根源学における熟達者」（PL I-39）たちを「近代哲学の本来の父祖」（PL III-8）と呼ぶ。そしてスピノザを近代哲学の淵源として位置づけ――「近代文学はダンテをもって始まり、近代哲学はスピノザをもって始まる」（FPL V-1036）――、フィヒテをスピノザ以後の近代神秘主義思想家の典型と見なし――「『知識学』のテーゼとアンティテーゼは、実際、ほとんどそのまま神秘主義者たちのもとに見出される」（PL I-51）――、そしてこれらの思想家たちをわれわれが仰ぐべき哲学の師表とまで称揚する。「いまわれわれが哲学するすべを学び取らねばならないのは、まさに神秘主義者たちからである。」（PL I-11）

しかしその一方でシュレーゲルは、「ある無制約的なものを恣意的に定立することが許されるなら、すべてを説明し尽くすことくらい簡単な話はない」（PL I-2）として、いかなる哲学的難題にも動じないこれら「絶対者の根源学における熟達者」たちの「救い難い」揺らぎのなさへの、そしてまた彼らの時空を越えた異様なまでの結束の固さへの違和感を隠そうとしない。「神秘主義はもともと技術的、歴史的なものに対していかなる関心も持っていない。しかしこうした領域の問題を何でもよいから持ち出して、彼らを当惑させ、面食らわせて転向させせようとしてみるがよい。彼らは微笑し、そうした一切を自分の護符によってやすやすと説明し、解決し――あるいは否定し去るだろう。

彼らはもともと自分の領域での教皇であり、天国と地獄を自分の鍵で開け閉めする不謬の権力を持っている。フィヒテにおける自己矛盾は、彼が自分の哲学の普及に関心を持っていることである。」(PL I-2) ――「神秘主義者たちはあらゆる地域、あらゆる時代において他のどんな党派にもましてあからさまに相互一体的である。彼らは不可解なまでに愛し合い、理解し合い、察知し合う。」(PL I-25)

しかしまたシュレーゲルがこの時期、神秘主義のうちに一切の哲学を発出させる源泉と一切の哲学を終焉させる深淵とを同時に見なければならないという、この思想類型に対する一種のアンビヴァレントな動揺の中を漂っていたことは、彼の幾つかの初期断章の証言によって明らかである。「哲学的能力――絶対的知――という点で、折衷主義と懐疑主義とは神秘主義へと向かう。すなわち一切がその中へと沈んでゆく深淵がそれである。」(PL I-4) ――「首尾一貫した懐疑主義はまだ存在していない。そのような懐疑主義を提示するのはやり甲斐のあることだろう。懐疑主義＝永遠の反逆、折衷主義＝カオス、神秘主義＝一切の非哲学の哲学的深淵。」(PL I-94) ――「神秘主義はすべての無批判的な、だが有益で一貫性のある哲学の避け難い深淵である。」(PL I-69) ――「フィヒテの体系が真正の神秘主義であるなら、それは自己自身を無効にせざるを得ない。――彼は限界、分類などいささかも知らない。すべては絶え間なく、果てしなく、永遠の循環のうちを流れ続ける。」(PL I-70) ――「『知識学』は、純粋自我の自然史でも自由史でもなく――形成理論でもない。それは一人の漂白し放浪する神秘主義者の思いつきであり、物語である。」(PL II-175) ――「私はまだフィヒテを信じている者を一人も見出していない。彼に感嘆する者は多い。彼を知る者は若干いるし、彼を理解している者も一人、二人は見受けられる。だがフィヒテは実のところ、片側から馬に乗っては、それを乗り越えて向こう側へ落ちるという行為を飽きもせずに繰り返している酔っぱらいに似ている。」(PL II-138)

これらの初期断章の中で神秘主義への親近感と共存しているこうした拭い難い違和感ないしは不信感は、一七九八年の『アテネーウム』誌創刊の時期が近づくにつれて薄らいでゆき、特にフィヒテについては、『知識学』を「時代の憲法、哲学の象徴的書物」（PL IV-515）、「われわれの国民の富、われわれの趣味」、「法律にとってのジャコバン主義、医学にとってのブラウン」、「精神的な意味における真の法学、医学、神学」（PL IV-639）と呼び、彼一流の論法なりに支持と賛同の度合いは深まってゆき、それと共に彼自身の論調も一種の秘法伝授的色彩を帯び始める。

実際、シュレーゲルが一八〇〇年刊行の『アテネーウム』誌第三巻第一輯所載の断章集『イデーエン』の冒頭の一節で、明らかにノヴァーリスの『ザイスの弟子たち』を念頭に去来させながら、「哲学の実践的部門を越えているような道徳の要請と徴候はいよいよ声高に、そして明白になりつつある。宗教についてさえすでに語られるようになっている。いまこそイシスのヴェールを引き裂き、秘密を開示する時である。この女神の眼差しに耐えられない者は、逃げ去るか滅びるがよい」と書くとき、シュレーゲルはその語調においてすでに充分に秘法伝授的である。そして「ノヴァーリスへ」と題された最終節で、「君は境界線上を彷徨ったりはしない。君の精神の中で詩と哲学とは渾然として一体である。君の精神は捉え難い真理を語るそうした比喩において私の最も身近かに立っていた。君の考えたことは私も考え、私の考えたことは君も考えるだろう、あるいはもうすでに考えているのだ。最高の合意を確かめるためだけの誤解というものがある。永遠の東方の教説はいずれも芸術家たちすべてのものだ。しかし他のすべての芸術家を差し置いても、私は君の名を挙げよう」と書き、そしてノヴァーリスがこの献辞に対して、「欄外書き込み」のかたちではあったが、「ユーリウス〔『ルツィンデ』の主人公〕へ」として、「われわれの時代の使徒となるべく遣わされ、生まれついた者があるとすれば、君こそそれだ。君は到る所に顕現している新しい宗教のパウロとなり、――新しい世代の――宗教的なものの長子たちの一人となるだろう。この宗教と共に新しい世界歴史が始まる。君は時代の秘密を理解しているのだ」と応答し、シュレーゲルを「聖なる革命の不可視の一員」と呼び、「同じ一つの希望と同じ一つの憧憬とがわれわれの生、われわれの死だからこそ、われわれは一体なのだと私は信じている」と結ぶ[21]とき、両人はすでに充分に「不可解なまでに愛し合い、理解し合い、察知し合う」神秘主義者たちの濃密な関係にある。

シュレーゲルにおける哲学の「秘教化」の傾向は、これ以後、スピノザの実在論とフィヒテの観念論の綜合としての新たな神話的原世界の開拓（『神話についての講話』）、スピノザの「思弁の体系」とフィヒテの「反省の体系」の綜合としての「予見の体系」の展開（『超越論的哲学』）、スピノザの根源存在とフィヒテの無限運動とを批評理論の相関的な両カテゴリーとする新たな象徴技法の構想（『レッシング論・完結篇』）と、この両「神秘主義者」の相互浸透を機軸としていよいよ「秘法伝授的」様相を深めながら濃密なものとなってゆく[22]。しかし「公教的」な体系哲学を「相対的真理」を盛る「暫定的」な器でしかない「消極的観念論」と断定し、「秘教的哲学」のみを「積極的観念論」の名のもとに哲学の根源形式たらしめようとする決定的な一歩[23]が新たな原理を得て踏み出されるのは、一八〇三年に始まるパリ私講義『ヨーロッパ文学の歴史』の『ギリシャ哲学』の章においてである。その原理が「啓示」の概念である。

ここでもまた「頽廃の極みとしての現在」がシュレーゲルの身を置く常に変わらぬ「現在」であり、彼の思考と実践、彼の執筆の現場である。そこはシュレーゲルにとって永劫の「劣悪な堕落世界」であって、この「悲惨な現在」から「高次の崇高な境域」へとわれわれを引き上げてくれるのが、「過去の偉大な詩人や哲学者たちとの精神的交流」以外にはない[24]。だがそのような過去の偉大な詩人や思想家たち自身が生きていた時代もまた同様にその時々の「最悪の現在」だったはずである。しかしこの時期のシュレーゲルの現在最悪観をこれ以前の時期のそれと分かつ決定的な徴表は、このパリ私講義において初めて明確な原理として打ち出される「啓示」の概念によって、その時々の「現在」が「神的存在者」からの時間的・非時間的永劫の疎隔の果てへ、いわば「流出論的下落」の最末端へと位置づけられるという宗教的・形而上学的根拠を獲得したことである。しかしこの啓示の概念は同時にまたシュレーゲルにとって、この堕落の極みからの起死回生の浮上、すなわち自己の本源である「神的存在者」への帰還、それとの再合一をもって人間の究極的使命であるとする見地を構成する原理ともなるのである。シュレーゲルはこの同私講義の『序論』の中でこの原理と哲学および芸術との関係について次のように述べている。「至高にして無制約的なもの」を志向するすべての学問と芸術の本来の対象はただ一つ、「無限なるもの」、すなわち「絶対的かつ純粋に善にして美なるもの」としての「神性、世界、自然、人間性」である。すべての学問・芸術はこの唯一無限の「傾向」を内在させている。そしてこのような「人間の最高の使命」の達成を積極的に促進するものがあるとすれば、それは「宗教」を措いて他にない。宗教は「一切の学問と芸術」が流れ出てくる源泉である。この高次の使命への信仰は普遍的である。しかしこの使命が永遠に達成されることはないという感情もまた普遍的である。人間の高次の神的起源への信仰は普遍的である。しかし人間がこの起源から甚だしく隔てられてしまっているという感情もまた、同様に普遍的である。このことからこの「高次の起源」へ帰還し、「神的原理」と再合一しようという、より善き人間の誰にも内在している純正な志向が生まれる。真の宗教は「堕落した人間の神性との再合一」以外にいかなる目的も持たない。その基盤となる「神的起源」への信仰は抑圧され、押し沈められてはいるが、完全に消滅してはいない。このことが「神の知識を再獲得しようとする志向」としての哲学の欲求へと導く。「無限なるもの」の認識は、この認識の対象と同様、無限にして究め難く、それゆえ常に間接的なものでしかあり得ないから、全体としては認識され得ないものをせめて部分的になりとも認識するためには、「象徴的な描出」が必要となる。概念のうちに総括され得ないものは「形象」によって描出されることを望む。かくして「認識」の欲求は「描出」へと向かい、哲学は詩文学へと向かうのである。[25]

このような思想の展開に、エルンスト・ベーラーはフリードリヒ・シュレーゲルの決定的な軌道転換の徴候を見、この転換の基軸となった「啓示」――ベーラーはそこにより根源的な意味を託してこれを「原啓示」と呼ぶ[26]――の理念にシュレーゲルの「カトリックへの回心」の起点を確認するのだが、この起点を彼の「初期自然汎神論的」世界観から後期の「キリスト教的有神論的唯心論」へと向かう歓迎すべき発端――ベーラーはこの「回心」への転換を「聖アウグスティヌス」のそれに対比させる――として捉える、文字通り『フリードリヒ・シュレーゲルの転換点』と題された一九五六年の論考[27]は、同じベーラーを編集主任とする『フリードリヒ・シュレーゲル原典批判全集』の編集方針の基調を明快に語っている。とりわけ一九五八年に同全集の先頭を切って刊行された前記のパリ私講義『ヨーロッパ文学の歴史』を含む初期遺稿集（第十一巻）に対する、他巻には見られない註解の量と詳細さ、特に後期思想との関連に配慮した綿密さは、担当者ベーラーのこの巻に込めた並々ならぬ熱意を証明している。しかしここで強調されねばならないのは、ベーラーが強調していない点、というよりはベーラーが言及を避けている点、すなわち古代インドの神話的世界との遭遇がシュレーゲルに与えた衝撃とその影響の持続である。

ところで前記論考においてベーラーが指摘する転換、すなわち「詩的悟性」による「無意識的創出」としての神話概念によって特徴づけられる初期の自然汎神論的理念からパリ・ケルン期の主導理念となる「原啓示」理念への転換は、パリ私講義『ヨーロッパ文学の歴史』の『ギリシャ哲学』の中の次のような文脈において特徴的に現れる。「全ギリシャ哲学は人類の失われた最古の諸啓示、この一切の知、詩作、思考の源泉を再興しようとする試みである。人間のうちに宿る一切のものは一つの源泉に由来する。もしより高次の存在者が人間をわが身に引き受け、彼に神的な光の一部を分かち与えることがなかったならば、人間は人間でなかっただろう。このような啓示のうちにのみ人間のすべての精神的な能力と活力の源泉は求められるのである。[28]」――ではなぜこの「原啓示」再興のために「全ギリシャ哲学」は動員されねばならなかったのか。原啓示の本来の担い手であるべき神話と宗教とがギリシャにおいてはもはやその使命を果たし得ない状況に陥っていたからだというのが、ここでのシュレーゲルの回答である。彼は続ける。「人類のこのような根源的な啓示を告知すべきものだったギリシャ人の神話や宗教がその後完全に失われ、まったく浅薄で官能的なものへと堕落し果てたとき、哲学が登場してこれら頽廃した神話、詩文学、宗教に対して異議を発した。そしてこれらのものにより高次の解釈を与え、一切の人間的思考の失われた中心点を――古代人の表現を借りるなら――一切の現存在の源泉を見出そうとしたのである[29]」と。ギリシャ哲学の成立史に関するこのような見解へとシュレーゲルを導く契機となったのが、ほかでもない、パリにおけるサンスクリット文献とインド神話とのまさに衝撃的な出会いだったのである。

シュレーゲルによれば、「最古の人類」には「無限の精神の本質」としての「神性」が一切を創造し支配する「父にして王」として根源的に啓示されていたはずであり、そしてこの無限の神性が、「父」としては「子供たち」を従え、「王」としては「従者たち」や「擬人化された自然の諸力」を従えつつ多彩な神話的世界を現出させていたはずである。このような「父にして王」という単純かつ象徴的な表象があらゆる神話の根幹であり、この「最古の神性概念の痕跡」が、たとえ異質な混合物によって歪曲されていたにせよ、見出されないような神話はあり得ず、それゆえ神話の源泉は、すべてを歴史的事象に還元する「歴史的神話観」、すべてを想像力の創作に還元する「心理学的神話観」によって汲み尽くせるものではない。「神性」、すなわち「無限の存在者」との関わりを抜きにしてはいかなる神話も成立し得ない。従って神話における「多神性」は、「真の宗教」の基盤を成す「一神性」と本質的に矛盾するものではない。その「顕著な歴史的証明」がインド神話であって、確かにそこにはギリシャ神話も及ばないほどの夥しい「寓話的要素」、「奇想天外な物語」と共に無数の「従属神たち」が見出されるが、にもかかわらずこうした従属的な神々の多彩な群れを貫いて「無限の精神」としての「至高の存在者」、「唯一なる神」、「神の唯一性」の概念が揺るぎなく支配し、そこに登場する一切のものをこの「唯一無限の実体」としての「一なる神」の多種多様な変容、さまざまな「象徴的衣装」にすぎない存在たらしめる。しかもこの「神の唯一性」はインド神話特有の「三神一体」の象徴のもとに表明されており、そこには「神の唯一性」という「真の宗教の至高の理念」ばかりでなく、「受肉」の理念さえも見出されるのであって、この意味で、というのは「象徴的に描かれたさまざまな自然諸力」が「唯一無限なるものに従属する存在者」と見られる限りにおいて、インド神話は「一神論」と「多神論」との融合・合体の特筆すべき実例である。翻ってこのようなインド神話と対比するとき、「ホメロス期のギリシャ神話」は「一神論を欠いた多神論」、「宇宙と自然の一切の象徴法」を欠いた単なる「擬人論」でしかないというのが、「神話」についてのここでのシュレーゲルの新たな見地である。

シュレーゲルによれば、「ホメロス期のギリシャ神話」に登場する神々は「無限なるもの」とはまったく無縁な「ただの人間」にすぎない。このような「ホメロス的人間」は非宗教的であり、しかもこの「非宗教性」は宗教に敵対するもの、あるいは「宗教への無能力」を立証するものであるよりはむしろ、宗教の完全な欠如、いわば「子供の無知」にも等しいものと言えるだろう。[30] かつて『ギリシャ文学研究論』において「ギリシャ人の一切の文化、一切の教説と学問の源泉」とされ、ギリシャ人のもとでは「詩文学は本来の意味で神々の贈物であり啓示であり、詩人はその聖なる祭司であり代弁者である」という賛辞と共に古代ギリシャにおける一切の詩文学の唯一の源泉とされた神話、[31] かつてシュレーゲルにとってそれのみが「ギリシャ神話」だったところのものが、いまや神話の真の本質を欠いた「ホメロス期の神話」として相対化され、局所化される。のみならずこれまでこの輝かしい神々の世界の背後に追いやられ、もっぱら「異界」としてのみ言及されていたにすぎない「オルペウス期」という「最も究め難く暗い謎に覆い隠された時代」の神々に由来する「秘教」としての神話が、いまや「最古の啓示」の担い手として登場する。しかしこのギリシャ神話の第二期、すなわちそこに「無限なるもの」との関係が歴然と見て取れるがゆえにシュレーゲルにとっては「ホメロスの神々よりも崇高で意味深い」神々である「バックス、イシス、キュベレー」等の流入と共に始まる、いわゆる「異国の神々」の時期に成立し、その限りにおいては「無限の神的概念」を内包していたはずの「秘教」としての神話もまた、この時期すでにギリシャ世界に蔓延していた「唯物論的傾向」の中で「単なる自然力」の領域に留まり続けるという誤りを犯し、「無限の神的存在者」をもっぱら「無限の自然とその生命力」としてのみ捉え、「精神」ないしは「無限の自我」として捉えることを怠ったがために、必然的に「絶対的な官能崇拝」へと逸脱してゆき、その結果、「常軌を逸した乱脈、放恣な官能性」が「最も神聖にして神意に叶った言葉」と見なされ、ここに当時の祭祀を支配していた「甚だしく無拘束的な自由と歓喜」が自然の無限の生命の無上の発露として崇敬されるという傾向を醸成するに到った。後期ギリシャ人とローマ人のもとで猖獗をきわめた「背徳性」はこのような傾向に由来する。確かに第一期の「ホメロスの神話」における「非宗教性」ないしは「無宗教性」、すなわち宗教の完全な欠落状態が、第二期の「新しい神話」の成立を促す契機を孕むものではあったが、しかしこの時期すでにすべての神話の源泉である「無限の神的精神」の概念は失われてしまったも同然だったがために、「最古の啓示」の担い手にして伝承者として「無限の神的概念」を内包する「秘教」であるべきこの第二の神話もまた、「自然の無限の充溢、力、生命」という迷妄へと落ち込んでゆくほかなかったのである。[32]

かつてギリシャ神話は本来けっして「充足的で調和的な全体」を構成するものではなく、常に「美しい、神話的な諸断片、諸要素のカオス」であり続けたにすぎず、それゆえ「新しい神話」として登場したはずの「密儀」もまた、このギリシャ的特質と制約を脱することができず、確かに「無限なるもの」への関係という、「ホメロスの詩」におけるよりも「高次の見地」への萌芽を内包していたこの「新しい神話」もまた、結局は後期ギリシャ世界に蔓延していた「一面的な唯物論的傾向」と「無拘束な官能謳歌」、「至高の無限な精神」に対する拒絶ないしはそれへの無知と結びついた「繁殖する自然力」の全面的な受容と崇拝によって堕落し、「インド神話」にその典型を見ることのできる「最も官能的なもの」と「最も精神的なもの」との合一を達成することなく衰弱しつつあった。こうした時期のギリシャ人のもとで神話が完全に官能的なものとなり、神性の理念がほとんど抹殺されてしまったとき、この瀕死の「神性概念」を再興すべく立ち上がったのが、単なる抽象的な哲学的概念、例えばイオニアの哲学者たちの自然学的理論では満足できなかった当時の哲学者たち、とりわけ「人間と神的存在者との再合一」をその教義の中心に据えることによって宗教的諸理念に改革をもたらし、その目的のために「無限の精神の象徴的祭祀」を導入しようとしたピュタゴラスとその教徒だったというのが、ギリシャ古代史におけるこの転換期――「神話から哲学へ」の転換期に対するシュレーゲルの基本的見地である。因みにシュレーゲルは、宗教的理念の改革を目指し、「すべての神話を軽蔑し、民衆信仰と一線を画していた」これら後期ギリシャの秘教的哲学者たちの一団――「彼らはホメロスやヘシオドスのような叙事詩人たちによって描かれている神話世界さえも、神々の表現が風紀に悖り不適切であるとして非難したのである」――と一般民衆との関係を「プロテスタントとカトリックとの関係」に擬している。(33)

人類の失われた最古の啓示としての「原啓示」の理念をキリスト教の根本概念の非キリスト教世界への遡及的拡張と見なす限りにおいて、この「原啓示」理念に基くシュレーゲルのインド=ギリシャ神話解釈は汎キリスト教主義であり、ベーラーと共にそこにシュレーゲルのカトリック的有神論への決定的な回心の転機を認めることはできるだろう。事実、シュレーゲルはインド神話の「三神一体」を「三位一体」の象徴と捉えているばかりでなく、ホメロスやヘシオドスの描く「神話」を背徳的であるとして非難したピュタゴラス教団の理念のうちに「戦うキリスト教教会」、すなわち「神の国に存在する完成された勝利の教会を再興する」ために「至高の精神」に向かって邁進する「諸精神の結束した連合体」として組織されたキリスト教教会の理念との著しい類似を見、また、いかなる教団も組織せず、種々雑多な弟子たちの「卓越した教師」として孤高の生涯を貫いたソクラテスをイエス・キリストになぞらえ、また、プラトン哲学と新プラトン主義哲学における「現存在と真理の第一源泉を自己の精神力のうちに見出そうとする、あるいは再発見しようとする」志向にキリスト教との濃密な類縁性を認め[34]、さらに一八〇六年の断章の一つでは、プラトン哲学を「カトリック教義の完璧な体系」(PL XI-216) とまで呼ぶのである。しかしギリシャ哲学のこのような捉え方がシュレーゲルのカトリック信仰の深まりと共に一義的に醸成されていったのか、あるいはむしろこのような捉え方を促進するある別種の衝撃が彼のカトリックへの傾斜を一挙に深め、この傾斜の深まりが逆にこの衝撃の根源を探らせ、その結果としてこの根源をもカトリック的理念のもとに包摂する「原啓示」の理念へと辿り着かせたのではないのか。インド神話のうちに「三位一体」や「受肉」の理念を発見させ、ギリシャ神話を非宗教的擬人論の自然主義として忌避させるように強いたのは、この時期、彼のうちに強まりつつあったカトリック信仰だったのか、あるいはむしろ太古の非キリスト教的世界にキリスト教的諸理念を、あるいはそれとの一致ないしは類似を思いがけず発見したことの驚愕が彼にカトリックの「啓示」の概念の奥行きの深さを一層強く確信させ、これがギリシャ神話の「非宗教性」をいよいよ際立たせると共に、この古代非キリスト教的神話世界の隠された秘教的部分に「原啓示」の光を照射させる結果となったのではないのか。これは同じことの不可分の両面であると言えるかもしれない。しかし同じことではない。この点についてはシュレーゲル自身も確答できなかったはずである。彼は一七九八年の断章の一つで、「キリスト教は本来すべての宗教のヘン・カイ・パンである」(PL IV-1532) と書きながら、同時期の別の断章では、「永遠の生命、もろもろの事物の本質（カオス、エロス、エリス――神々）、そして神々の意志（予見的な諸書）は、キリスト教と異教との共通項であり、それぞれが互いに相異なる道において探し求めてきたものである」（PL V-117）と書き、キリスト教と異教との更なる共通の根源を示唆する視点を予告しているからである。いずれにせよパリでのサンスクリット原典との対面によって与えられた古代インド世界との遭遇の驚愕と感動がいかに圧倒的なものだったかは、シュレーゲルがまさに彼のカトリックへの改宗の年、すなわち一八〇八年に刊行した『インド人の言語と叡知について』の、例えば次の箇所が証明している。

「すべてがいかに甚だしく恣意的な虚構と粗野な誤謬の重荷に喘いでいるとはいえ、また、時には身の毛もよだつような恐ろしい数々の迷信が、すべてのものを穢し、毒しながら、いかに甚だしく彼らの考え方や生き方の体系全体に常に暗黙のうちにつきまとっているとはいえ、古代インド人たちが真の神の認識を持っていなかったと断言することは不当である。なぜなら彼らの古いもろもろの書物は、人間の言葉がいやしくも神について語り得る限りの品位と明晰と崇高とを兼ね備え、深遠で、しかも慎重に切り分けられ、意味づけされた言葉と表現とに満ち溢れているからである。かくも気高い叡知が、充満する誤謬の群れと連れ立っているのは、一体どうしたことだろう。」――「しかし迷信の最古の体系のうちに神についての最も純粋な概念を見出すことにもましてわれわれの驚きを掻き立てるのは、この概念と結びついた魂の不滅への信仰であって、この信仰は単に蓋然的なものでもなければ、長い熟慮によって少しづつ見つけ出されたものでも、不確かな冥界についての淡い虚構でもなく、揺るぎなく明快な確信だったのであり、だからこそあの世の思想がこの世における一切の行為を支配する規定根拠ともなったのである。それは社会体制全体の、すべての法律と制度の、そしてごく些細な慣習に到るまでの目標であり魂だったのである。」[35]

ここで言う「迷信の最古の体系」とは、シュレーゲルによれば、「アジアを起源とするすべての哲学ないしは宗教の中で『モーセの古資料』を除く最古の、明らかにインドに由来する教説、すなわち『マヌの法典』第一書にその本質的な記述を持つ「流出と輪廻の体系」であって、それは「魂の不滅の確信が真の神の認識と直接結びついている」ことを告げると共に、「神の痕跡を自然や意識のうちに再び見出すためには、われわれはすでに神の認識を所有していなければならない」という「根源事実」を告げる太古の証言である。そしてこの「根源事実」がシュレーゲルを「原啓示誤解論」の仮説へと導く。「神性の概念は自我性ないしは理性の法則をもってしては解き明かし得ない」こと、すなわち「魂の不滅の確信」とこれに基づく「輪廻」の思想を「理性の自然的展開」として見る限り、「輪廻」と不可分に結びついたインドの「流出の体系」はまったく説明不可能であることから、この体系の本質を解明しようとすれば、それを「誤解された啓示」として捉えるほかはないとする見地、これが「原啓示誤解論」である。万物の創造主たる神は、人間に「自己の本質の無限の深みを見入る眼」を与え、これによって人間を「死すべき存在者の鎖」から永遠に解き放ち、救い上げて「不可視の世界」への参入の道を用意するために、しかしそれと共に人間に「永遠の幸福か永遠の不幸か」という「高次の、だが危険な贈り物」を与えるために現世に顕現した。これが啓示の根源態、すなわち「原啓示」である。しかしこの神の顕現は、ほかならぬこの現世の地上的諸制約に縛られた人間の有限的理性の把握の限界を遙かに越えたものだったがゆえに必然的に「誤解」された。神の直接的、無媒介的な、それゆえ人知を無限に越えた「不可視の顕現」である「原啓示」に対するこの「太古の根源的な誤解」、この人間理性による「神性」概念の「最古の誤解」の結果が、「神の真理」に代わって現れた最初の人間理性の体系、神の眼には「最古の最普遍的な迷信の根」と映ったに違いない「流出と輪廻の教説」である。この教説が、「荒っぽい虚構、粗野な誤謬」でありながら、随所に「神的真理の痕跡」をとどめ、「神からの最初の脱落」の結果としてもたらされた「恐怖と悲嘆の表現」であると同時に、「神的起源への帰還」を説く教えとして、人間を「神性との再合一」へと絶えず駆り立てるという両面を不可分の要素として具えているのは、この教説の本質規定に基づいているのである。

ところでこの「流出と輪廻の体系」は、これを「本源への帰還の教説」として眺めるとき、「最も卓越した、最も美しい姿」を見せる。なぜなら人間が神的起源を有するものであることを、この体系は機会あるごとに人間に教え込み、絶えず人間におのれの存在の本源への帰還を促し、また「神性との再合一」こそが人間の実践的行為と努力の究極目的であることを絶えず教え諭すものだからである。このような本源からの脱落とそれへの帰還との「永遠の循環」、このような「最高の根源力の不断の収縮と拡張との不断の交替、宇宙霊の脈動」を説く「輪廻の教説」と、これと不可分に結びついた「流出の体系」との根底を規定しているのが「魂の前存在」の思想であって、「前世において見たであろう神的完全性の朧げな記憶」に由来するこの「魂の前存在」の思想、かのカーリダーサが民衆劇『シャクンタラー』において民間に広く流布していた観念として「時には明示的、時には暗示的」に語っている思想を、シュレーゲルは後代のピュタゴラスの、次いでプラトンの教説の中に、その他のすべての東方由来の副次的諸概念と共に見出すことができるとし、このような「いまは失われた神的真理の根源的な光の再興」をその根本命題とするすべての教説を一括して、「徹頭徹尾観念論的」なものと性格づけるのである。[36]

シュレーゲルは「原啓示」というキリスト教的理念を携えて古代インドの神話世界へと分け入ったのではない。発見が同時に確認であるような驚愕と感動と共にそれは訪れたのだ。――「東洋の財宝が古代ギリシャのそれと同じように入手できるようになりさえしたら、「どんなにか新しい詩文学の源水がインドからわれわれのもとへと流れ込んでくることだろう。[37]」――「実際、人間精神のすべての言語、すべての思想と詩文学の源泉がここにあるのだ。一切が、一切のものが例外なくインドに由来している。[38]」――そしてここにあの「三神一体」ばかりでなく、インド神話を彩る非キリスト教的形象の一切を「誤解された原啓示」として、「至高なるもの」の原像の無限の「似姿」、人間的能力によって把握され得る限りでの数限りない「似姿」として捉える視点、とはいえ「誤解された原啓示」という言葉が示す通り、逃れようもなく「キリスト教的」な視界を越え出るものではない視点と、ほかならぬこの視点によって打ち開かれた広大無辺の、キリスト教的視界を含みつつもそれを遙かに越えて伸び広がる視野を獲得した視点とが、まさに天啓の閃きのように一挙に訪れたと見なければならない。

このような「原啓示誤解論」はしかし、『インド人の言語と叡知について』の執筆を待つまでもなく、パリ私講義に続く一八〇四年に始まるケルン私講義『哲学の展開十二講』の第六講、第七講、すなわち『人間の理論』と『神性の理論』においてすでに明確な思想体として形成されている。「すべての神話と伝承は啓示と共に始まる」という根本命題が、「歴史は二重の啓示によって始まる」というもう一つの根本命題と不可分に結びついたものとして提示されているのがそれである。「神性」は最古の人類に「その栄光の一瞬」において自己を示現し、その無限の姿を「無限の自然」として顕現させたのだったが、「大地に縛られた精神」でしかない人間理性はこの「原初の啓示」を、その全容を、その真の意味において把握することができず、それを例えば「未知の世界」から来た「異邦人」のごときものとして捉え、「神性の壮麗な顕現」を例えばあの広大無辺な「星しげき天空」のごときものとして理解しようとした。こうしてこの「誤解」の必然的帰結として地上の人類がやがて突き当たることになる「根源事実」――「神性の完全性と地上的世界の不完全性との越え難い断絶」という解明不可能な「根源事実」から「流出説」、すなわち「神からの脱落」という窮余の解釈が創り出されてきたのであり、このような「原初の啓示の誤解」の痕跡は最古の伝承や神話の至る所に見出される。この「流出の教説」はしかし、その地上的な諸制約のゆえに「第一の啓示」（「原啓示」）を誤解せざるを得なかった人間理性に対して、同じこの諸制約のゆえにみずから犯した誤解、というよりはみずから創り出した誤解、という意味で人間理性の宿命の所産であるところの誤解そのものから自力で脱出するすべがないことを容赦なく突きつける教説でもある。そこでここに「第二の啓示」が必要となり、ここに「神の子」は現れて「第一の啓示」をあらゆる「誤解」から清め、しかもこの「再興された啓示」を「教会」の管理に委ねて純粋に保持させ、「世界発展の極致についての預言」、「未来の神の国の告知」、「天上の栄光の溌剌とした希望」によって人類をしてその使命の最高目標へと向かわしめることになるというのが、シュレーゲルの「原啓示誤解論」についてのカトリック・キリスト教的註釈である。[39]『哲学の展開十二講』の第七講『神性の理論』は、まさに「原啓示誤解論」をもって開始されるのである。

「原啓示誤解論」はそれゆえ異教的神話や教説のすべてを「原啓示」の曲解、あるいは歪曲であるとして否定するための汎キリスト教的異教排撃の理論を構成するものではない。シュレーゲルにとって「啓示の誤解」は人間理性の人間的限界の必然的結果であって、それゆえ人間理性によって捉えられ得る限りでの啓示はすべて人間理性によって「誤解された」啓示である。というより人間にとって「誤解された啓示」以外にいかなる啓示も存在し得ない、いや、人間が「啓示」と呼ぶことのできるものは、すでに、そしてもはや、「啓示」ではない。「啓示」という言葉さえも、人間理性にとって把握不可能な「神性」に対して人間理性によって与えられた仮の名にすぎない。「啓示」と呼ばれているものは、「原啓示」において顕現したであろう「神性」の「仮の似姿」、「仮の写し絵」、すなわち「アレゴリー」以外の何ものでもないという意味において、あの「原初の啓示の誤解」は根源的な、不可避の、絶対的な「誤解」であって、このことは単に太古のもろもろの神話ばかりでなく、これらの神話に淵源する古代以来の幾多の哲学的諸学説もまたその痕跡を歴然と残しているというのが、この時期のシュレーゲルの歴史哲学――「唯一無限の実体の無限の自己客体化」としての世界生成過程の読解としての歴史哲学――をその根底において規定している根本思想である。実際、ケルン私講義『哲学の展開十二講』の第一講『哲学の歴史的特性描写』は、この同じ「原啓示誤解論」に基づく哲学的理性の批判をその骨子としている。すなわちシュレーゲルにとって哲学史――異教的・非ヨーロッパ的古代からキリスト教的ヨーロッパ近代に到るまでの哲学史――とは「原啓示の誤解」に淵源する人間理性の世界解釈の必然的誤謬と暗中模索の堆積にほかならず、それゆえ太古以来の哲学諸体系の歴史的記述と方法は、これらの誤謬と模索の批判的検討に基づくものでなければならない。人間の人間による人間のための精神的所産のすべては「原啓示誤解論」の文脈に組み込まれて初めて真に批判的検証の対象となり得るというのが、フリードリヒ・シュレーゲルが「原啓示誤解」というキリスト教的概念に与えた超キリスト教的な解釈学的視点である。

それゆえ「人間精神のすべての言語、すべての思想と詩文学の源泉」をインドに見出すとまで書いたシュレーゲルが、「カトリックへの回心によってガンジス河の国土に人類最古の叡知を再発見するという理念から離脱し」、やがて「インドの哲学的諸教説の中に、聖書にのみ見出すことのできる永遠の神的真理の歪曲を見て取るようになった」とするインド学者ヘルムート・フォン・グラーゼナップの『ドイツの思想家たちのインド観』における総括[40]は、同じく「啓示の誤解」を文字通り「啓示の曲解」と取り、「当初はインドの文化のうちに根源宗教の痕跡を見出すと信じていたシュレーゲルも、やがて期待された一神教が見出される」どころか、この一神教なるものが「汎神論や二元論や占星術的迷信、輪廻説や流出体系へと堕落・変質してゆくさま」を目の当たりにするに及んで、最後にはユダヤ＝キリスト教的伝承をインド的叡知の上位に置くに到った」とするエルンスト・ベーラーの『ドイツ・ロマン主義のインド観』における総括[41]と共に、「原啓示誤解論」を「アレゴリーの原理論」と解することを許容できないこれら研究者たち――自分たちの拠って立つ宗教的信条のためにはシュレーゲル自身の言葉さえも敢えて読み違えることを辞さない研究者たち――のキリスト教的視野の揺るぎない堅塁を痛感させる。彼らの視線は、『インド人の言語と叡知について』にサンスクリット研究の機運醸成の功績を認め、そこに付録として加えられている『マヌの法典』や『ラーマーヤナ』等の翻訳断片を絶賛しながらも、このインド論の背後に「カトリックの秘蹟ばかりか、カトリック的位階制度全体や僧権と世俗権力との闘争さえもインドの叙事詩のうちに見出そう」とする底意が読み取れるとしたハイネの批判[42]とは逆方向の、だが結局は同じユダヤ＝キリスト教的価値基準の延長線上を這っている。また、シュレーゲルの『原典批判全集』のインド関係担当者であるウルズラ・シュトゥルク＝オッペンベルクの視線も、キリスト教的ヨーロッパのインド学者であることの視界を越え出るものではなく、遺稿として残されたシュレーゲルの「東洋学研究ノート」(『オリエンターリア』、ベーラー版新全集第十五巻第一分冊)での解説においても、『インド人の言語と叡智について』への解説においても、シュレーゲルにとっての精神的支柱は当初から「モーゼの啓示」以外にはなく、結局は彼も「この神性の最古の啓示は誤解され、堕落し、頽廃したと固く信じるに到ったのである」と断定し、ベーラーの主張を支持し、かつ補強している[43]。

こうして奇しくもカトリックへの改宗の年、一八〇八年に刊行された『インド人の言語と叡知について』の第三部『歴史的理念』第四章『東洋およびインド研究一般、その価値と目的について』を締め括る記念すべき一文は、インドと東方へのいまだ覚めやらぬシュレーゲルの夢物語の夢見心地の言葉として、これらの研究者たちから完全に無視されることになる。彼はこう書いている。「諸民族の歴史の中でアジア人とヨーロッパ人とはただ一つの大きな家族を形成し、アジアとヨーロッパは不可分の全体を成しているのだから、われわれはあらゆる文化的諸民族の文学を一つの絶え間のない発展、深く結び合ったただ一つの建物、ただ一つの形成物として、ただ一つの大いなる全体として眺めるべきだろう。そうすれば一面的で偏狭な見解の少なからざるものがおのずと消滅してゆき、多くの事柄がこうした相互の繋がりの中で初めて理解可能なものとなり、すべてのものがこうした光の中で新たな姿を見せて立ち現れて来るだろう。[44]」――

三

　太古の人類によって「神性」の壮麗な顕現が「星しげき天空」として表象されると同時に、「神性」への及び達し難さの感情から地上的生の一切が「神性」からの刻一刻の脱落的「流出」として捉えられるというかたちで「原初の啓示」は誤解されたとする「原啓示誤解論」は、シュレーゲルにとって――彼がそれを自覚していたか否かに関わりなく――あの「哲学的生のパラドックス」の「超越的曲線」の原型を構成するものであるだろう。「星しげき天空」は、これによって本来指し示されるべきところのものではすでにないということ、そしてこの「すでにない」ことが「神性」の無限性からの地上世界の有限性への下落的・脱落的疎隔の一歩、しかも無限の一歩（無限性と有限性との隔たりはまさに絶望的に無限であるだろうから）を意味するということによって、この仰ぎ見る「神性」の壮麗な顕現という最も直接的表象も、無限にして不可視の「神性」の有限的な可視的一断片、すなわち「みずからを告知するためにみずからを覆い隠す原初の衣装」、「永遠のイシス」の最も薄い、だがその内奥を窺い知るすべもなく固く閉ざされたヴェールの「象徴」にすぎないだろうからである。「イシスのヴェールを引き裂くこと」はできない。裂いても裂いても、そのヴェールは引き裂かれた数だけの象徴の無限を意味するものでしかないというのが、「いまこそイシスのヴェールを引き裂き、秘密を開示する時である。この女神の眼差しに耐えられない者は、逃げ去るか滅びるがよい」というあの『イデーエン』冒頭の一節でのシュレーゲルの高調子の挑戦に対するシュレーゲル自身の回答となるはずである。そして「流出の教説」が同時に「帰還の教説」でもある限りにおいて、すなわち現世のすべての存在者の道徳的堕落の不可避性が「神性との再合一」と「道徳的浄化」の必然性と不可分に結びついている限りにおいて、すなわち人間の道徳的適性への絶対の不信がかえって人間の道徳的法則への絶対的服従の義務を基礎づけるものである限りにおいて、「原啓示」のこの最初の「不可避の誤解」として太古の人類の頭上を覆う広大無辺の「星しげき」夜の天幕は、『実践理性批判』を書き終えたカントの心を「いやます驚嘆と畏敬の念」で満たしたあの「わが頭上なる星しげき天空とわが内なる道徳律[45]」の表象、可視的無限と不可視の無限とが交互に行き交い混じり合う「崇高」な複合表象と大きく懸け離れたものではないだろう。人間精神の外に限りなく伸び広がり、その内に限りなく凝縮されてゆく「ある知られざる神」についてのこの両象徴との類似性にシュレーゲルが気付いていたかどうかは、彼自身の書き残したものから確認するすべはないが、しかしカントがその『判断力批判』の『崇高論』の脚註の一つで、「私はいま在るもの、かつて在ったもの、また在るであろうものの一切である。死すべき輩にして私のヴェールをかかげることのできる者はいない」というイシスの神殿に刻まれた碑銘に言及し――カントはこの女神を「母なる自然」と註している――、これ以上崇高な言葉が口にされたことも、一つの思想がこれ以上崇高に表現されたこともいまだかつてなかったと述べたあと、同時代の自然科学者ゼーグナーが、彼の弟子たちを「学問の神殿」に参入させるに際して彼らをあらかじめ「神聖なおののき」で満たし、その心を「おごそかな注意深さ」に同調させておくために、自著の『自然論』の扉のカットにこのイシスの理念を用いている事実を紹介している箇所[46]は、ケルン私講義『哲学の展開十二講』の第一講『哲学の歴史的特性描写』におけるシュレーゲルのカント哲学についての批判的叙述の一節を想起させる。

シュレーゲルによればカントの時間・空間論には、この両直観がその他の諸直観の「根源形式」として想定されている限り、それがたとえ拒否という衣装の下に覆い隠されていようとも、ある「超感性的直観」が暗黙のうちに前提されているはずである。にもかかわらずカントは、理性が「超感性的なもの」に積極的に関わるやいなや必然的に捲き込まれる「二律背反的」状況を描き見せることによって、理性から「超感性的なもの」に対する認識能力を剥奪したばかりでなく、かえって「与えられた素材」なしにはいかなる認識もあり得ないとする「経験論」へ後退し、しかもこの理性の「外」にあるはずの「素材」ないしは「質料」の本性については一切不問に付したまま探究全体を打ち切ってしまったため、弟子たちは一つの不可解からもう一つの不可解へといよいよ深く「矛盾の織物」の中へ引きずり込まれる羽目となり、[47]その結果、ゼーグナーに倣って「ヴェールで覆われたイシス像」を理性認識の限界標識として掲げ、それを越えて向こう側へ伸び拡がる「二律背反的」世界に対しては「畏敬の念」をもって佇むことを命じた師匠の意に反して、弟子たちは「神聖なおののき」で満たされつつも、喚起された「おごそかな注意深さ」によってかえってこの「理性認識の限界」そのものに挑戦せざるを得なくなったのだとシュレーゲルは言おうとしているかのようである。実際、カントの残した「不安定要素[48]」の中から巣立った弟子たちの一人であるフィヒテは、「自我」のみがあり、また「自我」のみがあらねばならないとする「自我の絶対的自己定立」に基づく「自我自体[49]」という根源命題のうちへ、カントが理性認識の彼岸に横たわるものとして打ち捨てた一切を手繰り寄せることによって、また、その弟子筋に当たるシェリングは、「自然の体系は同時にわれわれの精神の体系」であり、「自然は可視的な精神、精神は不可視の自然」であるとする自然と精神との根源的同一性、実在的なものと観念的なものとの相互浸透の理論のうちに世界創造の一切を汲み尽くそうとする独自の自然哲学によって、いずれもカントをこちら側へ押し戻したあの「理性認識」の境界線上に立ちはだかる女神像のヴェールに手を触れようとしているからである。[50]またその未完の小品『ザイスの弟子たち』において、弟子たちの一人に「死すべき輩にはあのヴェールをかかげることができないというのであれば、われわれは不死の身になろうと努めねばならない。あのヴェールをかかげようと思わぬ者は、真のザイスの弟子ではない」と宣言させるノヴァーリスが、この作品の挿入メールヒェン『ばらとヒヤシンス』の最終場面で、「まどろみ」のうちにイシスの神殿の奥の院に導かれ、ついに女神のヴェールをかかげることのできた若者の胸にかつて見捨てたはずの恋人を飛び込ませ、「夢」の中での無限性から有限性への再度の越境の瞬間、すなわち蘇生の瞬間を描き見せることによって、シラーの物語詩『ヴェールで覆われたザイスの女神像』[51]が暗示する同じ越境者の悲惨な末路——夜陰に乗じてザイスの神殿に忍び込んだ若者が、あわやそのヴェールをかかげようとする瞬間に場面は暗転し、翌朝、死体となって発見される[52]——に救いの道を暗示しようとしたとすれば、シュレーゲルはこの有限性と無限性との断絶と矛盾のすべてを、「原啓示誤解論」と不可分に結合した「流出の体系」と「失われた神性との再合一」の理論、すなわち有限的生の堕落の極みから「神性との再合一」を目指す無限の努力と見られる限りでの「輪廻の教説」とによって宇宙の無限循環の中へ解き放とうとするかのようである。そしてこの無限性から有限性への、そして有限性からの無限性への無限循環的越境の理論としての「輪廻の教説」と結合した「流出の体系」の、シュレーゲルの知り得る限りでの古典的実例が、「神性との再合一」への志向のヨーロッパ的原型と見られる限りでのプラトンである。パリ私講義『ヨーロッパ文学の歴史』におけるギリシャ哲学の章の一節『プラトンの特性描写』と、ケルン私講義『哲学の展開十二講』の第一講『哲学の歴史的特性描写』中の一章『プラトンの哲学』の両篇によってシュレーゲルのプラトン論の全貌はほぼ描き尽くされていると見てよい。[53]

宇宙の永遠の循環運動を前提とし、かつまたこれを帰結する「想起論」と、この無限運動に絶対の停止線を敷く「イデア論」とが、プラトン哲学の永遠に噛み合わぬ両輪であると見るのがシュレーゲルのプラトン論の骨子である。シュレーゲルによれば、プラトンの哲学的志向は、ヘラクレイトスの「永遠の生成の教説」とパルメニデスの「永遠不変の唯一者の教説」とを仲介しつつ綜合しようとする一種の「観念論的」な試みだったが、この仲介的綜合の企図は、プラトンがこの綜合の一方の原理をアナクサゴラスの「神的悟性」に依拠させたために不可避的に生じた二元論、すなわちこの「世界形成的悟性」とこの悟性によって形作られるとされる「質料」との、あるいは「永遠不変の原像世界」と「永遠の変化と錯覚の模像世界」との架橋し難い分極的二元論の壁によって阻まれ、しかもこの二元論をさらに強化し、固定化する方向を辿ったプラトン自身の「イデア論」によって最終的に完全に頓挫し、「永遠の求道者」にして「進展的思想家」プラトン特有のあの限りない弁証法的思考を停止状態に追い込むことになる。このような頓挫と停止の呪縛からプラトンを救出し、「一切を精神から導出し生起させる完成された観念論」への道に彼を復帰させる助力者があるとすれば、それこそまさに「魂の前存在」と「神性からの流出」、および「神的起源への帰還」を前提し、かつ帰結する「想起論」以外にはあり得なかったはずである。しかるにこの「想起論」もまた「イデア論」の「アナクサゴラス的二元論の悪しき影響」によってその本来の展開を阻まれ、結局は、「神的悟性の原像」の間接的直観、「叡知的世界」の「真理」の間接的認識の域を越え出るものとはなり得ず、プラトンが望んでいた「有限性」と「無限性」との間の架橋を実現するための真に有効な理論として実を結ぶには到らなかった。

この袋小路からプラトンを脱出させるためにシュレーゲルはプラトンの原理に代えてヤーコプ・ベーメの「根源原理」[54]に助力を求める。もしプラトンがベーメのように意識をその源泉まで追求し、その最も根源的な形式を悟性にではなく「憧憬」と「愛」とに求め、彼自身を「イデア論」の二元論へと強制したあの「質料」、悟性の「外」に存在するとされる「質料」をこの「憧憬」と「愛」とから一元的に導出していたならば、彼の本来の目的であるヘラクレイトスの「力動的二元論」とパルメニデスの「実在論」との仲介的綜合による「完成された観念論」は一気に達成され、彼の「想起論」もまた単に「知と認識」のみに関わる一面性を脱して、「ある未知の、だがすでに知られているもの」、「すでに一度は享受したことのある栄光」への憧憬ないしは渇望、「ある知られざる対象の暗い予感」、「ある測り知れない茫漠たる彼方への志向」としての「純粋憧憬」から導出されることになり、ここに有限性と無限性、此岸と彼岸とを包み込む大いなる循環は完成されていたに違いない。——このベーメの原理によるプラトン哲学の改造案は、さらにこの哲学全体を「インド哲学の体系の厳密かつ不可避的な帰結[55]」として捉える見地によって一層の徹底を見るのである。

この時期——ヨーロッパにおけるインド学の黎明期、それゆえ当然のことながら古代インドの精神世界把握のための手段としてはヨーロッパ産の概念しか用意されていなかったこの時期——、シュレーゲルの知り得た限りでの、あるいは学習し得た限りでのインド哲学[56]は、一切の事物をその充溢と力によって生ぜしめたとされる「唯一無二の全知全能者」としての「神性」、すなわち「ブラーフマ」の概念を中心に構成された神話的・形而上学的宇宙論である。ブラーフマは「動物」でもあり、精神ないしは「自我」でもあり、プラトンにおけるような「完全な悟性」でもあると同時に「一切の物質的な諸力と存在者の総括」、「一切の生あるものの源泉」でもあり、それゆえ「神性」と対等な独立した「質料」を想定する必要はなく、「質料」の根源的な不完全性のゆえに「粗悪な模像品」しか創り出せない「神的芸術家」のごときものもここでは不要となる。また、インド哲学の体系においては、一切の存在者は「最高度に完全な根源力からの一連の流出」であり、しかもこの流出は「現存在のより低次の段階への、不完全性と制約の中への転落」であるがゆえに、世界は避けがたく刻一刻の更なる「悪」であり、不幸であり、災厄であり、「完全存在者」からの下落と悲惨はその一刻一刻において常にその時々の極みにある。しかしこの永劫の下落と悲惨も、「堕落した存在者のひたむきな努力」によって「神性への帰還」が可能となるという「慰め多き展望」、地上の「残り火」のごとき「神性とのかつての一体性への暗い想起の火花」によって和らげられる。この不完全な人間精神のうちに滅びることなく埋もれ潜んでいるこのような「神的完全性」の概念こそがプラトンの説く本来の意味での「イデア」でなくてはならない。

ところで「神性」からの「流出」は「神性」と共に無限であり、この「流出」と不可分の「輪廻」、すなわちある存在者が身に纏うその時々の現世の衣装と環境の変化と交代の全系列もまた無限である。このような「輪廻」が道徳的概念であることは、「より悪しき魂」はいよいよ深く不完全性と暗い覆いのうちへ下落させ、「より良き魂」はいよいよ明るい存在の本源へと上昇させる「神性」の至高の叡知によっても証明される。しかもこの教説においては「魂」が「身体」と同一視され、動物ばかりでなく植物にさえも「魂」が想定されている。「一切は魂を与えられている」というインド思想の根本命題は、プラトンにおけるより遙かによく「輪廻の教説」と合致し、しかもこの教説もまたプラトンにおけるより遙かに自然に「流出の体系」から帰結される。プラトンにおける「魂」と「身体」との分断からは「輪廻」の概念は導出され得ないし、また現世の不幸と災厄が「前世」における罪の報いであるとするプラトンの教説は、彼の「イデア論」の根本原理からは帰結され得ない。さらにまた世界はその創造以後は創造主の手を離れて野放しにされてしまうために道を誤り、ついには元の「カオス」へと解体してゆかざるを得ないものであるがゆえに、「神性」は創造と破壊の作業を絶え間なく繰り返さねばならないとするプラトンの世界創造論も、「ブラーフマの眠りと目覚めの交代」が世界の形成と消滅をもたらすというインド哲学に由来するものと見なければならず、総じてこの種の伝承的思想体系はギリシャ本来の哲学とも宗教とも合致するものではない。このようにしてシュレーゲルはプラトン哲学の諸理念のインド起源を推定してゆくのだが、しかし彼の「プラトン論」の本来の中心課題はあくまでも「想起論」と「イデア論」との不整合を解消し、「想起論」を「輪廻」の無限循環の体系のうちへと組み入れることによってプラトン哲学の一元化を図るものだったと見なければならない。しかし同時にまた、夥しい神々の出没する古代インドの詩的・哲学的思想世界の樹海の中へ自力で分け入り、そこにまがりなりにも一貫した解釈の地平を開拓するための斧として杭として使える最も身近かな思想体が、シュレーゲルにとってはプラトン哲学だったに違いなく、この意味で彼の二篇の『プラトン論』は、その数年後の『インド人の言語と叡智について』における解釈と記述のための思想的立脚点を提供するものであると同時にその限界点を成すものだったと言えるかもしれない。

そしてシュレーゲル自身の「観念論の体系」もまたこの両『プラトン論』の主軸を構成する「想起論」と「輪廻説」との仲介的綜合から展開される。一八〇〇年の『神話論』以来、彼の思想の根底を規定し続けてきたスピノザの実在論とフィヒテの観念論との相互浸透的融合の課題、あるいはむしろスピノザ的自然をフィヒテ的精神の胎内から再生させ、前者の「無限存在」を後者の「無限生成」の相のもとに捉える視点を確立しようとする課題――「スピノザの能産的自然と所産的自然は、生成する生成と生成せしめられた生成と呼ぶこともできるだろう」（PL VII-78）――は、先の『プラトン論』においてパルメニデスとヘラクレイトスとの仲介的綜合にプラトン本来の課題を見るという視点と合流する。この合流はすでに一七九九年頃に書かれた諸断章において、例えば「プラトン〔は〕フィヒテとスピノザの綜合」（PL IV-1021）、あるいは「プラトンはフィヒテとスピノザによって積分されねばならない」（PL V-283）といった命題として予示されているが、このような両体系の合流から、「無限に一なるもの」の「無限の単一性ないし統一性」と「無限に多なるもの」の「無限の多様性と充溢」との有機的結合として構成される「無限の唯一者＝根源自我」の『世界生成論』[57]が成立する。「根源自我」はその「永遠のまどろみ」から無限の「憧憬」によって世界生成へと覚醒し、「外」への無限拡張（憧憬）において「空間」を、「内」への無限収縮（想起）において「時間」を創造し、「永遠の循環の法則」に従って繰り返されるこの拡張と収縮とを両極限としつつ、「対立者への飛躍的移行の法則」、「同質的なものの吸引の法則」、「異質的なものの結合の法則」という世界生成の「発生論的法則」（「生成の存在的法則」）に基づき、果てしない抗争と和合のうちに産出される数限りない有機的形成物によって宇宙を充満させながら、これらの「能産と所産」のすべてを包摂する「宇宙の呼吸」とも言うべき「永遠の循環の法則」の支配のもとに、この「世界生成」をその極限にまで押し進めてゆく。そしてこの生成の最高地点において生み出される理性的存在者としての人間の段階に到って初めて、世界生成の神的意志は人間にこの世界生成の本来の意味、その神的起源と究極目的とを問わしめることによって、人間を「神性」の理念へと覚醒させ、この「神性」との失われた「かつての一体性」への想起を促し、かくして「神性との再合一」の「希望」へと導いてゆく。ここに「永遠の循環」は大きく一巡し、ここにスピノザとフィヒテの仲介的綜合という、『神話論』以来、そしてこれに続くイェーナ大学講義『超越論的哲学』での悪戦苦闘の経験を通して、シュレーゲルがさまざまなかたちでみずからに負わせてきた課題が、スピノザの原理だけからもフィヒテの原理だけからも導出され得ない「生成の無限の循環」の理論としての「輪廻の教説」と、同じく両原理のいずれからも単独では導出され得ない「想起論」との合体、すなわち古代インド思想とプラトン哲学との合体のうちに一応の決着を見るのである。

「一切の象徴的なものを斥け、そうすることでひたすら書かれた啓示にのみ直接依拠しようとするプロテスタントたちは最高度に不正」であり、「正統カトリックの体系こそが宗教の本質の一切を含んでいる」[58]とするケルン私講義『哲学の展開十二講』の第七章『神性の理論』でのまさに「正統カトリック」的結論にもかかわらず、その背後には、この結論自体を突き破って、本来のキリスト教的啓示に先立つ太古の「原啓示」の広大無辺の時間的・非時間的宇宙空間が拡がっている。そしてこのような宇宙空間を真に描出し得る哲学がシュレーゲルにとっての本来の観念論、すなわち「根源自我＝世界自我」の理念から出発して「実在論」の原理、例えばプラトンの「イデア論」を不毛の理論たらしめたアナクサゴラスの「ヌース」の理論を打ち砕き、かつ呑み込むことによってみずから新たな「実在論」となって再生するような観念論、いわば「実在論的観念論」ないしは「観念論的実在論」である。――「観念論は自己のうちから出てゆかねばならず、それゆえ常に実在論を希求する。」（PL V-451）――「実在論は最後には再び観念論のうちへと流れ戻ってゆく。」（PL PL V-462）――しかしこのような「観念論＝実在論」なるものが「経験論」の跋扈する日常的現実世界に本来の住処を見出せるはずはなく、それゆえこのような現実世界を生き延びてゆくためには、それは「秘教」のかたちを取らざるを得ない。すなわち「公共的」な外観と「秘教的」な内実とを併せ確保してゆくかたちを取らざるを得ない。そこでこのいわば「万人に共有される秘儀としての観念論」というパラドックス――それはまさに「フリーメイソン」そのもののパラドックスにほかならない――を許容するいかなる形式が可能であるかということが目下の課題となる。そしてここで求められるこの唯一可能な形式は「詩文学の最古の形態」である「世界生成論」以外にはあり得ず、それゆえ「秘儀としての観念論」はその最終段階においてこの「詩文学」の太古の源流へと流れ戻ってゆく[59]というのが、シュレーゲルのここでの最終答案である。

かつて『神話論』において、フィヒテの観念論の精神に浸透された新しいスピノザの神的自然の実在論をもって新しい詩的原世界の大地母神的基層とし、「すべての哲学は観念論である。そして真の実在論は詩の実在論のほかにはない」（ID 96）と書いたシュレーゲルは、いまや真の観念論、すなわち万人共有の「秘儀」、公共の「秘儀」というパラドックスに耐え得る「観念論」の根源的形式をもまた「詩文学」としての「世界生成論」のうちに、すなわち根源的一者（根源自我＝世界自我）の無限生成への志向がそのまま根源的一者への帰還の志向であるような――「**ただ一つの世界が存在するのみであること**。それゆえ無限なるものへの回帰以外の何ごともあるべきではない[60]」――、「無限性」と「有限性」との境界を越え来たり、越え戻ってゆくあの「輪廻」の無限循環の体系のうちに、そしてこの越境の瞬間に「無限なるもの」の可視的片鱗を一瞬ちらりと覗かせながら此岸と彼岸の間を絶え間なく往復するあの「超越的曲線」の象徴のうちに眺めようとする。「最大の体系ですら断章にすぎない」（FPL V-930）にもかかわらず、「宇宙を構成することが、古来、最も偉大な哲学者たちの最終目標だった」（PL IV-191）というパラドックスをその視界のうちに収めながら、だが「最高の形式において哲学は世界生成論以外の何ものでもないだろう」（PL X-181）と見切る一種の複眼的視点のもとにである。そしてこの同じ視点に立ってシュレーゲルが、常に「哲学的生」の有限的視界の内側を彷徨うエルンストと絶えずこの限界の彼岸へと誘われるファルクとのいつ果てるとも知れぬ会話に「レッシングの精神と作品の始原的形式」を見ると言うとき――そしてまた三巻本『レッシング選集』第三巻の巻頭論文『プロテスタントの性格について[61]』において、共にその本質的傾向によって没落の一途を辿らざるを得なかったカトリシズムとプロテスタンティズムとを二つながらに救うことのできる第三の「唯一真なる道」は「最古にして原初のもの」、「人類の一切の形成と自由の最初にして最古のもの」、それゆえもはや「カトリック的でもプロテスタント的でもなく、同時にそのどちらでもあるようなもの」としての根源的宗教、すなわち人類最古の精神的基層に根ざした太古の始原的キリスト教の再興への努力のうちにこそ求められるとしたレッシングの『人類の教育』に言及し、この断章集の末尾にやや唐突に出現する「輪廻」の概念に触れつつ、レッシングの思想をその根底において規定していた「汎神論的実在論」は「通常の実在論の第一諸原理を遥かに越えた高次の領域」に属する一つの「自然観」、すなわち「輪廻の仮説」を前提することなしには考えられないと言うとき、――そして明らかに『人類の教育』の最後の数節[62]――「しかしなぜ各個人もまたこの世界に一回以上存在したことがあってはならないのか」（第94節）、「なぜ私は新しい知識、新しい技能を獲得するに相応しくなる度毎に再来してはならないのか」（第98節）、「それとも、あまりに多くの時間が私のために失われるからとでも言うのか、――失われるだと？　――そもそも私は何を取り逃がしたというのか。永遠全部が私のものではないのか」（第100節）――を念頭に去来させつつ、「レッシングが過去を理解し始めるのは、未来を眼前に彷彿させるとき」であり、彼の「来たるべき新しい福音の告知」、「宗教の大いなる再生への信念」、「キリスト教に今後数百年はおろか数千年にもわたる存続をさえ予言するときのあの揺るぎない確信」の根源は「輪廻の仮説」のうちにこそ求められるべきであると言うとき、――そして最後に宗教が、「宗教の外見」を装いながら「ほとんど完全に死滅してしまったかに見える時代」にあって、「自己を無限なるものへと高める」能力も意志も欠落した「俗衆たちの嘲笑」に晒されながら、あたかも「砂漠に呼ばわる孤独な声」のように「宗教の新たな復活への永続的な信仰」を真先に告白したのがレッシングだったのであるという一文をもってこの論評を閉じるとき、[63]――シュレーゲルの眼にはレッシングもまたプラトンと同じ軌道に――レッシングには彼が信奉していた「輪廻の原理」に従って「神性の拡張と収縮[64]」として感じられたでもあろうあの軌道――あの「超越的曲線」を描いて巡りめぐる永遠の循環の軌道に身を委ねているのである。

第六章　法衣のデミウルゴス――ある世界生成論の曲折と挫折

「時間は世界そのもの、一切の生成の総体、生成する神性である。」（PL. IX-234）

「最高の形式において哲学は世界生成論以外の何ものでもないだろう。」（PL X-181）――だがこの最高の形式そのものが互いに背馳する二つの原理の相剋に揺らいでいるというのが、一八〇四年から翌一八〇五年にかけて行われたフリードリヒ・シュレーゲルのケルン私講義『哲学の展開十二講』の第五講『自然の理論』で展開される『世界生成論』[1]の実相である。互いに背馳する二つの原理とは、「自然は生成する神性である」とする自然汎神論的原理[2]と、「神が世界を無から創造した」とするキリスト教有神論的原理[3]である。そしてこの両原理相剋の帰趨は、一八〇八年のカトリックへの改宗を四年後に控えたこの時期のシュレーゲルにとって、当然のことながら後者が前者に介入してその全面的な放棄ないしは改変を迫るものでなければならなかったはずである。だが彼はそれとは逆の方向で決着を図ろうとする。このことの端的な裏付けとなるのが、「無からの創造、キリスト教的三位一体、世界の時間的開始は、もっぱら生成する神性の概念によってのみ、完成された観念論によってのみ説明され得る」（PL IX-21）とする、同時期の一八〇五年に書かれた断章の一節である。これは有神論的世界を自然汎神論的基盤の上に、しかも観念論の名において構築することができるという確信の表明である。明らかにシュレーゲルは、一八〇〇年の『アテネーウム』

誌所載の『神話論』において、フィヒテの世界創造的自我の観念論の精神に浸透されつつ誕生する新しいスピノザ的実在論、詩の永遠の源泉となるべき「新しい神話」のいわば大地母神的基層を成す新しい詩的実在論――「観念的なものと実在的なものとの調和に基づく詩[4]」――として打ち出され、同誌廃刊後の一八〇〇年から翌一八〇一年にかけて行われたイェーナ大学講義『超越論的哲学』において「生成する神性」の概念として定式化される独自の自然汎神論的世界像を、いまやキリスト教的諸理念をも内包するような、いわば汎神論的であると同時に有神論的でもあるような一つの複合的・二重構造的な世界体系へと再組織しようとしたのであって、ケルン私講義『哲学の展開十二講』の第五講『自然の理論』においてスピノザ的な「生成する神性」のフィヒテ的変換ともいうべき「生成する世界自我」を創造の絶対的主体として展開される『世界生成論』は、この時期の彼にとって互いに相容れない内なる新・旧両潮流のせめぎ合う中間期的答案だったと言えるかもしれない。しかし「世界は唯一者・根源自我＝世界自我の無限の生成の総体である」とする『世界生成論』の自然汎神論的根本命題は、すでに世界と神との同一視を汎神論的「異端」と見るキリスト教的有神論に思考と記述の軸足を移している同講義第六講『人間の理論』、第七講『神性の理論』との論理的連続性を維持することができない。それゆえもしこの連続性を回復し、講義全体の論理的一貫性を確保しようとすれば、「世界自我」にその唯一性と根源性とを放棄させ、これを「至高の父なる創造主」の手に委ねるほかはない。しかしこれは『世界生成論』そのものの原理的崩壊を意味する。だがシュレーゲルはこのディレンマを無視し、敢えて『世界生成論』における自然汎神論的諸帰結のキリスト教有神論的読み替えを強行することによって、「世界自我」をその根本命題――「私は生成する神性として世界であり、世界は生成する神性として私である」――もろとも、世界創造の超越的主体である「啓示の人格神」の祭壇に犠牲の供物として捧げるのである。われわれはそこに、「自我」という近代観念論の原理の仮面をつけて登場したある知られざる非キリスト教的創造主の立て籠もる、だがすでにキリスト教的に切り崩された太古の孤塁を見る思いに誘われる。

以下、「世界生成」の絶対的主体を名乗る奇妙なデミウルゴス、「根源自我」の創世事業――世界生成に関わる「発生論的法則」(「生成の存在論的法則」)、すなわち（一）世界、自然等の自己存立的・自己完結的な全的存在者、すなわち生成の総体にのみ関わる「永遠の循環の法則」、（二）この全的存在者の一構成部分を成すにすぎない個体的存在者に関わる、例えば革命等を含む種々の歴史的変動等に関わる「対立者への飛躍的移行の法則」、（三）諸事物の有機的形成に関わる「同質的なものの吸引の法則」、（四）同じく「異質的なものの結合の法則」という四項の法則[5]に従って実行される創世事業――の跡を辿り、その行き着く果てを検証する。

一

「世界自我」の始原的状態。無時間的、無空間的、無意識的な漂い。

すべての創世神話と同様、この始原的状態の何時、何処、何故は問われない。それは無自覚的な「自己同一性」と「原初的空虚」のうちにまどろむ「根源的単一性」の永遠である。この万物未生の「原初的空虚」を「無限の多様性と充溢」によって満たしたいという「無限の憧憬」の「予感」が訪れるとき――ここでも何時、何処から、何故かは問われない――、初めて「世界自我」は自己の「空虚」と「無限の多様性と充溢の不在」とを意識し、ここに「世界生成」の第一歩が踏み出される。

「世界生成」の第一段階。「空間」の成立。

「無限の多様性と充溢」の「予感」は「世界自我」に「単一性」と「空虚」の自覚を喚起すると同時に、「無限の多様性と充溢」への「憧憬」を掻き立て、この「憧憬」を穏やかな無規定的運動として全方位的に伸長させてゆく。「憧憬」のこのような静かな全方位的無限伸長の流れが「空間」である。「空間」とは「憧憬」の所産、というよりはむしろ「憧憬」そのものであり、「世界自我の自己実現の最初の形式」、「無限なるものの歴史の第一歩」である。しかし「憧憬」の全方位的伸展によって創造される空間はいまだ「空虚」である。このことが「無限の多様性と充溢」の欠如の感情を増大させ、「憧憬」の活動をいよいよ加速させ、「世界自我」の第一段階の目標である「空間の完成」へとせき立てる。この「空間の完成」はしかし、「世界自我」の本来の目標である「無限の多様性と充溢」としての空間ではない。それゆえこの「空虚な空間」の完成という最初の目標を達成して、「憧憬」がその活動の極限に達すると、ここに「生成の第一法則」、すなわち「永遠の循環の法則」に従って、この活動はその発端へと帰還する。

「世界生成」の第二段階、「火」の時期。

世界生成の第一段階における空間創出の過程ですでに加速され、強化され、激化され、その静かな全方位的な漸進的発展という根源的な「静謐」の性格を失い、「空間の多様性と充溢」という世界生成の第二の、そして本来の目標を達成しようとする激しい「渇望」と化していた「憧憬」は、この帰還によって最初の空間創出の過程において蓄積された激しい焦燥と葛藤のすべてを内包したまま一挙に自己自身のうちへと押し戻され、世界自我そのものを分裂と相剋の修羅場に変える。これまで全方位的に伸長してきた世界自我の活動はいまや自己の中心へと圧縮され、ここに「活動の集積と力の過剰」とこの過剰からの解放ないしは脱出への欲求とが「世界自我」の活動を引き裂き、「世界自我」を自己矛盾と自己相剋に陥れる。ところで「空間」の創造活動である「憧憬」の所産はすべて「空間の形式」を帯びている。それゆえ激しい「渇望」と化した「憧憬」もこの段階においてはいまだ「空間的、質量的、物体的」である。とはいえそれは「地上的要素」の粗野な物体性、硬直性を意味するものではなく、「空間のうちに繰り広げられた活動と力」と解されねばならない。このような「空間的な活動と力」として捉えられる限りでの「渇望」は、「空間」のうちで、空間的なものとして作用しながらも粗野な物体性や硬直性を帯びず、ひたすら「解体的、破壊的原理」としてのみ作用する「純粋要素」であって、この解体と破壊の純粋要素がすなわち「火」である。

いかなる発展も一つの目標、一つの極限を持ち、そこに到達するやいなや、その活動の発端へ戻るか（「永遠の循環の法則」）、その「対立者」へと飛び移るか（「対立者への飛躍的移行の法則」）のいずれかの道を取らざるを得ない。破壊的な「渇望」として燃えさかる「火」の灼熱は、あの穏やかな「根源的憧憬」の「根源的単一性」を破壊しようとするかに見える。しかしこの「火」の破壊作用は「絶対的」ではあり得ない。なぜならあの「根源的単一性」が破壊され尽くすことは、「世界自我」そのものの消滅を意味し、そしてこの消滅は「唯一無限の生成の本源」としての「世界自我」——「生成する宇宙、すなわち自然以外にいかなる宇宙も存在しない」（PL III-41）——とその「生成」の無限性に矛盾するからである。それゆえここでの矛盾と分裂抗争は「相対的な極限」を持つものでなければならず、そしてこの極限に達するやいなや、「世界生成」の活動は再び反転する。この反転はむろん世界生成発出の原点、すなわち「世界自我」そのものへ向かっての帰還であって、「世界自我」の「対立者への飛躍的移行」ではあり得ない。「世界自我」とその生成はその本質規定からして停止することも消滅することも許されないのだから、それは「永遠の循環の法則」に従って再びその活動の発端へと戻るほかはない。こうして「世界自我」の苦痛に満ちた自己破壊的・自己解体的な内的矛盾と相剋がその極限に達すると、「火」の猛威のもとに完全に抑圧されていた「根源的単一性の意識」、「かつての静かで穏やかな平和の感情」が再び胎動し始める。

「世界生成」の第三段階。想起と根源的単一性への覚醒、時間の成立、水の時期。

「世界生成」の始原的状態においては本来の「統一性」は成立していない。それは単なる「自己同一性」、「無規定的な単一性」でしかなく、「二性」(Zweiheit)もしくは「多性」(Vielheit)、すなわち「充溢、充満」(Fülle)の欠如の状態であるにすぎない。この第三段階に到って初めてその本来の意味での「統一性」(Einheit)、すなわち「世界自我」の自己相剋の成果として獲得された「一性」(Einheit)、あるいは「本来の自己へ向かっての再度の反転的帰還によって新たな次元へともたらされた「根源的単一性」の自覚としての「統一性」が確立される。これは「世界自我の最初の反省」、忘却されていた自己の「源泉」の再発見である。この再発見、すなわち自己自身への帰還としての「想起」はしかし、「根源的単一性」の喪失ないしは忘却に対する悔恨と結びついている。ここにこの悔恨と共に、この悔恨に浸されつつ、いわばこの悔恨の果実として「時間」が成立する。ここに本来の意味での自己自身の始まりに向かっての帰還、「そこが私の始まりだったのか」という痛切な意識に満たされた自己回帰として「時間」が成立するのである。第一段階における「憧憬」は「無限の伸長」としての「空間」と一体的であり、「時間」はこの空間的伸長に伴いながらも、いまだその潜在的要素として隠されていたのだったが、いまや「時間」はその姿をあらわにする。ところで時間を時間たらしめるのは「過去」、あるいは「過去の意識」である。「世界自我」の「全方位的伸長」としての「未来志向」がその極限に達して「空間」が完成されたいま、自己の「根源」への反転的帰還によって初めて自己の「発出の源泉」への想起が「過去」として意識される。この「過去の発見」と共に——分裂と相剋の渦中で「忘却」されていた自己の本源への立ち返りとしての「世界自我」の「自己想起」、すなわち自己の本源的状態である「始原的単一性」の喪失に対する悔恨と不可分に結びついた「世界自我の最初の反省」と共に——「本来の時間」が成立するのである。こうして忘却の彼方に沈んで見失われてしまった自己の未生以前の「前存在」(Präexistenz)への苦痛と悔恨に満ちたこの「想起」と「時間」の段階に到って、「世界自我」はこの自己相剋的状態から脱却して、かつての「根源的静謐と平安」を復興しようとする衝動に駆られる。それゆえこの再度の自己帰還の働きは「鎮静的」である。しかし「想起」もまた「渇望」と同様、「空間的な活動と力」でありながら「粗野な物体性」の混入しない「純粋要素」と解されねばならない。「鎮静的作用」を本質とする純粋要素は「水」である。同一源泉に由来する対立原理としての「火」と「水」は、いずれも「世界自我の自己自身への帰還」であり、ここに両者の相互作用によって次の段階が用意されてゆく。

「世界生成」の第四段階。「火」と「水」の抗争と和合、遊戯的活動、天上的な光、形成と造形、個体性の成立、抗争の永遠の続行、「石」の沈殿、悪の原理、地上的要素、硬直性と固執性、死と空無と恐怖の成立、表現あるいは表出、時間の完成と空間の解消。

破壊原理としての「火」は世界自我の根源的単一性を攪乱し、破壊しようとし、鎮静原理としての「水」はこの根源的単一性を維持し、再興しようとして「火」に対抗する。しかし両者は共に同一の源泉から生じた対等の「無限の実在的な力」であるから、もしこの両要素の抗争に何らかの「対立的相互作用」が内包されていないならば、それは何ものをも生み出さない永遠の消耗戦に終始するだろう。だがこれは「憧憬」の第一原理、すなわち「世界自我」の創造活動にその最初の刺激を与えた「無限の多様性と充溢」の予感に矛盾するばかりでなく、この活動そのものの内的生命の基盤である「根源的単一性」の原理にも抵触する。「世界自我」は無限にして不滅であり、その「世界生成」の活動もまた無限にして不滅であるのだから、両要素の抗争は永遠の続行を運命づけられており、いずれか一方の敗北によって決着を見るようなものではない。それゆえ「無限の多様性と充溢」の実現という「世界生成」の最高目標が達成されるべきであるならば、両要素の永久抗争から、この抗争に内在する「相互作用」によってある「第三のもの」が生み出され、形成され、このことによって抗争それ自体が変質しなければならない。「世界自我」の「根源的単一性ないしは統一性」の原理の支配のもとに抗争はより高い次元へと昇華され、両要素の「真剣勝負」は一種の競技と化した自由な「遊戯的格闘」へと変質してゆかねばならないのである。かくしてこの「遊戯的格闘」によって産出される無限に多様な有機的形成物と有機的諸力の相互作用と、これらの形成物や諸力に潜む「内的諸精神」の「愛に満ちた相互浸透」のうちに「個体性の最美の花」、「精神的な力と栄光」の一切が展開されてゆく。このような「ある知られざる高次の原理」の導きによって純化され、高められた「遊戯的格闘」とその精華が「天上的な光」、「変容しつつ勝利に輝く愛」、「歓喜の満ち溢れる栄光と至福の楽園」にほかならない。第三段階において用意され、第四段階の開始と共に両要素の熾烈な抗争へと激化の一途を辿ってきた「世界自我」の内乱状態は、ここに到ってようやく平和と協調への道を見出し、あの不安に満ちた渇望と悔恨は「光と澄明」の勝利を言祝ぐ「愛」のうちに解消する。けだし「光」とは「無限の多様性と充溢の全的な浸透と支配」であり、「復興された始原的単一性」であり、「完成された愛」、「天上的な神的思考」、「神的精神」として、あの「無限の多様性と充溢」への無限の予感と憧憬であるばかりでなく、その成就への無限の希望でもある。

しかしこの第四段階において両要素の闘争が「遊戯的活動」への移行に失敗し、互いに相手の自由な発現を抑圧し合う不毛な殲滅戦に陥るとき、ここに生じるのが「自由の抑圧」というあらゆる存在者にとっての最悪の「否定性」である。すなわち生成の唯一実在的な主体である「無限の世界自我」は徹頭徹尾「自由」であり、そして「自由」のみがあらゆる生成にとって真に「現実的」であり、従って「自由」と対立するものはすべて背理であり、それゆえ「自由」を剥奪されることは、破滅以外の何ものをも意味しないのだから、力において互角であり、それゆえ互いに完全な屈伏も絶対的な消滅も甘受できない両要素の殲滅戦は、互いに相手の自由を標的とした無残な略奪行為の様相を帯びる。このような不毛の闘争が必然的にもたらす「否定性の形式」が、一切の存在者の自由な形成と活動、とりわけすべての精神的存在者における「自我性」の自由とその発動を阻止しようとする「硬直性、固執性、粗野な物体性」という名の「地上的要素」である。その象徴的存在が「大地」と「天体」において「固体の形式」を構成するのと同じ要素、すなわち「大地」そのもの、「硬直性」そのものの本質を成すところの「石」である。「石」はその形式と形態において一切の自由な活動を阻む「凝結」の象徴である。むろん「石」といえども、この形成の「多様性と充溢」の段階での産出物として、その否定性、硬直性、固執性にもかかわらず、最後には形成されたものの運命として解体と消滅を免れない。「石」とはあの形成の両根源要素である「火」と「水」との悪しき闘争の「沈殿物」、いわば「消えた火」、「硬化した水」である。それゆえ「世界自我」の生成の第四段階は、「無限の多様性と充溢」への渇望を「遊戯的活動」へと昇華させる「天上的な光」の国と、同じ渇望を「粗野な物体性」へと下落させる「石」の国とに分断される。「火」と「水」とが対等に競い合う両要素として「愛に満ちた」接近と合体を果たし、自由で調和的な相互作用のうちで互いに高め合い、支え合い、平和的な「遊戯的格闘」のうちで相互に浸透し合い、活性化し合うことによって最高の「生」を展開せしめ、形成とその美の最高の開花を可能ならしめる一方で、同じ両要素間の「真剣で盲目的な闘争」が生の諸力の不毛な浪費、弱化、自由な発展の暴力的阻害と抑圧をもたらすのである。

「世界生成」の第一段階においては暗く混迷した無意識的状態のうちを漂っていた「無限の多様性と充溢」の「予感」は、この第四段階に到って最高の力と明晰さを獲得する。ここで言う「無限の多様性と充溢」への渇望と結びついた「光」とは、この「無限の多様性と充溢」という根本理念の全的な浸透と支配を意味する「再興された始原的単一性」の象徴である。「光」は単に「無限の多様性と充溢」の憧憬、予感であるばかりでなく、その実現への希望、「形成と造形の衝動と力」でもある。この「光」のうちにこそ、「愛に満ちた作用」によって「形成と造形の限りなく豊饒な多様性」を発展せしめる力が宿っているのであって、この意味で「光」とは「無上の精神的要素」、「精神一般」、「形成的悟性」、「完成された愛」、「天上的な神的思考」、「神的精神」である。因みに人間の「理性」は「地上的要素」に完全に縛られた思考であり、「悟性」はこの「理性」とあの「天上的な神的思考」との中間にあって、人間をその地上的制約から解き放って「神的思考」の領界へと導こうとする能力である。

ところで「石」に象徴される「地上的要素」もまた、完全に「意識を欠いた」、完全に「精神の欠落した」、「完全な非我」でしかないような存在ではあり得ない。「石」の中にも「精神」はいわば「石牢に幽閉」されて、極度の抑圧状態のもとに呻吟しつつ「生きて」いる。「精神」は「石のうちに深く閉じ込められ、縛りつけられ」ながらも、この幽閉状態からの自己解放をかち取るために、自分を外皮として取り巻く地上的要素の粗野な物体性と硬直性との長い格闘を決意し、その苦難の努力に耐えねばならない。このような「精神」の自由な発現を阻止する「外皮と桎梏」としての「地上的要素」の形式、すなわち「固執性」ないしは「硬直性」によって人間の「意識」にもたらされる感情が「恐怖」である。それは「精神の硬直」であると同時に「光」（希望と愛）の意識と真っ向から敵対するものとして、「死」と呼ばれるに相応しい。「現在」もまた、同様に「硬直、固定、静止、固着した時間」として、この「地上的要素」のもと、「恐怖」と「死」の支配のもとに生じる。すなわち火と水の両要素がその闘争を互いに相手の絶滅に到るまで続行し、この恐るべき格闘に互いに精根を使い果たし、そして両者がこの格闘の恐るべき結末に気づく瞬間、「恐怖の感情」が「死の予感」として生じるのである。両要素の「遊戯的活動」から「内的充溢の希望」が生じるとすれば、同じ両要素の「不毛な闘争」は「自己の絶滅を予感する精神の恐怖」を惹起する。この「恐怖」は、「空無性の直観」、「暗くおぞましい死の国への一瞥」にほかならない。かくして両要素の闘争はここに新たな、だが遙かに深刻な分裂的状況をもたらすこととなる。「愛の絆によって結び合わされた両要素の遊戯的格闘」から「壮麗な、喜びに満ちた、天上的な光の国」が成立する一方で、「敵意に満ちていがみ合う両要素の破壊的な殲滅戦」からその沈殿物として滴り落ちる「現在」と「死」との全面的支配によって、地上的世界はいよいよその過酷さを加速させてゆくのである。

最悪の事態は、「火」が「水」との闘争を一方的に放棄して、自己自身のうちに引き籠もってしまうとき、この闘争に代わって新たな「破壊原理」として登場する別種の「自我性」――「普遍的な意識」から分離し孤立した意識としての「孤独の人格」と呼ぶこともできるような「自我性」によって惹き起こされる。「水」とは「原初の始原的単一性」への回帰、あるいはその「想起」ないしは再覚醒の原理以外の何ものでもないのだから、その本質において「分離と分断の原理」である「火」が「水」との関係を完全に断ち切ってしまうことは、「火」がその破壊原理の矛先を自己自身に向けること、「自己自身のうちへ立て籠もり、自己自身を破壊し、焼き尽くし、根絶しようとする」ことであり、従ってこのような絶対的孤立と一体化した自己破壊の衝動は、「世界自我」の「始原的単一性」ばかりでなく、「無限の多様性と充溢」の実現というその究極目的をも否定する「絶対的な空虚と虚無」への意志にほかならない。このような自滅的な虚無願望に対応する意識の形式が「怨恨」である。同じ怒りの感情であっても「憤激」は常に他者に向けられ、常に何らかの「相互関係」を前提とし、相手との愛に満ちた和解の一体感を予感しつつ苛立つ心の「発酵」の状態であるのに対して、「怨恨」はひたすら自己自身に対してのみ向けられ、自己自身とのみ関わり、自己自身のうちでのみ盲目的に猛り狂い、「愛」による解決を知らず、自己憎悪に燃えつつわが身を蝕み続ける自己破壊的な「エゴイズム」の原理、自己自身を「無」へと解体させる「絶対的否定性」としての「悪しき原理」であり、その極限的な超人格的象徴が、慢心と利己的な自由願望とから神に反逆し、みずから「愛の支配」から脱落し、「光の国」から「永遠の業火」の中へと突き落とされた「ルシフェル」である。(6)

以上が、「世界自我」の生成の第四段階において創造された世界、すなわち「光の天上世界」、「石の地上世界」、「業火の地下世界」の三層から成る世界である。そして「愛と天上的な歓喜と至福の世界」の「光」と、「悪しき原理、利己的恣意、盲目的憎悪、自己を消耗させ、死に到らしめる絶滅の業火の国」の「闇」との間にあって、絶えずこの「燃え盛る闇」の奈落への転落に怯えながら「光」の楽園への帰還をひたすら希求してやまない「石の地上世界」が、われわれ死すべき人間たちが犇き暮らす「世界生成」の現状、人類の歴史の目下の現実である。それゆえこの地上世界の「光」への完全な昇華として、あるいは「石」の世界の完全な解体と溶解として予見される救済の未来が、これ以後の『世界生成論』の進展を規定する本来の実践的課題であり、この課題解決のための本舞台は、言うまでもなく天上と地下との間に漂う「地上世界」、またの名「大地」、すなわち現下の人間世界である。

シュレーゲルによれば、「大地」は「世界自我」の「始原的単一性」の「普遍的意識」からの「分離」（個体化原理）によって生じる。すなわち原初はただ一つの未分化の「群塊」の漂いにすぎなかったものの一部が分離して凝縮・硬直するや、この「普遍的意識」からの剥離の断片はそれ自身のうちに固く閉じ籠もり、「物質的要素」へと転落する。この分離と転落が「大地」の概念を構成するものであり、この分離と転落の永続化によって自然世界が形成されてゆく。しかしこの分離と転落といえども「大地」からその「本源的精神性」を決定的に奪うものではない。なぜなら「物質的要素」への転落は「精神の一時的沈降」[7]でしかなく、「大地」とその所産のすべては、「本源的な精神」から「一時的に沈降」して「物質的なものの相貌を帯びるに到った精神」にほかならないからである。「大地」とその形成過程のあらゆる景観、それらが示すあらゆる表情は、この「一時的沈降」のもたらす凝縮と硬直という物質的苦海のうちに深く埋没しながらも自己の本源への帰還の努力によって再び本来の「精神性」の光の中へと浮上しようとする「大地」そのものの不断の努力の姿であり表現であって、最下層の無機的群塊から鉱物、植物、動物を経て人間へと到る「幽閉された精神」の自己解放への長い階梯を踏んでの苦闘、その物質性のゆえに「巨大な裂目」によって「本源的精神」との一体性から隔てられて「深い暗黒と孤独」に閉ざされた「地上的精神」の不安と労苦と緊張に満ちた緩慢かつ貧弱な自己発現の姿にほかならない[8]。

この地上的桎梏に喘ぐ非力な「精神」は「外」からの助力者を必要とする。この助力者が「火」と「水」の永劫の闘争を純粋な「遊戯的格闘」へと昇華させたあの「天上の光」である。この同じ「天上の光」の助力によって「地上的精神」がそのあらゆる障害を克服して「光と自由の国への帰還[9]」を果たそうと努力する過程が、地上における「有機的形成」である。しかしこの助力は「天上の光」の全体をもってする総力的なもの――地上的精神の一挙の全面的解放――ではなく、その一部が「分離」して「助力を求める」諸要素に結びつき、それを「硬直と死の縛め」から徐々に解放するというかたちをとる。すなわち非力な「精神」への「愛と同情」から、「光」の一部が「天上的な歓喜と栄光の座」を離れて「死の夜」へと舞い下り、鈍重な質料に「魂を吹き込む創造の息吹」を浸透させ、その胎内に「生命の聖なる炎」を吹き起こし、その「灼熱」によって硬直した四肢を奮い立たせ、高次の形成へと駆り立てる[10]のである。

ところでこのような『世界生成論』を一つの「救済論」の文脈に引き入れて眺めるとき――というのは「天上の光」が「地上的要素」に向かって助力の手を差し伸べるという文脈は、まさに救済の理論のそれ以外の何ものでもないからである――、ほかならぬこの救済の理論が、それゆえまた『世界生成論』そのものが解決不可能な論理的矛盾に巻き込まれてゆくのは避けられない。なぜならその発出の瞬間においては「純粋精神」以外の何ものでもなかったはずの「世界自我」がその生成の途上において何ゆえに、そして何のために、この「純粋精神」からの「分離」であり「転落」であるところの物質的諸要素を産出し、そうすることによってもはや「天上的な光」の届かないこれら物質的堆積物の暗黒の地底にほかならぬ「純粋精神」そのものの一半、それも変わり果てた姿となったわが身の一半を閉じ込めるという、いわばみずから作った「石牢」にみずから繋がれるという不可解な苦役をみずからに課さねばならなかったのか——何ゆえに、そして何のために、創造主「世界自我」は「火」と「水」との闘争を「遊戯的格闘」へと完全に昇華させてしまわず、「消えた火」、「硬化した水」と化して「石」となった凝縮の沈殿物を無限に堆積させ続けるという行為——「世界生成」の本来の目的からすれば明らかな失策——を敢えてみずからに犯させねばならなかったのかという疑問は、「大地はまさに救済されるべきものとして生み出され、そのようなものとしてのみ存在していなければならない」という救済論的至上命題が、世界生成の唯一無限の絶対的主権者である「世界自我」の活動の根底に、しかも絶対的、無条件的であったはずのこの活動の開始に先立ってすでに埋め込まれていたと想定する以外に解くすべはないからである。しかしまたこのような想定——例えば「神によって無から創造された世界」の救済のために「創造主」である「父なる神」が「子」をこの地上に遣わしたというキリスト教的救済神話の介入を許すがごとき想定は、唯一無限の創造の主体は「世界自我」であり、それゆえ創造の主体とそれが産出する被造物とは一体であるとする『世界生成論』の「汎神論的」原理からすれば、断じて許容できるものではないだろうからである。フリードリヒ・シュレーゲルの『世界生成論』におけるこの解決不可能な二律背反的撞着が文字となって踊り出ているのが、「無からの創造、キリスト教的三位一体、世界の時間的開始は、もっぱら生成する神性の概念によってのみ、完成された観念論によってのみ説明され得る」(PL IX-21) というあの一八〇五年の断章である。かくして「生成する神性」の概念、すなわち「世界自我」の自己創造的世界生成という自然汎神論的概念からはけっして導出され得ないあの創造主体の自己分裂という「失策」を契機として、同じく「生成する神性」の概念からは絶対に導出され得ない「救済」への道を辿ることとなった「世界自我」は、ケルン私講義『哲学の展開十二講』の第五講『自然の理論』に続く第六講『人間の理論』、第七講『神性の理論』において決定的な路線転換を迫られる。

『人間の理論』は、それが「大地」の有機的形成の最終段階に到ってすべての地上的存在者にとっての「失われた神的自由への帰還」のための「憧憬の器官[11]」となるべく登場する「人類」の実践的使命を論ずる限りにおいて、すなわち「世界自我」の地上的生成の全過程を合流させて、すべての地上的存在者を「天上的な光の世界」の聖域へと導き、「神性との合一」の法悦の歓喜の中へ解き放つことが人間の実践的課題であり[12]、この課題のもとに「世界自我の生成」の全過程を再構成することが「歴史哲学」の本来の目的であるとされる限りにおいて、『世界生成論』の論理的連関の枠内に辛うじて納まる。なぜなら「生成する宇宙、すなわち自然以外にいかなる宇宙も存在しない」(PL III-412) という意味での宇宙創成の絶対的主語である唯一無限の「世界自我」の自己客体化としての世界および世界内の一切は、この「世界自我」の生成過程の発生論的追構成をその唯一の課題とする限りにおいて「唯一の学問[13]」と呼ばれるに相応しい「歴史哲学」のうちに汲み尽くされるというのが、この『世界生成論』の必然的帰結だからである。しかしここにこの「世界自我」の所産のすべてを総括する「唯一の学問」の理念の根底を突き崩す異質の理念、すなわち「歴史の始まりと終わり」は「啓示」による以外に告知され得ないとする理念が介入してくる。歴史の両端、すなわち「世界自我」の生成の発端と結末とは、この瞬間、「啓示」という絶対的な超越的所与の「深い秘密に満ちた暗黒[14]」の深淵の底へ没する。同様に「世界自我」の所産の一つであるはずの「理性」もまた、「高次の精神の衝撃」としての「啓示の賜物[15]」となり、さらに人間を地上的意識の制約から超出させ、「神的世界」へと開眼させる別種の能力、すなわち「人間における高次のものの開始」を告げる能力としての「熱狂」——これが「本来の啓示[16]」の本質である——が、「理性」によっては到達し得ない「天上の父にして支配者」、「生ける神」の認識へと人間を導くことになる。こうして『世界生成論』の自然汎神論的基盤は完全に掘り崩される[17]。

そして続く『神性の理論』に到っては、先の断章が確信をもって主張しているような意味での「自然汎神論」の基礎からするキリスト教的有神論の導出、すなわち「生成する神性」としての「世界自我」の創世理論の原理とその諸帰結からするキリスト教的諸理念の導出は、一挙に「啓示」の理念からする『世界生成論』の論理構造そのものの原理的改造へと逆転する。この逆転は主役の位階の逆転をも意味する。すなわち「啓示」の中心を成すのは、ここでは「全能の世界統治者」、「一切の神的なものの源泉」である「父」であり、「光の自我」でもあるこの「父」のもとからその「光線」、「神のまったき精神」としての「聖霊」が発出し、そしてまた「父」より遣わされた「子」は「愛」ゆえにわが身を貶めて「地上的要素」と結びつき、その苦悩を自己自身の苦悩として生きることを運命づけられる。[18] 一方、「自然の太初の源泉」、「世界生成の第一段階」の原動力となった「憧憬」は、「生成の起源」である「万物の母」ではあり得ても、いまだ「父にして統治者」の概念を欠いた、単なる「自然を支配する神的力」の域を出ないものとして、「神的に点火され、精神を与えられた開始」の段階に留め置かれ[19]——「無限の世界王者の概念は、憧憬とは直接結びつくものではあり得ない」[20]——、また、「一切の発展と形成、その完成と浄化の原理」だった「天上の光」は「聖霊」の位階へ落とされ、しかも本来の「聖霊」の「器官」と見なされる。[21] 確かに「自然の生成の源泉」は「憧憬」であり、それゆえ「憧憬」は「世界の母」、「神の母」とも呼ばれ得るが、しかし「高次の意味」での「創造力」は「父」にのみ帰せられるのである。[22]

そしてこの「父」が、世界生成の発展はあくまでも個々の存在者の自由に委ねられるとしながらも、これら個々の存在者のうちに宿る「理想的なもの」を成熟させ、浄化してゆく「立法者」として君臨する。[23] こうして「世界自我」の創世活動の第四段階（第五講『自然の理論』）の舞台だった自然界に続く第五段階（第六講『人間の理論』）の人間界を経て到達したこの第六段階（第七講『神性の理論』）において、「啓示された父」の理念に導かれて地上的人間は「神的自由への帰還」という最終段階——「光と愛と永遠の浄福の国」、「無限の充溢のうちに全的に展開され尽くした完璧な世界」、「神のまったき壮麗、充溢、統一性のうちなる」至福の国[24]を仰ぎ見るに到る。しかし人間が到達し得たこの最高の段階を維持しつつ、信仰と希望と愛のうちに地上生活の一切の苦難に耐え抜くためには、世界発展の最終局面における「世界と神的自我との合一」、「天上と永遠の至福への希望」の理念が完全かつ確実に保持されていなければならず、この要請に応えて創設されたのが「教会」である。それゆえ教会の任務は、「啓示をその根源的な純粋さのうちに維持し、天上の神の国への希望と預言を通じて人間に真の世界完成と神の国の成就への積極的な協力を呼び掛け、かつ強く促し、人間をその最高の使命の完遂へと導くこと」にある。この究極目的の達成のためには「天上と神の完成された栄光」への予感を一層揺るぎないものにし、それを「未来の神の国と世界発展の究極の完成」の確信へと高める新たな神助が必要である。それが「霊感」であり、人間にすでに与えられている「理性」と「熱狂」に続く「第三の啓示」である。[25]――かくして世界生成の絶対の「主体」、絶対の「主語」だったはずの「世界自我」は、その生成の一切を引っ提げてカトリック・キリスト教の祭壇に拝跪することとなる。その導師を務めたのが、ほかならぬこの非キリスト教的な『世界生成論』の台本作者フリードリヒ・シュレーゲル自身である。

二

『フリードリヒ・シュレーゲル原典批判全集』の編集主幹エルンスト・ベーラーは、全集刊行の準備段階にあった一九五六年の時点においてすでに、ケルン私講義『哲学の展開十二講』の第五講『自然の理論』が『世界生成論』という、キリスト教的有神論の論理的連関の中に納まらない独立した一章を含んでいることを理由に、この私講義全体の整合性に疑義を呈している。[26]根源的一者「世界自我」の無限の自己客体化としての世界創成のプログラムは、「たとえベーメ的に解された有神論に擬装されているとしても」、同私講義の第一講『哲学の歴史的特性描写』および第

二、第三、第四講で展開される『意識の心理学』における「主観的観念論」と「甚だしく撞着」するばかりでなく、そもそもこのケルン私講義の時期、すなわち一八〇四年当時においてシュレーゲルは古代ギリシャ文学研究期以来の自然汎神論的世界観を、四年前の一八〇〇年のイェーナ大学講義『超越論的哲学』にその最終的な刻印を残したのち、「とうに克服してしまっていた」はずであるから、依然として「神＝世界」という自然汎神論をその基底に据えている『世界生成論』は、この私講義に挿入されたいわば季節外れの思想的異物であるというのが、ベーラーの疑義の主たる論拠である。

果してそうだろうか。確かにこのケルン私講義全体の論理的連関の中での第五講『自然の理論』、特にその中核を成す『世界生成論』の孤立性は、ベーラーの指摘をまつまでもなく歴然としている。しかしシュレーゲルがこの時期、彼自身の自然汎神論的見地を「とうに克服してしまっていた」とはけっして言えないことは、前節においてすでに明らかなように、自然汎神論的基盤の上にキリスト教的有神論に基づく世界秩序を打ち立てようとした第六講『人間の理論』の、次いで「生成の始原」にして「万物の母なる憧憬」と世界創造の真の主催者にして「父なる統治者」との、あるいは「生成する神性」と「無から世界を創造した神」との間に新たな関係、新たな序列、新たな位階を策定することによってこの創世の両源泉を綜合する道を見出そうとした第七講『神性の理論』の悪戦苦闘が雄弁に語っている。むろんこの悪戦苦闘を「克服」への避け難い過程と見ることはできるだろう。しかしシュレーゲルが、初期の「汎神論的自然体験」からその最終的帰結である「生成する神性の理論」を経て、このケルン私講義に到って「神、人間、自然を現実的に峻別する有神論的世界観」の確立へ向かって最終的に舵を切ったとするベーラー期待の「克服路線[27]」を澱みなく踏み固めつつ前進してゆく整然たる思想家——整然たる思想家などというものがこの世に存在すればの話だが——でなかったことは、何よりも彼の著作そのものが、とりわけ彼言うところの「結合術的精神」

の赴くままに彼の脳裏に群がり寄せる種々さまざまな断片的想念の時間的・非時間的カオスの無限の集積ともいうべき『哲学的修業時代』に代表される幾多の断章群が立証している。例えばカトリックへの改宗と共にインド世界と最終的に訣別したはずだとするベーラーの期待に反して、シュレーゲルの古代インド世界への執着は――古代ヘブライ世界の絶対的優位性の強調にもかかわらず――後期三講義の一つであるヴィーン公開講義『歴史の哲学』においてむしろ露骨に表明されているという事実や、逆に、「それゆえ神はその姿に似せて人間を造ったということ、これが最高の意味において、この姿を模写する歴史と哲学の真の開始である」(PL Beil.II-10)という、後期シュレーゲルの神学的思弁を想起させる断章が、すでに『アテネーウム』誌にさえ先立つ論評『共和制の概念についての試論』と同時期の一七九六年の『哲学的修業時代』の一篇に見出されるという事実は、およそ迷いのない整然たる自己克服的な一路前進の概念がシュレーゲルにはいかに無縁だったかを立証して余りあるだろう。なお、『神話論』や『超越論的哲学』においてスピノザの神的・絶対的自然の実在論とフィヒテの絶対的自我の観念論との綜合のうちに自己の哲学の根本命題を探ろうとしていたこの時期のシュレーゲルの観念論を「主観的観念論」と呼ぶことは、――ベーラーが何をもって「主観的」と規定しているのか明確ではないとしても――明らかに事実誤認と言わざるを得ない。

また「ベーメ的に解された有神論」の擬装という先のベーラーの留保も、それがあたかも自明なことであるかのように何の説明も付されることなく持ち出されているという点で不用意の誹りを免れないだろう。確かにシュレーゲルの『世界生成論』におけるベーメの影響は否定できないが[28]、しかしそれをもってベーメ的な有神論の擬装と即断することは、何よりもシュレーゲル自身がベーメの宗教的本質を必ずしもキリスト教的有神論とは見ていないという事実によって遮られるだろう。確かにシュレーゲルはケルン私講義『哲学の展開十二講』の第一講『哲学の歴史的特性描写』中の『神秘主義』の章において、ベーメを、「内的直観」と「秘密の啓示と伝承」に依拠しつつ常に「至高のもの」、「神的なもの」に関わりながら、しかも同時に深く「自然界」の本質へと肉薄し、「全思弁哲学の諸原理の完璧な叙述」とも言うべき知見にまで到達した「最も包括的な、最も内容豊富で最も多彩な神秘主義者」と呼び[30]、さらに「一切の物質的なものを廃棄して」、「意識と精神的なものの実在性以外のいかなる実在性も承認しない」徹底した観念論的見地を堅持しながらも[31]、「人間的な制約された自我性」のみに局限されず、そしてまた「根源存在者」、すなわち「神性」を固定相のもとにではなく、絶え間ない活動と流動の相のもとに捉える自然観に立脚しつつ[31]、「神性の生成、歴史、その多様な変化と転成」を跡づけることに成功したベーメの神智学的業績[32]――「最高の哲学は、最高の実在性、すなわち神性とその本性および諸関係についての学問以外の何ものでもなく、そしてこれこそが神智学である」[33]――を、「主観的観念論」というよりはむしろ「無制約的自我の観念論」と一体化した「客観的観念論」に属するという意味での「観念論の最も偉大な、最も深い、最も独自の、最も卓越した偉業」、「真の哲学」における「最古のものと最新のもの」[34]、いわば「プラトンの思弁の極致とフィヒテの思弁の極致」との合一として讃える[35]。その上でシュレーゲルはベーメの思想の根幹を、「精神の物質に対する支配」と「感覚世界の空無性」への揺るぎない確信に基づく「全的に観念論的宗教であるキリスト教」の胎内から生まれ、「キリスト教精神の息吹き」をあまねく発散させている「啓示の哲学」[36]と捉え、その「全的に聖書的にして宗教的な形式」[37]において他の追随を許さないベーメの教説の本質を、「聖書」の註釈を越えた「聖書の継続」[38]とも言うべきものと見、例えば『アウローラ』を「新しい聖書」、「新しい福音」[39]と呼ぶのである[40]。

この限りにおいて――と言うのはケルン私講義でのこれらのいわば公式発言を文字通りに解する限りにおいて――シュレーゲルは確かにベーメの思想を「キリスト教的有神論」の域内において捉えてはいる。しかし同時期のいわば非公式発言である覚書、例えば断章集『哲学的修業時代』におけるの彼のベーメ観はこうした座標域を大きく踏み越える振幅を示している。彼はベーメの見地について、それは「本来キリスト教的見地であり、一つの客観的な擬人観」であり、「〈真の世界生成論ではない〉が、しかし人間的見地に従った悪しき原理の正しい解明」に基づく、本来のキリスト教的見地」である（PL IX-127）と認める一方で、ベーメの哲学を「プロティノスとスピノザ」を繋ぐ「汎神論の階梯」の一段階（PL IX-131）、「グノーシス的、マニ教的哲学」に連なる思想として「ブラフマンの哲学、プラトンの哲学」と並ぶ三大二元論の一つ（PL X-226）に数える。この意味においてベーメはシュレーゲルにとって「古い流出の体系と新しいマニ教徒に最も近い、最も完成された神秘主義者」（PL X-353）であり、その教説において「神の国」との「一切の関係を欠いている」（PL X-444）思想家であると断定せざるを得ない存在である。「ヤーコプ・ベーメのうちにはキリスト教的文学と神話の核心がある」（PL X-459）と書いた同じその手が、「ベーメの教説は流出の体系であるよりはむしろマニ教的思想であるだろう。なぜなら彼は、例えば悪魔を永遠と考えているからである」（PL X-460）と書くのである。シュレーゲルにとってベーメの思想は必ずしも真正な「キリスト教的有神論」ではあり得ず、ましてやわが身に纏わせる変装の具として役立つものではけっしてなかったはずである。

このようなケルン期におけるシュレーゲルのベーメ評価の複雑な振幅の謎は、『哲学的修業時代』の流れを追う限りにおいて、この数年後の一八一〇年から一八一二年頃にかけて書かれたと思われる同断章集中の幾つかがベーメの「無底」概念に集中攻撃を加えていることで明らかとなる。「悪しき原理を神の構成のうちに持ち込み——子から引き離された父を暗黒の中へ放置するというベーメの大きな誤謬は、彼が永遠の原根底（Urgrund）を神と混同した、というよりは融合・合体させた——両者を慎重に区別する代わりに——ことに起因するものでしかない。」（PL Beil. X-8）——「ヤーコプ・ベーメは他のいかなる詩人、賢者、予見者にもその例を見ないほど、神の苦悩の代わりにもっぱら自然の苦悩を描いて見せた。このこともまた同様に永遠の無底（Ungrund）と神の本質との混同という最初の誤謬に起因している。父が子から時間的に引き離されていることもあり得るということが神の大きな苦悩であり、無限の屈辱であり、これこそが世界が捉えることのできた最大の不幸であって、この不幸を深く真摯に捉えることによって、世界に救済が現れるのである。」(PL Beil.X-9) ——「近代ドイツの哲学の成果は、悪しき原理(純粋理性、絶対者)の、すなわち〈本来の無底〉の無意識的発見である。」(PL Beil X-10) ——「ルシフェルの転落によって感性界が生じ、それゆえ感性界は徹頭徹尾悪であるとする神智学的見解(すでにマニ教徒の教説と合致している見解)は、ここでもまた無底と父なる神の怒りについての、先にすでに言及されたあの見解と合致する。」(PL Beil.X-11)

「神の生成」を「神の深淵」、「神の無」、「神としての無」から「永遠の無の渇望」として導出しようとしたベーメの「無底」の思想を、反キリスト教的異端として忌避するシュレーゲルのこの拒絶反応は、同時期の論評『ヤコービの《神的諸事物およびその啓示について》』において、理性を「空虚な無底へと迷い込んだ悟性」として、「高次の叡知的能力」であるべき悟性と対比させている箇所[41]にも見て取ることができる。この拒絶反応、この正統キリスト教的見地からする「無底」批判はしかし、「無底は永遠の無であり、かつ一つの渇望として永遠の開始である」に始まるベーメの『汎智学の神秘』[42]との内的類縁性を否定できないシュレーゲル自身の『世界生成論』を、その存立の基盤を脅かす自己矛盾の渦中へ引きずり込む。なぜなら世界を「無」から創造したとされる「神」自身は何ものによっても創造されなかった——すなわち「無」によって創造された、あるいは「無」そのものから「無」そのものとして生成したとするベーメの思想——「神は万物を無から創造し、そしてこの無こそ神自身である」(『シグナトゥーラ・レールム』[43]、第六節、第八節)——を「神」と「無」すなわち「無底」との混同、あるいは同一視として拒否する以上は、世界生成の絶対的主体であり、それゆえ自己自身以外にいかなる創造の主体も、いや、その客体すらも容認しない「世界自我」——その発出源を自己自身以外のどこにも持たず、それゆえ自己自身の生成の根源を「無」のうちにしか持ち得ない「世界自我」を、ベーメに対すると同様、非キリスト教的異端として切り捨てるか、それともこの異端の「創造主」に、世界を「無」から創造しながら自身は「無」ではない唯一無限の超越的な「神」の御業への讃仰と服従を誓わせるか、このいずれかの道しかあり得ないだろう。ベーメは「無底」、すなわち「永遠の無」から「人格神の生成」を導出するという、いわば異端の迂路を経て有神論的地平に降り立とうとしたかに見える。だがシュレーゲルは彼自身の『世界生成論』そのもののベーメ的基底を徹底的に無視し、これとの一切の対決を回避することで「世界自我」の創造のすべてをキリスト教的有神論の秩序に組み入れることができると信じる、一切の論証の糸を断ち切った、いわば「信仰」の袋小路を選んだのである。

シュレーゲルのベーメ依拠は、すでに一八〇三年から翌一八〇四年にかけて行われたパリ私講義『ヨーロッパ文学の歴史』のプラトン論――『プラトンの特性描写』――での「イデア論」批判において明白に現れているが、ベーメ思想によるプラトン哲学の根本的改造を意図したこの「イデア論」批判は、ケルン私講義『哲学の展開十二講』の第一講『哲学の歴史的特性描写』のプラトン論においても繰り返されている(44)。ただしいずれの講義においても「無底」の概念は忌避される。シュレーゲルによれば、永遠の生成と不断の変化と無限の多様性を説くヘラクレイトスの「二元論」と永遠不変の自己同一的単一性を説くパルメニデスの「実在論」とを綜合して、一切を「精神」ないしは「意識」の本源から導出する「観念論」の確立を目指したプラトンの企図は、アナクサゴラスの「ヌース」の理論に由来する二元性――プラトン自身の「イデア論」においては「至高の神的悟性」と「永遠の質料」という架橋し難い二元性――の壁に阻まれて頓挫する。しかもこの綜合を真に仲介する唯一の道だったはずの彼の「想起論」――人間精神はかつて「神性との親密な結合」のうちにあり、この「叡知的世界」においては「神的悟性の原像」を直観していたはずなのだから、この地上の「感覚世界」に身を置きながらも、この神的原像の「不完全な、弱い写し絵」を眺めることで喚起されるかつての叡知的直観への朧げな追想の糸を手繰り、この「暗い混迷した状態からの覚醒」と「なかば失われ、なかば忘れられた」本源的なものへの帰還の道を確保し、人間精神を「真理の源泉」へと連れ戻す技法[45]こそが哲学であるとする「想起論」――もまた、この「イデア論」の二元性の壁に阻まれて、叡知界と感性界とを永遠に隔てる断絶を克服することに失敗する。だがそもそも「志向から生が、生から質料が生み出されて、いわば沈殿してゆく」ことは自明の理であるのだから、「もしプラトンがベーメのように意識をその源泉に到るまで追求し、それをその最も根源的にして最高の形式において憧憬ないしは志向として捉えていた」ならば、彼は彼の本来の目標だった「完成された観念論」へと導かれ、「質料」をも同じこの源泉から導出することに成功し、「至高にして永遠の悟性」と、この悟性からは導出され得ない「永遠の質料」との挟撃に苦しまずに済んだはずである[46]。ところでこのような「最も根源的にして最高の形式」において捉えられた憧憬、このような「純粋憧憬」は、常に「ある未知の、だが確実な何ものかへの、それゆえすでにかつては知っていた何ものかへの、すでに一度は知っていたある栄光、ある善なるもの」への志向であると同時に、「ある知られざる対象の暗い予感、ある測り知れない茫漠たる彼方への志向」である。しかるに「一切はただ一つであり、いかなる有限的精神も無限なるものからの流出」以外の何ものでもないのだから、あらゆる有限的意識のうちに宿る「至高のもの」もまた必然的に「無限なるもの」から導出され、「神的起源」を持つものであり、またすべての有限的存在者の「純粋な憧憬と愛」も「一切の愛の源泉」である「神的な愛」からのみ流れ出てくるものであって、このような「愛」を自己のうちに見出し得た存在者は、同時に「世界の創造者」としてみずから「神」となる[47]。それゆえ、とシュレーゲルは結論づける、「ヤーコプ・ベーメの哲学のように、根源原理を愛と憧憬、あるいは志向として捉える哲学は、みずから生と質料を産み出し」、その「産出的な魔術的力によって新たな諸力を意識の中に呼び起こす」のであると[48]。

シュレーゲル自身の『宇宙生成論』の出典を告白するにも似たこの両『プラトン論』は、事実、ベーメの『汎智学の神秘』の冒頭命題への依拠をあからさまに示している。ただし生成の根源原理をベーメに従って「憧憬」の無限志向としながら、この「憧憬」の淵源を「無」の欲動に求める「無底」の概念を徹底して無視するというかたちでの依拠、ベーメ哲学の根幹を完全切除したかたちでの依拠である。それがためにシュレーゲルの『世界生成論』における「憧憬」の発出源が不明となり——「空虚と空無の中へ踏み迷うという危険を冒すことなしに、憧憬の最初の動きを越え出ることはできない」[49]——、この発出源と一体的関係にあるはずの「世界自我」——世界生成はまさにこの「憧憬」の全方位的な伸長として開始されるのだから——の正体もまた不明の闇に包まれたまま、「空虚と空無」の中に消えてしまう。「世界自我」の生成への「憧憬」の源泉は問われない。この点でのシュレーゲルの守備は固く、「憧憬」の初動は、「憧憬」そのものと同様、他のいかなるものからも導出され得ない、それゆえ端的に最初にして最高のものであるがゆえに、「憧憬」の最初の動きと共に「憧憬」の最初の対象である「空間」が産出され、この「憧憬」の最初の対象の産出と同時に「憧憬」は自己自身を産出するという[50]、絶対循環の論法を守って譲らない。シュレーゲルは、ベーメの「神の生成」の原理論を切り捨てることによって、彼自身の『世界生成論』の発出源、すなわち「根源自我＝世界自我」の正体、その出生の秘密を隠蔽した、あるいは闇に葬ったと言えるだろう。

ベーメの『汎智学の神秘』[51]における「神」と「自然」の生成は、「永遠の無」でありながら「一つの渇望」として「一つの永遠の開始」でもある「無底」が、この「渇望」の対象を「無」以外には見出し得ないがゆえに、身を置くいかなる場所も見出せないまま「無」の虚空のうちを「純粋意志」として漂うという、永遠から永遠への「無底」の漂いとして開始される。ところで「無」から「何ものか」を作り出し、しかもそれを「自己自身」のうちにおいてのみ行うのが「魔術」の永遠の本源であるのだから、この生成の第一歩は「魔術」以外の何ものでもない。(『第一のテクスト』）

「渇望」から生じたこの「純粋意志」は「永遠の無」のうちにあって「何ものか」への渇望を自分の住処とし、ここに「渇望」とは別ものとなる。それは「渇望」を自分の「母」と見ることによって「渇望」における「渇望者」、いわば「魔術」における「魔術者」の地位に立つ。こうしてこの「意志」は感受も認識もされない「生命」となり、「渇望」はこの「意志」によって見出された「母なる実体」となる。「渇望」が「魔術」の本源であるならば、「意志」は「魔術者」であり、これが「意志」を産んだ「母」なる「渇望」の支配者となり、知性なき「渇望」に代わって「渇望の知性」となる。これが「永遠よりその本源態なくして」存在している「自然」とその「精神」である。（『第二のテクスト』）

この「意志」は「永遠なる全能者」として「渇望」の生命を統治し、しかも「意志」が行う一切は「意志」と共に顕れ、「意志」の生命のうちなる一つの存在体として認識される。この「永遠の意志」は「無底の永遠なる知」、すなわち「神」として、あるいは「精神」として認識され、「渇望」の生命は「意志の永遠なる存在体」、すなわち「自然」として認識されるが、両者に先立つ何ものもなく、両者共に始まりを持たず、相互原因的な関係に立ち、互いに一つの紐帯（Band）を成している。（『第三のテキスト』）

「根底なき永遠」として自己自身以外にいかなる対象も持たない「意志」は、こうして「実体への欲求」に駆られて「無」を掴み取り、その「所有者」、「支配者」たろうとする。こうして「魔術的」となった「意志」は、「想像力」のうちにおいてのみ「精神」となり、「生命の全能」のうちでいかなる「存在体」も持つことなくして、「無底の永遠の意識」としての「精神」を懐胎する。しかしこの懐胎は、これを抱き取り、その器となるべきいかなる「存在体」も持たないがゆえに、すなわち「永遠の精神のうちなる子」としてみずからその器となる以外にはいかなる「母なる存在体」も持たないがゆえに、懐胎も出産も自己自身のうちで行われる。そして「出産」は「精神の本源態」、あの「永遠なる意志」に淵源する「精神の言葉」として「声」、あるいは「響き」のうちに留まりつつ、二つの「本源的生命の秘蹟」を開示する。一つは「精神的生命の秘蹟」、もう一つは「本源的生命の秘蹟」であって、前者が「神」、すなわち「精神としての生命」であり、後者が「自然としての生命」であり、「唯一永遠の究め難い本源態」において存するこの二つの「生命」は共に、永遠以来の「無根拠の永遠の開始」、「無底」に淵源する「永遠から永遠へと永遠に続く開始」である。(『第四のテクスト』)

以上が、シュレーゲルが忌避したベーメの「神の深淵」としての「無」からの「神と自然の生成」である。万物を「無」から創造する神自身は、「何ものによっても」創造されない、すなわち「無」によって創造される。この「永遠の無」はみずから生まれ出ようとする意志、みずから産み出そうとする意志、「永遠に渇望する意志」として、しかもそれ自身は「無」以外の何ものでもないものとして、みずからを「精神」と「自然」とに分極させ、みずからのうちで懐胎と分娩とを行わせ、「永遠から永遠へと続く開始」としての神と自然の始原的生成を実行する。だがこの生成は「無」における「無」からの創造として「実体なき魔術」の秘蹟であり、「神の生成」はそれゆえただ「言葉」として、「声」としてのみ響きわたる。こうしてベーメは「生成する神〔性〕」を一切の神話的要素から切り離し、それを「無底の深淵」から一挙に「初めに言葉＝響きありき」の『新約』の地平に連れ戻す。

シュレーゲルはこのベーメの「神の生成」から「根源的渇望」と「魔術」の概念のみを彼自身の『世界生成論』のための基幹原理として奪い、「無」からの「神の生成」の秘蹟に関わる一切を捨て去った上で、この「神の生成」以後の世界生成過程の論述のために役立ち得る限りの象徴や概念をふんだんに借用する。両者の貸借関係は、例えば『第五のテクスト』において特に顕著である。「精神の生命」〔精神〕と「自然の生命」〔自然〕とは、前者は「自己の内」へと向かい、後者は「自己の外」へと向かうというかたちで一体性を保持しながら、「自然の生命」は「火」となって燃え、「精神の生命」は「光」となって輝き、しかも「火」は自己のうちに「自然の本質を焼き尽くす怨恨」を潜ませ、「光」は「火」からその威力を奪う「水」の誕生を約束する。こうして「自然の生命」の永遠の本質が「水」と「火」との混合のうちにあること、「永遠の存在体」がこれら二つの「神秘」の相互作用のうちにあること、そして一切の存在体の本質が「魔術」のそれであることが明かされる。だがこうして「永遠の自然の生命」の「想像力」がひとたび世界生成の活動によって刺激されるや、「怨恨」もまた呼び起こされ、被造物のうちにもそれは顕れて、多くの悪しき獣や雑草や樹木、蛆虫、蝦蟇、蛇などを出現させる。そこで「永遠の自然」は嫌悪を抱き、これらの邪悪と害毒を探し出して排除すべく、みずから「死」となってこの混乱の中へ落下し、「邪悪」を闇の中に孤立させ、それ自身のうちに「悪しき、有毒な、怒れる神秘」として立ち竦ませ、「有毒な不安の渇望」としての「悪しき魔術」たらしめる。（『第五のテクスト』）――この「悪しき魔術」の具現者として、あの「永遠の自然の生命の魔術」を「偽りの欲望」へと変質させることによって「神」からの離反を策したのが「ルシフェル」であり、この堕天使の策謀によって、本来は「神の意志」のうちで一体であるはずの「自然」と「精神」の二つの「永遠の生命」は分断されて、一つは「神の意志」となり、他の一つは「悪魔と怨恨の意志」となったのである。「アンティクリスト」と「バベルの塔」は、地上における後者の意志の現実態である。（『第八のテクスト』）

「無底」、あるいは「無」一般への嫌悪と恐怖は、シュレーゲルの『世界生成論』におけるベーメ受容の決定的な限界となったばかりでなく、『アテネーウム』期以来のスピノザ的汎神論ないしは実在論からの離反の決定的な要因ともなった。「スピノザはいわば哲学の中心的太陽であり、プラトンはその（天上的な）エーテルであり――〈ベーメは春たけなわの大地〉である」（PL V-967）という、この三者がいまだ思想世界の円卓を囲んで団欒する情景を描くことができた一七九九年の断章は、ケルン私講義『哲学の展開十二講』が開始された一八〇四年にはすでに、「スピノザは誤謬の完璧な総括である」(PL X-386)という断章に取って代わられ、さらに一八〇五年から翌一八〇六年にかけて行なわれるもう一つのケルン私講義『序説と論理学』の付論『哲学諸体系の批判』に到っては、「純粋理性による認識」を「唯一直接的な、完全に確実」な認識と見る「実在論」の体系を、あるいは不変、不動の「根源存在者」を想定することによっていかなる「自由」をも許容しない「宿命論」の体系を、「最も厳密に、かつ学問的に仕上げた」のがスピノザであり、この意味で彼の思弁的体系の必然的帰結である「空無と虚無の底無しの深淵」は、まさに「ニヒリズム」と呼ばれるに値する「哲学的混迷」の元凶であるとして指弾されるばかりでなく、「万物の起源と終末は無であり、この無こそが最高にして最完璧な本質である」と説く古代中国の一宗派(「禅」)の根本思想との類縁性までが指摘されるのである。[52] このような汎神論ないしは実在論に対するシュレーゲルの批判は、一八〇八年に刊行される『インド人の言語と叡知について』の第二部『哲学について』においても、古代インドおよび中国の仏教批判に仮託しての近代ヨーロッパのスピノザ主義批判として継続され、「一切は無なり」という中国の仏教徒たちの「秘儀的教説」は「一切は一なり」という汎神論的教説の裏返しにすぎず、これによって「無限なるものとその全能の横溢を生き生きと深く感得する心」は、「無」とほとんど区別できない「全一性」の幻影と虚偽概念のうちへ解体してゆくほかはないとした上で、シュレーゲルは次のように総括する。「汎神論は純粋理性の体系であり、その限りにおいて汎神論はすでに東洋の哲学からヨーロッパの哲学への橋渡しの役を担ったのである。汎神論は人間の自惚れと怠惰とに等しく媚びる。ひとたびこの大発見がなされるやいなや、すなわち《一切は一なり》という、一切を包括し、一切を抹殺するところの、だがそのくせ甚しく安直なこの学説と理性の知恵とが見出されるやいなや、もはやそれ以上のいかなる探究も究明も不要となる。他の人々がこれとは異なる道で知ったり信じたりすることはすべて、誤謬、錯覚、愚鈍の証にすぎず、また、一切の変化、一切の生命は、一つの空虚な仮象でしかないということになるのである。[53]」——「無」への志向と規定された汎神論、ヤコービに倣ってその別称として与えられた「純粋理性の体系」とは、それゆえシュレーゲルにとっては「魂の解体、魂の破壊から生じた派生的能力でしかない理性」による「無」の体系にほかならない。彼はケルン私講義とほぼ同時期の断章の一つで次のように書いている。「理性はそれだけではけっして始原的な能力ではなく、完全に派生的な能力、すなわち（理性と構想力のうちなる魂）の破壊から、（原罪によって原罪ののち、そして原罪と共に生じた）この魂の混乱から派生した能力である。それゆえ理性は人間の根源的な力の寸断から発生して来るものである。それ自体が空無で不毛であるこの能力の真の対象は空虚であり、無であって、インド人の言うニルヴァーナである。」（PL Beil.X-158）——

世界を根源的一者＝世界自我の憧憬ないしは渇望による無限生成であるとする自然汎神論的創世神話と、世界を至高の超越的一者による「無からの創造」であるとする有神論的創世神話とは両立しない。もし両神話の綜合を仲介する紐帯があるとすれば、それは超越的一者・神そのものの、例えばベーメにおける、例えばシェリングにおける「永遠の無の深淵」である「無底」からする自己懐胎的自生以外にはあり得ない。これを「神」と「無」との同一化という汎神論的誤謬として忌避し、神の超越的人格性に固執する限り、「世界自我」の創造的始原性は否定され、その世界創造の所産のすべては「超越神」の創造の「成れよ」の声のもとに包摂されて自立性を失わざるを得ない。「神自身の生成」への問いを、「神に先立つ神」、「創造者に先立つ創造者の創造」を問うてはならないというタブーを冒すものとして忌避したシュレーゲルにとって、イェーナ大学講義『超越論的哲学』以来の彼自身の『世界生成論』の根本命題——「自然は生成する神性である」、あるいはそのスピノザ的変換である、「スピノザの能産的自然と所産的自然は、生成する生成と生成せしめられた生成と呼ぶこともできるだろう」（PL VII-78）——によって総括される「神的自然」の大いなる営みのすべては、『旧約』の『創世記』における僅か六日間の「神の仕事」の風景のうちに要約され、吸収されるほかはない。かくして「無からの創造、キリスト教的三位一体、世界の時間的開始は、もっぱら生成する神性の概念によってのみ、完成された観念論によってのみ説明され得る」(PL IX-21)というあの根本命題は、書き手のシュレーゲル自身の哲学的・宗教的信条とは関わりなく、いわば自滅のかたちで潰え去る。事実、カトリックへの改宗後の一八一五年の断章の一つでシュレーゲルは、右記の一八〇五年当時の命題も、この命題の上に成り立ち得るとの確信のもとに展開されたかつての『世界生成論』もすべて忘れ果てたかのように、「モーセの『創世記』は世界生成論ではない」(PL Bei.X-169)と書くのである。それどころかシュレーゲルは彼の中期思想圏にあって異彩を放つこの独特の『世界生成論』を含むケルン私講義『哲学の展開十二講』を同私講義『序説と論理学』と共に、一八二二年に開始される彼の『自選全集』[54](ヴィーン版)から除外し、また、自分の死後に計画されることになる新たな全集版(第二ヴィーン版)の編集者に対しても、この両講義の「収録は相応しからず」とする遺志の尊重を要求している。[55] この除外の理由は明言されていないが、しかしそれが『世界生成論』の自然汎神論的基盤のゆえであっただろうことは、この『世界生成論』を含む第五講『自然の理論』そのものをこのケルン私講義全体を規定している宗教的基本理念に抵触する異分子と見るエルンスト・ベーラーのカトリック・キリスト教的見解が、いみじくもシュレーゲルの遺志の内実として言い当てていると言えるだろう。

＊〔シュレーゲルとは対照的にベーメの「無底」の思想を介して汎神論的世界観からキリスト教的有神論への克服的転身を図ったシェリングとシュレーゲルとの暗闘については、補論(七)『シェリングとの競合、「無底」の深淵を挟んで』を参照されたい。〕

こうしてシュレーゲルの『世界生成論』は、その語り手自身からも、この語り手の著作全集の編集主幹からも見放され――この『世界生成論』を含むケルン私講義『哲学の展開十二講』(全集第十二巻、第十三巻)の担当をベーラーは共同編集者の一人、ジャン-ジャック・アンステットに肩代わりさせている――、いわば正体不明のデミウルゴスの失敗作として放置され続けてきたのである。

三

宇宙生成の絶対主語でありながら、「憧憬」という根源渇望以上には遡及し得ない正体不明の「世界自我」は、みずから創造する宇宙空間に「大地精神」(Erdgeist)と「大地霊魂」(Erdseele)という同様に素性明らかならざる一対の霊的存在者を、「天上界」と「地上界」との両仲介者として出現させる。前者は「大気圏に広がる高次の力」として「大気」と結びつき、後者はそれ自身「地上的意識のうちに幽閉された精神」として「大地」と結びつきながら、「正と負」、「陽と陰」のごとく互いに激しく求め合い、引き寄せ合い、天上の「大地精神」からはその一部が「分離」して地上の「救いを求める諸要素」に働きかけ、この「固い大地に束縛された精神」を「高次の活動と自由」へと鼓舞しようとすれば、この助力の霊気を感得した「大地霊魂」は「大地精神」をいよいよ激しく抱き寄せ、大地の「石牢」の完全解放、全宇宙空間の余すところなき有機的形成という生成の究極目的に向かって邁進しようとする。そしてこの生成完遂の極致が、「大地霊魂」と「大地精神」との完全な合体を言祝ぐ「婚礼」の瞬間であり、睦み合う両者の「愛」の支配のもとに「一切の差異性、一切の個体性が消滅する」法悦の瞬間であり、「空間充足の原理」である「光」による「形成と造形の最高の充溢と多様性と美」の達成の瞬間である。

みずからの一部を「大地霊魂」に贈る「大地精神」がその機能において「光」であることは疑いない。事実、それは「天上的な光の精神」とも呼ばれる。あるいは「天上的な大気」である「大地精神」が「太陽」を介して地上に到来させるのが「光」であるとも定義される。語頭に「大地」（Erd［e］）を冠し、「地霊」（Erdgeist）と同義の民間伝承的異類の姿を借りて天下るこの「大地精神」と、これを迎える「地上的要素」の代表者、いわば大地母神としての「大地霊魂」との間に結ばれる「自由な愛」の契りのもと、「空間充足の原理」である「光」の遍在的活動によって「悪しき原理」の企む「空虚な空間」――「悪しき原理」は地上的要素を「圧縮」して、それを自己自身のうちに引き籠もらせ、自己蚕食と自己破壊とに到らしめるために「空虚な空間」、すなわち「真空」の完成を目指す――は充満し、それと共に「空間」それ自体もまた解消されて、「活動と自由の大海原」と化し、かくして「世界生成」の極まるところ、「大地」という「化石」の半身は、「光」に包まれて溶解して「光」と一体化し、かつて離別した「光」というもう一つの半身と合流し、ここに「帰還」は遂げられ、「光」による「絶対的に完成された空間充足」と共に「時間」もまた「まったき充溢」の極点を迎え、「石牢」としての「現世」の「時間」、あるいは「硬直した時間」としての「現在」は解体し、「過去」と「未来」とは結ばれ、「時間」は浄化され、完成されて「永遠」となる。「時間」は、「世界生成」の発出源である「憧憬」が産出する「空虚な無限空間」の充満という課題を「空間」と共有する生成の根源力――「時間は世界そのもの、一切の生成の総体、生成する神性である」（PL IX-234）――として、空間と共に「無限の世界自我の四肢」であり、「実在的な生きた精神的な存在者」である。(56)

「空間と時間」についてのこのような最終帰結を、シュレーゲルは彼独自の「観念論的見地」の総括として『自然の理論』に続く『人間の理論』への導入命題とするが、この導入はしかし、すでに見たようにキリスト教的有神論の壁に阻まれて果たされず、「世界生成」の絶対的主催者を自任してきた「世界自我」は航路変更を余儀なくされて失速し、これ以後、「世界自我」による『世界生成論』はシュレーゲルの全思想圏から完全に姿を消す。しかしこの思想圏、とりわけ中期思想圏にあって特異の地位を占めているこの非キリスト教的創世神話物語において確立される「救済」の理論は、彼の後期思想の根幹を成すものとして生き残り、さまざまに形を変えながら最後まで貫かれてゆく。そしてこの理論の実践的主導者として世界救済を宰領し続けてゆくのが、ほかならぬ「大地精神」と「大地霊魂」という民間伝承的な異教世界の気配を漂わせる「霊的存在者」である。このいわば異界の霊たちは、ケルン私講義の十五年後の一八二〇年に創刊される後期シュレーゲルの機関誌『コンコルディア』所載論文『内的生の展開——霊魂について』の舞台にも世界救済の両主役として登場するばかりでなく、一八二七年の『生の哲学』に始まる後期三公開講義の根底を規定する「意識の理論」にも、とりわけ一八二九年一月のシュレーゲルの急死によって断ち切られるドレースデン公開講義『言語と言葉の哲学』における独特の「言語起源論」の中でもその羽ばたきを響かせ続けるのである。

この「大地精神」と「大地霊魂」は、ここでは——例えば『内的生の展開——霊魂について』[57]の舞台においては——共にキリスト教に改宗した異教の「精霊」に相応しく、「父なる神の君臨」のもとに「大地」という民間説話的冠頭語を脱ぎ捨てて混迷の現世に舞い降り、いまやかつての「大地の石牢」から「人間の内的生の分裂」——「生の最内奥の諸要素にまで浸透し、そこに揺るぎなく根を張り、生の全域を支配している内部分裂」——と名を変えた「地上的諸要素」の苦境に救済の手を差し伸べる。あらゆる立場の相違を越えた万民の「苦痛の合意」として描き出される「地上的要素」の分裂的状況は、人間的生と意識の全域を汲み尽くす「内的人間の四方位」ともいうべき二対の能力、「悟性」と「意志」、「理性」と「想像力」の抗争において最も熾烈に発現する。第一の「悟性」と「意志」との抗争は、この地上の生を「正しい認識の光にも、至福をもたらす信仰の輝きにも恵まれずに」生き抜いてゆかねばならない現世の人間たちの共通体験、すなわち理論と実践、意図と実現、認識と意欲との齟齬ないしは反目として現れる。第二の「理性」と「想像力」との分裂的抗争は、敵対的な接触以外に合流するすべを知らず、しかも単独では無力な二つの能力、すなわち特定概念や抽象的記号に乗って際限なく滑走しながら何ものをも産出し得ない「抽象的思考」としての「理性」と、内的感情の形象化の能力として意識的世界において支配権を揮うばかりでなく、「まどろむ意識の夢の世界」という無意識的世界までも領有し、「理性」には拒まれている生産力を誇りつつも、実際には「病的な惑乱的生」の仮象を捏造するにすぎない「幻想的思考」としての「想像力」という二つの能力の葛藤として発現する。この互いに敵対し合う二対四能力の果てし無い分裂状態のために、人間の「霊魂」は、時には「理性」の強圧によって「自我性」の、そしてこれに起因する「空疎な思考法」の迷妄の国へと引きずり込まれ、時には「想像力」の誘惑によって「幻覚と夢想」の「魔術的作用」に身を任せることになる。しかし時として「理性」と「想像力」とが創造的相互浸透のもとに合体するあの「芸術的奇蹟」が訪れて、分裂した人間意識の暗澹たる流れの中に「光明の一瞬」を現出させることがある。この「稀有なる例外の一瞬」を恒久化し、「自我性の詭弁」と「想像力の夢想」の支配下で衰弱して「死の眠り」か「仮死状態」のうちにある人間の「失われた霊魂」をその本源状態へと再覚醒させることが、ここでの救済の核心となる。(58)

この救済の構造は、「救い」を求める「大地霊魂」と「救い」をもたらす「大地精神」との「愛に満ちた契り」という『世界生成論』でのそれと基本的には変わらないが、しかしここでの「精神」は、「本源的な無垢の生と意識」の創造主である「神」に由来し、それゆえ「個体的、独立的となった神意」そのものとも言うべき精神であり、そこでは「神意」の自然的結果である意欲がそのまま行為となって発現するため、「悟性」と「意志」との分裂をまったく知らない「本源的な被造の精神」、「創造主の手から生まれ出たばかり」の「純粋精神」であって、この「本源的な精神」によって救済される「霊魂」もまた、「生あるものを産出する理性」であると同時に「善にして神的なるもののみを思念し形成する想像力」という、「理性」と「想像力」との相互浸透的合体のうちに見出される「本源的な霊魂」である。「精神」と「霊魂」のこのような根源性が、その分裂的諸相によって覆い尽くされた人間意識の最内奥の本質であり、この最内奥の本質において人間は「霊魂と結婚した精神」にほかならず、このような両者の「契り」を介してのみ「高次の第三者」として君臨する「神」は求められるのであって、かくして見出された「神」および「一切の神的なるもの」についての「熟慮」を通して人間の本源的な「純粋意識」の再興、ないしはそこへの帰還を成就させること、これこそが「キリスト教的哲学」の使命でなければならない[59]。

『霊魂について』と副題された『内的生の展開』は、救済された霊魂の至福の陶酔的喜悦をもって閉じられる。「神との一体感」のうちにのみ見出される「至福」、これが「霊魂の本源状態」であり、それゆえ「霊魂」とは「地上の牢獄」からこの至福状態への「帰還」の切望である。だが「神に満たされた精神」の助力なしには「霊魂」のこの切望は満たされ得ない。「憧憬」は「至福」への内的切望であり、「憂愁」は「失われた至福への痛恨」であり、「予感」は「再び近づきつつある至福への喜ばしい予覚と希望」である。しかし「至福」こそが「霊魂」の本源状態であるがゆえに、「霊魂」はこの本源状態からの疎外に苦しみ、この世を「異境」として彷徨うのである。しかし「至福」が成就されるとき、この「再興された本源状態」に相応しく、「霊魂」はその「限りある自我」を捨てる。あるいは「自我」が「霊魂」から消え、代わって「より善き高次の自我」、すなわち「神の自我」が「霊魂」のうちに住みつき、根づき、生き始め、「霊魂」はこの「神の自我」への永遠の帰依を誓う。そのとき「まやかしの自我」に代わって「霊魂」が哲学の中心となる[60]。

「神」を至高の仲介者として結ばれる「霊魂」と「精神」との陶酔的合体による分裂的人間意識の救済という『内的生の展開——霊魂について』の基本構造は、シュレーゲルのそれ以後の著作、特に後期三公開講義の根幹としてほとんどそのまま踏襲され、しかも一層キリスト教的心霊主義の濃度を深めてゆき、例えば未完に終わったドレースデン公開講義『言語と言葉の哲学』の第二講は、「一切の力、一切の存在、一切の生、一切の愛の充溢を自己のうちに含み、精神と霊魂の源泉でもある存在者」、すなわち「神」を介して達成されるこの合体の「三位一体的」救済の極致を、「精神と霊魂とが永遠の愛の深淵のうちに沈められて完全な自足的安らぎを得るか、あるいはむしろ両者がこの上なく生気に満ちて共に考え、共に感じつつ、あの名状し難い栄光にこの上なく親密に参加し、神性の無限の充溢の涸れることなき大河に共に呑み込まれるとき」に成就される「至福の天上的状態」として――「身体は跡形もなく消滅するか、少なくとも純化され、まったく変容して」、「不死の霊魂」と「完全な自由を得た精神」の「純粋な光の表皮」以外の何ものでもなくなり、一切の差異性、個体性ばかりでなく、「霊魂」と「精神」との区別すらも消滅するに到る「精神的陶酔」の「稀有なる瞬間」として描き出す[61]。そしてこの救済理論がそのまま『言語と言葉の哲学』における「言語論」、あるいは「言語起源論」の中核となるのである。

シュレーゲルによれば、「言語」は、そして言語が「最普遍的、最包括的な人間の芸術」であり、芸術が人間の「根源的な言語能力の一側面[62]」（同講義第二講）であるという意味において芸術もまた、意識の分裂抗争とその克服への苦闘という人間的状況にその発現の基盤を持つ、まさに人間のみにいわば人間の運命として付与された特権的能力である。このような人間固有の能力としての言語はしかし、「全知の悟性」と「全能の意志」とが不可分の一体を成している存在者、「一切の生産性の充溢を包括し、涸れることなき案出の泉である」がゆえに、その創造力のために「生産的構想力」のごときものを想定する必要がなく、そこにはただ「無媒介的に認識すると同時に直観する悟性」を想定する以外にその本質を推し量るすべとてない存在者、すなわち「神[63]」（同）にも、あるいはまた、あの「本源的精神」――「あらゆる民族のもとに、そして古代世界の全体にわたってあまねく実在していた」と信じられてきた

「霊的存在者」、シラーの言う「選ばれた霊的存在者」、すなわち「被造」の身でありながら「悟性と意志とが完全に一体的」であり、「思考がそのまま行為」となり、「活動する悟性」が同時に「完全な自己意識に達している意志」であるような存在者[64]（同講義第一講）にも、不可能かつ不要かつ無縁である。人間言語とは、分裂抗争しながら融合・合体の法悦を渇望する「精神的諸能力」と「霊魂的諸能力」、すなわち分裂抗争しながら「絶対的調和」を渇望してやまないあの四つの精神的・霊魂的根本能力――「悟性」、「意志」、「理性」、「想像力」――が「全力を尽くして」、しかも互いに「対等」に参加することによって成立する「内的人間の所産」としての特殊能力であって、文法的構造とその内的構成、語の変化と結合の諸規則は「理性」の支配に属し、言語による一切の比喩的表現は「想像力」が掌握し、言語作品――詩的作品であれ学問的作品であれ――の明確な外的造形、例えば「ある堅牢な古代の原言語の根源的な幹綴や最初の幹語のうちにも見出されるあの深く精神的な描写」は「悟性」の仕事に属し、「最高度に熱狂的な演説」や、「電撃的に人々の心情を打つ魔術的な力」は「意志」の発動に由来する[65]（同第二講）のである。

シュレーゲルはこの内的人間意識の基幹四能力に、そこから派生する副次的な混合能力である「良心」、「記憶」、「衝動」（無限の想像力のうちに侵入してくる情動）、「外的感覚」（視覚＝精神の感覚、聴覚＝霊魂の感覚、触覚＝有機的身体の感覚）の四能力を加え[66]（同第五講）さらに単独では孤立せざるを得ないこれら分裂的な八個の能力を互いに交流させ、交差させ、浸透させて、そこに一つの新たな生きた複合体を形成する能力としての「感情」――ゲーテがファウストをして「感情がすべてだ」と言わしめた意味での「感情」[67]（同）を想定し、そして最後に、この「感情」によって一つの脈絡ある全体へと形成される人間意識をさらにその本源状態、あるいは「本源的意識との一体性」へと向かわしめる「三位一体的」な能力、すなわち「霊魂」、「精神」、「神、あるいは神的なものへの内的感覚」[68]（同）を加えた計十二個の能力を、明らかにベーメの『汎智学の神秘』の『第七のテクスト』に倣って「人間意識の全アルファベット」と名づける。[69]（同講義第六講）そして彼はこの「人間意識の全アルファベット」を基盤として初めて「高次の真理と認識の最初の幹綴ないしは語根」、「真の学問のための内的言語の全単語と完全文章」、そしてこれらの一切が合して一つの「生の謎を解く共通の鍵となる最包括的な基礎単語」は形成される[70]（同）と主張するのである。

人間意識の分裂的現状とそこからの意識の本源的状態への帰還の希求のうちに人間言語の原郷を探ろうとするこの特異な言語起源論は、これ以上の進展を見ることなく立ち消えとなるが[71]、この「言語論」を「意識論」の最終場面として、すなわち「救済論」の文脈の中に組み入れて読む限りにおいて、人間言語の体系もまたその一切を挙げて救済の体系となり、その究極の帰結は分裂的意識の克服の完遂、すなわち意識の分裂抗争のすべてが「霊魂」と「精神」との「愛の深淵」のうちでの法悦的な合体と共に消滅する瞬間の、まさに言語に絶した神的陶酔の極致における言語そのものの解体と消滅の瞬間であるだろう。そしてこの陶酔の一瞬こそがシュレーゲルにとっての「キリスト教的哲学」の完成の瞬間でもあるだろう。

このような「キリスト教的哲学」の見地からするシュレーゲルのドイツ哲学の現状批判は、時には「単一性の原理」に基づく「純粋理性の体系」として、時には「無底の迷路に踏み込んだ悟性」が必然的に陥る「ニヒリズム」として、その他さまざまな変装に身をやつして立ち現れる汎神論の「死せる無の形而上学」（同講義第二講）の亡霊たちに対する徹底攻撃のかたちをとる。[72]シュレーゲルによれば、「神」に「無制約的理性」を付与したり、あるいはこの「無制約的にして絶対的な理性」をもって「神」と称したりする哲学諸体系、別して近代ドイツ哲学の諸体系の本質は、畢竟、「神」を「宇宙」と同一視し、これを「一にして全なる存在者」のうちへ解消しようとする「汎神論的傾向」以外の何ものでもない。これらの体系が誇示する「無制約的理性」とは、汎神論の原理である「一にして全なる存在者」――「異教的な自然の諸体系」においては「一切を呑み込み、一切を生み出させ、一切を生み出す無限の生命力」を意味する唯一無限の存在者——を「より学問的に見せんがための哲学的別称」にすぎない(73)（同）。このような「理性」の絶対化、すなわち「無制約的な絶対的理性」と「神」との絶対的同一性というかたちを取って出現した「近代汎神論」の最も先鋭な表現が、この時期のシュレーゲルにとってのヘーゲルである。

シュレーゲルのヘーゲル批判は、すでに前記のドレースデン公開講義『言語と言葉の哲学』に先立つヴィーン公開講義『生の哲学』の第一講においてきわめて攻撃的な論調をもって開始されている。シュレーゲルによれば、カントによる「無制約的理性」の越権に対する批判として出発したドイツ哲学が、「絶対的自我」と「神的なるもの」との同一視という第一段階、「絶対的理性の幻影」にすぎない「汎神論的自然神格化」という第二段階の迂路を経て辿り着いた「哲学的逆行」の最終段階が、「無制約的理性の神格化」、「理性の無制約的原理の復権」であり、しかも「絶対的理性」の本質が「否定性」のうちに定立されることによって、「否定の精神」が神格化されて体系全体の支配者となり、「形而上学的虚言」が「神的現実」に取って代わる。この「カント以後」の三段階の担い手が、名指しで挙げられてはいないとはいえ、それぞれフィヒテ、シェリング、ヘーゲルであることは明らかであり、特に「絶対精神」という名の「否定と矛盾の悪しき精神」を、「抽象と不可解」の邪道に踏み迷って紛糾と混迷の極に達した「現代ドイツ哲学」の諸体系の真っ只中で玉座に就かせたヘーゲルは、「最も遠い精神の両極端」が「惑わしの光」、というよりは「輝ける暗黒」の一点において出会うという「奇妙な内的符合と近親性」によって、当代イギリスの最大の詩人バイロン——その劇詩『カイン』において「神の世界秩序の巨大な批判者」、あらゆる不満分子および神の全創造に対する「反逆行為の首領」、「人類の敵にして冥府の王」たるサタンをこの最古の兄弟殺しの教唆者として未曾有の筆致と圧倒的な真実さとをもって活写したバイロン——と並び立つ存在であり、この「反キリスト的詩人」と「反キリスト教的思想家」とが「まやかしの栄光のある一点」において図らずも邂逅するという「奇妙な予定調和」のうちで、「観念論的混迷の最高段階」、「学問的無神論の最終段階」が極められたのだというのが、ドイツ観念論哲学の最終段階についてのシュレーゲルの批判的総括である。(74)

ヘーゲル哲学を「汎神論」の最終的突出、「永遠の愛と啓示」に対する「最初にして最大の敵対者サタン」の勝利(75)（『言語と言葉の哲学』第四講）の再現として糾弾するシュレーゲルの激越な舌鋒はしかし、これを、彼自身の『世界生成論』の汎神論的基底の上に成立する「大地精神」と「大地霊魂」との法悦の契りという「非キリスト教的」救済論の基本構造をほとんど手付かずのまま「キリスト教的救済」の原理として転用し、しかもこの「わが内なる汎神論」という自己矛盾には一向に気づいた気配もなく、ひたすらキリスト教的「三位一体的救済」を盾に近代ドイツ哲学の「汎神論的傾向」に対する異端審問的な糾弾に熱中する説教者の姿と重ね合わせるとき、これとまったく同種の実例——ほかならぬ自己の青春の記念樹ともいうべき一八〇〇年の『神話論』(76)（『アテネーウム』誌所載の『詩文学についての会話』第二章の『神話についての講話』）に対してシュレーゲル自身の手によって加えられたほとんど暴力的なまでの手荒な自己検閲と軌道修正を想起させずにはおかない。すなわち一八二二年から一八二五年にかけてヴィーンで刊行された自選『フリードリヒ・シュレーゲル全集』（未完）の第五巻に収録された『改訂・神話論』(77)において彼は、スピノザの神的自然の実在論とフィヒテの世界創造的自我の観念論との綜合——「観念論の胎内から誕生する観念論の精神に浸透された新しい詩的実在論」——にこそ近代文学の永遠の土壌となるべき「新しい神話」創出の可能性は見出されるとした『アテネーウム稿・神話論』の基本構造だけはほとんど手付かずのまま温存させながら、語句、文章の改変、加筆と削除——特にスピノザとフィヒテの名の徹底削除——等々、大小八十箇所を越える改造作業によって、かつて『神話論』の祭壇に祀られた両主神であるスピノザとフィヒテの形跡はおろか、気配さえも徹底的に払拭しようとしたのである。この自己改竄とも言うべき域にまで達したシュレーゲル流「自己批判の試み」、というよりは「自己破壊の試み」が強行したなりふり構わぬスピノザ・フィヒテ追放劇は、両者の名、特にスピノザの名の徹底削除に始まり、両者の綜合を「ヘラクレイトスの二元論とパルメニデスの実在論」との綜合に振り替え、フィヒテに代表される「観念論」を、「神的なものの力」をもっぱら「自我」のうちにのみ措定する「近代のプロメテウス」の「巨人族的不遜」と決めつけ、別してスピノザに由来する「近代実在論」を、その「絶対的単一性の体系のうちで自然が理性と、理性が神性と融合・合体」せしめられて、「一切の差異性と個別性」が解体・消滅する「無限なるもの」の「大海原の深淵」――「古来、神的事物の認識にとっての底無しの、そして一切を呑み込んできた誤った単一性の大海原の深淵」――として糾弾するのである。(78) だが――そしてここで「改宗者シュレーゲル」のカトリック・キリスト教の法衣の下に隠されてきた秘密のすべてが一挙に露呈するのだが――ここでスピノザ的汎神論のいわば原罪として糾弾されている「一切の差異性と個体性」を呑み込む「無限なるもの」の「大海原の深淵」と、同じく「一切の差異性と個体性」の解体・消滅による救済の法悦的瞬間をもたらす精神と霊魂との合体という、先の『内的生の展開――霊魂について』におけるキリスト教的「愛の深淵」との間に、いかなる本質的な差異があるのかという根本問題には、シュレーゲルは最後まで口を閉ざして語らない。

「後期シュレーゲル」――それはまさに括弧で括られねばならない――とはそもそも何であったのか。彼が身に纏うカトリック・キリスト教の法衣の下に彼は何を抱え込んでいたのか、あるいは包み隠そうとしていたのか。もし彼が「自然は生成する神性である」とする自然汎神論的基底からの「キリスト教的諸理念」の導出の必然性を本気で信じていたのであれば、なぜ彼はこの導出の必然性――初期自然汎神論から後期キリスト教的有神論への克服的進展の必然性――の最も歓迎すべき記念碑だったはずの『世界生成論』を含むケルン私講義『哲学の展開十二講』を彼の自選全集版から排除したのか。『アテネーウム版・神話論』は『ヴィーン改訂版・神話論』の中で、いわば「汎神論」

の若木を裂かれ、そこに「キリスト教的有神論」の大枝・小枝を強引に接ぎ木されて無残な姿を晒しつつも生き延びた。だが『世界生成論』は無造作に葬り去られたのだ。葬り去ったのはシュレーゲル自身であり、葬り去られたのもシュレーゲル自身である。にもかかわらずシュレーゲルはこの期に及んで、というのは彼のカトリック・キリスト教的クレドの絶唱とも言える最後のドレースデン公開講義『言語と言葉の哲学』において、彼の聴講者たちを「二者択一的岐路」に立たせ、「いずれの道を選択するかは各人の自由である」と語り掛ける。この岐路の一つは「啓示の人格神」への道、すなわち世界は「神自身」ではなく、神から区別され、一つの「始まり」を持ち、神によって「無から創造された」ものであるとする有神論的見地であり、もう一つは「唯一至高の存在者」への道、すなわち世界は「神」と同じく永遠であり、「神」とは区別されず、「世界＝神」の絶対的無差別相のもとに「一切を包括し、それ自身が一にして全なるもの」として顕現する根源存在者であるとする汎神論的見地である。[79]（同講義第四講）

しかしここで何よりもまず問われねばならないのは、一方の道には「三位一体の神」が聳え立ち、もう一方の道には「最高の首尾一貫性をもって完遂された」スピノザの「全一性の体系」という名の「神」が立ちはだかり、互いに鋭く対立しつつ自己の絶対的正当性を主張して譲らない、この絶対の「岐路」[80]（同講義第七講）を前にして、果して「各人の信条の権利」を名目とした「選択の自由」が成立し得るだろうかということである。「神および神的なもののすべて」を「啓示の所与」として受け入れている有神論的見地に立つ「われわれの生の哲学」からすれば、もはや「選択」の余地はない[81]（同講義第四講）と断言すれば済むような、個人的決断の問題をそれはすでに越えている。そもそもこの期に及んで「選択の自由」を認めるくらいならば、何のための激烈な汎神論批判だったのか。フィヒテからヘーゲルに到る近代ドイツ哲学の根本命題の一切を汎神論の鋳型に流し込んで「あれかこれか」を迫るがごとき反撃に出たのは何のためだったのか。「各人の自由」とは、この時期のシュレーゲルにとってはもはや言わずものレトリックでしかなかったはずである。しかしそれ自体としては意味を成さないこのレトリックも、もしこれをこの期に及んでなお断ち切れずにいるスピノザの「全一性」の体系へのシュレーゲルの愛着の証、あるいはそれへの愛憎相半ばするアンビヴァレンツの証と見るならば、「後期シュレーゲル」におけるスピノザ問題の相貌は一変するだろう。実際、この期に及んでも衰えないシュレーゲルのスピノザへの愛着、というより執着は、一八〇〇年の『アテネーウム』誌所載の『神話論』とこれに続く翌一八〇一年に開始されるイェーナ大学講義『超越論的哲学』においてフィヒテの体系と共にシュレーゲル自身の哲学的構想の両輪となってきたスピノザの体系を必然的に「無神論」へ導く「純粋理性の体系」として糾弾するこのドレースデン公開講義においてさえも、一種の尊崇の念を伴いつつ生き続けているのであって、例えばスピノザの体系の根底を成す「無制約的必然性」という「理性の錯誤」にもかかわらず、だがほかならぬこの「誤謬」の「徹底的遂行」によって、「道半ばにして停滞している学問ないしは思考法」を「真理のより高次の段階」へと押し上げる刺激剤としての役割を果たしたという一事[82]に、シュレーゲルはこの「生まれながらのヘブライ人として完全にキリスト教の圏外に立っていた[83]」人物の異端の体系に他に懸絶した比類のない存在価値を認めようとするのである。これとまったく同様の言葉を、彼はすでにスピノザとの訣別をその基本路線として表明した一八〇五年のケルン私講義と同時期の断章の一つとして書き記している。「スピノザは**誤謬の完璧な総括**だが――しかしだからこそそれは哲学的修業時代の**一階梯**であるのだ。けだし人間はしばしば、**誤謬を徹底的**に最後まで追及することによってこそ真理へと導かれるものなのだから。」(PL X-386)――

だがこの時期、すなわちドレースデン公開講義の時期のシュレーゲルにとってスピノザの「誤謬」の徹底的追及によって達成される「真理」とは、「汎神論批判」の名を借りてほかならぬスピノザのすべてを、むろんその「誤謬」もろとも完全に葬り去ることを意味するという一事にこそあったのではないのか。少なくとも公式発言においてはそのようなものでなければならなかったはずである。とすれば「選択の自由」という言葉はそもそも何を意味し、かつまた誰に向けられたものだったのか。この期に及んでの「各人の自由」という一種の寛容さの表明とも受け取れるこの言葉には曖昧さが付き纏って離れない。この曖昧さは、彼がその公式発言での容赦のない路線変更宣言とは裏腹に、この路線変更の内的必然性、彼の内なる「スピノザ」との対決とその克服への内的必然性については何一つ語っていないということに起因している。ここで当然期待される『アテネーウム』期以来の彼の内なる自然汎神論的傾向との理論闘争の痕跡を彼はどこにも残していないのである。路線は変更された。しかしそれに到る内的葛藤の告白的叙述の形跡はどこにも見当たらない。エルンスト・ベーラーは『全集』第七巻収録の『フランスへの旅』に関する解説の中で、シュレーゲルの政治的転向には聖パウロの「ダマスクス体験」が確認できないと述べているが[84]、この指摘はシュレーゲルのあらゆる局面についてもほぼ例外なく妥当する。シュレーゲルの思想的発展は、ベーラーが期待するようなある何らかの衝撃的体験とこれを転機として開始される自己解体ないしは自己克服への新たな地平への決壊的展開といった直線的なベクトルとは無縁である。とはいえはしなくも「選択の自由」という言葉によって露呈された「後期シュレーゲル」におけるスピノザ問題の新たな局面、シュレーゲル研究の最終場面に食い込んだ厄介な刺とも言うべきこの局面は、われわれをフリードリヒ・シュレーゲルの思想複合体の核心部へと踏み込ませ、こう問い掛けさせずにはおかない。

シュレーゲルが「選択の自由」の名目のもとに残さざるを得なかった——おそらくは彼自身のために——もう一方の道、彼が汎神論の原理として理解していた「唯一至高の根源存在者」への道、この期に及んでなお彼を差し招いてやまない「生成する神性」の、「ある知られざる神」の、『神話論』における「古き神々」の住処でもあり、『世界生成論』における異形の霊的存在者たち——「天上の光」の一片を地上にもたらすべく舞い降りた天上の使者である

「大地精神」と、これとの「愛に満ちた契り」の陶酔的歓喜のうちに地上的存在者の解放と救済を成就させるべく待ち受ける「大地霊魂」――の原郷でもあったに違いないあの非キリスト教的な「唯一至高の根源存在者」への道、この道こそが、シュレーゲルがカトリック・キリスト教的思想家としてその生涯の最終段階において到達し得たと信じて疑わなかった「神の国」へ到る道そのものではなかったのかと。

「神」なくしてはいかなる救済もない。なぜなら「神」との絶対的な絆を介してのみ、「霊魂」と「精神」とは絶対の和合のうちに人間意識の分裂的惨状をその本源的調和へと連れ帰ることができるのだから。だがここで言う「神」とは、世界を「無」から創造しながら、自身はこの創造の彼岸に立つ「超越的人格神」である。しかしこの「啓示の神」の絶対的支配のもとでの「救済」の基本構造は、シュレーゲルにとってはすでに『世界生成論』において「大地霊魂」と「大地精神」との交歓の羽ばたきによって確立されている。だがこれらの異教的な精霊たちの出自は、その産みの親であり、しかも「根源的憧憬」以上にはその素性を追跡できない「世界自我」のそれと同様、「自然は生成する神性である」という自然汎神論的根源命題の奥底に吸い込まれて消えている。とはいえこの根源命題の発出の原点が世界（自然）と「神」との絶対的同一視を帰結する「一切を包括し、自身一切者」である「唯一至高の無制約的存在者」、「一切を呑み込み、一切を生み出させ、一切を生み出す無限の生命力」としての「全一的存在者」そのもののうちに求められるのでないとしたら、あの「唯一無限の世界生成的自我」という名のデミウルゴスの原郷をわれわれは一体どこに想定できるだろうか。

熱烈に、いや、熱狂的に語られる、いや、唱え続けられる「後期シュレーゲル」のキリスト教的救済論と激越な汎神論批判に激しく波打つカトリック・キリスト教の法衣の下で、シュレーゲルと同宗のキリスト教への改心を誓い、「父なる啓示の神」を讃え、その祭壇に拝跪する「精神」と「霊魂」とに再びかつての「大地」の冠と羽ばたく翼とを与えて天に放ったならば、このものどもは一体どこを目指して飛んでゆくだろうか。この仮想の情景は、シュレーゲルの思想世界全域の中に占める『世界生成論』の位置とその意義の再検討――「世界自我」というデミウルゴスのカトリック・キリスト教への改宗という奇妙な出来事を含めての――を促すに充分誘惑的であるはずである。

第七章　インドとヘブライとの狭間で——幻想の言語起源論と言語ピラミッド論

「生成する宇宙、すなわち自然以外にいかなる宇宙も存在しない」(PL III-412) のだから、「生成が世界の本質——それゆえ世界の起源——諸事物の終わり」(PL IV-1041) であり、「一切はただ一つの生成」という「永遠の生成」[1]の概念が世界探索のための唯一の導きの糸である。「世界は体系ではなく歴史」[2]であり、歴史学が「唯一の学問」[3]、「最も普遍的にして最高の学問」[4]である。しかしこの「永遠の生成」の始まりと終わりとは「神秘的かつ超自然的」[5]なもの、自然、すなわち「生成する宇宙」であることを超絶したもの、それゆえ一切の生成の彼岸であるところのものによって規定され、かつその中へ没している。歴史の両端は「根源的な啓示と最も密接な関係に立つ」[6]超越的・超歴史的発端と終末として、あらゆる歴史的遡及と歴史的展望の糸を断ち切る認識の深淵である。「何よりも空虚な無と必然性の中へ迷い込むまいとすれば、世界の発端を越え出てゆくことは許されない[7]。」——「体系を持つことも体系を持たないことも、精神にとって等しく致命的である」という二律背反的パラドックスとして鋭く自覚され、「それゆえ精神はこの二つながらのことを結合すべく決意しなければならないだろう」(AF 53) という、ほとんど解決不可能な課題を背負い込んで以来の、これがフリードリヒ・シュレーゲルの思想世界をそのあらゆる局面において分断する架橋し難い永遠の断層、一切のものの歴史性と超歴史性、非体系性と体系性の相剋を表現する根本命題である。最後期三公開講義の一つ、一八二八年のヴィーン講義『歴史の哲学』の序文において彼は、「全人類がその失われた神の似姿を各時代における恩寵の諸段階に応じて取り戻してゆく過程[8]」の追跡という超歴史的課題の解決を歴史哲学の究極目的としながらも、なおかつこの追跡の一歩一歩においては徹頭徹尾実証的な歴史記述者たろうとする姿勢を貫いている。「私は、いついかなるときも歴史的伝承を跡づけること、その証言や報告の多くがわれわれにとって異様に思われ、あるいはほとんど解明し難いもの、少なくとも謎めいたものであり続けるような場合でさえも、実証的追跡の糸を握りしめて放さないことを不変の原則としてきた。なぜなら古代世界とその歴史のただ中でこのアリアドネの糸を手放すやいなや、恣意的に捏造された諸体系の迷路、種々雑多な意見のカオスから逃れるいかなる脱出口も見出せなくなるからである。[9]」——だがシュレーゲルが握りしめていると信じていたこの歴史探索の糸の一端は歴史を越えた闇の向こう側へ消えてしまっている。こうしてわれわれはシュレーゲル最後のパラドックス、歴史的実証主義と超歴史的な神学的思弁との癒着と葛藤の「カオス」の記録とも言うべき奇妙な「言語起源論」の「迷路」の中をシュレーゲルと共に彷徨うこととなる。出口はむろんない。

一

「一切が、一切のものが例外なくインドに由来している。」——シュレーゲルがサンスクリットの学習に没頭していた一八〇三年にパリから友人ルートヴィヒ・ティーク宛に書き送ったこの熱狂的な言葉[10]は、しかしこの時期すでにもう一つの同様に熱狂的な言葉を暗黙の道連れとしている。「一切が、一切のものが例外なくモーセの啓示に規定されている」というのがそれである。暗黙のというのは、この時期、すなわち一八〇三年から翌年にかけてのパリ私講義

『ヨーロッパ文学の歴史』においてすでに、インド神話の主神ブラフマをこの多神的世界の「父」なる唯一至高の支配者として位置づけると共に、このブラフマにヴィシュヌとシヴァの両神を加えた「三神一体像」に「三位一体」の理念を投射することによって、インド神話の原質をカトリック・キリスト教的原啓示の最古の顕現として捉えていた[11]シュレーゲルにとって、このモーセへの信条告白は自明の前提と言えただろうからである。この意味で——というのはカトリックへの「回心」へ踏み切ろうとしていた当時のヨーロッパ知識人に他のいかなる態度表明の可能性があり得ただろうかという意味において——、エルンスト・ベーラーを主任編纂者とする『フリードリヒ・シュレーゲル原典批判全集』のインド関係の担当者で、同全集第八巻収録の『インド人の言語と叡知について』や同第十五巻第一分冊『オリエンターリア』収録の六冊から成る『東洋学研究ノート』の校訂と解説を手掛けているインド学者ウルズラ・シュトゥルク゠オッペンベルクが、シュレーゲルのサンスクリット学習の最初の成果である幾つかの翻訳断片のうちに「明白なキリスト教的・人文主義的傾向」を見て取れるとし、この傾向を、一八〇五年から一八二三年までの間に書き継がれてゆく前記六冊の『東洋学研究ノート』にも一貫して認められる「ライトモティーフ的な思想の糸」[12]であるとした上で、「古代東方の秘儀や神秘思想」へのシュレーゲルの関心をその根底において規定していたのは「モーセの啓示」にほかならないと結論づけていることに[13]、異論の余地はないと言えるだろう。事実、カトリックへの「回心」と同年の一八〇八年に刊行されるシュレーゲルのインド讃歌『インド人の言語と叡知について』が、書かれるべくして書かれなかったもう一つの仮想の讃歌「ヘブライ人の言語と叡知について」へと折り重なってゆく過程は、オリエントおよびインド研究一般の意義と価値とを論じた同書第三部第四章でのシュレーゲル自身の総括によって明確に予告されている。彼は『旧約聖書』をヨーロッパ世界と古代オリエント世界とを結合する「紐帯」と位置づけ、その論拠を『モーセ書』とインド神話とに見出される共通の「原啓示」に求める。すなわち前者においては、

「神の似姿」として造られた人間が「自己自身の罪科」によって楽園の「至福と純粋な光」を喪失したのち、後者においては、同じく人間が「神的認識のための純朴さ」を喪失したのち、そのいずれの人間世界にも「罪と迷信の夜」と「人間精神が絶えず捏造する誤謬と妄想」が到来するが、しかしこのすべてを覆い隠す闇の世を貫いて、あの「根源的な光」の「痕跡」が摂理によって救出され、保持されてゆく。このような両世界に通底する「根源的な光」としての「原啓示」にシュレーゲルは、オリエントおよびインドの最古の宗教と哲学の歴史を『旧約聖書』の「最も美しい、最も有益な外的註釈」と見ることを可能ならしめる根拠を見出すのである。[14]

このユダヤ・キリスト教的教義への傾倒は、カトリックへの改宗後の一八一二年に行われたヴィーン公開講義『古代・近代文学史』に到ってさらに濃密の度を加え、その第四講においてシュレーゲルはモーセの伝承とキリストの告知とを「人間精神の全歴史の中心」に据え、[15]他のすべてのアジア民族に対するヘブライ人の優位性の証は、この民族が「自分たちに預託された真理と高次の認識」を「自分たちには封印された財宝」として「盲目的な服従と信仰」のうちに純粋に保全して後世に委ねたという一事にこそ求められねばならないとし、これに対して他のアジア諸民族のもとでは同じこの預託が「まったく知られないまま」に消滅するか、「きわめて粗野な詩的虚構」や「身の毛もよだつ誤謬」によって「歪曲」されてゆく運命にあったと断定する。[16]このような改宗以後の後期シュレーゲルの思想基盤を規定しているかに見えるヘブライ絶対中心主義は、ジャン＝ジャック・アンステットの指摘[17]を待つまでもなく、例えば「モーセなくしてはすべてのオリエントの知識は、神の精神がその上を漂っていない太古の原水にすぎない。——その言葉なくして光の同意は得られない」という、この講義と同時期の断章（PL Beil.X-59）によっても確認されるだろう。また、前記のヴィーン公開講義への十年後の加筆部分（シュレーゲルの『自選全集』、いわゆる『ヴィーン版』第一巻）における記述——「後の世界世代にモーセによって整理され、書き記されたもの」であったにせよ、その「最内奥の精神においていまなお太古の世界の特徴を完全に保持し、その言葉の端々にもこの特徴の痕跡を留めている」あの「驚嘆すべき『創世記』」の中にこそ、「人間の大いなる秘密」を告知するあの「古き盟約の福音」が、そしてまた「あらゆる啓示」を解明し、それなくしては不可解な「太古の世界の象形文字」を解読する鍵が見出されるという記述[18]や、さらに「古代の異教世界がその最も洗練された文化民族〔ギリシャ人〕のもとにおいてさえも堕落し、迷い込んでいった混乱の深淵」が一層酷烈の様相を帯び、それだけ一層「この深刻な混乱に対する認識が明白さと鋭さを増す」に及んで、「ヘブライ民族本来の使命と精神的方向の未来への準備もまた着実に整っていった」とする、一八二八年のヴィーン公開講義『歴史の哲学』における記述[19]は、確かにシュレーゲルにおけるヘブライ絶対中心主義を最終的に立証するものと見られなくはない。

一切のものが「例外なく」そこに淵源していると思われたインド世界を「旧約の福音」を介してキリスト教的ヨーロッパ世界へ直結させ、時には直属させようとするかに見えるシュレーゲルの、明らかにヘブライ原理によるインド原理の包摂を意味するこの構図は、しかしある決定的な瞬間において頑強な抵抗に遭遇する。『インド人の言語と叡智について』という表題からしてシュレーゲルが避けては通れない言語問題、特に「原言語」ないしは「言語起源」に関する問題が一個の実証的論証を要求する歴史的課題として彼の面前に立ち現れるとき、インド原理がヘブライ原理への従属を拒むからである。サンスクリットとそれに連なる一大言語族、いわゆるインド・ヨーロッパ諸語——その「共通の母胎」をこの時期シュレーゲルはサンスクリット以外に想定することができない[20]——は、ヘブライ語を同族と認めない。この拒絶は、例えば「カイン一族とセツ一族との抗争は、インドにおいてブラフマン教徒と仏教徒との相剋のうちに幾分かは継承されている。しかし両教徒は互いに非常に多くのものを受け入れ合ってきたのであって、そこでは多くの混合が明瞭に見て取れる。しかしこのような混合ですらすでに聖書の中で暗示されているのである」[21]といった類の、インド世界とヘブライ世界との統合を想定した、あるいは夢想したシュレーゲル特有の「結合術的」思弁を断然排除する実証的研究領域そのもののいわば生体反応であり、これに対抗するすべのないことは、実証的歴史家を自認するシュレーゲル自身が充分に承知している。にもかかわらずヘブライ原理への執着は、カトリック的・キリスト教的「原啓示」を信奉する超歴史的思想家シュレーゲルに、『創世記』の「部族系統図」に基づくセム系絶対優位の言語体系の構築を迫り、ヘブライ語を頂点にインド・ヨーロッパ諸語をその下位に置き、その他の諸言語をさらにその下層に位置づけるという「言語ピラミッド」の構想へと強く誘導する。こうして彼は「原言語」ないしは「言語起源」に関する最終答案を二通作成せざるを得ないという苦境に追い込まれ、一八二七年から一八二九年にかけての一連の公開講義の一つ、前記『歴史の哲学』においてはこの超歴史的な「言語ピラミッド論」[22]を、これに続く未完のドレースデン公開講義『言語と言葉の哲学』においてはインド・ヨーロッパ諸語を基軸とする実証的・歴史的な「言語起源論」[23]を、それぞれ別個に構想するが、しかし結局はこの原理的に共存不可能な両仮説をそれぞれの現場にいわば立ち枯れ状態のまま置き捨てにすることとなる。インド原理とヘブライ原理との「紐帯」という超越的思弁の糸は、「言語論」が要求する実証的歴史主義によって断ち切られる。その痛恨を彼はほかならぬ「言語ピラミッド論」の一隅で将来への儚い希望に託して告白せざるを得ない。「ヘブライ語について言えば、研究が深く徹底したものになれば、それはインド・ギリシャ語族とさほど隔たったものではなく、部分的には類縁的でさえあると私は信じている。例えばこの類縁性が構造の相違やまったく異質な文法組織のために一見識別できないまま覆い隠されているとしてもである。」[24]——

マンシュウ〔満州〕語辞典に眼を通してみよ。その音声模倣語、いわゆる「擬声語」の過剰に驚かされるはずだ。——『インド人の言語と叡知について』第一部第五章の『諸言語の起源について』は、この意表を衝く書き出しで始まる。マンシュウ語は概してこの種の単語で成り立っている。しかしこうした「擬声語」に支配されない別系統の語族も存在する。ドイツ語がその一支族として連なる語族がそれである。むろんドイツ語にも「擬声語」は混在するが、マンシュウ語に比べれば僅少である。しかしタタール語、スラヴ語、その他の北方諸語との混成語として説明できるかもしれないペルシャ語よりも少ないとは言えない。しかしギリシャ語、ラテン語となるとその数は激減し、さらにインド語〔サンスクリット〕になると完全に姿を消す。これは何を意味するか。これら一連の諸言語に共通する特質は、この語族がマンシュウ語のように自然界の音響の模倣から出発して徐々に理性形式めいたものへと造成されてゆく自然発生的言語ではないということである。むしろ逆にこの語族の存在は人間の根源的な叡知性を、すなわち人間は必ずしも未開の動物的状態から出発して長い労苦の末に幾ばくかの理性を身につけてゆくような存在ではなく、「初めから一挙に明晰かつ真摯な思慮を与えられていた」と想定せざるを得ない存在であることを証明している。いや、このような人間の根源的な精神性ないしは叡知性の証であり所産であるのが、これら一連の諸言語であって、この語族はその「最初の最も単純な構成要素において純粋な思想世界の最高の概念を、いわば意識の全見取図を、形象的にではなく直接的な明白さをもって表現している[25]」とさえ言えるだろう。

シュレーゲルは結論を急ぐ。二種類の異なる起源の言語が存在する。すなわち「自然音響の模倣やそれとの戯れ」、「感情の単なる叫び」等から発生し、せいぜい「指示の間投語」の域を出ない粗野な野性言語と、人間の「真摯な思慮、深い感情、精神の明晰さ」をすでに内包し、その起源において「一挙に与えられ」、その「内発的な生命力」の展開によってみずから成熟してゆく「生きた織物」、「無限の発展の可能性を宿した巧緻で、しかも単純な形成物」、「語根と構造ないしは文法の二つながらを同時に兼ね備え」、「意味ある幾多の音節と豊穣な成育の萌芽とを含んだ有機的形成体」である「根源的に美しい言語」との二種類である。そして人間言語の全歴史をシュレーゲルは、この明らかに「超地上的起源」に由来すると考えられる後者の言語の純粋性が自然発生的な「地上的言語」の混入によって奪われてゆく過程と捉え、その証左として、その成立の初期の段階においてすでに諸『ヴェーダ』読解のための辞書が必要とされていたという事実や、サンスクリットがその最初期の時代において被征服諸部族の異質な言語に侵食されていたことを示す『ラーマーヤナ』の事例を挙げる。そしてこの性急な「言語起源論」の章を、古代インド語の傑出した哲学的・宗教的性格への賛辞によって閉じる。「古代インド語ほど哲学的に明確かつ鋭利に規定されている言語はない。しかもそれは恣意的な抽象概念の曖昧な組み合わせ遊びの類ではなく、神聖化された意味深いさまざまな表現や言葉が互いに解明し合い、規定し合い、支え合う永続的な体系」を成している。「比喩等の感性的表現によってではなく、第一義的な本来の意味において基礎づけられた高度の精神性」、「形而上学的な意味以外のいかなる意味も許容しない言語要素」、「詩的熱狂や比喩の充満よりも哲学的洞察や冷静な明晰さ」、これがサンスクリットの根源的性格であると。[26]

シュレーゲルはまた先の「異起源の両言語種族論」を、『インド人の言語と叡知について』第一部第四章『内部構造から見た言語の二大種族』において構造分析的に根拠づけようとする。彼は全言語を、「意味の二次的諸規定」を「語根音声の内的変化、すなわち語形変化」によって表す言語群と、それ自体で複数、過去、未来、当為等の関係概念を意味する「固有の付加語」によって表す言語群とに大別し、「インド語およびインド語から派生したすべての言語」を前者に、それ以外のすべての言語を後者に帰属させることによって、この両種族とそれぞれの変種・亜種のすべてを網羅する「測り知れない諸言語の全領域を包括し、余すところなく汲み尽くす」ことを得たとしている。そして後者、すなわち「語形変化を完全に欠き」、「それ自体ですでに固有の意味を持つ言葉」によってすべてを処理する言語の「興味ある一例」として「奇妙な単音節性に貫かれた中国語」を挙げ、「意味の二次的諸規定」を表示する

「不変化詞」の独立したこの特異な「単音節的性格」の原因を、「極度に技巧的な文字体系」がこの言語のその後の発展を阻害して「幼年期」段階に固定させてしまったことに求められるだろうと推定し、「その他の点ではきわめて洗練された」この民族の言語を、同型のバスク語やコプト語、アメリカ原住民の諸言語と共に言語発展の最低段階に位置づけ、また、同じアジア地域に見出される「四つの互いにまったく異なる語族」、タタール、フン、モンゴル、ツングースないしはマンシュウの諸語を――日本語も含めて――この最低部類に属するものとして一括する。むろんシュレーゲルは、自分には言語のある特定種族を無条件に称揚し、その他の種族を無条件に蔑視するような意図はまったくなく、それに「言語の世界はあまりにも広大無辺で豊穣であり、その完成度が高まるにつれていよいよ複雑さを増す」ものであるから、言語問題に「快刀乱麻を絶つがごとき判定」はあり得ないと付言するのを忘れてはいない。だがそう言う舌の根も乾かぬうちに彼は、「アラブ語やヘブライ語の高い技巧性、品位、崇高な威力」を否定することができないのと同様、「アメリカ原住民の諸言語が全体として低次の段階にあること」もまた否定することができない事実である[27]と重ねて付言することによって、先の付言をみずから葬り去っている。

　このような言語の貴賤二元論ないしは二分法は、『インド人の言語と叡知について』の刊行に先立つ一八〇五年から翌年にかけて行われたケルン私講義『世界歴史』においてすでに明快かつ露骨に表明されている。シュレーゲルは言語を人類史研究の中核、「歴史の絶対者」、「諸民族の系統図を見出すための原理[28]」と定義した上で、言語一般を無造作に「神的言語」と「人間的言語」とに類別し、前者にはその類縁性によって一大言語圏を形成している「高貴なアジア・ヨーロッパ諸語」〔インド・ヨーロッパ諸語〕を、後者にはこれらの諸語とのいかなる類似性も見出され得ないばかりか、相互の関係すらも確認できないあの「自然発生的言語群」を帰属させ、このいわば神の恩寵の埒外へと追いやられ、インド・ヨーロッパ語族に属することをいわば神意によって許されず、それゆえ「歴史の絶対者」とはなり得ない土俗的諸言語を、彼の「言語系統図」構想から除外する。[29] だがこの「除外」によってエジプトやユダヤ〔ヘブライ〕その他、高度の文明を保持してきた古代諸民族の言語の処遇が宙に浮く。特にヘブライ語の処遇は、カトリックへの「改宗」を数年後に控えたこの時期のシュレーゲルにとって、この「選ばれた民」の歴史的位置づけと共に最重要課題の一つだったはずである。しかしこの時点での彼の歴史的思弁の翼は、まず言語的にはインドとも他の周辺諸国とも無縁だと見られていたエジプトを、社会制度（カースト）と文化、特にその宗教意識の類似から「インドの僧侶階級の植民地」と推定し――因みに彼は中国をインドの「戦士階級の植民地」と推定する――、次いでユダヤ人地域をエジプト人の植民地と推定することによって、ユダヤ人をシリア人、フェニキア人、カルデア人、カッパドキア人との関係を通じて最終的に広義のアラブ系民族に帰属するものと推定し、その上でモーセを登場させ、この『旧約』の担い手に偉大な「宗教改革者」としての地位――「一切のエジプト的・インド的要素」を彼の率いる「タタール系民族」のために改造し、エジプトやインドに由来する「魂の不死と輪廻の教説」やインド固有の「三神一体性」の理念を排して、「父」の概念の純化に基づく「再興された根源的啓示」（「原啓示」）の宗教を確立した改革者にして「インド精神の克服者」としての地位を与えることで、辛うじてユダヤ世界とインド世界との歴史的関係性を曲りなりにも確保すること以上には羽ばたかなかった。[30] シュレーゲルの「言語系統図」の構想は、この時期、依然として「高貴なアジア・ヨーロッパ諸語」を主軸に回転し――「あらゆる高貴な言語はいずれも本来インド語と何らかの未開言語とから合成されたものと言えよう[31]」――、彼にとってのもう一つの「高貴」な神的言語であるはずのヘブライ語は依然として孤立の中にある。

こうしてわれわれは『インド人の言語と叡知について』第一部第一章『インド語一般』において展開されるシュレーゲルの二大言語集団、すなわちインド・ヨーロッパ諸語群と非インド・ヨーロッパ諸語群[32]（スラヴ諸語はこの時期、インド・ヨーロッパ語圏内に市民権を得ていない）の最初期の勢揃いに立ち会うことになる。この勢揃いは二重の意味で不揃いである。一つは、ウィリアム・ジョーンズの一七八六年の「発見」から僅々二十年というインド・ヨーロッパ諸語の系統図作成における避け難い現実のそれであり、もう一つは、言語神授という絶対原理に基づく系統図そのものの二元論的不整合によるそれである。しかもこの不整合は、神授の恩寵に浴することができない（としてシュレーゲルによって当初から神聖性を認められなかった）「自然発生的諸言語」へのシュレーゲル自身の異常なまでの関心の強さによって一層混乱の様相を深める。実際、一八〇三年から一八二三年までに書き溜められた彼の東洋学雑録集とも言うべき六冊の『研究ノート』は、インド、エジプト、ヘブライ、アラブ等の諸民族・諸言語のほかに中国語をはじめとする東アジアのツングース系諸民族および諸言語、さらにはアメリカ原住民とその諸言語への激しく執拗な関心――モンゴル系民族の「無髯」ないしは「髯の薄さ」についての覚書[33]等を含めての――を遺憾なく伝えている。言及されている言語は優に七十種を越え、また一八〇五年の研究ノート『オリエンターリア』の中で列挙されている東洋語関係の文献、辞典類だけでも二十種類にのぼる[34]。これらの『研究ノート』はまさにシュレーゲルの神聖・非神聖両言語群をめぐる精力的な学習と考察、彼が自己の哲学的・文学的・歴史的手法の源泉として誇る「結合術的精神」による思弁と幻想の犇く坩堝、――同『研究ノート』の校訂・編纂者ウルズラ・シュトゥルク－オッペンベルクの言葉を借りるならば――「種々雑多な断章的覚書の、まるでカオスを思わせる一見脈絡のない羅列」、「考察、疑問、抜書、参考文献および文章の表示、推理、憶測、証明、研究計画、歴史的資料、語彙蒐集、図表、音節・音律の図式、問題圏の構想、類比」等々の「明確な体系性を欠いた[35]」集積ないしは堆積である。これに当時にあっては避け難い情報の不足や個人的偏見に起因する憶測、憶断の数々――例えば、「チベット人やカルムック人の、そしてまた日本人の宗教、総じて仏陀の宗教とキリスト教との関係は、猿と人間との関係である[36]」――を加えれば、『インド人の言語と叡知について』に先行、平行、後続する大小七百篇を越えるこうした断章群が砂塵と共に巻き起こすいわばユーラシア大陸諸言語見本市の賑わいと喧騒は、「神聖言語と自然言語」の二重構造、「インド原理とヘブライ原理」の二重基準による「神聖言語自体の分裂」、「歴史的方法と超歴史的理念」との相剋がもたらす不整合のすべてを呑み込んだまま、なおかついよいよ盛んなシュレーゲルの雑食性知識欲の凄まじさを立証するものだろう。

二

『インド人の言語と叡知について』刊行の十一年後の一八一九年、フリードリヒ・シュレーゲルはヨーハン・ゴットリープ・ローデの歴史起源論、『われわれの歴史の始まりと、ある彗星の作用としての地球最後の大変動について』に関する論評において、再び「原言語」ないしは「言語起原」の問題を取り上げ、ローデが提唱する「単音節言語」と「複数音節言語」という純言語学的分類法を、「自然言語」対「神聖言語」という神学的カテゴリーに代わる新たな序列の原理として浮上させる。ローデはエジプト、ギリシャ、ローマの、それにインドをも加えた異教的な「根源的自然宗教」——「自然における神の、あるいは神における自然の崇拝」——という太古の「原宗教」に対してアラブやユダヤの「啓示的、預言的、律法的宗教」の絶対的優位性を主張し、これを彼の「音節理論」における不動の前提として堅持する。にもかかわらずローデは、言語一般を「動物的な叫びや音響模倣的な擬声語から徐々に理性形式や精神的含意へと上昇してゆく」過程のうちに捉えようとする自然生成論的見解に対して賛意を示し、しかし同時に言語の開始を「最も純粋にして最も精神的な含意」のうちに見、地上の諸言語のすべてをこの至高・至純の「神的原言語」からの下落の過程の諸相と捉えようとする超自然的・流出論的見解に対しても賛同の意を呈する。シュレーゲルはこのような首鼠両端を持するがごときローデの姿勢を批判したのち、わが身に纏いつく一切の神学的思弁を振り捨てようとするかのように、超歴史的な「原言語」——アダムがまだ「神の意志と任命、およびエホバの協力と導きに従って行動していた時」から、彼があの「災いの眠り」の中で堕落して官能世界の手中に帰するまでの間に使っていたでもあろう言語——を、そこへの架橋も通路の開拓も共に不可能ならしめている「巨大な亀裂」によってわれわれから隔絶してしまっている「彼岸」の言語として研究対象の埒外へ置き、「キリスト教哲学に属する一切の事柄とは手を切って、純粋に歴史的な領域に踏み留まり、実証的な事実として知られている古代の諸言語にのみ対象を限定する」とした上で、ローデが提示した「単音節諸語」と「複数音節諸語」の区別を分類原理とする実証的な言語研究に専念すべきであると主張する。(37)

シュレーゲルが理解する限りでの「単音節言語群」は「内的な有機的生命」を欠き、それぞれが「孤立した諸音響の単なる集合体」にすぎず、それゆえこの集合体が内的展開によってより高次の組織体へと形成されることはなく、最後には「きわめて恣意的かつ因習的な記号言語の限りなく人工的な体系」に終わる。その典型が、「その徹頭徹尾単音節的で、その年齢は信じ難いまでに古く、その組織は限りなく人工的」な中国語——「文字のカオス」とも呼ぶべき「膨大な書き言葉の」が「話し言葉の名状し難いばかりの貧困と曖昧さ」に助力の手を差し伸べることなしには理解不可能であるような中国語である。これに対して「複数音節言語群」はそれぞれがその組織の最内奥の繊維に到るまで有機的に形成されているばかりでなく、相互に深く浸透し合った各言語間の「語源的類縁性」によって一個の有機的全体、すなわちインド語、ラテン・ギリシャ語、多少縁遠い同系のゲルマン諸語、ペルシャ語、「さらに縁遠く、幾分かは異種言語でもある」アラブ語、シリア語、フェニキア語、そして全スラヴ諸語を含めた一大語族を形成しつつ、ほとんど地球全土を覆っている。言語と文字との関係においても「単音節言語群」にあっては、「メキシコの絵文字」から「エジプトの象徴的・儀礼的な秘密文字」を経て中国語の「限りなく人工的な暗号のカオス」に到る「象形文字」が単に副次的役割、例えば中国語におけるように、話し言葉の「名状し難いばかりの貧困と曖昧さ」に理解の手助けを提供する副次的役割しか与えられていないのに対して、「複数音節言語群」における字母書法はあらゆる人間音声を精緻に、しかもきわめて自然に個々の単純な要素へと文節する機能を具え、このような文節機能によって複数音節的な語根からの有機的な言語形成を促す。このようにして内的・外的生命の発現すべての「精神的な把握」を可能ならしめるこの言語群は、基本的に外的対象の「猿真似的模倣音」や内的状態の「非随意的叫喚」でしかない「単音節言語群」とは異なり、語根においてすでに複数音節的である。すなわち語根そのものがすでに組織されて一個の「言葉」となっており、単に生々しい全体印象に刺激されて押し出されてくるような奔出的表出ではなく、力動的な内的諸要素に応じた精神的な文節である。こうして母音や子音、精神的な息吹やアクセントへと分解され、組織された人間音声の諸要素が、自然の諸対象に多様で意味深いアナロギーをもって対応しているのであって、これこそが人間言語の「本来の奇蹟」と言えるものであり、このような字母書法との緊密な内的結合の有無が、「複数音節的・有機的言語群」と「単音節的・集合的言語群」とを分かつ本質的な相違点であり、この「内的価値と精神的実質」という点での「優位性」を、シュレーゲルはローデと共に躊躇なく「複数音節的・有機的言語群」——インド語、ラテン・ギリシャ語、ゲルマン諸語、ペルシャ語、アラビア・シリア語およびスラブ語——に与えるのである[38]。

むろん単に歴史的な意味において「人間の原言語」が問われる限りにおいては、「創造的に作用する言葉」の本質についての神学的議論、「永遠の言葉の形而上学的理念」に関する言及、例えば「モーセ的・キリスト教的」な「神の認可」の概念に関わる問題はすべて無視されねばならない。歴史的視点において見られる限りにおいて「人間の原言語」は歴史的に生成した地上の諸言語のうちに求められねばならないというのが、ここでの鉄則である。しかし同時にここで問題となり得る「人間の原言語」として想定されるのは、もっぱら「複数音節的・有機的言語群」のみであるということもまたシュレーゲルの揺るぎない確信である。ところでこのような歴史的視点に立つ限りでの「比較言語学的分析」は、「各語源間の合致」を課題にするものであれ、「文法的形態の構造」を検討の対象とするものであれ、各言語がきわめて緊密な類縁関係を保ちながら、しかも種々様々な地域の方言を包含しつつ、ある一つの大きな語族を形成しているような「有機的諸言語群」の総体をその本来の研究領域として持つものであるのだから、ここでの課題はもっぱら、これらの諸言語のうちどれが最も「有機的」に形成されているか、どれがこの構造からの「逸脱」を最も少なく示し、その単純な「規則性を最も素朴に保持しているか」を確定することでなくてはならず、ある何らかの「原郷」(Urland) において「最後の自然の大崩壊後」に話されていたでもあろうような「共通の母語ないし根源言語」のごときものを虚しく追い求めることではない。かくしてわれわれの言語知識の現状——比較文法学においても歴史的語源学においても——にあっては、あの有機的な「原言語ないしは母語への接近」の第一群に属するのは、まずサンスクリット、すなわち古代インド語、次いでギリシャ語の類縁語にしてその古形と見なされているラテン語であり、従ってギリシャ語も当然ここに属する。そして第二群を形成するのは、ペルシャ語と全ゲルマン・ゴート諸語である。スラヴ諸語は、専門家によっては第一群に分類されたり、第二群に分類されたりするが、いずれにせよ有機的言語群に属するものであることに変わりはない。アラブ・シリア諸語も遠縁のかたちで、然るべき条件付きでこの種族に入る[39]。

「複数音節言語群」に比べて「単音節言語群」の概念についてのシュレーゲル自身の知識と情報の「名状し難いばかりの貧困と曖昧さ」——彼が実際に中国語その他の東アジア諸語を読んだことがあるのか、そもそもその種の言語が読めたのかといった、意地の悪い批判的追及は、インド以東、ヒマラヤ山脈の彼方は空想と臆断の濃霧立ち込める謎の空間だったに違いないこの時期のヨーロッパ人の地理的・言語的一般知識を特に強調するまでもなく、さして意味ある詮索とは言えないだろう——はともかく、この分類法のシュレーゲルにとっての実用的価値は、比較言語学的には異種言語であるはずのインド・ヨーロッパ諸語とセム系諸語とを同一範疇に一括集合させることによって神聖言語間の内部分裂ないしは神聖言語概念そのものの不整合を回避し、さらには自然言語と神聖言語という露骨な差別を一見純言語学的な区別にすり替えて隠蔽したという点にあるだろう。しかしシュレーゲルにとってこの両言語群の価値の位階はあくまでも自明であって、ここでの本来の課題が「歴史的な意味」での「人間の原言語」、すなわち両言語群共通の源泉としての原言語の探索を目指すものであるにもかかわらず、この「人間の原言語」は「複数音節的・有機的言語群」以外には求めることができないとするシュレーゲルの確信は動かない。従って究明されるべき問題は、この言語群の特質である「有機的形成」の「純度」に照らしてその構造が原初の「単純な規則性」を「最も素朴に」保持している言語を見出し、かつこの歴史的・言語学的意味での「原言語」ないしは「原母語」への近さの度合いに応じた同系諸語の序列を明らかにすることであり、差し当たってはまずサンスクリット以下のインド・ヨーロッパ諸語に「アラブ・シリア諸語」を含めたいわば「複数音節的言語群連合」内部の序列が問われることとなる。[40] しかしここでの序列もまたシュレーゲルにとってはすでに自明である。しかもこの「原言語論」が、古代エジプト、ギリシャ、ローマ、インドの「自然宗教」に対するイスラム・ユダヤの「啓示的、預言的、律法的宗教」の優越性を帰結するローデの「原宗教論」[41]へのシュレーゲルの共感の延長線上に展開されているとすれば尚更である。かくしてヘブライ語を頂点とする非歴史的・非実証的な超言語論的体系としての「言語ピラミッド」構築の建築材がすべて出揃う。

一八二八年のヴィーン公開講義『歴史の哲学』の第六講において、「居住可能な地球上にあまねく広がり、散らばった夥しい種々様々な諸言語」の「迷路」に引きずり込まれないために、この「見渡し難いカオス」を少なくとも「一つの単純な概念のもとに包括する最短の道」として構想された「言語ピラミッド[42]」は、「単音節言語群」を最下層に、「二音節言語群」を中間層に、そして「三音節言語群」を最上層に配した基本構造に無数の亜種、変種を加えた三層の言語ヒエラルヒーである。

ピラミッドの茫漠たる広大無辺の最下層を形成するのは、その大部分が「単音節の基礎語しか知らず、文法をまったく欠くか、極度に単純かつ不完全な文法構造の最も原始的な萌芽を宿している」だけの、そして「世界四大陸」のすべてにわたって最も広く分布し、北・東アジア語、アメリカ原住民語、アフリカ原住民語といった大雑把な地理的分類による以外に総括する手掛かりさえ摑めない言語集団である。その代表格が、ここでもまた「文法を一切欠いた」その「徹底した単音節構造」によってこの最下層言語集団固有の性格を典型的に代表している中国語である。確かに中国語はその「技巧的な書体」、その「学問的概念の高度の発達」によってこの類における最高の完成度を誇示してはいるが、その内実は「自然の叫びの、あるいはその特徴的な響きの模倣」の域を出ない、それゆえ「常に単音節的」でしかない「幼児語」と同様の「初期的発展段階」に留まっている。

この最下層の上に位置するのが、きわめて多様な類縁関係の中で繋がり合っている「高貴なインド・ヨーロッパ語族」であり、インド・ペルシャ、ギリシャ・ラテン、ゴート・ゲルマンの諸語がこれに属している。これら諸語の大部分が最低「二音節」であることから、「内的に可動的かつ生産的となった語根」によって、その「本源においてすでにきわめて規則的で精緻だった文法的基礎構造」――この「本源」へと遡及すればするほど、この文法構造の規則性と精緻さは一層鮮明なものとなってゆく――が、その更なる豊かな発展を約束され、それによって「叙述的形式における詩的豊穣と大いなる多様性」が、そしてまた「学問的記述における明快さ」が育成されることになる。この

「インド・ギリシャ語族」は、スラヴ諸語を加えて一大言語集団を形成するが、さらに古来、世界歴史全体を通じて進行しつつある諸民族の混合によって、ケルト語ないしはゲール語、フィンランド語、バスク語、スキティア語、マジャール語、その他の古語の諸断片から成る多数の中間的な雑種言語がこれに吸収されてゆく。

第三の、そして最高の位階を占めるのがいわゆるセム系諸語であって、ヘブライ語とアラブ語とがその類縁の諸方言と共にこの「言語ピラミッド」全体の頂点に君臨する。これらの諸言語は、動詞が第一等の地位を占め、一切がそこから派生するために、非常に迅速な情動と熱烈で精気に満ちた表現には適合するが、このような表現の固定的な限定によって、第二位の「インド・ギリシャ語族」の諸語におけるような豊かな文法的展開や、巧緻な文法構造には馴染まず、また、その語根が三音節であること、あるいは語根を原則として作り上げている三文字のいずれもが一音節と数えられるために三音節たらざるを得ないということによって、単調さへの傾きは避けられず、詩的多様性や学問的表現への柔軟性を獲得するには到らなかったが、しかしこの「言語構造の最内奥の核心」にまで浸透しているこの音節の「三重性」によって「預言的熱狂」や「深い象徴的含意」のためには最高度の適合性を示す。事実、アラブ語とヘブライ語とはその発現の方向性において異なるものがあるとはいえ、いずれも高次の精神的使命、負託された預言的な啓示と約束の表現というその生得の性格においては同質であって、この意味でセム系諸言語が全言語ピラミッドの頂点を形成するのは至当であるとしなければならない[43]。

ここでシュレーゲルは「人間の全言語体系の完璧な展望、とりわけこの体系の最内奥の根底と連関へのより深い洞察」のために最も期待される寄与として、初めて古代エジプト語に言及し、折しも台頭しつつあった「エジプト学者たちの新しい学派」による象形文字の研究を挙げ、これを「言語ピラミッド」の仮説を補足する更なる仮説たり得るものとした上で、人間言語の「失われた源泉」、「最古にして最内奥の核心」にまで迫ろうとする者は、古代インド語、古代ヘブライ語、古代中国語の三言語に「古代エジプト語」を加えた「原言語の四つの異なる側面」から出発すべきであると提言するのである㊹。

しかし先のヴィーン公開講義の前年の一八二七年に書かれた『歴史と政治に関する断章集』の一節『始原世界と諸言語』においてシュレーゲルは、すでに古代エジプト語を中国語と共に「言語ピラミッド」の最下層を担う主要「単音節言語」として、アフリカにおけるすべての未開言語、アジア系諸言語、アメリカ原住民の諸言語といった「ほとんど相互の類縁性が識別できないほどに異質」な最下層の「無機的」な言語集団を引き連れるかたちで登場させている。因みにこの断章では中間層の「インド・ギリシャ語系」の「二音節言語群」は「きわめて緊密な類縁性を持った同系諸言語の閉じられた圏域」とされ、また、最上層を形成するアラブ語とヘブライ語、およびこれと類縁の諸方言を含むすべての「三音節言語群」は、本来の意味での「言葉」、すなわち「預言」、「認可」、「魔術」に適合した唯一の言語領域を形作るものとされている㊺。

そしてさらに翌一八二八年の同じ『歴史と政治に関する断章集』中の、『原言語』と題された一節においてシュレーゲルは、古代エジプト語と古代中国語という両単音節基幹言語の起源を「深い魂の感情」の湧出のうちに求め、この根源感情を「磁気的な魂の響き」と性格づけ、この「魂の響き」が限りなく分散・消滅してしまったいまもなお、その「原初の余韻」を微かに伝え残しているのがエジプト語と中国語におけるあの「幼児期的な響き」であるとした上で、この両基幹言語の「磁気的な魂の響き」の根音上にインド語の「星辰的・形象的な精神の充溢」（精神的直観の星辰的・形象的充溢）と、ヘブライ語の「言語の魔術的作用における神の《成れよ》の承認」とを、各言語段階固有の語根の音節数に応じた中声部、上声部として鳴り響かせることによって、「言語ピラミッド」に独特の音響的色彩を与えようとする。そしてこのいわば三和音的音響空間を構成する基幹四言語を、彼は「エデンの源流」に発する地上の四つの支流に擬し、「現存する諸言語中、インド語（その語族中の最古の言語としての）、ヘブライ語、エジプト語、そして中国語（最古の碑銘が現存するところに見出されるものとしての）は、失われた原言語の覆い隠された源泉に最も近く位置するというあの『旧約の創世記』の四つの大河と見ることができるだろう[46]」と述べている。この四言語・三層のピラミッド構造は、別の断章的覚書においてはエジプト語・中国語の「磁気的言語」――ただし中国語は初期の段階で「魔術的方向」に向かい、やがてそれはアメリカ原住民の諸言語その他の混乱した無数の最下層諸言語の切れ切れの集塊となって砕け散ってゆくのだが――、インド語の「巧緻で詩的な悟性言語」、そしてヘブライ語の「預言的（翼のある生命に満ちた）で熱狂的な権威の言語」という「最古の言語創出期の三段階」、あるいは「文法的原始岩層形成の三態ないしは三様式」として描かれている[47]。

エルンスト・ベーラーが「神秘的実在論ないしは実在論的神秘主義[48]」として、ジャン＝ジャック・アンステットが「キリスト教的神秘学[49]」として総括している後期シュレーゲルの、とりわけ言語論に認められるこの種の秘儀的思弁と秘法伝授的筆法はしかし、前記の講義や断章集に先立つ一八二三年の『東洋学研究ノート』中の『原言語』と題された一章においてすでに全開している。「エジプト語は最高度の蓋然性をもって磁気的な魂の言語と言えるものであり、そこでは憂愁に満ちた嘆きの音調が支配的だった。（エジプト語には憂愁に満ちた磁気的な魂の深さが支配しているように私には思われる。）インド語は神話的な、それゆえ最高度に詩的な構造を具え、巧緻に組織された言語、歌と光へと美化されたインド的な要素と形態の言語である。それはインド的天国の言語である。――ヘブライ語は神秘的精神ないしは実践的精神の言語、霊たちの言語である。語根の三文字に見られる三数支配は、少なくともヘブライ語の規則としてもきわめて重要である。――語根に関してこれら三つの原言語のもとでは二七〇と二一〇、そして再び三三〇という数の地球的な基礎的関係が支配的である。そしてこの最後の数がヘブライ語の対応数でなければならないだろう。――ここにも単音節語根、二音節語根（インド語においてはそのすべてがそうであると私は信じている）、そして三音節語根（これがヘブライ語においては少なくとも通則である）が認められる。[50]」――

この種の非実証的な幻想的思弁に対して、むろんその一方で実証的歴史記述者をもって自認するシュレーゲルはそれなりの抵抗を試みてはいる。――「神によって創造された最初の人間」の言語、「神みずからが人間に教えた」言語、「神が他の一切の被造物と眼に見える全世界に対する支配権と共に人間に委ねた」言語がヘブライ語でもインド語でも、その他いかなる既知の言語でもないことは、あの「四つの大河」の源流である楽園の「失われた泉」を「地理的に跡づけ、その湧出口を再び開けること」ができないのと同じであると。[51]――また、確かに「古代の異教世界がいよいよ深く堕落し、自分を見失っていった」とき、あの根源への帰還としての未来、あの「光輝く未来への帰還」の教説を通じて後代の「キリスト教への一貫した象徴的関係」を保持してきたという、この固有の使命がヘブライ民族に人間精神史の最初期における特殊な地位を与えていること、[52]そしてその独自の歴史観によって最古の時代の諸民族史および歴史哲学と深く関わってきたヘブライ民族の言語に「神の啓示」が預託されることとなったということは、もとより疑い得ない事実であるとしても、だからといってヘブライ語をもって全人類のすべての言語の源泉であるとする必然性も根拠もないことは、モーセの「諸部族系統図」が世界歴史一般の基礎として使うことができないのと同断であるとも。[53]――

しかしこのように批判的・実証的歴史研究の現場に留まろうとするシュレーゲルの抵抗も結局は虚しい。ヴィーン公開講義『歴史の哲学』第四講においてセツ系とカイン系との対立、およびこの両種族の相互関係に全古代世界、全古代諸民族の歴史を解明する鍵を見出し得ると信じ、「ノアの大洪水による一時的な暴力的中断」以後における「太古の記憶の再生」と共に「かつてこの両原種族の対立によって生じたのと類似の諸状況」が反復形成され、「人類の堕落の進行」と共に「一切がますます歪曲され、無秩序に陥り、ついには跡形もなく潰え去ってゆく」こととなる歴史の全過程を、そのまま「本源的関係への帰還」の過程として追跡することに歴史哲学の究極の使命を見ようとする[54]超歴史的神秘思想家シュレーゲルにとっては、『創世記』における「神の原言語創出」の瞬間こそが、一切の歴史的限界を突き破り、あの歴史の此岸と彼岸とを無限に隔てる「巨大な亀裂」を跳び越えてまでもわが眼に納めたかった「聖ヘブライ語創出」の瞬間だったはずである。そしてこの痛切な越境願望、あるいはむしろ境界消滅幻想が、ヘブライ語にインド・ヨーロッパ語族を直属の下位者として従えつつ最下層の茫漠たるユーラシア諸言語の全域に君臨する資格と権威を付与する「言語ピラミッド」――ヘブライ原理による全言語統合――の、ここでの超歴史的・超言語学的・超心理学的基層である。晩年のシュレーゲルの「キリスト教の独裁者」のごとき独善的態度に、「黙示録、最後の審判、磁気催眠術、預言といったものの一切合切が奇怪に混合」した「精神錯乱」の徴候を見て取ったと言うティークの印象[55]の是非はともかく、『東洋学研究ノート』第四冊の、『インド研究、一八二三年』と題された断章群の一つで繰り広げられる、人間言語とその運命についての次のような一種の「流出論的」思弁は、歴史的探索の「アリアドネの糸」を見失ったシュレーゲルの迷路彷徨の一端を伝えて余りあるだろう。

「エジプト語の幹音節と〔神秘的〕な語根はすべて単音節だったと見てよい。そうした語根の一つ一つから、神からの宿命的な離脱〔以来の太古世界の不幸〕の余韻である憂愁に満ちた残響のごときもの〔が聞こえてくる〕。――エジプト語にはこの種の語根がどのくらい存在したか、そしてその数は根源的な象形文字の数に対応するものかどうかが探求されねばならないだろう。根源的な自然象形文字はアダムその人から導き出される。第二の神聖文字はセツないしはエノクから導き出される。――品詞について言えば、エジプト語においては代名詞が、接辞〔接頭語ないしは接尾語〕のかたちにおいても――いわば語根に粘着している苦痛の感情として――支配的感情として――考察されてよいだろう。——他の言語においては、語根に最も近い〔近づいている〕のが、あるいは接近しているのが、あるいは語根を最も純粋に表示しているのが命令形である。ラテン語においても、ギリシャ語、ゲルマン語、そしてペルシャ語においてもそうである。——〔中国語はたぶん完全に荒廃、堕落したエジプト語にすぎないが、これはスラヴ諸語が甚だしく堕落したインド語の方言であるのと同じである。——黒人の諸言語のヘブライ語に対する関係も同じである。たぶんモンゴル語、タタール語、そしてアメリカ原住民の言語はすべてエジプト語の圏域に属している。〕このことによってこれらの諸言語は力強ク働キカケル同意の言語として特徴づけられる。ヘブライ語における動詞の三人称の圧倒的支配は、三音節語根の規則性と共にこの言語をまさしく啓示の言語として特徴づけるものだろう。——インド語においては二音節語根が規則を形成し、これが一般的に支配的であるように思われる。」——

「〔先の動詞の三人称において前提されている、あるいは含意されている彼は、多くの場合は神か、生きた創造者だが、神の似姿、僕である人間であることが最も多い。〕」——

「それぞれ異なるものとはいえこれら三つの原言語ないしは太古の言語の間には、生きた連関という、それどころか精神的な相互浸透と相互理解とさえ言える精神的紐帯が長きにわたって保持されてきた。それゆえ人はこのことを、バベルの塔の建設までは人間たちの間には同一の言語がただ一つあるのみだったとするあの聖書の〔神秘的な〕言葉と矛盾すると考えてはならない。〔これは、神が三位一体であるにもかかわらず一者と称され、人間もまた神の似姿でありながら、肉体、魂、精神の三つの要素から一つの存在体を成しているのと同じである。同様の比較は、言語に関してはなお一層適切である。というのも言語そのものが三重性の統一体である人間存在の写しであり表れなのだから。すなわち一なるものにおいて三であること、三なるものにおいて一であることということの特性こそ、ここ下界の支配者とあの天上の創造主とが分かち持っているものなのである。〕しかしやがてこうしたもろもろの事柄の、あの精神的諸要素と内的生命の紐帯の崩壊と解体が、そしてまた諸言語間の相互理解と〔精神的〕洞察の消滅が到来する。〔そうしたものの部分的な復興に寄与したのが使徒たちの言語能力である。〕――しかしバベルの塔の建設それ自体は疑いもなく本来の異教と完成された占星術的自然崇拝とに淵源するものと理解される。〔ただしこれは太古の世界の巨人族のもとにおいて明らかに支配的だった悪しき魔法とは区別されねばならない。〕こうして人間が〔生きた〕神の代わりに自然を崇拝し始めたとき、人間は自然の諸力の、自然の影響と自然の感情の有無を言わさぬ〔?〕威力の手に落ちたのである。こうして諸言語は完全に局地的、風土的なものとなり、全体の連関は失われていった。そしてかつての相互理解力の記憶としてのアナロギーのみが――まだその原言語を最も多く保持していた諸言語のうちに残ったのである。――だがこのような太古の記憶の痕跡が完全に抹殺されてしまったその他の諸言語は、模倣的で単なる感情言語・自然言語の自然原理へと沈下していったのである。[56]」――

三

シュレーゲルはその最後の未完のドレースデン公開講義『言語と言葉の哲学』の第三講において、これに先立つヴィーン公開講義『歴史の哲学』での「言語ピラミッド論」の超歴史的・神学的思弁を忘れたかのように、再び実証的歴史の路線に立ち返る。彼は「全人類のただ一つの祖語、あるいは時を同じくして成立したと見られる複数の祖語」の起源に関する二つの謬見、すなわち単純な「自然発生論」と素朴な「神授論」とを共に非歴史的見地として排除するという持論の再述から出発する。人間の言語はすべて、いわば「原始の泥土層から這いずり出てきた人間種族」の形成物に相応しく、「動物的叫喚」や「自然音の機械的模倣」にその発生の起源を持ち、非常に遅々とした進化の歩みの末にようやく「理性」と「現在の文法的秩序と形式」に辿り着いた自然の形成物であるとする「自然発生論」の仮説は、その「成立の発端、その最初期の形態においてすでにきわめて精神的な意味内容を具え、かつ美しく組織され」、しかも「その最古の状態へと遡及すればするほど、いよいよ巧緻さと多様な豊かさを増すと共に、最高度に規則的でありながら同時にきわめて単純な形姿を見せる」、あの「最も高貴にして洗練された言語」、すなわち「インド語」〔サンスクリット〕とその類縁諸語、例えばギリシャ語、ラテン語、北欧語等の存在によって原理的に否定されるだろう。だがこのような論拠に基づく言語自然発生論の否定は、シュレーゲル自身に対しても決定的な軌道修正を迫るものであるだろう。なぜならケルン私講義『世界歴史』によって露骨に表明されて以来の「自然言語」対「神聖言語」という人間言語の二項対立的構図が、その第一項の消滅によって瓦解するからである。人間の言語はすべて根源的に自然発生的なものではあり得ない。事実、バスク語、ラップランド語、アメリカ原住民の言語、その他「精神的発展の最低段階に属する」かに見える諸言語も、その「組織や構造全体に見られる稀有な技巧性」によって、それどころか「甚だしく貧弱、かつ、その基盤においてほとんど幼稚なまでに単純で、しかもまったく非文法的」である中国語でさえも、その「複雑極まりない独特の文字体系」に縛られながらの高度の、だが「混乱してぎこちない技巧性」――「中国の知識人は筆談によって辛うじて意思の疎通を図らざるを得ない」――によって、言語自然発生論を覆す有力な反証を提供している。(57)

言語起源に関するもう一つの謬見、「言語は神自身がみずから人間に授けたもの」とする「それ自体は異論の余地なき」言語神授論に付着している謬見、すなわち「最初の人間が楽園で話していた言語」を一切の「派生的諸言語の源泉」と見なし、例えばヘブライ語のうちに「神の言語の痕跡」を突き止め得るとするがごとき憶説的断定に対してもシュレーゲルは、「われわれをあの原初の起源から隔てる測り知れない断絶的距離」という、これまでもこの種の思弁に対する歴史的・実証的見地の堡塁として持ち出されてきた概念を繰り返す。[58] にもかかわらず「原初の人間」がその「高貴な能力、完全性、尊厳を喪失する以前に所有していたでもあろうような」言語、「われわれの現在の感覚や器官をもってしてはその具体的な形態の片鱗すらも捉えることができない」言語について語るときのシュレーゲルの視線は、すでに歴史的境界の彼方へと漂流し、足はその踏みしめるべき基盤から浮く。そのような言語は、と彼は言う、「永遠の聖霊たちが広大な天空を貫いて自分たちの思想を光の翼に乗せて直接送り合うときに使われる言葉」、「神性のあの極め難い内奥」から「神性そのものによって語り出され、いかなる被造物によっても真似ることのできない言葉」、「一つの深淵がもう一つの深淵に向かって無限の愛と永遠の栄光のまったき充溢を互いに送り交わしている」かのごとき言葉であると。――素朴な言語神授論は成り立ち得ない。しかしとシュレーゲルは続ける。神が最初の人間に言葉を教えたと伝えている『旧約聖書』の素朴な物語には、ある別の、「遙かに深い意味」が込められている。すなわち「神のうちで名づけられ」、「永遠性の刻印を打たれた」事物や生物の名称には、これらのものの「最内奥の本質」、「現存在の鍵」、「存在と非存在とに対する支配と決定」が含まれているということ、神によって人間に授与され、伝達され、委託された言葉と共に人間は自然の支配者にして王としての、「地上の被造世界における神の代理者」としての地位をも与えられたということがそれである。[59]

自然言語と神聖言語とを分断する質的二元論はもはや原理的に存在し得ない。すべての言語は、人間にその使命と共に託された「神の贈り物」として、その本質において神に淵源するものでなければならない。人間言語はすべて神的起源を持つ、というより神にその起源を持たないような言語は言語として存在し得ない。しかし現存するすべての言語のうちで、この「原初の隠された起源」にまで遡及し得るものは絶無である。それゆえシュレーゲルはこの「原初の隠された起源」との断絶という「神の深淵」の「こちら側」に身を置き、「さまざまな派生的な、あるいは混成的な諸言語の差異を的確に摑み、このほとんど見渡し難いばかりに豊穣な人間言語の広大無辺の全域を展望し」、「多種多様に枝分かれした全人間言語の系統図や、時代を経るごとにいよいよその巧緻さを極めていった言語形成の過程」を、いわば「われわれの眼前に展開される思考する意識の歴史」の「文字で書かれた記憶板」として読み解くという立場を堅持し、このような人間言語についての「世界歴史的な規模」での実証的探索のためのアリアドネの糸の一端を、人間の歴史的原言語としての「祖語」の概念に結わえつけようとする。そしてこの地上の歴史的経験学としての言語研究の方法をシュレーゲルは、地球の考古学とも言うべき「地質学」のそれに倣って、河川の流れによって形成され、石灰や粘土、砕かれた骨や貝殻、あるいは古い海底などに見られる多様な諸層から成る「堆積岩」と花崗岩などの「原成岩」との区別を言語の分類にも適用し、派生的・混成的言語集団を新しい地層形成期に成立した「堆積岩」に、そしてこれら派生的・混成的諸言語の「祖語」と呼び得る原言語を「原成岩」に擬している。むろんこの「原成岩」をもって地球の本源的な内実ないしは中核であると断言できないように、「祖語」の概念をもって地上の他の一切の言語の「最初の源泉にして普遍的な母語」としての原言語、すなわちあの「一切の言語の隠された原初の起源」――かつて「サンスクリットに関してそうだった」ように――と解することもできない[60]。

言語神授論と地上の経験学としての言語起源論とは峻別されねばならない。この峻別を絶対条件とし、しかもこの二元論を暗黙の、だが不可避の前提としつつ、シュレーゲルは諸言語の歴史的起源の探求に踏み込んでゆき、祖語の複数存在説、すなわち最古の時代の最初の言語創出期には複数の人間種族とその発展段階に対応した言語発生の諸時期とが存在したと考えられるという仮説を立て、この見地から、「インド語」〔サンスクリット〕を「最古にして最も完成された言語として第一等の地位を占める」語族、次いで「インド・ギリシャ〔ヨーロッパ〕諸語」を「最も確実にして最も知られた」語族として挙げ、これらの諸語をもって「その最古の言語様式の始原的状態においてすでにきわめて精緻な構造と美しい文法的構成と秩序」、「最高にして最も高貴な詩的造形と、次いで同様に細心の学問的明確性」によって他に比肩するもののない懸絶した言語集団としながらも、しかしこの一大語族でさえ、「その発展度においても完成度においても格段に低次の段階に留まっている」諸言語、諸語族のすべてを網羅する地上の全言語体系の一部を成すものでしかないと主張する。その上で彼は別種の祖語系列に属するタタール＝中国系諸語、アフリカ諸語と共に「最低のクラス」に位置するアメリカ原住民の諸言語を特に取り上げ、これら諸民族の際立った特徴の一つとして、「高貴な始原状態」から「非常に深く下落」してしまった「人間の精神的能力の退化」の惨状を挙げ、これらの種族の言語を「ある巨大な廃墟の、ある途方もない破壊の悲痛な残滓」と形容した「アメリカの諸民族と諸言語の最大の精通者」アレクサンダー・フォン・フンボルトの見解に賛同しつつ、この流出論的な「深い下落の悲哀感」の表情のうちに、さまざまな「地上の物質的要素」の汚濁にまみれて互いにほとんどいかなる「類似性」をも見出せぬまま「際限のない雑多性」へと砕け散っていったこれら最下層言語群の共通の運命を見ようとする。[61]

しかしここでもまたシュレーゲルにとってヘブライ語の処遇が難所となる。そしてここでもまたシュレーゲルは、ヘブライ語がその「固有の三音節構造」に由来する「深い含蓄性と簡潔性」と「比喩的表現の大胆さと熱狂的性格」によって根源的に「預言的言語」と呼ぶに相応しいものであることを反復強調し[62]、太古の言語創出期におけるヘブライ語の特殊な地位についても、「エジプトの象形言語の美しい象徴的表現」に示されている「優美な技法」、「中国語の文字体系」に見られる「複雑な技巧性」を第一段階とし、インド系諸語の「美しい形式と完全な構造」をもってする「詩的精神の最初の飛翔」、「詩的充溢と学問的明確さ」、そして「最初期のラテン語の断片に見られる固有の美しさを湛えた祭司的厳粛さ」をその第二段階とする「太古の言語発展史」の最終段階に、ヘブライ語の「大胆な宗教的熱狂」の「完璧にして高次の尊厳」を君臨させる[63]ことによって、彼の「言語ピラミッド」の正当性を再確認している。だがこの再確認によって——シュレーゲルはこの最終段階をいみじくも「太古の言語発展」の「独自の、そして特殊な段階」と呼ばざるを得ない——かえってヘブライ語の「孤高性」はともかく、その「孤立性」を覆うすべもなく際立たせる結果となる。そしてシュレーゲルはここでもまた、現時点では突き止めるすべとてないヘブライ語とインド・ヨーロッパ諸語との、「完全に異なる構造と文法形式」、「まったく別種の精神的方向」によって覆い隠されてしまっているに違いない「内的類縁性」の発見への期待を将来の研究に託すほかはない[64]。

シュレーゲル最後の講義『言語と言葉の哲学』第三講の主要部を成すこの言語論を歴史的・実証的「言語起源論」と見る限り、それはここでもまた超越的・超歴史的なものの不可避の干渉による挫折と徒労の過程である。「言語体系全体ないしは全言語世界は、意識と内的思考能力が外に向かって可視的となった姿であり、その忠実な鏡像であって、最古の言語創出におけるさまざまな時期は人間精神の発展過程におけるまさに同じ数の初期段階を形成する。そしてあらゆる民族をその年代に従って互いに結びつける想起と伝承の糸としての言語一般は、いわば全人類の共通の記憶と想起の大いなる器官である[65]」と語るシュレーゲルは、言語一般を「ある民族から他の民族へと生き続けてゆく伝承の貯蔵庫、ある世紀を次の世紀に結びつける想起と精神的連関の糸」と呼ぶ。だがそれと同時に彼は「原初の言語創出」の超歴史的瞬間に思いを馳せる自分を抑えることができない。彼はこの創出が「個々の言語的諸要素」の「断片的、アトム論的合成」ではなく、「真の詩的生産、あるいは芸術的生産と同様」、「全体からの一挙の、無媒介的成立[66]」でなければならないとする信念を捨てることができない自分と改めて対面する。言語創出の瞬間、それはまさに一つの「啓示」であり、そして啓示と共に与えられるいわば「神授の完全性の顕現」だからである。地上の全言語は、その歴史的生成と発展——これを否定することは不可能である——の過去と未来のすべてを挙げて「超歴史的所与」として、まさしく「根源的啓示」として、「無媒介的」に、一瞬にして現前したのである。人間言語のこの人知を絶した本源的所与性は、一切の実証的な歴史的遡及の彼岸に、この歴史的遡及の根拠でありながら、この根拠の「超越性」によって地上的言語生成の現実的根拠であることを拒む「超歴史的君臨」として、一切の人間的志向の及び達し得ない遙かな非時間性の彼方にある、いや、彼方そのものとしてある。そしてこの永遠の「彼方」はその存在において完璧であるがゆえに、一切の歴史的発展はそこからの下落、その完全性からの不完全性への流出論的脱落の無限の没落的過程以外の何ものでもないことを、そこへの到達、あるいは「帰還」を夢見る者たちに悟らせるのである。シュレーゲルは彼の最後の公開講義の一角を占める「言語起源論」の最終帰結のパラドックスを次のように要約する。「あの近寄るすべもなく覆い隠された起源とわれわれとを隔てる暗黒の空間、ないしは巨大な断裂のこちら側で、最古の言語創出の第一段階は深い頽落性そのものと、それへの悲哀の感情とによって特徴づけられる」[67]と。

あの「言語ピラミッド」は、いわばこの「断裂のこちら側」で企てられたもう一つの仮想の「バベルの塔」として、この「頽落性への悲哀」のもう一つの記念碑であり、しかもその建設の第一段階がすでにこのような流出論的下落の第一歩である以上は、その最高の位階を占めるヘブライ語はいわばこの下落の最高の極致を意味するはずだという避け難いパラドックスのうちに漂う空中楼閣である。その限りにおいてシュレーゲルの言語起源論の最終答案は、「地上的言語」の此岸から「神的言語」の彼岸へと虚しく両手を差し伸べ続ける有限的存在者の、無限の神性からの無限の脱落の悲嘆そのものの確認である。そしてほかならぬこの両手によって差し出された現実の答案は、全ヨーロッパがインド学においてもエジプト学においてもシナ学においてもヨーロッパ流儀のいわば略奪的学習期にあった十九世紀初頭[68]、インド・ヨーロッパ語族の発見という衝撃的な事件に巻き込まれた一人の人間、みずから「ロマン主義哲学者」(PL II-815) を名乗るドイツ人の東洋幻想の一記録として、このいまだに決着を見ないこの語族の起源論争には何ら実効的に寄与することなく——『インド人の言語と叡知について』は「この労作によって触発されたこの専門領域のその後の学問的諸業績によってほどなく凌駕された。その後、この労作はただ折りに触れて歴史的事跡として言及されてきたにすぎない[69]」というウルズラ・シュトゥルク‐オッペンベルクの容赦のない総括を待つまでもなく——、「言語ピラミッド」という図柄一枚のほかは、思弁と幻想の交差する奇妙な「象形文字」で埋め尽くされた一種独特の白紙答案に終わった。

『インド人の言語と叡知について』の刊行がシュレーゲルのカトリックへの「改宗」と重なったことが、この「作品」の立場を微妙なものにしている。『フリードリヒ・シュレーゲル原典批判全集』の編集主幹で、シュレーゲルの思想的生涯の全行程を「自然汎神論的自然観」に支配されていた初期思想圏、「汎神論と流出論的二元論から神、人間、自然の現実的区別に基づく人格神論」へと到る中期思想圏、そしてキリスト教的有神論を基底とした「神秘的実在論ないしは実在論的神秘主義」として特徴づけられる後期思想圏という連続的な三時期に鮮明に塗り分けているエルンスト・ベーラーは、シュレーゲルのカトリックへの「回心」の要因の一つを、古代インド世界に対する幻滅のうちに見ようとする。すなわち、そこにこそ「根源宗教の痕跡」は見出されるはずだとの熱狂的な確信に導かれて専心没頭した古代インド探索の果てにシュレーゲルが見出したインド人の宗教的実態は、シュレーゲルの期待に反して、「太古の一神教から汎神論ないしは二元論へ、占星術的迷信へ、あるいは輪廻ないしは流出体系へと堕落・変質してゆく」過程以外の何ものでもなかったがために、この深い失望感が、彼をインドの神話世界から「ユダヤ・キリスト教的伝承」の世界へと最終的に回帰させることに繋がったと見るのである[70]。また、同全集のインド関係の編集担当者として『インド人の言語と叡知について』の解説のほかに、この著作に付録として加えられている『ラーマヤナ』、『マヌの法典』等の翻訳断片を初めてそれらの底本となった原典と照合しつつ検証し、次いで遺稿断章集『東洋学研究ノート』全六冊（同『全集』第十五巻第一分冊、『オリエンターリア』）の編集担当者としてその校訂・編纂の仕事に携わったウルズラ・シュトゥルク-オッペンベルクも、さすがにシュレーゲルの古代インドからの撤退とカトリックへの「回心」とをこの東方精神世界への「知的冒険」の行き着く果ての失望に帰するというベーラーの単純反転説には同調してはいない[71]ものの、シュレーゲルの「非キリスト教的な諸宗教への哲学的関心」も結局は「モーセの啓示」への信仰に由来し、かつ帰着するものであり、根底においては「カトリック神学に規定されていた[72]」と見、彼の「回心」についても、最終的には「異教の諸宗教の支配する異質な文化領域への長途の遠征」からの「キリスト教神学への帰還[73]」と捉えることでベーラーの編集理念に合流している。

にもかかわらずベーラーも、そしてまたオッペンベルクも、「カトリック思想家」シュレーゲルが果して現実のカトリック教会の教義に順応し得ただろうかという点ではきわめて懐疑的であり、ベーラーはシュレーゲルの「後期哲学の諸原理」についての解説（『全集』第八巻）の中で、シュレーゲルは「教会的な意味でカトリック教徒だったためしがなく、むしろ教会に敵対する異端分子と呼ばれても仕方のない立場に立っていた」とするフリードリヒ・フォン・ラウマーや、シュレーゲルは「学問にも芸術にも、さらには信仰にも、そしてキリスト教にさえも満足を見出さなかった」とするティークの証言を引用したあと、シュレーゲルの遺稿の断章集『哲学と神学のための研究ノート』（散逸）に眼を通した兄のアウグスト・ヴィルヘルムがC・J・H・ヴィンディッシュマン宛の手紙の中でその読後の感想を一つの逸話に託して述べているくだりを紹介している。その逸話とは、ラテン語で詩も書き、また神学の愛好家でもあった六世紀のフランク王ヒルペリヒ［キルペリク］が三位一体に関するラテン語の論文をものし、自信満々並居る司教たちに読み聞かせたとき、一人の血気の司教が王の手から原稿を奪い取り、燃えさかる暖炉の中へ投げ込んだというものである[74]。また、オッペンベルクも『オリエンターリア』の解説の中で、シュレーゲルの『東洋学研究ノート』の幾つかの断章はその内容からして、従来ヤーコプ・ベーメに冠せられてきた「キリスト教的カバラ主義者」なる呼称がシェリングばかりでなくフリードリヒ・シュレーゲルにも使えることを示唆していると述べ、この点から見てもフリードリヒ・シュレーゲルの思想がカトリック教会の教条と必ずしも相容れるものではなかったと結論づけている箇所で、先のアウグスト・ヴィルヘルム・シュレーゲルの「逸話」を引用して[75]、ここでもまたベーラーの編集理念に忠実な解説者であることを実証している。

右のアウグスト・ヴィルヘルム・シュレーゲルの「逸話」は、古代東方世界への「長途の遠征」から帰り損ねた、あるいは帰る場所を間違えたフリードリヒ・シュレーゲルのカリカチュアを提供するものであるかに見える。因みにオッペンベルクは、シュレーゲルが仮にこの「長途の遠征」から無事帰還したとして、その仮の落ち着き場所の一つとして「キリスト教的カバラ主義」を指定したわけだが、ベーラーの共同編集委員の一人でイェーナ大学講義『超越論的哲学』、ケルン私講義『哲学の展開十二講』、同『序説と論理学』を含む中期哲学諸講義や最後期三講義の一つ『歴史の哲学』を担当したジャン-ジャック・アンステットは、この仮住まいとして一種の「キリスト教的心霊主義」を想定している。彼は一九七〇年に発表された論考『フリードリヒ・シュレーゲルの後期の思考と信仰における神秘的、オカルト的なもの』において、「モーセなくしてはすべてのオリエントの知識は、神の精神がその上を漂っていない太古の原水にすぎない。——その言葉なくして光の同意は得られない」(PL Beil. X-59) という一八一一年の断章と、「福音なくしてはモーセ、ゾロアスター、諸ヴェーダ（マヌ）、モハメッドを区別することはできないだろう」(PL Beil. X-68) という一八一二年の断章とを踏まえつつ、シュレーゲルの「その後」を辿り、彼のキリスト教的な学問と医術——「唯心論的自然哲学」、「キリスト教的・一神教的創造理論」、「キリスト教的・活性論的オカルト主義」、「キリスト教的心理療法」、「キリスト教的磁気療法」等々——に触れながら、「秘儀参入者」としてのシュレーゲルの「神の哲学」なるものの正体とそのゆくえを探ろうとするのである[76]。しかしフリードリヒ・シュレーゲルにその帰還後の憶測的仮住まいがどこに指定されるにせよ、そもそもフリードリヒ・シュレーゲルは本当にキリスト教世界に無事帰還したのだろうかと問うてみることのほうが、オリエント世界探検旅行におけるフリードリヒ・シュレーゲルの最終位置確認のためには必要な設問でなければなるまい。なぜなら最後期三公開講義の一つ、一八二八年――それゆえ彼がカトリック的キリスト教有神論への帰還を果たしたとされてすでに久しい時期に行われたヴィーン公開講義『歴史の哲学』第四講においてインド人の神話と哲学に言及するときの彼の論調は、インド神話の根底にキリスト教と同質の、というよりその更なる古層とも言うべき「神性原理」を見出し得たとして熱狂した一八〇三年のパリ私講義『ヨーロッパ文学の歴史』の論調と四半世紀の時空を越えて折り重なり、ほとんど一体となっているからである。

シュレーゲルはこのパリ私講義におけると同様の熱狂と確信をもって[77]、このヴィーン公開講義においてもインド神話をギリシャ神話と対比させ、ギリシャ神話に欠落していた「神性概念」、すなわち「一切の可視的自然を遙かに越えて存在する無限の精神と最高の悟性」、「至高の存在者、万物の創造者にして人間の父なる存在者」についての「厳粛な概念」が、それどころか「至高の存在者とその諸性質と諸関係」についての「最も厳密な形而上学的概念」までが、ギリシャ人よりも遙かに「熱狂的な官能的自然崇拝と巨人的な異教的創作と虚構」に囚われていたインド人のもとに見出されることを、「一面において巨人的に荒々しく、奇怪なまでにアニミズム的でありながら、他面においては哲学的瞑想と神秘的含意に満ちた」インド神話の驚嘆すべき特質として挙げるのである。そしてかつてのギリシャ世界賛美者の苦渋を滲ませながら、もしピュタゴラス教徒が「神と人間、魂の不死、不可視の世界」についての自分たちの理念を民間宗教のうちへ導入することに成功していたならば、ギリシャ神話はインド神話に幾分か匹敵するものとなったかもしれないと述べたのち、彼はインド神話における「至高の真理と感性的誤謬、最も粗野で荒唐無稽な虚構と最も抽象的な形而上学的神学ないしは最も純粋な自然神学とのこのような奇妙な混在」によって醸成された深い宗教感情と決意——「人間は神的存在者からかくも遠く隔てられ、かくも甚だしく引き離されてしまったいまとなっては、一切の善なるものの源泉である神に再び近づくためには、遠く長い苦難の道と厳しい苦闘とが必要である」という深い宗教感情と、「こうして疵ものとなった、不純で、地上の穢れにまみれた人間は、この不浄の身でただちに神的存在との合一を果たすことは叶わない」のだから、人間は人間の内なる「不死の魂」の導きによってこの神性との合一へ向かってたゆまぬ自浄の努力を重ねてゆくべきである」とする決意——から生まれたインド人の「輪廻」の思想を宗教的・哲学的求道の教説、すなわち「神的存在者に向かっておのが思念を最高度に飛翔させ」、「至高の存在者の測り難い深淵」の中へ全身全霊をもって沈潜することによって、「虚妄の現世における種々様々な生存形態」を幾たびも身に纏わねばならない「変態と遍歴」の無限の循環からの最終的脱却を目指す求道の教説として讃え、そして「一切の地上的なものからの解脱と神性との合一」という究極目的のために時として「自己破壊」とさえ呼び得るほどの極限にまで徹底してゆくインド人の宗教的実践哲学——例えば「人間的自然の一切の限界を踏み越えてしまう」ヨーガ行者の「危険な深淵」——に近世ヨーロッパの「神秘主義」を重ね合わせるのである。(78)

このあたかもインドからヨーロッパへ向かって放たれたかのような視線は、この公開講義に続く彼の最後のドレースデン公開講義『言語と言葉の哲学』の第九講——彼が生きて聴講者に語ることのできた最後の機会となった——の、例えば次のような論述においてさらに「より深く東方」の奥地へと引き退いたものとなる。それは、「一切のものを魔術的に引き凌い、世界を押し包む大海原のように人類と自然のすべての時間のまわりを、永遠に変化し続ける波の戯れとなって巡り流れる」太古の源流——「他の一切の詩文学の源泉」となるべき「最古の時代の叙事詩的歌謡」の「古き永遠の想起の漫々たる流れ」——についての論述に続いて、「古代神話世界の象徴的根源」に言及される箇所である。「太古の世界の最初の人間たちと偉大な聖者たちの単純な宗教——というのも真の宗教は根源的にはただ一つしかなかっただろうから――をキリスト教と呼ぶことが許されるならば、次のように言うこともできるし、許されもするだろう。すなわち一本の糸がキリスト教と真の神認識からあらゆる異教とそのさまざまな密儀の中を貫き通っているのをいまなお明瞭に見て取ることができるだろうと。このように人間精神の不可思議に錯綜した行路をその多種多様な発展に沿って辿りつつ、真理のあらゆる側面、そのさまざまな視点や見解に照らしながら、千変万化するその幾多の表現を通して、より一層深く理解し、生き生きと実感できるようにすることこそ望ましいと言えるだろう。」[79]――この一節はわれわれに「インドへの長途の遠征」から帰還してカトリックの僧衣を身に纏いつつ遙かな東方への憧憬を語るシュレーゲルよりは、むしろ帰路を見失って異教世界を放浪しつつ遙かなキリスト教世界への望郷幻想に浸るシュレーゲルを想像させる。そうしたシュレーゲルの「原言語」探求の眼差しは、あの一八〇〇年の『神話論』――「ある原初の根源的で模倣し難いもの、端的に解き明し難く、いかなる変形を加えられたのちにもなお太古の本性と力とを仄かに輝き出させているもの」なくしては、それゆえまた「素朴な深い意味」を「倒錯したものや狂ったもの、単純なものや愚劣なものの外見を装って語り出ているもの」なくしては成立し得ないような、人間と自然の根源的な大地母神的古層において湧き出ているような一切の詩の源流、「他のすべての芸術作品を包括し、詩文学の太古の永遠の源泉のための新たな河床となり、容器となり、しかもそれ自身他のあらゆる詩の萌芽を内蔵する無限の詩」であるような詩の源流――その水源はシュレーゲルにとってインドにこそ見出されるものだった――となるべき「新しい神話」の創出に近代文学の未来の運命を託そうとした、あの一八〇〇年の『神話論』[80]以来の「原世界」希求と探索の最後の一瞥として、「古代インド語、古代ヘブライ語、古代エジプト語、古代中国語」という「失われた原言語の覆い隠された源泉に最も近く位置する四つの大河」をさらに併せ呑む、例えば「古代ユーラシア語族[81]」とも言うべき定かならぬ人間言語の「原郷」へと漂ってゆくかのようである。

終章　シュレーゲル・コントラ・シュレーゲル、あるいはせめぎ合う両神話論

一

二〇〇六年秋、『フリードリヒ・シュレーゲル原点批判全集』全三十五巻中の著作部門全二十二巻[1]——第一部『校訂新版』（第一巻から第十巻）、第二部『遺稿集』（第十一巻から第二十二巻）——が、第十五巻第二分冊『文学のための講義と断章』の刊行をもって完結した。一九五八年の第一回配本の第十一巻『ヨーロッパ文学の研究』刊行からほぼ半世紀、その間、共同編集者ジャン＝ジャック・アンステット、主任編集者エルンスト・ベーラーを失っての完結である。前記両著作部門に続く第三部『書簡集』（第二十三巻から第三十二巻）、第四部『編集類、翻訳類、報告類』（第三十三巻から第三十五巻）はいまなお刊行途上にあるとはいえ、前記著作両部門の完結は、少なくともフリードリヒ・シュレーゲルという、名のみ高くして知られることあまりに少なかった、というより知るための原資料の欠落のあまりに大きかったがために多年にわたって予断と偏見と誤解に晒され続けてきた思想家の全体像把握を可能ならしめる基礎文献がすべて出揃ったという点で画期的である。別して一八〇〇年の『アテネーウム』誌廃刊から一八〇八年のカトリックへの改宗とヴィーン移住までの、すなわちシュレーゲル二十八歳から三十六歳までの八年間に行われた計

七篇の公・私にわたる講義類——イェーナ大学講義『超越論的哲学』、ケルンの商家の兄弟ズルピッツおよびメルヒオア・ボワスレーとその友人ヨーハン・バプティスト・ベルトラムに請われて始められた少数の知友を集めての一連の私講義、すなわちパリ私講義『ヨーロッパ文学の歴史』、ケルン私講義『哲学の展開十二講』、同『序説と論理学』、同『世界歴史』、同『ドイツの言語と文学』、そしてスタール夫人のレマン湖畔の別邸で彼女一人のために行われた個人講義『形而上学』——と、この時期およびそれ以後のオリエント研究ノート数冊分とが、第二部『遺稿集』の第十一巻から第十五巻（第一、第二分冊）までの五巻に、また、二十四歳の一七九六年から五十六歳、すなわち死の前年の一八二八年までの現在確認され得る限りでの哲学、文学、歴史、政治等に関する全遺稿断章群が、同第十六巻から第二十二巻までの七巻に完全収録され、かくしてこの思想家の空白の中間期——彼の著作家としての消息を伝えるものといえば、せいぜい一八〇三年に刊行された彼の二番目の機関誌『オイローパ』所載の絵画論その他の論文、一八〇四年に刊行された彼自身の編纂になる三巻本『レッシング選集』の各巻に付された計九篇の論評、一八〇八年の『ハイデルベルク文学年鑑』に発表された幾つかの書評を数えるにすぎない、いわば埋没の中間期思想圏が、初めて初期思想圏と後期思想圏との内的連関を獲得しつつその全容を現したことの意義は大きい。

しかしここで留意すべきは、フリードリヒ・シュレーゲルの全体像の致命的欠損部であり続けてきたこの中期思想圏の埋没にフリードリヒ・シュレーゲル自身が大きく関与していたということである。一八二二年から一八二五年にかけてヴィーンのヤーコプ・マイヤー社から刊行された自選『フリードリヒ・シュレーゲル全集』(2)（第一ヴィーン版）の編纂に当たって選者シュレーゲル自身が過去の主要作品の数々に振るった選別の大鉈がそれである。

一八二〇年、四十八歳のフリードリヒ・シュレーゲルは、ナポレオン凋落後のいわゆるヴィーン体制下、オーストリア帝国の国家理念に共鳴し、メッテルニヒの反革命的復古政策に賛同するカトリック系保守派の論客たちを糾合した最後の機関誌『コンコルディア』を創刊し、同誌の編集兼執筆者としての仕事の傍ら彼自身の「全著作刊行」の準備を進めるが、自作の集大成を意味するはずのこの『フリードリヒ・シュレーゲル全集』の実態は、まさに『コンコルディア』誌主幹の名に恥じない徹底した自己検閲の産物とも言うべき「選集」ないしは「選別集」となった。同誌第一輯を独占し、さらに第三輯、第六輯にも書き継がれてゆく彼の時代批判的論争書『現代の徴候』が、フランス革命以後のヨーロッパ「現代史」をルターの宗教改革に淵源する宗教的・道徳的・思想的・政治的・社会的堕落と荒廃の必然的帰結として糾弾することによって、一七九〇年代の半ばに始まる初期ロマン主義運動を牽引した彼自身の華々しい足跡をもこの同じ堕落と荒廃の濁流の中へ惜しげもなく投げ込んで葬り去ったように――「深遠なドイツ哲学と精神的革命の大きな円環の中から真先に、かつ直接的な帰結として発展してきたあの力動的な思想の遊戯、無際限な詩的・学問的幻想」の時代は「いまやすでに遠い過去の遺物となり果てたのだ」[3]――、この『自選全集』もまた、幾多の修正・加筆を施されて収録された古典文献学的諸論や一八〇三年の『オイローパ』誌所載の一連の絵画論等を除き、若きフリードリヒ・シュレーゲルの代表作である『共和制の概念についての試論』をはじめ、コンドルセ、レッシング、フォルスター、ヤコービらに関する諸論評、『リュツェーウム断章集』、『アテネーウム』誌所載の諸論考、断章集、そして一種のスキャンダルとして世間を騒がせた問題のロマーン『ルツィンデ』等々、かつてドイツの文学・思想世界の「美的無政府状態」打破の合言葉として掲げられた「美的革命」[4]の一翼を担ったこれら野心作のほとんどすべてを容赦なく切り捨てたばかりでなく、この時期に続くパリ・ケルン時代の私的諸講義のすべてを同様に惜しげもなく廃棄処分に付したのである。『アテネーウム』誌所載論文中辛うじて処分を免れたのは、一八二三年刊行の『自選全集』第五巻収録の『文学についての会話』と一八二五年刊行の第十巻収録の『ゲーテのマイスターについて』の二篇のみであり、また一八〇一年に兄アウグスト・ヴィルヘルムとの共編で刊行された『特性描写と批評集』第二巻所載の『ジョヴァンニ・ボッカッチョの詩的作品についての報告』ただ一篇が同じ全集第十巻への収録を許されているだけで、彼の批評理論の根幹に触れる最も重要なテクスト群を含む同評論集所載の正・続両『レッシング論』は無造作に排除されてしまっている。因みにフリードリヒ・シュレーゲルがこの『自選全集』の第一巻、第二巻として選んだのは、カトリックへの改宗後の一八一二年にヴィーンで行なわれ、一八一五年にメッターニヒへの献辞を添えてシャウムブルク社から刊行された公開講義『古代・近代文学史』の、これまた大幅な加筆と修正を加えられた上、「私の以前の批判的研究の最も完璧な成果」と銘打たれた改訂増補版である。

このフリードリヒ・シュレーゲル『自選全集』はヤーコプ・マイヤー社の突然の破綻によって第十巻をもって頓挫するが、彼の死後の一八四六年に、これを引き継ぐかたちでヴィーンのイーグナツ・クラング社が刊行した全十五巻の『新全集』[5]（第二ヴィーン版）も、配列に多少の異同はあれ、『自選全集』に収録されなかった一八一一年のヴィーン公開講義『近世史』、一八〇七年刊行の『インド人の言語と叡知について』、一八二七年に開始され、一八二九年一月のシュレーゲルの突然の死によって打ち切られた最後期のヴィーンおよびドレースデンでの連続公開講義、すなわち『生の哲学』、『歴史の哲学』、そして彼の「白鳥の歌」となった『言語と言葉の哲学』の五篇を加えた増補版の域を出るものではなく、その間の一八三六年と一八三七年にC・J・H・ヴィンディッシュマンによって二つのケルン私講義『哲学の展開十二講』、『序説と論理学』[6]が刊行されていたにもかかわらず、これらは『自選全集』への採用を「相応しからず」としたシュレーゲルの遺志を理由に無視され[7]、ここでもまた「初期シュレーゲル」の原則的切り捨てと中期思想圏の無視ないしは廃棄という「後期シュレーゲル」の編集理念は貫徹されている。

このいわば廃嫡された「初期シュレーゲル」の全著作の復権を要求したのが、『第二ヴィーン全集版』刊行の三十六年後の一八八二年にヤーコプ・ミーノアの編纂になる『フリードリヒ・シュレーゲル初期著作集――一七九四－一八〇二年』全二巻である。このミーノア版『選集』は、その序文からも明らかなように、「後期のフリードリに向かい合う初期のフリードリヒの記念碑を建ててやりたい」という兄アウグスト・ヴィルヘルムの果たせなかった願い（一八三〇年一月三十日のティーク宛の手紙）を引き継ぐ意図をもって開始されたものだったが、しかしその結果は、あくまでも弟の『自選全集』の「補充版」を念頭に置いていたにすぎないアウグスト・ヴィルヘルムの意向を大きく踏み越えるものとなった。ミーノアの編集方針の基本は、フリードリヒ・シュレーゲルの「初期著作集の当面の限界」を「フリードリヒ・シュレーゲルの論調とその方向性に変化を来たす一八〇二年」とすること、具体的には初期の古典文献学研究期の諸作から『アテネーウム』誌刊行の時期を経てパリ行き直前の一八〇一年に刊行された『特性描写と批評集』に到るまでのすべての著作の初版の集大成をもってフリードリヒ・シュレーゲルの「自己完結的にして完璧」な「全集版」（Gesamtausgabe）と見なすこと、次いでこれらの初期作品に加えられた『自選全集版』（第一ヴィーン版）での加筆ないしは修正箇所はすべて――ただしこの『自選全集版』が入手できる間は不要だが――これを「ヴァリアンテ」として別途処理する方式も考えられるとしたことである。[8] このような「現行」の両『ヴィーン全集版』を完全に無視したミーノアの編集原理は、カトリック的有神論と共和制否定へと舵を切った――「論調とその方向性に変化を来たした」――パリ時代以降の中・後期思想圏に属する著作、私講義のすべてを「本来のフリードリヒ・シュレーゲルに非ず」として排除したにも等しく、[9] ここに『ミーノア版』に依拠する「初期フリードリヒ・シュレーゲル」と両『ヴィーン全集版』に依拠する「後期フリードリヒ・シュレーゲル」とが――両版共に中期思想圏を完全に無視するかたちで――対峙するという排他的陣営を作り上げることになる。

　それゆえフリードリヒ・シュレーゲルが書き残したものの一切を文字通り余すところなく収集し、これを原典批判的校訂に基づいて編纂するという本来の全集企画であるエルンスト・ベーラーを主幹とする新全集が、この両

『ヴィーン全集版』と『ミーノア版』とによって分断された両フリードリヒ・シュレーゲルの妥協の余地なき相剋の克服をその不可避の課題として抱え込まざるを得なかったことは、編集史上他にほとんどその類例を見ない異常事態として、何よりもまず記憶にとどめておかなくてはならない。フリードリヒ・シュレーゲルが未整理のまま残した膨大な遺稿の堆積――「哲学のために」と題されたノート十九冊、「詩と文学のために」と題されたノート十八冊、「歴史と政治のために」と題されたノート十八冊、「神学と哲学のために」と題されたノート四十二冊と、そしてさらに追跡調査して確定しなければならない、だがむろん散逸や消失を視野に入れての無数の草稿その他――を前に呆然と佇むところから出発するほかなかったと述懐するベーラーとその彼を支えた共同編集者たちの苦労は、刊行開始の一九五八年の翌年の『ノイエ・ルントシャウ』誌に掲載されたベーラーの『新しいフリードリヒ・シュレーゲル全集』と、著作両部門の編纂も大詰めに近づきつつあった一九九八年にロマン主義研究誌『アテネーウム』に遺稿として掲載された同じくベーラー（前年の一九九七年九月十六日に急逝）の『フリードリヒ・シュレーゲル全集の歴史』に詳しい[10]が、編集上の根本的なネックの一つが、シュレーゲルの『自選全集版』とミーノアの『全集版』という編集原理の異なる二種類の旧版の処遇問題であり、これがベーラーの『新・校訂全集版』の成否の鍵を握る編纂上の技術的側面にも深く絡んでくる懸案事項だったことがわかる。

ベーラーの出発点はそれゆえ、何よりもまず「両フリードリヒ・シュレーゲル」の宥和と合体の可能性を探ることだった。もともと弟フリードリヒの没後の翌年の一八三〇年に兄アウグスト・ヴィルヘルムが胸に抱きながら果たせなかった、「後期のフリードリヒに向かい合う初期のフリードリヒの記念碑を建ててやりたい」という切なる願いを引き継ぐはずのものだった『ミーノア版』が、かえって「初期シュレーゲルと後期シュレーゲルとの分裂を一層助長する」ことになったばかりでなく、「後期シュレーゲルに対して初期シュレーゲルを動員する」という互いに挑発し合う一種の臨戦状態を醸成し、しかも研究者たちまでもこの騒乱に巻き込まれ、研究書も『ヴィーン全集版』のみに依拠して『ミーノア版』は無視するものと、逆に『ミーノア版』のみを知って『ヴィーン全集版』には一顧も与えないものとが並び立つことになり、さらでだに不穏だった両フリードリヒ・シュレーゲル陣営間の空気をいよいよ険悪な、「熱狂的な憎悪」の渦巻く対立抗争へと駆り立てる結果を招くに到ったことへの反省から、ベーラーは何よりもまず、「本質的に異質な二人のフリードリヒ・シュレーゲルが存在していて、そのうちの年をとったほうが若いほうの著作にあれこれ難癖をつけてきたと言わんばかりの奇妙な虚構」から脱却し、「初期作品の深い意味」を「後期のより成熟した著作」の光に照らして解明するという見地に立って、両フリードリヒ・シュレーゲル間の和睦の、あるいは架橋の可能性を探ること以外に、現下の膠着状態打開の道はないとの結論に達する。[12]

ところでこのような基本方針に基づいてフリードリヒ・シュレーゲルの初期・中期・後期のすべての著作を網羅するという全集版構築の唯一の拠り所を、ベーラーは、フリードリヒ・シュレーゲルがカトリックに改宗してヴィーンへ移住した直後の一八〇八年前後の段階ですでに自作の全集の計画を練り始め、翌一八〇九年には早くもベルリンのユーリウス・ヒッツィヒ社からその第一巻を刊行しているという事実のうちに見出し、しかもその際「自分の生活と仕事のすべてについての完全な釈明」、「私自身による私自身および他の人々のための最も本質的な釈明」、「同時代と後世のための完全な釈明」、「私の文学的経歴の釈明と篩分け」といった、主として出版社への手紙の中に頻出する自己弁明、自己釈明への欲求に着目する。そしてさらにフリードリヒ・シュレーゲルがこの『全集』に収録するはずだった断章集——彼が一七九六年以来、自分の哲学的着想を書き綴ってきた、それゆえ自分の「決定的な形成期における知的発展を一望させる一束の覚書帳」——にゲーテの『ヴィルヘルム・マイスターの修業時代』に倣って『哲学的修業時代』のタイトルを与え、しかもこれを彼自身の「文学的信条告白」と呼んでいることから、ベーラーは先の自己弁明ないしは釈明への欲求を、「キリスト教への改宗後に自身の異教徒時代を信条告白的に叙述しようとした聖アウグスティヌス」の欲求と重ね合わせ、そこにこれら初期の諸断章が改宗後のフリードリヒ・シュレーゲルによって「回顧的に規定」され、初期フリードリヒ・シュレーゲルと後期フリードリヒ・シュレーゲルとが「ある統一的な意味連関のうちに組み込まれて」ゆく可能性が示唆されていると見たのである。[13]

かくして両フリードリヒ・シュレーゲルの「和睦」と「架橋」の可能性を見出そうとするベーラーが辿りついた決着点は、シュレーゲルの精神的所産のすべては『ミーノア版』の原則に従って、「シュレーゲル自身が出版させた[14]もの、すなわち初出のテクストを底本とすること、特に初期の諸作のうち、彼が何らかの修正を施して『自選全集』に収録したものについては，この修正部分を後期の「ヴァリアンテ」と見なすこと、ただしこれら「ヴァリアンテ」を初期作品の「より深い意味」を解明するための通路たらしめること、そしてこれらの「ヴァリアンテ」は、共同編集者ハンス・アイヒナーの提案に従って「脚註」にまわすことというものだった。当初は、当然のことながらこのアイヒナー方式に異論のあったベーラーも、「脚註」に彼のいう聖アウグスティヌス的な「告白的回顧」の意味を持たせるならば、すなわち初期から後期への編年的な連続的進展過程を踏むかたちを取りながら、しかし同時にこの連続的過程の全体が後期思想圏からの「承認の光」によって満たされるというものであるならば、初期・後期両フリードリヒ・シュレーゲルの相互証明的宥和と合体を達成することをその目的の最重要項目の一つとして掲げる『新・校訂全集版』にとって、この「脚註」方式にまさる原理と手法はなく、それゆえ「初期シュレーゲルと後期シュレーゲルという編集上の問題はもはや存在しない」との確信に達するのである。[15]

かくしてフリードリヒ・シュレーゲルの初期、中期、後期の全作品が領域別区分の上に立って初出年代順に配列され、後期の『自選全集版』におけるすべての削除・加筆・修正箇所は原則的に「脚註」にまわされるという『ベーラー新・校訂全集版』には、ベーラー自身が承認し、かつ納得している限りにおいては、確かに「編集上の問題」は「もはや存在しない」かもしれない。しかし「問題」の本質は依然として解決されていない。このことを最も痛切に思い知らされたのはベーラー自身だったはずである。なぜならそこにベーラーが後期フリードリヒ・シュレーゲルにおける「聖アウグスティヌス的告白」を聞き取ろうとし、かつまた聞き取るべきであるとした『自選全集版』の修正部分は、実際にはベーラーの意に反して、特にシュレーゲル本人にとっては「脚註」という名のいわば僻地の牢獄に押し込められたにも等しく、それゆえ初期シュレーゲルの諸作の本来あるべき真の姿を浮かび上がらせることのできるような「相互証明的」な「承認の光」とは到底なり得ないこと、そして「脚註」は所詮、脚註以上でも以下でもないことが、書物というものの本質からして残酷に示されたからである。

しかし問題の真の所在はこれとは別のところにある。何よりもまず厳しい選別基準によって自己の前半生の精神的所産の主要目録のほとんどすべてを切り捨て、しかもこの基準に辛うじて合格したものに対してさえも削除と加筆の手をいささかも緩めなかったフリードリヒ・シュレーゲルの『自選全集』の編集事業もまた、疑うべからざるフリードリヒ・シュレーゲルの「仕事」であり「作品」だったはずであり、従って彼が彼の思想の鉄筆によってそこに刻み込んだ修正と改造のことごとくを、言ってみれば『ミーノア版』の「脚註」の地位にまわす――これはミーノアの当初の方針でもあった――というよりは貶めることは、初期・後期の違いこそあれ、同じフリードリヒ・シュレーゲルの「仕事」ないしは「作品」への重大な干渉、侵害を意味することになるだろう。とすればこのベーラーの『新・校訂全集版』は――現在これ以上行き届いた著作集は望めないとしても――いわば心ならずも「脚註」に幽閉された「後期フリードリヒ・シュレーゲル」の憤懣を宥めるすべもなく抱え込んでいるはずである。とりわけ――これはさすがのベーラーも「重要な二種類の別稿[16]」として特記せざるを得なかったことだが――一八〇〇年の『アテネーウム』誌所載の『詩文学についての会話』第二章『神話についての講話』(『神話論』)における削除と加筆・修正の凄まじさはほとんど自己改竄にも等しい破壊作業だったと言ってよい。『自選全集版』に収録された『ゲーテのマイスターについて』や、同じ『詩文学についての会話』中の他の三章、『詩芸術の諸時期』、『ローマンについての手紙』、『ゲーテの初期および後期の作品の相異なる様式についての試論』が主として語句の修正を要求されるにとどまったのに対して――ただし最後の『ゲーテ試論』の会話部分は全文改作されている――、初期ロマン主義綱領の中核として異彩を放ったばかりでなく、その後の彼の新たな思想的展開への、特に『アテネーウム』誌廃刊直後に開始されるイェーナ大学講義『超越論的哲学』の基盤ともなってゆくスピノザの実在論とフィヒテの観念論との綜合への第一歩を意味するものでもあった『神話論』の章だけは、大小八十箇所を越える語句や文章の改変、削除、加筆によって甚だしい変貌を遂げている。この改造工事は明らかに、シュレーゲルが最後まで完全には断ち切れずに暗々裏に引きずってきたスピノザとフィヒテの両思想圏との最終的訣別という自己否定的転向のいわば公式表明を意図したものであり、その証としてそこに刻印された削除、加筆、修正の数々は、遺憾ながらベーラーが期待した前・後両期フリードリヒ・シュレーゲルの「相互証明的深化」に資する「脚註」となり得るようなものではまったくない[17]。

以下、一八〇〇年のルドヴィーコが講読するアテネーウム版『神話論』(『神話についての講話』)と、一八二三年のルドヴィーコが講読するヴィーン版『神話論』(『神話と象徴的直観についての講話』)という両『神話論』のいわば骨肉相剋にも似たせめぎ合いの実態を跡づけ、次いでこの『講話』に続く『会話』の登場人物たちにも意見を求め、新・旧両『神話論』についての仮想の討論の場を作りたい[18]。

二

「諸君はみずから詩作するにあたってしばしば、自分たちの仕事のための確固とした支えが、母なる大地が、天空が、精気に満ちた大気が欠けているのを感じているはずだ。現代の詩人は、これらすべてのものを自分の内面から作り出さねばならない。」――「多くの詩人たちはそれを見事にやってのけているが、しかしいままでのところ誰もが各自独力でやっているにすぎず、どの作品もみなそのつどいわば無からの新たな創造のごときものだ。」――「一気に本題に入ろう。私が言いたいのは、われわれの詩文学には古代人の詩文学にとって神話がそうであったような中心点が欠けているということだ。現代の詩芸術が古代のそれに及ばない本質的な原因のすべては、われわれが神話を持たないという一語に集約される。しかし私は付け加えたい、われわれはそのような神話をまさに手に入れようとしているのだと。あるいはむしろそのような神話を生み出すために真剣に協力すべき時が来ているのだと。[19]」

このような近代文学全体の置かれた現下の窮状と「新しい神話」の創出によるそこからの脱出を訴える呼び掛けをもって開始される『神話論』の展開を、以下、まず『アテネーウム版』のみに沿って略述し、次いでスピノザおよびその実在論との絶縁、革命原理としてのフィヒテの観念論からの離反というラディカルな路線転換によって『アテネーウム版・神話論』に介入してくる『ヴィーン版・改造神話論』の実態を検証する。

近代文学全体の共通の基盤となるべき「新しい神話」、この新しい「近代神話」は――と『アテネーウム版・神話論』の論者は続ける――古代神話とは対照的な道を辿って到来するほかはない。古代神話が「若々しい想像力の最初の開花」として自然の胎内から誕生し、自然を範としつつ成熟したのに対して、自然との道連れを断ち切って久しい近代人にとって、新しい神話は「自然」という古代の原理に代わる近代の原理である「精神」の「最内奥の根底」から精神それ自身によって創出されるほかないからである。従ってそれは、まさにこのような精神自身の所産であるがゆえに「あらゆる芸術作品のうちで最も人為的なもの」でありながら、しかしあらゆる神話と同様、「他のすべての芸術作品を包括し、詩文学の太古の永遠の源泉のための新たな川床となり、容器となり、しかもそれ自身他のあらゆる詩の萌芽を内蔵する無限の詩」として「ある原初の根源的で模倣し難いもの」、「端的に解き明かし難く」、「いかなる変形を加えられたのちにもなお太古の本性と力とを仄かに輝き出させているもの[20]」でなくてはならない。このような新たな神話的原世界創成の可能性をアテネーウム版『神話論』の論者は、「現代の偉大な現象」である観念論、絶えず「自己自身を規定し」つつ絶えず「自己を越え出てゆき、そして再び自己へと帰還する」精神の永遠の循環運動を本質とする観念論、「実践的な視点」から見れば、「われわれが自分自身の力と自由とによって実現し、かつ広めてゆくべき革命の精神、革命の偉大な原則」であり、「理論的な視点」から見れば、「人類が全力を尽くして自己の中心を見出そうと格闘する現象」の一形態である観念論――「すべての学問、すべての芸術に大いなる革命が到来するだろう[21]」――と、この「観念論の胎内」から誕生し、観念論の精神によってくまなく浸透されながら、同時に観念論の実質としてその無限の循環運動を支える基底となる「同様に無限の実在論」との根源的相関のうちに見出そうとする[22]。

この観念論と実在論との根源的相関の実現を、論者は当面その名を伏せたまま、だが当時の誰の目にも明らかな二人の哲学的対蹠者フィヒテとスピノザとの、あるいはフィヒテの世界創造的自我の観念論と「一にして全」なる神的自然への絶対的帰依の表現であるスピノザの実在論との綜合という哲学的課題として提示する。しかし彼はこの課題の解決をただちに詩人の手に委ねようとする。なぜならこのような観念論と実在論との綜合は、それが詩的創造の基層となるべき神話的原世界であるためには、当然、その「理想の伝達機関」を「観念的なものと実在的なものとの調和に基づく詩[23]」以外には見出し得ず、また、それ自体もはやいかなる「哲学体系」としても存続し得ない――「すべての哲学は観念論である。そして真の実在論は詩の実在論のほかにはない」（ID 96）――からである。それゆえ「一にして全」なる「スピノザ主義の神」（PL IV-379）も従来の哲学的武装を脱ぎ捨て、もっぱら来るべき文学の新たな土壌のためのいわば大地母神的豊穣の基層としてのみ生き続けることができ、かつ、生き続けねばならないというのが、『アテネーウム版・神話論』におけるスピノザ哲学の存在意義である。そして論者はここで初めてスピノザを実名登場させ、この新しい神話の担い手に次のような一連の讃歌を捧げる。（以下、太字部分はヴィーン版における削除、加筆その他の改変箇所を示す。）

（一）「**スピノザ**はあの伝説の中の善良な老サトゥルヌスと同じ運命を辿ったように私には思われる。新しい神々がこの高貴な人を学問の崇高な玉座から追い落としたのだ。想像力の神聖な闇の中へ引き退いて、彼はいま他の巨人族たちと共に名誉ある流亡のうちに生きている。彼をしてそこに留まらしめよ。ムーサたちの歌声に包まれて彼の古き支配への追憶は一抹の憧れとなって溶けよ。彼はその体系の戦闘的な衣装を脱ぎ捨て、新しい詩の神殿の中に**ホメロス**やダンテと共に棲み、**神に酔える**すべての詩人たちの守護神や客人たちの仲間入りをするがよい[24]。」

（二）「**実際、スピノザを尊敬し、愛し、その弟子となりきることなくして、どうして詩人たり得るのか、私にはほとんど理解することができない**[25]**。**」

（三）「個々の案出において諸君の想像力は充分に豊かだ。そしてこの想像力を刺激して躍動させ、それに養分を与えることにかけては、他の芸術家たちの詩的作品以上に巧みなものはない。しかし諸君は**スピノザ**のうちに一切の想像力の始まりと終わりを、諸君一人一人が拠って立つ普遍的な基盤と土壌を見出すだろう。そして想像力のほかならぬこの根源的にして永遠なるものを、すべての個別的なもの、特殊なものからこのように切り離すことこそ、諸君にとってきわめて歓迎すべきことであるはずだ。機会を捉えて眺めるがよい。諸君は詩文学の最も内奥の仕事場を深々と見入るすべを与えられるだろう。**スピノザ**の感情もまたその想像力と同質のものである。それはあれこれの個々の事物に対する敏感な反応、高まるかと見れば再び萎え衰える激情ではないが、しかし清らかな香気が全体の上をあるかなきかに漂い、至る所、永遠の憧れが、静かな偉大さのうちに根源的な愛の精神を息吹く素朴な作品の深みからその余韻を響かせるのだ。[26]」

（四）「実際、合理的に思考する理性の歩みと法則とを廃棄して、再び想像力の美しい混乱、人間の本性の根源的なカオスの中へ身を沈めるところに、一切の詩文学の起源があるのであって、このようなカオスに対しては、あの古代の神々の多彩な集団以上に見事な象徴を私はいまもって知らない。」――「なぜ諸君は偉大な古代のこれら壮麗な形姿を新たに蘇らせるべく立ち上がらないのか。ただ一度でもよい、**スピノザに満たされつつ**、また、**現在の自然学**が思索するすべての人々のうちに呼び起こさずにはおかないあの諸見解に満たされつつ、古代の神話を考察してみるがよい。すべてはなんと新しい輝きと生命を帯びて見えることだろう。[27]」

（五）「**私がスピノザにこれほど大きなアクセントを置くからといって、それはけっして主観的な偏愛（私はこの種の偏愛の対象をむしろきっぱりと遠ざけてきたくらいだ）のためではなく、また、彼を新たな独裁の巨匠に祭り上げるためでもない。むしろ私はスピノザという実例によって神秘主義の価値と尊厳についての、そして神秘主義と詩文学との関係についての私の思想を、最も鮮明に、最も明確に示すことができたからである。私はこの点における彼の思想の客観性ゆえに他のすべての人たちの代表として彼を選んだのである。私の考えるところはこうだ。すなわち、『知識学』が、観念論の無限性や不滅の豊かさに気づいていない人々の見解に従ってさえ、少なくとも一切の学問にとっ**

ての一つの完成された形式、普遍的な図式であり続けるように、スピノザもまた同様にあらゆる個性的な神秘主義にとっての普遍的な基礎であり支柱なのであって、このことは、神秘主義についてもスピノザについても格別よく知っているわけではない人々でさえ、進んで認めるだろうと私は思う。[28]」

『ヴィーン版・神話論』はこれらのスピノザ讃歌を削除によって一掃するか、修正・加筆によってスピノザ讃歌であることを覆い隠す。観念論と実在論との渾然一体的結合という「新しい神話」の基本構造自体は依然として維持されたまま、この渾然一体的結合をフィヒテと共に支えるべきスピノザは、その名はおろか気配さえも絶たれるという異様な不整合が全面を覆う。『ヴィーン版』の破壊的な介入は、以下のような削除と加筆・修正によって実行されている。

（一）**スピノザ**は「**新しいパルメニデス**」に変わり、後半の**ホメロス**のあとに「**エンペドクレス**」が加わり、**神に酔える**が「**自然に酔える**」となって、この一節の舞台は古代ギリシャ的に擬装されるが、この改変部に先立って長文の加筆が挿入される[29]（後述）。

（二）この一節は**全文削除**。その欠所に「**レッシングやゲーテのような明断な詩的精神がいかにスピノザを尊敬し、愛しているかは私にも理解できるが、しかしだからといってこれら芸術の光明たちが汎神論を熟慮のうえ意図的に受け継いだとして断罪されるのは許されないだろう**」という作為的、かつ意味連関不明瞭な一文が挿し込まれる[30]。

（三）最初の**スピノザ**は「**この最包括的な単一性という誘惑的な体系**」という用語に変換され、次の**スピノザ**は「**あの哲学者**」という一種の曖昧な匿名性の中へ追いやられ[31]、ためにここでの発言全体が論拠と方向性を失って漂流する。

（四）**スピノザに満たされつつ**が削除、**自然学**が「**自然科学と哲学**」に変更[32]。

（五）この一節は**全文削除**。その欠所を長文の加筆が埋める[33]（後述）。

以上の改変作業は、『アテネーウム版・神話論』の主柱の一つであるフィヒテの観念論にも及び、これに付加された「**現代の偉大な現象**」、「**大いなる革命**」、「**革命の精神**」等々の形容語はことごとく削除され、それぞれ「**最も重要な知的現象**」、「**生の哲学ないしは精神科学の開始と触発**」、「**大いなる知的再生と新たな活性化**[34]」という中立的表現に変えられ、「フランス革命、フィヒテの『知識学』、ゲーテの『マイスター』が当代の最大の傾向である」という『アテネーウム断章』（AF 216）によって象徴される初期フリードリヒ・シュレーゲルの思想基盤の一つだった「観念論」——「私は芸術を人間性の核心、超越論的観念論をフランス革命に対する卓抜なアレゴリーと見る[35]」——、すなわち『ギリシャ文学研究論』から『アテネーウム』誌廃刊に続くイェーナ大学講義『超越論的哲学』までを包括するフリードリヒ・シュレーゲルの初期思想圏をその根底において規定し続けてきた「観念論」からの、特にフィヒテの世界創造的自我の観念論からの最終的訣別という後期シュレーゲルの意志が、ここに二十三年の時空の隔たりを無視して介入し、『アテネーウム版』の論述ばかりでなく『ヴィーン版』の論述の整合性をも引き裂く。

しかし『アテネーウム版』において前記の五つのスピノザ礼賛の先頭切って掲げられている、スピノザを「老サトゥルヌス」に譬えた一節の直前に挿入され、それ以後の一連のスピノザ礼賛の流れを断ち切ってしまう『ヴィーン版』の長文の加筆と、全文削除された五番目の一節——スピノザの神秘主義とフィヒテの『知識学』に近代哲学の根源形式を見出すという『アテネーウム版』の根本命題を代弁する一節——に代わって挿入されたもう一つの長文の加筆ほど、『ヴィーン版』の露骨な介入を示すと同時に『ヴィーン版』そのものの不整合をみずから露呈させる箇所はない。

第一の長文の加筆は、「新しい神話」は「観念的なものと実在的なものとの調和に基づく詩」としてのみ成り立つという両版共通の命題に続く箇所だが、ここまで観念論と実在論の綜合とは――その実名は伏されているとは言え、当然のことながら――フィヒテの世界創造的自我とスピノザの全一的な神的自然との渾然一体的融合の試みとして理解してきた聴き手ないしは読み手は、『ヴィーン版』のこの箇所に来て、それが何の前触れもなく、まったく唐突に、ヘラクレイトスの教説とパルメニデスの教説との綜合に置き換えられてしまうという不意打ちを食らう。

この長文の加筆は以下の通りである。

「因みに私はここで観念論とそれに対立する単一性の体系とを、それらが現在の時代精神のうちで与えられているままの姿において、すなわち現行の哲学としてそれらに混入している学問的な誤謬への一切の顧慮を抜きにして捉える。ちょうどプラトンが一切の事物の永遠の変化を説くイオニア哲学〔ヘラクレイトスの教説〕と不変の単一性を説くパルメニデスの教説を学問的思考の異種の両要素ないしは対立項として比較検討し、両者の誤謬そのものの葛藤からより高次の真理を喚起しようとしたようにである。それゆえ差し当たって私は、観念論者があたかも新たなプロメテウスのごとく、神的なものの力をもっぱら彼自身の自我の手中に収めようとしていることには眼をつむろう。というのもこの巨人族的不遜がどのみち愚鈍な死すべき輩の間で蔓延できようはずがなく、また、それはおのずとそれへの抵抗を呼び覚まさずにはおかないからである。まったく同様に私は、周知のように絶対的単一性の体系のうちで自然が理性と、そして理性が神性と融合され、同一視され、その結果、一切の差異が消滅せしめられ、一切の個々の事物が無限なるものの唯一不可分な大海原、あるいは深淵の底に呑み込まれてしまうということに対しても、いつまでもこだわり続けるつもりはない。このような誤謬は確かに、さまざまな理由からこの誤謬への傾向を孕んだ時代のうちに深く根を張ってゆくだろうし、また、古来、神的事物の認識にとっては底無しの、そして一切を呑み込むあの誤った単一性の大海原の奔流から神的真理の永続的な形姿がもがき出てくるまでは、それとの戦いは必要だろう。しかし世界歴史と啓示の生き生きとした発展と影響は押し寄せる波浪に堤防のように立ち向かい、揺るぎない岸壁となって立ちはだかるだろう。そしてまたこの啓示と世界歴史というこの二重の光のうちで、私は神的なもののより純粋な認識が、精神と魂の新たな、あるいは新たに若返った学問が、神のうちで咲きそめ、いよいよ豊かに展開してゆくのを見るのである。むろん真理と精神的思考のこの高次の段階、ないしはそこへの帰還は、私にはまだ遥かな彼方に佇むものでしかない。それは未来において初めて眼に見えるものとなるだろう。」――

『アテネーウム版』、『ヴィーン版』のいずれの『神話論』のどこにも接続し得ない、だが『コンコルディア』誌所載のキリスト教的・反革命的な時代批判的論争書である『現代の徴候』のどこにでも差し込めそうなこの延々たる慨嘆のあと、『ヴィーン版』の論者は、「再び現時点に話の糸を戻すが」として以下のように述べる。「話の糸を戻すと言っても、「それはこの現時点における観点に従ってのことであって、先の両体系そのもののいずれにも与せずということでも、そのいずれかを私のものと称することでもない。この両体系の葛藤を調停することは将来に委ねようと思う。従って生と活動性の哲学、すなわち観念論は、私にとっては叡知的な運動、変化、再生への最初の有効な動因にして開始としてのみ意味があるにすぎない。しかしもう一つの体系は単一性〔統一性〕の要素として、同時に想像力、すなわち単に詩的なものでしかない想像力に先行し、しかもそれ自身自然直観の能力以外の何ものでもないあの学問的想像力の支柱ないしは支点である。このような学問的想像力が一切の神話の母であり源泉なのであり、それはまた同時に、力動的な学問によってこの方向へと押し進められ、かつまた押し戻されている現代において支配的かつ有力となっているのである。そこでもし観念論者たちが彼らの敵対者たちの戦いにたやすく勝利を収め、単一性の体系をあのいにしえのスピノザその人もろとも永久に葬り去り、完全に蹴落としてしまったのだと妄想しているとすればーーそんなことは彼らの武器をもってしては到底できるはずがないのだがーー、それに対してはここではただ、カオスが秩序づけられ、戦いが調停されるに到るまではまだ幾多の変転や新たな曲折が予想されるだろうと言っておけばよいだろう。けだし**『知識学』が観念論の無限性〔や不滅の豊かさ〕に気づいていない人々の見解に従ってさえ、少なくとも一切の学問にとっての一つの完成された形式、普遍的な図式であり続けるように、スピノザもまた同様にあらゆる特殊〔個性的〕な神秘論、あるいは学問的想像力にとっての普遍的な基礎であり支柱なのである。〔このことは神秘主義についてもスピノザについても格別よく知っているわけではない人々でさえ、進んで認めるだろうと私は思う。〕**[36]（括弧〔　〕内の字句は『アテネーウム版』にあって、ここでは削除されているもの。）

『ヴィーン版』の論者は、この長文の加筆によって、この加筆の挿入までの論述の流れを一気に堰止め、フィヒテの観念論の体系とスピノザの実在論（絶対的単一性）のいずれにも与せず、また、立ち入って反対せずとしながらも、フィヒテの世界創造的自我の思想を神々と力を競う「プロメテウス的不遜」と断じ、スピノザの「一にして全」なる神的自然の思想を、「一切の事物を呑み込む誤った単一性」の深淵として忌避しーーここではそれに「目をつぶる」、「こだわらない」と無理に自分に言い聞かせつつもーーこの両体系を共に昨今の時代状況を特徴づけるもろもろの誤謬と病根の元凶として告発するという新たな見地ーー『アテネーウム版・神話論』のそれとは原理的に異質な見地を明言している。しかもそうした上でーー奇怪にもさらに一転してーーフィヒテの観念論とスピノザの実在論を「新しい神話」の両根源原理として再び浮上させ、将来に委ねられるべき両体系の綜合のために前記の見取り図、『アテネーウム版・神話論』から容赦なく削除してしまったものと基本的にはまったく変わらない前記の見取り図を、この加筆のここまでの論理的連関をまったく忘れ去ったかのように唐突に貼りつけるのである。そして——さらに奇怪にも——この長大な加筆部分に続く箇所に、いわば異種の樹木に更なる異種の樹木の一部を接ぎ木するような唐突さで、「新しいパルメニデス」を讃える一節——『アテネーウム版』では、スピノザを「老サトゥルヌス」に譬えつつ讃える一節——を押し込み、その後は、たったいま『アテネーウム版・神話論』から切り取って貼りつけて見せたばかりの見取り図などまったく念頭にないかのように、両版『神話論』のいずれの聴き手、読み手にとっても不可解としか思えない改造作業——スピノザ礼賛はおろか、スピノザの微かな気配さえも、フィヒテの名、フィヒテの気配もろとも徹底的に抹殺しようとする改造作業を強行してゆくのである。

かつての『アテネーウム版』の読者は、『ヴィーン版』において全文削除されている先のスピノザ礼賛箇所（五）が、スピノザ忌避を文面にたぎらせた長文の加筆の最後に、まるで悪い冗談のように復活してくることに惑乱するだろう。一方、『ヴィーン版』によって初めて『神話論』に接した読者もまた、論者の不可解な思考の回路に当惑させられるばかりでなく、さらにまた、ほかならぬスピノザとフィヒテの綜合の見取り図が暗示されているこの箇所の直後に、パルメニデスとヘラクレイトスの原理的対立を念頭に置いた新たな綜合の見取り図が提示されるという、素直な読者にとっては甚だ迷惑な結合術的飛躍に絶句しただろう。いずれにせよかつての『アテネーウム版』の読者にとっても、『ヴィーン版』によって初めて『神話論』に接した読者にとっても、この長文の加筆はその前後の論脈とも、それゆえまたいずれの『神話論』の全体的記述の連関とも接続しない、いわば異物の混入として宙に浮いているのである。

さらにもう一つの長文の加筆、すなわち一度は全文削除された上、前記の長文の加筆の最後に復活することとなった『アテネーウム版・神話論』の本来のスピノザ礼賛の欠所に押し込まれた加筆は、「私は私の思想をもう一度手短かに総括する」として、先の加筆におけると同様の概念操作と語法によって『ヴィーン版・神話論』の趣旨を再述する。

「あらゆる芸術と詩文学が拠って立つ基盤は神話であって、これについてはわれわれすべての者は合意に達しているだろう。すべての近代詩芸術の最も深刻な障害と欠陥は、この詩芸術が神話を持たないという点にこそある。しかるに神話の本質は個々の形態、形象、ないしは象徴のうちにではなく、これらのものすべての根底を成す生き生きとした自然直観のうちにある。学問は、それが内的啓示の正しい精神的な深部と源泉に達するやいなや、われわれをそのような生き生きとした自然直観へと連れ戻す。叡知的運動の開始と最初の動因を含み、かつそれをわれわれにもたらすのが観念論である。この観念論はその一面性のゆえにみずから自己の対立者を呼び起こして、再びあの古い単一性の体系へと向かうのだが、この単一性の体系が一切の象徴的詩文学の源泉にして母胎である創造的構想力の本来の基盤、その自然的要素を成しているのである。

この体系が、自然哲学を神話に結びつけ、そしてこの神話を通じて象徴的描写としての芸術にも結びつける糸である。しかし詩文学におけるもろもろの自然直観の新しい象徴的世界の描写に対して依然大きな障害が行く手を阻んでおり、この目標が達成され得るまでにはまだ解決されるべき困難な課題があるとしても、われわれは自然そのものにおける、そしてまた古代・近代の神話の全領域における一切の象徴的理解のための豊かで実り多い発展に確信をもって期待してよいだろう。そしてまた芸術と詩文学に対してもわれわれは多大な、かつ正当な希望を繋いでよいだろう。[37]」――

この総括は、いわばスピノザとフィヒテの名が払拭されたあとの『神話論』の無くもがなの追って書きである。神話が「あらゆる芸術と詩文学が拠って立つ基盤」であり、この基盤の喪失が近代芸術および文学の「最も深刻な障害と欠陥」であるとする見地は、両版『神話論』共通の認識の再度の確認にすぎない。また、「叡知的運動の開始と最初の動因を含む」観念論が「その一面性のゆえに」呼び起こし、かつ、それとの綜合へと向かわざるを得ない対立者、すなわち「古い単一性の体系」である実在論が、「一切の象徴的詩文学の源泉にして母胎である創造的構想力の本来の基盤」を成し、しかも「この単一性の体系」が「自然哲学を神話に結びつけ、神話を通じてさらに象徴的描写としての芸術にも結びつける糸」であるというのであれば、この「古い単一性の体系」を本来の「スピノザの実在論の体系」に戻し、しかるのちこのスピノザの実在論が「一切の詩文学の源泉にして母胎」としてフィヒテの観念論の「創造的構想力の本来の基盤」を成し、しかもこのような「スピノザ的な神的自然」こそが「自然哲学を神話に結びつけ、神話を通じてさらに一切の芸術にも結びつける糸」であるという『神話論』本来の命題へと再度修正し、その上でスピノザ・フィヒテの排除と同様の執拗さをもって「神話」の語に施された「**象徴的**」、「**象徴法**」、「**象徴的直観**」、「**自然の諸直観の新たな象徴的世界の描写**」等々の付加語[38]のすべてを削除し、この付加語によって奪われていた「神話」本来の宇宙創造的な根源力をこの『神話論』のために返還するならば、われわれは――そしてまたかつての『アテネーウム版・神話論』の読者だった人々は――そこに、というのは『ヴィーン版・神話論』の奇妙に入り組んだ、時にはものものしい論述の迷路を苦労して潜り抜けてきた末に、再び『アテネーウム』誌初出の『神話論』に辿り着くことになるだろう。

スピノザとフィヒテの両哲学的精神から吹きつける烈風を、現代に蔓延する諸悪の共通の根源として圧殺し、この両思想家の僅かな気配さえも絶とうとする『ヴィーン版・神話論』の自家撞着的な構造的弱点は、この同じ烈風を真っ正面から受けて立ったばかりでなく、この烈風を「革命」への熱狂を孕んだ爽快な生の息吹として自己の精神の骨肉と化せしめることのできた一八〇〇年前後の初期ロマン主義運動という文化革命的発酵の熱気のうちで成立した

『アテネーウム版・神話論』の基本構造が、この熱気の迸るにまかせて書き進められていったロマン主義精神のロマン主義的発露とも言うべき幾多の言説と共に、まったく手つかずのままか、あるいは多少の修正を受けながらも構造的にも内容的にもほとんど無傷のままに残されている、というよりは温存されていることである。例えば、「実際、スピノザを尊敬し、愛し、その弟子となりきることなくして、どうして詩人たり得るのか、私にはほとんど理解することができない」の箇所が全文削除されたあとに続く一連の箇所、その中でも「神話とロマン主義文学」との密接な関係、とりわけ「機知」――神話と同様、「原初の根源的で模倣し難いもの」、「端的に解き明かし難いもの」、「倒錯したものや狂ったもの」のうちにこそその本質は見出されるとした「機知」――との類比を描いている箇所[39]は、一部の語句の改修を除いて、ほぼ手つかずのままである。あるいは「しかしまた**新しい神話**の成立を促進させるためには、さまざまな他の神話もその意味深さ、美しさ、形成の度合いに応じて蘇らせなくてはならない。東洋の財宝が古代ギリシャのそれと同じように入手できるものならば、どんなによいだろう。普遍的な精神と深い感性を具え、天成の翻訳の才にも恵まれた何人かのドイツの芸術家たちが、**ますます鈍感さと野蛮さを募らせてゆく国民にはほとんど活用するすべとてない**そうした機会をわが手に収めるならば、どんなにか新しい詩文学の源水がインドからわれわれのもとへと流れ込んでくることだろう。われわれは**最高度にロマン的なもの**を東洋に求めなければならない。もしわれわれがまずもってこの源流から汲み取ることができるならば、現在のわれわれにとってかくも魅惑的な南国の輝きを見せているスペインの文学でさえも、ただの西洋的で貧弱なものに思われてくるだろう[40]」という一節も、「**新しい神話**」には「**象徴的な理念世界**」が追記され、「**ますます鈍感さと野蛮さを募らせてゆく国民にはほとんど活用するすべとてない**」の一行は、「**他の単に実用的でしかない目的や見解のもとではしばしば活用されないままに終わってしまう**」と書き換えられ、また、「**最高度にロマン的なもの**」には、「**すなわち想像力の最も深く最も内密な生命**」という説明が付加されているといった点[41]を除けば、『アテネーウム版・神話論』の発想をそのまま継承している。にもかかわらず『ヴィーン版・神話論』の論者はその上さらに、すでに熱気とエネルギーの失せ果てたその文勢においてまさに「後期的」な註釈の域を出ない長文の加筆に手を出さずにはいられないのである。

この加筆は以下の通り。

「北方の神話における自然は、多彩なアラビアのお伽話的世界におけるのとは別種の、真面目でより厳粛な側面から捉えられている。そしてこの偉大な古代の自然文学の少なからざる痕跡や余韻はゲルマン族の居住地となった諸国の民謡や民衆説話の中にいまなお保存されている。こうした北方起源のものではなく、他に起源を持ち、まったく地方的な性質を帯びたものの独特の余韻もまた、この多様な民衆伝承の豊かな貯蔵庫の中に見出されるかもしれないが、これらすべてのものもその深い自然観という点できわめて慎重な配慮に値しよう。

何という測り難く豊かな自然の象徴法が、詩人たちが感性的な眼に映ずるままの自然の多彩な豊かさから借りてきているあの描写や比喩のうちには隠されていることだろう。さらさらと音を立てる泉や燃えるような明るい輝き、花々や星々、つまりは緑なす大地とそのすべての作物や形成物、あるいは紺碧の空とそのありとあらゆる光と闇の現象、そして一切の事物の内的、本質的な諸要素と諸力についてのあの日常的な諸形象のうちには、と私は言いたい。いま自分の心に掛かっているものとか、世の中に広く行き渡っている伝統や習性に沿うようなものとかをただ表面的に歌い流すだけのただの習慣的詩人のもとでは、そうしたすべてのものは空虚で浅薄な飾りもの、余計で煩わしい装いとなる。しかし真の詩人のもとではこうしたすべての形象や比喩はある深い意味を持つ。そしてもしその精神において明晰な自然哲学者が詩文学の感性的諸形象のうちに隠されているこうした象徴法を引き出し、それを一つの全体として秩序づけつつ明快に構成するならば、あるいは別の側面から、霊感を与えられた自然詩人が、単に無意識に、幸運な本能をもってするばかりでなく、自覚をもって、彼が詩人にして予見者として自然のうちに認識するものを、その詩作品の中であの比喩的な春の衣装を纏わせて語ろうとするならば、それはいずれも実り多く、価値あることであるだろう。[42]」――

フィヒテの気配を断ち、スピノザの存在を抹殺するためにはいかなる犠牲もいとわないという『自選全集版』の編集者「フリードリヒ・フォン・シュレーゲル」の自己の旧作への介入の原則は、本文に続く「討論」にも及び、『神話論』の当の論者ばかりでなく、討論に参加した人々をも困惑させることになる。なぜなら論者ルドヴィーコは『ヴィーン版』の舞台に引き出されていわば転向を強要され、聴き手たちもまたその後の討論において口裏を合わせるように強要されるからである。

三

ルドヴィーコ　アテネーウム版『神話論』の論者（朗読者）だった私が、同じルドヴィーコとしてヴィーン版『神話論』の原稿を手にしたときには愕然とした。身に覚えのない転向宣言とはこれだ。これほどなりふり構わぬスピノザ追放劇が、当事者の私を差し置いて密かに仕組まれていたとは。寝耳に水とも言語道断ともいうべき言葉を知らない。話の大筋はそのまま、衣装と台詞は別誂え。つまりスピノザ・フィヒテ仕立ての近代風からパルメニデス・ヘラクレイトス仕立ての古代風に着替えて人目を逸らし、言葉つきも指示通りにそれらしくやって適当に誤魔化せというわけだ。朗読後の討論でも、私が「**スピノザをただ代表者として挙げているにすぎない**」と言うくだりは、わざわざ「**古代人のもとではパルメニデスを、近代人のもとではスピノザを**[43]」と言わなくてはならない。スピノザの名が残っただけでも喜べと言わんばかりだ。

アントーニオ　私の場合も、スピノザの名は「**この単一性の体系**(44)」という哲学用語に変わり、私が、「**たとえプラトンがこの点に関してスピノザと同程度に客観的であるとしても**、われわれの友人がわれわれに詩文学の源泉を実在論の**秘儀**のうちに示してくれるために**後者**を選んだのはやはり賢明だった」と述べるくだりは、**スピノザ**の名が削除されて、「**たとえプラトンが精神的完全性の諸理念と同程度に自然の秘儀にも精通しているとしても**」と書き換えられた上、「後者」、すなわち**スピノザ**は、「**他の人々**」、つまりはその他大勢の一人に変えられてしまっている(45)。

マルクス　スピノザに批判的な私が、スピノザは「**その野蛮な形式のゆえに私には何としても頂けない**」と述べた箇所でさえ、スピノザの名は削除を免れはしたものの、「**絶対的単一性のあの褒め讃えられた告知者たち、古代人たちのもとでは最も拙劣な詩人の一人として現れるパルメニデス、さらに言えば干からびたスピノザ**」といった具合に、私の意に沿いつつも実に執拗だ(46)。

カミーラ　私がルドヴィーコに、「**スピノザの精神を美しい形式で叙述してくださることはできないかしら。それともあなたが実在論と名づけているあなたご自身の見解をといったほうがよいかしら**」と言うところは、「**あなたのおっしゃるこの実在論の精神をあるほかの美しい形式で詩的に叙述してはいただけないかしら**」と書き換えられてしまう(47)。とにかく徹底しているわね。

ロターリオ　こまごました語句の修正、文章の削除、新たな加筆と煩わしい限りだが、しかし視点を少し変えてじっくり眺めていると、ルドヴィーコには悪いが、両版は意外に断絶なく繋がっているのが見えてくるような気がする。「**芸術のあらゆる神聖な戯れは世界の無限の戯れの、永遠に自己自身を形成し続ける芸術作品の遙かな模倣でしかない**」という私の発言は、「**神聖**」の文字が削除され、「**芸術のあらゆる精神的な暗示と戯れの、永遠に自己自

身を形成し、かつ反映し続ける創造者の芸術作品の……」と、字句こそ変えられてはいるが、主旨はそのまま生きているし、また、「それゆえ一切の芸術と学問の最内奥の**秘儀**が詩文学の所有物なのだ。そこからすべてが流れ出たのだから、再びそこへと流れ戻ってゆかねばならない。人類の理想的な状態においてはただ詩文学のみが存在することになるだろう。というのもそこでは諸芸術と諸学問とは**一つのもの**であるだろうからだ。われわれの**現状**にあっては**真の詩人**のみが理想的な人間であり、普遍的な芸術家であるだろう」という箇所も、「**秘儀**」が「**生命の萌芽**」に、「**一つのもの**」の後に「**原初からそうだったように**」が挿入され、われわれの「**現状**」がわれわれの「**現在の寸断された状態**」に、「**真の詩人**」が「**真にして完全な詩人**」に変えられているだけで、決定的な手直しは見られない[48]。

ルドヴィーコ　なるほど、「私は、すべての芸術と学問の力が一つの中心点において出会うというロターリオの意見に賛同する」という私の言葉は確かにほぼ無修正だ[49]。

アントーニオ　「一切の芸術、一切の学問の伝達と叙述は、詩的構成要素なしにはあり得ない」という私の発言もなんとか検閲を通ったらしい[50]。アテネーウム期とヴィーン期との架け橋の可能性はこのあたりにあるのかもしれない。「すべての芸術と学問との有機体」としての「エンツィクロペディー[51]」、あるいは「すべての学問と芸術とが分かち難く結合した一本の樹木、その根が哲学、その最美の果実が詩文学であるような一本の樹木」としての「エンツィクロペディー[52]」の思想が初期と後期の両思想圏を大きく包み込んでいるように思う。

ロターリオ　それにもう一つの架橋の可能性も忘れてはなるまい。「**それからエレウシスの秘儀を思い起こしてもらいたい。これについての私の考えを紙に書いておけばよかったと思う。そうすればこの対象の尊厳と重要性に相応しい秩序と詳細さをもって諸君に聞いてもらえただろうから。これらの秘儀の痕跡を通してだけでも、私は古代の**

神々の意味を理解するすべを学んだのだ。そこで支配的だった自然観は現代の研究者たちに、といっても彼らがすでにそこまで成熟していればの話だが、大いなる光を点じることになるだろう。実在論の叙述は最も大胆かつ強烈なものが、いや、言わせてもらえば、最も野蛮かつ凶暴なものでさえ最良の叙述なのだ。――ルドヴィーコ、機会があれば、**ゼウスの二重の素性から始まるオルペウスの断章**を君にも知ってほしいと思うので、せめてそのことだけは忘れずに私に思い出させてもらいたい」という私の発言だ。最初の一節が削除されてはいるが、しかしそれは内容の抹殺ではなく、「**エレウシスの秘儀の教説と精神がここでは特に注目されねばならない。これらの秘儀において参入者たちに啓示されたものの痕跡を通して窺い見るだけでも、古代の神話の深遠な意味を理解するすべを学ぶことができる**」と書き直すためのもので、また、後半の語句、「**最も野蛮かつ凶暴なもの**」は「**最も放埒にして最も野蛮なもの**」に、「**ゼウスの二重の素性から始まる**」以下は、「**ゼウスの二重の素性に始まり、そして彼を最も活力ある者として熱狂的に謳いあげているオルペウスの歌**」に改められるといった類の修正にすぎない[53]。この種の修正や加筆は、われわれにとって、特にルドヴィーコにとっては憤懣やるかたないこの『ヴィーン版』にそのほとんどが収録されている初期の古代ギリシャ文学研究に関する諸論に施された修正や加筆と同質のもので、だから『ヴィーン版』もこの分野に限って見れば、そこでの数々の手直しも、わが敬愛する故ベーラー教授が期待した初期・後期両シュレーゲルの「相互証明的理解」に資する生産的な「ヴァリアンテ」としての役割を充分に果たすものだろうと思う[54]。

マルクス　私が君のいまの発言に触発されて、「**そのオルペウス断章を君と同様に非常に高く評価していたと推測されるヴィンケルマンの示唆を思い出す**」と述べたくだりは、以下のような加筆を呼び込んでいる。「**秘儀の根底を成し、そしてまさにこの秘儀を通じて古代神話全体の根底を成していた自然についてのあの熱狂的な見解や直観**

は、古代世界のこのような自然啓示のすべてをあのエンペドクレスの偉大な古代風の流儀によって謳いあげようとする新しいルクレティウスにとっては壮麗かつ品位に満ちた対象だ」というのがそれだが、しかもこの加筆部分はさらにルドヴィーコにも発言の機会を新たに作って、こう言わせている。**「古代のこの褒め讃えられた詩人への賛辞には喜んで加わろう。しかしこのホメロス風の描写の叙事詩的均衡の中では、一切はあまりにも個々の事物に分散してしまい、われわれの深い、より精神的で象徴的な自然観のためには想像力の統一性が欠けることになるだろう」**とね。[55]

ルドヴィーコ　確かにそうだった。

ロターリオ　**「本来いかなる作品も自然の新たな啓示であるべきものだ。それが一にして全であることによってのみ、作品は作品となる。ただそのことによってのみそれは習作と区別される」**という私の発言にしても、全文削除された上で長文の加筆が施されているのだが、これとても私の発言の趣旨を敷衍するためだけの削除であり加筆であって、この延々たる手直しに私として別段の異議はない。私に与えられた新しい台詞はこうだ。**「たとえ現在に到るまで本来の自然詩、天地創造詩、宇宙詩の形式は、古代・近代のいずれを問わず、エンペドクレスもダンテも、不完全で未完成のままに終わっているとはいえ、いやしくも詩文学の作品たるものはすべて自然の新たな啓示であるべきだという根本命題は確立している。それが一にして全であり、一つの小世界であり、自己のうちに完結し、自立自在し、明確に縁取られた一個の全体でありながら、同時に万有あるいは自然の大きな全体と絡み合い、この全体の萌芽を自己のうちに孕んでいるということによってのみ、初めて作品は真に作品となるのだ。まずこのような詩的作品の理念一般をわれわれは明確に捉えるべきであって、そうあって初めてわれわれはあのような哲学的自然詩の可能性ないしは最良の形式について判断をくだすことができるのだ。たとえ感性的要素に束縛され、覆われて**

いようとも、その精神からすれば、想像力のこの豊かさと深さはあらゆる詩的作品にも内在しているはずだ。このことによってのみそれは単に習作と呼ばれるものから区別されるのである。」[56]――この加筆の中であの『アテネーウム』誌と同時期の断章の一つで「スピノザ主義の神」（PL IV-379）に与えられていた「一にして全」なる概念が削除されていないことは注目に値する。これは『アテネーウム版・神話論』と『ヴィーン版・神話論』とを繋ぐ絆の固さを示すものだろう。

ルドヴィーコ　いや、ありがとう。朗読の当事者として台本作者のあまりの身勝手な豹変ぶりに頭に血がのぼりすぎて見落としていたものがだんだんと眼に入ってきた感じがする。あの人が何としても残したかったもの、いかなる犠牲を払ってでも残したかったものが何であるかがね。スピノザとフィヒテの根本思想を二つの主柱としながら、いまはそれを人に気取られたくない一心で隠そうとしているあの基本構造がそれだ。いま私が手にしているヴィーン版『改造・神話論』は、私に言わせれば、削除に次ぐ削除、加筆に次ぐ加筆で満身創痍の姿を晒している。だがあの立論の基本構造、これだけは曲がりなりにも堅持されている。これだけは何としても守り抜かねばならなかったあの人の忘れ得ぬ青春の記念碑だったのだろう。しかしあの人がこの『ヴィーン版』で何とか救い出せたと思っていたに違いないこの記念碑も、『アテネーウム版』を知っている者にとっては手荒な改築とそれを糊塗しようとする乱暴な塗装と不粋な飾りつけのために、かえって廃墟に孤立した新建材仕立ての墓標のように見えただろうがね。

ロタ―リオ　一応理解しながらも抑えきれない君の憤懣はよくわかる。しかし理解するとは許すことではあるまいか。あの人にとって『アテネーウム』誌とこれに代表される時代こそ生涯の輝やける冠だったはずだ。そしてそこには常にスピノザが、「学問と芸術とが渾然一体となっている唯一の人、無限の理性の高貴な神官」（PL II-1050）

が連れ添っていた。あの有名な『アテネーウム断章』の一つで『進展的普遍文学』と定義づけられたロマン主義文学の理念――永遠に生成・発展する人間の精神的生の生産と所産の全域を包括するがゆえに「永遠に生成するのみで、けっして完結され得ないということをその固有の本質とする」、それゆえまた「あらゆるジャンルを越えた、いわば詩芸術そのものともいうべき唯一のジャンル」であるような全一的な文学理念（AF 116）、そして観念論の胎内から観念論の精神に浸透されて誕生する新しい詩的実現論という、いまわれわれが奇妙な立場におかれて半ば困惑しているこの『神話論』の構造原理、次いで『アテネーウム』誌廃刊後の一八〇〇年から翌一八〇一年にかけて行われたイェーナ大学講義『超越論的哲学』から、これと同時期の『レッシング論・完結篇』を経て、一八〇三年に始まるパリ私講義『ヨーロッパ文学の歴史』に到って確立される「すべての学問と芸術の有機体」としての「エンツィクロペディー」構想――こうした初期・中期を特徴づけるフリードリヒ・シュレーゲルの一連の思想の歩みは、常にスピノザを伴侶としている。むろん関係は複雑で一筋縄ではゆかない。だがやはり伴侶であることに変わりはない。試みに『哲学的修業時代』に代表される彼の『雑記帳』を覗いてみればこのことは一目瞭然だ。『アテネーウム』誌創刊前年の一七九七年に書かれた先の断章――スピノザに捧げられた最も美しい、シュレーゲルにとっても会心の賛辞だったに違いない先の断章をもう一度挙げることから始めよう。――

「スピノザは、学問と芸術とが渾然一体となっている唯一の人、無限の理性の高貴な神官である。」（PL II-1050）

「**スピノザ**は哲学のダンテであると同時シェイクスピアである。」（PL II-729）

「独創性を具えた古典的人物たちのうちでシェイクスピアとスピノザが首位に立っている。」（PL II-1006）

「**スピノザ**はいわば哲学の中心的太陽である。」（PL V-967）

こうしたスピノザ賛辞は、一八〇四年に始まる一連のケルン私講義に到って、スピノザの実在論的体系を無神論的、宿命論的思想と見、この体系の行き着くところ「空無と虚無の底無しの深淵」、「ニヒリズムと称するに値する哲学的混迷」にほかならないと断定する方向へ急転するが[57]、この時期においてさえも評価は否認と承認の間を揺れ動く。例えばこんな具合に。

「スピノザのような、形式からして独断論的な体系は自立できない。――なぜなら最初のものは常に恣意的で象徴的だからである。――弁証法的な著作に**おいて**であれば、この最初のものにその本来あるべき場所を与えることなど造作もないことである。」(PL VI-315)

「フィヒテの長所は定立すること、次いで自己のうちから出て、再び自己のうちへ戻ること――すなわち反省の形式である。[……]スピノザにおいては世界の追構築がきわめて見事である。彼は、まったく純粋かつ軽快な無限なるものをもって始め、完成された豊饒な無限なるものをもって終える。」(PL VII-53)

「スピノザの実体は本来悪しき原理であって、それゆえに彼は最も厭わしい意味において無神論者の名に値する。実体とは言葉、すなわち形象たるべきものだろう。だがここでは実体的なものしか認めようとしないのだ。」(PL X-373)

「スピノザは誤謬の完璧な総括だが――しかしだからこそそれは哲学的修業時代の一階梯であるのだ。けだし人間はしばしば、誤謬を徹底的に最後まで追及することによってこそ真理へと導かれるものなのだから」(PL X-386)

「永遠の生命とは、観念論によって突き動かされたスピノザである。」(FPL IX-559) ――

しっかりした足取りで迷いなく歩くようには出来ていない人間なのだ、あの人は。

ルドヴィーコ　『コンコルディア』誌刊行当時のあの人は、スピノザ主義者の烙印を押されたくなかったのだろう。地中海の古代異教世界はあの人のフマニオーラの精神に合致するばかりか、この時代においてはそれへの信条告白はもはや危険ではない。危険なのは異端のほうだ。ヤコービが例のモーゼス・メンデルスゾーン宛の書簡体公開状『スピノザの教説について[58]』によって引き起こしたスピノザ論争の余燼はまだ燻っていたかもしれない。むろんあの人はシェリングのようにむきになってヤコービを「大異端審問官」呼ばわりするほど生真面目ではないが[59]、危険は避けるに越したことはない。そこであの異端の息子である『神話論』を出来合いの古代ギリシャの衣装にくるんで共に脱出を図ったのだ。

ロターリオ　だからさ、それがなぜそんな異端の息子をああまで苦労して残さねばならなかったのかということなんだ。やはり一番の秘蔵っ子だったのだろう。ヘーゲルは言っている、「哲学を始める者は、まずスピノザ主義者たらざるを得ない。魂はこれまで正しいと思ってきたすべてのものがその中で没落してゆくあの実体のエーテルに身を浸さざるを得ないのだ[60]」と。しかしスピノザは、あるいはスピノザ問題は、そんな哲学的初心者向きのハシカなどではなさそうだ。やはりヘーゲルだが、スピノザの命を奪った肺病は「すべての特殊性も個別性もただ一つの実体のうちで消滅する」という「その体系に相応しい」疾患だと揶揄しているが[61]、これはヘーゲル一流の底意地の悪い駄洒落で、スピノザをそのような消耗性の時代病と捉えるのは大間違いだ。そもそも生前のレッシングが「スピノザ主義者、すなわち無神論者」だったとする衝撃的な事実を暴露して例の騒動を引き起こしたヤコービによれば、その発端となったのはゲーテの未発表の詩『プロメテウス』で、レッシングはこの詩を一読するやいなや、「この詩の視点こそ、私の視点だ」と言い放ち、「神性についての正統的な諸概念は私にとってはもはや不要だ。そういうものにには我慢できない。ヘン・カイ・パン！　私が知っているのはこれだけだ」と断言したという。そこであなたはスピノザの賛同者なのか問い詰めるヤコービに、レッシングは、「私が誰かの名に託して自分を呼ばねばならなくなったら、それ以外の人物を私は知らない」と答え、あなたがスピノザ主義者、あるいは汎神論者であるとは意外だったと驚くヤコービに、自分にとっては「スピノザの哲学のほかにいかなる哲学もない」と言い切ったという。[62]

ルドヴィーコ　天界の支配者ゼウスに向かって大地の支配権の奪還を誓い、しかもこの大地で「自分の姿に似せて」、「自分と同様に苦しみ泣き、喜び楽しみ」、自分と同様に天界の支配者を「崇めない種族」である人間を造るのだと宣言するに到るまでの反逆の謳歌であるゲーテ二十五歳の時の詩[63]に、あの一切の超越的存在者を拒否する揺るぎないスピノザの内在的全一性を感じ取ることのできた当時の人々は、もはやスピノザを抜きにした近代思想などあり得ないと確信したはずだ。

アンドレーア　確かあの人も書いていたはずだ、「近代文学はダンテをもって始まり、近代哲学はスピノザをもって始まる」（FLP V-1036）と。

ロターリオ　その最も力強い証言者がシェリングだった。一切の事物を結合し、「全なるもののうちなる一なるもの」を成す「紐帯」である「重力」と、一切の事物の「内的中心」、その「生命の閃光」としてのもう一つの「紐帯」である「光体」とが、無限の闇と無限の光の両極として対立しつつ、しかも同時にその「絶対的コプラ」、あるいは「神的コプラ」によって解き難く捩り合わされて織りなす宇宙創造の営み――このような一切が一者のうちに合流し、しかも永遠にして絶対の「神的紐帯」によって無限の連鎖のうちに固く結ばれつつ渾然一体となり、そこにはもはや「外自然的」事柄も「超自然的」事柄も一切存在せず、跳び越えるべきいかなる「柵」も「境界」も存在せず、「内在」と「超越」とが共に完全に空疎な言葉と化してしまうほどに「神に満たされた全一的世界」――このような絶対汎神論的世界の暗鬱な熱狂のうちに身を沈めながら、シェリングは、「われわれが個々の事物を認識すること多ければ多いほど、それだけ多くわれわれは神を認識する」というスピノザの言葉を次のように敷衍する。「われわれはいよいよ高まる確信をもって永遠なるものの学問を探究する人々に向かってこう呼び掛けねばならない、自然学のもとへ来たれ、そして永遠なるものを認識せよと。」そして創造の「測り難い深み」から立ち昇ってくるかに見える万物の「底知れない本質」も、やがては「見開かれた意味深い眼をもって」研究者たちを見つめ返し、それらの「形成物の神々しい混乱と捉えがたい豊かさは、それらを悟性によって捉えようとする一切の期待を断念したのちには、最後には彼らを自然の聖なるサバトへと導き入れてくれるだろう」と。(64)——これは一八〇六年に彼の『世界霊』の第二版の前文として書かれたものだから、一七九八年の第一版から八年も経過しているが、しかし彼の哲学的基盤は依然として揺らいでいないことは、そのさらに三年後の一八〇九年に刊行される『人間的自由の本質』の基本理念を見れば分かる。

アンドレーア　確かにシェリングは、この『自由論』の『序論』に当たる箇所を締め括って、「観念論は哲学の魂であり、実在論はその肉体である。両者が合体することによってのみ、一つの生きた全体が形成される」と述べ、このような「実在論と観念論との相互浸透」という見地に立って、あるいはシェリング自身の比喩を借りるなら、「暖かい愛の息吹によって魂を吹き込まれて」新しい生命を得た「ピュグマリオン」にも比すべき「真のスピノザ主義」の見地に立って初めて確立される「真の自然哲学の諸原則」からのみ、『自由論』において生じる「一切の問題に完全に対応する見解」が展開されると書き、この自分の確信を支持してくれるのは、「すべての実在論的哲学に対して古くから言い慣わされてきた唯物論、汎神論といった誹謗」を恐れず、ひたすら「自然の生きた根底」を探求してきた「自然哲学者」たちであって、彼らを「神秘主義者」として排斥した「独断論者や抽象的な観念論者」ではない(65)と断言している。

＊〔スピノザ問題をめぐってのシェリングとフリードリヒ・シュレーゲルとの際どい関係については、補論（七）『シェリン

グとの競合、「無底」の深淵を挟んで』を参照されたい。〕

ルドヴィーコ　そこへ行くと、あの人は早々に離脱している。あの人が「スピノザとフィヒテの綜合」を「パルメニデスとヘラクレイトスの綜合」にすり替えてゆくのは、一八〇三年のパリ私講義『ヨーロッパ文学の歴史』中の『プラトン論』あたりからだから、ヴィーン版『改造・神話論』での衣装替えもけっしてただの思いつきではなかった。それどころか宇宙の無限の生成過程の全体を永遠の一者の理念のもとに把握しようとする「進展的思想家プラトン」[66]――これがあの人のプラトン論の核心だが――の生涯の課題をパルメニデスの実在論とヘラクレイトスの二元論との綜合のうちに見ようとするあの人の思想史家としての知見は、それはそれで結構だと思う。しかし今回の『改造・神話論』での差し替えはあまりに見え透いている。「新しいパルメニデス」などとよくも言えたものだ。そこで私は、あの人が本当は隠しておきたかったに違いないごく短い覚書を一つ披露しよう。「フィヒテとスピノザとの綜合〔としての〕プラトン」（PL IV-1201）というのがそれだ。この意表を衝く結合、古代と近代とが時空を絶して交わり合うかのような奇抜な概念結合、これぞまさしくあの人ならではの「結合術的精神」の真骨頂だ。実を言うと、私がずっと胸のうちに温めてきたあの人の言葉の一つだったのだ、これは。ただし『アテネーウム版・神話論』の朗読者に選ばれた私のね。これが「パルメニデスとヘラクレイトスとの綜合としてのプラトン」の隠れたテクストだったのさ。ついでにもう一つ、「パルメニデスは単に自然汎神論の一つにすぎず、そこには啓示の一かけらもない」（PL IX-67）という一八〇五年の断章を加えれば、追い打ちは完了だ。この時期すでに啓示信仰に身を託していると信じていたあの人にとって、この断章はスピノザもパルメニデスも同罪だということを証言するものだからだ。あのパルメニデスとの差し替えはただもうスピノザ排除の一念に駆られての失速だったことがこれではっきりするだろう。しかしあの人は逃げられない。逃げたってだめだ。フリードリヒ・シュレーゲルの行くところ、常にスピノザは立っている。「パルメニデス」だとか「絶対的単一性の体系」だとか、その他さまざまな姿に身をやつして。いや、その影が後期シュレーゲルのキリスト教的有神論の法衣の背後にかき消えてしまったかに見えたあとでさえ、やはりスピノザはあの人にしっかり寄り添って立っている。その「誤謬」がそのまま真理への道標たり得るような偉大な「誤謬の総括」として。永遠のスピノザ主義、いや、永遠の隠れスピノザ主義、これがあの人の馬脚だ。だが貴重な馬脚だ、私にとっては。そういうあの人だからこそ私は、「フリードリヒ・シュレーゲル」であれ、「フリードリヒ・フォン・シュレーゲル」であれ、あの人の永遠の支持者なのだ。

ロターリオ　わかった。私も、いや、ここにお集まりの討論者たちも、『ヴィーン版・神話論』の舞台では何かと居心地悪く、われながら老け込んでしまった感じがしていたのだ。そこで一同あの記念すべき一八〇〇年のドイツの春——詩的・哲学的混成語の織りなす、時には歯の浮くようなあの美文と麗辞がまだ瑞々しい生命を失わずにいた頃のドイツの春——へ無理にも舞い戻ってみようではないか。それはあの人が『アテネーウム』誌所載の断章集『イデーエン』の「ノヴァーリスへ」という献辞のついた最終節で、「君は境界線上を彷徨ったりはしない。君の精神の中で詩と哲学とは渾然として一体である。君の精神は捉え難い真理を語るそうした比喩において私の最も身近に立っていた。君の考えたことは私も考え、私の考えたことは君も考えるだろう、あるいはもうすでに考えているのだ」(ID 156) とエールを送れば、ノヴァーリスもまた「欄外書き込み」のかたちで『ユーリウスへ』として、「われわれの時代の使徒となるべく遣わされ、生まれついた者があるとすれば、君こそそれだ[67]」と応答した時代だ。それはまた「近代詩文学の歴史全体は次のような哲学の短いテクストに対する絶え間のない註釈である。——すべての芸術は学問となり、すべての学問は芸術となるべきである。詩文学と哲学とは合一されねばならない」(LF 115)——「哲学と詩文学とが切り離されている限りでは、なされ得ることはすべてなされ、完成されている。ゆえにいまや両者を結合すべき時である」（ID 108）というあの人の要請に対して、シェリングが「客観的世界はただ根源的な、いまだ無意識的な精神の詩である。哲学の普遍的なオルガーン――そしてその丸天井全体の要石――は芸術哲学である」――「われわれが自然と呼んでいるものは、神秘な不思議の書物の中に封じ込められた一篇の詩である」――「芸術から客観性を取り去るなら、芸術は芸術であることをやめて哲学となり、哲学に客観性を与えるなら、哲学は哲学であることをやめて芸術となる」――「知的直観の客観性は芸術それ自体である」――と応答した[68]あの遙かなる「青い花」の時代だ。この二度とは戻らぬ遠い時代に再び身を置き、あの人がスピノザ――もう一度繰り返そう――「学問と芸術とが渾然一体となっている唯一の人、無限の理性の高貴な神官」としてのスピノザに思いを託しながら、この学問と芸術との、詩文学と哲学との渾然一体の名状し難い神話的原世界の脈動を直接的に感得する超越的能力を「予見」と呼び、この能力をほかならぬスピノザの体系とフィヒテの体系との渾然一体的融合から演繹しようとしたイェーナ大学講義『超越論的哲学』の悪戦苦闘振りを思い起こしてみよう。そしていずれもこの「予見」の能力への大いなる期待とその大いなる未来への展望をもって終わっている両版『神話論』の結びの一節を読み比べながら、われわれの議論を切り上げるとしよう。ルドヴィーコ、まずはアテネーウム版のを読んでくれないか。

ルドヴィーコ　「すべての思考は一つの予見である。しかし人間はいまようやく自己の予見能力を意識し始めたばかりである。いかに測り知れない拡張を、この能力はこのさき経験することだろう。いや、いまこの時点においてもだ。思うに、この時代を、つまりは全面的な若返りのあの大いなる過程を、**永遠の革命のあの諸原理**を理解するほどの者ならば、人類の両極を把握し、原初の人間たちの行為と、そしてまた来たるべき黄金時代の性格とを認識し、理解することに成功するに違いない。そのとき**饒舌**は熄み、**人間は自分が本来何であるかを悟り、ひいてはこ**

の大地を、そして太陽を理解するだろう。以上が、私の言う**新しい神話**である。」

ロターリオ　『ヴィーン版』では「**永遠の革命のあの諸原理**」を「**永遠の再生の根本法則**」に、「**饒舌**」を「**空虚な、抽象的口舌**」に、「**人間は**」で始まる最後の一文を、「**人間は自分がこの地上において、そして太陽に対して本来何であるか、何であるべきかを理解するだろう——創造する精神によってその中央に、その頂点にその座を与えられた被造の自然の王として**」と直し、「以上が、私の理解する**新しい神話**」のあとに「**あるいは象徴的認識と芸術**」を追記すればよいだけのものだ。[69]——いかにも『旧約』の『創世記』の匂いが濃厚で、やはり『アテネーウム版』のほうが断然いいと思うよ。ルドヴィーコ、そろそろ機嫌を直す潮時だ。——むろん君が機嫌を直したからといって、それで問題が片付くわけのものではない。そこで以下、私なりの総括を蛇足として付け加え、ともかくも締め括りをつけてしまおう。

『ヴィーン版・神話論』は、若作りに憂き身をやつした老人の厚化粧といった風体だ。こんな細工をせずとも、後年のニーチェが『悲劇の誕生』の再版に際して採った方式——『アテネーウム版・神話論』をそっくり手つかずのまま温存し、これに彼なりの『自己批判の試み』といった痛烈な論評を序言として付け加えて見せるという方式だってあり得たはずだ。しかしあの人にはそんな器用な真似はできなかったから、一気に自分の旧作に踏み込んで、あんな不徹底で無様な自己否定的改造の斧を振るったのだと私は思う。だがそう思う一方で、そういうところにこそ「フリードリヒ・シュレーゲル」の真骨頂があるように思えてくる。後期思想の重苦しい説教調が初期の瑞々しい直観を抑圧しようとして抑圧し切れずに奇妙な斑模様を浮き出させてしまっているこの失敗作に、私は彼の幾多の思想的変転を貫いて流れる「無限の生成」という不変の原理——「可変性以外にいかなる不変なものもほとんどあり得ない[70]」——の実相が、あるいは「自己創造と自己破壊との絶え間のない交替」（AF 51）というあのイロニーの原理の実相が見て取れるように思えてならないのだ。

「人間は存在と非存在とのいずれかを選択する。――彼は自己自身を保留することができる――ここに彼の自由がある。――自己自身を破壊すること――それゆえ絶対的な二重性がある。」(PL V-1220)

「哲学のあらゆる形態に付着している自己破壊は、あまりにも深く哲学に食い込んでいるため、その本質的性格――本質規定――とさえ言えるまでになってしまっている。」(PL IX-72)

「自己破壊の目的は、単に法に関して妥当するだけでなく、首尾一貫性一般に関しても妥当する。」(PL V-1093)

これらの切れ切れの非論証的な思想の諸断片によって語られているフリードリヒ・シュレーゲル特有の首尾一貫性、自己破壊的首尾一貫性、徹底的に首尾一貫性を欠いた首尾一貫性、その都度の自己否定ないしは自己破壊を介してのみ達成されるがごとき首尾一貫性が彼の天性の不器用さと合体して、ある何らかの具体的な対象、例えば『神話論』の改造と絡み合うことがある。こんな時の彼の仕事ぶりを目の当たりにした友人、こんな時の彼の仕事の成果を突きつけられた読者が、そうした彼を実際以上に捉えにくい複雑怪奇な思想的人格に仕上げてしまうということも大いにあり得るだろう。例えば一八三六年、それゆえシュレーゲルの死後七年もたった頃に書かれたカール・アウグスト・ファルンハーゲン・フォン・エンゼのシュレーゲル評がその典型だろう。それはまるで『ヴィーン版・神話論』の刊行直後にその感想を求められたのではないかとさえ疑わせるほどに、彼の描写は生々しい印象を与える。以下、その一節を引用することで今回の集まりの幕引きとしよう。

「この人物の本質、彼のうちなる根源衝動、彼の諸能力のありよう、彼の活動全体の実績と成果は、これらを描き出すことのできるような記述者、彼自身が他の人々のためにそうあり得たような、そして幾分かは実際にそうだったような記述者を見出していない。それは誰もがそうしようと思えばできるようなことではない。あらゆる種類の矛盾、錯綜、奇矯、秘密、変則の数々が絡み合って出来上がっているこのような天性に通暁するには、勇気と揺るぎない沈着さ、深い研究心、豊かな感受性、そして何よりも自由に眺めわたす眼が必要である。そこはもろもろの妖怪変化、鬼神、天才どもが羽音するどく飛び交い、ルツィンデ、カール大帝、アラルコス、マリア、プラトン、スピノザ、そしてボナルド、ゲーテ崇拝と呪詛、革命と位階制といったものどもが壮大無比の万華鏡のように遭遇し合い、しかも最も奇妙なことに、それらが互いに共存し合っているところなのだ！それというのもシュレーゲルは彼のプロテウス的変身の素早さにもかかわらず、一度として彼自身のそうしたさまざまな姿のただ一つたりとも放棄したためしがなく、最後までそうした幾多の姿のどんなもののためにも然るべき権利を主張し続けてきたからである。彼の精神の中には現実にこうしたすべての多種多様なものの生きた連関が存在しているのだから、それは至極当然のことなのである。このような連関を跡づけ、そのさまざまな結びつきやその輻輳した関係を指摘し、至る所でその見かけの姿の覆いを取り払って本質を明るみに引き出すこと、これこそがここでの課題と言えるだろう！」(71)

第二部　補論

補論（一）　ゲオルク・ジンメルの「生の哲学」との類縁性

ゲオルク・ジンメルの「生の哲学」とフリードリヒ・シュレーゲルの「生の哲学」（生と生成の理論）との内的類縁性は見紛うべくもない。もし仮にジンメルが「スピノザの能産的自然と所産的自然」についてのシュレーゲルの『本論』引用の断章――「スピノザの能産的自然と所産的自然は、生成する生成と生成せしめられた生成と呼ぶこともできるだろう」（PLVII-78）――を知っていたならば、彼はその『生の哲学――形而上学的四章』の、特に第一章『生の超越』のモットーとして躊躇せずこの断章を掲げたに違いない。ジンメルは「生」を「限界づけられていること」と「限界を越えてゆくこと」とを同時に含む、あるいは自己限定と自己超出との不断の交替として言い表される連続的・非連続的無限流動として捉え、このパラドックスを、「生はより以上の生（Mehr-Leben）である」という定義と、「生は生より以上（Mehr-als-Leben）である」、あるいは「生は生であることを越えた生である」という定義との一体性として表現する。[1]「生」とは、すなわち「生」の過剰である。「生の原級は、生の原級のままですでに生の比較級である。[2]」――シュレーゲルもまた彼の「生成の理論」を、ジンメルに倣ってこう表現し得ただろう。生成とは「生成する生成」、すなわち「より以上の生成」（Mehr-Werden）と「生成せしめられた生成」、すなわち「生成より以上」（Mehr-als-Werden）としての生成との統一体であると。

ジンメルによれば、「生」とは絶えず必然的に自己自身の活動の所産である「個体化されたもの」、「形態化されたもの」によって「限界づけられ」ながら、絶えず必然的にこの個体化、形態化による「限界づけ」を乗り越えて流れ続けるところの、だがしかし常にこの「限界づけられてあること」、すなわち個体化され形態化されること以外のどこにも自己実現の場を見出し得ないところの「無限流動」である。この無限流動としての「生」が流動の過程において形成してゆく一切のもの——言葉、行為を含むすべての形成物——は、その成立の瞬間において「事象としての独自の意義と内的論理」を獲得し、個体的存在者であることを主張し始める不動の何ものかとして、それらを産出、形成した「生そのもの」と必然的に対立する。なぜなら「生」は根源的に「不断に前進する流動」であり、「生」が産出するあらゆる「形式」、あらゆる「形態」を乗り越え、かつこれを突き崩して「氾濫」するものだからである。「生」の本質はそれゆえ、「生」が自己実現のためにみずからの産出によって獲得するあらゆる形成物——「生より以上の生」——と必然的に矛盾と葛藤に陥り、そのため「生」は「より以上の生」としてこの矛盾と葛藤を乗り越えて更なる自己実現の場となるべき新たな形成物を産出しようとして流れ続けるという、自己相剋の永遠の反復のうちにある。「生」は「生」であるがゆえにそれを盛る器である「形式」を必要とし、そしてまた「生」は「生」であるがゆえにそれを盛るいかなる器も必要としない。「生」は、何らかの「形式」のうちに宿る以外には「生」たり得ず、しかしまた、真に「生」たろうとする限り、いかなる「形式」のうちにも逗留することはできないという宿命を負っている。それゆえ「生」は、みずからが形成したその時どきの「諸形式」——これらの諸形式はいずれも「個性的形成物」として互いに「非連続的に存続している」——をその都度ことごとく乗り越えつつ破壊してゆく。「生」とは、「生」自身によってその都度分与される「生そのものから成立した形式」、すなわち「生より以上の生」に収まり得る「生」であることから常にはみ出し、はみ出し続ける「より以上の生」である。「生とは超越であると同時に内在である。」——この二重性が生の自己実現の本質である。それは「不断の流動」としての「生」とこの「不断の流動」を堰止める「個体的形式」としての「生」とが、「一切を包含する生」のうちでいわばそれぞれ「独立的に存在する」ということを意味する。「生」は常に「個体」であり、「個体的」である。「生は個体としてのみ生である。」――しかし「生より以上」のもの（超越としての生）となって生の本源的流動を抑止するこれら一切の「個体」を、「生」は常に「より以上の生」として絶えず突き崩して、これを再び「生の奔流」の中へ連れ戻し、没し去る。唯一無限の不断の流動以外の何ものでもない「生」とこのような「生」の唯一の自己実現の器となる「個体性」との必然的な矛盾と葛藤を根源的に内在させている「生」の機能――生が「より以上の生」としての「生」と「生より以上」の生との絶対的な統一体であるがゆえに、自己のこの両次元への「生」の絶え間のない超越、すなわち「生より以上」のものたろうとする超越（「生の自己疎外」）と「より以上の生」としての本来の「生」へ帰還しようとする超越とを根源的に内在させている「生」の絶対的な機能――を、ジンメルは「生の自己超越」と呼ぶ(3)。

ところで「生」の所産でありながら「生より以上」となって「より以上の生」の無限流動を阻止するのが、「生」の唯一の自己実現の場である「個体」ないしは「形態」以外の何ものでもないとすれば、「生」の現実は「個体」ないしは「形態」の無限の充満以外の何ものでもない。無限流動以外にいかなる「生」もない。個体ないしは形態以外にいかなる「生」もない。「生」は徹頭徹尾「流動」の永遠である。「生」は徹頭徹尾「個体ないしは形態」の充満である。これが「超越であると同時に内在」であるところの「生」の実相である。この意味で「生」の現実はわれわれ人間の感覚ないしは感性の対象以外の何ものでもない。あるいはわれわれの感覚ないしは感性によって捉えられ得る限りでの「生」の現実が、「生より以上」としてわれわれの把握の対象となり得る唯一の「生」である。ここでもまた、『本論』中のシュレーゲルのもう一つの引用断章――「生成する宇宙、すなわち自然以外にいかなる宇宙も存在しない。しかしわれわれが自然を捉えようとすれば、感性をもってするほかはない。それゆえ自然の学問は感性論

〔美学〕である。」(PLIII-412) ——が、ジンメルの「生」の定義と折り重なる。われわれの感覚ないしは感性が捉え得る「生成」は「所産的生成」であって、「能産的生成」ではない。「生成する宇宙」は、根源的には「生成する生成」の無限の流動以外の何ものでもなく、現実的には「生成せしめられた生成」としての「自然」以外の何ものでもない。生成の無限流動がその過程において産出する無限の個体的存在者の無限の充満が、「生成する宇宙」としての「自然」である。われわれが対面し、われわれが把握することのできる「生成」とは、このような「生成」の現実態以外のものではない。永遠の流動としての生成の根源態は、われわれの感性的把握の彼岸にある。この意味においてわれわれにとって唯一可能な「生成」についての現実的な学問が「自然の学問」としての「感性論」〔美学〕」であり、それが人間の感性的把握の彼岸にある「生成する生成」の本源への問いを内蔵する限りにおいて、「美学」はシュレーゲルにとって「アレゴリー」の理論となる。

シュレーゲルもまた宇宙創造の根源的一者、すなわち「唯一無限の実体」としての「永遠に一なるもの」と、それを隙間なく満たす「無限に多なるもの」との関係について、イェーナ大学講義『超越論的哲学』の第二部『世界の理論』において、「哲学に向かってなされ、その答えにすべてが懸かっている問いがある」として、次のように自問し、かつ自答している。「なぜ無限なるものは自己のうちから出てゆき、自己を有限化したのか——言葉を変えて言えば、なぜ諸個体があるのか、あるいはまた、なぜ自然の作用は一瞬にして経過してしまい、それゆえ何ものも存在しなくなってしまうというものではないのか。この問いへの答えはただ、われわれがある一つの概念を差し挟むことによってのみ可能となる」と。そして「唯一無限の実体」と「諸個体」とを仲介する概念として彼がここで提示するのが「形象」、「表出」、あるいは「アレゴリー」(エイコン)である。個体とは唯一無限の実体の一つの形象、表出、アレゴリーである。[4]

まず「無限なるもの」が自己自身を無限に有限化するとは、自己自身を無限に個体化すること、それによって自己自身を無限の派生的個体で充満させることであり、このような無限の派生的個体の充満そのものが「唯一無限の実体」としての「無限なるもの」の顕現ないしは現実態であるのだから、この現実態、すなわち人間に把握可能な宇宙は、無限に産出される無限の「諸個体」以外の何ものでもなく、それゆえ「生成する宇宙、すなわち自然以外にいかなる宇宙も存在しない」という命題によって言い表される現実態は、宇宙とは常に「不断の生成」の途上にある無限の諸個体の無限の集合であるという意味において、「宇宙は唯一無限の個体」であるという命題に集約される。従って先の三つの問いは、なぜ世界は不可視の「無限なるもの」であるばかりでなく、この「無限なるもの」の自己有限化・個体化・可視化の過程でもあるのか、そしてなぜこの過程は一瞬にして終わりを告げるものではないのかという一連の問いは、なぜ「諸個体」が存在するのか、同じことだが、なぜ無限に多くの個体が存在し、かつ存在し続けるのかという問いに集約される。そしてこの問いが「アレゴリー」を介してのみ解決され得るとは、これらもろもろの個体の一つ一つをあの唯一無限の不可視の実体（「無限なるもの」）のその都度の可視的顕現、「形象」、「表出」、「似姿」、すなわち「アレゴリー」と捉えることによって、「無限なるもの」と有限的存在者との根源的な相関関係、すなわち「無限なるもの」が自己を有限化し、この有限化によって生み出される無限の派生的個体を介してこの「無限なるもの」の有限化の本来の意味をほかならぬこれらの有限的諸個体に間接的に告知し続けるという、終わりのない循環的相関関係の中で問い直されて初めて解決されるということである。それゆえ「生成する宇宙、すなわち自然以外にいかなる宇宙も存在しない。しかしわれわれが自然を捉えようとすれば、感性をもってするほかはない。それゆえ自然の学問は感性論〔美学〕である」という前記断章後段の「感性論」〔美学〕とは、「無限なるもの」（永遠に不可視の一なるもの）とその所産である無限に多なる有限的・可視的存在者としての諸個体との絶対的な相関の中で、そしてこの関係を介して、「なぜ無限の個体が存在するのか」ということをほかならぬこれらの有限的諸個体に伝達する技法、あるいは人間にとっての個体性把握の唯一の現実的形式である「形象」の読解技法としてのアレゴリー理論にほかならない。

ところでこのようなアレゴリー理論の導入によって、「無限なるもの」の有限化としての世界生成の過程は「なぜ一瞬にして経過してしまい、それゆえ何ものも存在しなくなってしまうというものではないのか」という問題が解決され得るとするシュレーゲルの論拠はこうである。われわれ人間にとって宇宙は「個体」以外の何ものでもなく、「個体」以外の何ものも存在しない。そして「個体」とはわれわれ人間の把握能力を越えたある何ものかの顕現である、というよりはある何ものかの顕現であるということの告知が個体である。このような意味において「個体」とは永遠の流動以外の何ものでもない無限の生成――「無限なるものの生成」――がその時どきの自己実現の場として選ぶその時どきの顕現のその時どきの唯一可能な鋳型である。根源的には「生成」のみがあり、現実的には「個体」のみがあり、それゆえ宇宙生成の現実相は無限の個体の無限の充満である。「個体」もまた根源的には「無限の生成」以外の何ものでもないが、しかしその現実態は、「生成」の全過程が一瞬にして終結に到ることを阻止する「固執性」、すなわち流動してやまない「生成」の無限の流れをそのつど絡め取って固定化する鋳型である。「無限なるもの」はその無限の自己客体化（個体化）によって生み出す無限の諸個体のその時どきの鋳型（形象）にみずからをいわば幽閉させることによって「生成の永続性」をみずからに保証するということである。

この生成の必然的所産である「個体」を、シュレーゲルは同講義第二部『人間の理論』において「生成のうちに埋め込まれた抵抗」として性格づけている。「生成の概念のうちには抵抗という条件が含まれている。――そうでなければ存在するのは神性か、無かのいずれかになってしまうだろう。[5]」――「すべての生成は一つの抵抗を前提とする。

さもないといかなる生成もなく、あるのは一つの絶対的存在ということになるだろうからである。ところでしかし自然の作用は一瞬のうちに経過し去るものではない。それは一つの生成であり、それゆえ一つの抵抗が自然のうちへ定立されていなければならないのである。」[6]――シュレーゲルにとって「生成」が真に「生成」たり得るためには、「生成」の一挙の進展をそのつど阻む「抵抗」――これが「生成」の自己実現の唯一の場を提供する「個体化原理」である――が、「生成」の一挙の成就、すなわち「生成」そのものの瞬時の終焉を阻止する力として生成そのもののうちに埋め込まれていなければならない。その限りにおいてのみ「生成」は、「生成する生成」と「生成せしめられた生成」とを、「能産的自然」と「所産的自然」とを包括する「生成」の根源概念たり得るということである。ジンメルの定義を援用すれば、それは「より以上の生」としての「生」と「生より以上の生」としての「生」との、あるいは「生の内在と超越」との渾然一体的合体の表現である。

しかしまたシュレーゲルはこの「抵抗」を「自然における悪しき原理」[7]とも呼ぶ。この「抵抗」概念の両義性をシュレーゲルは、イェーナ大学講義の三年後の一八〇四年に始まるケルン私講義『哲学の展開十二講』の第五講『自然の理論』において、地上における個々の存在者の自由な自己展開に対する存在者自身の内なる抵抗としての「自己保存」ないしは「自己性」の衝動として説明している。すなわちこの「自己性」の衝動が極端に発動して、他の存在者との一切の相互関係、一切の社会的・共同体的関係を拒否させてしまうまでに亢進し、その結果、当の存在者を完全に自己自身の内部へと引き戻し、孤立させるに到ったとき、このような「極端な利己主義」に変質した「自我性」が「悪しき原理」であり、その超人格的象徴が、「生成する神性の形象」であるべき「自然」という「真に現実的にして必然的な世界生成」を阻害し、歪曲する悪しき「抵抗」の具現者、堕天使「ルシフェル」にほかならない[8]というのが、このケルン私講義でのシュレーゲルの悪の起源論であって、本来は生成の自己実現の宿りの場であるべきはずの「個体」がかえって「生成」の更なる進展を阻むばかりでなく、生成そのものを圧殺するまでに凶悪化する極端な例として挙げられている。そして本来はある知られざる何ものかの顕現とそのアレゴリーにすぎない有限的な「個体」へのこのような異常な執着をシュレーゲルはイェーナ大学講義の『序論』においては「仮象」への固着と呼び、「無限なるものへの憧憬がすべての人間のうちで展開されるべき」であり、「有限的なものの仮象は根絶せしめられるべき」であるとした上で、そのためには「すべての知が一つの革命的状態に置かれねばならない」ことを哲学の根源的課題として掲げるのである。(9)

そしてこの「知の革命」への熱狂が、「無限なるもの」へ到ろうとする人間に与えられた唯一の、だが間接的な通路である「個体性」(「アレゴリー」としての)をその「仮象性」のゆえに一挙に突き破って宇宙の、あるいは「生成」の本源との合一を実現しようとする宗教的熱狂――「ただ一つの世界が存在するのみである」がゆえに、「無限なるものへの回帰以外の何ごともあるべきではない(10)」――と合流することによって、『アテネーウム断章集』の一つで「自己創造と自己破壊との絶え間のない交替」と定義されたイロニーの原理(AF 51)を一挙に「自己破壊」に到るまでに拡張された「生」の「自己創造」の原理へと転換させる一種の実存主義的な生の見地の表明となる。「一切のものは一なるものである。そしてこの一なるもの、全体なるものは自由であり、生きてあり、有機的であり(11)」、この「全一的」なるものの総体、すなわち「自然」は「生成する神性(12)」、「生成する神性の形象(13)」以外の何ものでもなく、この意味で「現実的なものはすべて神的である(14)」。そして宗教の本質が「一にして全なるもの」としての「神性」への帰還にあり、この帰還の最終目的がこの「神性」との合一、すなわち一切の個体性が消失する「絶対的同一性(15)」であるとすれば、それはまさに「現実的なもの」、すなわち「神的なもの」を「非現実的なもの」から区別し、「自己の個体性を破棄し」、「自己自身を精神的に否定すること」にほかならず、「自己自身および一切のものを破棄すること」

以上に高いものはあり得ない。[16] この意味で「**死のうちにのみ真の生はある**」のであって、宗教の核心を成す「犠牲」の概念とはまさに、「有限的なものの仮象を根絶する」ことによってあの「無限なるもの」の「絶対的統一性のうちへと回帰し、生がその自己否定的な行為の中で解体されてしまうほどに生を拡張してゆく[17]」ことにほかならない。

そしてこの点においても、というのは「生成」の一挙の成就と消滅とを阻む「抵抗」がこの阻みのゆえにかえって「悪しき原理」となるべく「生成」の本質のうちに、しかも生成の自己実現の必須条件として埋め込まれているという点においても――その極端な場面が「ルシフェル」の登場であり、生の能産的な流れが生の所産の極度の硬直によって阻害され、生の「自己創造」が一挙に「自己破壊」に転化して絶対的な「自己否定」の様相を示すに到った状態、いわば「生」そのものの機能不全と自壊としての革命的状態の現出である――、シュレーゲルの「生と生成の理論」は、「生の能産」と「生の所産」との、すなわち「流動としての生」とその同じ「生」が「個体」としてわが身に纏う諸形式ないし諸形態との永遠の葛藤――シュレーゲルの『アテネーウム断章』の一つを借りて言えば、「自己創造と自己破壊との絶え間のない交替」（AF 53）――のうちに「生」の唯一の自己実現の場は見出されるとしたジンメルの文化論（『現代文化の葛藤[18]』）の原理を予告するかたちでこれと絡み合っている。ジンメルによれば、生の最内奥の本質は、自己自身の十全の展開を阻む柵ないしは堰となる「限界」を打破しつつ乗り越えてゆきながら、再びその自己自身に自己自身の唯一の発現の場となるべき新たな柵ないしは堰を構成する「限界」を「創造的な生の器」として産出するという永遠の進展的循環のうちにある。この「自己超出にして絶え間のない自己放棄」こそが、「生」の統一性、すなわち「生」が自己自身のうちに「生」であることをやめることなく留まる仕方[19]なのである。そしてこのような「生」の連続性とこの「生」の自己実現の唯一の場である「生」そのものの形成物との深刻な相剋――「超越であると同時に内在」である「生」の自己相剋が「生」の世界形成の原理である。すなわち「その創出の瞬間においては生に対応していたはず」のすべての「文化現象」もその発展の最終段階、あるいは末期段階に到って必然的に「生」そのものの根源的流動を阻害する何らかの「硬直状態」——あらゆる文化内容が「生より以上」のものとして「より以上の生」に突きつける「揺るぎない持続性ないしは無時間的妥当性」の要求によって「生」そのものの内部に徐々に蓄積されてゆく「生」との「疎隔状態」としての「硬直状態」に陥らざるを得ない[20]。このように老熟の、あるいはむしろ老残の先行世代の文化が後続世代、すなわち「次代の生」によって産出されつつある新たな文化形態の波浪によって突き崩され、歴史の背後へと押し流されてゆくという不可避の運命を内在させている「生」のこの自己相剋は、その時どきの文化的内容が固定化して硬直状態に陥るやいなや激化し、時として状況は一気に革命的様相を帯びるまでになる。ジンメルは当時の文化的混沌状態の中にあって唯一検討に値する現象として「表現主義」を挙げ、表現主義の芸術家は「内容的には自己自身にのみ従順である彼の生」を突き動かす誘因それ自体を「モデル」にするという意味において、この世紀転換期の芸術現象を、「生が自己自身であるための闘争」の表出であると定義するのである[21]。シュレーゲルの「生の哲学」がこの種のラディカルな文化論、芸術論を導き出すまでには到っていないのは、両思想家を隔てる一世紀以上の歴史的諸状況からして当然である。しかし「死・の・う・ち・に・の・み・真・の・生・は・あ・る」とし、「有限的なものの仮象を根絶する」ことによって「無限なるもの」の「絶対的統一性のうちへと回帰し、生がその自己否定的な行為の中で解体されてしまうほどに生を拡張してゆく」という先のシュレーゲルのいわば実存主義的死生観は、たとえこれが彼のキリスト教的有神論への傾倒によって規定された宗教論の枠内での発言の域を出るものでなかったとしても、ジンメルの『現代文化の葛藤』における「文化形成における生の形而上学」の論脈への、一世紀を越える時空の隔たりを貫いて結び合う内的類縁性を感じさせる。事実、ジンメルの『生の哲学』第三章『死と不滅』の中には次のような言葉が見出される。「死はそもそもの初めから、しかも内面からして生に結びつけられている。」――「われわれの生が死に向かって同調され、死によってどこまでも規定され続けていることは、通常の生がある期間は上昇し、ますます、というのはますます生き生きとした生になってゆくという事実によって覆されはしない。」――「死はわれわれの生の形式的な契機であって、これが一切の生の内容を彩るのである。」[22]――そしてこれらの命題に続く箇所においてジンメルは、「死は生の形成者であり」、「生の実在的な要素である」と定義した上で[23]、両者の関係をヘーゲルの弁証法的定式を援用するかたちで次のように総括する。すなわち「生と死は、定立と反定立として、存在の同一の段階に立っている。しかしそれと共により高次のものが生と死との上に聳え立つ。われわれの現存在のもろもろの価値と緊張とがそれである。それらは生と死とを越え出ているため、もはや生と死との対立には関わることがない。むしろ生はこれらのものの中で、本当に初めて自分自身に、生自身の最高の意味に到達するのである[24]」と。

シュレーゲルの「時間論」もまた、ジンメルのそれと鋭く触れ合っている。シュレーゲルはイェーナ大学講義『超越論的哲学』の第一部『世界の理論』、第二部『人間の理論』において「時間と空間」を「唯一無限の実体」（「生成する無限なるもの」）から「有機的に産出された最初の両個体[25]」と捉え、カントに対抗してこの両個体、すなわち時間と空間の根源的な「実在性」を主張し、その上で「過去」と「未来」とを引き結ぶ内的紐帯としての「現在」に「瞬間の全能」を付与し――「瞬間は過去と未来との所産である。瞬間はここでは全能である。[26]」――、この「瞬間の全能」のうちにその行為の一刻一刻の「現在」を選択しつつ生きる人間の「決断」の実践的根拠を見出そうとする。彼は言う、「恣意は瞬間に無限の力が付与されるところに存在する」という意味において、「恣意とは無限に多くの規定の中から一つの規定を絶対的に選び取ろうとする絶対的決断である」と[27]。

刻々の瞬間において刻々の瞬間の孕む無限の可能性の一つを不可逆的に選び取る絶対的決断のうちに人間的行為の

実践的原理は基礎づけられるとする見地を導き出すシュレーゲルの「時間論」は、その『生の哲学』第一章『生の超越』において「主体的に生きられた生」にとっての「時間の実在性」を主張するジンメルの「時間論」と合流する。ジンメルによれば、現在とは「過去と未来が遭遇すること」を意味する。われわれ人間にとって過去と未来だけが「量」として算定され得る時間、すなわち「時間一般」である。とはいえ一方（過去）はもはや存在せず、もう一方（未来）はまだ存在しないのだから、「実在性」が付着しているのはもっぱら「現在」だけである。とすれば「実在性」は時間的なものではなく、それゆえ時間もまた実在的なものとは言えない。だが「主体的に生きられた生」はこのような理論に承服しようとしない。このような「生」は自分を「時間的な広がりの中に横たわる実在的なもの」と実感している。このような「生」にとって「現在」とは常に「過去の一片」とそれより小さい「未来の一片」とが合成されたものとして体感されている。このような「生」にとって、あるいは「今を生きるわれわれ」にとって「現在」とは「点としての現在」ではなく、「後方に向かって伸び広がっている」ものであると共に、「前方に向かって伸び広がっている」ものでもある。われわれはこうして現在の「瞬間」を乗り越えて「過去」へと分け入り、現在の「瞬間」を乗り越えて「未来」へと食い込んでゆく。「今を生きる」とは、すなわち「未来にも過去にも属している限界」の内側を生きるということであり、同時に、過去と未来との両方向に向かって「現在」を超え出てゆくことである。生の「現在」は、その一刻一刻が絶え間のない「過去と未来との統一」であるがごとき「現在」である。この統一を概念的に分離する限り、時間は「非実在的」である。だが「主体的に生きられた生」にとっては、時間は「実在的」である。時間とは、「言い表し難く、ただひたすら体験されねばならない生それ自身の直接的にして具体的なあるがままの姿の——抽象化された——意識形態」である。「時間とはその諸内容を捨象した生」である。「生」のみが「時間を欠いた現在という一点」を両方向へ向かって超え出てゆくことで「時間の広がり」を実現するのである。すなわち「過去」は「現在」に入り込んでくることで「現実存在」し、「現在」は「未来」の中へと出てゆくことで「現実存在」する。「過去」と「未来」とを「非実在的なもの」へと追いやってしまうことのないこのような「現実存在」のあり方こそが、本来の意味での「生」なのであり、この本来の意味において「生」とは「限りない連続性であると同時に限界づけられた自我」と呼ぶこともできるのである[28]。

シュレーゲルにおいても、「世界、すなわち生成の総体は自我である」とされる[29]。ただしこのような全的意味での生成の総体とは「唯一無限の全体なるもの」としての根源的個体（自我）であって、この無制約的自我のみが「無条件的、絶対的に自由」であり、その諸部分、すなわちすべての被制約的な派生的個体（個体的自我）に許される自由は常に「条件付き」のものでしかない[30]。しかるに「不断の生成」としての「ただ一つの世界」が存在するのみであり、そしてまた「無限なるものへの回帰」以外に何ごともあるべきではない[31]のだから、被制約的個体としての人間の実践的行為の最終目的もまたこの一事に収斂する。「倫理的形成においては」と、シュレーゲルは一七九八年の断章の一つで書いている、「哲学や詩文学におけるような完成も循環も単独では生じない。倫理学において見られるのは最速の変化であって、**一瞬一瞬が無限に多くの未来を孕んでいる**のである。」（PL IV-250）——世界が永遠に未完成であるように、人間の行為の倫理的形成もまた、永遠に達成不可能な最終的完成へ向かって不断に歩み続けること以外の何ごとも意味するものではないとすれば、この人間的努力に決定的な重みを加えるのが、この不断の歩みの一瞬一瞬をそのつど新たな形成の未来を孕むものとして受容してゆくということであり、ここに人間の行為の真に倫理的価値は見出され、ここに前述の「瞬間の全能」の本来の意味もまた見出される。人間的自由の本質、あるいは有限的存在者としての人間の倫理的形成の本質は、人間に与えられた「条件付きの自由」の中で永遠に達成不可能な最終的完成に向かって不断に歩み続けることであり、しかもこの歩みの一瞬一瞬をそのつど新たな倫理的形成の未来を孕むものとして受容しつつ「全体なるもの」の「無条件的自由」に参入することであって、この未来へと踏み込んでゆく「最速の変化」における未来選択の能力をシュレーゲルは「恣意」と呼び、これを「無限に多くの規定の中から一つの規定を絶対的に選び取ろうとする**絶対的決断**」と呼んだのである。[32]

フリードリヒ・シュレーゲルの「生の哲学」と十九・二十世紀の「生の哲学」、特にアンリ・ベルグソンやゲオルク・ジンメルのそれとの類縁性については、一九三五年に出版されたフリードリヒ・シュレーゲルのイェーナ大学講義『超越論的哲学』に付された同講義の発見者にして校訂者にして刊行者であるヨーゼフ・ケルナーの解説的序文『哲学的修業時代』の末尾において、「現代思想」の諸潮流とこの『講義』との内的連関を示唆する例証の一つとして、「マックス・シェーラーの宗教と愛の理論」、「ヤスパースやハイデガーの実存主義」、「ベルジャーエフの新しいキリスト教哲学」と共に、「ジンメルの相対主義」と「ベルグソンの直観主義」が挙げられているが、[33]この二人の「生の哲学者」との思想的類縁性を、ベルグソンに関してはシュレーゲルの言説への解説役として引き合いに出すかたちで軽く触れながら、主としてジンメルとのそれに的を絞って、というよりジンメルの「生の哲学」そのものの論理に基づいて検証しようとしているのがアルフレート・シュラークデンハウフェンである。

彼は一九七〇年刊行の『ドイツ文献学紀要』（Z.f.d.P.）に発表した論考『《アテネーウム》誌の根本特徴』において、シュレーゲルにおける「生の哲学」の萌芽、すなわち一八〇〇年から翌年にかけて行われたイェーナ大学講義『超越論的哲学』や、一八〇四年から一八〇六年にかけて行われたケルン私講義（『哲学の展開十二講』、『序説と論理学』）の論述の過程で「理性的思考によって濾過され」、「理論的な思想複合体へとまとめ上げられる」に到る前の「生の原体験」を、シュレーゲルの「生の哲学」の「根源的状態における最初の信頼すべき表明」と見られる初期ロマン主義機関誌『アテネーウム』とその思想的底流を成している初期の諸断章のうちに探ろうとする。[34]

シュラークデンハウフェンは、「体系とカオス」という相関的な対概念を手掛かりとして、この時期すでに「時代のすべての事象とそれらが孕む生の脈動」を「新たな創造の強大なカオス」として知覚し、しかもそうした諸事象を「論理的に基礎づけられた体系」の中へ捉え込むことは不可能であるばかりでなく、もしそんなことをすれば「典型的に生きてあるもの」を破滅させてしまうことを本能的に知っていた一人の思想的人格の思考の特質を浮き彫りにする。そして例えば、「哲学の始まりは概念である。しかし知の源泉は事柄でも概念でもなく、行為である。原則、原理は、この行為の概念的表現である。論理学の始まりは理念であり、命題としては綜合的である」という、『アテネーウム』誌創刊の二年前の一七九六年に書かれた断章（PI Beil.II-2）に、例えば、真理への道は、『アテネーウム断章』（AF 43）からも明らかなように、「直線的ではなく循環的」であり、しかもそれは一挙に啓示され、われわれはそれを概念や概念の証明を必要とせずに直覚的に所有するものであるがゆえに、哲学は「叙事詩のように中途から始まらねばならない」という同時期の断章（PL Beil.II-16）に、例えば、「他のすべての体系の論駁と完成された内的連関」が「体系の本来の試金石」であるとする、ヴァッケンローダーをして「近代の迷信としての体系信仰に対する死刑判決」にも等しいと言わしめた断章（PL Beil.II-21）に、シュラークデンハウフェンは、「知の源泉」を「概念」ではなく「行為」のうちに見て取っていたばかりでなく、円の中心は円周との関係においてのみ円の中心であり、円周は円の中心との関係においてのみ円周であるという意味において、自我と非我とは「相互証明的概念」であり、その限りにおいてのみ自我も非我も共に「純粋に機能的な生の現実性」を表現するものであるのだから、このような「生の現実性」を「任意に切り取って」見せるのが「哲学」であるとすれば、そして事実そうなのだが、いかなる「哲学体系」からも「真理の内実」は抜け落ちてしまい、そこでの論理的構成はこれを行う当事者である精神との合致を証明するだけのものでしかないとしたフリードリヒ・シュレーゲルの思想の根源的なパラドックスを見ようとする。それと同時にシュラークデンハウフェンは、従来の意味での「体系概念」とは異なる、というよりこれを突き崩すフリードリヒ・シュレーゲルにおける別種の「体系概念」を、一七九三年に書かれた兄アウグスト・ヴィルヘルム宛の手紙の一節から読み取ることができるとする。すなわち「作品、行為、芸術作品においてわれわれが魂と称し（私はこれを詩においては心と呼びたいと思いますが）、人間においては精神とか倫理的尊厳と称し、創造においては神と称しているもの――最も生き生きとした連関――、これが概念においては体系なのです。ただ一つの現実的な体系――大いなる隠されたもの、永遠の自然、あるいは真理があるのみです。――ともあれ人間の思考を一つの全体として考えてください。そうすれば、真理、すなわち完成された統一性が一切の思考の、けっして達成され得ないとはいえ、必然的な目標だということが分かるでしょう。［……］敢えて付け加えれば、体系とはまったく別物である体系の精神、これのみが多面性へと導くのです。」――このような文脈において初めて、とシュラークデンハウフェンは続ける、「体系を持つことも体系を持たないことも、精神にとっては等しく致命的である。ゆえに精神はこの二つながらのことを結合すべく決意しなければならないだろう」（AF53.）というパラドックスは理解されると。[35]

　このような別種の「体系概念」、すなわち「その一切の非体系性」にもかかわらず「体系の精神」として、すなわち「生きた内的連関」として考えられる限りでの「体験概念」がフリードリヒ・シュレーゲルにおける「カオス」の概念にほかならないとして、シュラークデンハウフェンは続ける。それゆえこの「カオス」は単なる「混乱」ではなく、それは一切のものの根底に横たわる諸力、すなわち「生」そのものの拡張、表現と解されねばならない。「そこから一つの世界が生じて来ることのできるような混乱のみがカオスである。」（ID 71）――この断章は、ここでは精神が知性の方向、すなわち外的な最終目標を目指して体系化へ、幾何学的秩序へと導いてゆく論証の道を進まず、真に哲学する道、すなわち「予見的主張」の道、「無限に豊かなカオス」に由来する内発的な、非合理的な霊感の道を進むことを明白に告げている。かくして思考はアフォリズム的、時には「ラプソディー的」となる。断章は「個々の思想の稲妻」を、「真理が現れ出る爆発的瞬間」を捕捉するのに役立つ。断章は、この種の思考に適した唯一可能な形式である。なぜなら思考の流れはいかなる体系化からも逃れ去ってゆくからである。「最大の体系ですら断章にすぎない」（FPL V-930）のである。[36]――このような世界および「生の現実性」の把握においては、哲学者ばかりでなく――さらに増強された度合いで芸術家にとっても――あらゆる「表現可能性」が疑わしいものとなる。なぜなら「無限の生の流れ」と、これを捉える具体的な有限の手段との間には「悲劇的な齟齬」が生じるからである。そしてここからシュラークデンハウフェンの論述は、十九世紀・二十世紀の「生の哲学」とフリードリヒ・シュレーゲルの「生と生成の哲学」との類縁性の問題において、その思想的骨格の点でベルグソンよりも遙かに深く密接にシュレーゲルのそれと絡み合っているゲオルク・ジンメルの「生の論理」を中心に据えたものとなる。

「生」は、とシュラークデンハウフェンは一気に結論へと向かう。「生は、ゲオルク・ジンメルが詳述しているように（『生の哲学』）、諸形式のうちへと注ぎ入らねばならない。生の流れは永遠に創造的であり、常に新たな諸形式を作り出してゆくが、これらの諸形式のいかなるものも生を永続的に維持することも含有し続けることもできない。なぜならこれらの諸形式は、それらが成立するやいなや、ただちにこれらの諸形式を乗り越えてうねり去ってゆく生の大海原の海底に残される沈殿物と化するからである。この疾駆し去る生の現実性の不断の流動のうちにあって、人間の思考は言語、《このあらゆる道具の中で最も習得し難く、最も我が儘な道具》（『ゲオルク・フォルスター論』（KA II.S.97）を使用するほかないのだが、この手段たるや、《概念の論理的不完全性》（『序説と論理学』KA XIII.S.248）のゆえに役立たずの表現手段でしかないことをみずから証明せざるを得ない。むろん概念もまた生きた思考から生じてくるものではある。しかしこの思考もまた刻々の瞬間にいままさに作られたばかりの思考形態を越え出てしまい、その結果、いまある思考形態は、発言されるやいなや、すでにその真理の内実を喪失してしまうことになる。真理であると共にもはや真理ではあり得ないという、この独特の矛盾は、他のあらゆる事柄と同様、すべての著作物にも付着している。いかに速やかに一冊の書物は時代遅れとなることだろう。書物は生を捉え込む。だが捉え込まれた生はただちにこの狭隘な囲いを打ち破る。古典的な意味でのいかなる形式、いかなる概念も生を絞殺するものだからである。フリードリヒ・シュレーゲルは、このような概念と生との間の不可避の矛盾を除去するために、この矛盾を概念そのものの中へ移し入れることで生の流動的現実を把捉し、かつ記述するための新たな概念、新たな論理学の基盤を見出そうとする。《発生論的概念の理論》と、思考のカテゴリーとしての《理念》とがその成果である。[37]」――

永遠に創造的な生の奔流とこれによって不断に生み出されながら「生の大海原」の「沈殿物」と化して「生」の行く手を阻む「生の諸形式」との宿命的な葛藤、すなわち無限の「生」の流れとこれを捕捉しようとする有限的手段である「言語」との「悲劇的な齟齬」のうちにシュレーゲルの思想の核心を掴み得たとする、ジンメルの「生の哲学」の原理に則ってシュレーゲルの「生の哲学」の本質に迫ろうとしたこの秀逸な論考もしかし、最後のドレースデン公開講義最終講の「生の論理学」にまで達する射程を持つものだったにもかかわらず、シュレーゲルの「カトリックへの改宗」を十九世紀の進行と共に「生の概念への対抗重力」として台頭してきた「客観的諸価値」への希求の一類型とのみ捉えたことによって、シュレーゲルの後期思想圏における「生の見地」の独特の展開については、「幻想の国への逸脱」としてのロマン主義文学との「完全な絶交」を宣言し、「われわれは夢想的なものでは断じてない、覚醒した直接的な、そして何にもまして愛国的な文学を必要としている」と書いたアウグスト・ヴィルヘルム・シュレーゲル――（フリードリヒ・ド・ラ・モット・フケー宛、一八〇六年三月十二日付けの手紙）――が辿ったのと同じ方向にむかって伸び広がっている固定的な展望しか見出せずに終わっている。[38]

補論（二）　フリードリヒ・シュレーゲルの「エンツィクロペディー」概念をめぐる二篇の論考

――ハンス－ヨアヒム・ハイナー『フリードリヒ・シュレーゲルの全体性思考』と、エルンスト・ベーラー『フリードリヒ・シュレーゲルの文芸学のエンツィクロペディーとヘーゲルの哲学的諸学のエンツィクロペディーとの対比』[1]

『ホメロスの詩について――ヴォルフの研究を顧慮しつつ――』の中でフリードリヒ・シュレーゲルがホメロスの両叙事詩において描き出されている古代ギリシャ世界の「きわめて包括的で豊かな景観」に対比しつつ挙げている「博識家の体系的エンツィクロペディー」（本論『序章』27頁）が何を指しているかは、この論考では明言されていないが、この時期のシュレーゲルがフリードリヒ・ヴォルフの学徒だったことから、そしてまた「エンツィクロペディーとは哲学と詩文学とによって累乗された文献学以外の何ものでもない」というほぼ同時期の断章（PL V-497）からも推定されるように、フリードリヒ・シュレーゲルのエンツィクロペディー概念が古典文献学の土壌に根ざすものだったことは間違いない。このことは「フランス人のエンツィクロペディーは徹頭徹尾誤った傾向である――これに対してエンツィクロペディーはドイツ地生えのものである」（PL V-331）という、先の「博識家の体系的エンツィクロペディー」の担い手たちの所在地を明かすにも等しい断章によっても確認される。この由来問題に一応の決着をつけたのが、「エンツィクロペディーの理念」をフリードリヒ・シュレーゲルの思想複合体のすべての水脈が合流する中心点と位置づけ、この理念を主導する「有機的全体性」への志向がフリードリヒ・シュレーゲルの思考をその根底において規定している一貫した構造原理であるとするテーゼのもとに、「諸芸術のカオスを体系化し、分断された諸部分の統合を再興しようとした」シュレーゲルの試行錯誤の論跡を、主としてヨーゼフ・ケルナーが一九二八年に『ロゴス』誌上に『文献学の哲学』の表題のもとに掲載した四百六十三編から成るシュレーゲルの遺稿断章集(2)(『文献学のために』第一部、第二部)を手掛かりに克明に辿っているのがハンス=ヨアヒム・ハイナーの論考『フリードリヒ・シュレーゲルの全体性思考』である。

ハイナーは、同書第一章『《全体性》と《総体性》への志向の表現としての初期フリードリヒ・シュレーゲルのエンツィクロペディー構想』の後註の一つで、フリードリヒ・シュレーゲルの「エンツィクロペディー」概念をフランスのいわゆる「百科全書派」が掲げるそれと同義の概念に由来するものとしたエルンスト・ベーラー(ベーラーを編集主幹とした『フリードリヒ・シュレーゲル原典批判全集』第十一巻——一九五八年刊行——収録のパリ私講義『ヨーロッパ文学の歴史』におけるフリードリヒ・シュレーゲルのエンツィクロペディー概念へのベーラー自身の註)やヘルムート・シャンツェ(『ロマン主義と啓蒙主義——フリードリヒ・シュレーゲルおよびノヴァーリスの研究』)等に代表される「通説」を、フリードリヒ・シュレーゲルがその断章集『文献学の哲学』(『文献学のために』)の第二部の中で「参考文献」の一つとしてダランベールの『エンツィクロペディー序説』を挙げていることに基づく推定にすぎず、彼が仮に「ダランベールのこの『序説』を読む意思を持っていたにせよ、実際に読んだという証拠は跡づけられない」として退け、その上でこの概念をその由来の本来の源泉であると考えられるフリードリヒ・ヴォルフの古典文献学へと引き戻し、「フィヒテの哲学によってヴォルフの文献学を越え、ヴォルフの文献学によってフィヒテの哲学を補完すること」、すなわち「文献学の哲学」を確立することを自分の負うべき文献学的課題とした初期フリードリヒ・シュレーゲルの一連の試行錯誤のうちに、「哲学的に累乗された文献学」、あるいは「哲学の文献学」と定義されるフリードリヒ・シュレーゲル独自の「エンツィクロペディー」構想の基点を見出そうとする。(3)

ハイナーは、フリードリヒ・シュレーゲルの「エンツィクロペディー」構想の源流は、一七八五年からハレ大学において『古代文学研究のためのエンツィクロペディーおよび方法論』という論題のもとに一連の講義を行い、二年後の一七八七年に独自のエンツィクロペディー体系の考案を出版しているヴォルフの「文献学のエンツィクロペディー」の理念に求められねばならないとする。そして「文献学的エンツィクロペディーとは矛盾である。文献学、すなわちエンツィクロペディーである」（FPL IV-92）、「文献学的**エンツィクロペディー**はまったく適切ならざる名称である。それは**文献学の哲学と呼ばれるべきだろう**」（FPL IV-33）という、フリードリヒ・シュレーゲルの前記断章集に見出されるこの両命題のうちに、ハイナーは、ヴォルフの「文献学的エンツィクロペディー」から出発しながら、そこから脱却してゆくフリードリヒ・シュレーゲルの「文献学の哲学」の萌芽を見ることができるとする。すなわちここで求められているのは、ヴォルフの文献学を哲学的に越え出てゆくこと、あるいは一般に文献学そのものの土壌を哲学的に耕作し直して、これを「文献学の哲学」ないしは「哲学的文献学」を育成するための土壌たらしめること、「文献学者もまた哲学すべきである」こと、あるいは「哲学の助力によって文献学を改革すべきである」こと、文献学をいわば「哲学的に累乗された文献学」たらしめることであり、従って確立されるべき「文献学の哲学」ないしは「文献学のエンツィクロペディー」とは、従来の文献学の諸分野——古代人の哲学的言語論、文法学、解釈学、「低次」の批評および「予見的」批評、詩学、地理学、世界歴史、歴史的批評、古代遺物、神話、文芸史、修辞学、芸術史、文献学史等々——を単に数珠繋ぎに列挙しただけの「諸学問の集合体」にすぎないヴォルフの「エンツィクロペディー的体系」ではなく、文献学と哲学との綜合によって成立する一つの全体、諸学問と諸芸術の有機的渾然一体としての全体、「神秘主義なくしてはヴィンケルマンは全体的なものへ到達し得なかっただろう」(FPL IV-107) という意味での「神秘的」な全体、文献学を哲学によって、哲学を文献学によって累乗することによって開かれる両者のまったく新たな相互連関としての全体である。しかし文献学との相関の中で問われる哲学は、すでにフィヒテ哲学の批判を内包している。フリードリヒ・シュレーゲルにとってフィヒテの『知識学』は充分に文献学的でも、充分エンツィクロペディー的でもない。文献学を「文献学の哲学」へと高めるためには、哲学を「哲学の文献学」へと誘導してゆかねばならない。「文献学の哲学」とは、それゆえ「フィヒテの哲学によってヴォルフの文献学を越え」つつ、同時に「ヴォルフの文献学によってフィヒテの哲学を補完する」ものでなければならない。「哲学者たるものは一切を知ろうとしなければならない。私に言わせれば哲学は絶対的学問だが、フィヒテの言うところに従えば、哲学は文法的学問である。」(PL II-167) ――こうして「文献学のエンツィクロペディー」は哲学へと、むろんフィヒテとは異なる、あるいはフィヒテを越えたところに構築されるだろう独自の「知識学」へと拡張されてゆく。――「芸術詩が詩そのものであるとすれば、エンツィクロペディーは哲学そのものである。」(PL-IV-944) ――フリードリヒ・シュレーゲルによって「知識学」と一体化したエンツィクロペディー構想の課題は、それゆえ諸学問と諸芸術の「カオス」を体系化し、ノヴァーリスの言う「全体的学問」の細分化された諸部分の統一性を再興することでなければならない。この意味においてフリードリヒ・シュレーゲルが彼自身の「エンツィクロペディー」構想の諸原理を哲学的に演繹しようとしていることは、『哲学的修業時代』のさまざまな断章からも明らかである。例えば「エンツィクロペディー的哲学」(PL V-300, 308) といった概念や、「エンツィクロペディー」は「哲学の哲学」である (PL V-604) といった命題がこのことを証明している。そしてこの「哲学の哲学」、あるいは「累乗された哲学」という意味において、フリードリヒ・シュレーゲルはフィヒテの『知識学』を「哲学へのエンツィクロペディー的序説」（ケルン私講義『哲学の展開十二講』）と呼ぶのである。そしてまさにこのような意味においてハイナーは、フリードリヒ・シュレーゲルを他の諸学問に対する哲学の絶対的優位性を主張する思想家の一人として、『大学研究の方法』におけるシェリング、『哲学的エンツィクロペディーの概要』におけるヘーゲルと並び立たせるのである。[4]

しかしハイナーは同論考のこれに続く数章において、ノヴァーリスのエンツィクロペディー構想との対比、すなわち「有機的全体性」、「諸断章の体系」、「結合術的方法の目標としての普遍性」等の諸問題を視野に収めながら、その後のフリードリヒ・シュレーゲルにおけるエンツィクロペディー構想の推移を追い、イェーナ大学講義『超越論的哲学』において、「汎神論的神話解釈」に基づく「魔術としてのエンツィクロペディー」との合体のうちに「哲学の完成」を探索しつつ、「神秘〔主義〕的全体性」への道を辿ったフリードリヒ・シュレーゲルが、この時期に続くパリ・ケルン時代において「キリスト教的啓示」という有神論的理念を受け入れることによって、一転、これまでの「カント・フィヒテの観念論的理性哲学」と訣別し、これ以後「哲学とキリスト教との一体化」をもって彼の進むべき思想的進路の指針とするようになったと見る。すなわち「最高の見地からして唯一の生成があるのみである」とするケルン私講義『哲学の展開十二講』の根本命題[5]も、これ以後は、この「唯一の生成」が「神へと向う世界生成」である限りにおいてのみ、フリードリヒ・シュレーゲルにとって「最高にして最も客観的な見地」として承認され得るものとなり、「諸学問と諸芸術の哲学的エンツィクロペディー」の構築への初期フリードリヒ・シュレーゲルの「野心」はここに「最終的に放棄され」、これに代わって「神的存在者が全体性の力として顕現する」という独自の「宗教体系」が形成されてゆくと、ハイナーは見るのである。こうして論者ハイナーは、二つのケルン私講義『哲学の展開十二講』および『序説と論理学』を扱いながら、もっぱらフリードリヒ・シュレーゲルのキリスト教的有神論への転向と、この転向を跡づけ、補強する言説のみに眼を向け、両私講義本来の内的生命と言うべき「生成の論理学」や、この論理学の現実的展開である『世界生成論』（『哲学の展開十二講』第五講）を、ハイナー自身の論述の一貫性を維持するために考察の埒外へ置き捨てにしたのである。すなわち「最高の見地からして唯一の生成があるのみである」という先のケルン私講義の根本命題によって規定されていたフリードリヒ・シュレーゲルの「生成の論理学」は、ハイナーによって「一切の生成の偉大な目標は神的なものの自己完成である」という、いわば生成の終末論へと読み換えられ、「生成する宇宙」（「生成する宇宙、すなわち自然以外にいかなる宇宙も存在しない」）という自然汎神論的な力動的思考形態をとって現れていた初期フリードリヒ・シュレーゲルの「全体性思考」は、ここでは早くも後期フリードリヒ・シュレーゲルの「カトリック・キリスト教哲学」の支柱の一つである「位階性」の上に成り立つ静的な全体性、あるいは「神的秩序のもとでの神による世界創造」としての全体性の基本構図を提供するだけのものとなり、こうして初期フリードリヒ・シュレーゲルの「エンツィクロペディー」構想の原動力だった「不断の生成」の概念は、「キリスト教的世界秩序」という抽象化された「全体性思考」の中で解体・消滅する。そしてこのような論脈の中でハイナーは、中・後期フリードリヒ・シュレーゲルの思想の表層に時として浮かび上がってくるカトリック・キリスト教的な「反エンツィクロペディー的姿勢」を額面通りに——ケルン私講義にしばしば現れては読み手の方位を狂わせるフリードリヒ・シュレーゲルのキリスト教有神論的公式発言通りに——定式化することによって辛うじて彼の論述の一貫性を守り抜くのである。[6]

ケルン私講義『哲学の展開十二講』中の『世界生成論』を完全に黙殺している点に露骨に現れているフリードリヒ・シュレーゲルの「生成の理論」へのハイナーの関心の希薄さは、「哲学から文学までの一切が網羅的に考察されている」にもかかわらず、そのどれ一つとして「明確に規定される」には到らず、「諸学問と諸芸術とを結合して一つの有機的統合体を築こうとする所期の目標」を達成できなかったフリードリヒ・シュレーゲルのエンツィクロペディー構想の「基礎の甘さ」を衝く第一章の結びの一文にも見て取ることができる。(7) 特にハイナーがフリードリヒ・シュレーゲルのエンツィクロペディーの本質的性格を、フリードリヒ・シュレーゲルが「彼自身の体系観の模範」と捉えていたプラトン哲学の「体系的非体系性」と同質の、「諸断章の体系」ないしは「断章的体系」とも呼び得るような、思考を哲学体系ないしは体系的哲学という「論理的コルセット」から解き放ったところに成立する非体系的体系と体系的非体系との合体とも呼び得るような「生きた有機的全体性」として捉え、かつ理解していた(8)にもかかわらず、というよりはそのように捉え、かつ理解していたがゆえに、「世界の全体を包括する統一性という哲学的原理」を確立しようとしたイェーナ大学講義『超越論的哲学』からは、「むらがる断章が与えてくれなかったもの」、すなわち「エンツィクロペディーの体系的記述」を期待することは無理であり、フリードリヒ・シュレーゲルがこの講義で成し得たのは、せいぜい「未来において実現されるべきエンツィクロペディーへの趨勢」を決定づける程度のものだったと明言していること(9)は、フリードリヒ・シュレーゲルの「生成」概念に対するハイナーの無理解、というよりは無関心を如実に示す、いわばフリードリヒ・シュレーゲル誤認の告白である。

「生成する宇宙、すなわち自然以外にいかなる宇宙も存在しない」（PL III-412）という意味での「生の哲学」の永遠の未完結性をその根本規定として持たざるを得ないフリードリヒ・シュレーゲルの「エンツィクロペディー」構想に、ヘーゲルやシェリングと同様の「哲学的エンツィクロペディーの体系的叙述」を期待したハイナーの固定した視界は、彼が先にフリードリヒ・シュレーゲルのエンツィクロペディー概念をフランスの「百科全書派」のそれに由来するものであるとする通説を否定した際に、この通説に従ってフリードリヒ・シュレーゲルのエンツィクロペディー概念を解説しているエルンスト・ベーラーに対する批判にも端的に現れている。確かにこの解説的註解を見る限り、ベーラーはディドロ＝ダランベールのエンツィクロペディー構想のみを引き合いに出し、ヴォルフの文献学的エンツィクロペディーにはまったく言及していない。しかしハイナーは、ベーラーがフリードリヒ・シュレーゲルのエンツィクロペディー概念とフランス人たちのそれとを本質的に分かつ決定的な要素として前者における「生成」の概念の導入を挙げていることを看過している。

確かにベーラーは、彼自身の編纂になる『フリードリヒ・シュレーゲル原典批判全集』第十一巻収録のパリ私講義『ヨーロッパ文学の歴史』のための巻末の「註解」[10]において、シュレーゲルの「エンツィクロペディー」概念をディドロ＝ダランベールからの借用と見、たとえこの外来概念がシュレーゲル独自の「文化哲学」の中心概念へと成熟してゆく過程で大幅な修正を被ることになるとはいえ、このフランス由来の概念への「依存性」は一瞥して見て取れる以上に強いと主張する。ただ相違点も歴然としている、とベーラーは付け加える。まずディドロ＝ダランベールの主導理念である「諸知識の連鎖」の思想は、シュレーゲルのエンツィクロペディー構想にも一貫して受け継がれている。ただし後者における発想は、人間的諸知識の集大成としての「百科全書」というジャンル概念（辞典ないしは事典）に囚われていた前者の「編集技術的性格」から解放されている。すなわちディドロ＝ダランベールにおける「諸知識の連鎖」が厳密な「体系的構造と内在的連関」によって、そしてまた「個々の項目相互の対照関係」によって達成されているとすれば、フリードリヒ・シュレーゲルにおける「諸知識の連鎖」は連鎖そのものの歴史的生成、すなわち「ヨーロッパ教養系統樹の生成の展開」という性格を帯びている。それゆえこのような「諸知識の歴史的連鎖」が「体系的」なものとして固定的に捉えられてしまうと、それはただ「分断された諸学問のもろもろの様式、あるいは精神のもろもろの類型の結合ないしは混合」でしかないものとなり、このことがただちにこうした「体系的把握」によって切り取られてしまう「歴史的連鎖」の「失われた半分」への「憧憬」を呼び起こす。例えば「哲学と詩文学との再統合」への志向がその一つである。確かにディドロ＝ダランベールの諸命題に刻印されている「未来志向の情熱と進歩の精神」が、『アテネーウム断章集』の一つで表明されている「進展的普遍文学」の理念（AF 116）に受け継がれていることは明らかだが、しかし両者の決定的な相違は、フリードリヒ・シュレーゲルの理念が「永遠にただ生成するのみで、けっして完成され得ない」という本質規定に貫かれている点である。さらに挙げれば、エンツィクロペディーを「学者、文学者、芸術家たちの共同作業の所産」と解しているディドロ＝ダランベールの見地は、確かにフリードリヒ・シュレーゲルの提唱する「共同哲学」（Symphilosophie）にその理想的形態を提供するものと見ることができるかもしれない。しかしこうした両者のエンツィクロペディー概念についての対比論は、総じて共通点よりはむしろ相違点を際立たせる結果に終わるだろう。そこで最後に両者の最も本質的な相違点を端的に示そうとすれば、フリードリヒ・シュレーゲルのエンツィクロペディー構想が「より高次の精神文化」の構築を意図するものであるのに対して、ディドロ＝ダランベールのエンツィクロペディー・プログラムは「諸学問、諸芸術」のほかに「技術的芸術〔工芸〕の意味での手仕事」をも包括するものでもあったから、両エンツィクロペディーの比較検討は、こうした職人的分野を欠いているフリードリヒ・シュレーゲルの構想に不利な判定を下すことになるかもしれないとした上で、ベーラーは、「哲学は一つの改革を構成すべきである」という言葉で始まるイェーナ大学講義『超越論的哲学』の結びの一節を引用することによって、フリードリヒ・シュレーゲルのエンツィクロペディー構想が目指す「より高次の精神文化」がどのようなものであるかの説明に代えている。いわく「諸芸術と諸学問の有機的全体とは、これらの芸術と学問の一つ一つが全体となるというかたちでのそれである。政治が宗教と道徳とを結合するように、すべての芸術と学問とを一つに結合するような学問が、それゆえ神的なものを産出する技法であるような学問があるとすれば、それは魔術以外のいかなる名称によっても表示され得ないものであるだろう。」――

ところでベーラーは前記『フリードリヒ・シュレーゲル全集』第十一巻刊行の二十四年後の一九八二年に書かれた論考、『フリードリヒ・シュレーゲルの文芸学のエンツィクロペディーとヘーゲルの哲学的諸学のエンツィクロペディーとの対比』において、先の『全集』第十一巻での註ではまったく言及されていなかった「文献学的要素」をフリードリヒ・シュレーゲルのエンツィクロペディー構想の中枢に据えるという唐突な軌道修正を行い――「フリードリヒ・シュレーゲルのエンツィクロペディー概念が一義的に文献学に由来するものであることは、この問題を扱った最初の断章群、すなわち『文献学の哲学』という表題を持つ二冊の覚書帳に書かれた断章群が証明している」――、ハイナーの敷いた路線をほとんど逐一なぞるかたちで、ただし先行論文であるハイナーの論考には一切言及することなく、フィヒテの『知識学』の影響のもとにシュレーゲルの構想が「知識学と芸術学との合体」という独自の綜合へと進展してゆく過程を跡づけている(11)。

しかしここでのベーラーの照準は、論題が示す通り、ハイナーのそれとは異なり、もっぱらヘーゲルとの対比にのみ向けられる。ベーラーはまずヘーゲルの「哲学的諸学のエンツィクロペディー」の概念を要約する。ヘーゲルによれば、「通常のエンツィクロペディー」は「多かれ少なかれ偶然的で、経験的なやり方で出来上っており、専門的領域とは言い条、ただ学問と名乗っているだけで、実際は単なる知識の寄せ集め」でしかなく、ディドロ＝ダランベールによる大がかりなフランス流の『百科全書』を含めて、およそ経験的領域にのみ属する限りでの知識と学問の集積、例えば文献学、法律学、自然学、医学、歴史学等々の実証的諸学は、それらが「経験的な個々の事柄や現実性」、「偶然性と恣意の領域」を脱して、「合理的な根拠と開始」をもって「哲学」のうちへと組み込まれてゆかない限りは、単なる諸学問・諸芸術の集合体、非哲学的な「雑学エンツィクロペディー」を越えるものではない。真にその名に値する「哲学的諸学のエンツィクロペディー」とは、「哲学の普遍的内容」、すなわち「私が三つの主要学問に数えている哲学の特殊学である論理学、自然哲学、精神哲学の根本諸概念と諸原理以外の何ものをも含んでいない」、それゆえに「その他のすべての学問の諸原理」を含み、そのことによって「自己自身の領域を越え出て諸学問の全体へと関わり」、それら一切を残りなく包括するがごとき「基礎的学問」でなければならない。――ベーラーはこのようなヘーゲルの「哲学的諸学のエンツィクロペディー」の概念に、初期ロマン派の、ここでは別してフリードリヒ・シュレーゲルの「文芸学のエンツィクロペディー」――ヘーゲルによって「そうでなくとも実質的に無内容で、若い学生には役立たずの代物」として切り捨てられた「文芸学のエンツィクロペディー」、すなわち、哲学をも含めたおよそ人間の精神的活動に属するすべての学問の領域、およびすべての芸術と詩文学の領域を包括する、それゆえ「学問論と芸術論との綜合」であるような、「さまざまな諸芸術と諸学問との有機的統一体」であるような、だがヘーゲルに言わせれば、「非体系的で、絶え間なく変転してゆく流動的な」、それゆえまったく「非哲学的」なものでしかない「文芸学のエンツィクロペディー」の概念を対比させる。(12)

ベーラーはこのような初期ロマン主義のエンツィクロペディー概念の起源を、ここでもまた、ディドロ＝ダランベールの『百科全書』的エンツィクロペディーに、すなわち古代以来跡づけられ得る限りのエンツィクロペディー的思考がこれまでに類を見ない最高の頂に達したとさえ言えるこのフランス人たちのエンツィクロペディーに求めることができるとする彼のエンツィクロペディー観の基本路線を確認した上で、クインティリアヌスから中世、ルネサンス期を経てベイコン、ライプニッツ、そしてディドロ＝ダランベールに到るこの概念の歴史を略述する。そしてこのフランス的エンツィクロペディー概念とドイツの初期ロマン主義者たちによって展開されてゆくエンツィクロペディー概念との間の多くの類縁性――例えば両体系に通底する特質である、すべての学問と芸術の「相互浸透」の思想、ある統一的な根底から成長し、その最も繊細な諸分枝に到るまで「有機的に展開されてゆく人間的知識と技術の体系」という思想、そして百科全書派たちの「未来志向的情熱」および「無限の完全化の可能性とそれへの能力に対する確信」という点でのドイツ初期ロマン主義者たちとの一致、とりわけ「フランスの文人たち」の「自由な共同体理念」と、同様に「自発的な精神的共同体」を意味する初期ロマン派の「共同哲学」の理念との対応関係を挙げる。だがこうした類縁性にもかかわらず、とベーラーは再び新しい路線に舵を切り換えて言う、ドイツ・ロマン主義のエンツィクロペディー思想はその本質において、「知性の能力が感覚論的に、それゆえ受動的に捉えられて」いるフランス流のエンツィクロペディー思想と結びつくものではなかったと。そして「フランス人のエンツィクロペディーは徹頭徹尾誤った傾向である」という、すでにハイナーが適切な箇所で適切に引用しているフリードリヒ・シュレーゲルの断章（PL V-331）を、ベーラーは、フリードリヒ・シュレーゲルが「エンツィクロペディーは超越論的哲学の土壌の上においてより良く実現されるだろうと主張しているかのようである」という迂遠な言い回しに、さらに「フランス流エンツィクロペディーは完全に経験論によって規定されている諸資料の集合体である」というアウグスト・ヴィルヘルム・シュレーゲルの言葉を添えることで、ベーラー自身の軌道修正の梃子として利用している。ベーラーによれば、フランス的エンツィクロペディーに対する当時のドイツ人たちの反応は一般的にネガティヴであり、ドイツにおけるエンツィクロペディー的志向を促す新しい刺激の発生源となったのは、むしろ超越論的哲学、特にカントとその信奉者たちのそれである。むろんカントの『哲学的エンツィクロペディー講義』はヘーゲルのそれと同様、純粋な学問のみを念頭に置いた「普遍的エンツィクロペディー」であったとしてもである。そして若いフリードリヒ・シュレーゲルにおけるエンツィクロペディー構想の成立のために特別の一石を投じたのが、古典文献学、とりわけ一七八五年からハレ大学で古典諸学に関するエンツィクロペディー構想についての講義を行っていたフリードリヒ・アウグスト・ヴォルフの古典文献学、すなわち「有機的全体」として捉えられた古典文献学的知識の集積体という概念だったのであり、このような歴史的背景の中でノヴァーリス、アウグスト・ヴィルヘルム・シュレーゲル、フリードリヒ・シュレーゲルらがそれぞれ独自の仕方でドイツ・ロマン主義を特徴づけるエンツィクロペディー構想を代表することとなる。そしてベーラーはフリードリヒ・シュレーゲルをこうした一連のエンツィクロペディーの概念形成の最後を締め括る存在として位置づけた上で、このフリードリヒ・シュレーゲルが「ある普遍的な、理論的・批判的であると同時に歴史的であるようなエンツィクロペディー」として構想したものは、まさに「ヘーゲルが、むろん一面的にすべての重量を理性に負わせることによってではあるが、彼の論理学、歴史哲学、精神哲学、美学、宗教哲学において成し遂げたもの」にほかならなかったとするルードルフ・ハイムの総括（『ロマン派』）をもって、ヘーゲルの「哲学的諸学のエンツィクロペディー」とフリードリヒ・シュレーゲルの「文芸学のエンツィクロペディー」とはその構想ないしは発想の原理において互いに相容れない対立的要素を含みながら、その本質においては同質のものであり、それゆえヘーゲルとフリードリヒ・シュレーゲルとは互いに合い補いつつ一時代を十全に代表する思想的人格として捉えられるべきではないかとするベーラー自身の見地、というよりは持論に代えるのである[13]。

以上をいわば序論として、「フリードリヒ・シュレーゲルのエンツィクロペディー概念が一義的に文献学に由来するものであることは、この問題を扱った最初の断章群、すなわち『文献学の哲学』という表題を持つ二冊の覚書帳に書かれた断章群が証明している」で始まるいわば本論へと移ってゆくが、それは前述のように、その基本路線においてハイナーの論述の祖述の域を出るものではない。

補論（三）楕円の思想、スピノザとフィヒテの綜合、あるいはフィヒテの中のスピノザ

「哲学は二つの中心を持つ楕円である。」（PL V-217）

「哲学を理性という観念的なものと宇宙という実在的なものとを二つの中心として持つ楕円であるとする見地が現れるのはこの時期になってからである。」（PL IV-1322）

一

「哲学の両要素は意識と無限なるものであり、両者の中間に実在性が位置する。反省の体系（フィヒテ）は意識へと向かい、思弁の体系（スピノザ）は無限なるものへと向かう。われわれの体系はその中間にあるもの、すなわち実在性へと向かわねばならない。」――これはフリードリヒ・シュレーゲルがそのイェーナ大学講義『超越論的哲学』の『体系詳論』の冒頭で提示した彼自身の哲学の見取り図だが[1]、フィヒテの「反省」という一点とスピノザの「思弁」という一点とをその両中心点として成立する哲学の楕円構造を、シュレーゲルは同講義の『序論』で以下のような一連の定式によって説明している。

「フィヒテの哲学は意識へと向かう。スピノザの哲学はしかし無限なるものへと向かう。フィヒテの哲学のための

定式は、自我＝自我である。あるいはむしろわれわれは非我＝自我と言いたい。このほうがたぶんより適切な言い方である。なぜならそうしたほうがこの命題は表現の上から言っても最も綜合的な命題となるからである。

スピノザの哲学のための定式は、おおよそこんなふうに言えるだろう。文字aのもとに表示され得るものを考え、xのもとに表示され得ないものを考えるならば、a＝xであると。

以上のことから組み合わせによってなお二通りの定式が生じる。非我＝xと、a＝自我とがすなわちそれである。〔脚註。非我＝xは、すべての非哲学の定式である。〕

残る最後の定式、すなわちa＝自我がわれわれの哲学の定式である。この命題は間接的であり、無限なるものがおのずから成立してくるようにするために、有限的なものの誤謬を廃絶しようとするものである。

なおポジティヴな見地についてのわれわれの定式は、おおよそ次のようなものである。自我の極小は自然の極大に等しく、そして自然の極小は自我の極大に等しい。すなわち意識の最小圏域は自然の最大圏域に等しく、逆もまた然りである。(9)」――

まずフィヒテの定式、自我＝非我。一七九四年の『全知識学の基礎』の第一部『全知識学の根本諸命題』によれば、自我は自己自身によって端的に自己自身を定立するがゆえに存在し、そしてまたこの単に存在するということによって自我は自己自身を定立する。自我とは徹頭徹尾能動的な自己活動そのものであると同時にこの活動の所産でもあるということであって、「自我＝自我」はこのような自我の根源的自己同一性の表現である。しかし自我はこの同じ活動によって「非我」、すなわち「自我にあらざる一切のもの」、「自我の外にあると考えられ、自我とは区別され、自我と対立する一切のもの」を自我自身に対して自我のうちに定立する。その限りにおいて自我はこの非我の反立によって自己の存立を脅かされることになる。しかし根源的には自我と自我の活動以外に何ものも、何事も存在しないのだから、「自我も非我も共に自我の活動の所産である」という根源事実によって「自我＝非我」であり、かつまた「非我＝自我」である。ただしこの定式は、自我と非我との相互的制限——「相互の可分的定立」——によって「反立的」に向き合う自我と非我とは互いに廃棄し合うことなく、互いに対等な関係を保持しつつ、自我の根源的自己同一性のもとに再び「綜合」されてあることを意味する。従ってフィヒテの定式の最終命題は、自我と非我との無限の相互作用の総体として考えられねばならないとする限りでの宇宙の万象は、根源的には自我の所産以外の何ものでもないということである。(3)

次にスピノザの定式、ａ＝ｘ。「表示され得るもの」ａとは、『エチカ』の定義に従えば「様態」を、「表示し得ないもの」ｘとは、「実体」を意味するものと考えてよいだろうから、ａ＝ｘ、すなわち「様態＝実体」とは、「神的本性の必然性」から「無限の仕方で生じて」こなければならない「無限なるもの」、あるいは「無限の悟性のもとに捉えられ得るすべてのもの」（第一部『神について』定理一六）としての宇宙の万象（「様態」）が、この万象の「内在的原因」（『同』定理一八）である「実体」、すなわち「神」に等しいということになるだろう。ａ＝ｘとは、それゆえ表示可能な、それゆえ記述可能な全現象世界と、この表示ないしは記述の可能性の彼岸にある、というよりは彼岸そのものである「神」との根源的同一性、すなわち「存在するすべてのものは神のうちに存在し、そして神なくしては何ものも存在し得ず、知覚され得ない」、それゆえ「実体と様態のほかには何ものも存在しない」（『同』定理一五）というかたちでの絶対的同一性の表現である。従ってスピノザの定式の最終命題は、「表示（記述）可能」な全現象世界、すなわち「無限の悟性」の対象たり得るものとしての宇宙の万象は、それ自体としては「表示（記述）不可能」であるところの「神」の顕現にほかならないということである。(4)

最後にこの両定式の「組み合わせ」の一つとして得られる「われわれの哲学の定式」ａ＝自我。シュレーゲルはまずスピノザの「文字a」を無限の神的自然としての宇宙と捉えて、これを「無限なるもの」の理念のもとに包摂し、次いでフィヒテの「根源的自我」、すなわち単なる主観として意識される個体的自我を越えた「絶対的主観の反省の客観としての自我」を「無限なるものの根源的反省」としての「意識」と読み替えて、これを「無限なるもの」の対極に置く。かくして「意識の唯一の客体が無限なるものであり、そして無限なるものの唯一の述語は意識である」[5]という絶対的相関の中で、「無限なるもの」は「意識」に対して、「意識」にとって真に「実在的なもの」、すなわち「表示、ないしは記述可能なもの」として顕現する。このようなスピノザとフィヒテの綜合、スピノザの神的自然の「実在論」とフィヒテの絶対的自我の「観念論」——自我と非我との相互制限的反立関係から見れば「二元論」——のいずれにも属さず、その中間に位置しながら両者を仲介的に結合しようとする試みとして提示される綜合の定式、これがa＝自我である。

この定式はしかし、イェーナ大学講義に先立つ『アテネーウム』第三巻第一輯所載の断章集『イデーエン』の一篇で、「哲学は一つの楕円である。その中心の一つは理性の自己法則であり、われわれがいまいるところはこの中心に近い。もう一つの中心は宇宙の理念であって、ここにおいて哲学は宗教と接するのである」(ID 117)という命題によってすでに提出されている。ここで「理性の自己法則」をフィヒテの「意識」、あるいは「根源的自我の活動」に、「宇宙の理念」をスピノザの「無限なるもの」、あるいは「神的自然」の理念に置き替えて順序を入れ換えれば、それはそのまま、「意識」にのみに向かう「反省の体系」としてのフィヒテの哲学と「無限なるもの」のみに向かうスピノザの「思弁の体系」とを綜合する「われわれの哲学」の定式と合致する。そしてこの楕円構造——「自我」(精神の原理)と「宇宙」(自然の原理)という、それぞれがただ一つの中心を持つ「円」として互いに交わることなく対峙するフィヒテの「反省の体系」とスピノザの「思弁の体系」とを二つの不可分な中心点として包摂し、そのことによって両体系を相互補完的な相関関係の中へ大きく抱え込んでゆく新たな両体系綜合の仲介者として機能する「楕円の哲学」の構造は、イェーナ大学講義においてシュレーゲルの論法の基本形として維持され、経験と理論のあらゆる局面に何らかの対極的状況を見出し、その仲介点（綜合）を求めてゆくという一種の弁証法的手法として貫かれている。実際、彼は同講義の『序論』の後半で「実在性」を仲介項として成り立つ「無限なるもの」と「意識」との絶対的相関について、明らかに自己の哲学の定式の「ポジティヴな見地」を表現するものとして掲げている先の命題――「自我の極小は自然の極大に等しく、そして自然の極小は自我の極大に等しい。すなわち意識の最小圏域は自然の最大圏域に等しく、逆もまた然りである」という命題を念頭に置きつつ次のような図式的解説を附している。すなわち――

「意識はいわば＋ａ－ａ……生成してゆく零と消滅してゆく零である。無限なるものは、全方位的に際限なく累乗されてゆく1である。これらの諸要素が現実においても諸要素であるならば、一方の要素から他方の要素へ移行できるものでなければならない。」――「無限なるものが無限に有限化されるとき、無限なるものから意識が成立する。そして自我と非我の意識のうちで両者の合一が達成されるとき、無限なるものが成立する。[6]」――

「これらの諸要素が現実においても諸要素であるならば」とは、「意識、実在性、無限なるもの」という哲学の「根源的三要素」が現実の場においても経験的三要素として機能するならばということだが、右の実験的数式の意味するところは、おおよそ以下のようなものになるだろう。――「無限なるもの」と「意識」とが、この講義の「定理」として掲げられている根本命題、すなわち「一切のものは一なるもののうちにあり、一なるものは一切てある[7]」という「全一性」の命題の中で、「意識の唯一の客体が無限なるものであり、そして無限なるものの唯一の述語が意識である」ような絶対的相関を成しつつ形作る「一つの完結した無限圏域」の一方の極である「意識」に0をとり、もう一方の極である「無限なるもの」に1をとり、この対極の中央に位置する「実在性」を+か−、いずれかの方向に既知数aとしてスライドさせる。そしてその時どきの「実在性」aが「意識」に接近してゆくに従って、それだけ「零」は「生成」してゆき、それだけ「無限なるものの意識」は「意識」として鮮明なものとなり、その逆方向、すなわち「実在性」aが「無限なるもの」へと接近してゆくに従って、「意識」は「消滅してゆく零」として、「際限なく累乗された」（無限にポテンツを高められた）「一なるもの」としての「無限なるもの」のうちに吸収されてゆく。――「無限なるものは累乗された一であり、意識はけっして完成されることのない零である。」（PL V-1173）――このような「無限なるもの」からの「意識」の、そして「意識」からの「無限なるもの」の漸増的生成と漸減的生成との、あるいは両極いずれかへ向かっての生成の無限収縮と無限拡大との、あるいは互いに対極を成す0と1との間を、無限に0に接近する無限小と無限に1に接近する無限大との間を――これを「楕円の構図」に則して描くなら、スピノザの定式と重なる極点（まったき宇宙の理念＝1）とフィヒテの定式と重なる極点（まったき自我の意識＝0）との間を――この両対極的要素の仲介点である「実在性」＝a、あるいは「表示（記述）可能な文字」＝aが、その時どきの極大とその時どきの極小の目盛りを刻みつけながら自由に滑走する一種の弁証法的スカーラを描き出すというそれは構図である。「無限に多なるものによって隙間なく満たされた永遠に一なるもの」を表現するこの構図の無限圏域の中で、フィヒテの「反省の体系」とスピノザの「思弁の体系」とは「意識」と「無限なるもの」とが互いに向かい合い、互いに移行し合い、互いに浸透し合う唯一無限の表示（記述）可能な宇宙空間を構成する。このような宇宙空間、あるいは宇宙読解のための唯一可能な圏域の中において初めて、宇宙の一切は残りなく表示され、記述され、そして読解され得るものとしてわれわれに向かって現前するということ、そして自我はそのような世界に絶えず向かい合って立つもの、向かい合いつつ動くものとしてのみ自我であるということ、これが、「宇宙の特性描写のみが哲学である」

（PL III-218）とするフリードリヒ・シュレーゲルにとっての「われわれの定式ａ＝自我」の本来の意味である。

この「われわれの哲学の定式」において特徴的なのは、「非我」概念の排除である。この点についてイェーナ大学講義では、「非我＝ｘは、すべての非哲学の定式である」という「脚註」の一文以上の言及も展開も見ないまま終わっているが、すでにこの講義の二年前の一七九八年の断章の一つでシュレーゲルは、「非我は形成された無である」（PL IV-841）と書き、一七九九年の断章の一つでは、「非我は空疎な言葉である。それは何か（etwas）と呼ばれるべきだろう。自我〔という言葉〕はきわめて適切である。なぜならそれは自己自身を構成するということをきわめて見事に表現しているからである。――とすれば綜合は一つの「君」（Du）ということになるだろう」（PL IV-1253）と書いていることから、「非我」を「表示され得ないもの」とする「非哲学の定式」なるものを彼がどのような意味において捉えていたかは明らかである。ここで特にこの非我概念の排除が「君」の概念の導入によって行われていることは、シュレーゲルのフィヒテ受容における重要な転換の一局面を示すものであって、この講義の三年後の一八〇四年に始まるケルン私講義『哲学の展開十二講』において彼は「非我」の概念を、対象を「もの言わぬ冷やかな他者」と化せしめるものとして放棄し、それに代えて「自我に向かい合うもう一つの自我」としての「対我」（Gegen-Ich）の概念を導入し、「君」の概念の正当性を再確認している。宇宙のあらゆる対象は、たとえそれが纏う独自の外皮によっていかに「私」から隔てられていようとも、いつかはその固い心を開いて「私」（認識の主体）の呼び掛けに応答するに違いない「君」（認識の対象）なのである。[8] この意味においてフィヒテの哲学の定式である「自我＝自我」ないしは「非我＝自我」も、「表示され得るもの」がそのまま「表示され得ないもの」であるようなスピノザの哲学の定式、ａ＝ｘも、共にシュレーゲルにとっては「非哲学」とは言わぬまでも、その中心に「実在性」（表示され得るａがそのまま自我であるところのもの）を持たない不完全な体系の原理でしかない。この原理的に相反する両体系が「真の哲学原理」として機能するためには、それ自体としては不完全なものでしかない両哲学の定式を二つの中心点として綜合する楕円の体系の中に組み入れられねばならない。このような「楕円」の体系の定式がａ＝自我なのである。

因みに「あらゆる非哲学の定式」として排除される定式「非我＝ｘ」とは、以上の論脈に沿うかたちで言えば、「自我」を喪失したフィヒテの定式と、「表示される」べきいかなる「様態ａ」からも切り離されたスピノザの定式との組み合わせであって、あらゆる「非我」、すなわちあらゆる外的・内的対象との繋がりを断たれて実質を喪失した「自我」の漂流である。そしてこのような自閉的な盲目の自我がそこに見出すのは、「いかなる述語、いかなる形象」も消滅して「無限の無」と化した「神性」（「無限なるもの」）の理念、すなわち「ニヒリズム」以外の何ものでもないというのが、ケルン私講義『哲学の展開十二講』においてシュレーゲルが「非哲学」の定式に与えた定義(9)である。なおシュレーゲルはフィヒテの定式「自我＝自我」そのものがすでにこのような「非哲学」への傾向を内包していることへの危惧を幾つかの断章に託して表明しているが、このことはシュレーゲルが想定するスピノザとフィヒテとの綜合の意味を解明する上でも重要である。いわく「不当にも最初の『知識学』では自我のみが描かれている。」（PL IV-1318）――「奇妙なことに最初の『知識学』では自己との弁証法しかない。彼の哲学の自我は非我を欠いている。」（PL IV-684）――「フィヒテは実のところ、片側から馬に乗っては、それを乗り越えて向う側へ落ちるという行為を飽きもせずに繰り返している酔っ払いに似ている。」（PL II-138）――「フィヒテの論証においては、Ａ＝Ａからまったく同様に〈非我は自己自身を定立する〉が帰結されないだろうか？――もしそうならシェリングにとって有利な展開となるだろう。」（PL BeilI-51）等々。

二

ところでカント以後の哲学的課題の一つとしてフィヒテとスピノザの綜合が俄に浮上してくるのは、一般に批判主義と独断論、あるいは観念論と実在論との、あるいは精神原理と自然原理との二項対立的な構図自体がその克服への抗い難い誘惑を秘めていたという一面の理由に加えて、両体系の対峙についてのフィヒテ自身の総括と挑発的な言辞がその引き金になったという一面もその原因として否定できないだろう。

「二つの体系しか存在しない。批判的体系と独断論的体系とがそれである。[10]」——フィヒテの体系とスピノザの体系以外にいかなる首尾一貫した哲学体系も存在しないというのがフィヒテの確信である。一七九四年の『全知識学の基礎』によれば、「私は存在する」という経験的意識の根底に与えられている「純粋意識」、すなわち「自我の根源的直観」の限界線を堅持し、しかもこの「純粋意識」に支えられた「絶対的自我」が「端的に無制約的なもの」として、「より高次の何もの」によっても規定され得ないものとして提示されることを本質とする批判的観念論の究極の到達点である『知識学』と、この境界線を越え出てゆき、自我は「自我が自我自身を定立するがゆえに存在する」のではなくて、「自我の外なる絶対的な何ものか」が存在するがゆえに存在するにすぎず、従ってすべての経験的自我はこの「自我の外なる」絶対的な「無限の自我」すなわち「神」の「様態」でしかないとするスピノザの思弁的独断論ないしは独断論的実在論——この両体系のみが首尾一貫しているばかりではなく、前者の体系を越え出てゆく哲学は必然的に後者の体系に行き着くほかはない——「私はある、を越え出てゆくと、人は必然的にスピノザ主義に行き着かざるを得ない」——のだから、首尾一貫した体系はこの両体系しかあり得ず、しかもスピノザの体系は「理性の追跡」のまったく及ばないところに建てられているために「無根拠」、すなわち一切の論証の、それゆえ一切の論争の彼岸そのものであり、従っていかなる理性によっても「論駁不可能」である。[11] かくして「無限なるものをわれわれの外部に移すという逃げ道」によってわれわれの自我の圏外へと漂い出てゆき、「いかにして無限なるものの理念がわれわれのもとに到来したのか」という問いには答えるすべを持たないこの独断論的体系[12]は、「非我は、それが存在するがゆえに端的に存在し、それが存在するがままのかたちで存在する[13]」ことを信じて疑わない世界、いわば「そうだからそうなのだ」としか言わない世界である。このようなその根本原理において一切の接点を欠いた批判的観念論と独断的実在論との対立の構図を、フィヒテは一七九七年の『知識学への第一序論』においても執拗に描いて見せ、両体系を改めて、「自我の独立性のために事物の独立性を犠牲にすべきか、あるいは逆に事物の独立性のために自我の独立性を犠牲にすべきか」、すなわち「自我自体」をその構築の基盤とするか、「物自体」をその成立の基礎とするかという点で架橋不可能な「巨大な裂け目」を挟んで互いに論破することも和合することも共に拒否し合って並び立つ相互不可侵的な独立国として対峙させた上で、「この異種の両体系の諸断片を熔解して一個の合成物を作り上げることは可能であり、そして事実、そのような首尾一貫しない作業がしばしば行われてきたこともまったく否定できないが、さりとて首尾一貫した手法による限り、この両体系以外になお幾つかの体系が可能であるなどということもまた否定されねばならない[14]」として、整合的な両体系の綜合の試みをすべて幻想として切り捨てるのである。

このフィヒテの挑発に対してシュレーゲルは彼独自の「楕円」の思想をもって応じたわけだが、しかしこの挑発——カント以後の世代の哲学の担い手たちにとっては避けられない、いわば内発的な衝動とも言うべきものだったに違いない挑発——に対して真先に応じる構えを見せたのがほかならぬフィヒテ自身だったことは、彼の『全知識学の基礎』そのものが実証している。しかもそれは「両体系の諸断片を溶解」して一個の別の体系を鋳造したりする必要のないほどに自然な、あるいは自明な合成作業だったはずである。そもそも二つの体系が互いに相容れない完璧な構造体を成しつつ、しかも互いに論駁し得ない対等な関係を保持しつつ対峙しているという構図が成り立つためには、両体系がその体系的構造の形成原理においては完全に同一でありながら、この原理そのものの質的構造においては完全に相反的であるという一種の鏡像関係がそこに見出されなくてはならないだろうからである。実際、「唯一無限の実体」の座に「神」に替えて「自我」を据えるならば、「神」を宇宙の「内在的原因」とするスピノザの徹底した「汎神論的実在論」は、一挙に、存在する一切のものを「唯一無限の自我」の活動の所産であるとするフィヒテの徹底した「汎自我論的観念論」へと質的変貌を遂げるだろうことは、同時代のヤコービがフィヒテの体系を「逆立ちしたスピノザ主義」と呼んでいることからも明らかなように、すでに当時の人々の脳裏をしばしば掠めたに違いないフィヒテ哲学の一般的な捉え方の一つだったと思われる。[15]それどころかこのような捉え方を進んで肯定するかのように、フィヒテ自身その『全知識学の基礎』の第一部の末尾で、「自我」そのものを「唯一最高の実体」として認めるという絶対条件を付した上で、「知識学の理論的部門」を「体系的スピノザ主義」と見ることも可能であるとする見解[16]を表明している、というより告白しているのである。

このようなスピノザへの拘り――明らかに両者の対蹠的、鏡像的な対照性ないしは相似性への、と言うよりはむしろある根源的な類縁性への拘りは、同書第三部『実践的なものの学問の基礎』の最初の章（第二定理）においても唐突に吐露される。「自我のうちに一切の実在性が存在すべきである」とする要求は、「自我の活動性の両方向である求心的方向と遠心的方向とが合流して一にして等しい方向を成すという前提のもとにおいてのみ満たされる」という論述に続く箇所で、フィヒテは、括弧付きでではあるが以下のような補足的説明を加えている。「神の自己意識を考えてみよう。しかしそれは神が自己自身の存在について反省するという前提なくしては不可能である。しかしまた神においては反省されるものは一における全にして全における一なるものであり、反省するものもまた同様に一における全にして全における一なるものであるだろうから、神のうちでは神によって反省するものと反省されるもの、意識それ自体と意識の対象とは区別され得ないだろうし、従ってこれによって神の自己意識が説明されたことにもならないだろう。実際、それはまたすべての有限的理性、すなわち反省されたものによって限定されるという法則に縛られているすべての理性にとっては永久に説明することも理解することもできない事柄であるだろう。[17]

「自我のうちに一切の実在性が存在すべきである」という、汎自我論からなされた要求についての説明、すなわち自我の活動の根源性と絶対性の説明のために、なぜここで唐突に「神の自己意識」――「意識の統一の根拠」をスピノザは「実体」（神）のうちにのみ見ているというのがフィヒテの「スピノザの実体」の解釈であるのに――の根源性と絶対性がその例証として呼び出されねばならなかったのだろうか。フィヒテがスピノザの「実体論」以上に端的かつ十全に彼自身の「自我論」の本質を説明してくれる理論的、技術的、形而上学的可能性を見出し得なかったということ以外の理由は考えられない。

スピノザに対する、正確にはスピノザの体系の原理と自分の体系の原理との本質的な類縁性、というよりはむしろ同質性に対するフィヒテの拘りの根強さは、例えば一八〇一年の『知識学の叙述』第二部の第三十二節で彼が、スピノザの哲学も自分の哲学も共に「一つの絶対的な実体」を持っていること、そしてこの「実体」は「純粋思考」によって記述され得ること、また両人共に「有限的な知」を、そこに何らかの真理と実在性が存する限り「実体の偶有性」と見るという点で一致しており、それゆえ共に「同じ最高の絶対的綜合」、すなわち「絶対的な実体性の綜合」を承認していることを殊更に強調したあと、明らかにスピノザの「全一性」の概念を念頭に置いていると見られる一連の記述の中へ「永遠の一なるもの」の概念を滑り込ませていることからも見て取ることができる。彼は書いている。「知識学が単一主義（ヘン・カイ・パン）と二元論とに関してその性格を問われるとすれば、その答えはこうである。知識学はその観念論的見地においては単一主義である。知識学は、端的に一切の知の根底には（規定的な）永遠の一なるものが――すなわち一切の知の彼岸に――存在していることを知っている。知識学は現実に定立されたものとしての知との関係における実在的見地からすれば二元論である。ここにおいては知識学は二つの原理、すなわち絶対的自由と絶対的存在を持っている。――そして知識学は、絶対的な一なるものが、いかなる現実的（事実的）な知においても到達され得ないこと、そこへの到達はただ純粋思考においてのみ果たされ得るということを知っている。[18]」

以上のフィヒテの論述は明らかにスピノザの「全一性」の思想の強大な魔力から脱することができなかった当時の時代精神、とりわけレッシング以来のスピノザへの濃密な思い入れと賛仰の歴史の重みを背景にしていると見なければならない。すなわちスピノザの思想に「無神論」の烙印を押したヤコービによってレッシング晩年の告白として伝えられている「ヘン・カイ・パン！　私が知っているのはこれだけだ」という言葉（『スピノザの教説について[19]』、一七八五年）以来の――そして「私もそうだ」と宣言し、レッシングのこの言葉の精神を、「世界もまた一つの一なるものであり、神もまた一つの全なるものである」と敷衍して自己の世界認識の原理であると宣言したヘルダーの信条吐露（『神』、あるいは若干の対話[20]』、一七八七年）以来の――そしてさらにヤコービ宛の手紙では、「スピノザ主義と無神論とは別物」であり、「もし私が知っているすべての本のうちで私の自然観と最もよく合致するものを挙げよと言われたならば、『エティカ』を挙げねばならないだろう」と書き（一七八五年）、またヘルダーの前記対話篇『神』については、この書によって「自然の事物の中へと一層突き進んでゆく勇気を与えられた」と感謝したあと、「特に植物学においては一にして全なるものを目の当たりに」して「驚嘆久しくした」と報告しているゲーテの感動（『第二次ローマ滞在[21]』、一七八七年）以来の、それはドイツにおける近代スピノザ主義の定式――「無限の多様性の充満としての無限の統一性」――であり、この意味で「自我のうちには無限を充満させようとする志向が根源的に存在する」という、フィヒテが『全知識学の基礎』第三部の第五定理において「自我の実践哲学」のために与えた命題[22]もまた、むろんフィヒテの意に反して、このレッシング以来のドイツにおけるスピノザ主義の系譜に連なるものと見ることができるだろう。それゆえシュレーゲルがその『超越論的哲学』の『序論』において、「一切のものは一なるもののうちにあり、一なるものは一切である」という「定理」をすべての哲学の「根本原理にして根本理念」として掲げるとき、この一見スピノザにのみ捧げられているかに錯覚される「全一性」の定式もまた、すでにこの同じ「全一性」の理念をその思想のうちに孕んでいたと見なければならないフィヒテの『知識学』の諸概念、諸命題を吸収した上でのものだったのであり、だからこそシュレーゲルは、フィヒテ哲学の批判的信奉者の一人として、スピノザの体系とフィヒテの体系との綜合――むろん「唯一無限の実体」である「自我」の主導のもとにではあるが――に、「フィヒテの観念論の胎内からフィヒテの観念論の精神に浸透されて誕生する新しいスピノザの詩的実在論[23]」（『神話論』）の可能性を期待することができたのである。シュレーゲルにとってフィヒテの観念論はその「胎内」にすでにスピノザの実在論を宿していたからである。

三

『全知識学の基礎』第三部の『第二定理』によれば、「自我は端的に対象（自我に対して向かい合って立つところの非我）を定立する。従って自我は対象の単なる定立においてはただ自己のみに依存し、自己以外の何ものにも依存しない」が、対象によって限界づけられる形態においては有限的である。しかしこの限界性そのものは自我によって無限に定立され続けてゆくために、「自我はこの有限性のうちにあって無限であり、また、自我は無限に限定され続けてゆくがゆえに、この被限定の無限性によって有限である。[24]」――かくして「一にして同一」の「自我」は、無限の客観的活動性と有限の客観的活動性とを自己に対して持つことになる。このような「自我」の「無限志向」なくしてはいかなる有限的客観もあり得ない。このような意味において、すなわち「自我」が有限的客観を定立し続けるところに成立する実践哲学の原理を含むという限りにおいて、「知識学は実在論的」である。にもかかわらずそれは「超越的ではなく、その最内奥の深部においてあくまでも超越論的」である。――一切はその観念性に従って自我に依存しているが、しかし実在性に関しては自我そのものが依存的である。しかしまた自我に対して何ものも観念的であることなしには実在的であり得ない。従って自我においては「観念的根拠と実在的根拠とは一にして同一なるもの」であり、自我と非我との間の相互作用は、同時に自我の自己自身との相互作用でもある。――有限的精神は必然的に「ある絶対的なもの（物自体）」を自己の外に想定せざるを得ないが、このものはただこの精神に対してのみ存する必然的な「可想体」であるということを承認しなければならない。この制約が、有機的精神が自己を無限に拡張させてゆくことはできても、そこからけっして脱出することのできない「循環」を形成する。そしてこの循環をまったく顧慮しない体系が「独断論的観念論」であり、この循環から脱出していると妄信している体系が「超越的実在論的独断論」である。「知識学はこの両体系の間の中点を確保しようとする「批判的観念論」である。あるいは「実在論的観念論」とも「観念論的実在論」とも呼び得るものである。[25]――

とすればシュレーゲルがスピノザの実在論とフィヒテの観念論（二元論）との綜合として捉えようとしたものを、フィヒテはすでに別の仕方で彼の哲学の方法論的基礎に捉えていたことになる。ただしこの綜合をフィヒテは両体系の合体という一点を中心として描かれる「円」、すなわち「循環」として、シュレーゲルは同じ両体系を相対する二つの中心として構成される「楕円」として摑んでいることが、両者を分かつ決定的な岐路となる。だがその発想の方向において両者は一致している。フィヒテは書いている。「自我の根源的志向は、それがもっぱら自我そのもののうちに基礎づけられた衝動として考察される限りにおいて、観念的であると同時に実在的であり」、そして自己自身のうちへと帰還してゆく「求心的」方向は観念的なそれであり、自己自身を越え出てゆこうとする「遠心的」方向は実在的なそれである。しかるに根源的にはこの両方向は一体であると。[26]——シュレーゲルもまた書いている。「観念論は自己のうちから出てゆかねばならず、それゆえ常に実在論を求める。（PL V-451）——「実在論は最後には再び観念論のうちへと流れ戻ってゆく。」（V-462）——「観念論は絶対的実在論であり、これが観念論のための最良の呼び名である。」（PL V-1174）——

フィヒテとシュレーゲルにこのように書かせているのは、あるいは書かざるを得ないように激しく促しているのは、言うまでもなくスピノザである。あるいはむしろスピノザへの抑えがたい渇望である。そしてこの渇望にフィヒテは『全知識学の基礎』第三部において「憧憬」という、この時代を象徴する名称を与えたのである。

「自我」はその「実践的能力を発動する領域」においては、自己自身のうちから脱出して、少なくとも観念的活動性によって何かを産出しようという「根源的衝動」に規定されている。（第七定理）——「自我のうちには無限を充満させようとする志向が根源的に存在する。[27]」（第五定理）——この「根源的衝動」は単なる観念的活動性であることを越えて、「実在性」を志向する。それゆえ「自我」はこの衝動によってある実在性を自己の外に生み出すように規定されることになる。だがこの規定を「自我」は満足させることができない。なぜならこの志向は「非我」の対立的志向によって規制されざるを得ないからである。にもかかわらず「自我」は「自己のうちに潜むある衝迫」によって「実現することも描出することも」できないある客観、「あるまったく知られざる何ものか」へ向かって「不可抗的」

に突き動かされ続ける。このような何ものかを激しく希求しながら、それを見出し得ない「欠乏」と「不満」の感情に伴われた「自我」の内発的衝動——これが「憧憬」（Sehnen）である。[28]（第七定理）——しかし無限に自己を越えて外へと出てゆこうとする自我の活動はその途上のある何らかの一点において妨害され、再び自己自身のうちへと追い返され、無限の充満という自我の内的志向は阻止される。すなわち絶対的自我の要求に従って自我の「遠心的」な活動は無限に外へ向かって突き進んでゆくべきであるのに、この活動はある何らかの障害に突き当たって阻止されるというかたちで「反省」され、この「反省」ないしは「反転」によって「求心的」となるということである。——しかるに「自我」の活動性は無限であり無制限であるのだから、自我の活動の「遠心的方向」もまた無限にして無制限であり、その逆方向への転進もまた無限にして無制限である。こうして「自己自身の絶対的定立」によって一切の外界に対して「閉じられて」いた「自我」は、そのつど新たな「遠心的方向」への活動性によって、外からの働きかけに対して「自己を開く」のである。[29]（第二定理）——このような自我の実践的能力と活動とをその根底において支配しているのが、自我をその根底にあって「あるまったく知られざる何ものか」へ向かって「突き動かして」やまない不可抗的な根源力としての「憧憬」なのである。

それゆえまた逆に「自我」に——その実践的活動領域において——自分が制限された存在であることを痛切に意識させるのも、この自我にとっては永遠に解明不可能な「憧憬」にほかならない。ただしここで自分をただ「制限された存在である」とのみ感じる限りにおいて、自我は「受動的」だが、「憧憬の感情」に突き動かされた自分を意識する限りにおいては、「能動的」である。——すなわち「制限」、ないしは「強制」の感情が支配的であるところでは、自我の衝動は自己に与えられているものを単に把握するだけの反省能力にのみ向けられているが、「憧憬」の感情が支配するところでは、同じ自我の衝動も「絶対的な、自由な、自我そのもののうちに基礎づけられた志向」、すなわち「創造行為」を目指し、かつ実行するのである。——この意味で「憧憬」は、「自我のうちに存する根源的な志向の完全に独立的な表出」である。独立的なというのは、憧憬が本来いかなる制限によっても阻止されることがないからである。この意味で「憧憬」こそが一切の「実践的法則」の本来の担い手であり、また一切の実践的法則の妥当性と正当性は、それが「憧憬」から導出され得るか否かという一点に懸かっている。それゆえ「憧憬」は単に「実践的知識学」のためばかりでなく、「全知識学」のためにも重要かつ不可欠な概念である。なぜなら「憧憬」によってのみ自我は自己自身から脱出するように突き動かされ、そのことによって初めて自己自身の内に、そして自己自身に対して「外界」を出現させることができるからである。とはいえ「強制の感情」なくしては「憧憬の感情」もあり得ず、逆もまた然りであるがゆえに、「自我」は両者のうちで綜合的に合一されており、「一にして同一の自我」である。にもかかわらず「自我」はこの両規定において明らかに自己自身との抗争状態に置かれている。なぜなら「自我」は、限定されていると同時に限定されておらず、有限であると同時に無限であるという循環の中にあるからである。この抗争は廃棄されねばならない。——だがそれはいかにして可能か。「憧憬」は、何かを自我の外に実現することを目指す。しかし自我はこの「憧憬」の志向を実現するすべを知らない。にもかかわらずこの外へと向かおうとする衝動は少なくとも自我の「観念的活動性」に働きかけて、この観念性を脱したところで何ものかを産出するように促すことはできるだろう。[30]（第七定理）——

自我の根底を直撃的に揺さぶり、突き動かして自我をして自己自身を超出させようと促す「憧憬」についての前記の一連の記述は、何かを、最も重要な何かを強引に押さえ込もうとしているかのような印象を与えずにはおかない。なぜなら「突き動かされる自我」、そして「追い返される自我」という激しい表現は、この自我の全活動を「遠心的方向と求心的方向との循環」として捉え、かつまた、この互いに反立的な両方向の「綜合」を「根源的には自我のみがある」という「自我」の絶対的唯一性のうちに求めようとする「自我論」の記述の論理的一貫性の中には到底収まり切らない自我そのものの相剋の実態を裏切り示しているからである。自我を突き動かす「憧憬」の方向は徹底して一方向的でなければならない。この方向を逆転させる「追い返す」妨害の力の方向性もそのつど更なる反転を強いられることによって、再び「憧憬」の激流の中へ呑み込まれてゆかねばならない。「唯一無限の実体」である「自我」の絶対的活動をその根底において規定する「憧憬」もまた、「唯一無限」の実体的な根源力でなければならない。そしてこのような「憧憬」が「自我」を突き動かして求めさせてやまないのが、あの「あるまったく知られざる何ものか」、あるいは「一切の知の彼岸」としての「永遠の一なるもの」であるならば、このものはまさしく「唯一無限の実体」である「自我」がその全活動をもって求め続けることを運命づけられているもの、そこにおいて初めて「無限を充満させようとする」自我の根源的な志向が完全に達成されるであろうところのもの、それゆえ「自我」の世界生成の最終目標を意味するであろうところのもの、「自我」がそれとの合一を達成する瞬間が「自我」の無限活動の成就と終焉の瞬間であるところのもの、すなわちフィヒテの批判主義的見地からすれば、「そうだからそうなのだ」としか言わない絶対的自足の独断論――批判的観念論にとっては「無根拠」であるがゆえに「論駁不可能」な難攻不落の「非我」の王国（自然）、「一切の知の彼岸」である「永遠の一なるもの」として一切の論争を拒んで鎮まっているスピノザの「超越的実在論的独断論」の王国であるだろう。『全知識学の基礎』の記述全体は、「あるまったく知られざる何ものか」へ向かって駆り立て続ける「憧憬」の中を漂いながら、「自我の根源性」を唯一の支えとして辛うじて均衡を保っているかのようである。『全知識学』はその第三部『実践的部門』に到って、図らずもスピノザへの抑え難い渇望を吐露する一瞬を持つのである。いや、図らずもではない。彼の「自我論」の全体、すなわち「全知識学」を支配する絶対命題、「説明することも概念的に規定することも」不可能である「端的に無制約的な第一根本命題」、すなわち「自我＝自我」の定式そのものが、フィヒテが彼自身の哲学の出発点においてすでに、同様に「神」を「その概念形成のために他のいかなる概念をも必要としない実体」と定義することによって『エティカ』の無条件的出発点としたスピノザを[31]、自分の哲学の唯一無二の完成された対蹠者として、わが内なる対蹠者として常に念頭に去来させていたことを告白しているからである。

フィヒテの『知識学』第一部の「端的に無制約的な第一根本命題」は、スピノザの『エティカ』第一部の『神』の諸定義における「根本命題」と同様、一切の論証性を越えて絶対的であり、しかも絶対的に客観的であるという絶対的確信の異論を許さぬ表明である。事実、フィヒテは、彼が「自我＝自我」という定式によって言い表す「自我による自我の絶対的定立」を「客観的恣意」と呼ぶ[32]。この意味で、というのはその立論における、いわば「成れよ」の無条件的発出の決断とも言うべき意味で、『知識学』はその第一歩においてすでに濃密にスピノザ的だった、というよりはスピノザそのものだったと言って過言ではない。実際、彼は前記の「神の自意識」（第二定理）への言及の場合と同様、自我が「憧憬」に駆り立てられて向かう先を、「あるまったく知られざる何ものか」という実在論的表象によって描き見せる必要などまったくなかったはずである。なぜならフィヒテが「憧憬」の強制のもとに人間が求め、求め続け、永遠に求め続けるべく運命づけられているものとして、人間精神の実践的課題の究極目的として掲げざるを得なかったもの、あの「永遠の一なるもの」は、スピノザが一切の言葉と行為に先立って、あらゆる論証を越えて自明なものとして、彼自身の「端的に無制約的な第一根本命題」である「定理」として無造作に彼の哲学的探求の出発の瞬間に掲げているものにほかならなかったからである。それゆえシュレーゲルが自己の哲学をスピノザの「思弁の体系」とフィヒテの「反省の体系」とを綜合しようとする試みであると言うとき、彼はすでにこの綜合のモデルをフィヒテの『知識学』そのものに見出していたと言えるだろう。シュレーゲルのイェーナ大学講義『超越論的哲学』

の基本構造は、ある意味で、というのは論述におけるシュレーゲル固有の論法、語法、書法の網の目を透かして眺めるならばという意味で、このフィヒテ・モデルの再述として読むこともできるだろう。シュレーゲルが同講義の『序文』の中で、「意識の根源的反省」（知的直観）の唯一の対応物として「無限なるもの」（宇宙の理念）を挙げ――「意識は無限なるものへの根源的な反省であるが、しかしこの反省は無意識的である」――「宇宙（極大）の根源的な根としての極小を知覚することが知的直観である」[33]――、この「意識」と「無限なるもの」との絶対的相関のうちに哲学の全域を汲み尽くす根源形式を探ろうとしていたことは、「自我＝自我」という意識の根源的反省、あるいは「知的直観」をその根源形式として出発したフィヒテの哲学がこの根源形式そのものと不可分に絡み合わせている「憧憬」――「あるまったく知られざる何ものか」への、あるいは「永遠の一なるもの」への「憧憬」を、シュレーゲルが彼自身の哲学の根源原理として受容していたことを示している。「無限なるものへの憧憬がすべての人間のうちで展開せしめられるべきである。有限的なものの仮象は根絶せしめられるべきである。そしてそれを行うためには、すべての知が一つの革命的状態に置かれねばならない。」[34]――「絶対的なものを目指す」べき哲学への要請として述べられた同講義『序論』のこの命題を、フィヒテは彼自身の実践哲学のためのモットーとして転用することもできただろう。

「憧憬」の概念がスピノザ的世界へのフィヒテの渇望を、一歩踏み込んで言えば、スピノザ的世界との合体へのフィヒテの希求を、あるいはむしろ「批判的観念論」の一切をもってスピノザ的実在論の地層へ降り立とうとするフィヒテの願望を照らし出す光源の一つであることは、彼が彼の『知識学』の本来の意図を「両体系」の接点、すなわち「観念論と実在論の中点」を確保しようとする試みであるとして、彼自身の「批判的観念論」を「観念論的実在論」ないしは「実在論的観念論」と呼んでいることからもすでに明らかだが[35]、この「観念論」と「実在論」の両体系の渾然一体的融合の理想をシュレーゲルもまたその『神話論』において、フィヒテの観念論の胎内からフィヒテの観念論の精神に浸透されて誕生するスピノザ的実在論のうちに探り、両体系綜合への道を、むろんフィヒテと同様、観念論の側からの接近というかたちで辿り――「スピノザは、彼の教説が熱狂と相容れるものになるためには、改めて観念論化されねばならない」（PL V-676）――、独自の観念論的スピノザ主義とも言うべき地層へ降り立とうとする。同様に批判哲学の第二世代に属する者としてこの渇望を共有していたシェリングもまた、「批判的観念論」と「独断的実在論」との対立を「絶対者との関わり」という一点において合流させることによって「両体系の絶対的合一」の理想を追求し（『独断論と批判主義に関する哲学的書簡[36]』）、「観念論は哲学の魂であり、実在論はその肉体である」（『人間的自由の本質[37]』）ような、ある名状し難い渾然一体的な「全一的世界」へ降り立とうとするのである。これらの「批判的観念論」の信奉者を自任する一連の思想家たちに共通するスピノザ世界へのこのような渇望はしかし、理性のあらゆる批判的追及に対して「無根拠」、「論駁不可能」という絶対の盾によって守られている神的自然の根源的な自己充足的体系の圧倒的な魅力に抗するすべもなく、一切の「反省」を神の手に委ねた「思弁」の王国の物言わぬ支配者スピノザからの強い招きにみずから進んで応じるかたちで屈するほかなかった多弁な批判的観念論哲学者たちの本質的な脆弱さの自覚、すなわち「自我のみがある」と揚言する批判的観念論の絶対的命題に対する拭うことのできない疑惑と不安と不信の表現だったと言えるかもしれない。このことは「批判主義のいかなる体系も独断論のひと吹きによって崩れ去るカルタの家でしかない」（『哲学的書簡[38]』）というシェリングの告白が、そしてまた観念論を「新しい神話」構築のための革命的原理としながらも、その基底にスピノザ的「実在論」をその絶対的な支えとして想定せざるを得ないとしたシュレーゲルの『神話論』における主張[39]が裏書きしている。そしてこの同じシュレーゲルがイェーナ大学講義の三年後に始まるケルン私講義『哲学の展開十二講』の第一講『哲学の歴史的特性描写』の中で、観念論的思考の徹底が人間をどこへ引き逡ってゆくかを予測した短い一節は、批判的観念論に対するフィヒテ以後の世代の不安と危惧の本質を鋭く抉り出している。「われわれがほとんどすべての観念論哲学者たちに感じ取る、思弁や狂信のうちにあまりにも甚だしく自分を見失ってしまうのではないかというあの恐怖、恣意的に立ち止まったり、引き返したりするあの定まらない態度は、以下のごとく容易に説明することができる。――人間に恐怖を呼び起こす最大の原因は、絶対的な孤独である。ところで精神がそれによって完全に孤立化し、日常世界との血の繋がりのために必要な一切のものを奪い取られて、孤独で無一物の存在となり果ててしまうような体系、これが観念論であると。[40]」――この恐怖と不安はしかし、ヤコービがフィヒテの観念論の必然的帰結として描いて見せた「無」の景観と無縁ではないだろう。ヤコービは一七九九年に発表した書簡体公開状『ヤコービよりフィヒテへ』の中でフィヒテの「超越論的観念論」を「逆立ちしたスピノザ主義」、すなわち「物質なき唯物論」、「純粋かつ空虚な意識が表象する純粋数学のごときもの」と断定した上で、フィヒテの「創造的構想力」を「編むことを編むという空虚な営み」以外の何ものでもないとする「手編み靴下の譬え話」に託して、自我以外の一切を無化し、自我のみを残留させ、いかなる「非我」の残滓も余すところなく自我の中で解体させ、溶解させるその「化学的プロセス」、「無から、無へ、無に対して、無の中で」という「純粋な絶対的収支決算」のうちで辛うじて自己を保つことができる人間精神の「進展的無化」によって、最後には「自我の外なる無」に到達するほかはないフィヒテの「思弁的理性」の行き着く果てを「ニヒリズム」と結論づけているからである。[41]イェーナ大学講義においてヤコービがいかにフィヒテを理解していないかを示す証拠書類としてこの『書簡』を持ち出しているシュレーゲルがこの講義と同時期の断章の一つで、「観念論の帰着するところ無であるということは、観念論が根本において神智学であるという命題と同義である」（PL V-468）と書いていることはきわめて深く暗示的である。

観念論へのこれと同質の疑惑と不安と恐怖から、スピノザの実在論の基底なくしてはいかなる観念論も存続し得ないとして、スピノザからの救いの手を切実な時代の要請として求めたのがシュライエルマッハーである。

「宇宙を直観せよ、スピノザのごとくに」――これが一七九九年に刊行された彼の『宗教論』(『宗教についての講話』)の根本命題である。精神世界の混迷は、哲学と道徳とによって宗教の領域が侵害されていることに起因するのだから、宗教は哲学的思弁とも道徳的実践とも絶縁すべきである。そもそも宗教の本質は直観と感情であって、「無限なるものへの憧憬」とそれへの畏敬とをもって宇宙を直観し、宇宙の声に耳を傾け、子供のような受け身の態度で宇宙の直接的な影響に捉えられ満たされることを願い、その生命のすべてをあげて「一にして全なるもの」の無限の本性のうちに生きようとすることのうちにある。道徳が自由の意識から出発して、この自由の王国を際限なく拡大し、この自由に一切のものを従属させようとするのに対して、宗教は、「自由そのものがすでに再び自然と化しているる」ところにおいて呼吸する。宗教は人間の特殊な諸力や人格の活動の彼岸において人間を捉え、かつ眺める。こうして宗教は、思弁や実践の領域から完全に脱出することによってのみ独自の領域と独自の性格とを主張し得るのであり、また、宗教が哲学と道徳的実践と並び立つことによって初めてこの両領域は完全に満たされるのであり、人間の本性はまさにこの宗教の側から完成されるのである。それゆえ宗教を抜きにして思弁と実践とを手に入れようとするのは、いわば「神々に対するプロメテウスの不遜な敵意」である。宗教は「宇宙に対する美的感受性」である。この宗教なくしては、実践は因習的な諸形式の低俗な領域にとどまり、思弁は硬直して骸骨以上のものとはなり得ない[42]。

そしてシュライエルマッハーは「思弁の勝利」に酔う当時の哲学を代表する観念論(ここでは明らかにフィヒテのそれを指している)に対してこう警告する。いかに完成し円熟した観念論といえども、もし宗教がこれを保全する策を講じなければ、すなわち「観念論が自己のもとに従属させてきた実在論よりも一層高次の実在論」を観念論そのものに予感させることがないならば、観念論は宇宙を形成するかに見えながら、宇宙を破壊し、宇宙の価値を単なるアレゴリーへ、われわれ固有の狭隘さの空しい影絵へと転落させることになるだろうと。そして次のように続ける。「私と共に恭しくかの追放された聖なるスピノザの亡き霊に巻き毛を捧げよ。高貴な世界精神が彼を貫き、無限なるものが彼の始まりにして終わりであり、宇宙が彼の唯一にして永遠の愛であり、神聖な無垢と深い謙譲のうちにあって彼は永遠の世界の中に自分の姿を映し、また、そのような自分自身をこの世界の最も愛すべき鏡として眺めたのだった。それゆえに彼は宗教に満ち、聖なる精神に満ちていたのであり、それゆえに彼はまたただ一人、及ぶ者のない人として、おのれの技の巨匠として、だが俗世の同業者たちを超えた高みに弟子もなく市民権もなく立っていたのである」と[43]。

その生命のすべてを「一にして全なるもの」の本性、「無限なるもの」の本性のうちにおいてのみ生きることのできる宗教、その意味において「宇宙に対する美的感受性」であることのできる宗教、このような根源的な宗教の息吹に満たされたスピノザ、宇宙を「一にして全なるもの」として直観することができたという意味において「敬虔なローマ人たち以上に宗教的である」と言い得たであろうスピノザ[44]に捧げられたシュライエルマッハーの前記の一節は、批判哲学の第二世代を形成しつつあった思想家たちの置かれた精神史的状況の一端を、彼らの閉塞的状態の一端を鮮明に映し出している。

このような時代状況を考察の公分母とすることによって初めて、フィヒテの観念論とスピノザの実在論との綜合として言い表されるフリードリヒ・シュレーゲルの批評理念の構造原理である「楕円」の解釈学的意義を改めて問い直すための適切な場が獲得されることになるだろう。というのも無限の「憧憬」という永劫の車輪に繋がれた実践的自我の無限循環的進展がフィヒテにおける宇宙生成の根源原理であったとすれば、そしてこのフィヒテの無限の世界創造的自我の思想とスピノザの永遠に「一にして全なる」神的宇宙の理念との綜合に自己の哲学の原理を見出そうとする試みの中にフリードリヒ・シュレーゲルの「批評理論」、「宇宙の特性描写」と対象読解の技法としての批評理論のすべてが組み込まれていたとすれば[45]、この綜合は、それゆえ批評の原理とその活動圏域の最終的確立は、「あるまったく知られざる何ものか」へ向かって絶えず駆り立てられてゆく批評の主体の内的衝動としての「無限なるものへの憧憬」を一方の絶対的原理としながら、この「あるまったく知られざる何ものか」をほかならぬ同じ主体の衝動にとっての自明の客体、真に実現可能な、ある「客観的」な対象として構成するためのもう一方の絶対的原理をスピノザの「全一的世界」のうちに求めることによって初めて達成されるだろうからである。因みにシュレーゲルはケルン私講義『哲学の展開十二講』の『自然の理論』において、「無限なるもの」(スピノザの原理)への、「無限の多様性と充溢」への限りない渇望に突き動かされる根源的唯一者「世界自我」(フィヒテの原理)が自己超出と自己回帰との螺旋的・累進的循環運動を繰り返しながら辿る無機的自然から鉱物界、植物界、動物界を経て人類に到るまでの世界創造の全過程を追う『世界生成論』[46]を展開するのだが、この『世界生成論』の原理と圏域がそのまま彼の批評理論の原理と圏域をも形成しているのである。

補論（四）　ヘルダーの遺産、見送る者と引き継ぐ者

「だからこそあの古い比喩は常に真実であり続けるのだ。いわく神性とは、その中心が至る所にあり、その円周はどこにもない一つの円である。」（ヘルダー『神、あるいは若干の対話』[1]）

「あるイタリアの詩人が神について言ったことは、哲学についても言うことができるだろう、すなわち、**哲学とは、その中心が至る所にあり、その円周はどこにもない一つの円で**あると。」（フリードリヒ・シュレーゲル『超越論的哲学』[2]）

フリードリヒ・シュレーゲルの思想複合体を解明するための鍵の一つがヘルダーの存在である。フリードリヒ・シュレーゲルにとってのヘルダーの存在の意味は、フリードリヒ・シュレーゲルが自覚していた以上に重く、かつ深い。それは、フリードリヒ・シュレーゲルを敢えてヘルダーの精神的遺産の直系の相続者と見ることができると言えるほどに決定的ですらある。このことは、とりわけ一八〇〇年の冬学期に行われたイェーナ大学講義『超越論的哲学』から、一八〇四年から一八〇六年にかけて行われるケルン期の私講義『哲学の展開十二講』および『序説と論理学』に到るシュレーゲルの思想形成の過程において濃密に現れている。この両思想家の関係は、いわば十八世紀が十九世紀への扉を押し開いてゆく姿の一端を映し出していると言えるかもしれない。

ヘルダーがその激越なカント批判によってカントと「カント以後」の思想的潮流を一括して人間精神の不毛の証明と断定し、そこに明らかに一種の世紀末的状況を見て取ろうとしていたのに対して、シュレーゲルが、フィヒテの信奉者として、ほかならぬこの同じ状況に新時代の到来を予告する革命的エネルギーを感じ取っていた――「いまや重大な美的革命の機は熟している」(『ギリシャ文学研究論』[3])――「すべての学問、すべての芸術に大いなる革命が到来するだろう」(『神話論』[4])――とすれば、その限りにおいてシュレーゲルはヘルダーにとってまさに廃嫡にも値する不肖の子と言えただろう。だがスピノザの実在論とフィヒテの観念論との綜合のうちに近代文学の来るべき新天地開拓の可能性を探ろうとした『神話論』から、同様にスピノザの実在論的「思弁の体系」とフィヒテの観念論的「反省の体系」との綜合によって「唯一無限の実体」の自己客体化としての世界創造という歴史哲学的体系(「予見の体系」)を構築しようとしたイェーナ大学講義『超越論的哲学』を経て、同じこの綜合を基盤として宇宙を唯一者=根源自我の無限創造の過程と捉える独自の『世界生成論』を展開しようとしたケルン私講義『哲学の展開十二講』および『序説と論理学』に到るシュレーゲルの一連の思想的発展は、スピノザの「全一性」の思想とライプニッツの「有機的生成」の理論との綜合に新しい歴史哲学の依って立つ基盤を探ろうとした一七八七年刊行のヘルダーの「スピノザ論」(『神、あるいは若干の対話』)における綜合モデルを抜きにしては考えられない、とは言わぬまでも、それを抜きにして論じることはできないと言えるほどに、あるいはむしろ、フィヒテの旗印のもとにシュレーゲルが達成しようとしたものは、新たな地平、すなわちスピノザ的実在論と合体したフィヒテの観念観という地平でのヘルダー的世界の再構築にほかならなかったとさえ言えるほどに、両者の思想的骨格は、外見上のイデオロギー的対立を超えて、ほとんど肉親のそれに近い。ヘルダーの思想は、ヘルダーが不倶戴天の敵として指弾した陣営に属している一人の不肖の後輩の思想の中にその真の遺産相続者を見出すことによって新しい生命を得て蘇り、若い世代のための豊かな土壌、強靭な根として生き延びることができたのではなかったかという想定が、この補論の主題である。

一

晩年のと呼ぶには若い五十歳半ばのヘルダーが二つのカント批判、すなわち一七九九年刊行の『純粋理性批判へのメタクリティーク』（第一部『悟性と経験』、第二部『理性と言語』）と、翌一八〇〇年に『判断力批判』へのメタクリティークとして刊行された『カリゴーネ』[5]とによって「批判哲学」の告発に踏み切り、特に『カリゴーネ』の序文においてはこの哲学を発生源とする「超越論的インフルエンザ」[6]の撲滅こそが時代の急務であると宣言したとき、当の時代は、僅かな例外――例えばジャン・パウル――を除いて顰蹙と困惑、時には露骨な冷笑と酷評をもって、このヘルダーの挑戦を、例えば「不適切な呪詛、アナクロニズム」として黙殺した[7]。最初の『メタクリティーク』を受け取ったゲーテは、「ヘルダーがこんなものを書いていると知っていたら跪いてでもやめさせただろう」と言ったといわれる[8]。ヘルダーは論争の相手を失い、時流の外に置き捨てられたかに見えた。実際、ヘルダーの毒舌と反語に満ちた攻撃は、カント哲学の信奉者たちにとって理不尽の一語に尽きただろう。「私は『純空理性批判』（Kritik der *leeren* Vernunft）に『メタクリティーク』を進呈したのと同じ権利と義務をもって『判断力批判』に『カリゴーネ』を提供する」[9]という一文に、ヘルダーの批判の性格は端的に現れている。両メタクリティークの序文、とりわけ『カリゴーネ』のそれは、この「権利と義務」によって孤軍となった思想家の悲憤と焦燥を余すところなく伝えている。「果実によって木を識るように、その結果によってある学説の正体を知る」のだとすれば、カント哲学の結果は歴然としている。それは「無限の妄想、盲目の直観、幻影、図式主義、空虚な文字の羅列、いわゆる超越論的理念と思弁の国の建設」以外の何ものでもなかった。批判哲学の中にふんだんに播かれていたこうしたものの種子はやがて播いた本人を覆い隠してしまうほどの収穫をもたらし、ここかしこに「新しい幻影の森や草むら」が生い茂り、「怪しげな花々」を咲かせた。「明敏な言葉」は廃れ、「経験の証言」はすべて破棄されて、残るは「同じ言葉の響き、同じ夢幻の永遠の反響」ばかりとなった。『純粋理性批判』によって哲学は、かつて哲学でなかったもの、あるはずのなかったもの、「幻影、出来損いの詩、抽象文学」となった。いまや誰もが「絶対的に必然的、普遍妥当的、超越論的、批判的」に詩作に耽ったとて不思議はない。――こうして「最高度の不遜に自由な広場が明け渡され」、「猛り立つ若者たち」は世界の創造者を気取って、「第一、第二、第三のポテンツと称される神、世界、自我」をみずからの手で現出させ、そしてこの「気の触れたユピテルたち」は言うのだ、「宙返り一つで宇宙を完成させてみせる」と。要するに「観念論的に自己を完成させる」というわけなのだ。――歴史や言語の研究は打ち捨てられる。「研究すべき書物」はただ一冊あるのみ。『純粋理性批判』がそれであり、やがて『知識学』がこれに代わった。――自称唯一可能な哲学、いわゆる批判的観念論は、われわれの感覚から「一切の概念」を、趣味判断から「一切の判断根拠」を、諸芸術から「一切の目的」を奪い、それらを「退屈な猿真似」に変えようとしている。批判哲学と共に「批判も哲学も終った」のだ。『判断力批判』の出現このかた、他の時代には考えられなかったような「厚顔無恥」と「普遍妥当的越権」が指導原理となった。レッシングを最後に「批判」はドイツから姿を消し、代わって「無批判」が玉座についたのだ。――こうして現代は「底知れぬ直観の、永遠に概念なき神秘主義の深淵の中へ真逆様にとび込んでゆこうと」している。――「超越論的インフルエンザ」は「それを進んで受け入れる体質を得て」蔓延する。――「批判的言語に翻訳する」までは「世間話」さえも満足にできず、「神様とも自分の妻とも超越論的＝批判的にしか話すすべを知らない」者たちは、あらゆる意味で「無能力者」である。――こうした「批判的・観念論的超越論哲学者たち」はすべてどこか一個所に集めて「隔離」し、「観念論的にパンでも焼かせて」おけばよい。――「超越論的趣味――その原理は人間性の超感性的な基体の中に絶対的に無意識的なものとして住んでいる」らしいが、そんな趣味など持ち合わせていないわれわれは、「この地上の意識的なものの中でわれわれの趣味を陶治し、自然の諸法則とアレゴリーを学び」、芸術や美学を「人間性の育成」のために役立たせてゆくつもりだ。[10]――以上のような『カリゴーネ』の序文は、そしてまた、「理性と言語に無批判的かつ非哲学的に押しつけられたあらゆる教条的教皇政治に対抗するプロテスタンティズム」[11]に擬せられた『メタクリティーク』の序文も、共にカント的思想圏全体への拒絶反応である。「超越論的インフルエンザ」のいわば第一感染者フィヒテは、彼が世界創造的自我の絶対性という「超越論的エゴイズム」[12]のもとに展開した『知識学』によって第二次、第三次感染、すなわちかの「気の触れたユピテルたち」ことシェリング、ノヴァーリス、フリードリヒ・シュレーゲル、シュテフェンスらの自然哲学という名の「批判的世界創造」の「隠喩、直喩の幻惑術[13]」に責任を負わなければならない。「すべてのフィヒテ主義を一掃しなければならない。頭も胴も尻尾もだ。[14]」――そのフィヒテの主著をフランス革命とゲーテの『マイスター』と共に「当代の最も偉大な傾向」（AF.216）と呼んだばかりでなく、「フランス革命を超越論的観念論の体系に対する卓抜なアレゴリーと見なす[15]」と公言して憚らないフリードリヒ・シュレーゲルに到っては、さしずめ「弁証法的ないしは革命的批判主義一派の三百代言[16]」以外の何ものでもなかっただろう。「あの若僧、フリードリヒ・シュレーゲルだったか不良ゲル〔Flegel〕だったか、ああいう手合いのことは頭から忘れてしまうことだ。[17]」

ヘルダーにとって「カント以後」はまさにあり得べからざる事態だったから、このような事態を招来させたカントの『純粋理性批判』へのメタクリティークは一貫してカントの原理と方法に対する一方的な破産宣告となる。そもそも経験の可能性を問うこと自体が経験の尊厳を穢す暴挙であるというのが、ヘルダーのここでの一貫した論法である。カントの認識論の根源とも急所ともいうべき「物自体」の概念も、ヘルダーにとっては「経験に反する」がゆえに背理なのだ。「感官の対象となり得ず、それ自体として思考されねばならないような事物の概念」、「感性的ではない直観の客体」となるような「本体」、「われわれの感性の外にある何ものか一般」であるような「物自体」の概念はまさに「妖怪」以外の何ものでもない。[18]「物自体」は本体論的概念ではないという反論はヘルダーには通じない。そのような議論は彼にはどうでもよいことだ。許せないのは、この「妖怪」の国、すなわち認識の暗黒——ヘルダーにとっては存在の暗黒——の上に築かれた精神の国において理性が、その理論的使用であると実践的使用であるとに関わりなく、自然に対して立法者として君臨することなのだ。ここにあの「最高度の不遜」が生まれ、これが理性、精神、自我を世界の創造者、ヘルダーに言わせれば「絶対的無の中での超感性的立法者にして自然創造者[19]」の地位へと押し上げ、あの「気の触れたユピテルたち」——彼らが超越論的観念論者と呼ばれるにせよロマン主義者と名づけられるにせよ——をして思弁という名の幾多の「幻影の森」を出現させたあげく、最後には、経験の大地を離れて「世界の限界の向う側」をまさぐるこれら「彼岸に狩する猟師オリオン」たちの群れを「底知れぬ直観の、永遠に概念なき神秘主義の深淵」の中へと引きずり込んでゆくというのが、『カリゴーネ』において描き出されたヘルダーにとっての世紀末的状況である。理性が自然に法則を与える。このカントの「コペルニクス的転回」も、ヘルダーにとっては倒錯でしかない。「自然は超越論的女優ではない[21]」のだ。関係は逆である。ヘルダーにとってはまるであの「妖怪」に対する護符として掲げられているかに見えるベイコンの『ノーヴム・オルガヌム』のアフォリズムの一節が代弁しているように、「自然の下僕ないしは解明者であること[22]」に徹することが、ヘルダーにとって理性の人間的な使用でなくてはならない。「人間理性は人間的である。」(『人類の歴史哲学考案[23]』)——人間的であること、より良く、より多く人間的であること、あろうとすることの哲学、彼のいう「人間性促進のために」の哲学の理念と共に、われわれは精神と自然との根源的な和合と相互作用のうちに展開されるヘルダー自身の「世界生成論」の大地に降り立つ。「われわれが生命のないものと呼んでいる物質のどんな微細な点にも同じ神的諸力が弱まることも小さくなることもなく働いている。われわれは全能に取り囲まれ、全能の大海原を泳いでいる。だからこそあの古い比喩は常に真実であり続けるのだ。いわく神性とは、その中心が至る所にあり、その円周はどこにもない一つの円である。」（『神、あるいは若干の対話[24]』）――このような神的宇宙との一体感の法悦の中から生まれ育った一つの思想、世界は唯一者の無限に生成する有機的生命体であるという思想を、スピノザとライプニッツとの綜合の図式を借りて語ろうとしたのが、先の両カント批判の十二年前の一七八七年に書かれ前記のスピノザについての対話篇である。

この綜合は、スピノザとライプニッツの両思想から「デカルトの残滓」を一挙に切断し、前者の『エティカ』における汎神論的全一性の器に後者の『単子論』における「無限に多なるものの充満」としての生きた無限の個体（モナド）世界の一切を隙間なく盛り込むというかたちで行われる。「デカルト的残滓」を切断する斧は力の概念であり、スピノザの「実体」、すなわち世界の「内在的原因」である「神」は「あらゆる力の根源力[25]」として捉えられ、世界は「一にして全」なる生きた力の体系となる。この力の概念の浸透は、スピノザにおける神の両属性、すなわち「思考と外延」、「精神と物質」との永遠の平行関係というヘルダーにとっては「不可解かつ不快」なデカルト的二元性を現実的な「相互作用」のもとに解体・溶解させると共に、ライプニッツにおける精神と物質との「予定調和」というヘルダーにとっては同様に「不可解かつ不快」な仲介概念をも廃棄し、ライプニッツが固執する諸モナド間の「理念的・非実在的相互作用」を「生きた実体的諸力」間の「実在的な相互作用[26]」へと改変する。そして各モナドにはこの「実在的な相互作用」を可能にする「窓」が作られ、その窓が広く開け放たれる。唯一無限の実体としての「根源的モナド」によって無限に産出される「派生的モナド」（小宇宙の核）はこの窓を介して互いに集合して、生きた合成体、すなわち「有機体」を形成しつつ「一にして全」なる宇宙を隙間なく満たす。というよりは無限に産出されるこのような「派生的モナド」の無限の充満が宇宙なのである。

ヘルダーはこの対話篇の最終章で彼自身の「モナド詩篇」(『人間の魂の認識と感受の能力』[27])を、「聖なる必然性の自然法則」(『神、あるいは若干の対話』[28])の名のもとに展開しているが、ここでは「モナド」の概念に付着しているライプニッツ的観念性を払拭するために、「現存在」(Dasein)の概念が導入される。「現存在は単純な分割できない概念、すなわち本質である。それは無と化することも、無であることもできない。[29]」――ライプニッツ由来のこの根本命題はしかし、『単子論』における「モナド」の諸規定を踏襲しながらも、この新たに導入された概念によって、これら諸規定の根本的改造を意図した強く論争的な性格を帯びるものとなる。「最高の現存在」、すなわち「あらゆる現存在の無限の泉」である神は、創造においてあらゆる被造物にその固有の本質である独自の「現存在」を贈ったのだから、すべての事物はみずからの存立のために改めて神に支えられる必要はなく、あたかも「球」がその重心に支えられているように、自分自身の本質によって支えられている。すべてのものは一個の独立した全体、固有の力と生命の体系である。われわれが物質と呼ぶものも、程度の差はあれ、作用する諸力の国である。それが一つの全体を形成するのは、われわれの「表象」に対してそうなのではなく、それ自身の「本質」に基づいてそうなのである。[30]――いわんやカント流の「理性の立法」の支配に服することによってそうなのではないというのが、ここでの隠れた論争的文脈である。ヘルダーはいみじくも言う、「だが世界はいかにして生じたにせよ、ともかくもここにこうしてあるのだから[……]」と。[31]この一節は、そして特に文末の「だから」は、素朴な「独断論」として批判哲学に連なる人びとの嘲笑を買っただろう。カントの信奉者たちにとっては、この種の「だから」の上に築かれるあらゆる独断論的形而上学の不可能性を論証し、この種の「だから」を切り捨てたところに認識の新たな可能性を探ることこそが批判哲学の第一歩だっただろうからである。だがヘルダーにとってこのような「批判的」探求自体が本末転倒である。「ともかくもここにこうしてある」ことが彼にとっては神の意志、神の善意にほかならず、この意志、この善意の顕現である森羅万象の解明に「自然の下僕」として専念することが哲学の最初の一歩であり、最後の一歩なのである。「空間と時間はわれわれの想像力の幻影にすぎず、諸事物を並列的、継起的にしか捉えるすべを知らない制限された悟性の尺度にすぎない。神の前では空間も時間もなく、一切は永遠の結合である。[32]」――このいわば鉄壁の「独断論」をもってヘルダーは世界本質の恒常性と万物流転について語る。――自然は合成された有機体として見られる限り、変化と凋落を免れないが、この有機体の本質、すなわち「現存在」は、合成と解体の果てしない交代の中にあって永遠に不変である。創造においては死というものはなく、そう見えるのは「有機体の衣更え」にすぎない。合成と解体、これが「世界精神の不断に作用し続ける生命[33]」である。「真の死」、すなわち「絶対の休止」は、「不毛の冥府[34]」にほかならず、これは「現存在」の本質規定に背馳する。万物は「永遠の変化と永遠の新生[35]」のうちにあり、カオスから秩序へという神の「内的必然性の自然法則[36]」に導かれて進展する。「一にして全」なる宇宙の全体は、この宇宙の諸規定をそれぞれのうちに含む同じく「一にして全」なる小宇宙（個体）によって隙間なく満たされている。「創造においてはいかなる裂け目、いかなる飛躍、いかなる島もなく[37]」、あるのはただ唯一者の無限の有機的生成と相互作用の切れ目のない連続である。創造にはいかなる「無」も存在しない。世界の「外に」、世界を「越えて」、あるいは世界に「先立って」存在するものについてのいかなる思考、想念、信仰も背理であり、「頭脳の荒廃」の証である。「世界の外に住む神――だが世界の外にどんな場所があるというのか。」――「いたるところ神は自己を啓示し、いたるところ有機的諸力は働き、そのいずれもがわれわれに無限の神の属性を知らしめる。何という美しい成果が世界の内的連関から生まれ出ることだろう。」――「われわれが生命のないものと呼んでいる物質のどんな微細な点にも同じ神的諸力が弱まることも小さくなることもなく働いている。われわれは全能に取り囲まれ、全能の大海原を泳いでいる。だからこそあの古い比喩は常に真実であり続けるのだ。いわく神性とは、その中心が至る所にあり、その円周はどこにもない一つの円である。[38]」——

二

このような汎生命論的・汎活力論的世界創造理論へと改造されたライプニッツの『単子論』とスピノザの汎神論ないしは万有在神論との渾然一体的融合として表明されたヘルダーの新スピノザ主義的世界観は、十数年の時空を飛び越えてフリードリヒ・シュレーゲルのケルン私講義の一つ、『序説と論理学』の中の一公理として、ほとんど文字通りのかたちで蘇る。「一切は有機的連関のうちにあり、一切は有機的に組織されている。無限の存在連鎖のうちには死せるもの、機械的なものはない。一切は同一の生きた精神によって活かされ満たされている。いたるところ程度の差はあれ無限の力と活動が啓示され、それによって一切のものは結合されて一個の大いなる体系を形作っている。そして個々の事物の中にも全体の中にも等しくこの力と活動は生きている。そこにはいかなる裂け目も、いかなる静止もない。いたるところ緊密な連関と永遠に進展し続ける調和的な相互作用と統一性が支配しているばかりである。[39]」——このような「一にして全なる」根源力の無限の躍動のうちに、このような無限の有機的生成の連なりのうちに織りなされる「周囲の自然の象形文字的顕現」、これが「神話の固有の方式、神話の内的生命」であり（『神話論』[40]）、「自然は生成する神性である」（『超越論的哲学』[41]）ことの本来の意味である。——フィヒテの観念論の胎内からフィヒテの観念論の精神に浸透されて誕生する新しいスピノザ的詩的実在論に近代文学の共通の「母なる大地」を求めようとした『神話論』、同じくフィヒテの「反省の体系」とスピノザの「思弁の体系」とを綜合する「予見の体系」に新しい哲学の理念と原理の可能性を探ろうとしたイェーナ大学講義『超越論的哲学』、次いで宇宙を根源自我の無限生成の総体として捉える『世界生成論』とその現実的諸相の歴史的構成に新たな「生の哲学」の記述の可能性を模索したケルン私講義『哲学の展開十二講』、および「アナロギー」に基づく対象理解という批評理念によって新たな「予見的批評」の地平を開拓しようとした同じくケルン私講義『序説と論理学』――フリードリヒ・シュレーゲルの思想の森を彩るこうしたさまざまな実りのすべては、確かにヘルダーにとっては「カント以後」の思想圏、正しくはカントの批判哲学第二世代に属する思想圏をわがもの顔で闊歩する「気の触れたユピテルたち」の耳障りな「超越論的」常套句、彼らの仲間内でしか通用しない詩的・哲学的混成語によって綴られた怪しげな幻想物語の類型の数々でしかなく、別して『超越論的哲学』の名において昨今出来合いのフィヒテの体系を偉大なスピノザの体系と捏ね合わせてみせるに到っては、まさに「超越論的インフルエンザ」の新たな感染、というよりはその最悪の汚染例としか思われなかったに違いない。世界は唯一者・根源自我の無限の生成、すなわち無限の派生的・個体的自我の産出の総体であるがゆえに、世界は無限の派生的・個体的自我の無限の充満以外の何ものでもない。世界は派生的・個体的自我に満ちる。根源的には「自我」のみがある。世界の現実は無限の派生的・個体的自我の無限の活動の永遠に完結することのない「全体」である。このような汎自我論の展開はヘルダーにとってまさに「自我」の神化ないしは絶対化とも言うべきフィヒテ譲りの典型的な「超越論的エゴイズム」の傍若無人な発露にほかならなかっただろう。しかし「最高にして唯一の実体」、「世界の内在的原因」である「神」を「最高にして唯一の力、あらゆる力の源泉であるべき根源力」と捉え、この根源力という「仲介概念」のうちにあの神の二つの属性、精神と物質とを溶解し吸収し去ることによって、世界を「唯一無限の神的根源力」の体系たらしめると共に、この体系自体を、ライプニッツの『単子論』における「神」、すなわち「根源的モナド」の概念の導入によって、この「根源的モナド」によって産出される派生的モナドの集合体、生きた実体的諸力の有機的集合体の歴史的発展という独自の力動的汎生命論ないしは汎活力論として構成しようとしたヘルダーの「世界生成論」は、シュレーゲルが彼言うところの「超越論的実験」を駆使して構築しようとした「根源自我」による「世界生成論」の基本モデル以外の何ものでもないだろう。

ヘルダーとシュレーゲルとの思想的類縁性は、特に「予定調和」の仮説を不要な介在物として排除する点において顕著に現れている。この問題についてシュレーゲルはケルン私講義『哲学の展開十二講』の第一講『哲学の歴史的特性描写』の中でスピノザ問題と絡めるかたちで総括している。シュレーゲルによれば、スピノザは彼が熱心に学んだとされる「カバラ」の神秘主義的教説からその根底を成す「汎神論の原理」、すなわち「一者の原理」、「唯一にして端的に無条件的かつ必然的な、それゆえ永遠にして不変の存在者の原理」に基づく「無限にして完璧な唯一の実体」の概念を彼の体系構築の基盤として取り入れたのだったが[42]、このようなスピノザの「徹底した実在論」に「真っ向から立ち向かった」のが、「無限の活動性」と「無限の多様と充溢」の理念をその全哲学の中心に据えたライプニッツである。彼はいかなる意味での「存在概念」、「実体概念」をも徹底的に排除し、永遠の変化と活動性以外の何ものも意味しない「無限なるものの生成」を主張した。彼はまた人間精神の不断の活動性——人間は就寝中にも表象を持つという意味での——を主張することによって、「無意識の諸表象」という注目すべき、「最高度に観念論的」な概念へと導かれてゆき、この「無意識の諸表象」を「人間の魂」だけでなく、一切の「諸力」、一切の「モナド」にも適用されるとした。一切は「活動性」であり、一切の「存在」は「活動性」のうちにあるのだから、個々の特殊的な、単に「目覚めた魂」だけでなく、「まどろみの中にある最低のモナド」もまた「無意識的に絶え間なく活動している。」——このような「モナド」の理論は、彼が一切の「存在」概念、一切の「固執性と実体」の概念を完全に断ち切ったところに立とうとしていたことを立証しており、その限りにおいてライプニッツには、「物体」（身体）はいかにして「精神」に作用するかというデカルトの問題はもはや存在し得ないはずだった。しかるに彼は、各「モナド」はそれ自身で「一個の独立的で、自己閉鎖的な自己完結的全体」を形成し、一切はこのような「モナド」の自己展開であると主張したことによって、デカルトと同様の解決不可能な難問に逢着した。すなわちこのような条件下でこれらの各「モナド」の間の「相互作用」はいかにして可能であるかという、「まったく自明な問い」に逢着したのである。ところでこの避け難い「自明な問い」に真に応対しようとすれば、ここで求められている「相互作用」の根底に「ある根源的な共通項」、「ある共通の源泉」を想定するほかはない。だがその場合には、「流出説」の帰結の一つである「叡知的汎神論」の中へ引きずり込まれるという危険を冒さねばならない。この危険を回避するために、ライプニッツは「予定調和」という「恣意的に案出された仮説」によって当面の難関を切り抜けようとしたのだったが、もし彼が「神性」の概念をキリスト教的な「超越的存在者」、「世界外的存在者」としてではなく、「ある根源的な中心的モナド」として捉えていたならば、「諸モナド間の相互作用」の問題は、この「根源的統一性」の概念から完全に解明されていただろう。(43)

「神性」の概念を「世界外的存在者」としてではなく、「ある根源的な中心的モナド」として捉えるべきだっただろうというシュレーゲルのここでの発言は、まさにヘルダーが捉えていた『単子論』の精神を代弁するものであって、この点においてもフリードリヒ・シュレーゲルはヘルダーの忠実な弟子だったことを実証している。世界を無限に生成する有機的生命体とする見地からすれば、精神と自然という二つの「絶対的因果性」の無限平行に苦慮した末の応急措置として案出された「予定調和」の仮説は端的に背理として否定されねばならないというのが、イェーナ大学講義『超越論的哲学』以来のシュレーゲルの一貫した主張だったからである。彼は同講義の第一部『世界の理論』の中で述べている。「われわれはそれゆえこう主張する、根源的に精神と身体とは一つのものであると、しかも一つの根源的な調和であると。根源的調和と言うほうが、予定調和と言うよりも適切である。[44]」――

とまれその『神話論』からイェーナ大学講義を経て両ケルン私講義に到って一応の完成を見るに到るフリードリヒ・シュレーゲルの中期思想世界のほとんど全域にわたってヘルダーの精神が、特にスピノザの「思弁の体系」とフィヒテの「反省の体系」との綜合というその理論的構成において、ヘルダーのスピノザ論（『神、あるいは若干の対話』）の精神が随所に息づいている。この『対話篇』における「現存在」の概念をフィヒテの意味での世界創造的自我に置き換えてみるならば、ヘルダーの「世界生成論」の基本型はそのまま『哲学の展開十二講』における「根源自我」の「世界生成論」に転用できるとさえ言えるだろう。すなわちスピノザの実体＝神の座をフィヒテの自我に取って代わらせ、この自我の創造になる宇宙空間を同じこの「根源自我＝世界自我」（根源的な中心的モナド）によって無限に産出される「派生的自我」（派生的モナド）によって充満させ、そしてこの充満を派生的自我相互の「有機的連関」（諸モナドの現実的な相互関係）の相のもとに眺め渡す視点を導入するならば、われわれはそこに「超越論的見地」という名の新たに開かれた地平でのヘルダー世界の再構築の現場に立ち会うことになるということである。「自我は一にして全である。[45]」――「世界は生成する無限の自我である。[46]」――「世界の思想と自我の思想とは本来同一のものである。[47]」――「世界、あるいは生成の総体が自我である。[48]」――「世界と自然を哲学的に考察し、解明するという課題、すなわち世界自我を構成するという課題[49]」――これらの諸命題はすでにフィヒテの意味での観念論的見地を逸脱している。世界が唯一者＝自我の生成であるならば、「生成のみがある[50]」ということは、「自我のみがある」ということと同一命題であり、自我の実体化は覆うべくもない。そこにはある知られざる根源的な「何ものか」の気配が立ち込めている。「不当にも最初の『知識学』では自我のみが描かれている。」（PL IV 1318）――「非我は空疎な言葉である。それは、何か〈etwas〉と呼ばれるべきだろう。」（PL IV-1253）――これらの断章は明らかにフィヒテ的観念論からの脱却を予告している、と言うよりはむしろフィヒテの原理がもともと自分の身体にはなじまない貸衣裳だったことを告白しているかのようである。そして「自然は生成する神性である」という『超越論的哲学』の根本命題と共にシュレーゲルは彼が本来住むべき故郷、ヘルダーと共に住むべき家郷への帰路を辿ろうとしているかのようである。実際、「自然は生成する神性である」――この命題はヘルダーのスピノザ論の副題ともなり得ただろうからである。それでは何のためのフィヒテだったのか。フリードリヒ・シュレーゲルのフィヒテ哲学への傾倒は紛れもない事実だったのだから。

　シュレーゲルはまた次のような断章を書き残している。「カオスへの感覚なくして『知識学』を理解することはできない。」（PL II-220）――「フィヒテの自我は体系だが、彼の非我はカオスである。」（PL IV.851）――ところでシュレーゲルにとってカオスとは、「そこから一つの世界が生じて来ることのできるような混乱」（ID 71）である。とすれば「非我はカオスである」とは、非我の定立は「生成する宇宙、すなわち**自然**以外にいかなる宇宙も存在しない」（PL III-412）という意味での世界生成にほかならないということであり、従って「自我は体系である」とは、非我の定立の主語、あるいは担い手である自我の課題はこの「非我としてのカオス」ないしは「カオスとしての非我」の体系化、すなわち「世界生成論」の構成にほかならないということである。「最高の形式において哲学は**世界生成論**以外の何ものでもない」（PL X-181）。――だがフィヒテはいかなる「世界生成論」も構想しなかった。「彼の哲学の自我は非我を欠いている」（PL IV-684）のだから、フィヒテはいわば「カオスへの感覚なくして」『知識学』を書いたのである。しかし自分はまさにそれへの感覚に圧倒されながら『知識学』を「理解」したのだと、これらのシュレーゲルの一連の断章は告げているかのようである。彼の眼には、フィヒテは「自我も非我も共に自我の根源的行為の所産である」という自我の絶対的な手綱にすがりながら「片側から馬に乗っては、それを乗り越えて向う側に落ちるという行為を飽きもせずに繰り返している酔っ払い」（PL II-138）に映っている。「カオスへの感覚」、ヘルダーと共に言うならば「カオスから秩序へ」という「内的必然性の自然法則」に対する無限の関心――これこそが生起する一切を眺め渡してこれを「世界生成論」として構成しようとする抑え難い欲求の源泉であるだろう。シュレーゲルにとって、そしてヘルダーにとっても、この意味において「世界は体系でなく歴史」[51]であり、それゆえ「歴史が唯一の学問」[52]であり、哲学は「歴史の方法論」を提示する限りにおいて、歴史の「序論」[53]となる資格を得る。この意味でヘルダーのスピノザ論もシュレーゲルのケルン期の私講義も共に最包括的な人類史ないしは文化史記述の原理論たろうとしている。フィヒテはこのような意味での「カオスへの感覚」を欠いていたかに見える。実際、『知識学』は外界との一切の絆を断ち切ることへの断固たる要求をもって始まる。例えば一七九七年の『知識学への第一序論』の冒頭は典型的である。「君自身に注目せよ、君を取り巻く一切のものから眼を転じて君の内部へと向けよ――これが、哲学がその学徒に向かってなす第一の要求である。ここで問題となるのは君以外の何ものでもなく、もっぱら君自身なのだ。」そしてこの自己注視によってわれわれが降り立つところは、それのみが自我の無条件的自己定立を保証する「知的直観」という名の純粋な自己直観である。[54]――自己自身の内部にのみ目を向けよ、つまりは眼を閉じよ、他の何ものも見るな――これがフィヒテのモットーだったとすれば、眼を開け、そしてすべてを見よ、がヘルダのーモットーだったと言えるだろう。因みに彼にカントの『実践理性批判』の結語の冒頭の一文[55]を使わせるならば、こう続けたかもしれない。カントの心を常に「いやます感嘆と畏敬の念」で満たしたあの「わが頭上なる星しげき天空とわが内なる道徳律」との間に、すなわち天に向かってのみ開かれた眼と内に向かってのみ開かれた眼――だがいずれの眼も「超感性的な純粋理性理念」にひたと注がれている――との間に横たわる広大無辺の、いかなる部分においてもいかなる意味においても分割・分断され得ない宇宙空間とそこに隙間なく充満する生成の無限を眺めよと。シュレーゲルもまた一八二七年のヴィーン公開講義『生の哲学』の第一講の冒頭で、「天上と地上にはわれわれの哲学が夢にも知らない沢山のことどもがある」というシェイクスピアの『ハムレット』の台詞の一つを挙げ、この「天上と地上には」を「天上と地上の間には」に書き換えた上で、「この台詞」をそっくり「私自身の言葉」として頂戴すると述べ、もっぱら「学問的に夢想する」ことにかまけて、「本来知らねばならないことを予感だにしていない哲学」に嘲笑の矢を放っている[56]。

三

カント哲学はその全域にわたって、とりわけ倫理学の領域においては特に分厚く張りめぐらされたその論理の城壁の内部に、「生成する宇宙、すなわち自然以外にいかなる宇宙も存在しない」（PL III-412）という意味での「生成のカオス」に対する抜き難い嫌悪と不信を、時には恐怖すらをもずっしりと潜ませていたかに見える。彼の言う「理性的存在者」とは人間から感性という名の欲動のカオスを削ぎ落としたところに成立する概念である。彼が一七九五年に発表した『永遠平和のために』において彼にとっての唯一の理性的体制である「共和制」から「民主主義」——「民衆」が主権を掌握する体制という意味での——を排除し、「国家体制の形式」という点で「民主主義は、言葉の本来の意味において必然的に専制的政体である」と主張していること[57]は、単に示唆的であることを越えてまさに教訓的でさえある。カントがここで言う「言葉の本来の意味」とは、「民衆」が理性の立法にも行政にも適合しない感性的存在者、「純粋実践理性」の「定言的命法」を自己の経験的行為（政治的行動を含む）の格律たらしめようとする倫理的鍛練も意欲も持たない烏合の感性的存在者の象徴であるということである。これに対して「大多数の意志は普遍的意志の代理たるべきである」がゆえに、「共和制は必然的に民主主義である」と反論したのが、カントの論考に触発されて翌一七九六年に書かれた『共和制の概念についての試論[58]』におけるフリードリヒ・シュレーゲルである。「暫定的」という条件を付しての上でとはいえ、「民衆の反乱の合法性」や「期限付き専制支配」の容認さえも含むラティカルな「民衆的共和制」を考えることができたシュレーゲルにとって、民衆とは「そこから一つの世界が生じて来ることのできるような混乱」(ID 71)として定義される「生成するカオス」であり、あるいは、「人間は有限的なもの無限なるものとの一個のカオスであり、そしてまた一個の体系でもある。これが人間の本性なのであって、彼の理想はこれら二つながらのものの体系であることだ」(PL IV-1091)という意味での「全的存在者」たろうとする「カオスの生成」である。このような意味での「全的存在者」としての「自然」ないしは「人間」の「全一性」が分割・分断されることへの心底からの違和感、これがヘルダーとシュレーゲルのカント批判、というよりはカント嫌悪の根源的な共通感覚である。もしヘルダーがシュレーゲルのイェーナ大学講義『超越論的哲学』を聴講していたならば、「フリードリヒ・シュレーゲルだったか、不良ゲル(Flegel)だったか」などという悪口は控えただろう。

実際、シュレーゲルはこのイェーナ大学講義を、哲学が探究する知は「全的人間に関わる知」であるべきであるという命題をもって開始する。この「全的人間」、すなわち「体系であると共にカオスでもある」ことをその全一的な自己形成の理想とするような全的存在者であるところの「全的人間」のみが哲学の本来の対象であるのに——カントは「意志の自由」と「自然の諸法則」の両概念の導入によってこの人間の「全一性」を容赦なく分断したというのが、シュレーゲルのカント哲学、特にその実践哲学に向けられた批判の根幹である。彼によれば、「意志の自由」の絶対的要請によって人間における「自己規定」の能力が絶対的に主張され、それと同時に世界の根源的統一性が、それゆえ人間の全的自己同一性もまた切り裂かれる。しかもある「特権的な存在者」が「意志の自由」と称する絶対的因果性、すなわち「自律」という驚くべき能力を独占し、その他のすべての存在者は「自然の諸法則」、ないしは「自然必然性」という一つのメカニズムのもとに組み込まれ、ここに「生成する宇宙、すなわち自然以外にいかなる宇宙も存在しない」（PL III-412）という意味での全的存在者としての自然（人間を含む）における一切の生きた有機的連関は一挙に引き裂かれる。「自然必然性のメカニズム」と、このメカニズムから脱出することのできる、あるいは許される「理性的存在者」の絶対的能力との、すなわち「自然の諸法則」と「意志の自由」との調停不可能な相剋の想定によってもたらされる自然と人間との唯一不可分な渾然一体的全一性の分断、これを「哲学におけるすべての混乱の元凶」と見るシュレーゲルのカント批判は、ヘルダーのそれに劣らず痛烈である。「カントの道徳論は、倫理的世界のためにあたかも自然的世界におけるニュートンの万有引力のごとく普遍的であるような法則を見出したいという願望に発している。それと共にカントの道徳論のもう一つの発生源になっているのが、すべての行為は利己主義から生じるという当時のフランスの流行道徳論である。」――「カントは道徳的世界のために、ニュートンが重力に関して提示したのと同様の普遍的な法則を提示しようとしたのだった。彼はある客観的なものを確保しようとしたのであり、こうして彼の道徳論は内的人間の法律学となったのである。宗教は彼にとって単に道徳の発端でしかない[59]。」――カントの実践哲学における法学者的性格に対するシュレーゲルの批判的論調は一貫して辛辣を極め、特にこの講義に先立つ一七九六年から一七九七年にかけて書かれた諸断章には、「道徳の法律家」カントへの激しい違和感が張っている。「カントは義務のために真理を犠牲にした超道徳家である。彼の主観的に批判的なやり口がいわゆる実践的要請なるものの実践を誘発し、このことがまた打算の犠牲となった真理についてのさまざまな誤解や論理的他律とを誘発したのである。」（PL II-12）――「カントは政治学、美学、歴史学において強引に道徳化を遂行する。これに対して道徳学においては法制化を、すなわち政治化を遂行するのである。」（PL II-16）――「カントは正義の達人である。その限りにおいて彼の自然法はそれなりに高い価値を持つ。」（PL II-38）――「カントにはしばしば大言壮語や気取りはあっても、暖かさや感じる心はまったくない。」（PL II-115）――「カントは誰をも理解しないし、誰も彼を理解しない。活力よりも緊張が、虚栄が、形式主義が、道徳的杓子定規が、溌剌とした想像力を欠いた勿体ぶった本性がそこにある。」（PL II-625）――「カントは通俗的な経験的道徳性を絶対化し、そうすることで彼は超越的となる。」（PL II-649）――また、「神なき宗教以上に道徳的なものはない」という一七九九年頃の一断章（PL IV-1109）は、右の諸断章の文脈の中に浸して読むなら、一七九三年に刊行されたカントの『単なる理性の限界内における宗教』への拒否反応と見ることもできるだろう。

ヘルダーもまた『カリゴーネ』第一部第五章『用語の濫用』において、これとは異なる発想と言葉によってカント哲学への同様の違和感を痛烈に、やや常軌を逸した辛辣さをもって吐露している。

「『純粋理性批判』と『実践理性批判』というものが書かれた。前者によれば、感覚には空間と時間という空虚な直観のほかどんな対象も残らず（『超越論的感性論』）、悟性にはカテゴリーという空虚で作りの悪い部屋が残っているばかり。しかもそれ自体では無意味なこのカテゴリーが人間悟性の形式である（『超越論的分析論』）という。そして最後に規範もなしに放り出された理性に残されているのは、論過、定立・反立、そしてとどのつまりは詭弁を弄してこねくり出された理想だけだが、こうしたものもすべて相殺し合って無に帰してしまうのだ。というわけでそこに現れたのは巨大な砂漠と空無である。それにもかかわらず、この砂漠と空無の中では概念だとか、理念だとか、それどころか理想などといったもののあらゆる力や形式が、一字一句の省略もなしに普遍妥当的に、永遠に、描かれたり書かれたりするのだそうだ。

とは言うものの、この哲学者もやはり快と苦を感じたのだ。それではこの快や苦はどこへゆくのだろう。それらは概念の国には属していない。さればといって彼の思い描く純粋な幻影などに縁のあるはずがなく、そんなものとは未来永劫結びつけられるはずがなかった。批判的・超越論的悟性は、感性的なものを快や苦をもって知覚するのとは別のことをしなければならない。この悟性はどんな感覚にも届かず、感覚のほうもこの悟性には届かない。悟性は永遠にわたって形式を無に、すなわち空間と時間とに刻みつける。批判的・超越論的理性は、悟性が捉えたものを快と愛とをもって秩序づけるのとはまったく違った仕事を持っている。猟師オリオンのように、理性は一切のものをこの世の境界の彼岸に追い求めてゆくのだ。すると快と不快とはどこへゆくことになるのだろう。この哲学者は判断することと以上にはそういうものとは付き合わなかったのだ。感覚は置き去りにされるというわけだったのだ[60]。」

「われわれは二つの盲目の直観の間を通ってゆく。この両者は前庭の番人どもで、自分たちは何も見ず、何も与えないのだと白状する。われわれがこの前庭に辿り着くと、そこには幻の板がぶら下がっていて、自分たちは客観のない図式だが、客観から引き抜かれた言葉がどうやって自分たちと結びつくのか分からないと白状する。すると論過という一陣の烈しいすきま風がわれわれを運んで、二律背反の吹きさらしの十字路を幾つも通り、空虚理性の空虚な広間に連れ込む。そこで長いあいだ待たされた挙げ句、汝なすべしという虚ろな響きが絶対的無の中から聞こえてくる。谺がこれに応えるとき、この絶対的当為（Soll）ははっきり放免（Los）と聞こえる。なぜなら超感性的に絶対的な義務によって無条件的に拘束されているものは、超感性的に絶対的な自由によって無条件的に解き放たれ得るからである。こうしてわれわれはこの寺院から虚ろになって出てゆくのだが、何と、客観を欠いた空虚理性の全権によって絶対的無の中での超感性的立法者にして自然の創造者という資格を頂戴しているのだ。高慢な遊びである。夢のまた夢である[61]。」

シュレーゲルのそれと言わず、ヘルダーのそれと言わず、この種の論評がカントがすでに権威となっていた時期の人々にとって単なる批判を越えてほとんど非礼の域に達する暴言と思われただろうことは、例えば、一八〇〇年刊行の『アテネーウム』誌第三巻第二輯に載ったアウグスト・フェルディナント・ベルンハルディの書評——J・G・ヘルダー著『純粋理性批判へのメタクリティーク』第一部『悟性と経験』について——に張る憤りと冷笑が証明している。この辛辣な書評がほかならぬ『アテネーウム』誌に掲載されたということは、むろん同誌の編集担当者であるフリードリヒ・シュレーゲルの承認を得ての上だったろうから——この書評が載った同誌第三巻は、シュレーゲルの学位取得の準備のため、シュライエルマッハーに一任されていたことを顧慮しても、——シュレーゲルのヘルダーとの関係が一筋縄ではゆかないものだったことを告げている。いずれにせよその冒頭の数節だけですでにこの書評の性格を知るに充分である。以下、その概略——

「いま手元にあるような、半可通で、しかも誤解だらけの文章が犇いている著作の書評となると、ここでは誤りを指摘し、かしこでは不足を補うなどしてみても、すべては徒労というものだろう。たとえそうするだけの紙数のゆとりがあったとしても、こんな作業に身を入れる気持ちにはとてもなれない。というわけで重大な誤謬や誤解を含んでいる幾つかの箇所を取り上げることでこの著作全体の性格を明らかにするといったことで満足しなければなるまい。カントの言葉の引用によって、一見公正無私の外見を装ってはいるが、これはすべて飾り物にすぎず、そこには一かけらの真面目さもない。

例えば『序文』で、この『メタクリティーク』はこれまでの批判哲学の解説者たちの手垢にはまみれておらず、第一、論者［ヘルダー］はその類のものはほとんど読んでいないなどと無邪気に書いているが、彼の言う解説者が、批判哲学の精神をカテゴリーの表の丸暗記によって掴んだと信じているようなあの口真似だけの文字拘泥の輩を指すのであれば、大いに結構な話だが、批判哲学が現れて以来、問題のさらなる発展に寄与してきた人々、例えばフィヒテやシェリングを無視してかかると言うのであれば、それは、『批判』（『純粋理性批判』）のような深遠な大著を理解するには自分の能力だけで充分だと信じるだけでなく、そこで獲得された知見がそれだけですでに完全無欠で、他人がそれを改変したり修正したりする余地などはないと信じるに等しく、甚だしい妄想と言うほかはない。もし論者にそうする自信がないのだったら、あれこれ異議を申し立てるはずがなく、また、そうした異議の幾つかは撤回したことだろう。そうしておけば論者もわが子が目の前で死ぬのを――しかも栄養不良で命を落とすことになったことを確かめもせずに、――見るという屈辱をなめずに済んだだろうに。それにこの育つ見込みのない遅産の未熟児に生後すぐさま水銀剤をすり込んでみたところで、断末魔の苦しみを一層強めることはあっても、子どもの命を救えはしなかっただろう[62]。」

評者ベルンハルディの毒舌は、自分が圧倒的な勝者の側に立っていることを確信する者のそれである。彼の冷笑は、フィヒテやシェリングによって切り拓かれつつあった批判主義哲学の新たな地平の背後にあってすでに絶大な権威の象徴として屹立するカントを後ろ盾にしている。それは「『批判』のような深遠な大著」といった安直な、それ自体無内容な、だが異論を許さないカントへの賛辞が如実に示している。そもそもヘルダーやシュレーゲルの批判、特にヘルダーのそれは、批判の対象の内部へとわけ入り、そこを苦心して潜り抜けつつ対象の組織改造を迫るという意味での、世の哲学研究者たちの常道とする批判とは類を異にする。それは対象、ないしは対象群を一括して独自の症候学的展望ないしは視界の中へ捉え込み、一挙に一種の病理学的診断を下すという種類のものである。実際、「果実によって木を識るように、その結果によってある学説の正体を知る。この哲学の結果は明らかである」という言葉をもって開始される『カリゴーネ』におけるヘルダーのカント批判は、この種の症候学的診断の典型である。そしてこの診断の基準となるのは、例えば『カリゴーネ』においては、一切のものの分割不可能性への揺るぎない確信である。すなわち真、善、美は「不可分の一」、「一にして全なるもの」、「三つの色を持つ一つの光線」、「聖なる三」[63]であるばかりでなく、その根はいずれもカントが彼の全哲学の骨格から完全に削ぎ落とそうとした「感性的なもの」、あるいは「感性的快」のうちにこそ探られねばならない。それゆえ真、善、美、この「一にして全なる」ものの三分割、すなわち「純粋理性」、「実践理性」、「判断力」への分割は、たとえそれが最終的にはこれら三能力の綜合を意図するものだったとしても、ヘルダーにとっては「自然への冒涜」、「人間理性への背信行為」以外の何ものでもなく、この「全的なもの」の寸断をこととする批判主義哲学とこれに連なる一切の思弁的実験の最終的な「果実」は、「無」の空中楼閣、すでにヤコービがフィヒテの哲学のうちに予見していた、「純粋理性の体系」はすべからく「ニヒリズム」を帰結する[64]という意味での「無」の夜景を彩る「幻影の森」の「怪しげな花々」である。シュレーゲルもまたこの時期の断章の一つで、「観念論の帰着するところ無であるということは、観念論が根本において神智学であるという命題と同義である」(PL V-468) と書き、カントに由来する批判的観念論のすべての試みを「底知れぬ直観の、永遠に概念なき神秘主義の深淵の中へ真逆様にとび込む」に等しい反自然的行為であるとしたヘルダーの見解に半ば同調している。半ばというのは、ヘルダーが忌避した「底知れぬ直観の、永遠に概念なき神秘主義の深淵」にシュレーゲルは近代哲学成立の起源を想定するという視点を捨てることができなかったからである。彼は神秘主義者を「絶対者の根源学における熟達者」(PL I-39) と呼び、彼らを「近代哲学の父祖」と位置づけ、スピノザの思想を近代哲学の淵源と見なし――「近代文学はダンテをもって始まり、近代哲学はスピノザをもって始まる」(FPL V-1036) ――、フィヒテをスピノザ以後の近代神秘主義思想家の典型と見なす。――「いまわれわれが哲学するすべを学び取らねばならないのは、まさに神秘主義者たちからである。」(PLI-11) ――そしてほかならぬフィヒテの観念論の胎内からフィヒテの観念論の精神によって浸透されて誕生するスピノザ的実在論に来たるべき詩文学の永遠の土壌を夢見た『神話論』において、「合理的に思考する理性の歩みと法則とを廃棄して、再び想像力の美しい混乱、人間の本性の根源的なカオスの中へ身を沈め」、「原初の根源的で模倣し難いもの、端的に解き明かし難く、いかなる変形を加えられたのちにもなお太古の本性と力とを仄かに輝き出させているもの」、「素朴な深い意味が倒錯したものや狂ったもの、単純なものや愚劣なものの外見を装って仄かに輝き出ているもの」を、にもかかわらず、解読されるべき「象形文字」の無限の連なりとして眺め渡すのである。

この『神話論』が発表された同じ一八〇〇年に、ヘルダーは息子のアウグスト宛の手紙の冒頭で、「すべてのフィヒテ主義を一掃しなければならない。頭も腹も尻尾もだ」と書き、次いで「フィヒテの亜流のような書き方をして私を苦しめてくれるな」と書き、そして「むろんお前は幸いフィヒテの亜流なんかじゃないさ」とも書いて、[65]みずからを慰めている。――これは確かに「批判的観念論」という圧倒的な時代の激浪に揉まれながら、それとは必ずしも自覚せずに互いに手を差し伸べ合っていたヘルダーとフリードリヒ・シュレーゲルという両思想家の根源的な類縁性をその切所において断ち切ってしまいかねない不穏な情景である。問題は依然としてフィヒテの存在である。両思想家の関係の中でフィヒテとはそもそも何であったのか。これが最後の設問である。

シュレーゲルにとってフィヒテの意義は絶大だった。両者の関係からすれば、ヘルダーの思想を観念論的視点から読み変えるという意味において絶大だったということである。ヘルダーにとって哲学とはあるがままの姿で現前するものを「神の啓示」、「神の恩寵」として受け取ることであり――「だが世界はいかにして生じたにせよ、ともかくもここにこうしてあるのだから」――、その際、そのようにして受け取る側の受けとり方に関しての認識論的反省は完全に欠落している、と言うよりはそのような反省をヘルダーは卑小な人間悟性の小賢しい干渉として切り捨てるのである。ヘルダーがここで要求する認識とは認識主体のいわば没主体的な対象への沈潜であり、この意味で「自然研究」とはヘルダーにとって、「あたかも神の意図など忘れたかのようにして創造のあらゆる対象のうちに神のすべてを求め、発見すること」である。[66] ヘルダーの認識はいわば没我の認識、自我が対象の中へ完全に埋もれ廃棄されるというかたちで行われる自我の対象化である。対象のみがあり、対象のみが語る世界がそこにある。いや、対象がヘルダーの口を借りて語り出るのである。シュレーゲルにおいては関係は逆転する。対象の中から自我が語り出る。対象が一個の自我として名乗りを挙げる。世界は唯一者＝根源自我の産出による無限の派生的自我の充満であり、充満する派生的自我の相互作用の充満である。これら派生的＝個体的自我は、唯一者＝根源自我との意識的＝無意識的一体性の予感を通じて他のすべての個体的自我——対象と呼ばれる外界一般——との根源的同一性、同質性を確信する。自我の外に自我から切り離されてあるような、単なる感性的所与でしかない「他者」であるような非我は、その有限性の諸制約に縛られた個体的自我の避け難い錯覚にすぎない。自我が有限的である限り、対象（外界）は文字通り自我の「外」にあるかに見える。だが自我が内的無限性（根源自我との一体性）を予感するやいなや、対象は自我の「内」に、自我と共に、自我に相対して立つ自我——紛れもないもう一つの自我として——ある。対象（Gegen-Stand）とはこのようにして自我と向かい合う自我としての「対我」（Gegen-Ich）である。ただそれが発する言葉、それが語ろうとする本質を窺い知るには、われわれの個体的特殊性の制約が大きすぎるだけである。対象性とは「唯一なる精神を覆うヴェール」にすぎない。このヴェールが取り払われるとき、すべての対象はその本質を、われわれもまたそれであるところのもの、あの根源自我の無限の創造を語るだろう。「われわれは至る所にわれわれ自身を見出す。」——「われわれはわれわれの一部にすぎない。」[67] ——これがいわばシュレーゲルの「モナド詩篇」である。世界は自我であり、自我が世界であるという意味において自我のみがある。これはフィヒテの徹底化であると同時にフィヒテとの訣別でもある。フィヒテにとって「自我も非我も共に自我の根源的行為の所産である」限りにおいて自我のみがある。だがシュレーゲルにとって自我の所産としての非我の概念は背理である。自我は自我のみを産出する。外界は対象性を覆う「外皮」に隠されたもう一つの、だが紛れもない同一の自我である。世界は、「事物」としてしか自我たり得ない自我であるという意味において、自我の無限の充満である。それはまた、一切が自我として互いに指さし合うという意味で、窓を開け放った「モナド」の充満である。そしてこの窓を通して行われる「相互作用」、ないしは「対話」が、シュレーゲルにとっての、そしてまたヘルダーにとっての認識ないしは理解の原理であり、それゆえ対象認識、対象理解とは、このような意味での「モナド」間の「協同の所産」である。むろん「対象性」の壁は厚く、外界の語る言葉は幾重もの外皮によってさまざまに姿を変えて現れる特殊な形象の言語、すなわち、「象形文字」の連なりとなる。象形文字とは対象のこのような自己表現であり、われわれへの「対話」の呼び掛けであり、それゆえ対象認識とはこの呼び掛けへの応答としての象形文字の解読にほかならない。だがこの解読は常に判読の域を出ず、あの「対話」も常に「推量」ないしは「アナロギー」の上に成立するものでしかない。とはいえこれのみが象形文字の解読、すなわち対象認識の、世界解釈の唯一の原理である。「アナロギーは宇宙の特性描写のための原理である。」（PL IV- 213）――これがシュレーゲルの到達した対象読解のための解釈学的地平である。この点で彼はヘルダーの留まった地平を越える。フィヒテを潜り抜けることによって大きく越え出たと言える。だが越え出たところで彼は再びヘルダーと出会う。新しい視点と原理によってヘルダーを読み換えたところで、ヘルダーの肉声を聞くのである。

一七七八年の論考『人間の魂の認識と知覚について』の中でヘルダーは語る。「自然の中に働く諸力の織りなす壮大な光景を思い巡らしつつ眺めれば眺めるほど、われわれは至る所にわれわれとの類似を感じ取り、すべてのものをわれわれの感覚によって蘇らせたいという思いを抑えられなくなる。われわれが活動や静止について語り、力について語るとき、この力が自力か他力か、生きていないか生きているかにかかわりなく、そのすべてをわれわれはわれわれの魂の現れとして語っている。重力は中心点への、静止の目標と場所への渇望であり、慣性は、自分自身との繋がりによる自分自身の中心点での僅かな部分的静止であり、運動は外力の働き掛けであり、この力を伝達されて働き続けてゆこうとする志向、静止を克服し、他の諸事物の静止を妨害しながら、自分自身の静止を再び見出すまで続く志向である。弾力性とはなんと不思議な現象だろう。もうそれだけで自動人形だ。少しも力を加えないのに、元通りの形になれるのだから。それは高貴な自然界での活動への最初の明らかな火花だ。ニュートンの体系を夢の中で予感していたあのギリシャの賢者〔エンペドクレス〕は、諸物体の愛と憎しみについて語ったし、引き寄せたり撥ねつけたりする自然界の巨大な磁気作用は長いあいだ世界霊と見なされていた。熱気と冷気、そして最も繊細で最も高貴な熱気である電流、この偉大で遍在的な生命の霊気とも言うべき不思議な現象もそうだった。あらゆる生物の更なる形成、若返り、洗練の大いなる秘密、憎悪と愛情のあの深淵、自分の中へ、そして自分の外へという吸引と変容もやはりそうだった。感覚を具えた人間は一切のものの中に自分を感じ、一切を自分の中から出て来たものと感じ、そこへ自分の姿を、自分の刻印を打ち込む。こうしてニュートンはその宇宙体系によって、ビュフォンはその世界生成論によって、ライプニッツはその予定調和と単子論によって心ならずも詩人となったのである。われわれの心理学全体が象形文字から成り立っているように、最も偉大にして最も大胆な理論が生み出したものの多くは一つの新しい形象、一つのアナロギー、一つの耳目を驚かす比喩だったのである。[68]」――このヘルダーの言葉に呼応するかのようにフリードリヒ・シュレーゲルは書く。「真の象形文字は宇宙についてのアナロギーである」（PL IV-1412）と。そしてまた「アナロギーは宇宙への、そして純粋な思弁への帰還である」（PL IV-1221）とも。言葉の響きは明らかに新時代のものである。しかしそこには前世代の素朴な、だが同じ深い認識と直観とが共鳴している。

補論（五）　ディテュランボス、憑依と狂気、ニーチェとの交差

古代ギリシャ問題に関してフリードリヒ・シュレーゲルとニーチェとの濃密な類縁性はほとんど疑う余地がない。だがニーチェがフリードリヒ・シュレーゲルの著作を手にした形跡は、ニーチェの著書のどこを探しても確認できない。両者の実質的な関係は、両者の論述のテクストを比較検討することによって浮かび上がらせる以外に求めるすべはない。『フリードリヒ・シュレーゲル原典批判全集』の主任編集者で『ニーチェ研究』の編集委員も兼ね、フリードリヒ・シュレーゲルとニーチェとの関係についての論考を少なからず残しているエルンスト・ベーラーも、一九八三年の『ニーチェ研究』第十二号に発表した論考『シュレーゲル兄弟とフリードリヒ・ニーチェによるディオニュソス的なものの把握について』の中で、フリードリヒ・シュレーゲルを「ディオニュソス的なものの学問的発見者、この古代の永遠の生命の威力を形而上学的に解釈すると同時に芸術的にも蘇らせようとしたニーチェの先駆者」と位置づけているフリードリヒ・グンドルフの総括[1]を引用し、さらに「古代ギリシャ精神の復興」という目的設定のもとにギリシャ人についてそれぞれ「最も重要な言説」を残している二つの作品、すなわち一七九七年刊行のフリードリヒ・シュレーゲルの『ギリシャ文学研究論』と一八七二年刊行のニーチェの『悲劇の誕生』との間の類縁性は「見紛う余地がない」と結論づけながら、「だがしかしニーチェがフリードリヒ・シュレーゲルのギリシャ人についての著作に直接触れて知っていたかどうかは、それを直接示唆するものが彼の著書に欠けている以上、依然として未解決問

題のままである」[2]と書かざるを得ないのである。

ところでベーラーはグンドルフを引用するに先立って、一七九四年に書かれたフリードリヒ・シュレーゲルの初期論考の一つ『ギリシャ喜劇の美的価値について』への後年のフリードリヒ・シュレーゲル自身の回顧的講評（一八二二年刊行のシュレーゲル自選全集版――『第一ヴィーン版』――の第四巻に『ギリシャ喜劇の芸術的価値について』と改題されて、収録されている同初期論文への前書き）の後半を引用しつつ概説しているが、後年のフリードリヒ・シュレーゲル自身による初期の自著へのこの回顧的講評はその内容と論調において、半世紀の年月の隔たりを越えてニーチェとの類縁性を色濃く示唆するものであるので、以下、この「講評」の全文と、これに続く初稿の『本論』の数節を挙げておこう。（文中の〔 〕内の文章は『第一ヴィーン版』における加筆・修正を示す。）

「アリストパネスのディテュランボス的豊饒と詩的着想については、プラトンもこれをよく知り、しかもその精神が類似しているところからしばしば共感をもって称讃しており、また、古代末期においてさえも彼の詩的エネルギーは、あの聖ヒエロニュムスが彼独自の古典的感覚によって高く評価しているところだが、このアリストパネスが第一級の根源的芸術家としてまったく他と類を異にする独自の姿で古代悲劇芸術の崇高な巨匠たちの傍らに自分の席を当然のものとして占めているということは、本論考がこの詩人の価値についての長い孤独な熟考の果実として初めて発表された当時においてはまだ、こんにち至る所で耳にするほど一般的には認められていなかった。あれ以来、この泡立ち溢れる詩的生命の豊饒と古代の異教的自然崇拝の歓喜に満ちたあの民衆の祝祭との密接な関連もまた多岐にわたって神話学的に、歴史学的に、直観的に、教訓的に解明されて現在に到っている。

そこで私は哲学により深く関係している事柄を一つだけ前置きとして指摘しておく必要があると考える。すなわち古代喜劇とディオニュソス演劇についてのこの芸術的考察において至る所でその根底を成している歓喜と自由の理念がそれである。この考察は、単に完全な統一性と完成された調和が唯一善なるものとして讃えられるだけでなく、生の無限の充溢もまたその尊厳のゆえに神的なものとして認識され、聖なるものとして尊敬されるべきであるとする思想に基づいている。そしてその他の点では理念や理想への芸術的熱狂についてのプラトン的な考え方に賛同する傾向を示している本論考も、この一点においては本質的にプラトン的な考察法から離脱している。なぜならパルメニデスへの傾倒があまりにも甚だしいプラトンの考察法によれば、一なるものと統一性のみが善にして完全なるものとして提示され、かつ承認される一方で、一切の多様性は悪しきもの、神的ならざるものと見なされているからである。しかしこの論考で前提されているような神的充溢の理念は、いやます美の中でのあの永遠の一なるものの生きた展開として、第一のもの〔永遠の一なるもの〕と並び立ち、かつそれに続く第二のものとして承認され受け入れられているのであって、このような神的充溢の理念は、それ自体においてある一つの固有で別種の、そしてより深い認識根拠に基づいているのである。古代においては、この理念は特に初期の、いまだ堕落していないイオニア哲学に見出される。それはまた古代神話の精神一般にも対応するものであって、実際、この精神は神話の全体にわたって現れ出ている。というのは古代神話においてもまた、多数性そのものが一つの災い、不幸な分裂、あるいは永遠に一なるものからの忌まわしい堕落と見なされているような個々の伝説や象徴に事欠かないにもかかわらず、神話全体はすでにその本質的傾向として神的存在者の多種多様な姿を目指すものとなっており、このような神話の全体を感じ取る感覚は、永遠の充溢を美しいものとして賛嘆する生き生きとした感受性以外のどこにも基礎づけられるものではなくなっているからである。

しかしわれわれが詩芸術との関係において神話の三つの異なる段階と圏域ないしは国土に注目するならば、恐ろしい古い神々の理念が偉大な悲劇詩人たちの作品の中で支配的だったことが明らかとなる。新しい若い神々の権力や、無数の神々の息子たちの英雄的な行為や、運命の中での英雄たちの世界に満ち溢れるばかりの栄光の姿は、すでにホメロスの歌謡によって開始されていた叙事詩において豊かな詩的輝きのうちに展開されている。古い喜劇はしかし、外来の、そして隠れた神々、特に不死の歓喜、驚くべき充溢と永遠の解放の神としてのディオニュソスの秘密の儀式に最も多く関わっているのである。[3]」（以上、一八二二年版の前書き）

「ギリシャ人は歓喜を生命力と同様に神聖と見なした。彼らの信じるところによれば、神々もまた冗談を愛したのである。ギリシャ人の喜劇は歓喜の陶酔であると同時に聖なる熱狂の発露であって、その起源からすれば公共の宗教的儀式であるバッカス祭〔ディオニュソス祭〕の一部を成すものであり、その主神バッカス〔ディオニュソス神〕は生命力と享楽の化身と見なされた。――〔この神は内的な隠された生命力と一切の生の歓喜の化身であり、その秘儀に参入した者たちにとってある高次の、そして純粋で不死の存在への入り口であり道標であると同時に、一切の暗鬱な地上の軛からの解放者だったのである。〕――最も浅薄なものと最も高貴なものとの、歓喜に満ち溢れたものと神的なものとのこのような交合は一つの大いなる真理を含んでいる。歓喜はそれ自体において善であり、最も官能的な歓喜ですらも高次の人間存在の直接的な享楽を含んでいる。――〔歓喜はそれ自体において善であり、官能的な歓喜ですらも根源的には健康な生命と五体の満足の直接的感受のみを含んでいる。精神的な歓喜はしかし、無限の生命の豊饒と横溢する自然の創造力への熱狂的な感受性と共感以外の何ものでもない。この最も自由な生命の横溢する豊かさについての最も忠実、かつ最も独特な形象と象徴を与えているのが、古代喜劇のディオニュソス芸術なのである。〕――この歓喜は人間の高次の本性の独特な、自然的で根源的な状態であり、苦痛が人間を捉えるのは、ただ人間の本質の些細な部分を介してであるにすぎない。純粋に倫理的な苦痛は歓喜の欠如以外の何ものでもなく、純粋に官能的な歓喜は苦痛の鎮静以外の何ものでもない。[4]」

「そもそも自由は一切の制限の排除によって描かれる。それゆえもっぱら自己自身の意志によってのみ自己を規定し、そうすることで自分が内的制限にも外的制限にも服していないことを表明しようとする人物は、完全な内的および外的な個人的自由を体現している。このような人物が自己自身の歓喜に満ちた享楽の中で、もっぱら純粋な恣意と気まぐれから、すなわち意図的にはいかなる根拠によってでもなく、だが何らかの根拠に逆らってでもなく行動するようなときに、人間の内的自由ははっきり眼に見えるものとなるが、それが人間の外的自由となると、それはこの自由が外的制限を侵害する一方で、法律が寛大にもその法の行使を断念するようなところに現れる。これがサトゥルヌス祭における古代ローマ人たちの自由の表現だったのであり、このような思想の伝統が後世のカーニヴァルの根底として生き残ったのである。諸制限の侵害が外見上のものでしかなく、現実的には下劣で醜悪なものを何ひとつ含んでおらず、だがそれにもかかわらず彼らの自由の発散が野放図なものである〔かに見える〕ということ、これがこのような自由の描写の、それゆえまた古代ギリシャ喜劇の本来の課題だったのである。――〔（サトゥルヌス祭においては）一切の拘束が奴隷たちのためにも断ち切られ、そしてこの祭りの期間中の意味深い象徴的な人生劇場においては、いつもは主人だった者たちが一見奴隷たちに仕えるかに装ったのである。同様の思想がいまなおローマのカーニヴァルの根底を成しているのであって、あの古代のサトゥルヌス祭の残滓がいまもって記憶として保存されているのである。このような祭りの日々が、古代アテナイの民衆の祭典の精神に完全に適ったいわば現実の喜劇の舞台だったのであり、この民衆の祭典からあの本来のディオニュソス芸術と機知の文学が誕生したのである。[5]〕」

「彼（アリストパネス）の作品は劇的連関と統一性に欠け、その描写は戯画にすぎず、真実味がないばかりでなく、しばしば舞台上の幻想を断ち切ってしまうという非難が彼に向かって浴びせられる。この非難は根拠のないものではない。合唱隊が民衆を相手に演説をぶつというあの政治的幕間狂言――パレクバーゼ――を仕組んだりするだけでなく、頻繁な風刺のやりとりの中で作者と観衆とを舞台に登場させたりするからである。だがこれは喜劇を取り巻く政治的環境の然らしむるところであって、それを正当化するだけのものが喜劇的熱狂の本性のうちには存在している。例の舞台上の狼藉沙汰は不器用さのゆえではなく、熟慮された悪ふざけであり、泡立ち溢れる生の豊饒さから来るものであって、しばしば悪影響を残すどころか、劇的効果を高めさえする。それが舞台上の幻想を消滅させてしまうことなどまったくあり得ない。およそ生の最高の精気は、活動し、かつ破壊せずにはおかないものである。この活動と破壊は、自分のほかに何ものも見出すことができないときには、愛する対象、すなわち自分自身へ、自分の作品へと向けられる。だがその場合、それは破壊するためではなく刺激するためである。――〔それは実際に破壊するためではなく、一層刺激せんがための狼藉沙汰なのである。詩的機知の熱狂の中では、舞台上の幻想が見かけは断ち切られるかに思えても、それは舞台を損なうことにも破壊することにもならない。なぜならそのような狼藉沙汰の描写がもたらす印象の本質的な点は、この描写の秩序立った連関や舞台上の幻想のうちにあるのではなく、一切の制限を打ち破るあの機知の熱狂のうちにこそあるからである。〕――生と歓喜のこのような特質的な性格は、喜劇においては自由との関わりによって一層重要なものとなる。――〔（生と歓喜のこのような特質的な性格は）、最高の自由への、このディオニュソス劇の本来の意味とその生命を吹き込む精神への象徴的な関わりによって、一層重要なものとなる。[6]〕

――

この若き日の自著に対する齢五十に達したフリードリヒ・シュレーゲルの講評と加筆・修正は、「あれ以来」の三十年足らずの間にもたらされた古典文献学の分野における「多岐にわたった」研究成果の膨大な累積を想像させるが、それはまた、古代ギリシャ文学（文化）の基底にさらなるディオニュソス的古層を想定しようとした探究者の眼差しにおいて、半世紀後の一八七二年に発表される『悲劇の誕生』におけるニーチェの眼差しと重なる。その際、フリードリヒ・シュレーゲルをこのディオニュソス的古層へと開眼させる契機となったのが古代ギリシャの悲劇ではなく喜劇だったということは、両者の間に決定的な相違をもたらすものではないだろう。なぜなら「分離させ個体化させるのは苦痛のみであり、歓喜のうちで一切の限界は消滅する」と書き、「苦痛は美なるものの最高度に有効な媒体となり得るが、しかし歓喜はそれ自体ですでに美しい。美しい歓喜は美的芸術の最高の対象である」[7]と書いたフリードリヒ・シュレーゲルの古代喜劇論にわれわれは、「個体化原理」を破砕して人間たちの群れを一挙に根源的一者との合一感の戦慄的歓喜へと高める陶酔の酒神ディオニュソスと、このディオニュソス的激情によってもたらされる巨人族的混沌の中で分裂し崩壊する世界の根源的苦悩をその「夢の幻覚作用」によって「最高の芸術的完成」の極致へと高める「個体化原理の壮麗な神像」アポロンとの不断の抗争のうちに、「ディオニュソス的であると同時にアポロン的である」アッティカ悲劇の出生の秘密を解く鍵を見出そうとしたニーチェの直観と認識[8]への、いわば遠い過去からの賛同の声を聞き取ることができるだろうからである。

むろん周知のようにニーチェが彼のこの「ギリシャ悲劇論」において常に念頭に置いていたのはフリードリヒ・シュレーゲルではなく、兄のアウグスト・ヴィルヘルム・シュレーゲルだったこと、とりわけその名を高からしめた一八〇八年のヴィーン公開講義『演劇的芸術と文学[9]』におけるアウグスト・ヴィルヘルム・シュレーゲルだったことは、しばしばある個人に対して殊更に辛辣なイロニーを弄して見せる歴史の皮肉なボタンの掛け違いである。確かにニーチェのこの時期、フリードリヒ・シュレーゲルの初期論文の多くが初出のかたちで入手することは困難だったに違いない。しかし未完に終わったフリードリヒ・シュレーゲルの自選全集版は、彼の死後の一八四六年に刊行される増補版（第二ヴィーン版）にそっくり引き継がれているのだから、修正され加筆された形ではあれ、ニーチェにはこれらの初期論文を読む機会はいくらでもあったはずであるし、また、『アテネーウム』誌創刊と同年の一七九八年に発表された『ギリシャ人とローマ人の文学について』も、同じ一八二二年刊行のシュレーゲル自選全集の第三巻に収録されて生きており、特にその第一章『オルペウス先史時代』(『自選全集版』では『オルペウス先史時代のオルギアと秘教、およびこれについての古代人たちのさまざまな見解について』に改題)は、あらゆる太古の人間や民族に共通する酒神讃歌に、「全自然を歓喜で満たす力強い春の訪れによって噴出する没我的興奮」に、群衆が歌い踊りつつ村から村へとのし歩いてゆくというあの「聖ヨハネ祭や聖ファイト祭の乱舞」に、そしてまた「古代バビロニアの祭祀」にまで遡らねばならない起源を持つ「古代ギリシャのバッカス祭における狂騒乱舞」に、古代ギリシャ文化の根源的な「芸術衝動」の一つである「ディオニュソス的激情」の淵源を見ていたニーチェ[10]にとってとりわけ無視できないものだったはずである。なぜならフリードリヒ・シュレーゲルのこの論考は、「オルペウス的密儀」を支配していたディオニュソス的陶酔、ディオニュソス的憑依と狂気をもって古代ギリシャ文化の基層と捉え、かつまたこのディオニュソス的熱狂と陶酔のうちに芸術的霊感の本来の源泉を見て取っていたフリードリヒ・シュレーゲルのギリシャ観の本質をいわば鬱勃たる明快さをもって語っているからである。

シュレーゲルは書いている、「オルペウス先史時代」におけるこのような祭祀の中に、「後年の詩人、神官、思想家たちによってきわめて多種多様に形成され、美しく装われることになるあのギリシャ人の見解、すなわち詩は神々からやって来るもの、聖なる詩人たちの熱狂は本来の憑依と高次の霊感にほかならないという見解の最初の萌芽」が見出されるのであり、従って「後世の詩人たちによる詩芸術についての、しかも進化した社会や叡知によって最高度に洗練された詩芸術についての非常に多くの美しい暗示や比喩に満ちた言葉」でさえもこの時期に由来するものと考えられねばならないだろうと。[11]——あるいはまた、『パイドロス』におけるプラトンことソクラテスをしてこう語らせるのである。「憑依と狂気の第三の種類」は「ムーサたちのそれ」であって、「彼女らは繊細で純粋な魂たちを捉え、その聖なる陶酔をあらゆる種類の歌の中に吐露するように魂たちを駆り立て、こうして先の世の数知れぬ偉大な行為を美しく装わせることによって、後の世を教育するのである。だがその技量さえあれば容易に芸術家になることができると思い、ムーサたちの狂気なくして詩の門に近づこうとする者は、いつまでも不完全であり、かの聖なる神殿に参入することはできない。そうした者も、そうした醒めた者たちの詩も、狂騒の人の詩に比べれば無に等しい」と(12)も。――フリードリヒ・シュレーゲルがもし仮に、存在の根底から突きのぼってくる破壊と陶酔の「音楽精神」としての酒神ディオニュソスが夢と形象の神アポロンと奏でる絶対の二重奏の進行のうちにアッティカ悲劇生成の歴史を辿ろうとしたニーチェの『悲劇の誕生』を読んだならば、彼にとってさえ学術的論考と呼ぶにはあまりにも強度の酒精に満ちたこのニーチェの古典文献学的芸術作品に、個々の点での、例えばソクラテス問題での見解の断絶を越えて満腔の賛意を表したに違いない。シュレーゲルの同論考中の以下の文章は、このことを証明して余りあるものだろう。彼は『ギリシャ人とローマ人の文学の歴史』の短い『序章』に続く『オルペウス先史時代』の章を次のように始める。

「ギリシャ人のすべての宗教行事は祝祭的歓喜をもって執り行われた。ある場合には音楽を伴って、他の場合には音楽抜きで。一部は神秘的に、一部はそうではなしに。踊りと歌がギリシャの祭りの魂だった。儀式のあるところ、伝承もあった。伝承はこの民族にあっては詩文学となった。それゆえギリシャ人のもとでは独自の、そう信じられているところによれば、太古の神秘的な詩文学が存在したのであって、この詩文学の頭目として一般的な伝承はオルペウスの名を挙げ、これを詩文学の父、密儀の創始者としている。プラトンはオルペウスとムサイオスの秘教や予言をホメロスやヘシオドスらの後代の詩文学から明確に区分している(13)。」

「秘密の聖なる意味を内包する法定の儀式におけるオルギア的陶酔や祝祭的狂騒は、神秘的神事の本質的構成要素だった。クレタのゼウスやディオニュソスはこのようなかたちで崇拝された。ストラボンもまた、聖なる儀式のあいだ、戦闘的な踊りのもと、喧騒と咆哮によって、太鼓、シンバル、武器、ラッパ、そして荒々しい叫喚と共に、すべてを恐怖で満たしたあの太古の熱狂的なバッカス的神官たちを描いている。われわれはこうした神秘的な踊り、歌、そして儀式に伴う音楽を、その陶酔的な激情によって均整のとれた諧音や規則に適った美に取って代わろうとする、ほとんどリズムだけの騒音と考えねばならない。アリストテレスは言っている、オリュンポスの旋律が人々の心を熱狂で満たすことは一般に知られており、フリギアの音楽の性格は陶酔的で激情的であると。プラトンもまた、フリギア人のオリュンポスの音楽はあの当時に到るまでその狂乱をもたらす神々によって維持されてきたと述べている[14]。」と。

このような秘儀的祭祀における熱狂的な喧騒のただ中で人々を襲った激情はどのような種類のものだったかとシュレーゲルはここで改めて問い、かつこう答える。それは「無限なるものの予感」に伴われた異様な混合感情だった

「無限なるものの最初の予感が突然それに目覚めた精神を喜ばしい驚愕ではなく、激しい恐怖で満たしたことは自然である。避け難い幻覚によってこの精神は自分の自由が作り出したものを、自分がその一撃によって目覚まされた敵意に満ちた力へと置き換える。捉え難い全能の生き生きとした幻像が未開の人間をいわば麻痺状態に陥れるか、あるいはこの全能との関わりによって神聖なものに思われた狂騒状態へと高めるのである。とりわけ灼熱の空のもとにあっては、秘密に満ちた祭祀の熱狂がしばしばわれとわが身をずたずたに切り裂く凶暴さへと退化することがあっても不思議はない。極度の激情は、ただひたすら発散し、過剰な力から解放されようとして、かえってわが身を痛めつける。まさに同様の自然的な誤解によって幼い理性は捉え難いものの予感を、清められ、聖化された人びとにのみ啓示され、俗衆には隠されたままであり続けねばならない秘密と見なした。むろんこうした観念にはすでに早い時期か

ら神官的な高慢と私利とが絡みあっていただろう。いずれにせよこのような避け難い歪曲は単に秘教的哲学と公教的哲学との分離をもたらしたばかりではない。ギリシャの賢人たちですら真摯な秘密探究熱から完全には免れていなかったようである。[15]」

「無限なるものの予感がまだいかに茫漠として掴み所がなく、また、この予感されたものの表現がまだいかに感性の域を越えるものでなかったとしても、これこそがまったく別種の世界へと踏み込んでゆく第一歩であり、新たな形成段階の開始だったのである。エペソスのアルテミスの神像のまわりで熱狂的な出陣の剣舞を披露した舞踏者たち、アルテミスを自然力へと解釈し直した神官たち、アルテミスをよく知られた手法でアレゴリカルに造形した芸術家たち、アルテミスをアルテミスとして歌った詩人たち、自然についてのおのが著作をこの偉大な女神の神殿に奉納したヘラクレイトス、こうしたすべての者たちはその伝達の仕方、その概念の明確さに相違はあっても、同一の対象によって霊感を与えられていた。彼らは捉え難い無限性の生き生きとした想念に満ち溢れていた。そしてほかならぬこの想念が一切の哲学の始めと終わりであり、そしてまたこの無限性の最初の予感がバッカス祭の踊りと歌に、熱狂的な儀式と祭祀に、アレゴリカルな造形物や詩文学に表現されていたのだとすれば、オルギアと秘教こそがギリシャ哲学の発端だったのであり、従ってギリシャ哲学の歴史をタレスから始め、しかもこの歴史をあたかも忽然として無から生じたものであるかのように扱おうとするのは、当を得たやり方ではない。われわれはギリシャのオルギアと秘教をギリシャ世界における異質な斑点、ないしは偶然的な逸脱としてではなく、古代ギリシャの文化形成の本質的構成要素、ギリシャ精神の漸進的発展の必然的な一階梯として畏敬の念をもって考察すべきなのである。[16]」

ところでこのような秘儀的祭祀の熱狂と喧騒からその隠された存在を推定することができる「オルペウス的」始原世界とホメロス的ギリシャ世界との歴史的関係、とりわけ「伝・オルペウス頌歌」を挟んでの両者の関係が、フリードリヒ・シュレーゲルの古代ギリシャ史研究の重要項目の一つである。シュレーゲルによれば、ホメロスの詩的世界は「神秘的な伝承も儀式」も知らない。それは「自然の捉え難い本質についての象徴的な秘儀」やその教義に関わる儀式とはまったく無縁である。ホメロスの世界は「後世の神官、詩人、思想家たちの語る言葉の意味」でのオルギアも熱狂も知らない。「ホメロスの歌人たちは激情的な憑依者でも、神に満たされた者でもなく」、その性格は「静かな思慮深さであっても、聖なる陶酔ではない」のである。ホメロスの叙事詩はオルペウス先史時代のそれとは「徹頭徹尾異質」であり、「古い時代の神秘思想を想起させるものは皆無」である。しかし決定的な違いは、「すべての神秘的な行為や教義が常に関わりを持ってきたあの無限なるものへの高揚」がホメロスにはまったく欠如していることである。さらにホメロスには、「一切を産出させ、一切を維持する根源的な力」へのほんの微かな暗示的表現も見出すことができない。それどころか「悲劇が描き出すあの絶対的な自然必然性の表象、すなわち運命」もまたホメロスには未知の概念である。ホメロスにあっては「無限なるものへの能力は、あたかも蕾が青春の熱狂へと開花する前の少年の心のように永遠のまどろみのうちにあるかのようである。」「ホメロスが無限なるものを描いたことは絶えてない。」「ホメロスは、厳密に言えば崇高ではない」のである。(17)

このようなホメロス的世界を念頭に去来させながら、シュレーゲルは「オルペウス先史時代」に思いを馳せる。そもそも「オルペウス頌歌」とは何だったのかと彼は自問し、かつ自答する。シュレーゲルによれば、ギリシャ古代文化形成の歴史を実証的に辿ってゆく限り、「無限なるものへの覚醒」と「自由な自己規定の能力」の自覚とをその特質とするギリシャ神秘思想、ここではいわゆる「ピュタゴラス的神秘主義」の成立の時期は、共和制および抒情詩の成立期とほぼ重なり、従って「ホメロス以後」に想定せざるを得ない。しかし密儀の主宰者である神官たちがすでにホメロスに数世紀も先立って特殊な秘教的集団を形成していたこともまた疑い得ない事実である。従ってこれら神官たちの密儀の起源は当然「ホメロス以前に遡るもの」と考えざるを得ない。[18]例えばドドナの巫女たちの伝承によれば、最古のギリシャ住民ペラスゴイたちは、彼らが神々の名を呼び、神々の日々の営みについて歌うすべを知るまでは、長い間、生贄を行っていたように、そしてまた、神々を詩に歌い、神々と関わりを持とうとする自然の衝動は、それが現実に形象や歌として秩序づけられるようになるまでは、沈黙の行為の中で蠢いていたという事実からも想像されるように、「熱狂的な儀式や舞踏の存在」は、「神秘的教義が完全に形成され、それが詩のかたちで述べられるようになるより遙かに早い時期」に想定されねばならないと考えられる。[19]事実、プラトンの時代にはそうした生贄や浄化の諸規則を含む多数の書物が「オルペウス」や「ムサイオス」の名のもとに残されており、それらの資料をアリストテレスは「いわゆるオルペウス歌謡」ないしは「ムサイオスの詩」と呼び、ヘロドトスは「オルペウス的・ピュタゴラス的密儀」として一括総称している。[20]それどころか自分たちの新しい教義を古い祭司の名に包み隠して広めることを好んだ当のピュタゴラス教徒たちは自分たちの生き方をオルペウス的とさえ呼んでいるのである。[21]とすれば、というのは「麗しい行いの消ゆることなき光線が四方に実りをもたらす大地や大海原の上に永遠に輝きわたるように、耳に聞こゆる大いなる響きの数々はすべて不死の歩みをもってさすらう」というピンダロスの詩の一節が「ギリシャ文学の歴史全体にゆきわたる真実を告げるもの」であるとすれば、「遙か後の世の模造品」の中にさえもしばしば「根源的なものの痕跡」が見出されるはずであり、従って現存するいわゆる「オルペウス頌歌」の中にも失われた真正の響きの遠い余韻は残っているはずであり、それゆえこの頌歌の中で語られている教義の幾つかは、たとえそれらが「最初期の聖なる諸歌」に見られる「脈絡のない切れ切れの呼び掛けや重複し合った秘密の呼び名の集積」にすぎないとしても、明らかに「ホメロス以前」のものと考えねばならない[22]というのが、古代ギリシャ文化の歴史的研究の一貫性を阻む文献学的難問の一つに対するシュレーゲルの差し当たっての結論である。

しかしまた「ホメロスの文学はギリシャの歴史の最古の記録[23]」であり、ホメロスの両叙事詩を越えて歴史の向こう側へ降り立つすべを提供する文献学的資料は存在せず、ホメロスによって文献学的に与えられている古代ギリシャ世界の実証的な歴史的研究のための「導きの糸」はここで断ち切られてしまうことも、シュレーゲルにとっては文献学的な確認事項である。「われわれはただ伝聞に耳を傾けるほかはない。」——だが「その他の点ではきわめて多弁な伝承も、ギリシャ文学の成立と伝搬の歴史についてはひたすら沈黙を守るばかりである。」——古文書類もまた、「すでにプラトンが嘆いているように」いかなる解答も与えてくれない。「われわれの知識は無に等しい[24]。」——にもかかわらずシュレーゲルはこの文献学的暗黒の中からいわば幻の「導きの糸」を手繰り寄せ、この闇の時期に成立したに違いないオルギアや密議に関する伝承についての一章『オルペウス先史時代』を、ホメロス期およびホメロス期以後のギリシャ文学の歴史的記述に先行させ、文献学的にはいかなる証拠も見出し得ないこの憶測的「導きの糸」を頼りに「ホメロス以後」のギリシャ神秘思想の流れを引くギリシャ哲学の淵源をホメロス以前の「オルペウス期」に想定し、この想定の承認をプラトンに求めるのである。

しかしシュレーゲルにとっての本来の問題はいまだ未解決のままである。すなわちその源泉は明らかに「ホメロス以前」に求められねばならない「現存するいわゆるオルペウス頌歌」とホメロスの叙事詩との事実史的関連の問題がそれである。「最古のギリシャの祭司たちの教義的歌唱の中に明らかに最も単純なかたちで含まれていた」でもあろう「太古の祈り」は、現在その名で呼ばれている「オルペウス頌歌」そのものではない[25]のだとすれば、それは明らかに「遙か後の世の模造品」である。「オルペウス頌歌」は明らかに「ホメロス以前」に淵源するものと考えられる。とすれば本来の「オルペウス頌歌」は必ずどこかに「存在」していなければならない。だが「ホメロスの叙事詩」がギリシャ文化史の「最古の記録」であり、『イリアス』と『オデュッセイア』の配列や個々の部分の真偽についての議論はあるにせよ、両叙事詩の成立と形成は全体として、そして特にオルペウスをめぐる神官たちの物語などに比べれば、遙かに高い信憑性を保持している。[26] ホメロスの両叙事詩以外にいかなる文献学的資料も存在しない。しかも両叙事詩はオルペウス的世界とはまったく無縁の詩的沃野の中を流れているかに見える。両世界の間を繋ぐ水脈は完全に途絶えてしまっているのだろうか。ひょっとするとホメロス世界の中でオルペウス的先史時代は生き永らえているのではないだろうか。とすればどのような姿かたちをとってだろうか。このフリードリヒ・シュレーゲルの自問と次のような自答とは、ここでもまたニーチェとの接線を暗示している。彼はいわば匿名の人の口を借りて婉曲に言う、「ホメロスはオルペウスの神秘的な神統記をただ叙事詩化しただけなのではないのかという異見もまたあり得るだろう」と。そしてもしそうだとすれば、と彼は続ける、それは「自然とその諸力に関する太古の密儀の痕跡の一切が根絶されてしまうまでにオルペウス神話がホメロス神話へと徹底改造されているということであり、もしそうだとすれば、このようなことは古代の全歴史を通じてこの一例あるのみだろう。しかしこのような改造もそのどこかをとって見れば、少なくともあの根源的な構成要素くらいは再認識できるはずである。さらに言えば、ホメロスの叙事詩は体系的なエンツィクロペディーではないが、あの時代のギリシャ世界のきわめて包括的で充実した景観を伝えているのである」[27]と。

いかなる神秘的な伝承とも秘密の儀式とも無縁な、無限なるものへのいかなる高揚も、それゆえいかなるオルギアも熱狂も知らず、また万物を産出し維持する根源的な力の片鱗すら感じさせないホメロス世界――その歌人たちが激情的な憑依者でも神に満たされた者でもなく、その性格は静かな思慮深さであっても聖なる陶酔ではないホメロス世界――それどころか悲劇が描き出すあの絶対的な自然必然性の表象である「運命」とのいかなる接点も持たないホメロス世界――オルペウス的始原世界をその根底において支配していたあの無限なるものを求める烈しい渇望としての能力は「あたかも蕾が青春の熱狂へと開花するまえの少年」の心の中でのように永遠にまどろんでいるとしか見えないホメロス世界――このような静謐無比の、だが「崇高ではない」叙事的・造形的世界についての一連の叙述の中へ唐突に差し挟まれたフリードリヒ・シュレーゲルの右の推定、というより大胆な断定的憶測は、ここでもまたその『悲劇の誕生』において、「ホメロス的叙事詩はオリュンポス文化の詩であり、この詩によってオリュンポス文化は巨人族との戦いの恐怖に打ち勝って凱歌をあげたのだった」と書き[28]、「いまやディオニュソスはもはやその威力によってではなく、叙事詩の主人公として、ほとんどホメロスの言語で語るのである」と書き[29]、かくしてホメロスの叙事詩的世界を、本来アポロン的なものとは無縁だったはずのディオニュソス的なものの一切を完全に押さえ込み、かつ吸収し尽くすことによって最終的に成立するアッティカのディオニュソス的・アポロン的文化へと到る途上における最初の精華として捉えることで、ギリシャ文化の二重構造的生成の歴史を構想し、かつ記述しようとしたニーチェの仮説への遠方からの、だが充分に濃密な重なりを感じさせるのである。

「ソポクレスの心情のうちでディオニュソスの神々しい陶酔、アテネの深い創意、アポロンのしめやかな思慮が均等に溶け合っていた。」(『ギリシャ文学研究論』[30])

「だが見よ！　アポロンはディオニュソスなしには生きられなかったのだ。」(『悲劇の誕生』[31])

補論（六）「ヘーゲルの鉄槌」をめぐる応酬
――エルンスト・ベーラーとカール・ハインツ・ボーラーの反論、ヘーゲルからのあり得べき再反論、フリードリヒ・シュレーゲルの永遠の屈託

一

エルンスト・ベーラーはその論考『ヘーゲルのイロニー論駁』において、オスカル・ヴァルツェルの反論――フリードリヒ・シュレーゲルのイロニーに対するヘーゲルの批判のすべてを「空を斬ったも同然」と総括した上で、「ヘーゲルという一人の大物が盲目的な憎悪からフリードリヒ・シュレーゲルのロマン［主義］的イロニーに向かって妄言を吐いたのだ」と言い切ったオスカル・ヴァルツェルの論駁を引き継ぐかたちで、ヘーゲルの「ときとして下品な暴言にまで沸騰する攻撃的な批判」[1]の根源を探索する。ベーラーはまず、ヘーゲルのイロニー批判のテクストを読んで何よりも驚かされるのは、ヘーゲルの発言に見られる「凄まじいばかりの興奮、憤怒、憎悪」であるとした上で、読む者を困惑させる原因の第一に、ヘーゲルが「いかなる箇所においてもシュレーゲルのイロニーをそれと分かるかたちで論じていない」こと、すなわち批判の論拠となるべきいかなるテクストも明示していないこと、第二に、シュレーゲルのテクストのどこを探しても、ヘーゲルが指摘するような「フィヒテの自我の不当な高騰」を証明する

箇所は見当たらないことを挙げ、そしてさらにヘーゲルの激情を一層不可解なものにしている点として、彼がシュレーゲルの見地を「非哲学的」と呼び、シュレーゲルの思想のすべてを哲学の領域から締め出しているにもかかわらず、それでも満足せず、そのシュレーゲルを再三ほかならぬ哲学の裁きの場に引き出しては一向に追及の矛を収めようとしないヘーゲルの異常な執拗さを挙げる。(2) そしてベーラーはここで再び、ヘーゲルの批判はシュレーゲルのイロニー概念の「意識的な歪曲」、「意図的な偽造」以外の何ものでもないとし、「シュレーゲルが彼のイロニー概念を展開するに当たっては主観主義的なフィヒテ信奉者としてではなく、あくまでも文学作品に焦点を絞った客観的な解釈者として終始し、そこに機能しているイロニーを読み取ろうとしていたという点を、ヘーゲルは摑み損なったのだ」とするヴァルツェルの指摘を引証する。そしてシュレーゲルのイロニーはティークの『長靴を履いた猫』やブレンターノの『ゴドヴィ』における「単なる幻想破壊のための幻想破壊」という「主観的なイロニー」とは異質な、ゲーテの『ヴィルヘルム・マイスター』やセルヴァンテスの『ドン・キホーテ』などに感じ取れるような「イロニーの息吹」、「喜びのエーテル」のごとき「客観的なイロニー」であって、それゆえ単に「対象の無化」として切り捨ててしまえば済むというような「幻想破壊の詩的技法」ではないことをヘーゲルは見抜けなかったのだと総括した上で、ベーラーはカール・ハインツ・ボーラーの『ロマン主義批判』に言及し、ヘーゲルが「宿敵フリードリヒ・シュレーゲル」の「精神的撲滅を意図するかのような猛烈な攻撃」をもっぱらシュレーゲルの「哲学的許容力の欠損」にのみ向け続けた結果、シュレーゲルのイロニー理論のうちに潜んでいた「近代的なもの」、すなわち「近代的芸術作品の構造法則」における「自律の要請」への胎動を完全に看過したばかりでなく、美的領域において彼自身の「古典主義的内容美学」をもってこの新たな動向に対抗するという錯誤を犯したと指摘している箇所を援用する。(3)

ベーラーによれば、ヘーゲルの批判が「空を斬ったも同然」に終わったのは、それがシュレーゲルのイロニーの

「美的・文学的特質」にまったく触れていないからであり、「ヘーゲルの『美学講義』を一読すれば」、彼がおよそ「イロニーの美的魅力」に対してほとんどいかなる感受性も持ち合わせておらず、前記のような「近代的」イロニーの諸相に対しては、それらをもっぱら彼自身の「古風な趣味」に基づいて「空疎なもの」、「恣意的なもの」として切り捨てる以外になすすべを知らなかったことが明らかとなる。[4] そもそも『美学講義』の心的・審美的基盤となっているヘーゲルの「古風な芸術趣味」には、「一切の前衛的なもの、新しいもの、あるいは土着的でないもの」に対する「弾劾的な検閲癖」と結びついた「伝統的で家族的なものへの偏狭な愛着」が歴然と見て取れるのであって、例えばティーク、ホフマン、クライスト、シュレーゲルの『ルツィンデ』、あるいはロマン［主義］的イロニーに対するヘーゲルの手厳しい批判の数々も、その正体を糺せば、ルネ・ヴェレクが指摘しているように、「ひと昔まえの合理主義的見解と構想への後退」以外の何ものでもないのである。[5]

そこでベーラーは、フリードリヒ・シュレーゲルの精神的所産のすべてを「非哲学的」なる烙印を押して哲学の領域外へ放逐しようとしたヘーゲルの激昂の真因を、逆に「美と芸術」の領域から再びほかならぬ当の哲学の領域の中へシュレーゲルを引き戻すことによって改めて問い直すべきであるとし、そしてこの真因をただちにヘーゲルにおける「絶対的知の体系への志向」とシュレーゲルにおける「哲学の哲学、文学の文学」として定式化される「哲学および文学の自己自身への反省的回帰」という、互いに相容れない別種の哲学観の原理的対立に求めようとする。ベーラーによれば、シュレーゲルにおけるこのような「文学の反省的自己回帰」、すなわちシュレーゲルの言う「累乗された反省」にイロニーの名が与えられたことによって、哲学の伝統的諸概念と文学の伝来的諸ジャンルとの間に従来は見られなかった「一つのずれ」が滑り込み、それがこれらの諸概念、諸ジャンルを解体ないしは離間させるという結果をもたらすことになる。「イロニーを行使する」とはまさにこういうことであり、これがヘーゲルに「深い嫌悪」

を吹き込み、彼を「呪いの状態」に陥れた「時代の決壊」、――ほかならぬフリードリヒ・シュレーゲルによって手繰り寄せられた「近代」を特徴づける「時代の決壊」だったのであり、にもかかわらずこの「決壊」、すなわち「近代」の担い手こそ自分であるとする自負を捨て切れなかったヘーゲルは、その実、「自分が取り残された土地に坐り続けているという洞察」をどうしても受け入れられない自分に最後まで気づくことができなかったというのが、ベーラー描くところの、文学的近代の意味においても哲学的近代の意味においても時代の波に取り残されてゆく「絶対知」の思想家ヘーゲルの実相である[6]。

そのヘーゲルがシュレーゲルの「哲学」を知ったのは、彼が「丹念に読んだことなどまったくなかった」に違いない『アテネーウム断章集』やその他の論評によってではなく、ヘーゲル自身が少なくとも何回かは出席していたと証言しているシュレーゲルのイェーナ大学講義『超越論的哲学』によってであると、ベーラーは推定する。確かにこの講義のテクストには「イロニー」の文字はただの一度も現れない。しかしシュレーゲルがこの講義の冒頭部で彼の哲学の根源的両要素として掲げている「懐疑と熱狂」には、明らかに「自己創造と自己破壊との絶え間のない交替」(AF 51)として定義された『アテネーウム』期における彼のイロニーの「独特のリズム」が刻印されている。シュレーゲルは哲学の真の方法をもはやフィヒテが自我の無条件的自己定立のうちに見出すと確信していたあの「揺るぎない鉄のごとき原則」にではなく、一七九六年の論評『ヤコービの《ヴォルデマル》』が示しているように、哲学的諸原則の「相互証明的関係性」のうちに求めている。「熱狂と懐疑」もまたこのような相互証明的関係性の概念の一つであり、これによってシュレーゲルのイロニー理論はその最も根源的な形式を得ることになる。『超越論的哲学』を構成する「主観と客観」、「無限なるものと有限的なもの」等々の哲学的主要諸概念もまた、構造的にはすべて相互証明的相関関係のうちにある。だがこの相互原則は哲学の出発点を「一義的に決定する」ことを困難にする。フィヒテの哲学の「第一原則」をもってすれば哲学の出発点は問題なく確定される。しかし相互証明的関係はその「循環性」によって何らかの体系化を前提とした必然的な開始を許容しない。この意味においてシュレーゲルはこのイェーナ大学講義の『序論』の冒頭で、「われわれはそれゆえ端的に開始する」と明言することによってこの相互証明的な循環性の「ゴルディウスの結び目」を断ち切る。こうして哲学はどこでも「随意に開始し、打ち切ることのできるような会話」、とはいえ哲学の「無限の全体の小さな一章」を満たすにすぎない会話の様相を帯びる。[7] 事実、シュレーゲルの思想世界において「会話と哲学とイロニー」が緊密に縒り合わされていたことは、彼の初期のさまざまな言表によって証明される。しかし「哲学の本来のイロニー的性格」への彼のより直接的な洞察は、「一切の真理は相対的である」という同講義第三部『哲学の自己自身への回帰、あるいは哲学の哲学』における根本命題、まさに「フィヒテの第一命題のパロディー」[8] とも呼び得るような根本命題に見出される。

以上が、ヘーゲルの執拗な批判に晒され続けたフリードリヒ・シュレーゲルのイロニーの本来の姿だが、ヘーゲルはそこにもっぱら「空虚な主観性」の絶対支配というフィヒテの哲学の「度はずれた高騰」のみを見ただけで、そこに「哲学を全面的否定、根絶、絶対的懐疑に陥らぬように押し止めるものこそがまさにイロニー、すなわち無限なるものへの到達不可能性の意識である」という「ソクラテス的＝プラトン的イロニー」の理念が共鳴しているのを聞き逃したか、あるいはそうしたものには一切聞く耳を持たなかったというのが、ベーラーのヘーゲル再批判の最終的結論である。しかしこの結論に加えてベーラーは、ヘーゲルが常にイロニーという思考形態をヘーゲル自身の思考形態の真近かに置き据えて手放さなかったことに注目し、その理由を、シュレーゲルに代表される「イロニーという名の弁証法」の形式がフィヒテの究極的論証や演繹よりもヘーゲル自身の思弁的方法と遙かに多くの共通点を持っていた点に求められねばならないだろうとしているが、[9] この短い補足的な指摘は、このいわば不倶戴天の両思想家――「哲学の領域におけるイロニーの機能」を主として「真理の探究者たちの胸」に「認識の諸対象の無尽蔵の多様性」に対して当然抱くべき「謙虚さの志操」を刻み込むことのうちに見、それゆえかの「いとも褒め讃えられたる全知なるものの妄想」にイロニーの矛先を向けることにこそ「ソクラテス＝プラトン的弁証法〔弁論術〕」の本質は求められるべきであるとしたフリードリヒ・シュレーゲルと、従来のいかなる思想家にもまして「絶対的な知」の所有者たろうとし、それゆえ必然的にイロニーを「自分への最大の挑戦」と感じ、「異常に鋭い舌鋒」をもって「イロニーの考案者」を悪罵の限りを尽くして攻撃し続けたヘーゲル[10]とは、にもかかわらずその互いに自覚されない思考の根源、その世界観感情の根底においていわば時代の生んだ同根異花の対蹠者として捉え直す余地を残している思想的人格だったかもしれないとする見地のやや遠回しの表明と見ることができるだろう。

二

カール＝ハインツ・ボーラーの『ロマン主義批判』におけるヘーゲル再批判は、この試論が「ロマン主義の成立とほとんど時を同じくして成立したロマン主義批判」という特殊な現象の推移とその諸局面とを「歴史的・体系的連関」の中で「批判的に検証」し、「無反省」に継承されてきた「ロマン主義批判のもろもろの中心的なトポス」の実態を暴くことによって、「ロマン主義という近代精神に対していまだに続く執拗な誤解」の本質を解明すると同時に、近代精神一般という「複合的概念」を歴史的に証明することを意図したものであるという意味で[11]、ロマン主義救済作業と絡み合ったロマン主義再評価路線の一環を成している。そしてこの再評価路線上に呼び出され、批判的検証の対象とされるのが、ロマン主義批判の歴史の各段階とその諸相の代表者たち、ハイネ、ヘーゲル、青年ヘーゲル派、リベラル文学史家、それにディルタイ、カール・シュミットらであり、この批判的検証の正当性と必然性とを保証するのが、「二十世紀の六十年代に到ってヴァルター・ベンヤミンやシュルレアリスムのもとに見出」され、また、彼らに先立ってロマン主義との濃密な親近性を持っていた彼らの先駆者たち、キェルケゴール、ボードレール、ニーチェらによって予感され、予告されていた「ロマン主義的近代精神」そのものであり、そこに見出される新たな尺度、すなわち「哲学的＝歴史的思考の諸基準」の「外部」に存在し、これらの基準とはまったく異質な尺度、すなわち「芸術的＝文学的批評」のために要求される「美的・芸術的カテゴリー」という尺度である。[12] しかしこの新たな価値基準をその「ロマン主義批判」の歴史的検証の原理として掲げるボーラーは、イェーナ大学講義『超越論的哲学』への反感のうちにヘーゲルのシュレーゲル批判の主たる要因を想定するベーラーとは異なり、ヘーゲルの『美学講義』における「イロニー批判」の再検討の舞台を主として、「ロマン主義美学と文学にとってゆるがせにできない本質的諸概念や、これらの諸概念の中で資料的に裏付けられる誤解」に限定し、その際、この「誤解」それ自体が「ヘーゲル哲学の展開に対して有する意義」については問わないことをこの画期的な論考の基本姿勢として堅持する。[13] その上でボーラーはヘーゲルの批判の基本姿勢とその定式――シュレーゲルのイロニー概念の意味を彼の「アフォリズム的、ないしはエセー的な表現形式」の中に探ろうとはせず、もっぱら「フィヒテの自我概念からの論理的演繹」の必然的帰結としてのみ捉えようとする見地に立って、「ロマン〔主義〕的イロニーは空虚な主観性である」と一方的に宣言して譲らないヘーゲルの批判の基本姿勢とその定式――を、すでに一八〇七年刊行の『精神現象学』において準備された「絶対化された主観性」と「客観的諸法則」との截然たる区別の延長線上に連なるものと見、この分断が「芸術作品の客観性」の概念――「この概念はのちにベンヤミンがシュレーゲルのイロニーへの関心と併せて提示することとなる」――を「個人主義的主観主義」の名のもとに排除する結果をもたらしたと分析する。[14]

次いでボーラーは、イロニーを「実体のない主観性」としか見ないヘーゲルの攻撃を、ロマン主義的芸術理論の中で「美的要因」が自明なものとなりつつあった当時の思想的趨勢によって挑発されて結ばれた「倫理学と美学の古典主義的同盟」の最後の、「不安な予感に満ちた声高な表明」と見なし、このような時代の傾向を「新しい美学」の胎動として捉えることができなかったヘーゲルは、やがて「ベンヤミンによって浮き彫りにされる」シュレーゲルのイロニー理論に込められた「芸術の自律」への要求を看過したのだとした上で、シュレーゲルの『アテネーウム断章集』の一つをヘーゲルの帰結への反証として挙げる。――「そもそも文学の哲学なるものはしかし、美なるものの自立性をもって始まるだろう。すなわち美なるものは真にして倫理的なるものから分かたれ、かつ分かたれてあるべきであり、しかもこれと同等の権利を有するという命題と共に始まるのである。」(AF 252) ――(しかしこれに続く以下の一節、すなわち「このことを大づかみにでも理解できている者にとっては、それは自我＝自我という命題からすでに帰結されることである」という、明らかにシュレーゲルのフィヒテの自我論への依存性を告白している一節は、なぜかここでは省略されている！)――そしてボーラーは「芸術の自立性」を主張する右の引用箇所に、イロニーの概念がシュレーゲルによっていかに「意味論的」に捉えられていたかを立証する格好の例証を見るとした上で、自分自身の「戦略的な体系的意図」を追求することに専念するあまり、シュレーゲルの「新しい企画」には目もくれないヘーゲルの「演繹的な概念的特性描写」の一面性を指摘し、オスカル・ヴァルツェルの批判以来、ヘーゲルの「美的モメントの誤認」についてはもはやいかなる異論も生じ得ないと断定する。(15)

ボーラーによれば、自分のイロニー概念についていかなる「体系的叙述」も用意しなかったシュレーゲルは、『リュツェーウム断章集』、『アテネーウム断章集』といったアフォリズム形式によって独自のイロニー概念のその時々の新たな位相を展開して見せる一方、『ドン・キホーテ論』や『ヴィルヘルム・マイスター論』といった個々の文学作品の「解釈」においてもイロニー概念の具体的な適用例を示そうとする。その際、彼は「詩的なもの」を規定しているイロニーを、ヘーゲルが前提しているような「芸術家の主観性」という視点からではなく、「芸術作品の客観性」という新たな視点から眺めようとする。例えば「古代にも近代にも、全体にわたって到る所すみずみまでイロニーの神的な息吹を呼吸しているような詩作品がある。そうした作品には真に超越論的な喜歌劇精神が生きている。内面においては、一切を見渡し、一切の制約されたものを、自己自身の芸術、美徳、独創性すらをも無限に越えて高まる気分［……］」〔引用中断〕という『リュツェーウム断章集』の一つ（LF 42）を見ても、ここでの「中心的規定」がヘーゲルの指摘するような「単なる主観性」にではなく、この断章冒頭の「哲学はイロニーの本来の故郷である」という命題が暗示している通りの意味において、すなわち、これまたヘーゲルが看過した「美的モメント」に求められねばならないことは明らかであるとした上で[16]、ボーラーはさらに、この「詩的なもの」を「中心的規定」としているイロニーの好個の実例として、一七九八年の『アテネーウム』誌に掲載されたゲーテの『ヴィルヘルム・マイスターの修業時代』へのシュレーゲルの論評（以下、『マイスター論』）を取り上げ、シュレーゲルに次のように語らせる。

「だから詩人自身が登場人物や出来事をひどく軽々しく、気儘に扱い、主人公にはイロニー抜きではけっして言及せず、彼の傑作そのものを彼の精神の高みから微笑を含んで見下ろす、そんなふうに見えるからといって人は、この作品が彼にとって最も神聖な真面目さを欠くものだなどと思い違いをしてはならない。こういう作品はただ最高の諸概念とのみ関わりを持つものでなくてはならないのであって、単に通常の社会生活の観念に立って構想されているようなな、すなわち人物と出来事とが最終目的であるようなロマーンなどを想像してはならないのである。」[17]——

この一節についてボーラーは次のように解説する。ここでシュレーゲルが示唆しているのは「芸術作品そのものと芸術家の自己反省」であって、個々の登場人物たちは、イロニーによって「無化される」のではなく、ある「普遍的なもの」との関わりの中へ置かれる。そもそもロマーンの登場人物たちの「本来の意味」を形作っているのは、彼らを支配している「物語の精神」そのものであって、十八世紀末に特に好まれた因習的な冒険小説や社会小説におけるような意味でのそれではない。芸術的ロマーンにおいて最終的に重要となるのは単なる社会的出来事ではなく、「絶対的なものの描出」でなければならないが、この「絶対的なものの描出」はまさに「反省的書法」、すなわち「イロニー的書法」に依拠することによってのみ可能となるのである。「絶対的なもの」は形式的側面と内容的側面とを持つ。芸術作品の個々の要素は常に同時に全体を含んでいるということが、その形式の内実である。この「全体」はそれゆえ「十八世紀の機械論的=調和論的芸術理論」の意味においてのそれではなく、シュレーゲルがその論考『批評の本質について』で論証しているような、「解釈学的に把握可能な全体性」という意味においてのそれである。内容の点に関して言えば、芸術作品そのものが「無限のプロセス」を暗示しているということがここでは含意されている。従って「真面目さの欠如」というヘーゲルの非難がいかに根拠のないものであるかが明らかとなる。「イロニーの微笑」はまさに「最も神聖な真面目さ」である。なぜならそれは「作品の客観的全体への反省」を表現しているものだからである。実際、シュレーゲルは、彼が『マイスター論』の中で行っている作品分析において「作品全体の上に漂うイロニー」について再度言及し、このようなイロニーを「自己自身に微笑みかける品位と意味深さの仮象」として性格づけている。彼はこのような「自分自身に微笑みかける仮象」――その中で芸術作品に対する芸術家自身のイロニーが映し出されるのだが――を「循環的文体」、すなわち「こうした見かけの投げやりさと類語反復、条件づけるものが条件づけられるものと再び一つになるほどに条件づけるものを完成させるような類語反復とによって創り出される「循環的文体」を念頭に置きつつ特性描写しているのであって、『マイスター論』におけるこの箇所は、前記の引用と併せ読むとき、芸術家が彼の芸術をその反省によって無限に越え出てゆくという先の「超越論的な喜歌劇精神」としてのイロニー概念の定義に対する最も重要な註解と見ることができる。そこにはヘーゲルがシュレーゲルのイロニーに「不真面目という根源悪」の罪過を負わせる主観主義的根拠などは見当たらない。シュレーゲルにとっての唯一本来の問題は、「自己自身を完成させてゆく芸術作品そのもののプロセスとしてのイロニーの客観化」であって、これこそ「ベンヤミンが例証に依拠することなしに確然的に主張している」ところであるというのが、『マイスター論』に問題を限定する限りにおいてのボーラーのシュレーゲル弁護の揺るぎない基盤である。[18]

それゆえシュレーゲルのイロニーが何かを「破壊する」とすれば、とボーラーは続ける、それはヘーゲルが想定するような「自我の主観性」によってではなく、「芸術作品の最高の諸概念」への関わりによってであると。ここでボーラーの言う「芸術作品の最高の諸概念」とは、いわゆる「社会生活の観念」といったものとは同一視され得ない「芸術的ロマーン」のそれであり、それは確かに「芸術家の反省」の仕事ではあっても、しかしその内容はヘーゲルが論難するような「空虚な主観性」ではなく、「最後まで考え抜かれた作品の客観性」である。「ある制約された作品」が「ある無制約的なもの」を追求してゆく限り、この作品は「反省媒体」であるイロニーの対象になるということ、これが「最高の諸概念」に関わるという表現の意味である。事実、一八〇六年刊行のコッタ版『ゲーテ作品集』への書評の中でシュレーゲルは、『ヴィルヘルム・マイスター』に関して単に「穏やかなイロニー」ばかりでなく、「作品の霊（ゲーニウス）」が「みずから作り出したものを破壊するかに見える」ようなイロニーについても語っている。このイロニーと「解体過程」との同一視は、ヘーゲルの「判決」がこの判決を受けた被告自身によって立証されているかのような錯覚を与える。しかしこの同一視は、ヘーゲルの主張するような「芸術的主観性」の帰結ではなく、「天才的な作品固有の特質」に帰せられるべきものとして捉えられねばならない。[19]

ところで「即自的かつ向目的に存在するもの」の「主観性による解体」というヘーゲルのテーゼは、「内実を欠いた恣意的な自我」が現出させる「仮象」の概念においてその絶頂に達するが、ヘーゲルが指弾する「仮象」は、シュレーゲルが『マイスター論』において語っている「仮象」――「自己自身に微笑みかける品位と意味深さの仮象」――とは異質である。ここでは作品の構造の中に現れているゲーテの「文体」が含意されているのだから、ここでもまた「純粋に主観的な仮象」というヘーゲルの主張の妥当性が確認されると言えないことはない。しかし「文体」はここでもまた「恣意的な芸術的自我の個人主義的自己表現」としてではなく、「作品の有機的形成の形式」として考えられているのだから、この作品の「仮象」は、単なる「社会的現実」とは厳密に区別されねばならない。この芸術的「仮象」と「社会生活」との間のほかならぬこの「存在論的差異」がヘーゲルの批判の動因となったということは確かに考えられる。しかしシュレーゲルが「仮象」について語るとき、彼は作品の「芸術的仮象」の「自律」を前提としており、しかもこの「自律」はヘーゲルがその『美学講義』の中で定式化している「仮象」とは原理的に相容れない概念である。ヘーゲルは確かに同講義における「ロマン〔主義〕的芸術」の分析において「仮象それ自体」なるものを考えてはいる。しかし彼がこの概念のもとに実際に考えているのは、「自律的に生成する芸術作品」のそれではなく、依然として現実世界の「生きた姿」、その「現下の諸情勢」の「写し絵」としてのそれであるにすぎない。シュレーゲルの言う「芸術的仮象の自律」は、それゆえヘーゲルが非難の対象とした「主観性の問題」とは別個の領域に属している。(20)

ここでボーラーは、ヘーゲルの攻撃目標の焦点であるシュレーゲルの「主観性」に的を絞り、ヘーゲルの批判を覆す最も有力なシュレーゲル自身による反証として、一七九六年に発表されたヤコービのロマーン『ヴォルデマル』への書評を挙げ、このシュレーゲルの初期論評が「自己自身のうちに閉じ籠もる主観性」に対していかに批判的だったかを指摘する。ここではその後の『マイスター論』において試みられるような「イロニー」概念はまだ機能するに到っていない。シュレーゲルはこのヤコービの作品全体に「逸脱した無限なるものへの志向」、「無限なるものへの倒錯した志向」が「過度の緊張」として支配しているのを見、そしてこの作品の「芸術的過失」の原因を、ほかでもない、ヘーゲルがシュレーゲル自身の過失として断罪することになる「主観性」に求めている。「ヤコービの哲学の出発点となった軟弱な地層は、客観的な命令法ではなく、個人的な願望法である。――少年期においてすでに彼は永遠性と無化の表象によって無気力と絶望に陥るほどに怯えていた。［……］不可視のものは彼にとって実直な活動への原動力にも導きの糸にもならなかった。かえって《不可視なものを余すところなく実際に享受すること》が彼の全存在の目的だった。生来、自己のうちへ沈潜し、独自の表象に耽溺しがちだったことから、自分の愛に対する不信感とその愛の対象の実在性への疑いによって突き動かされて初めて、彼は自分を自分自身の中から引きずり出し、そうすることで外に向かって活動的になれたのである。」――

シュレーゲルはそれゆえ、とボーラーは論証の糸を手繰り寄せつつ語を継ぐ、「美しい魂」に向けられるヘーゲルの批判の十一年前にすでにヘーゲルの「現実性喪失に対する非難」を先取りしていたことが分かると。すなわちこの論評が書かれたのは、『マイスター論』の二年前、一七九七年の『リュツェーウム断章集』におけるイロニー概念の最初の諸定義に僅かに先立つ時期であるから、この事実は、このヤコービの「主観性」に対する批判――むろんそこにはシュレーゲル自身が抱える危険に対する自己批判的反省が隠されていると見なければならない――が、徹頭徹尾「イロニーの自己形成的美学」の文脈の中に引き入れて読まれなくてはならないことを示唆している。もしヘーゲルが「シュレーゲルの美学の革新的な諸要素」に多少なりとも関心を持っていたならば、彼はこのヤコービ批判を看過できなかったはずである。特に彼がその『美学講義』において多感な性格の落ち着きの無さに関してヤコービの

『ヴォルデマル』に論及しているとすれば尚更である。さらに注目すべきは、シュレーゲルの「主観主義的誤解」の一つとしてヘーゲルの批判の対象となっている「ソクラテスの哲学」が、ここでは「客観的」に、すなわち「学問愛、認識と真理への無私の、純粋な関心」、「論理的熱狂」として描かれていること、そしてこの最後の「論理的熱狂」の概念がその後のシュレーゲルのイロニー概念の進展を予告していることである。[21]

こうしてボーラーは「ソクラテス問題」に踏み込んでゆく。シュレーゲルが『リュツェーウム断章集』において「ソクラテスのイロニー」に加えている解釈（LF 108）は、「ソクラテスのイロニーは徹頭徹尾非意図的でありながら、しかも徹頭徹尾考え抜かれた比類のない擬装である」とする「客観的契機の状況設定」をもって始まる。だがソクラテスの論法を「きわめて真っ当なもので、けっしてイローニッシュなものではない」と捉えていたヘーゲルにとって、それを「すべてが冗談であり、すべてが真面目である」とするような論法へ転換させてしまうシュレーゲルのやり方は、「主観的な浅薄さ」と映ったに違いない。ソクラテスのイロニーは「無制約的なものと被制約的なものとの解決し難い相剋の感情を含み、かつ、それを喚起する」というシュレーゲルの命題――それゆえソクラテスの思考形式をシュレーゲル自身の「美的理論」に直結させ、哲学をいわば美学に従属させることになる命題――は、ヘーゲルにとっては主観性の極度の暴騰、客観的なものへの冒瀆と思えたに違いない。しかしそれは彼がシュレーゲルの「新しい形式的関心」を感じ取ることができず、それを「内容喪失」という一般的概念のもとに一面的に主題化してしまっていたからにすぎない。ここでボーラーは、「フリードリヒ・シュレーゲルの思考形態への美的親近性から、イロニーの反省的機能に対していかなる疑問も呈していない」ノヴァーリスの言葉――「フリードリヒ・シュレーゲルがイロニーとして特性描写したものは、私見によれば、思慮深さの性格の、精神の真の顕現の帰結以外の何ものでもない」――を引用し、まさにこの同じ点にヘーゲルは「性格的欠陥」を越えた「不真面目と不遜」を確認すると信じ、これに「哲学的欠損」の烙印を押そうとしたのであって、この烙印がロマン主義批判の歴史の中で図式化され、幾たびとなく形を変えて回帰することになったのであると述べたあと、彼のヘーゲル再批判の原点に話を引き戻す。[22]

ボーラーのヘーゲル再批判の章はキェルケゴールの『イロニーの概念について』への言及によって閉じられるというかたちを取っている。ボーラーによれば、キェルケゴールの「イロニーの概念」はヘーゲルの解釈への依存とそこからの離反との間を揺れ動く。キェルケゴールはソクラテス的理念のヘーゲル的解釈について、「ヘーゲルはイロニーの真実をまったく見ておらず、ソクラテスの立場はイロニーではなかったなどという誤った主張を述べている」と批判する一方で、「思弁の放蕩息子たちが堕落の横道に迷い込むのを阻止」しようとした「ヘーゲルの功績」を認めるにやぶさかではない。[23] それどころか彼はシュレーゲルのイロニー概念に対するヘーゲルの批判を原理的に継承し、彼自身の『ルツィンデ』論においても、これを背徳的と見るヘーゲルに原則的に同調するという[24]姿勢を貫いている。しかしそれと同時に彼はヘーゲルとは異なり、彼がイロニーの中に発見する「美的意識」、すなわち「人は詩的に生きるべきである」とする要求のうちに、ブレンターノがいわば「詩的近代精神の先駆者」として「実存的」に実現しようとしたもの、すなわち「美的意識の根底的な改変」への要求を認識する。[25] この意味でキェルケゴールの「ロマン主義批判」は「実存の照明」であり、「詩的に生きたい」というこのロマン主義的欲求をキェルケゴールは、「詩学的に考えられたイロニー」のカテゴリーとは関わりなく、「自己自身を詩作」する「美的人間としてのイロニカー」という独自の理論の展開のために利用する。彼は書いている、「かくも真に詩的に生きることができるためには、かくも真に自己自身を徹底的に詩的に創造するためには、イロニカーはもはやいかなる《それ自体》も持ちたいとは思わないだろう」と。かくしてイロニカーがわが手にするものは、「詩的に創造しつつ自己を越えて立つというネガティヴな自由」であり、こうしてイロニカーは「一個の無」と化する。ここでのキェルケゴールはシュレーゲルのイロニーに向けられた「空虚な主観性」というヘーゲルの非難を、シュレーゲルの「詩学的に重要なテクスト」とのいかなる対質的検証もなく、そしてまたシュレーゲルの「イロニーの詩学的な諸定義」へのいかなる言及もなしに利用し、もっぱらイロニカーたちの「道徳と倫理性」からの脱却についてのみ語る。イロニカーは「一切の恒常的で脈絡のあるもの」を捨てて「仮言的、接続法的に」生きる。彼は「気分の深淵」の中に完全に沈み込む。それはしかし彼にとっていかなる「現実性」も意味しない。にもかかわらずこのような「気分」の中にキェルケゴールは、「冗談の高貴なお忍び姿」に身をやつした「悲哀」が登場するのを見る。かくしてキェルケゴールはこの「気分の深淵」から分析的に一つの新しい歴史的タイプを導き出そうとする。彼はヘーゲルが見落としていた一点を指摘する。「フリードリヒ・シュレーゲルやゾルガーが《現実性は仮象にすぎず、現象にすぎず、虚妄にすぎず、無にすぎない》と言うとき、彼らはそのことを明らかに真面目に考えている。ところがヘーゲルはそれをイロニーだと言うのである」と。キェルケゴールによれば、「有限性は無であるとするフリードリヒ・シュレーゲルやゾルガーの意識は明らかにソクラテスの無知とまったく同様に真面目なもの」であって、この意味でキェルケゴールは「ニヒリズムの実存的パトス」という、一つの新しい美的な、だがもはや哲学的に規定され得ないタイプを発見する。ロマン主義的イロニーとは彼にとってそのようなタイプの一表現である。そしてこのような視点から、彼はシュレーゲルの「美学」のイロニー概念をではなく、シュレーゲルの「ロマーン」の諸形姿の「美的メンタリティー」を性格づけようとする。「実在性概念」に関するヘーゲルの「概念的作業」は、ロマン主義的イロニーをこの作業のための批判的基準として実行されねばならなかったが、しかしこのような「実在性」に代わって立ち現れてくるかもしれない「空虚」という、すでに「実在性概念」を越えてしまっているキェルケゴールの「実存的診断」は、もはや初期フリードリヒ・シュレーゲルの美学には妥当せず、すでに近代的文筆家の未来のタイプの美的意識に向けられたものとなっている。その意味においてキェルケゴールのもとですでに「美的近代精神そのものの自己批判」は始まっており、ヘーゲルが美的論拠を論争の中へ持ち込むことを厳しく批判し、それがもたらす不当な逸脱を論理的な処理の中で制御しようとしていたとすれば、キェルケゴールは美的なものの威力を、それをそれ自体として体験しつつ、新しい時代の徴表として認知し、それに応えたのであって、それゆえ彼はシュレーゲルを論破しようとしたのではまったくなく、生きることのための諸帰結をそこから探り出そうとしたのだというのが、『ロマン主義的イロニーを空虚な主観性と見るという誤解』と題された一章におけるボーラーのヘーゲル再批判の最終報告である。(26)

三

ヘーゲルは反問するだろう。シュレーゲルのイロニーを「実体を欠いた主観性」の恣意的発動以外の何ものでもないとする自分ヘーゲルの批判を、「美的要因」がロマン主義的芸術理論の中で自明なものとなり始めていた新時代の文化的動向に挑発されて結成された「倫理学と美学の古典主義的同盟」の最後の、「不安な予感に満ちた声高な表明」と捉え、しかもこの「古典主義」なるものをあたかも「十八世紀末に特に好まれた冒険小説や社会小説」に通底する「機械論的＝調和論的芸術理論」と同質の保守的な俗流理念であるかのごとくに蔑視するシュレーゲル弁護人ボーラー氏の論拠は一体どこにあるのかと。そもそも何をもってもう一人のシュレーゲル弁護人ベーラー氏は、自分ヘーゲルの『美学講義』の基底を成している芸術意識を、「一切の前衛的なもの、新しいもの、あるいは土着的でないもの」に対する「弾劾的な検閲癖」と結びついた「伝統的で家族的なものへの狭隘な愛着」と断定できるのかと。確かにボーラー、ベーラー両弁護人は揃って『精神現象学』から『美学講義』および『ゾルガー書評』に到るまでの自分ヘーゲルのシュレーゲル批判の論跡を、引用に次ぐ引用によって、しかもそのつど一応の批判的分析を加えながら、丹念に辿って見せてくれてはいる。[27]しかしここで敢えてベーラーの批判的言辞を借用すれば、彼らはこうして拾い集めた自分へーゲルの言表の一つ一つと対決するというかたちで「渡り合っている」、少なくともそれらを『美学講義』の論理的連関と絡み合わせて検証するというかたちで「渡り合っている」と言えるのか。「われわれがヘーゲルの批判を検討するのは、もっぱらロマン主義の美学と文学作品にとってゆるがせにできない本質的諸概念」、すなわち「これらの諸概念のうちで資料的に裏付けられる誤解」に注目してのことであって、この誤解が「ヘーゲル哲学の発展に対して有する意義」に注目してのことではないというボーラーの限定的な論域設定[28]は、初めから「哲学者」ヘーゲルとは「渡り合わない」と言ったも同然であり、いわば戦場の不利な局面の一方的な放棄を合理化する尤もらしい口実であるとしか思えない。ここで再びベーラーの言葉を借用すれば、彼らは自分へーゲルのイロニー批判を含む美学的諸言説の「一覧表」を作成した上で、これに無造作に「時代遅れ」の誤解ないしは誤認の烙印を押す。一体、彼らがシュレーゲルにその端緒、あるいはその予徴が見出されると主張する新たな動向――「芸術と文学をまえもって与えられている諸理念の実現以外の何ものでもない」とする確信の上に築かれたへーゲル流の「内容美学」を一挙に越え出て、「記述するものと記述されるものとのまったく新しい技法」への道を切り開くことになるフリードリヒ・シュレーゲルの「芸術構造の美的様態の発見[29]」を経て、遙かに「シュルレアリスム」を遠望する「美的近代精神」の幻想の未来への大いなる希望を約束する新たな動向――を見抜けなかったことをもって旧来の「合理主義的」見解と構想への後退であると決めつける両人の断定的手法は、これもまたベーラー言うところの、「一つの告発、しかもこれを見よ！と言わんばかりに身振り手振りを交えての告発」とどこがどう違うのか。それとも彼らはへーゲルを批判するにへーゲルの手法をもってするという辛辣な反語的戦術に出たというわけなのか。

ヘーゲルの不満は何よりも両反論者が『美学講義』の中へ、とりわけ『ゾルガー書評』の中へ積極的に踏み込んで来なかったことに向けられるだろう。実際、この両弁護人は、ヘーゲルのシュレーゲル批判の爆風に煽られ、それへの反論を急ぐあまり、ゾルガーのイロニー理論（シュレーゲルのそれではない！）に関するヘーゲルの批判的考察の部分――これがこの『書評』の眼目だったにもかかわらず――を無視しないまでも軽視し、ヘーゲルが「ゾルガー批判」によってイロニー一般をいかに捉え、いかに理解していたかを検証する視点を当初から論述の埒外へ置いてしまっている。この意味でヘーゲルは自分へ向かって投げつけられたベーラーの非難――ヘーゲルには「イロニーを理解しようとする努力の跡がどこにも見られない[30]」――をそっくり相手方へ投げ返すこともできただろう。この『ゾルガー書評』にやや立ち入って論及している当のベーラーにしても、そこに「再度ロマン主義運動と対決する歓迎すべき機会」を見出したヘーゲルの対シュレーゲル批判の最終場面しか見ていない。例えば、「ゾルガーの最高理念の規定」が問題になるところでは、「当然期待されてよいはずのイロニーが見当たらないではないか」と「やや辛辣な調子」で嘆じて見せるヘーゲル[31]、「悲劇的イロニー」に論及されるところでも、「探究する精神が真に真面目な問題に直面するやいなやイロニーが終わりを告げる」のは当然の成り行きであって、実際、ゾルガーが「真面目な哲学的思弁の領域」へ一歩足を踏み入れるやいなや、「いつもは絶賛してやまないイロニーなどまったく念頭から消えてしまうではないかと「凱歌をあげつつ」指摘するヘーゲル[32]、といった捉え方でこの『ゾルガー書評』は読まれ、かつ要約されてゆく。だがこの『ゾルガー書評』のどこを探しても、ヘーゲルがゾルガーに対して「辛辣な調子」で「凱歌をあげ」ているような、あるいはそれを感じさせるようなくだりは一箇所として見出すことができない。ヘーゲルの論調は終始ゾルガーへの好意に満ちている。ベーラーは明らかにヘーゲルの『ゾルガー書評』をヘーゲルの「シュレーゲル批判」への、ベーラーにとって都合のよい傍証ないしは傍註としてしか読もうとしていない。ボーラーに到ってはにも等しい軽い言葉を残してあっさり素通りしてしまっているのである。

ルガー書評』における彼の発言内容からも読み取ることができる[33]」という、この『書評』への関心の薄さを告白する

し、その後の数年にわたるロマン主義批判の恰好の対象となった」小説『ルツィンデ』とを挙げ、「このことは『ゾ

ヘーゲルのシュレーゲル批判の論拠として『アテネーウム断章集』と、「何と言ってもあのスキャンダルを呼び起こ

しかし両弁護人のヘーゲル再批判の論述において最も理解に苦しむ点、とりわけヘーゲルにとっては複雑、かつ憤懣やるかたない思いにさせられる点として残るのは、彼が『ゾルガー書評』の中で『危機の時代』と題して展開している「ゲーテ論」についてボーラーもベーラーもまるで申し合わせたように口を閉ざしていることである。もしヘーゲルのロマン主義批判が、生成途上にある近代精神の未来志向的なもの、ボーラー＝ベーラー言うところの「前衛的なもの」には目もくれない「古典主義的内容美学」の陣営からする時代錯誤的反撃だったとするならば、そのロマン主義批判と当然のことながら表裏一体を成していると考えねばならないヘーゲルのここでの「ゲーテ論」は、彼のロマン主義批判と同質・同根のものとして、両シュレーゲル弁護人にとって恰好の攻撃材料でなければならなかったはずである。ましてやこの「ゲーテ論」が、ヘーゲルのロマン主義批判と不可分の関係を保持しつつその後の一世紀半にも及ぶドイツ文学史・思想史記述におけるもう一つの「金科玉条」として受け継がれてゆくほどに、その影響力の半減期の長さを誇るものだったとすれば尚更である。別してヘーゲルのイロニー批判への再批判の拠点の一つを、ベンヤミンに倣ってシュレーゲル自身の「ゲーテ論」——一八〇〇年の『アテネーウム』誌第一巻第二輯所載の『ヴィルヘルム・マイスターの修業時代』についての論評——に置き、しかもロマン主義バッシングの全歴史をそのあらゆる局面にわたって批判的に検証することをもってロマン主義救済の中心課題として掲げているボーラーにとって、このシュレーゲル自身の「ゲーテ論」とシュレーゲル・バッシングの「元凶」と目されるヘーゲル——「十九世紀ロマ

ン主義批判において中心的な地位を占めてきたヘーゲル」[34]――の「ゲーテ論」との対質は避けて通れない焦眉の問題だったはずである。にもかかわらずボーラーは、彼言うところの「古典主義的内容美学」のいわば内容証明ともなったに違いないこのヘーゲルの「ゲーテ論」を検証の場から外してしまったがために、ヘーゲルの「シュレーゲル批判」は前近代的な「内容美学」の最後の「不安な予感に満ちた声高な表明」だが、同じヘーゲルの「ゲーテ論」はその限りにあらずとして不問に付すると言わんばかりの奇妙な、だがゲーテ絡みの問題ではきわめてしばしばありがちな二重基準の足枷をわが身に嚙ませる結果となり、そもそも何をもって「古典主義的内容美学」と言うのかという ヘーゲルからのあり得べき当然の反問に対してもはや明確な答弁を用意することが不可能となるという苦境にみずからを追い込むことになった。

ヘーゲルは『ゾルガー書評』の第一部において、ゾルガーとその時代の「一般的動向」を二つの危機的状況、すなわちシュトルム・ウント・ドラングとロマン主義とを、主としてそれぞれの「シェイクスピア体験」を通して特徴づけようとする。彼はまず第一の危機の時代の特質を、この時代に青年期を送り、時代精神の「完成」に大きく関わったゲーテ自身に語らせる。ゲーテはその『詩と真実』の中で「若い人々がみずから踏み外した諸原理、半可通の諸法則、寸断された理論によって陥っていると感じていた」混乱状態からの自力脱出について、「自分の詩の真の基盤となるべき情感ないしは反省を獲得するためには、自分で自分の胸の内をまさぐり、対象や出来事の直観、その詩的描写のために、差し当たってまず自分の心に触れ、自分の関心を引きつけるべく流れ込んでくる領域の内部に身を潜めるほかなかった」と述べ、この自己克服を助ける大きな要素の一つとなった「シェイクスピアとの出会い」について、『ヴィルヘルム・マイスターの修業時代』の中でヴィルヘルムにこう叫ばせる、「これらシェイクスピアのドラマは詩なんかじゃない。それはむしろ繙かれた途方もない運命の書物を前に人を立ち竦ませてしまうと言ったようなものなんだ。そこには激動する生命の嵐が荒れ狂い、乱暴にこの書物の頁をめくってゆく。人類とその運命についてかつて自分が抱いていた予感、幼年時代から、自分自身にはそれと分からずに、自分にまとわりついて離れなかった予感が、すべてその中で実現され、展開されているのを見たのだった」と。かくしてシェイクスピアは、詩人ゲーテの「人生経験の拡充を助け、それを表象の圏域内の単に直接的なものでしかない対象や関係を越えて、また、そうしたものに制約されているもろもろの反省を越えて高め、より深い内実を――だが常に彼自身の胸の坑道から――獲得させるべく、そのなすべき務めを果たしたのだった」というのが、ゲーテにおけるシュトルム・ウント・ドラング期のシェイクスピア体験による自己克服についてのヘーゲルの見解である。そしてその際、「扱われた対象の内面的な実質が芸術の始まりにして終わりである」というゲーテの「偉大な言葉」が、「二つの危機の時代」を比較検討するに当たってのヘーゲルの価値基準となる(35)。

次いでこれに続く時期の第二の危機的状況をヘーゲルは、「われわれの文学的視界をさらに広範な諸現象へと拡張させ、ダンテ、ホルベルク、『ニーベルンゲンの歌』、カルデロンに関する知識を広めることに貢献した」時代、すなわち「ロマン主義の時代」に想定する。ヘーゲルによれば、この時代に再燃する「シェイクスピアへの熱狂」は、「遠い世界の異質な諸形態についての研究、賛嘆、模倣」への志向と連れ立っていたため、「形式的なものへの嫌悪から内実を求めて掘り進み、これを明るみへ引き出そうとする」志向に貫かれていた「第一の危機の時代」とは逆に、「諸形式や異質な特性への趣味の拡大」といったものと結びついていたため、「実質と内容に対する感覚は主観的抽象、精神の無形態的な織物細工へと萎縮して」ゆき、その結果、「フモールや低俗な機知の享受と尊重にすら道を譲る」こととなる。かくしていまや「警抜なナンセンスや素敵な荒唐無稽」といったものまでが口々にもて囃されるとなれば当然の成り行きとして、「自分自身の作品」においても「実質と内容」は「無味乾燥で希薄」な

「真剣味のないもの」と化し、「意図の犠牲となって虚空のうちに雲散霧消して」しまい、「意識的、かつイローニッシュ」に素材の「内的な没真理」が「最良のもの」と賛美されるに到り、一方では「文学の文学（Poesie der Poesie）といった理論」が作られるかと思えば、他方では例の詩人たちの一座――あの「新しい文学の曙光」のごとき作品によって、あるいは「核心のない香りと響きから成る彗星めいた独特の世界」によって自分たち仲間同士の間で互いに騙し合い、大衆を瞞着する一座――が結成される。このような一座のもとでは、「無内容と憧憬のイローニッシュな洗練」のためには「抒情詩の形式」が最適かつ自明のものとして好まれるものだが、それというのも、畢竟、単に「空虚な精神の現実性を欠いた響きの中での戯れ」でしかないものを表現する場合、「韻文や押韻」をこととしている限り「内容に邪魔されずに済む」からである。演劇の分野においては「現実性」、「性格」、「行為」が欠かせないとは言え、そこでもまた「イロニーの理論によって要請される内的虚無」が、つまりは凡庸さがみずから陥るところのもの、すなわち「性格の欠如、首尾一貫性の欠如、必然性の欠如、勿体ぶった思慮分別」へと導いてゆく。かの理論がこれに付け加えるものといえば、「凡庸さもまた無定見と中途半端の原則に則って生産に励む」ということくらいだろう。かくして「批評」が「このような見地と共に新たな、目覚ましい、時には不遜であることさえ稀でない飛躍を遂げ、美的な高みに立ちたいと望んでいた多くの人々の畏敬の念を掻き立てることになる。というのもゾルガーがしばしば経験したこととして述べているように、大衆というものはおよそ目覚ましく輝かしくさえあればどんなに歪んだものでも意に介さないといった具合に出来ているからである[36]。」

このような「第二の危機の時代」に対するヘーゲルの嫌悪と容赦のない批判は、「第一の危機の時代」を代表するゲーテへの敬意と好意に満ちた眼差しと表裏一体である。それゆえヘーゲルのロマン主義批判が時代遅れの「内容美学」を実証するものだとすれば、当然、ヘーゲルの「ゲーテ論」はそれと一蓮托生のものでなければならない。

ヘーゲルは続ける。「こうした時代精神に属する幾多の文学的現象や判断が、『ゾルガーの遺稿集および書簡集』の中でわれわれの眼前を通り過ぎてゆく。イロニー、『ルツィンデ』、『アテネーウム』誌等々、あの最も目覚ましくも最も華々しくもあった一時期はすでに時代精神の彼方へと去った。そしてその後まもなくもっと真面目な関心事が、戦争と政治的諸状況が、真剣な内容に対して敵意を持っていたあの時代の考え方を、個人の外部に向かっても内面においてもますます一つの特殊な圏域へと圧縮していった。これに反してゾルガーのもっと底の深い見地は、常に『アテネーウム』誌のそれとは比較にならぬほど隔たっており、いわんや『ルツィンデ』のそれとはまったく無縁のものだったし、また、成熟の年齢に達してからも、彼はホフマンの作品の中でフモールが嵩じて辿り着くあの極端な怪奇趣味にも共鳴することがなかったのである」と。[37]

ここでボーラーに最終的に求められるのは、このような慨嘆をもって終わるヘーゲルの時代批判そのものが「芸術と文学をまえもって与えられている諸理念の実現以外の何ものでもない」と確信するヘーゲルの「古典主義的内容美学」の端的な発露にほかならないことを立証することだけではない。ボーラーはまたヘーゲルの「ゲーテ論」の基盤となっているもの、すなわち自己の「人生経験の拡充」のために、この経験を「表象の圏域内の単に直接的なものでしかない対象や関係を越えて、また、そうしたものに制約されているもろもろの反省を越えて高め」つつ、「より深い内実を――だが常に自分自身の胸の坑道から――獲得」しようと努力するゲーテの、いわば「死せよ、成れよ」の不断の自己形成的・自己超克的自我の現実的展開に人間形成の最高の理想を見ようとするヘーゲル自身の文学理論、あるいは「扱われた対象の内面的な実質が芸術の始まりにして終わりである」というゲーテの「偉大な言葉」によってヘーゲルが要約しているヘーゲル自身の芸術理論を、「倫理学と美学の古典主義的同盟」の最後の、「不安な予感に満ちた声高な表明」の典型的な実例として槍玉に上げ、ロマン主義における「実体的内容」の欠落を衝くヘーゲルの批判もろとも「前近代的」な通俗リアリズムとして、さらにはボーラーの敷くロマン主義救済路線に立ちはだかる「誤解と誤認」の障壁として排除しなければならなかったはずである。だがボーラーはそれを敢えて怠った。と言うよりは、ヘーゲルの「ゲーテ論」にはまったく言及しないというかたちでそれとなく回避した。そのため彼のヘーゲル批判の試金石だったはずの「古典主義的内容美学」の概念は、この先決問題放棄の独断的定義とその適用における恣意的な二重基準とによって宙に浮き、彼の見地に無条件に賛同する者を除いては無内容な、だがそれだけに異論を許さない断固たるイデオロギー論争的選別の標識ないしは旗印に留まらざるを得なかった。ヘーゲルのシュレーゲル批判には「明確な論拠」の提示が欠けているというボーラーの指摘はそのままボーラーのヘーゲル批判に跳ね返ってくる。この意味でボーラーのヘーゲル批判は、これを論拠薄弱とするヘーゲルからのあり得べき反撃に対してまったく無防備かつ無力であると言わねばならない。

四

それればかりではない。ボーラーの論理は一つの致命的な錯覚の上に築かれているということにボーラー自身が気付いていない。そもそもイロニーの理論は、イロニーの主体の絶対的相対化、すなわち自己の絶対的正当性をみずから放棄してしまっているという自己相対化なくしては成立し得ないという永遠の揺らぎ――ヘーゲル流に言えば高慢な怯懦――のうちに漂っているという側面を抜きにしては考えられないのだから、イロニーは絶対の確信に基づく確然的な攻撃に対抗するいかなる手段も持ち合わせていない、というよりはそれに対する自己防衛を初めから断念してしまっている、いわば「必敗の論理」たらざるを得ないという一種の不幸を背負っているのであって、それ以外の、あるいはそれ以上の何らかの積極的な意味——例えば何らかの価値の創出ないしは価値の転換——例えば「美的カテゴリー」の要請によって「作品そのものの自己自身への微笑み」のうちに成立するがごとき「客観性」——たとえそれが「主観性」の夢見る仮想の「客観性」であろうとも——をイロニーに求めたり付与したりするのは、こうしたイロニーの不幸を知らない幸福な人々の論理である。それゆえボーラーがヘーゲル批判に続いてキェルケゴールのイロニー批判に言及している箇所で、キェルケゴールを引証しつついみじくも語っているように、シュレーゲルを含めたロマン主義者たちの「詩的に生きたい」というひたすらな願い——「真に詩的に生きる」ためには、「真に自己自身を徹底的に詩的に創造する」ためには、もはやいかなる「それ自体」も不要であるとして、「自己自身を詩作し」つつ「自己自身を越え出て」ゆく「ネガティヴな自由」を獲得したいというひたすらな願い[38]のうちに近代的美意識の十九世紀的発現の一端が濃密に見出されるとしても、この願望をもって美的近代精神の歴史的進展のうちに必然的に確立されつつあった一つの新しい価値、新しい「客観的」な価値の実現への揺るぎない希望であると宣言し、それを予見し得なかったヘーゲルのシュレーゲル批判を古色蒼然たる実体概念の一つである「それ自体」の軛に繋がれた時代錯誤の実例として嘲笑するボーラーの揺るぎない確信は、ボーラーがその『ロマン主義批判』においてその導きの星としたヴァルター・ベンヤミンを盟主とする、いわば新たに結成された「反古典主義的同盟」の名によってなされる反ヘーゲル・キャンペーンという一種の、いや、紛れもないイデオロギー論争におけるそれであることにボーラー自身が気づいていないことを示している。

かくしてキェルケゴールの言説には「もはや初期のフリードリヒ・シュレーゲルの美学は妥当しない[39]」という言葉と共に次の時代の美的意識の地平にまで引き延ばされてゆくボーラーのヘーゲル批判の論脈——キェルケゴールからニーチェ、ボードレール、アポリネールを経てシュルレアリスムへと到る美的近代意識の歴史的諸段階を辿る記述の論脈の中で、当のヘーゲルばかりでなく、このヘーゲルからの執拗な追及から救出されたはずのフリードリヒ・シュレーゲルまでもが置き去りにされてゆく。ヘーゲルは同時代の、例えばフリードリヒ・シュレーゲルの「イロニー」のうちに芽吹きつつあった「美的近代精神」の一切を見損なった時代後れの思想家として、ボーラーの敷く路線のあちら側へ押し出された姿を晒しながら。一方、フリードリヒ・シュレーゲル自身は彼の『マイスター論』とほんの数篇の断章とによってこの新たな精神の地平の開拓――ここでは芸術作品の「美的自律」への実践的要請――に寄与し得た者として、この同じ路線のこちら側へ引きずり出されたわが身をかこちながら。そしてこのような論述の流れの中で「体系を持つことも体系を持たないことも、精神にとっては等しく致命的である。ゆえに精神はこの二つながらのことを結合すべく決意しなければならないだろう」という、シュレーゲルにおける体系的思考の不可能性と不可避性との相剋が最も端的かつ先鋭に表明されている『アテネーウム断章』（AF 53）も、初期シュレーゲルにおけるイロニー概念と批評との絶対的相関を立証する最も重要な文献である大小十数篇の『レッシング論』も、そしてほかならぬベンヤミンがその『ドイツ・ロマン主義における芸術批評の概念』の中で言及しているケルン私講義『哲学の展開十二講』（いわゆる『ヴィンディッシュマン講義』）における「実体概念」の全面的破棄の上に築かれる対象理解と対象記述のための「機関」となるべき「新しい論理学」としての批評の理念[40]も、ここではまったく言及されることなく、完全に無視されてしまっている。それらは「イロニー」に直結する問題ではないという遁辞は通らない。ここではすでにキェルケゴールにおける「近代美意識」の「実存的意味」さえもが問われているのだから、ここではこれと多少なりとも関わりのあるシュレーゲルの哲学的営為の諸相を語るすべてのテクストが検証の資料として取り上げられるべきである。にもかかわらずヘーゲルのシュレーゲル批判の検証に当たって「ヘーゲルの哲学的展開には関わらない」としたボーラーの姿勢は、シュレーゲルについても頑に貫かれている。ヘーゲルのシュレーゲル批判は彼のイェーナ大学講義『超越論的哲学』にまで立ち入っての批判なのかと反問しているボーラー自身が、この講義にはまったく立ち入っていない。この講義がボーラー言うところの「内容美学」に対抗し、それを根底から突き崩す「近代美学」を一方において代表する「アレゴリー美学」――「完成された体系も近似値でしかあり得ず[41]」、「個体は唯一無限の実体の一つの形象である[42]」という意味での「無限なるものへの無限接近の理論」としての、あるいは「聖職者とは不可視なもののうちに生き、可視的なものが一つのアレゴリーの真実でしかないような人である」(ID 2)という意味での「仲介者理論」としての「アレゴリー美学」の萌芽を含む重要文献の一つであるにもかかわらずである。

ヘーゲルにはフリードリヒ・シュレーゲルにおける「近代」の諸相、特に「イロニー」の「近代性」を掴み切れなかったとボーラーは批判する。しかしこのフリードリヒ・シュレーゲルにおける「近代性」を掴み切るためには絶対に避けて通ることの許されない前記のテクスト群を、当のボーラー自身は平然と考察の埒外へ放置して顧みない。シュレーゲルをヘーゲルの誤解と誤認から解放することをその『ロマン主義批判』の重要項目の一つとして掲げておきながらの、このボーラーのほとんど怠慢としか思えない身勝手な――自分に役立つテクストのみを拾い集めるという――テクスト選別は、こうした手法を身勝手とも怠慢とも感じない彼の立論そのものの論争的基盤を想定することなしには考えられない。この論争的基盤とは、あの「美的近代精神」の歴史的進展に寄与する限りにおいてのみ、と言うよりはむしろこの進展を辿ってゆくために論者が予め敷設しておいた路線に寄与する限りにおいてのみ、「ロマン主義」の諸相は評価され、そしてまたロマン主義バッシングの諸相もこの進展のその時々の段階において現れてくる反ロマン主義的様態の度合いに応じて批判され、あるいは評価されるという記述の排他的一貫性の原則と、それを根底において支える「体系の精神」である。そしてこの「体系の精神」はあらゆる体系的思考がそうであるように、イロニーをイロニーたらしめているあの一種の複雑骨折的なパラドックスの精神を包容するよりはむしろ排除する力として働く。実際、ヘーゲルの「主観主義批判」に対抗してイロニーの「美的客観性」を――ベンヤミンに倣って――演繹するために、ボーラーが周到なテキスト選別を行っていることは明らかである。

それにしてもこの目的のためにボーラーが引証しているシュレーゲルのテクストはあまりにも乏しい。断章について言えば、ヘーゲルにも読み得たものというボーラーの配慮を考えても、僅かに『リュツェーウム断章集』からの二篇（LF 42, 108）、『アテネーウム断章集』からの一篇（AF 252）という寂しさであり、断章以外のものでも、『ゲーテのマイスター』論から四箇所、『コッタ版ゲーテ作品集』への書評から一箇所、『ヤコービのヴォルデマル論』から四箇所を数えるにすぎない。すでに刊行されて久しい遺稿断章集『詩と文学についての断章集』第一巻（一九八一年刊行）や『哲学的修業時代』全二巻（一九六三、七一年刊行）はここでは完全に黙殺され、参考資料としての役割さえも与えられていない。黙殺されているのはこれら遺稿断章集だけではない。例えばボーラーは、「ヘーゲルは哲学的天成と批評的天成との間にア・プリオリな差異を置く。だがこの差異こそ、われわれがすでに見たように、ヴァルター・ベンヤミンが廃棄しようと努力したものだった[43]」と書いているが、わざわざベンヤミンを持ち出すまでもなく、この両能力の不可分性、根源的同一性はシュレーゲル自身が至る所で――特に一八〇四年に刊行されたシュレーゲル自身の編纂になる三巻本『レッシング選集』に収録された一連の論評の一つ『批評の本質について』において――主張し続けている彼の批評理論の根本命題の一つである。ボーラーはシュレーゲル自身を直接呼び出すよりはベンヤミンの権威――そんなものがあるとすればだが――を持ち出すほうを選んだのである。因みにボーラーのテクスト選別における基準の不可解さは、一七九六年に発表された『ヴォルデマル論』におけるシュレーゲルの「主観性批判」をヘーゲルの「主観性批判」の先取りとして殊更に強調しているボーラーが[44]、このヤコービ論の前年から書き始められ、一七九七年に刊行された『ギリシャ文学研究論』においてシュレーゲルが近代文化全体に浸透しつつあった強度の主観主義的傾向をヨーロッパ精神の深刻な末期的症状として痛烈に批判している点にはまったく言及していないということである。いや、言及してはいる。ロマン主義再評価のうねりを呼び起こしたベンヤミンの功績を列挙している一連の記述の中でボーラーが、近代批評理論の創始者としてのフリードリヒ・シュレーゲルの「原理的復権」をドイツにおける「ロマン主義受容史」にとっての「決定的な事件」として挙げ、この復権がベンヤミンにとって具体的な姿をとって現れるのは「批評の概念」、すなわち「その根本概念が反省であるような散文の理論」であるとした上で、しかしここでは「歴史哲学的に方向づけられた『ギリシャ文学研究論』がもはやいかなる役割も演じていないのは特徴的である」と述べている箇所がそれである。だがこの「特徴的である」についてはいかなる説明も付されていない。それはロマン主義批評概念の中核を反省機能のうちに捉えているベンヤミンの論脈からすれば当然であるという意味でのそれなのか。それともベンヤミンの論質から見てやや怪訝の思いに誘われるという意味でのそれなのか。しかし予想されて当然のこうした疑問には答えようとはせず、ボーラーは、「ベンヤミンは断章をロマン主義美学の決定的な意味論的担い手の位置へと高めることによって、これまで支配的だった断章非難、十九世紀ロマン主義批判の中心を成してきた断章非難をその正反対のものへと逆転させたのだった」[45]と述べるにとどめ、ベンヤミンのロマン主義美学解釈の本質は「反省の概念」のうちにあったとする命題の反復によって問題を打ち切り、先を急いでいる。

　もしこのような『ギリシャ文学研究論』への唐突な言及とそこからの足早な撤退が、この初期シュレーゲルの古典文献学的力作によって「近代美学」ないしは「美的近代意識」の根源的徴表である「主観性」のカテゴリーが「古典主義的内容美学」にとっての模倣と権威の象徴とも言うべきギリシャ文学への著者シュレーゲルの絶対的な賛仰のもとに不当に貶められているとする読みに基づくものであるならば、この著作に対してシュレーゲル自身が、同じ一七九七年に発表された『リュツェーウム断章集』の一つで、この『試論』を「客観性に捧げられた作為的な頌歌」であると規定し、次いでこの『試論』の「最も悪い点」として「なくてはならないイロニーが完全に欠如していること」を挙げているという事実[46]を、ボーラーは故意に（と書くのがここでの礼儀であるだろうから）見落としていると言わねばならない。理由はすでに明らかである。ベンヤミンがこの『試論』にロマン主義の根源的徴表である「反省概念」に導かれた書法を見出さなかったからである。そもそもボーラーがロマン主義解放と救済の書である彼の『ロマン主義批判』において自分に与えた課題は、もっぱらその立論に当たって導きの星となったベンヤミンがその『ドイツ・ロマン主義における芸術批評の概念』で展開しているシュレーゲル論を敷衍しつつ、その正当性を「シュレーゲルのテクストに基づいて」跡づけること以外にはなく、それゆえこの課題解決のために確実に役立つだけのテクストを若干数確保すれば充分だったのである。

要するにヘーゲルがシュレーゲル批判のためにフィヒテの『知識学』その他における自我理論を持ち出すだけで済ませたように、ボーラーはこのようなヘーゲルの批判の不当な偏向からシュレーゲルを救出するために主としてベンヤミンの『ドイツ・ロマン主義における芸術批評の概念』の論述の一部、とりわけシュレーゲルの『マイスター論』の一部をその論拠として借用するだけで済ませたということである。むろん適宜自分なりの意匠を施してではある。だがこうした意匠を取り払ってみれば、いや、取り払わずとも、ボーラーのヘーゲル再批判は、ヘーゲルに代表される反ロマン主義的「古典主義同盟」に対抗して企てられた、いわばベンヤミン率いる「美的近代精神同盟」の聖戦の様相を帯び、そして聖戦が常にそうであるように、「イロニー抜き」の一方的な反撃――ヘーゲルは、ベンヤミンによって初めて真に理解され、正当に評価されるに到ったフリードリヒ・シュレーゲルのイロニー概念の孕む美的近代性のすべてをまったく理解しなかったか、まったく誤認ないしは曲解したと一方的に宣言するという意味において、徹頭徹尾「イロニー抜き」の反撃である。いわくヘーゲルは何よりも「シュレーゲルによって発見され、ベンヤミンによって浮き彫りにされた芸術の自律を看過した。[47]」――いわく「シュレーゲルにとって自己自身を完成させてゆく芸術作品のプロセスとしてのイロニーの客観化こそが問題だったことは明らかである。これはヴァルター・ベンヤミンが敢えて例証に依拠することなく確然的に主張しているところである。[48]」――ここで言う「イロニー抜き」とは、ヘーゲルの最大の不幸はベンヤミンを知らなかったことであるという笑えないジョークをジョークとは思わずに信じて疑わないイデオロギー論争的確信の絶対的性格の謂いである。

この「イロニー抜き」に関してもう一つ笑えないジョークの一例をボーラーは提供してくれている。『ロマン主義批判』第三部の『カール・シュミット』の章においてボーラーは、シュミットが「フランス革命、フィヒテの『知識学』、ゲーテの『マイスター』が当代の最大の傾向である」に始まる『アテネーウム断章』(AF 216)について、「フランス革命、フィヒテ、ゲーテと並んでシュレーゲルの場合にはバークの名があってもよかろうに」と揶揄している箇所を取り上げ、この発言はシュレーゲルに一種の「形容矛盾」、すなわち「革命と反革命とをある種のロマン的＝寓話的なものの徴表の中で概念的に組み合わせるという矛盾」を押しつけるものであり、また「初期ロマン主義の秘教的精神を政治的怨恨に由来するものと誤認させること」にも繋がりかねない臆断であると批判した上で、シュレーゲルが「フランス革命とフィヒテとゲーテを組み合わせた」のは、この三者が彼にとって「この時代の、そして勝利を収めつつある主観の進展を象徴的に代表している」からにほかならないと明言する。[49]ここでボーラーの言う「勝利を収めつつある主観」とは、「二十世紀の六十年代に到ってベンヤミンやシュルレアリスムのもとに見出」される「ロマン主義的近代精神」の「最も重要な美的カテゴリー」としての「主観性と幻想性」(『序論』)の担い手としての主観である。

確かにシュレーゲルは『アテネーウム』誌最終巻を締め括る論考『難解ということについて』[50]において、常に世間の誤解に晒されてきた同誌所載の断章集の中にあって「まったく誤解の余地なき」ものまでが誤解されていることを大いに不服とし、その一例として先の「悪名高い三つの傾向」の断章を挙げ、自分はこれを「真面目な意図」をもって書いたのであり、そこには「イロニーなど毛筋ほども含まれていない」と断言し、そもそも「芸術を人間性の核心」と捉え、「フランス革命を超越論的観念論の体系に対する卓抜なアレゴリー」と見なしている自分シュレーゲルの見解に親しんでくれている読者には、この断章のすべては右記のキーワードで読み解くことのできる「暗号」にすぎないと書く。要するに「ゲーテの全精神を『マイスター』のうちにさえ見出し得ない者は、それをどこに求めても無駄だ」ということであり、「文学と観念論とはドイツの芸術と教養の中心」であって、およそ「最高の真理」は「どこにでもあるもの」でありながら、「完全には言い尽くし得ないもの」でもあるからして、そうした「真理」を常に新たに、しかも可能な限り繰り返し「逆説的」に表現することが何よりも必要だと分かってみれば、前述の一切はことごとく「完全にイロニー抜き」の話であり、当然のことながらそこには「誤解の余地」などまったくないとシュレーゲルは断言する。確かにここまではボーラーの言う「勝利を収めつつある主観」の凱歌を象徴するかのような「イロニー抜き」の発言ではある。

しかしここに「まったく誤解の余地なき」ものとは言い切れない要素が一つだけ残っており、それが先の断章での「傾向」という概念であって、このあたりから「イロニー」が始まるとシュレーゲルは脱線し、「真面目」と「冗談」との新たな局面を開いて見せようとする。「傾向」とは、例えばフィヒテの『知識学』をカントの『純粋理性批判』と同様に「一つの試み、一つの暫定的な試み」としか見ず、そこでもし自分シュレーゲルが「フィヒテの肩」に乗っているとすれば、フィヒテは「ラインホルトの肩」に、ラインホルトは「カントの肩」に、カントは「ライプニッツの肩」に乗っているということになり、これが際限なく続いて最後には「根源的な肩」に辿り着くことになるといったふうな概念だから、そこで自分としてはこの概念を種にいま述べたような「愚にもつかぬ話」を言い立てる向きがあるかもしれないと密かに期待していたのだが、一向にそんな気配がないものだから、ここでもやはり「イロニーを断念」して、「あからさまに説明」することにすれば、「傾向」という言葉の意味するところは、これを「断章の語法」に組み込んで読むなら、「一切はただ傾向でしかない」ということ、「現代とはさまざまな傾向を孕んだ時代だ」というだけの話である。本当はこの「傾向」という言葉と共に「イロニー」が始まっているのに、誰もこちらの誘いに乗ってくれそうにないので、やむなく「イロニー抜き」で話を収めたわけだというのが、シュレーゲルのいわば悔し紛れのここでのイロニー談義である。

シュレーゲルの先の「当代の最大の傾向」についての『アテネーウム断章』を問題にする以上、ボーラーは当然、この『難解ということについて』を読んでいるはずである。いや、読んでいなければならない。しかしボーラーはこの断章の中心概念である「傾向」の問題にはまったく踏み込もうとはせず、シュレーゲルのせっかくの「誘い」にも一向に乗ろうとする気配を見せていない。彼はただ、シュレーゲルにおける「主観性」はカール・シュミットがシュレーゲルのロマン主義に与えた「任意の機会原因論」などとはまったく関わりのない次元にあり、このことはほかならぬシュミットが引用している先の「当代の最大の傾向」についての断章が証明しているという一言を残して通り過ぎてしまい、シュレーゲルがここで殊更に仄めかしている「イロニー抜き」で語るという新手のイロニーについては露ほどの関心も理解も感受性も示していない。もしボーラーがシュレーゲルの遺稿断章集『哲学的修業時代』に眼を通すだけのゆとりを持っていたならば、「われわれの時代の三つの最大の傾向は『知識学』、『ヴィルヘルム・マイスター』、フランス革命である。しかしこれらは三つとも、所詮、徹底的な仕上がりを欠いた、ただの傾向でしかない」

（PL II-662）という一文に遭遇したはずであり、同じ通り過ぎるにしても、「傾向」の概念について研究者としての多少の拘りは残してくれたかもしれない。しかしボーラーにとって「イロニー」は、ヘーゲルと同様、シュミットも「捉え損なって」いた近代美学特有の「詩学的＝美学的カテゴリー」に属する一個の「客観的」価値の創造原理としてのみ評価されるべきものでなければならず、かくしてシュレーゲルのここでの新手のイロニーもまた、「イロニー抜き」の、だがまったく非シュレーゲル的な意味での「イロニー抜き」の、折り目正しくも大真面目な、それどころか真っ正直な概念へと掬い上げられてしまうのである。

五

これとはまた別にボーラーの記述には、これまたボーラー自身が気づいていない、あるいは気づきたくないパラドックスがつき纏っている。ボーラーの立論の基盤は、「一九〇〇年以降の文学的アヴァンギャルドの内部に生じたロマン主義の詩人たちの美的＝批判的再発見と復興」[52]への揺るぎない確信である。この確信がヘーゲルの「古典主義的内容美学」への攻撃を正当化する。この攻撃はまずヘーゲルの矢面に立たされたフリードリヒ・シュレーゲルのイロニー概念をヘーゲルの射程外へ救出することから始まる。射程外へ救出するとはすなわち、「イロニー」を解さない大衆、「真の冗談は非常に多くの場合、真の真面目である」というレトリック[53]に戸惑い、目が眩んで為すすべを知らない大衆を弁護し、本当の役立たずはイロニーを振り回して大衆を愚弄するしか能のない連中のほうではないかと難詰するヘーゲルに対して苦笑をもってする以外の反撃の手立てを持たないシュレーゲルを、あるいはまた「イロニーは不真面目である」という批判に対して「いや、不真面目ではない」と反論するのは馬鹿げていることを知り抜いているシュレーゲルを、こうした不毛で馬鹿げた議論の埒外へと連れ出すことである。そしてそれはまた、「イロニーを解さない」ことを恥じないどころか誇りとさえ思っている不特定多数の一般大衆を援軍として動員するヘーゲルの法廷戦術の罠からこの「誤解」された「法螺吹き」シュレーゲルを救出し、「美的近代精神」の旗手として自陣の先頭に迎え入れることでもある。しかしボーラーのこの対抗戦術は果して可能だろうか。ベンヤミンの『ドイツ・ロマン主義における芸術批評の概念』や、同『シュルレアリスム論』の導きのもと、フリードリヒ・シュレーゲルに始まり、後期ロマン派を経てシュルレアリスムへと延び広がる遙かなる美的近代精神の「幻想的なもののカテゴリー」が仕掛ける現実破壊の数々の実験パノラマが、ボーラーも認めているように、ヘーゲル的「現実性」、すなわち「即自的かつ向自的に存在するもの」としての現存在のカテゴリーの解体、「実在的なものの後退」という「リオタールのテーゼ[54]」を裏書きする実体概念の崩壊ないしは空洞化を意味するものであるならば、そしてルカーチが――むろんヘーゲル的「現実性」のカテゴリーに依拠しつつ――「自分しか支えるものがなくなった個人」の「社会的根無し草状態」として批判した近代的生の根こそぎ状態[55]の中から咲き出た幻の華であるならば、そこには「生の真実」、「実体的な現実性」が抜け落ちているというヘーゲルの批判を「意味論的観点」を欠いた時代錯誤的発言として排除することは不可能であるばかりか、むしろヘーゲルの批判こそまさに進展する――ヘーゲルに言わせれば堕落の一途を辿る――近代的生の実態の正確無比な指摘――むろんそれは全面的な否定性の相のもとにではあるが――として評価されねばならなかったはずである。ましてやヘーゲルがその『美学講義』第一部において、ギリシャ以後に言及する箇所で、「古典的芸術形式の解体」の契機となった「精神」の「自己自身への回帰」の途上に成立する近代の「ロマン［主義］的芸術形式」の最終場面――「これがわれわれの時代である」――において到来する「芸術そのものの解体」――それがたとえ「精神」の究極の目的地である「絶対哲学」への必然的な旅程表内の出来事であるとしても――を予告しているとすれば尚更である。[56] ヘーゲルもまたシュレーゲルと同様、「時代精神」の渦中に自分を激しく巻き込んでいった思想家の一人と見なければならない。「現代は芸術解体の時代」であり、これが「われわれの時代」にほかならないというヘーゲルの発言のどこに、ボーラーの主張するような「倫理学と美学の古典主義同盟」の最後の「不安な予感に満ちた声高な表明」を聞かなければならないというのだろうか。確かにボーラーも、「シュレーゲルのイロニーに対するヘーゲルの誤解」を単なる「表層的な誤解」としてではなく、「あの時代にあって互いに相容れない二つの論陣の間の差異」に由来するものとして捉えようとしてはいるが、しかしこの「互いに相容れない差異」をただちに、しかも決着済みの自明の事実であるかのように、時代の胎内から時代の克服への志向として生まれ出ようとする「近代美学」とあくまでも時代に固執する守旧的な「内容美学」との質的段差に置き換えてしまう[57]のである。

ヘーゲルはまた、『ゾルガー書評』の第二部で、「われわれの時代にあっては、ノヴァーリスやクライストなどのように、真に生命ある何ものかを創り出そうとしてこれを成し遂げることができた者は一人もいない」というゾルガーの嘆きを取り上げ、ゾルガーは「思考する理念の本性がこの理念そのもののうちに含んでいる固有の生命性を摑み損なっていた」と批判し、この「思考する理念」を「きわめて深く真摯に最高の生命性と捉えていた」アリストテレスの『形而上学』の一節、「思考の活動性が生命である。しかるに神は活動性である。従ってそれ自身だけで存在する活動性は神の完全かつ永遠の生命である」という一節を引用したあと、この問題に決着をつけている。すなわち「真に生命あるもの」についての芸術的意識が問題とされ、しかも現代のドイツ人がその実例として挙げられているのに、そのドイツ人たるや「真に生命あるもの」を創り出そうとして、実際これを「成し遂げることができた」と言ってよいゲーテではなくして、何と、ノヴァーリスやクライストだったとは驚きであるとした上で、この一事からも分かるように、ゾルガーが言うところの「生命」とは「反省的思考によって分裂状態に陥ったままの、自己自身を掻き乱すだけの生命」でしかなく、だからノヴァーリスの場合には、「思考の欲求がこの美しい魂をただただ憧憬へと駆り立てるばかりで、抽象的悟性を克服することもこれを断念することもできない」状態に留まるほかなかったのであり、クライストの場合には、この「分裂状態に陥ったままの反省」によって、彼の作品自体の「諸形態、諸性格、諸状況は生き生きとしているにもかかわらず、最終的な決定を下す実体的内容が欠落してしまう」という事態を招き、作品の「生命性は分裂の、しかも意図的に作り出された分裂のエネルギー、すなわち生命を破壊し、さらに破壊し続けようとかかるイロニーのエネルギー」の発散に終わらざるを得なかったのであると。[58]

ボーラーが、そしてベーラーもまた、この箇所を素通りして、ロマン主義の根本問題についてヘーゲルと直接「渡り合う」ことを避けているのは、ヘーゲルによるシュレーゲルばかりでなくノヴァーリスやクライストをも含む全ロマン主義批判を、一切の「前衛的なもの」に対する「古典主義的内容美学」の信奉者の拒絶反応としか見ないという大原則を堅持しようとする以上、一種の迂回的撤退戦術として大いに理に適っている。なぜならここでもヘーゲルの「ゲーテ論」と不可分に絡み合っているロマン主義批判——ここではノヴァーリスとクライストがその対象として選ばれているが——を「古典主義同盟」の時代遅れの悪あがきとして一笑に付することは、さすがにナンセンスだろうからである。「即自的かつ向自的存在」としての「真の現実性」に根ざしたヘーゲル流の「内容美学」の崩壊過程そのものに「近代美学」の胎動の兆しを見ようとするボーラーの視界には、この崩壊過程をそれぞれの仕方で生きかつ表現している詩人、思想家たちの一群が「近代性」という新しい価値の創出者として居並んでいる。しかしこの崩壊過程をそれぞれの仕方で生きかつ表現する者の中には、崩れゆく時代の矛盾や不安をそのつどその強大な思想的人格のうちに押さえ込んでゆくというかたちで生きかつ表現する部類に属する人間も存在しているはずである。そしてこのような強大な思想的人格が、時代の崩壊過程によって「非哲学的に」押し流されてゆく、あるいはむしろみずから進んで流されてゆくという外見を装って見せる一群の自覚的・無自覚的な高等遊民的（としか見えない）精神的虚弱者たち――そうした自分たちをしたり顔に（としか見えない）「ロマン主義者」と名乗って憚らないこれら時代の驕児たちに対して徹底的な攻撃に打って出るということもまた大いに考えられるだろう。ヘーゲルの時代批判は、先のノヴァーリスやクライストに対する一種の時代病理学的分析によっても明らかなように、ゲーテの存在に、あるいは彼自身の「ゲーテ論」に唯一の支えを見出すことで辛うじて崩壊の地滑りの中で踏み留まり得ていると自分に言い聞かせている、そうした思想的人格の複雑に鬱屈した姿を彷彿させる。『美学講義』や『ゾルガー書評』の中でしばしばゲーテへの賛美と連れだって現れるヘーゲルのロマン主義批判、特にフリードリヒ・シュレーゲルに向けられた無用な毒舌は、この意味で一つの痛烈な反語である。そのことをボーラーもベーラーも完全に「見誤った」のである。

「実体概念の空洞化」、すなわち「実体性からの脱出」、「実体的現存在への反逆」がボーラーの言う近代精神の歴史的必然であるとするならば、まさに同時代の精神的位相の一つである「フリードリヒ・シュレーゲルのイロニー」に、あるいはノヴァーリスの「美しい魂」に、あるいはまたクライストの「分裂的自我のエネルギー」に、「近代性」というこの実体概念崩落の萌芽――むろんここでは「悪しき傾向」としての――をその鋭い触覚によっていち早く感知したヘーゲルの予知能力は、ボーラーもこれを認めざるを得ないだろう。このような局面に立って眺めるなら、フリードリヒ・シュレーゲルのイロニーに対する、と言うよりはフリードリヒ・シュレーゲルの存在そのものに対するヘーゲルの異常な拒絶反応は、一切の論駁を越えた「高雅な高み」から「優雅」に押しかぶさってきて一切の既成概念を一挙に押し流そうとする「決壊」の不当な（ヘーゲルにとって）圧力への極度の苛立ちと怒りとして、立証はできないまでも説明することはできるだろう。それゆえヘーゲルはシュレーゲルの近代精神の本質を「誤認」したというボーラーの告発そのものが、かえってヘーゲルの告発的発言の本質の「誤認」をみずから告白するにも等しいものだったと言わざるを得ない。なぜならヘーゲルのロマン主義批判は、ボーラーにとっては華やかに進展する「近代」の幻想的未来、ヘーゲルにとっては忌むべき頽落の未来への参加を強要されることへの拒否、一言をもってすれば、近代精神そのものが近代精神そのものへ向かって突きつけた拒否の通告であるという側面を抜きにして論じることはできないだろうからである。

ボーラーの決定的な「誤認」はもう一つある。ボーラー言うところのヘーゲル的「内容美学」、あるいはこれをベーラー風にアレンジすれば、「一切の前衛的なもの」への反感に根ざした偏狭な旧世代的な「古典主義美学」が、そのロマン主義批判において絶対の正当性を確信しつつ自己を貫徹してくれているからこそ――これを裏返して言えば、自分たち「前衛」の直接的な参加なくしても俗臭紛紛たる「現実世界」はともかくも曲がりなりに、あるいは自分たち「前衛」の誇る近代的美意識からすれば「恥ずかしげもなく」存続してくれているからこそ――言うところの近代精神は安んじてヘーゲル的「現実性」を乗り越えた「高雅な高み」に立つことを得、言うところの「シュルレアリスム」は安んじて「シュルレアリスム」たり得ているのではないのか、そもそも「実在的なものの後退」、「実在的なものの崩壊」、「実在的なものからの脱出」、「実在的なものの消滅」といった概念によって言い表されるような状況は、果してこの「実在的なもの」の概念を離れて存在し得る「客観的」な性質のものであるのか――すなわち「シュルレアリスム」が安んじて「シュルレアリスム」たり得ているのは、現世の「実在的内実」――これが現実世界の修羅場に与えられた哲学的概念の一つだが――の上をこの内実の空洞化の意識をもって浮遊することの不安に満ちた一種の安住の擬装がシュルレアリスムの「現存在破壊」の架空の足場だったからではないのか、もしブルトンの『シュルレアリスム宣言』に足が生えているなら、その足はどこを踏まえているのか、もしどこも踏まえていないのなら、どこをどう漂っているのだろうか――こうした根源的な反省がボーラーの論争的記述には――そしてまたその行間のどこにも――一貫して欠落している。

ヘーゲルならさらにこう反問したかもしれない。「シュル」とは、自分が脱ぎ捨てたと信じる「実体概念」の永続性を密かに願う一種の高雅な甘えの前置詞――きっと誰かが、例えば一般大衆が、「実体」という俗世の手垢に塗れた概念をわれわれに代わって引き受けてくれるだろう、さもないとこの世の真っ当な実生活（たとえいかにその非本来性が暴露されたいまとなっても）は成り立ち得ないだろうからという身勝手な甘えの前置詞ではないのかと。あるいは非実体化された実体性、裏返しにされてその仮象としての実態を暴かれた実体性、というよりは偽造された非実体的実体性――それ以外のどこに彼らは彼らの芸術的表現の拠り所を求めることができるのか――という仮の衣装を身に纏って、時には「無垢なソクラテス」の姿に身をやつして出没するあの恥ずべきフリードリヒ・シュレーゲルのイロニーという映像に、ここでは「シュルレアリスム」の信奉者カール・ハインツ・ボーラー操るところの幻灯写真に映し出される奇妙な、自分へーゲルにとっては支離滅裂な映像に冠せられる甘えの、というよりは奇怪な背理の前置詞ではないのかと。

むろんその文体に毛筋ほどのシュルレアリスムの気配も漂わせていないボーラーにそんなふざけた幻灯写真など操った覚えがあるはずはなく、一にも二にも「意味論的」な跡づけなるものを要求してやまない彼の手堅くも生真面目な、一途に生真面目な論証的手法は、このようなシュレーゲルのイロニー幻想――例えば「イロニーとは永遠の敏捷さの、無限に豊かなカオスの明瞭な意識である」（ID 69）――を、断じて正規のイロニー概念のカテゴリーには迎え入れないだろう。かくしてフリードリヒ・シュレーゲルは「近代的美意識」の「意味論的」な構成とその歴史的展開の最初の宿駅としてボーラーが指定するイロニーの「客観的概念」の鉄柵の内側に――イロニーとは作品の「客観的全体への反省」を表現するものであるがゆえに、あるいはシュレーゲル自身の言葉を借りるなら、「自己自身に微笑みかける尊厳と意味深さの仮象」であるがゆえに、イロニーとは客観的であるばかりでなく「神聖な真面目さ」でもあるとする揺るぎない確信、というよりは既定路線の鉄柵の内側に閉じ込められて佇むことに甘んじなければならない。[59] シュレーゲルは自分の『リュツェーウム断章』の一つ（LF 7）を想起しつつ憮然としてこう独語したかもしれない。「ベンヤミン＝ボーラーのイロニー解釈は、イロニーの客観性に捧げられた散文による作為的な頌歌である。その最も悪い点は、なくてはならないイロニーが完全に欠如していることであると私には思われる。その最も良い点は、近代美意識としてのロマン主義の永遠の極致がシュルレアリスムであると確信をもって前提していることである。まるでこのことがすでに決着済み事項ででもあると言わんばかりにである」と。そして自分が自分のイロニーと共に閉じ込められている「客観性」――むろんボーラーは、ブルトンに倣って「人生のなかでもいちばん不確実な部分、つまり、いうまでもなく現実的生活なるもの」（『シュルレアリスム宣言』[60]）から遊離したところに浮上してくるような「客観性」、いわば美的仮象が身に纏う衣装としてしか表象され得ないような「客観性」と定義するかもしれない――そのような「客観性」の獄舎の憂鬱の中でこう呟いたかもしれない。――自分が生涯にわたって内なる何ものかによって書け、書けと追い立てられ、責め立てられて書き捨て、書きなぐってきた無慮二万点を越える切れ切れの想念の迸りとも滴りとも言える断章群――刊行された『リュツェーウム断章集』や『アテネーウム断章集』などはその微々たる片鱗、しかも推敲され、校訂されたいわば公文書の類にすぎない――を、「自動記述」と称して「文学的にどんな結果が生じるかなどはみごとに無視して、紙に字を書きまくる」という行為に没頭したアンドレ・ブルトンがあの時期、一九二四年というあの記念すべき時期（ボーラーなら当然こう書かなければならなかったはずだ）に知ることができたならば、自分のこうした際限のない「書きまくり」（この点についてもボーラーは一切言及を避けている）に対してどんな言葉を用意してくれただろうかと。そしてこう続けただろう。自分フリードリヒ・シュレーゲルのこの「書きまくり」のほんの一例を、それも問題の「イロニー」に限って、記憶の底から呼び戻してみるのも悪くはなかろう、むろん自分をあの一世紀半にも及ぶバッシングから救出しようと努力してくれたボーラーの名著『ロマン主義批判』に敬意を表しつつ、だが一方で、ヘーゲルは果してフリードリヒ・シュレーゲルを読んだのか、読んだとすれば、どこをどう読んだのかという疑念を隠さなかったこの書の著者ボーラー自身にもまったく同じ疑念がつき纏うのではないかという密かな思いを捨て切れないままにではあるがと。[61]

「私の言うイロニーに別名はあるだろうか。イロニーとは、実は批判哲学の最内奥の秘儀ではないだろうか。」（PL IV-1067）――「イロニーはいわば宇宙への感覚の無限性、普遍性の顕現（epideixis）である。」（PL III-76）――「イロニーとは化学的熱狂であり、レトリックは化学的エネルギーである。」（PL IV-67）――「イロニーは自立性であると同時に愛であり、宇宙への感覚なしには不可能である。」（PL IV-76）――「イロニーは熱狂、独創性、練達性、それにエネルギーが合したものである。」（PL IV-275）――「デーモンを持たない者は、イロニーを持つこともできないだろう。これはいわば個体性のポテンツである。犬儒派的な皮肉屋はデーモンと語り合うこと以外に何事もなさない。デーモンは気晴らしの中では沈黙しているが、気晴らしの傍らでは声高に喋る。想像力はデーモンの言語を解する感覚であるかもしれない。〈イロニーはデーモンの普遍的な実験であり、愛である。〉（PL IV-279）――「イロニーは化学的な独創性である。」（PL IV-465）――「本来の弁証法的なものがその活動の場を持つのは、いまもむかしに変わりなく、自由と必然性、最高善等々を巡ってである。ここではヘン・カイ・パンがイロニーである。」（PL V-878）――「アナロギーとイロニーとが三段論法の内的ファクターであるだろう。」（PL V-1022）――「イロニーは最高にして最も純粋な懐疑である。」（PL V-1023）――「ソクラテスのイロニーは処世感覚である。」（FPL IV-206）――「イロニーは義務である。」（FPL V-483）――「真のイロニーにあっては単に無限性を志向するだけでなく、無限性を所有しているということが、哲学と詩文学における些事拘泥的な徹底性と結合していなければならない。」（FPL V-502）――「風刺、論駁、イロニーほどそれぞれ異なっているものはない。イロニーは克服された自己論駁であり、古来の意味において無限の風刺である。――風刺は論駁の養母であり、論駁なくしてはいかなる正しい神秘論もない。」（FPL V-508）――「ソクラテスのイロニーは相互パロディー、累乗されたパロディーである。」（FPL V-519）――「イロニーはテーゼとアンティテーゼの分析である。」（FPL V-809）――「単なるレトリックをもって哲学的著作が終わることは〈けっして〉あり得ない。イロニーが締め括りをつけねばならない（無化するか――でなければイロニー化するかである）。」（FPL V-833）――「一つの体系だけが本来一つの作品である。それ以外のどんな著作も締め括りをつけることができず、できるのは打ち切ることか、中止することだけである。すなわちそれは常に必然的に無化されるかイロニー化されることで終わるのである。」（FPL V-902）――「あらゆる哲学的ラプソディーはレトリックをもって始まり、イロニーをもって終わらねばならないだろう。」（FPL V-933）――「熱狂と観念論＝実在論とを欠いたイロニーの空疎な形式ほど陳腐なものはない。」（FPL V-1056）――「パラドックスはイロニーにとって必須条件であり、魂であり、源泉であり、原理である。優雅な機知にとってリベラルな気風がそうであるように。」（FPL V-1078）――「イロニーは普遍的溶剤であり、反省と想像力との、調和と熱狂との綜合である。――普遍性、独創性、総体性、個体性――〔これらは〕先に挙げたもののさまざまな度合にすぎない。普遍性が極小値である。〈ここで男性と女性とが出会う。〉（FPL VIII-71）――「想像力は構成と反省の溶解である。――イロニーはただ社交的なものにおいてのみ描写可能であり、間接的な熱狂である。」（FPL VIII-79）――「イロニーは絶え間のないパレクバーゼである。」（PL II-668）――「イロニーは、いまだ歴史学にも体系にもなっていないすべての哲学の義務である。」（PL II-678）――「イロニーは素材の解体を目指す。パロディーが形式のそれを目指すように。」（PL II-968）――「虚言はイロニーのアンティテーゼであり、もともと――否定的な倫理的倫理である。」（PL IV-301）――「**イロニー**とは敏捷さにおける明瞭なカオスであり、永遠のカオスの、無限に豊かで独創的な、永遠に循環的なカオスの知的直観である。――〈愛はたぶんイロニーに先立つカオス。――一人の若者のうちにまどろむ諸力の全能である。〉」（PL IV-411）――「真の方法は、一つの**まったきカオス**を産出し、結合術的な思想の充満を方法のもとに従属させることのうちにある。（PL VI-297）等々、等々。

補論（七） シェリングとの競合、「無底」の深淵を挟んで

「観念論は哲学の魂であり、実在論はその肉体である。」（シェリング『人間的自由の本質』[1]）
「観念論は絶対的実在論であり、これが観念論のための最良の呼び名である。」（フリードリヒ・シュレーゲル『哲学的修業時代』[2]）

フリードリヒ・シュレーゲルとは対照的に、その濃密に汎神論的な、あるいは「万有在神論的」な全一的世界観からキリスト教的有神論への克服的進展をほかならぬベーメの「無底」の思想を介して達成しようとしたのがシェリングである。一八〇九年に発表された『人間的自由の本質』（以下、『自由論』）においてシェリングは、シュレーゲルと同じく生成の根源的原理を「憧憬」と捉えながら、しかしベーメの演繹モデルを型通りに借用し、シュレーゲルが忌避した「無の深淵」の中へ踏み込み、根源的欲動としての「無」から「神の人格的生成」を導出しようとする。「創造の第一の始まりは、自己自身を産み出そうとする一者の憧憬、あるいは根底の意志である。第二の始まりは、愛の意志であって、それによって言葉が自然の中へと発せられ、ここに初めて神はみずからを人格的なものと成す」という『自由論』の一節[3]は、まさにベーメ的原理のシェリング的反復である。因みにこの『自由論』に先立つ一八〇六年頃のものとされる断章の一つでシュレーゲルは、「哲学的意味でのキリスト教的宗派は本来、マニ教徒――カトリッ

ク教徒――ソツィニ派の三宗派しかなく、それらは三種類の観念論と対応する。デミウルゴスを悪しき精神と見なすマニ教徒の体系は占星術と魔術へと導く」（PL XII-369）と書いたあと、括弧付きで「シェリングはマニ教徒である」と追記している。シェリングをマニ教徒と見なす論拠は明示されていないが、ベーメを「グノーシス的、マニ教的哲学」に連なる思想家と見なしている本論『法衣のデミウルゴス』中の断章――「二元論には三種類あり、㈠ブラフマンの哲学、㈡プラトン（の哲学）、㈢グノーシス的、マニ教的なベーメの哲学」（PL IX-226）――と併せ考えると、「無底」を「悪しき原理」と見るシュレーゲルの目にはベーメとシェリングが一体化されて映っていたものと思われる。以下、『自由論』における「神の生成」の問題で一挙に浮上して来るこの思想的両人格の決定的な、だが当事者たちには明確に自覚されていなかったと思われる対立と疎隔に到るまでの過程を、主としてスピノザ問題に的を絞って追跡する。

一八〇〇年前後の一時期、シェリングとフリードリヒ・シュレーゲルはいわゆるスピノザ主義の一点において接近し、数年を経ずして離反する。というよりはシュレーゲルがシェリングに急接近したのち、慌ただしく撤退してゆくと言ったほうが正確である。このシュレーゲルからの接近と訣別は、彼が彼の覚書帳に「スピノザはいわば哲学の中心的太陽である」（PL V-967）と書き込んだ一七九九年頃から、「スピノザは誤謬の完璧な総括である」（PL X-386）と書くに到った一八〇四年頃までの僅か五年間におけるシェリングとの間のいわば接触の火花にも似た出来事である。すなわち一八九八年の『アテネーウム』誌創刊前後から三年後の一八〇〇年の同誌廃刊までの初期ロマン主義的思想圏の中での両思想家のいわゆるイェーナの同志的蜜月[4]は、これに続く両者独自の思想的展開――シュレーゲルにおいては一八〇〇年から翌年にかけて行われるイェーナ大学講義『超越論的哲学』から一八〇八年刊行の『インド人の言語と叡知について』へと到る、シェリングにおいては一八〇一年刊行の『私の哲学体系の叙述』から一八〇九年刊行の『自由論』へと到る思想的展開の過程の中で急速に冷却してゆくのである。

一

「シェリングの哲学は、批判を経た神秘主義とも呼べるものだが、それはアイスキュロスの『プロメテウス』のように地震と没落をもって終わりを告げる。」（AF 105）——一七九八年刊行の『アテネーウム』誌第一巻第二輯に掲載された断章群の一つで、シュレーゲルはシェリングの哲学を待ち受ける運命をこう予告する。この時期、シェリングは自我をもって哲学の原理としながらも、「観念的なものと実在的なもの」ないしは「精神と自然」の「根源的同一性」への内なる「予感」の抗し難い導きのもとに、「ヴェールをまとった女神」[5]イシスの崇拝者を自認するあまたの自然研究者たちの群れに伍して、「自然とその経験」の可能性を問うカント的批判主義の第二世代に相応しい新たな展開の地平を、「精神と物質とを完全な意識をもって一つのものとして捉えた最初の人」スピノザの体系の中に、すなわち「精神と自然を一体的なもの」と見、「無限なるものの理念」のうちに「有限的なもの」を直接的に掴み、「有限的なもの」を「無限なるものの理念」のうちに認識するところに成立するスピノザの「全一性」の体系[6]の中に模索しつつあった、いわゆる自然哲学開拓の途上にある。「哲学はわれわれの精神の自然学」にほかならず、「自然の体系は同時にわれわれの精神の体系[7]」であり——それゆえ「われわれの精神を自然と結びつけるあの秘密の紐帯」、「自然がわれわれの精神に、われわれの精神が自然に語り掛けるときのあの隠された機関[8]」がどのようなものであれ——、「自然は可視的な精神、精神は不可視の自然」と見るべきであって、「ここ、すなわち、われわれの内なる精神とわれわれの外なる自然との絶対的同一性のうちで、われわれの外なる自然はいかにして可能かという問題は解かれねばならない[9]」という命題をもって結ばれる一七九七年の『自然哲学考案』の序説は、二十二歳のシェリングの哲学的視界を端的に要約している。ほぼ同時期、三歳年長のシュレーゲルはこのような「精神と自然との絶対的同一性」への肉薄を神秘主義と定義する。「神秘主義は徹頭徹尾、絶対的統一性を志向する。」（PL I-40）――「主観と客観との同一性が神秘主義者の自然な思想である。」（PL I-42）――「神秘主義者たちは絶対者の根源学における熟達者である。」（PL I-39）――そして彼はさらにこの神秘主義を大別して、「絶対的な自我の定立」によって「絶対的な知識学の形式と内容とが同時に与えられる」（PL I-32）基礎を作ったフィヒテに先立つすべての神秘主義を、「批判を経ていない『知識学』以外の何ものでもない」（PL I-52）として一括総称する。すなわち「フィヒテによって批判主義の基礎が発見されて以来、カントの実践哲学の設計図を修正し、かつ実現するための確実な原理」が確保されたばかりでなく、「実践的・理論的美学の客観的体系の可能性についても、これを疑う根拠ある理由はもはやあり得ない」という、一七九七年の『ギリシャ文学研究論』中の一文[10]が示すように、シュレーゲルにとってはフィヒテこそが近代哲学の分岐点であり、それゆえフィヒテ以後の、フィヒテの洗礼を受けた「絶対者の根源学」にシュレーゲルは「批判を経た神秘主義」の名を冠したと見てよい。問題は、この批判的神秘主義とも言うべきシェリングの哲学が何ゆえにゼウスの雷霆によって奈落に落ちるプロメテウスと運命を共にせねばならないのかということである。権力者ゼウスによる人類絶滅の陰謀に抗議し、あまつさえその人類に火まで盗み与えた咎によってスキュティアの岩山に縛められ、永劫の苦痛に耐えながら、いかなる執り成しや取り引きもことごとく退け、ついにタルタロスの無底の暗黒へと突き落とされるプロメテウスの反権力の徹底とその悲惨な末路を、シュレーゲルはこの時期のシェリング哲学のどこに見て取っていたのかということである。

このプロメテウスの名はしかし、一七八五年にヤコービによって惹起されたいわゆるスピノザ論争の余燼さめやらぬ一七九八年当時の知識人たちにとっては、反権力の象徴というだけでは済まないある明確な刻印を帯びていたはずである。モーゼス・メンデルスゾーン宛の書簡集のかたちで構成され、『スピノザの教説について』と題されたその論争書の中で、ヤコービは、生前のレッシングが「スピノザ主義者すなわち無神論者」だったという衝撃的な事実を暴露したのだが、彼がレッシングからこのスピノザへの信条告白を引き出すきっかけとなったのがゲーテの未発表の詩『プロメテウス』だったという、これまた衝撃的な事実を知らぬ者はまずなかっただろうからである。ヤコービの証言によれば、レッシングはこの詩を一読するなり、「この詩の視点こそ、私の視点だ」と言い放ち、「神性についての正統的な諸概念は、私にとってはもはや不要だ。そういうものには我慢できない。ヘン・カイ・パン！　私が知っているのはこれだけだ」と断言する。そしてあなたはスピノザの賛同者なのかというヤコービの問いに、レッシングは、「私が誰かの名に託して自分を呼ばねばならなくなったら、それ以外の人物を私は知らない」と答え、あなたがスピノザ主義者、あるいは汎神論者であるとは意外だったと驚くヤコービに、自分にとっては「スピノザの哲学のほかにいかなる哲学もない」と言い切る。(11)

後年、ゲーテをして「錚々たる男たちの最も秘められた諸関係を暴き、それを言葉として噴出させる起爆剤の役を果たし」、「われわれがわれわれの最も尊敬すべき人物の一人であるメンデルスゾーンを失う」原因を作ったと嘆かせた（『詩と真実』(12)）詩人二十五歳の時のこの作品『プロメテウス』は、しかし、天界の支配者ゼウスに向かって大地の支配権の奪還を誓い、しかもこの大地で「自分の姿に似せて」、「自分と同様に苦しみ泣き、喜び楽しみ」、自分と同様に天界の支配者を「崇めない種族」である人間を造るのだと宣言するに到るまで(13)の反逆の謳歌であって、やがてこの反逆者を見舞うであろう運命は、ここではいわば自明の未来として舞台の背景に退いている。シュレーゲルはこの自明の未来をあえて前景に引出し、いわばアイスキュロスの名においてシェリングにスピノザ主義者の烙印を押したと言えるかもしれない。この時期、シュレーゲルは、既述のように、観念的なものと実在的なものとの根源的同一性として言い表される絶対者の探究を目指す思想家たちの一群を神秘主義者と規定したが、さらにこの神秘主義者たちを、「近代哲学の本来の父祖」(PL III-8) と呼び、「いまわれわれが哲学するすべを学び取らねばならないのは、まさに神秘主義者たちからである」(PL I-11) として、近代哲学の淵源をこれら神秘主義者たちのうちに求め、しかもスピノザをこの淵源そのものとして位置づけ――「近代文学はダンテをもって始まり、近代哲学はスピノザをもって始まる」(FPL V-1036) ――、さらにフィヒテをこのスピノザ以後の近代神秘主義者のもう一人の典型と見なす――「スピノザはフィヒテ以前の最もすぐれた著名な神秘主義者である」(PL I-12)。シュレーゲルは明らかにヤコービの手法を借りてシェリングにスピノザ主義者の烙印を押したのである。だがその彼も、ほかならぬ「批判を経た神秘主義」の創始者フィヒテの信奉者として同じスピノザ主義者の烙印を免れ得ないことを自覚していたはずである。「フィヒテはカントをスピノザ化した」(PL II-786) というこの時期の断章の一つは、彼が初めてフィヒテの著作を知ったと思われる一七九五年――この年、彼は八月十七日付けの兄アウグスト・ヴィルヘルム宛の手紙の中でフィヒテを「いま存命中の最も偉大な形而上学者」と讃えている[14]――から『アテネーウム』誌創刊の一七九八年までの期間に書き綴った多くの断章に潜む不安と動揺を端的に代弁している。「フィヒテの体系が真正の神秘主義であるなら、それは自己自身を無効にせざるを得ない。――彼は限界、分類などいささかも知らない。すべては絶え間なく、果てしなく、永遠の循環のうちを流れ続ける。」(PLI-70) ――「『知識学』は純粋自我の自然史でも自由史でもなく――形成理論でもない。それは一人の漂白し放浪する神秘主義者の思いつきであり、物語である。」(PL II-175) ――「神秘主義はすべての無批判的な、だが有益で一貫性のある哲学の避け難い深淵である」(PL I-69) ――「神秘主義＝一切の非哲学の哲学的深淵。」(PL I-94) ――神秘主義は「一切がその中へと沈んでゆく深淵」(PL I-4) である。――

シュレーゲルにとって避け難く「絶対者の根源学」たらざるを得ないフィヒテ以後の近代哲学の全体は、神秘主義という「深淵」に臨んでいる。と言うよりは「深淵」そのものを根底としている。そしてこの根底にスピノザが存在している。と言うよりはこの根底そのものがスピノザである。しかしこの時期、シュレーゲルはスピノザないしはスピノザ主義に対していまだ旗幟を鮮明にしていない。彼が彼自身のスピノザ主義を公然と表明するのは、ようやく一八〇〇年の『アテネーウム』誌に発表された『詩文学についての会話』第二章の『神話論についての講話』（以下『神話論』）においてである。

『アテネーウム』誌創刊前年の一七九七年、シュレーゲルは『一般文学新聞』において初めてシェリングの著作の論評を手掛ける。ニートハマーの『哲学雑誌』の最初の四巻の総合批評の中で同誌所載の『独断論と批判主義に関する哲学的書簡』（以下、『哲学的書簡』）に言及した箇所がそれである。しかしここでのシェリング評は、「彼の哲学の魂は、古来、われわれが哲学者と呼んでいる注目すべき人種の最大級の者たちを特徴づけてきた全的で自由な存在に対するあの感覚、あの熱狂である[15]」といった類の、シェリングの哲学的資質へのまさに最大級の抽象的賛辞に終始し、内容についての踏み込んだ検討はまったく見られない。論評する以上は、内容の実質的な分析がなされなかったはずはない。だがその過程も結果も記述されていない。われわれはこの『哲学的書簡』についてのシュレーゲルの見解を具体的に知ることはできない。しかし推定することはできる。いや、むしろ確定できると言ってよいだろう。なぜなら、この論評の二年前の一七九五年に書かれ、カントの批判主義とカント以前の独断論、というよりは端的にスピノザのそれとの対決を主題として構成されたシェリング二十歳の時のこの書簡体論争書は、明らかに「プロメテウスの反抗と没落」を脳裏に去来させながら構想されているからであり、また、シュレーゲルがこの作品をどう論評しているにせよ、翌年の『アテネーウム断章集』の一つで、シェリングに向かっていわばゼウスの雷霆のように投げつけられた先の「判決文」が単なる言葉の遊戯以上の何かを意味するものであるならば、シュレーゲルがそこに見たに違いないシェリング哲学の実相は、このプロメテウス的反抗精神への信条告白と共に、批判主義を標榜しながら絶対者との合一を希求する独断論、あるいは批判主義の原理を「絶対者の根源学」としての独断論の全域にくまなく浸透させようとする、いわば批判的独断論、あるいは批判的スピノザ主義、紛れもない「批判を経た神秘主義」にほかならなかっただろうからである。

「あなたの言うことはよく分かる、友よ。道徳的な神なるものによってあらゆる危険から事前に身を護ったりするよりは、ある絶対的な威力と戦い、そして戦いつつ没落するほうが一層偉大なことだと、あなたは思っている。確かに測り知れないものに対するこの戦いは、人間が考え得る最も崇高なものであるばかりでなく、私に言わせれば、一切の崇高の原理でさえあるのだ。」[16]――同書第一書簡の冒頭で友人の思想に託して述べられるこの戦闘的なプロメテウス讃美の命題は、最後の第十書簡の冒頭においても、「われわれの自由を絶滅させようと脅かす客観的な威力」に対して「戦いを挑み、みずからの自由のすべてを投げうち、そして没落する」ことの意味への問いとして繰り返され、ギリシャ悲劇を構成する不条理、すなわち、運命という超越的威力によって犯罪者へと規定されながら、しかもこの威力と戦いつつ没落してゆく死すべき人間が、ほかならぬこの運命によって逃れ難く予定されている犯行のゆえに罰せられるという不条理、この不条理こそが「避け難い犯罪に対する刑罰」に進んで身を委ね、この「自由の喪失」をしてかえって「自由の証明」たらしめるという「人間的自由」の本質と不可分のものであることが語られる。[17]そしてこのプロメテウス的反抗への自由をわれわれに保証するのが、シェリングにとっては批判主義の原理であり、逆に、戦う自由の放棄と忍従をわれわれに強いるのが独断論の原理であり、「徹底した独断論」の帰結は「闘争ではなく屈従」、「強制的な没落ではなく自発的な没落」、「絶対的な客観世界への無言の献身」（第一書簡[18]）である。しかしこの批判主義も、それが認識能力の批判に終始する限り、独断論に対しては「弱い武器」でしかなく、独断論的客観世界の絶対性の「強烈な魅力」に抗すべくもなく、批判主義のいかなる体系も「独断論のひと吹き」によって崩れ去る「カルタの家」でしかない（第二書簡[19]）。単なる認識能力批判によっては独断論そのものは微動だにせず、逆に、批判主義の原理である自我の存立を脅かし、時にはその自由をも呑み尽くす圧倒的な客観世界の根源的自足の体系として立ちはだかる。それゆえこのような実在論的世界の威力に対していわばプロメテウス的抵抗の自由を確保することが、批判主義に残された唯一の積極的な課題でなければならない。しかしこの課題は実在論的世界が存在してこその課題であるのだから、シェリングにとって両者のこの相関関係の真の担い手がどちらの側にあるかはすでに明らかである。実際、シェリングは、「批判主義すなわち観念論の体系」と「独断論すなわち実在論の体系」との相互補完的な相関性を『純粋理性批判』の帰結である（第五書簡[20]）としながらも、この相関性から一挙に批判主義の限界を踏み越えるかたちで両体系の源泉へと向かい、両者は根本において同一の問題、すなわち「絶対者との関わり」の問題において合流しているはずであり（第六書簡[21]）、また、両者の対立は「絶対者への接近」の仕方の相違に基づくにすぎないのだから、「絶対者」のうちではその対立関係は廃棄され、「神は物自体を直観する」という言葉によって表現される両者の融合が達成されているはずであり、それゆえ「完成された実在論」は必然的に観念論となり、ここに観念論の原理である自由と実在論の原理である必然性とは合体し、もはや「法則から逸脱するような意志」も「行為とは独立して実在性を持つような法則」もなく、「絶対的自由と絶対的必然性は同一」となり、この目標達成と共に「批判主義は必然的にみずから独断論となる」（第九書簡[22]）と主張し得るような地層に降り立つ。そしてこのような批判主義と合流し得た独断論の典型がシェリングにとっては本来のスピノザ的実在論の世界にほかならない。シュレーゲルならば、ここにもまた「カントのスピノザ化」としてのフィヒテ的類型の一つを見出したはずである。事実、第

七、第八書簡におけるスピノザ解釈は、一人の批判主義信奉者のスピノザへの旅、あるいは、のちにシェリングがその『自由論』において自分の若き日の実績として誇っているスピノザの観念論的解釈ないしは改変への試みである。

シェリングはここであのヤコービの『スピノザの教説について』に言及し、先のレッシングとの会話の場面に続いてレッシングから、「スピノザ主義の精神」をどのように捉えているのかと問われたヤコービが、それは、「無からは何も生じない」という確信を考察の基礎としていること、「無限者から有限者へのいかなる移行」も、そしてこの移行を前提とするいかなる「流出的原理」も退け、これに代わる「内在的原理」、すなわち「永遠に自己のうちにあって移ろわぬ世界原因」を措定したことのうちに見出されると答え、この「内在的世界原因」とその帰結のすべてを一言で要約すれば、「一にして同一なるもの」こそがそれであると言い添えている箇所を引用して、スピノザ主義の精神がこれほど見事に要約できるとは信じ難いことである」と絶賛する。そしてこのような絶対的内在性に基づいて無限者と有限者との関係を解決しようとすれば、「無限者から有限者への移行」を実現し得るいかなる体系も、「両者の間の断絶」を埋めるいかなる体系もあり得ないのだから、残る唯一の可能性は、「有限者から無限者への移行」、それも有限者の無限者への「没我的合一」、すなわち「絶対者のうちで汝自身を失え」、「絶対者のうちで自己の主観を放棄せよ」というスピノザの要請に従う以外にはあり得ないとした上で、シェリングはこの要請をほかならぬ「主観と絶対者との同一性」の確信に由来するものと捉え（第七書簡[23]）、「神性への、万物の源泉への帰還、絶対者との合一、自己自身の放棄」というこの「狂信哲学」の「破壊的で否定的な原理」にスピノザが辛うじて耐え得たのは、彼にとって「絶対者の知的直観こそが有限的存在者の達し得る認識の最高の頂、最終的な段階、精神の本来の生命」だったからだとする思い切った発想の転換によって、スピノザの絶対的客観世界を知的直観という絶対的主観の側から読み換えようとする。すなわち、われわれを外界の一切のものからわれわれの「最内奥の自己」へと連れ戻し、そこに

「われわれのうちなる永遠なるもの」を直観させる「秘められた不思議な能力」、「ある何ものかが本来の意味において存在していること、そして他の一切のものはその現象にすぎないこと」をわれわれに確信させる「内的直観」、「直観する自己が直観される自己と一体」となり、「われわれに対して時間と空間とが消滅し、われわれが時間のうちにあるのではなく、時間がわれわれのうちにある――と言うよりはむしろ純粋な絶対的な永遠性がわれわれのうちにある」ような、「われわれが客観的世界の直観のうちで失われるのではなく、客観的世界がわれわれの直観のうちで失われてゆく」ような根源的な自己直観――このような絶対的な内面世界への無媒介的回帰としての「知的直観」をスピノザは客観化したのであり、これによって彼は、「自分が絶対的客観と同一である」という内的確信のもとに、本当は「客観的と呼ばれる一切のものが彼自身の直観のうちで消滅してしまっている」のに、自分が客観世界の「無限性の中に喪失してしまっている」と信じることができたのであり、この錯覚ゆえに「絶対的客観のうちで没落する」という思想に耐え得たのである。逆にまた、彼は自分を「絶対的客観のうちで没落してゆく者」として直観することによって、辛うじて彼の「自己直観」を確保し、自分自身を「没落する者」であると同時に「実存する者」であると確信させるこの自己直観によって、「神の深淵」に呑み込まれる自己消滅の思想に耐え得たのである（第八書簡[24]）と。

批判主義の信奉者を書き手として独断論との対決姿勢を崩さぬまま、スピノザ的世界を「知的直観の客観化」と読み換える転換によって、観念論の精神に浸透された実在論的自然という名状し難い「全一的世界」――いみじくもシェリングはこれを「近代の神秘主義者たちすべての幻想」に通底する「完成された独断論」と呼ぶ（第八書簡[25]）――へと降り立とうとした『哲学的書簡』の究極の地層、シュレーゲルが「すでにまったく哲学の限界の外にあるシェリングの観念論＝実在論は、調和の秘儀、諸理念の魔術と関わっている」（PL IV-1335）と評した地層は、この時期に続く自然哲学期を用意したばかりでなく、遙か十四年後の『自由論』の基礎となる諸概念、すなわち「実在論と観念論との相互浸透[26]」、「絶対的自由」とは「絶対的必然性」にほかならないという意味での両者の渾然一体的「同一性[27]」、「悪を常に人間みずからが選び取ってゆく行為としての自由[28]」（ここでは超越的威力に反抗するプロメテウス的自由）――等々を、すでに明確な輪郭を具えたものとして混在させている。事実、シェリングが『自由論』の序論に相当する部分で、「スピノザの根本概念」を「観念論の原理によって精神化する」ことによって自然哲学のための「生きた基盤」を築いた功績を自分の「初期の諸著作」に帰し[29]、さらに「哲学の魂」である観念論と「哲学の肉体」である実在論との合体によって獲得された「真の自然哲学の諸原則」からして初めて『自由論』において生じる課題、すなわち「悪と自由の問題」の解決に完全に対応し得る見地を展開させることができると迷わず断言している[30]とすれば、一般にシェリング哲学の新たな局面として捉えられている『自由論』を構成する根本概念は、すでにこの『哲学的書簡』の時期に出揃っていたと言えるだろう。とすれば明らかにこの『哲学的書簡』およびそれに続く自然哲学期の諸作を標的として放たれたあの一七九八年のシュレーゲルの「アテネーウム判決」は、そのまま一八〇九年の『自由論』にまで追い縋るものと見なければならない。

二

この「判決」の二年後、一八〇〇年刊行の『アテネーウム』誌第三巻第一輯、第二輯に連載された『詩文学についての会話』の第二章『神話論』において、シュレーゲルもまたスピノザへの熱烈な信条告白に踏み切り、「観念論の胎内から観念論の精神に浸透されて誕生する新しい詩的実在論」という近代神話創出の秘儀を携えて、シェリングが降り立った同じ地層に、だがシェリングとは対照的に哲学的論証の道を一挙に跳び越える詩的直観の翼に乗って降り立とうとする。近代文学には古代ギリシャ人たちが共有していた「神話」という絶対的中心が欠落している。ゆえに来るべき未来の文学全体の共通の基盤となるべき「新しい神話」の創出こそが近代文学そのものの緊急課題である。だが自然との絆を断ち切って久しい近代人に求められる「神話」は、自然の中から自然の育みによって成熟してきた古代神話とは正反対の道を辿って到来するほかはない。すなわち古代の「自然」の原理に代わる近代の原理である「精神」の根底から誕生するほかはない。それゆえこの近代人のための神話は、「他のすべての芸術作品を包括し、詩文学の太古の永遠の源泉のための新たな川床となり、容器となり、しかもそれ自身他のあらゆる詩の萌芽を内蔵する無限の詩」であるという意味において、「あらゆる芸術作品のうちで最も人為的な作品」に比せられるべきもの[31]と言えようが、しかしこの「近代神話」もまたその本質においては、他のすべての神話と同様、「ある原初の根源的で模倣し難いもの」、「端的に解き明かし難いもの」、「いかなる変形を加えられたのちにもなお太古の本性と力とを仄かに輝き出させているもの」でなくてはならない[32]。このような新しい神話的原世界創成の可能性をシュレーゲルは二人の哲学的対蹠者、フィヒテとスピノザの綜合、すなわち「自己自身を規定し」、しかも絶えず「自己を越え出てゆき、そして再び自己のうちへと帰還する」精神の活動を本質とするフィヒテの世界創造的自我の観念論[33]と、「一にして全なる」神的自然への絶対的帰依の表現であるスピノザの実在論との渾然一体的融合のうちに探るという哲学的課題として提出しながら、しかしこの課題の解決をもっぱら詩人の手に委ねようとする。なぜなら両哲学の綜合、あるいはフィヒテの「胎内」から生まれ、観念論の精神によってくまなく浸透された新しいスピノザ的実在論は、その理想の伝達機関を「観念的なものと実在的なものとの調和に基づく詩」以外には持ち得ない[34]——「すべての哲学は観念論である。そして真の実在論は詩の実在論のほかにはない」（ID 96）——のだから、それはもはやいかなる哲学体系としても存続することはできず、「ヘン・カイ・パン、このスピノザ主義の神」（PL IV-379）も、いまはひたすらこの新しい詩的原世界のいわば大地母神的基層としてのみ生き続けることが許されるというのが、この時期のシュレーゲルにとってのスピノザ哲学の存在意義である。『アテネーウム』誌創刊に先立つ一七九七年の断章の一つで、スピノザを「学問と芸術とが渾然一体となっている唯一の人、無限の理性の高貴な神官」(PL I-1050) と呼んだシュレーゲルは、いまやこう書き綴る。「彼はその体系の戦闘的な衣装を脱ぎ捨て、新しい詩の神殿の中にホメロスやダンテと共に棲み、神に酔えるすべての詩人たちの守護神や客人たちの仲間入りをするがよい。」——「スピノザを尊敬し、愛し、その弟子となりきることなくして、どうして詩人たり得るのか、私にはほとんど理解することができない。」[35]——そしてシュレーゲルはこの『神話論』を結ぶに当たって、ここでスピノザが特に選ばれたのは「神秘主義の価値と尊厳」のためであるとし、さらに語を継いで、「『知識学』が、観念論の無限性と不滅の豊かさに気づいていない人々の見解に従ってさえ、少なくとも一切の学問にとっての一つの完成された形式、普遍的な図式であり続けるように、スピノザもまた同様にあらゆる個性的な神秘主義にとっての普遍的な基礎であり支柱であり[36]」続けるに違いないと締め括ることによって、彼自身もまたカントの批判哲学の第二世代に属する思想家の一人として身を置かざるを得ない「批判を経た神秘主義」の見地を明らかにするのである。そしてシュレーゲルはこの「新しい神話」の実現への期待を暗々裏にシェリングの自然哲学の神話的な完成に託して語ったことで——「自然学に欠けているのは神話的自然観のみである」[37]——、シェリングとの間にいわば束の間の蜜月を持つこととなる。事実、この時期、新しい神話の理念がこの二人の若い思想家をいかに強く固く結び付けていたかは、同じ一八〇〇年にシェリングが、「個々の詩人の創造ではなく、いわばただ一人の詩人として出現する新しい種族の創造」であるような「新しい神話」の理念のもとに『超越論的観念論の体系』の最終章[38]を書き、さらに一八〇二年に始まるイェーナ大学講義『芸術の哲学』において、「神話はあらゆる芸術の必然的な条件であり、その最初の素材である」という命題をもって始まる第三十九節の中で次のように述べていることからも明らかである。「神話はより高貴な衣装をまとい、絶対的な形姿を帯びた宇宙、真の宇宙それ自体であり、神的な想像力の中に現れる生命の姿、奇蹟に満ちたカオスの姿であり、それ自体がすでに詩でありながら、同時に詩の素材であり要素である。それは、そこにおいてのみ芸術の植物が花を咲かせ、根づくことのできる世界であり大地である。そのような世界の内部においてのみ永続的で確固とした形姿が可能なのであり、このような形姿によってのみ永遠の概念は表現されるのである。芸術の創造物は自然のそれと同じ実在性を、いや、それより一層高い実在性、すなわち神々の諸形式を持っていなければならない。そしてこの諸形式は人間の種族や植物の種族と同様に必然的かつ永遠に存続するものであり、個であると同時に種であり、そして種として不死なのである。」[39]――そしてこのような根源者の芸術衝動の原現象としての「神話」のために長大な一節（第四十二節）を捧げ、「詩文学にとって神話は一切のものが生じてくる原素材であり、古代人の比喩を借りるならば、すべての河が流れ出ては再び戻ってゆく大海原である」という命題によって、あるいはまた「神話は原像的世界そのもの、宇宙の最初の普遍的直観にほかならないのだから、神話は哲学の基礎である」[40]という命題によって、シュレーゲルの『神話論』の呼び掛けに応えている。シュレーゲルは書いている、「合理的に思考する理性の歩みと法則とを廃棄して、再び想像力の美しい混乱、人間の本性の根源的なカオスの中へ身を沈めるところに、一切の詩文学の起原があるのであって、このようなカオスに対しては、あの古代の神々の多彩な集団以上に見事な象徴を私はいまもって知らない」[41]と。あるいはまた「カオスは神話の根本概念である」（PL III-401）――「古代の神話は明らかに最高度に形成されたカオス以外の何ものでもない」（PL V-11）――「神話的な詩の本来の根本形式は絶対的なカオスである。」（FPL IX-421）とも。これらのシュレーゲルの遺稿断章に呼応するかのように、シェリングもまた『芸術哲学』の第三十節の中で述べている、「神々と人間たちの共通の胚芽として絶対的カオスは夜であり闇である」[42]と。

だが訣別は早かった。既述のように、一七九九年頃のものとされる断章の一つで、「**スピノザ**はいわば哲学の中心的太陽である」(PL V-967) と讃えたシュレーゲルのスピノザへの熱狂は、その後急速に衰え、四年後の一八〇四年には、「スピノザは**誤謬の完璧な総括である**」(PL X-386) と書くまでに冷却する。しかしこの急激な落差、ないしは路線変更を、シェリングはシュレーゲルの公刊された著作によって知ることはできない。相手の私信はむろんのこと、右の二つの相反するスピノザ観を含む多くの断章群(現在、遺稿断章集『哲学的修業時代』として集大成されているこれらの断章にはシェリングについての辛辣な言葉が少なくない[43])、さらにはシュレーゲルのパリおよびケルン期の非公開の私講義の内容も知るすべはない。訣別はそれゆえシェリングの刊行された著作のすべてを読むことのできたシュレーゲルの側からの一方的な宣告のかたちを取ったが、しかしシュレーゲルはそれを表立っては明言せず(公表されたシュレーゲルのシェリング評は、断章等における辛辣さとは裏腹に、おおむね穏便な論調に終始している)、それゆえ両思想家の訣別はいわば忍び足でその時を迎えたと言える[44]。このことを如実に示しているのが、シェリングに向けられたシュレーゲルの発言に対するシェリングの『自由論』における自信のない、時には訝しむような、それだけにやや腰の引けた脚註である。

一八〇九年に発表されたシェリングの『自由論』には、都合五回、シュレーゲルの名が脚註に登場する。しかしそのいずれも脚註としての意図が曖昧である。とりわけ「理性の唯一可能な体系は汎神論であり、かつ汎神論は不可避的に宿命論となる」というヤコービ由来の「俗説」を批判する箇所での「最初の脚註」の一節、「フリードリヒ・シュレーゲル氏がその著作『インド人の言語と叡知について』の一四一頁で述べている見解、すなわち《汎神論は純粋理性の体系である》とする見解が、何か別の意味を持ち得るものかどうかは、ここでは不問に付しておこう[45]」という一節は、脚註として意味不明と言うよりは、ほとんど無内容とさえ言える。なぜなら『自由論』刊行の前年の一八〇八年に発表されたこの『インド論』第二部『哲学について』におけるシュレーゲルの「見解」は、露骨なまでに明らかであって、古代インドと中国における「同一哲学的」な「無」を基底とした「汎神論」に仮託しての近代ヨーロッパのスピノザ主義批判以外にいかなる「別の意味を持ち得るもの」でもないからである。シュレーゲルは、「一切は無なり」という中国の仏教徒たちの「秘儀的教説」が「一切は一なり」という汎神論的教説の裏返しにすぎず、これによって「無限なるものとその全能の横溢を生き生きと深く感得する心」は、「無」とほとんど区別できない「全一性」の幻影と虚偽概念のうちへ解体してしまうとした上で、次のように断定する。「汎神論は純粋理性の体系であり、その限りにおいて汎神論はすでに東洋の哲学からヨーロッパの哲学への橋渡しの役を担ったのである。汎神論は人間の自惚れと怠惰とに等しく媚びる。ひとたびこの大発見がなされるやいなや、すなわち《一切は一なり》という、一切を包括し、一切を抹殺するところの、だがそのくせ甚だしく安直なこの学説と理性の知恵とが見出されるやいなや、もはやそれ以上のいかなる探究も究明も不要となる。他の人々がこれとは異なる道で知ったり信じたりすることはすべて、誤謬、錯覚、愚鈍の証にすぎず、また、一切の変化、一切の生命は、一つの空虚な仮象でしかないということになるのである。[46]」

もし万一シェリングがこの時期、彼が一八〇一年に世に問うた『私の哲学体系の叙述』に対するシュレーゲルの容赦のない批判を併せ読む機会に遭遇していたならば、彼は『インド人の言語と叡知について』におけるシュレーゲルの汎神論批判がまさに自分を名指しで直撃するにも等しいものだということを知ったに違いなく、『自由論』での彼の「脚註」も遥かに決然とした、それどころか激越なものにすらなっていただろう。実際、右の『私の哲学体系の叙述』についてシュレーゲルは、一八〇二年四月十二日付のシュライエルマッハー宛の手紙でこう書いているのである。「ここ数日、私はシェリングの新しい体系を読み、それがこれほどのものと知って文字道り愕然としました。絶対的な背理がかくも純粋かつ明確に述べられたことはいまだかつてありませんでした。それは紛れもないスピノザ主義ですが、しかし、そこには愛のかけらもない。つまり私がスピノザにおいて尊重している唯一のものが欠けているのです。これぞまさしくあの連中が長いあいだ弁じ立て、手に入れようと努めてきたもの、つまりは純粋理性の体系です。すなわち、そこでは想像力、愛、神、自然、芸術、要するに、語るに足る一切のものがもはやまったく語り得なくなってしまうような、徹底して純粋な理性の体系ということです。個人的見解ですが、これはシェリングの著作中最低のものです。こんなふうに自分から求めてはまり込んでしまったからには、もはやこの底無しの無からの、この完璧な冷却状態からの戻り道はありません。[47]」――この私信のこの一節は、「観念的なものと実在的なものとの融合・合体」から「観念的なものと実在的なものとの無差別」へと徹底してゆくこの時期、いわゆる「自然哲学」から「同一哲学」へと向かうこの時期におけるシェリングのスピノザ主義に対するシュレーゲルの憤懣と苛立ちを端的に表現している。因みに『インド人の言語と叡知について』において公然と表明されることになる汎神論批判への途上で、右の手紙のほかにも、例えば一八〇六年の『哲学的修業時代』の断章の一つでシュレーゲルはこう書いているのである。「〈デカルトのあとにスピノザが続いたのはきわめて当然である。――なぜなら汎神論は純粋理性の帰結だからである。〉」(PL XIII-67) ――

こうしたシュレーゲルの批判、とりわけ「愛」の欠如を衝く批判、しかもシェリングには最後まで伏せられたままだった批判に反論するかのように、シェリングは、例えば『自由論』におけるシュレーゲルの言説に対する「第二の脚註」で、シュレーゲルが『ハイデルベルク文学年鑑』(第一巻第六号一三九頁)において「フィヒテに忠告して、論争の際にはもっぱらスピノザを身の支えとするがよい、なぜならスピノザにのみ形式からしても一貫性からしても徹頭徹尾完成された汎神論の体系――この汎神論は先に引用した言辞に従えば純粋理性の体系ということになろうが

――が見出されるからだ」と書いているが、「フィヒテは疑いもなくスピノザ主義を（スピノザ主義として）すでに『知識学』によって克服し終えている」のだから、「右の忠告は奇妙なものになってしまう」と述べ、「それとも観念論はもはや理性の作品ではなくなっていて、理性の体系といういわば惨めな名誉は実際にはただ汎神論とスピノザにのみ残されているとでも言うのだろうか」[48]と反問したあと、本文に立ち返り、改めて「スピノザ主義とはそもそも何であるのか」と問い、スピノザの誤りは「諸事物を神のうちに見ている」ことにではなく、「神が諸事物であるとしている」こと、すなわちあの「無限の実体」そのものを一個の「抽象的概念」として捉えていることにあるとした上で、「自由」を否定し、「意志」さえも他の事物と同様に規定された事象として捉えるスピノザの「決定論的体系」は、この体系の抽象的性格の帰結である「生命の欠如」、「形式における心情の欠落」、「概念や表現の貧弱さ」、「諸規定の仮借ない過酷さ」、とりわけその「機械論的自然観」もろとも、「力動的自然観」の導入によって改造され、克服されねばならないと主張する。そして「万物は神のうちに包含されているという理論がこの体系全体の根拠であるならば、この理論そのものがまずもって生命を吹き込まれ、抽象性から引き離されなくてはならない。そうしてこそ初めてこの理論は何らかの理性体系の原理となり得るからである」と述べ、「硬直したスピノザ主義」を、まずもって「暖かい愛の息吹によって魂を吹き込まれねばならないピュグマリノンの彫像」と、あるいはむしろ「個性的で生き生きとした相貌が現れ出ること少なければ少ないほど、それだけいっそう神秘的に見える最古の神々の諸像」と比べている。そしてさらに「スピノザ主義は一面的な実在論的体系である」と改めて規定し、この一面性の克服のために、シェリングは「実在論と観念論との相互浸透」という彼自身の初期の諸作によって確立された綜合を引き合いに出し、この「相互浸透」のもとに、「スピノザの根本概念は観念論の原理によって精神化され（そして本質的な一点において改変され）て、より高次の自然考察法と、心情的＝精神的なものと力動的なものとの一体性の認識との中で、一つの生きた基盤を獲得したのであり、この基盤から自然哲学が成長してきたのであって、哲学の実在的部分と見なされる自然哲学は、自由の支配する理念的部分によって補完されて初めて、本来の理性体系へと高まることができるのであり、この自由の中でポテンツを高めてゆく最終的な作用によって全自然はまず感覚へ、次いで知性へ、そして最後に意志へと変容し得たのである(49)」と主張する。このような『自由論』におけるシュレーゲルの見解に対する「脚註」はいずれも、一方は『哲学書簡』において、他方は『神話論』において提起され、確立された「実在論と観念論との相互浸透」という共通の基盤に立ちながら、別して『アテネーウム』誌廃刊後は、相手との関係の冷却と疎遠による情報不足、資料不足のために論争の核心に思い切って踏み込めずにいたことに起因する、いわば憶測的反目状態の中に立たされたかつての盟友の疑心暗鬼の姿を浮かび上がらせる。

他の三つの「脚註」についてもほぼ同様のことが言える。まず「第三の脚註」。「フリードリヒ・シュレーゲル氏は、その『インド論』やその他の箇所においてこの難点をとりわけ汎神論に対して主張したという功績を持っている。その際、惜しむらくは、この明敏な学者が悪の起源および悪の善に対する関係についての彼自身の見解を表明しないほうがよいと考えたことである。」――観念論が「自由」について「一般的」で「単に形式でしかない」概念を与えるにすぎないとすれば、「実在的で生きた〔自由〕概念は、自由とは善と悪との能力であるということである」との一文に付されたこの「第三の脚註」においてシェリングは、シュレーゲルがインド論その他の諸作において幾多の難点――「神は、悪の創出の共同責任者ではないのか」という問題をも含めて――を「汎神論に対して指摘するという功績」を持っているにもかかわらず、「悪の起源および悪の善に対する関係」についてはシュレーゲル自身の見解を表明していないことを遺憾としているわけだが(50)、もし仮にシェリングがこの時期、シュレーゲルのケルン私講義『哲学の展開十二講』の第五講『自然の理論』における『世界生成論』を読むことができていたならば（この講義はシュレーゲル歿後七年の一八三六―三七年にヴィンディッシュマンによって刊行された）、自己嫌悪と自己憎悪に猛り狂ってわが身を蝕む自己破壊的な「エゴイズム」、自己自身を「無」へと解体させる絶対的な「悪しき原理」の根源形式である「怨恨」の極限的な発現の超人格的象徴が、ヤーコプ・ベーメの『汎智学の神秘』第八のテクストに倣って「ルシフェル」と呼ばれていることを知って自説との一致を確認しただろう。[51] シェリングもまた『自由論』において「悪」の本質を「自己自身を食い尽くし、絶えず自己自身を破壊し続けようとする矛盾」のうちに見出し、そこに明らかに「一切のものたろうとする驕慢」によって、「言葉を砕き、創造の根底を侵害し、神秘を冒瀆しようとする」根源的な否定の欲動の体現者、必然的に「非存在へと転落してゆく」ほかない「自我性と我意の暗黒の原理」、「暗黒の自我性」の具現者、「倒錯した神」すなわち「ルシフェル」の運命を想定しているからである。[52]

「第四の脚註」は、「たびたび引用されてきた『ハイデルベルク年鑑』所載のフリードリヒ・シュレーゲル氏の論評（一五四頁）」（これは一八〇八年の同誌第一輯に掲載された一連の『フィヒテ論』の中の『フィヒテの学説それ自体とその発展のさまざまな段階』と題された一章を指す）を、「当代のこのような道徳的天才性に関するきわめて正しい見解を含んでいる」として称賛しているものだが、[53] この「脚註」に到るまでの論脈でシェリングが問題にしているのは、「いかなる果実も生み出さない徒花」にも似た「偽りの道徳性」をその必然的な果実としてもたらす「偽りの宗教性」である。「まやかしの想像力」と「非存在者に照準した認識」とによって人間の精神が「虚言と虚妄の精神」の侵入を許すやいなや、ただちにこれに幻惑されて、自己の「原初的な自由」を喪失する。これに対して「真の善」はただ「あ る神的な魔術」によってのみ、すなわち「意識と認識のうちに真に実在するものを直接的に顕現させる」がごとき秘法によってのみ実現される。これが「道徳的天才性」に対するシュレーゲルの的確な判断を称揚する「第四の脚註」に到るまでの『自由論』の論脈の概要だが、[54] もしシェリングが八年前のシュレーゲルのイェーナ大学講義『超越論的哲学』——この講義に出席していたというシェリングの言葉が信用できるものとしてだが(55)——を最後まで聴く努力を惜しまなかったならば、哲学の根源的能力としての「魔術」についてのシュレーゲルの見解——「すべての学問と芸術とを一つに結合するような学問が、それゆえ神的なものを産出する技法であるような学問があるとすれば、それは魔術以外のいかなる名称によっても表示され得ないものであるだろう」——と彼自身の見解との類縁性を確認し、そのための新たな脚註を別途用意したかもしれない(56)。

そして最後の「第五の脚註」。「フリードリヒ・シュレーゲル氏が『ハイデルベルク年鑑』第二号、二四二頁で表明している願望、すなわち、ドイツにおける怯懦な汎神論的妄想が終息して欲しいものだという願望において、筆者以上に賛同できる者は他にないだろう。しかもシュレーゲル氏が美的夢想や美的想像をもそれに加えているとすれば、尚更そうであるし、またスピノザ主義だけがもっぱら理性に則したものであるという意見をも同時にこの妄想のうちに数え入れてもよいのであれば、別してそうである」という、明らかにヤコービを攻撃の標的に据えた一文に始まるこの長文の脚註(57)は、文中に挿入されているエラスムスの言葉——「私ハ常に一人デイルコトヲ欲シタ。ソシテ盟約ヲ交ワシタ者タチヤ徒党ヲ組ム者タチ以上ニ甚シク私ノ憎ムモノハナイ」——を差し引いても過度に論争的である。シェリングがここで引用している脚註冒頭のシュレーゲルの言葉は、一八〇八年の『ハイデルベルク年鑑』に掲載されたアーダム・H・ミュラーの『ドイツの学問と文学に関する講義』についての論評中の一節、すなわち「美的見地は人間のうちに本質的に基礎づけられている。しかしこれのみが排他的に支配するようになると、この見地は戯れの夢想となる。しかもたとえそれがいかに洗練されたものであろうと、それはせいぜいあの有害な汎神論的妄想へと導くものでしかないが、この妄想がいまや学校の織物細工の中だけでなく、至る所に幾千という種々雑多な自堕落な形態をとってほとんど津々浦々までも支配するようになっているのをわれわれは眼にするのである。これが諸悪の源泉であって、これこそがドイツ人の心の最良の諸力を蝕み、人間たちを最後には最も感覚の鈍麻した無関心状態へと赴かしめるのである」という一節に続く、「このような美的夢想、怯懦な汎神論的妄想、このような形式拘泥癖は終息しなければならない」という箇所[58]からの援用である。

しかしこの箇所へのシェリングの賛辞は、明らかに反語である。なぜならこの脚註は、「端的に見られた絶対者への関係においては一切の対立は消失するのだから、この私の体系を汎神論と呼ぼうとする者には、勝手にそう呼ばせておけばよい」という戦闘的な言辞に直結しているからである。そもそも「美的夢想」、「怯懦な汎神論的妄想」といったシュレーゲルの明らかに底意を秘めた言辞には、彼が指弾するのが「美的夢想」と絡み合った「怯懦な汎神論」に対するものなのか、それとも「怯懦」な「美的夢想」でしかない「汎神論」に向けられたものなのかを弁別する基準が見当たらない。「怯懦な汎神論的妄想」という言葉は、シュレーゲルが「汎神論」を妄想の一形態と見ていることを言外に、しかもあからさまに告げているとも読めるきわどい表現である。汎神論とは本来「怯懦な妄想」でしかないというのが、ここでのシュレーゲルの真意であるかもしれないではないか。こうした一連の疑惑はシェリングにとって、「最初の脚註」以来、シュレーゲルに言及する際の自明の前提だったに違いない。とすれば当節流行の汎神論に向かって投げつけられたかのように見えなくもないシュレーゲルの批判へのシェリングのやや取り入るような賛意の表明は、明らかにシェリングがここでのシュレーゲルの意図を感じ取り、「汎神論は純粋理性の体系である」とするシュレーゲル見解が「何か別の意味を持ち得るもの」などではまったくないことを熟知していた上での反語的な応答と見なければならないだろう。

この脚註の切っ掛けとなった先きの一文、「端的に見られた絶対者への関係においては一切の対立は消失するのだから、この私の体系を汎神論と呼ぼうとする者には、勝手にそう呼ばせておけばよい」という一文に続く、例えば、

「ある体系は神のうちなる諸事物の内在を説いているなどと言ってみるのは簡単である。しかしそれがわれわれの体系に関して言われているのだとしたら、まったくの誤りだとは言えないまでも、その言辞は無に等しいとしか言えないだろう[59]」という一文が示しているように、シェリングは彼自身の汎神論的ないしは万有在神論的根本思想を、世間に流布している意味での汎神論では断じてないが、しかし「汎神論」ないしは「汎神論的」と呼ばれることは阻止し得ない、だが阻止する必要などこれまた断じて認めないという、強い態度で展開してゆくのだが、この展開の過程で常に問題となり、あるいは曲解の対象となるだろう「絶対者」の概念について、そうした「最高の諸概念」に対してさえも「明晰な理性的洞察」が可能でなければならないと主張し、明らかにヤコービの汎神論批判を念頭に浮かべつつ、しかし同時にまた明らかにレッシングの断章集『人類の教育』にヤコービの「理性批判」への反論の支えを求めながら、「われわれはレッシングその人と共に、啓示された諸真理を理性の諸真理へと完成させることを、それが人類の助けとなるべきものであるならば、端的に必要なことであると見なしている（『人類の教育』第76節）。同様にわれわれの確信しているところによれば、いかなる可能な誤謬（本来的に精神的な対象における）を立証する場合にも、理性だけで完全に充分なのであり、哲学的体系を判定するに際して異端審問官づらはまったく不要である[60]」と書く。そしてこれまた明らかにレッシングを念頭に、「われわれは文字に記されたいかなる啓示よりも古い一つの啓示を持っている。それが自然である」と書き、そして最後に「宗教と学問の唯一真なる体系」は、もしこの「文字に記されていない啓示」がわれわれの理解のために打ち開かれるならば、「真理と自然のまったき輝き」のうちに現れるだろう」と書いて『自由論』全編を結ぶとき[61]、シェリングの脳裏を、一八〇四年に刊行されたシュレーゲル編纂になる三巻本の『レッシング選集』に付された九篇の論評、とりわけその一篇の『プロテスタントの性格』の結びの数節がよぎったかどうかは知るすべもないが、しかし彼が自己の信念をレッシングの信念に仮託して披瀝しようとする以上は、『アテネーウム』誌廃刊以後、レッシングについてのシェリングが読むことのできた数少ないシュレーゲルの著作に眼を通していないはずはないという推測も成り立つと考えてよいだろう。なぜならシュレーゲルはその結びに近い一節において、「宗教の避け難い没落」を救う「第三の道」、「唯一真なる道」を「始原的なものへの帰還」のうちに求め、「ただひたすら遡ってゆけ。そして古いものに代えてより古いものを、最も古いものにして原初のものを想定せよ。そうすれば諸君は確実に正しく、かつ真なるものを見出すだろう」と呼び掛け、そこにこそ「人類の一切の形成と自由の最初にして最古のもの」、「カトリック的でもプロテスタント的でもなく、同時にそのどちらでもあるような一時期を持ったキリスト教」を見出すだろうと予告したレッシングの、当時の啓蒙主義者たちにとっては「異端中の異端」だったに違いないこのような「人類最古の啓示」へと向けられた深く透徹した共感と理解の眼差に対して熱烈な讃辞を捧げているからである。[62]

いずれにせよ――もう一つの、あるいは再度の『哲学的書簡』とも言うべきこの『自由論』の中での、時として無用の反目や軋轢を生み出しかねない激情的な論争的言説は、シュレーゲルによってあらゆる「神秘主義者」にその総称として与えられた「絶対者の根源学における熟達者」(PL I-39)、すなわち自然と精神との根源的同一性、あるいは「実在的なものと観念的なものとの渾然一体性」への飽くなき探究をもって自己の哲学の根底とせざるを得ない思想家、それゆえまたシュレーゲルによって予告された「プロメテウスの運命」を甘受すべく運命づけられている思想家にとって、常に「純粋理性の体系」に擬装された自然汎神論、「批判を経た神秘主義」、あるいは「超越論的スピノザ主義」、あるいはまた、ヤコービの評語に従えば、「逆立ちしたスピノザ主義」[63]という嫌疑に晒されることに耐えねばならない不条理に対する底知れない苛立ちと恐怖――「純粋理性の体系」についてのシュレーゲルの言辞への「最初の脚註」においてこの恐怖は奇妙な曖昧さを装って暗示されている――が、すなわちヤコービの一擲によって作り出された波紋が、あの時期、いかに根深く執拗なものだったかを物語っている。

三

シュレーゲルのスピノザからの急速な離反にもかかわらず、フィヒテの観念論とスピノザの実在論との渾然一体的融合の図式は、一八〇〇年から翌年にかけてのイェーナ大学講義『超越論的哲学』においてはスピノザの「思弁の体系」とフィヒテの「反省の体系」との綜合としての「予見の体系」(64)として、そしてまた一八〇四年から翌年にかけてのケルンでの私講義『哲学の展開十二講』においては「根源自我」の「無限の有機的生成発展」という『世界生成論』の両要素である「無限の統一性」と「無限の多様性と充溢」(65)として貫かれてゆく。しかしこのケルン私講義での「無限の統一性」は、もはやスピノザの「全一性」の理念と直接的に結びつけられてはいない。しかもここでの『世界生成論』は、「無限の統一性」のうちにまどろんでいた「根源自我」が「無限の多様性と充溢」への憧憬に目覚めることによって限りない世界生成を開始するという一種の自然汎神論に基づくものでありながら、この限りない発展の途上において「根源自我」は生成の究極目的、すなわち、生成の全過程を総括してこれを無限の神性に転化せしめる「神の国」の理念へと覚醒し、この覚醒によって、「啓示の解釈、啓示の歴史と源泉はそれに属する知識と手段のすべてと共に教会そのものとその神学にのみ帰属するもの」となり、「一切の象徴的なものを排斥し、そうすることでもっぱら書かれた啓示にのみ直接自分たちの支えを求めようとするプロテスタントは最高度に不正」であり、「正統カトリックこそが宗教の本質的要素の一切を含む(66)」という認識と信念へと導かれてゆく。いわば根源自我がその世界生成の一切を挙げてローマ教会への帰依を表明するのであって、このような世界秩序においてはすでにいかなる汎神論もスピノザ主義も異端として排除されていなければならない。事実、一八〇八年に実現するシュレーゲルのカトリックへの改宗を予告しているこのケルン私講義の序論を成す『哲学の歴史的特性描写』においても、また、一八〇五年から翌年にかけて行われるもう一つのケルン私講義『序説と論理学』に付された補説『哲学諸体系の批判』においても、スピノザへのかつての讃仰や共感は影を潜め、例えばこの補説においては、「純粋理性」による認識を「唯一直接的な、完全に確実な」認識であるとする「宿命論的な体系」を「最も厳密かつ学問的」に論述したのがスピノザであり[67]、そこに露呈されるのは「空無と虚無の底無しの深淵」、「ニヒリズムと称するに値する哲学的混迷」にほかならないとされ、ここでも「万物の始まりと終わりは無であり、この無こそが最高にして最完璧な本質である」と説く中国の思想家たちとの類似が指摘されるのである[68]。

一方、シュレーゲルにいわば絶縁状を突きつける結果となった一八〇一年の『私の哲学体系の叙述』において、シェリングは――スピノザに「その体系の戦闘的な衣装を脱ぎ捨て、新しい詩の神殿にホメロスやダンテと共にに棲み、神に酔える詩人たちすべての守護神であり客人である人々の仲間入りをするがよい」（『神話論』）と要求し、「実在論と観念論との相互浸透」という哲学的課題をもっぱら詩人の手に委ねようとしたシュレーゲルとはまったく逆に――彼の「スピノザ」にいよいよ重厚な体系的武装をほどこしてゆく。いわく「私は理性を絶対的理性と呼ぶ、あるいは主観的なものと客観的なものとの全的な無差別として考えられる限りにおいて理性と呼ぶ。」――「哲学の立脚点は理性の立脚点であり、その認識が諸事物の認識であるのは、諸事物がそれ自体として、すなわち理性の内に存する限りにおいてである。」――「理性の外に何ものもなく、理性の内に一切がある。」――「絶対者の立脚点に依拠することのないいかなる哲学も存在しない。これは哲学の全体的叙述をなそうとする際に疑う余地のないことである。哲学は絶対者である。」――「理性は端的に一なるものであり、端的に自己自身と同一である。」――「理性はそれゆえ絶対的な意味において一なるものである。」――「理性の存在のための最高の法則は、そして理性の外には何ものもないのだから、すべての存在（理性の内に包含されている限りでの）のための最高の法則は、同一律である。これはすべての存在への関わりにおいてはA＝Aとして表現される。」――「命題A＝Aは、それ自体において、従って時間との一切の関わりなしに措定されている唯一の真理である。私はこのような真理を、経験的な意味においてではなく、絶対的な意味において永遠と呼ぶ。」――「唯一の無制約的認識は絶対的同一性の認識である。なぜなら命題A＝Aは、これのみが理性の本質を表現しているがゆえに、唯一の無条件的に確実な命題であるが、しかしこの命題によって直接的に絶対的同一性もまた措定されているのである。」――「理性は絶対的同一性と一体である。」――「絶対的同一性は端的に無限である。」――「絶対的同一性は、同一性としてけっして廃棄され得ない。なぜならそうであることが同一性の属性だからである。しかしまたそれは絶対的同一性である限りにおいてのみそうなのである。」――「絶対的同一性は、端的に、あるいは自体において存在する唯一のものである。それゆえ一切のものは、それが絶対的同一性そのものである限りにおいて自体として存在し、またそれが絶対的同一性でない限り、それは自体として存在することはけっしてない。」――「絶対的同一性はただ命題A＝Aの形式によって措定されている。あるいはこの形式はその存在によって直接的に措定されているのである。」――「絶対的同一性はただ同一性の同一性という形式のもとにおいてのみ〔措定されて〕いる。」――「絶対的同一性の根源的認識なるものがある。そしてそれは命題A＝Aと共に直接的に措定されている。」――「存在するものはすべて、本質からすれば、すなわちそれが自体として、そして絶対的と見られる限りにおいて、絶対的同一性そのものであるが、しかし存在の形式からすれば、それは絶対的同一性の認識である。」――「絶対的同一性の、この同一性における自己認識は永遠である。」――「絶対的同一性は、自己を主観と客観として無限に措定することなしには、無限に自己自身を認識することはできない。」

――「絶対的同一性は絶対的総体性である。なぜならそれは存在する一切のものそれ自体だからであり、あるいは存在する一切のものから切り離されては考えられないからである。それゆえそれは一切のものとしてのみ存在する、すなわちそれは絶対的総体性である。」――「このような総体性を私は宇宙と呼ぶ。[69]」――

まさに「絶対」の文字を隙間無く敷き詰めた息詰まるような絶対的叙述によって彼自身の絶対的スピノザ主義の絶対的完成が追求されてゆく。これがシュレーゲルの理解する「純粋理性の体系」と合致するものであるかどうかはともかく、「理性」の文字によって辛うじて観念論の面目を保っているかのような絶対的な実在論的世界がそこにある。これをしもなおシェリングの意図に従って「観念論＝実在論」と呼ぶならば、それはまさにシュレーゲルが、「すでにまったく哲学の限界の外にあるシェリングの観念論＝実在論は、**調和の密儀**、**諸理念の魔術**に関わっている」（PL IV-1335）と評したような、ある名状し難い秘儀的思想圏である。実際、翌一八〇三年の『自然哲学考案』第三版のための『序説への補遺』は、その内容においても記述においても、いわば一切の論証を越えた一種の秘法伝授的様相さえ帯びたものとなり、「絶対者は必然的に純粋な同一性」であり、「みずから素材であり形式である永遠の認識行為にして産出行為[70]」であり、この絶対者の「永遠の行為の実在的な側面が自然のうちに顕現する[71]」のだから、このような「永遠の自然」は「客観的なもののうちへと生まれ出た精神、形式のうちへ導き入れられた神の本質[72]」であって、それゆえ「自然哲学が生じてくる基盤となる全体は絶対的観念論であり」、宇宙の究極の統合原理は、人間を「宗教へと最終的に形成」する「最も完璧な客観的総体性における絶対的同一性の直観[73]」であるとされる。

この秘法伝授的傾向は、一八〇六年の『世界霊』第二版の前文として書かれた『自然における実在的なものと観念的なものとの関係について』に到って一段と濃密の度を加え、副題に『重力と光の原理による自然哲学の諸原則の展開』とあるように、そこでは「一切の事物を結合し、全なるもののうちで一なるものを成すところの紐帯」である

「重力[74]」と、一切の事物の「内的中心」、「生命の閃光」としての「紐帯」である「光体[75]」とが、無限の闇と無限の光の両極として対立しつつ「絶対的コプラ[76]」によって解き難く捩り合わされて織りなす宇宙創造の営みが、暗鬱な熱狂のうちに描き出される。シェリングはすでに「あらゆる事物のうちの最も暗いもの、いや、暗さそのもの」である物質を、「自然のすべての形成物と生きた諸現象」の「知られざる根[77]」と感じている。だがこの「物質」を彼はスピノザに倣って「全宇宙の写像」、「無限にして永遠の本質性を表現する属性」の「総体」と規定し、「物質の暗さ」をかえって「無限なるものと有限的なものとの永遠の統一」を意味する「紐帯」の現れと捉えること[78]で、この「知られざる根」の更なる根底に一瞬口を開けたかに見える深淵を塞ぎ、創造においてはいかなる深淵も許容しない「無限なるものと有限的なものとの絶対的総体性」の原理を堅持する。すでに『自然哲学考案』において現れていた、あの「われわれの精神を自然と結びつける秘密の紐帯[79]」の概念は、ここでは「無限なるもの」と「有限的なもの」との亀裂として言い表される一切の二元論を排除する原理として働くと共に、両者の根源的同一性から独立し、その根底に、あるいはそれを越えて、何らかのかたちで存在するいかなるものも、それが「何ものか」であれ、あるいはまた「無」であれ、徹底的に否定する無限的結合ないしは結合的無限の原理としてそのまま『自由論』に持ち込まれてゆくが、このような「絶対的自己肯定[80]」とこの「絶対的自己肯定」の「永遠の循環[81]」のうちに完結する絶対世界においては、もはや「外自然的」事柄も「超自然的」事柄も一切存在せず、われわれ自身が共にそこに属し、共にそこに存在する「唯一無限の現実」があるばかりであり、従ってそこにはもはや跳び越えるべきいかなる「柵」も「境界」もなく、それゆえまた「内在と超越」の区別もなく、両者の対立は廃棄され、一切が合流して「神に満たされた一なるものの世界[82]」を形成するのである。

「理性が神の本質の永遠の帰結として認識する一切のものは、単にその写像ばかりでなく、その現実の歴史そのものまでも、自然のうちに含まれている。自然は単に測り知れない創造の所産であるばかりでなく、そのような創造そのものでもあり、永遠なるものの現象ないし啓示であるばかりでなく、むしろ同時にこの永遠なるものそれ自体でもある」のだから、「われわれが個々の事物を認識すること多ければ多いほど、それだけ多くわれわれは神を認識する」というスピノザの言葉を待つまでもなく、われわれは「いよいよ高まる確信をもって、永遠なるものについての学問を追究する人々に向かってこう呼びかけねばならない、《自然学のもとへ来たれ、そして永遠なるものを認識せよ！》と」。――「測り難い創造の神秘の深み」から立ち昇ってくるかに見える「万物の底知れない本質」も、やがては「見開かれた意味深い目をもって」研究者たちを見つめ返し、それらの形成物の神々しい混乱と捉えがたい豊かさも、それらを「悟性によって捉えようとする一切の期待」を断念しさえすれば、最後には彼らを「自然の聖なるサバト」へと導き入れてくれるだろう[83]。――

「一切のもの」が「一なるもの」のうちに合流し、しかも永遠にして絶対の「神的紐帯」によって無限の連関と連鎖のうちに固く結ばれつつ渾然一体となり、「内在と超越」の対立がもはやいかなる意味も持ち得ないような「神に満たされた」全一的世界――このような絶対的な汎神論的、あるいは万有在神論的世界のうちに深く身を沈めながら、なおかつ、まさにそこにこそ「神の人格性」あるいは「神の人格的生成」を導出する唯一の可能性を見出し得るとの確信に基づいて新たな哲学的展開の地平開拓への一歩を進めようとしたのが、シェリングの『自由論』である。従ってこの新たな地平は、汎神論から有神論への単純な脱出宣言ないしは転向宣言によってただちにもたらされるものではあり得ない。なぜなら「内在と超越」とが不可分に結び合っているあの「内在的にして超越的」な世界からの脱出ないしは転向がもはやいかなる意味においても不可能であるような地層に踏み込んでの「人格神」の導出が、すなわち、揺るぎない紐帯によって揺るぎなく完結している汎神論的ないしは万有在神論的構造を絶対の基盤としつつ、なおかつそこに「超越的」な有神論的世界秩序を確立することが果して可能か、また、可能ならばいかにしてかということが、シェリングのここでの新たな、だが至難の課題となるからである。

実際、シェリングが『自由論』の序論に相当する部分を、「観念論は哲学の魂であり、実在論はその肉体である。両者が合体することによってのみ、一つの生きた全体が形成される。実在論は原理を供給するものではけっしてないが、しかしそれは、観念論が自己を実現し、肉と血を受け取るための根拠であり手段でなければならない」と総括し、次いで本論を開始するに当たって、「真の自然哲学の諸原則」からのみ、『自由論』において生じる「一切の問題に完全に満足を与える見解」が展開されると書き、この自分の確信を支持してくれるのは、「すべての実在論的哲学に対して古くから言い慣わされてきた唯物論、汎神論といった誹謗」を恐れず、ひたすら「自然の生きた根拠」を探求してきた「自然哲学者」たちであって、彼らを「神秘主義者」として排斥した「独断論者や抽象的な観念論者」ではないと断言するとき[84]、『自由論』という新たな地平は、『世界霊』第二版の「前文」からの先の引用箇所が異論の余地なく立証しているように、彼の「自然哲学的」諸労作によって、あるいはむしろそれに先立つ『哲学的書簡』によって、すでに肥沃な大地として耕し尽くされていたと言わねばならない。シュレーゲルが彼の「自然汎神論的」基盤の上に彼のキリスト教的有神論の世界を構築できると信じたように——「無からの創造、キリスト教的三位一体、世界の時間的開始は、もっぱら生成する神性の概念によってのみ、完成された観念論によってのみ説明され得る」(PL IX-21)——、シェリングもまた彼のキリスト教的有神論の超越的唯一者としての神の生成を、「超越と内在」の根源的一体性を絶対の前提とする彼の「真の自然哲学的諸原則[85]」によってのみ、あるいは敢えてシュレーゲルの発言に対応させようとすれば、「生命溢れる実在論」を基底とした「観念論[86]」によってのみ導出され得るとの絶対の確信のもと、「唯物論、汎神論といった誹謗[87]」に臆することなく、『自由論』によって開かれるであろう彼自身の「自然の聖なるサバト」、すなわち「内在」と「超越」との渾然一体、それゆえ汎神論と有神論との渾然一体のうちに見出される「神の自然」へ向かおうとするのである。

シェリングが自己自身に課した、あるいは課さざるを得なかったこの新たな課題はしかし、「神に満たされた」全一的世界が常に悪に満たされているのはなぜか、この世界が単に悪の可能性を孕んでいるばかりでなく、その可能性を現実のものたらしめる悪の実行者を絶えず生み出しているのはなぜかという、由来、あらゆる汎神論的世界観に投げつけられてきた難問——そして汎神論そのものによっては決して解かれ得ない難問と不可分に結びついている。シェリングはこの難問解決の糸口を人間の自由の本質、すなわち、人間の「自我性」と結合している悪への志向、「善への熱狂」と「悪の歓喜」との共存、善悪いずれをも自己責任的行為として選択する意志のうちに求め(88)、しかもこの人間的自由の形而上学的意味を、あの「神に満たされた」全一的世界における「諸力の永遠の紐帯を随意に引き裂く(89)」行為のうちに見て取ろうとする。すなわち、汎神論を汎神論たらしめる要であるあの「絶対的コプラ」——根源的な悪の存在を形而上学的に許容しないあの「内在的にして超越的」な神的世界の不可侵の「絶対的コプラ」を切り裂く行為こそが「人間的自由」の形而上学的意味にほかならず、だからこそこの自由の行使によって「人間の生は創造の原初にまで達している(90)」のだが、しかしほかならぬこの同じ人間固有の行為がこの「紐帯」を切断し、この切断によって生じた「超越」と「内在」との亀裂が神の「人格的顕現」を可能ならしめ、同時にまた、この同じ亀裂が「闇と光との絶対的コプラ」によって隠蔽されていたあの万物の「知られざる根」の暗黒——それは「人間的自由の暗黒」でもあるのだが——をも一挙に露呈させるのである。

このような展開は『自由論』を際立たせる新たな局面ではあるが、しかしシェリングにとってはけっして新たな問題ではない。先の『世界霊』第二版の前文においても、やや唐突に「闇と光」との「絶対的コプラ」の本来の、そして唯一の結節点である人間のうちで「紐帯は紐帯によって結ばれたものを切り裂いて、その永遠の自由のうちへと帰還する」[91]と述べられているが、人間におけるこのような「紐帯」と「紐帯の切断」との永遠の抗争は、すでに一七九五年の『哲学的書簡』においても、その圧倒的な客観世界の「威力と魅力」を誇る「独断論」と、この威力と魅力に屈することなく、絶えず「覚醒してあれ！」を哲学のプロメテウス的課題として掲げ続ける「批判主義」との抗争として現れている。シェリングは常に絶対的同一性の世界へのスピノザ的没入の希求と、このような没入へのプロメテウス的反抗との相剋を生きている。『哲学的書簡』が、スピノザ的世界へ降り立とうとする自分に抵抗する自分と、抵抗しながらついにそこへ降り立ってしまう自分との相剋の最初の告白であるとすれば、観念論的体系としての重武装を施した自然哲学という名の独自の濃密なスピノザ主義をもってほかならぬ「スピノザの道から最も画然と逸れてゆく」分岐点[92]であると断言する『自由論』における自己認識、あるいはむしろ自己誤認は、この自己相剋の極点を示すものと言えるだろう。そしてこの自己相剋における彼のプロメテウス的意志が、彼自身の自然哲学の最終的帰結である「内在的にして超越的」な全一的世界の絶対性を再び切り裂いて、そこに「神の人格性」という一種の「超・内在性＝超越性」を成立させようとするのである。

このような自己相剋を抱える者の常として、シェリングの論法は断定的かつ単刀直入である。「内在＝超越者」としての「絶対者＝神」のほかには何ものも存在し得ないのだから、神は自分の「実存の根底」を自分自身以外のどこにも持ち得ない。しかしこの根底としての「神自身」はあくまでも「神の実存」の根底であって、「絶対的に見られた神」すなわち「実存する限りでの神」そのものではない。「神の実存の根底」は「神とは切り離せないもの」でありながら「神とは区別される」ところの、いわば「神のうちなる自然」、すなわち「神の実存のための永遠の根底」としての「原初的自然」であり、この「神の自然」の「深い暗黒」の中から、「神的現存在の最初の活動」として、

「神以外にはいかなる対象も持ち得ない」表象が生み出されるのであって、これが「絶対的に見られた神」の最初の顕現、「神のうちに生み出された神自身」である。そして諸事物はこの「絶対的に見られた神」、あるいは「実存する神」のうちで生成することはできないのだから、それらはこの「実存者としての神」とは異なる根底のうちで生成するほかはない。しかし「神に先立って、あるいは、神のほかには何ものも存在しない」のだから、諸事物はその根底を「神自身のうちなる神自身ではないもの」、すなわち、「神の実存の根底であるところのもの」のうちに持っているはずである。このような「実存する限りでの存在者」と「単に実存の根底でしかあり得ない限りでの存在者」の区別によって、「内在＝超越者」の内部は切り裂かれて、この「内在＝超越者」としての神の根底から誕生する「超越者」としての人格神と、「神の自然」の根底から生まれた「世界内存在者」としての被造者とに分断されるが、[93] この被造者のうちひとり人間のみが、この「人格神」すなわち「実存する神」との関わりにおいて「周辺的な存在者」でしかない外のすべての「自然的存在者」に対して「神のうちなる存在」として一切の創造の「中心存在者」の地位を占め、この人間を介して、神は「自然を受け入れ、神自身との絆を結ぶ」ことができるのであって、この意味で自然は「古い契約」であり、人間は「新しい盟約の開始」であり、この新しい開始を契機として人間は神と自然とを結びつけ、この仲介によって「自然の救済者」となり、創造の秩序の統括者となるというのが、ここでの、というのはシェリングがその「無限なるものと有限的なものとの絶対的同一性」、「内在と超越の渾然一体的無差別」という汎神論的ないし万有在神論的構造を堅持すべき絶対の基盤としつつ打ち建てようとした『自由論』の最終場面におけるキリスト教有神論的世界秩序の骨格である。[94]

「神ならざる神自身のうちなる神自身にして神自身ではないもの」の根底から生まれ出る実存者としての「超越的人格神」と、同じ根底から生まれ出る世界内諸事物の導出――これによって神と世界とのスピノザ的同一視は確かに回避されはするが――、だがこの「神自身のうちなる」という絶対的な汎神論的ないしは万有在神論的世界の「無限円周」のうちを際限なく経巡るにも似た「無限循環」からの最終的脱出という論理的不可能性を向こうに回して敢行された悪戦苦闘の末の人格神と自然的世界それぞれ別個の導出は、かえって「内在」と「超越」とが「永遠の紐帯」によって渾然一体を成していた「神＝世界」の絶対世界によって隠蔽されていた暗黒、あの「神自身のうちなる神自身ではないもの」として言い表される「神の深淵」を一挙に露呈させると同時に、「神の人格的生成」の導出によって「創造主の創造主」を問うタブーをも犯すこととなる。シェリングは「実存者として顕現する神」とこの神の根底である「神の自然」を、ここでもまた「光」と「光の永遠に暗い根底」である「重力」との関係として捉え、しかもこの重力を、光の根底として光に先行しながら「光が顕現するやいなや、夜のうちへと逃げ去り」、いかなる光も剥がすことのできないこの夜の「封印」のもとに、けっして顕在化することのない「永遠の闇」、「絶対的同一性の絶対的存在の彼岸」にある「自然一般[95]」、すなわち「物質」というあの万物の「知られざる根」の深淵として捉え、さらにこの深淵を顕現する神および世界内諸事物の根底、創造への根源欲動、いわば「永遠なる一者が自分自身を生み出そうとして感じる憧憬[96]」として捉えようとする。

この深淵の欲動、あるいは欲動の深淵は、「一切の根底に先立ち、一切の実存するものに先立ち、それゆえ総じて一切の二元性に先立つ」ものとして、「根源根底」（Urgrund）ないしは「無底」（Ungrund）としか名づけようのないもの、一切の対立に先立ち、一切の対立が廃棄されている、いわば絶対的な「無差別」、そこから一切の対立が無媒介的に一挙に出現するが、しかしそこにおいては一切の対立が端的に存在していない、いわば対立の「非在」としか言い表し得ない、あるいは「まさに無述語性という述語以外にいかなる述語も持たない」存在の暗黒である。そしてそれが一個の根源的な欲動であるのは、それ自体が何であるかを「述語」できない絶対者＝無底の「無述語的」な渇望、それなくしては一切の創造もあり得ないような根源的な愛と生命への渇望だからであるというのが、この名状し難い欲動に与えたシェリングの最終的な言葉である。「無底」の闇はこのような愛と生命によって充満する。とはいえそれは一個の深淵であることをやめはしない。「無底」は、依然として愛と生命の充満する光輝く暗黒であることをやめはしないのである。「神自身のうちなる神自身であるもの」と「神自身のうちなる神自身でないもの」、すなわち「実存する神」と「神の実存のための根底」である「神の自然」とを区別することによって神の人格的生成を企図しながら、同時に「神に先立って、あるいは、神のほかには何ものも存在しない」という根本命題によって「内在」と「超越」とが渾然一体を成す絶対的基盤をも確保し続けようとするシェリングの二方面作戦的苦闘は、まさにこの論理の二重構造のために、かえってこの汎神論的ないしは万有在神論的基盤そのものをも「無底」の深淵の中に見失うという結果をもたらした。だがこの深淵は、すでに『哲学的書簡』においても、批判主義によっては答えられない謎、「そもそも経験の領域なるものはなぜ、何のためにあるのか」という問いとして口を開けている。しかしそこでのシェリングは、「アレクサンドロス大王がゴルディウスの結び目を断ち切ったように」、この問いの戦慄的な恐怖を、「この問いそのものを廃棄する」ことによって断ち切っている。それは「もはや問いとして成り立ち得ないとしか答えられないがゆえに端的に回答不可能である」として。（『第六書簡』[98]）

シェリングの哲学のプロメテウス的運命を予告した『アテネーウム断章』におけるフリードリヒ・シュレーゲルの「判決」は、それが汎神論的世界観をもって超越神論的世界秩序へのプロメテウス的反抗の武器たらしめようとしたレッシング的なヒュブリスに向けられたものと見られる限りにおいて、スピノザ的実在論とフィヒテ的観念論との融合を近代哲学の避け難い趨勢と見ていた一七九八年当時のフリードリヒ・シュレーゲルにとって、自分自身をもいわばヤコービの法廷に立たされる同罪者と見なした上での危惧の表明だったと言えなくはない。しかし『自由論』において「自然哲学」という名の絶対的汎神論ないしは万有在神論を基盤として、神のうちでの世界の根源的内在性を保持しつつ、独自の超越的＝有神論的世界を構想し、しかもこのいわば「汎神論的有神論」をもって従来のスピノザ主義との訣別の証であると宣言し、それによってかえってあの絶対的汎神論が隠蔽してきた深淵、すなわち「世界の根底には根底がない」という「無底」の深淵を露呈させるに到ったシェリングの、いわば「神の仕事場の暗黒」を覗き込むという意味での新たなヒュブリスに対しては、一八〇九年のこの時期、フリードリヒ・シュレーゲルの「判決」はすでに冷たく突き放すものに変わっているはずである。とまれ、スピノザ的汎神論の本質を「無への没入」としての「ニヒリズム」と捉えていながら、依然として「無からの創造、キリスト教的三位一体、世界の時間的開始は、もっぱら生成する神性の概念によってのみ、完成された観念論によってのみ説明され得る」（PL IX-21）という、自然汎神論の根底からのキリスト教的有神論の導出を必然の成り行きと見ることにいささかの動揺も感じていないフリードリヒ・シュレーゲルと、汎神論ないしは万有在神論の徹底とその独自の内部改造とを同時に企てることによって図らずもキリスト教的有神論の根底を成す絶対のタブーとしての「無底」の深淵を覗き見ることになってしまったシェリングとが、すでに遠く隔てられたそれぞれの軌道に乗って時代精神の広大な圏域の中を運行しながら、互いに相手の出方を抜け目なく窺っているという仮想の構図は、この競合する同質にして異質な両思想家の密かな、だが激しい暗闘の行方を占うアングルの一つとして確保されてよいだろう。

註

序章　回顧と総括、生と生成の論理学、循環のエンツィクロペディー

（1）フリードリヒ・シュレーゲルの死をめぐる一連の記述は、次の資料に基づいている。
Ludwig Tieck und die Brüder Schlegel, Briefe mit Einleitung und Anmerkungen. Hg. von H.Lüdeke, Frankfurt a.M. 1930. S.183ff.
Briefe von und an August Wilhelm Schlegel. Gesammelt und erläutert durch Josef Körner, 2 Bde. Zürich, Leipzig, Wien, 1930. S.476f.
Ernst Behler: Einleitung zur Vorlesungen der Philosophie des Lebens und der Philosophie der Sprache und Wortes. KA（Kritische Friedrich-Schlegel-Ausgabe. Hg. von Ernst Behler unter Mitwirkung von Jean-Jacques Anstett und Hans Eichner. München, Paderborn, Wien, 1958ff.）X, S.LVf.

（2）Philosophische Vorlesungen, insbesondere über Philosophie der Sprache und des Wortes. Von Friedrich von Schlegel geschrieben und vorgetragen zu Dresden im December 1828 und in den ersten Tagen des Januars 1829. Wien, 1830.

（3）Ebd., S.313.（KA X, S.534）.

（4）Tieck an A. W. Schlegel, den 13 Januar 1829, Dresden. Ludwig Tieck und Brüder Schlegel, S.183f.

（5）KA X, S.LVf.

（6）Briefe von und an August Wilhelm Schlegel, S.476f.

（7）Philosophische Vorlesungen, insbesondere über Philosophie der Sprache und des Wortes. Wien, 1830. S.314.

（8）Ernst und Falk. Über die Form der Philosophie. KA III, S.100.

（9） Geschichte der Poesie der Griechen und Römer. KA I, S.397.

（10） FPL（Fragmente zur Poesie und Literatur）. IV-120, KA XVI, S.71.

（11） Abschluß des Lessing-Aufsatzes. KA II, S.412.

（12） Transcendentalphilosophie. KA XII, S.93, 102.

（13） Propädeutik und Logik. KA XIII, S.277.

（14） Ebd., S.314.

（15） シュレーゲルは自分の著述家としての自覚を、一七九九年の『アテネーウム』誌第二巻第一輯に掲載された小品『哲学について――ドロテーアへ』の中で次のように語っている。「しかし私はともかくも徹底して一人の著述家なのだ。文字（Schrift）というものは私にとっていかなる秘密の魔法かは知らないが、書くということを取り巻いて漂う永遠性の薄明を通してやって来るそうした魔法を持っている。そうだ、私はきみに告白するが、この生命のない文字の羅列の中に何という秘密の力が隠されているのかと訝る思いでいる。正しく正確であるということ以上の何ものでもないとしか思われないこの極めて単純な表現が、澄んだ目で眺め渡すような意味深いものになることができるのは、あるいは最も深い魂の底から響いてくるような技巧のないアクセントを持って語り掛けてくることができるのは一体なぜなのだろうかと。それはただ眼で読むだけなのに、まるで耳で聞く思いにさせるのだ。ところが朗読者というやつは、こうしたほんとうに美しい箇所に差し掛かっても、それをせいぜい台無しにしないように努める以外に何ごともなし得ないのだ。だから私には黙せる文字の羅列のほうが精神の最も深い、最も直接的な発現がまとう覆いとして、あの唇がたてる騒々しい雑音よりも相応しいと思えてくるのだ。私はいっそわれわれのH［ハルデンベルク、すなわちノヴァーリス］のいささか神秘的な言葉に託してこう言いたい、生きるということは書くことだ、人間の唯一の使命は神性の思想を造形精神の石筆で自然という石版に刻み込むことだと。」（Über die Philosophie. An Dorothea. KA II, S.42.）

（16） Der Briefwechsel Friedrich und Dorothea Schlegels 1818-1820, während Dorotheas Aufenthalt in Rom. Hg.von Heinrich Finke. München, 1923. S.371. この書簡集は一八二〇年以降の手紙も十通収録しており、その末尾の一通が本文で

の引用箇所を含む妻宛のフリードリヒ・シュレーゲル最後の手紙だが、書き手は一八二九年を一八二八年と誤記している。

(17) Abschluß des Lessing-Aufsatzes. KA II, S.398.

(18)「神の似姿」、すなわち人間の失われた根源態の復元ないし再興がそれへの「帰還」と一体的である点については、『言語と言葉の哲学』第一講（KA X, S.328）を参照されたい。

(19) Philosophie der Geschichte. KA IX, S.5.

(20) Philosophie der Sprache und des Wortes. KA X, S.359-374.

(21) Ebd., KA X, S.525.

(22) Ludwig Tieck und die Brüder Schlegel. S.184.

(23) Philosophie der Sprache und des Wortes. KA X, S.482.

(24) Ernst Behler: Der Wendepunkt Friedrich Schlegels. In: Philosophisches Jahrbuch der Görres-Gesellschaft, 64.Jg. München, 1956. S.249.

(25) Jean-Jacques Anstett: Mystisches und Okkultistisches in Friedrich Schlegels spätem Denken und Glauben. In: Z.f. deutsche Philologie. Berlin, 1970. S.149.

(26) 後期シュレーゲルの「意識論」の最初の詳細な論述は、『コンコルディア』所載論文『内的生の発展――魂について』（Entwicklung des innern Lebens. I. Von der Seele. KA VIII, S.597-616.）に見出される。

(27) Philosophie der Sprache und des Wortes. KA X, S.530-534.

(28) シュレーゲルは古代研究の困難さを「羅針盤もなしに闇夜の荒海に投げ出された船乗りオデュッセウス」の苦闘に譬えているが（『ギリシャ人とローマ人の研究の価値について』KA I, S. 261f.）、これは「生の哲学」の波間に浮かぶ幾多の島々を経めぐったシュレーゲル自身の暗中模索の姿を的確に言い当てていると言えるだろう。

(29) Transcendentalphilosophie. KA XII, S.3-105. なお「超越論的哲学とは類語反復である」という命題は、すでに一七九七年頃のものと思われる初期断章（PL II-453）にも見出される。

（30） Transcendentalphilosophie, KA XII, S.36.

（31） Abschluß des Lessing-Aufsatzes. KA II, S.409-415.

（32） Brief über den Roman. KA II, S.335.

（33） Wilhelm Windelband: Die Geschichte der neueren Philosophie, 2. Band. Leipzig, 1922. S.324. ヴィンデルバントはドイツ観念論哲学の各代表者にその性格に応じた文学ジャンルを想定し、「行為へと突き進む強大なフィヒテの人格」には『知識学』の「演劇的構造」を、「シェリングの包括的な世界視野」には「宇宙の発展史」の「叙事詩的広がり」を、「シュライエルマッハーの繊細な宗教性」にはその「感情理論」に見られる「抒情詩的美しさ」を、「ヘーゲルの体系」にはその「教授法的な根本性格」のゆえに「偉大な教訓詩」を対応させている。その際、フリードリヒ・シュレーゲルの名はヴィンデルバントの念頭になかったようだが、しかしこの哲学史家の着想と表現は、例えば「最も卓越したロマーンの多くは、独創的な個人の精神的生の全体の便覧であり、エンツィクロペディーである」という『リュツェーウム断章』（LF 78）を想起させる。

（34） Geschichte der europäischen Literatur. KA XI, S.7, 10.

（35） Geschichte der alten und neuen Literatur. KA VI, S.13.

（36） Geschichte der Poesie der Griechen und Römer. KA I, S.409.

（37） Über die Homerische Poesie. Mit Rücksicht auf die Wolfischen Untersuchungen. KA I, S.124f.

（38） Von den Schulen der griechischen Poesie. KA I, S.3f.

（39） Über das Studium der griechischen Poesie. KA I, S.229ff.

（40） Vom Wert des Studiums der Griechen und Römer. KA I, S.622-640.

（41） Ebd., S.633-636.

（42） Ebd., S.633.

（43） Geschichte der Poesie der Griechen und Römer. KA I, S.399-403.

(44) Ebd., S.411.

(45) Ebd., S.413.

(46) Ebd., S.403ff.

(47) Ebd., S.408ff.

(48) Geschichte der europäischen Literatur. KA XI, S.117.

(49) Ebd., S.107-109.

(50) Propädeutik und Logik. KA XIII, S.282-386.

(51) Theorie der Entstehung der Welt. KA XII, S.429-480.

(52) Philosophie der Sprache und des Wortes. KA X, S.327f.

(53) Über die Sprache und Weisheit der Indier. KA VIII, S.213.

(54) Philosophie der Geschichte. KA IX, S.104f.

(55) Geschichte der Poesie der Griechen und Römer. KA I, S.397.

(56) フリードリヒ・シュレーゲルのイェーナ大学登壇を知って急遽旅先からイェーナに駆け戻ったというシェリングがシュレーゲルの開講四日目の一八〇〇年十月三十一日にフィヒテ宛に書き送った手紙の一節。「揺るぎなく基礎づけられた土台があんなやり方で破壊され、しかも真の学問的精神――その素地はいまもって当地に残っています――に代わって詩的・哲学的ディレッタンティズムがいまやシュレーゲル一派から学生たちの間にまで感染してゆくのを、私は拱手傍観しているわけにはいかなかったのです。」(Fichte-Schelling Briefwechsel. Einleitung von Walter Schulz. Frankfurt a.M., 1968.S.102.)

(57) フリードリヒ・シュレーゲルは『ギリシャ人とローマ人の研究の価値について』において、目的と手段を取り違え、旅の途上にあって目的地を忘れ、錯覚をもって満足する人間の特性についてカエサルとクラッススを例に挙げて慨嘆したあと、次のように続ける。「人間の志向は絶え間ない流動のうちにある。もし人生の旅をオデュッセウスの遍歴と比較することが許されるなら、イタカへ辿り着けるのはごく僅かな人々であって、大抵の人間はそこへ辿り着きたいという願望さえも早々に忘れてしまい、たとえカリュプソの島から身をもって逃げ出す余力はあっても、その結果はたぶんセイレーンたちの餌食になるのがせいぜいのところである。こうした羽目に陥る危険は、目標がある特定の個々の事柄ではなく、茫漠たる一般的な事柄であるようなところでは、この幾層倍にもなるだろう。進歩はここではきわめて遅々たるものであって、時代も民族もしばしばほんの数段階前進するのが精一杯である。こうした進路の真っ只中に、まるで羅針盤もなしに嵐に荒れ狂う大海原に放り込まれた船乗りも同然に投げ込まれて、人間はしばしば、遙かな目標と境界とを等しく覆い隠す闇を見透かすことも、目指すべき唯一正しい方向を発見することもできない。このことは人間の最も高貴にして最も美しい所有物——その認識と学問〔古代ギリシャ研究〕についても当てはまる。」(Vom Wert des Studiums der Griechen und Römer. KAI. S.621)

一九二七年にシュレーゲルの『内的生の発展——魂について』を単行本として復刊させたギュンター・ミュラーもまたその序文で、フィヒテ、シェリング、ノヴァーリスら同世代の仲間たちの誰よりも多くの「精神の国々や海洋」を経めぐってきたフリードリヒ・シュレーゲルをこれらの仲間たちを率いるオデュッセウス——「絶えず帰郷を目指す者」——に擬したあと、「私の人生と哲学的修業時代は、永遠の統一性(学問および愛における)への不断の探究である」に始まるシュレーゲルの、一八一七年に書かれたとされる、だが当時すでに散逸し、ただヴィンディッシュマンによって刊行されたケルン私講義の後記の中で伝えられているにすぎない回想的覚書を引用している。(Friedrich Schlegel: Von der Seele. Mit einer Einführung herausgegeben von Günther Müller. Augsburg-Köln, 1927. S.XXXIXf.)

第一章　予見的批評、あるいは「絶対的解釈学」の構造

(1) Rede über die Mythologie. KA II. S.312, 319.

(2) Ebd. S.313-315.

（3）Ebd., S.316-318.
（4）Ebd., S.321.
（5）Ebd., S.322.
（6）Transcendentalphilosophie. KA XII, S.4-26.
（7）Ebd., S.38-40.
（8）Ebd., S.19.
（9）Ebd., S.53-54.
（10）Ebd., S.54.
（11）Ebd., S.20.
（12）Rede über die Mythologie. KA II, S.319.
（13）Ebd., S.318.
（14）Ebd., S.324.
（15）Abschluß des Lessing-Aufsatzes. KA II, S.414.
（16）Die Entwicklung der Philosophie in zwölf Büchern. KA XII, S.133. / Propädeutik und Logik. KA XIII, S.326.
（17）Propädeutik und Logik. KA XIII, S.243-247.
（18）Ebd., S.247-253.
（19）Ebd., S.258-263.

「宇宙の特性描写のみが哲学である」（PL III-218）という意味での哲学的探究において求められる「真理」の源泉は「同一律」、「矛盾律」、「充足根拠律」等の一般形式論理学の諸原則の及ばない遙かな高みにあるとする見地——「根拠と矛盾の両原則は経験に諸限界を設けるものとして完全に無効とされねばならない。それらが思考の規則を与えることはけっしてない。この規則は遙かに高いところにある。」（PL V-1070）——は、これらの諸原則に代わって対象の真に哲学的構成を可能にする思考法則の体系としての論理学の探究を促す。「私の哲学のもう一つの叙述の仕方としての新たな論理学」（PL X-218）という一八〇四年の断章の証言からも明らかなように、シュレーゲルにとって哲学とはそれ自体が一つの新たな論理学、「われわれの三段論法」の模索以外の何ものでもないのであって、「哲学は一つの実験である」というイェーナ大学講義『超越論的哲学』における定義（Transcendentalphilosophie. KA XII, S.3,）の実質的な意味はここにあると言えるだろう。

（20）Die Entwicklumg der Philosophie in zwölf Büchern. KA XII, S.334.
（21）Ebd., S.418.
（22）Vom Wesen der Kritik. KA III, S.60.
（23）Transcendentalphilosophie. KA XII, S.6.
（24）Ebd., S.7.
（25）Die Entwicklung der Philosophie in zwölf Büchern. KA XII, S.116.
（26）Propädeutik und Logik. KA XIII, S.278.
（27）Die Entwicklumg der Philosophie in zwölf Büchern. KA XII, S.324-391.
（28）Ebd., S.376f.
（29）Propädeutik und Logik. KA XIII, S.316.
（30）Transcendentalphilosophie. KA XII, S.101.
（31）Ebd., S.102.
（32）Die Entwicklung der Philosophie in zwölf Büchern. KA XII, S.391-408.
（33）Rede über die Mythologie. KA II, S. 718f.
（34）Transcendentalphilosophie. KA XII, S.57f.
（35）Ebd., S.79.
（36）Ebd., S.54.

(37) Ebd., S.21
(38) Ebd., S.93.
(39) Ebd., S.94.
(40) Ebd., S.102f. 結合術的方法と発生論的方法との結合等については、前節（二）68頁以下を参照されたい。
(41) Vom Wesen der Kritik. KA III, S.60.
(42) Propädeutik und Logik. KA XIII, S.192.
(43) Geschichte der europäischen Literatur. KA XI. S.7.
(44) Ebd., S.6.
(45) Vorlesungen über die Universalgeschichte. KA XIV, S.3.
(46) Die Entwicklung der Philosophie in zwölf Büchern. KA XII, S.420.
(47) Propädeutik und Logik. KA XIII, S.180.
(48) Vom Wesen der Kritik. KA III, S.56.
(49) Propädeutik und Logik. KA XIII, S.263. 〔この点でのヘルダーとの関係については補論（四）『ヘルダーの遺産』を参照されたい。〕
(50) Ebd., S.227ff.
(51) Die Entwicklung der Philosophie in zwölf Büchern. KA XII, S.324ff.
(52) Propädeutik und Logik. KA XIII, S.267ff.
(53) この「精神と文字」（Geist und Buchstabe）という対概念は、元来は十八世紀の聖書論争で用いられたトポスの一つ――例えば、「文字は精神ではない。そして聖書は宗教ではない。従って文字に対する、そして聖書に対する異議はそのまま宗教に対する異議とはならない。」（『ライマールス遺稿断章』に附されたレッシングの論駁文）――だったが、一七九四年にシラーの『ホーレン』誌を念頭に書かれ、一七九八年にニートハマーの『哲学雑誌』に発表されたフィヒテの『哲学における精神と文字について』（Über Geist und Buchstab[e] in der Philosophie）によって再び脚光を浴び、広く文学批評等の領域にも活動の場を見出すこととなる。フィヒテによれば、認識衝動や実践衝動による制約から解放された自由な構想力が美的衝動の赴くままにさまざまな形象を生み出すとき、この「自由な創造能力」が「精神」であり、この精神がみずから産出しつつわが身に纏うさまざまな「偶然的な形態」が「精神の身体」としての「文字」である。ところで美的衝動が一個の芸術作品として構成されるためにはこの「内なる精神」を具現する「制作技術」が要求される。しかるに精神は天成のものだが、制作技術は習得されねばならない。ここに創造的精神と制作技術との、「精神」としての創造的天才とこの精神の外皮を形作る技術者――「文字拘泥者（Buchstäbler）」との間には不可避的に齟齬、軋轢が生じるというのである。もっともフィヒテはすでに一七九五年に書かれた『全知識学の基礎』の序文の中で、「固定した術語」を「どんな体系からもその精神を奪い、それを干からびた骸骨に変えてしまう文字拘泥者にとっての最も都合のよい手段」であるとして、講義に当たってはこの弊害を極力避けるつもりだったと述べているから、シュレーゲルはフィヒテの先の論考を待たずにすでにこの『序文』によってこの論争の武器を知っていたに違いなく、事実、一七九六年の初期断章群には、「哲学的精神を具えているのは批判主義者以外には懐疑論者と神秘主義者のみである。経験論者は精神や言葉を欠いた文字しか語らず、決まり文句を弄ぶ」（PL I-16）とか、あるいは「神秘主義者はあらゆる精神を理解する感覚を具えており、あらゆる精神の熟達者がそうであるように文字を憎む」（PL I-90）といった言説が見られ、また一七九八年前後の断章にはほかならぬフィヒテを標的にしたものさえある。「フィヒテの方法の精神は定立的であり、それゆえすべてが甚だしく孤立している。その文字は代数学と幾何学である。――『知識学』はフィヒテその人とまったく同様に修辞的である。個性の点からみれば、『知識学』は**フィヒテ的文字によるフィヒテ的精神のフィヒテ的叙述**である。」（PL II-144）

（54）「解釈学的作業の最終目標は、作者を作者自身がみずからを理解していた以上によく理解することである。この命題は無意識的創作の理論の必然的帰結である。」――これは一九〇〇年に発表されたディルタイの『解釈学の成立』（Die Entstehung der Hermeneutik. Gesammelte Schriften. Bd. V, S. 317-331）の第四節の結びの一文だが、もしディルタイがフリードリヒ・シュレーゲルの遺稿断章集『哲学的修業時代』中にこれと寸分違わぬ本文引用の一節を見出す機会に遭遇していたなら、彼は自分のこの最終命題にフリードリヒ・シュレーゲルの名を添えるか、あるいはむしろフリードリヒ・シュレーゲルの「断章」の引用のみを掲げるかしたに違いない。だが一貫してシュライエルマッハーを念頭にシュライエルマッハーへ到るまでの「解釈学の歴史」を、講義用メモを思わせる簡略な内容と記述で辿ったこの小冊子の第三節の終わりでディルタイは、「実効性のある解釈学は、文献学的解釈の卓抜な手腕が真の哲学的能力と結びついていた頭脳の中でのみ成立し得た」のであり、「そのような頭脳の持ち主がシュライエルマッハーだったのである」とした上で、続く第四節でこのシュライエルマッハーの「文献学的技法への導き手」となったのがフリードリヒ・シュレーゲルだったと述べたあと、次のように書いている。「ギリシャ文学、ゲーテ、ボッカッチョについてのこの人物の輝かしい業績の主導概念となったのは、作品の内的形式、作者の成長の歴史、文学の自己形成的全体性というものだった。そして対象を追構成する文献学的技法のこのような個々の諸成果の裏側で、彼は生産的な文学的著作能力の理論に基づく批評の学問、いわば批評の技術（アルス・クリティカ）の構想を温めていたのである。このような構想がシュライエルマッハーの解釈学と批評といかに間近かに触れ合うものだったことか。」――しかしディルタイが、一九二八年にヨーゼフ・ケルナーによって『ロゴス』誌上に『フリードリヒ・シュレーゲルの文献学の哲学』（Friedrich Schlegels 》Philosophie der Philologie《）という表題のもとに初めて公刊された『文献学のために』と題する二部から成るフリードリヒ・シュレーゲルの遺稿断章集に目を通す機会に遭遇していたなら、そこにほかならぬ「生産的な文学的著作能力の理論に基づく批評の学問、いわば批評の技術（アルス・クリティカ）の構想」を伝える四七三篇から成る具体的考案の集積を目の当たりにし、フリードリヒ・シュレーゲルをシュライエルマッハーの「文献学的技法への導き手」と認定するために、わざわざ「ギリシャ文学、ゲーテ、ボッカッチョについて」のフリードリヒ・シュレーゲルの文学批評家としての「輝かしい業績」を持ち出す必要などなかったことを知っただろう。

　ところで当のケルナーは前記のフリードリヒ・シュレーゲルの『文献学の哲学』の序文の中で、シュレーゲルの文献学的業績に対するディルタイの甚だしく公正を欠いた評価に遺憾の意を表している。何よりもまずこのフリードリヒ・シュレーゲルの文献学的試論の草稿が書かれた一七九七年の十月といえば、シュライエルマッハーとの交友関係が最盛期を迎え、その年の十二月には同じ家に移り住んで、ベルリンの知人たちからまるで「夫婦生活」と揶揄されたほど両人の仲は親密だったのだから、シュライエルマッハーがこの草稿を知らなかったはずはなく、とすれば当然、シュライエルマッハーがこの一連の草稿に何を負うているかが問われて然るべきであるのに、シュライエルマッハーの伝記記者ディルタイは、「自分の主人公をフリードリヒ・シュレーゲルより優位に立たせ、その分、後者を押さえ込もう」と専念するあまり、彼の言う「近代精神科学」の創始者として列挙した人々の中にシュライエルマッハーを加えながら、フリードリヒ・シュレーゲルは除外したばかりでなく、近代解釈学の基礎を築いたことをもってシュライエルマッハーの最大の業績に数えるという不公平を敢えて辞さなかったのであり、これがこの研究領域におけるフリードリヒ・シュレーゲル無視、ないしは過少評価の伝統の源流となったというのが、ケルナーの鬱屈した義憤の根源である。——確かにディルタイはその『解釈学の成立』の中で、フリードリヒ・シュレーゲルがシュライエルマッハーの「文献学的技法への導き手」だったことを認めてはいる。実際、ヨーナス＝ディルタイ共編になる書簡集『シュライエルマッハーの生涯』所載の一八〇三年十二月十四日付けのカール・グスタフ・フォン・ブリンクマン宛の手紙の中で、シュライエルマッハーは大がかりな文献学的企画に対する自分の能力不足を告白し、フリードリヒ・シュレーゲルを「高次の文献学」の論述にかけては当代一流の熟達者と評していること（Aus Schleiermacher's Leben. Bd. 4. S. 89f.）からしても、この分野でのシュライエルマッハーのフリードリヒ・シュレーゲルへの「根源的依存性」は明らかだからである。にもかかわらずディルタイは、とケルナーは執拗に続ける、「ある作者を作者自身がみずからを理解していた以上によく理解すること」のうちに作品解釈の「最高の完全性」の試金石は求められるとしたシュライエルマッハーの「きわめて有名な」解釈学的原則の由来について、それがフリードリヒ・シュレーゲルの『アテネーウム断章』（AF 401）にその原型が見出されることも、その更なる原型が、一八三六年、一八三七年にヴィンディッシュマンによって校訂・出版された同じフリードリヒ・シュレーゲルの二つのケルン私講義（『哲学の展開十二講』と『序説と論理学』）に付録として加えられている『哲学的・神学的遺稿断章集』の中に見出されることも、それどころかこれらの「よりよく理解する」という解釈学的トポスがすでにカントの『純粋理性批判』の一節にも見出されることも、一切無視してかかっていると。いずれにせよ近代解釈学の創出とその体系的形成のために尽力したシュライエルマッハーの偉大な功績はもとより否定さるべくもないが、しかしその「本来の創始者」にこそ公正かつ正当な優先権を与えるべきではないのかというケルナーの言葉には、若きフリードリヒ・シュレーゲルの埋没の草稿を『フリードリヒ・シュレーゲルの文献学の哲学』として初めて世に送り出すに当たってのケルナーの抱負と憤懣が立ち込めている。憤懣とは言うまでもなく、シュレーゲルが歴史的に被ってきた不当な過小評価、というよりは定説という名の歪曲が、ある高名かつ有力な学者の偏愛、偏見、あるいは意図的な誤認等によって金科玉条として受け継がれてきたこと、そして受け継がれてゆくであろうことへの研究者としての義憤である。

以下、「よりよく理解すること」に関する解釈学的トポスの源流がシュライエルマッハーに帰せられてきたことへの反証としてケルナーが右の『序文』の本文および脚註に挙示しているフリードリヒ・シュレーゲルの『アテネーウム断章』と、ヴィンディッシュマン校訂・編集に成る同じくフリードリヒ・シュレーゲルの遺稿断章の当該箇所の全文、およびケルナーが本文中に引用しているカントの『純粋理性批判』からの一節を参考までに挙げておこう。

「自分自身を半分しか理解していないある誰かを理解するためには、まず彼の全部を、つまり彼自身が自分を理解しているよりもよく彼を理解し、だが次にその半分を、つまり彼自身が自分を理解しているのとまったく同じ程度に彼を理解しなければならない。」（AF 401）――

「誰かを理解するためには、まず第一に彼よりも賢くなければならず、次いで彼とまったく同じ程度に賢く、次に彼とまったく同じ程度に愚かでなければならない。ある錯綜した作品の本来の意味を作者が理解していた以上によく理解するだけでは充分とは言えない。この錯綜それ自体をその諸原理に到るまで知り尽くし、特性描写し、しかも構成することさえできなければならない。」（Windischmann, Bd.II, S.415f.）――

「通常の会話においてと同様、著作においてもまた、著作者が自分の対象について述べているもろもろの思想を比較することによって、著作者が自分自身を理解していたよりもよく彼を理解することさえあるというのは、けっして珍しいことではない。というのも彼は彼の概念を過不足なく規定しておらず、そのため時には自分自身の見解に逆らって語ったり、考えたりもするからである。」（Immanuel Kant : Kritik der reinen Vernunft. Werke in 6 Bdn. Darmstadt, 1966. Bd.2, S. 322.）

（1）Brief über den Roman. KA II, S.335.
（2）Ebd., S.335.
（3）Ebd., S.335.
（4）Geschichte der europäischen Literatur. KA XI, S.7.
（5）Transcendentalphilosophie. KA XII, S.7.
（6）Ebd., S.94.
（7）Abschluß des Lessing-Aufsatzes. KA II, S.397-419.
（8）Geschichte der europäischen Literatur. KA XI, S.7f.
（9）Geschichte der alten und neuen Literatur. KA VI.
（10）Geschichte der europäischen Literatur. KA XI, S.88.

ギリシャ古喜劇における「パレクバーゼ」について、シュレーゲルは彼の初期の古典文献学的著作の一つ、一七九四年に書かれた『ギリシャ喜劇の美的価値について』(Vom ästhetischen Werte der griechischen Kömedie) において、当時のアリストパネス評を引いて次のように述べている。

「彼（アリストパネス）の作品は劇的連関と統一性に欠け、その描写は戯画にすぎず、真実味がないばかりでなく、しばしば舞台上の幻想を断ち切ってしまうという非難が彼に向かって浴びせられる。この非難は根拠のないものではない。合唱隊が民衆を相手に演説をぶつというあの政治的幕間狂言――パレクバーゼ――を仕組んだりするだけでなく、頻繁な風刺のやりとりの中で作者と観衆とを舞台に登場させたりするからである。だがこれは喜劇を取り巻く政治的環境の然らしむるところであって、それを正当化するだけのものが喜劇的熱狂の本性のうちには存在している。例の舞台上の狼藉沙汰は不器用さのゆえではなく、熟慮された悪ふざけであり、泡立ち溢れる生の豊饒さから来るものであって、しばしば悪影響を残すどころか、劇的効果を高めさえする。それが舞台上の幻想を消滅させてしまうことなどまったくあり得ない。およそ生の最高の精気は、活動し、かつ破壊せずにはおかないものである。この活動と破壊は、自分のほかに何ものも見出すことができないときには、愛する対象、すなわち自分自身へ、自分の作品へと向けられる。だがその場合、それは破壊するためではなく刺激するためである。生と歓喜のこのような特質的な性格は、喜劇においては自由との関わりによって一層重要なものとなる。」（KA I, S.30f.）

（11）Propädeutik und Logik. KA XIII, S.203ff., 314ff.

（12）Rede über die Mythologie. KA II, S.319.

（13）Brief über den Roman. KA II, S.335.

（14）Lucinde, Tändeleien der Fantasie. KA V, S.81f.

（15）Die Geburt der Tragödie. KSA（Kritische Studienausgabe. 15 Bde. Hg. von Giorgio Colli und Mazzino Montinari. München, 1980）I, S.56.

（16）Rede über die Mythologie. KA II, S.318f.

（17）Die Geburt der Tragödie. KSA I, S.28.

（18）Über das Studium der griechischen Poesie. KA I, S.298.

（19）Die Geburt der Tragödie. KSA I, S.40.

（1）Vom Charakter der Protestanten. KA III, S.87.

（2）Über Lessing. KA II, S.100-125.

（3）Charakteristiken und Kritiken. Zwei Bände. Von August Wilhelm Schlegel und Friedrich Schlegel. Königsberg, 1801. この『論集』第一巻第五章に、旧稿の『レッシング論』（Über Lessing）と新稿の『レッシング論』とが、前稿の最後の二節を省略した上、三点の星印で間仕切りするというかたちで繋がっている。拙論では後者を『レッシング論・完結篇』として前者と区別した。なお、この『完結篇』執筆に到るまでの経緯については、ベーラー『全集版』のハンス・アイヒナーの解説（KA II, S.XXVIIIff.）に依った。

（4）"Charakteristiken und Kritiken von A.W. und F. Schlegel. Königsberg, 1801." Aus Schleiermacher's Leben. In Briefen. Vorbereitet von Ludwig Jonas, herausgegeben von Wilhelm Dilthey. Berlin, 1863-1974. Bd.4, S.560.

（5）Fr. Schlegels Briefe an seinen Bruder August Wilhelm. Hg. von Oskar F. Walzel. Berlin, 1890. S. 447. Vgl. KA II, S.CII,（Einleitung von H.Eichner.）

（6）Abschluß des Lessing-Aufsatzes. KA II, S.397-419.

（7）Gotthold Ephraim Lessing : Die Erziehung des Menschengeschlechts, §86. Werke in 8 Bdn. Hg. von Herbert G. Göpfert. München, 1970-79. Bd.8, S.508.

（8）ここでは『リュツェーウム』誌所載の原文の文末の一節、「レッシングのイロニーは本能である。ヘムスターハイスの場合、それはギリシャ研究である。ヒュルゼンのイロニーは哲学の哲学から生まれ、前二者のそれを遙かに凌駕し得るものである。」が省かれている。

（9）「結合術的刺激剤」（kombinatorische Anregungen）。ここで言う「結合術的」とは、「生成する宇宙、すなわち自然以外にいかなる宇宙も存在しない」(PL III-412) という意味での宇宙に充満する限りなく多種多様な諸事物、諸事象、諸表象、諸観念のカオスから一つの有機的に結合した意味ある統一的世界――「そこから一つの世界が生じて来ることのできるような混乱のみがカオスである」(ID 71) ――を構成する技法に冠せられたシュレーゲル独特の用語の一つであって、「機知は結合の技法」(PL III-16) という一七九七年の断章の一つが示しているように、「見かけはまったく無関係で接触点のない異質な、あるいは隔絶された諸対象の間にさまざまな類似性ないしは類縁性を見出し、これらの類似性ないしは類縁性の諸断片を結合して一つの意味ある全体へと瞬時にまとめ上げ、描き出す能力」(『哲学の展開十二講』の第二講第三章『人間意識の特殊理論』) という「機知」の機能と不可分に結びついた形容語としても用いられる。機知はこの意味で「結合術的精神」(kombinatorischer Geist) とも呼ばれる。「結合術」ないしは「結合術的精神」については、この『レッシング論・完結篇』と同時期に行われたイェーナ大学講義『超越論的哲学』の中にも、例えば「観念論の方法は結合術的実験である」――「われわれの方法は発生論的にして結合術的である」――「結合術的精神と連携しているのが実験という方法である」――「類似性の真理がアナロギーである。このさまざまな類似性を知覚する力が結合術的精神である」等々の諸命題が見出される。

(10) カントについての記述はこれだけで、シュレーゲルの意図を明確に掴むことができないが、イェーナ大学講義『超越論的哲学』の第二部『人間の理論』には、カントをスピノザとフィヒテに対比させて批判する次のような一節が見出される。「カントの道徳論の成立はまったく個人的なものとして説明されねばならない。カントがただ**歴史的**にしか理解されないのは、彼が、例えば**フィヒテ**や**スピノザ**のように一つの中心点に関わっていないからである。」(KA XII, S.50f.) また、同講義の『序論』の脚註の一つには、哲学史的常識を覆すような一節も見出される。「独断論はしばしば観念論と衝突するため、観念論は常に独断論との戦闘状態のうちにある。独断論者たちのうちでその体系の代表者と見なすことができるのが、ヤコービとカントである。」(Ebd., S.14.) ――

(11) Über die Unverständlichkeit. KA II, S.363-372.

(12) Über Lessing, Variante. KA II, S.107.

(13) Über Lessing. KA II, S.107.

(14) Vom Charakter der Protestanten. KA III, S.87.

(15) Transcendentalphilosophie. KA XII, S.36.

(16) Ebd., S.11.

(17) Ebd., S.93.

(18) Lessing : Werke, Bd.7, S.458 u. Bd.8, S.160-308.

(19) Vom Charakter der Protestanten. KA III, S.85-94.

(20) Lessing : Werke, Bd.8, S.162.

(21) Die Erziehung des Menschengeschlechts. Ebd., S.510.

(22) Lessing : Nathan der Weise. Werke, Bd.2, S.316f.

(23) Abschluß des Lessing-Aufsatzes. KA II, S.415.

(24) 〔筆者独白〕このシュレーゲルの『賢者ナータン』論のどこを探しても、先の第四幕第七場のあの決定的な場面への言及が見られないということを改めて付言しておかねばならない。というのもこの場面を彼の言う「高貴なシニシズム」の唯一適切な解釈のための唯一適切な傍証として引用している筆者としては、この点についてのそれなりの弁明を求められていると感じるからである。もしシュレーゲルがあの場面に何らのイロニーもパラドックスも感じ取っていないとしたら、一体、『賢者ナータン』のどこに「高次のシニシズムの演劇的入門書」と讃えられるに値する箇所が見出されるだろうかという疑問は、筆者にとってシュレーゲルの批判的読解能力の本質を直撃する疑惑といっても過言ではない絶対の疑問である。しかしだからといってユダヤ人ナータンの告白を聞いたあのキリスト教徒の修道僧が「これぞユダヤ教徒だ、神かけて、あなたこそまさしきユダヤ教徒だ」と叫ぶなどということは、大詰めの場で居合わす人々がサラディンに向かって「これぞイスラム教徒だ、神かけて、あなたこそまさしきイスラム教徒だ」と叫ぶのと同様、レッシングにとってもシュレーゲルにとっても想像を絶したナンセンスであるばかりでなく、観衆の顰蹙と冷笑を掻き立てるだけの作劇上の失策とさえ思われたに違いない。それゆえもし仇敵キリスト教徒の虐殺行為に愛と忍従とをもって応えたユダヤ人を「真のキリスト教徒」と讃えるという恐るべきパラドックスが「高貴なシニシズム」への究極の転換を意図するものでないとしたら、シュレーゲルはこの作品のどこにそれを見出し得ただろうか、なぜシュレーゲルはここでわざわざこの転換をサラディン一人の高潔な精神に委ねようとしているのか、それより何より、そもそもレッシングは何のためにあの場面で修道僧を聞き役として登場させた上、何のためにあのような台詞を言わせたのか——「それならあなたをユダヤ教徒と呼びましょう」というナータンの返事は、「そんなことにこだわっている暇はありません」というナータンの言葉と同様、凡庸、かつ陳腐である——、そしてシュレーゲルがこの場面にもこの台詞にも特別な関心を示しているとは思えない筆遣いで通り過ぎてしまっているのはなぜなのかという疑問は、果てしない出口なしの循環であり、その結果として行き着くところは、レッシングはあの台詞をいささかの疑念も覚えずに書き、そしてシュレーゲルもまた同じ台詞をいささかの疑念も覚えずに読んだと考えるほかないということになり、レッシングもシュレーゲルも、近代の「宗教的寛容」は、ナータンのモデルとされるモーゼス・メンデルスゾーンの啓蒙主義的寛容思想をも含めて徹頭徹尾近代キリスト教精神由来の概念であるとする牢固たる共通認識の中で繋がれていたと見なければならなくなるだろう。それゆえこのヨーロッパ渡りの「寛容」の概念を文字通り純粋に、というのはキリスト教的ヨーロッパ人よりも遙かに公正無私な、というよりは一切の宗派的宗教色を拭い落とした透明で、それだけに遙かに普遍的な概念として受け入れてきた非キリスト教的世界の住人である筆者のような読み手にとって、近代ヨーロッパ人による近代キリスト教由来の諸概念、諸理念の暗黙の排他的専有は、彼らの一種の無意識的な臍の緒として端的に理解の障害であり、払拭し難い永劫の違和感である。シュレーゲルが『賢者ナータン』全篇における最も感動的な、そして彼の言う「哲学的生のパラドックス」の究極の発現の場であるはずのあの告白の場面には一瞥もくれずに——と筆者には見える——素通りしてしまっていることは、卓抜な批評家フリードリヒ・シュレーゲルへの一抹の不安を掻き立てないではないが、しかしここは「高次のシニシズムの演劇的入門書」であることの絶対の証明があの第七幕第四場におけるあの決定的な台詞以外のどこにも見出し得ないということをフリードリヒ・シュレーゲルは暗黙の了解事項として論を進めていたに違いないと無理にも自分を説得することで、彼の諸論評の中でも彼の批判精神の最も先鋭な発現の記録である一連のレッシング論への筆者の敬意を元の軌道へ戻そうと思う。

第四章　イロニーの風景（三）ヘーゲルの鉄槌、怒れる「絶対精神」の闇

（1）Ernst Behler: Hegels Polemiken gegen die Ironie. S.124.
（2）Karl Heinz Bohrer: Die Kritik der Romantik. S.7f., 19, 23f.
（3）Ebd., S.24, 142ff.
（4）Hegel: Vorlesungen über die Ästhetik I. Werke in 20 Bdn. Frankfurt a.M. 1970. Bd.13, S.93-99.
（5）Ebd., S.100.
（6）Ebd., S.130.
（7）ここで「われわれがすでにフィヒテの哲学に見たのとまったく同様の憧憬」とヘーゲルが言っているのは、前後の文脈からして明らかにノヴァーリスのそれを指してのことだが、フリードリヒ・シュレーゲルにとっても「憧憬」、とりわけ「無限なるものへの憧憬」――「哲学の本質は、無限なるものへの憧憬と悟性の練成のうちにある」（PL V-1168）――は、彼の思想をその根底において規定し続けた形而上学的世界観感情とも称すべき概念であって、ヘーゲルの指摘する通り、その哲学的概念としての原型はフィヒテに、すなわちその『全知識学の基礎』第三章『実践的部門』に求めることができるだろう。フィヒテによれば、自我と非我とは「同一の自我」（絶対的自我）の所産でありながら、自我は非我に対して理論的には受動的に、実践的には能動的に関わるという二面性を負わされている。しかも実践的活動において自我は、本来「いかなる客観も持たない」にもかかわらず、「不可抗的」に客観を求めてやまない。この不断の衝迫が、自我が自己自身のうちに欠乏感として自覚される「ある知られざる何ものかへ向かっての衝動」という一種の渇望の感情、まさに「憧憬」と呼ばれるに相応しい感情の源泉であって、この「憧憬の感情」が自我を自我の外へと激しく突き動かし、そこに「何ものかを実

現する」ように強く促す。しかるに根源的には「自我のほかには何ものも存在しない」のだから、この自我そのものの限定によって自我の外への衝動は阻まれ、自我は自己自身のうちへと再び突き戻される。しかし自我はこれを自我に対する強圧と感じ、再びそれを打破して自己自身を越え出ようとする新たな「憧憬」に突き動かされてゆく。このような無限の憧憬の車輪に繋がれた実践的自我の無限循環的進展がフィヒテにおけるいわば世界創造的自我の宇宙生成理論（非我の理論）の原理である。（Vgl. Fichte: Grundlage der Wissnschaftslehre. III. Teil. Ausg. Werke, Bd.1, S.493f. I/302.）

（8）Hegel: Solgers nachgel. Schriften u. Briefwechsel. Werke, Bd.11, S.232ff.

（9）Ebd., S.234.

（10）Hegel: Über den Vortrag der Philosophie auf Universitäten. Werke, Bd.4, S.421.

（11）Transcendentalphilosophie. KA XII, S.32.

（12）Ebd., S.11.

（13）Hegel: Solgers nachgel. Schriften u. Briefwechsel. Werke, Bd. 11, S.254ff.

（14）Abschluß des Lessing-Aufsatzes. KA II, S.409.

（15）Behler: Hegels Polemiken gegen die Ironie. S.124.

（16）Hegel: Solgers nachgel. Schriften u. Briefwechsel. Werke, Bd. 11, S.205ff.

（17）Hegel: Vorlesungen über die Ästhetik I. Werke, Bd.13, S.98f.

（18）Hegel: Grundlinien der Philosophie des Rechts. Werke, Bd.7, S.277.

（19）Hegel: Solgers nachgel. Schriften u. Briefwechsel. Werke, Bd. 11, S.256-269.

（20）Transcendentalphilosophie. KA XII, S.4,94.

（21）Hegel: Über das Wesen der philosophischen Kritik überhaupt. Werke, Bd.2, S.174.

（22）Transcendentalphilosophie. KA XII, S.22.

（23）Hegel: Phänomenologie des Gestes. Werke, Bd.3, S.14.

(24) Behler: Hegels Polemiken gegen die Ironie. S.138.
(25) Hegel: Vorlesungen über die Geschichte der Philosophie I. Werke, Bd.18, S.149.
(26) Über das Studium der griechischen Poesie. KA I, S.203-367.
(27) Hegel: Vorlesungen über die Ästhetik I. Werke, Bd.13, S.25.
(28) Hegel: Vorlesungen über die Ästhetik II. Werke, Bd.14, S.13.
(29) Ebd., S.18f.
(30) Ebd., S.32.
(31) Hegel: Vorlesungen über die Ästhetik I. Werke, Bd.13, S.142.
(32) Ebd., S.130.
(33) Briefe von und an Friedrich und Dorothea Schlegel. KA XXIII, S.248.

一七九五年八月十七日付けの兄アウグスト・ヴィルヘルム宛の手紙の中でフリードリヒ・シュレーゲルは、当時の哲学的状況について、「シラーやフンボルトは形而上学に盛んにちょっかいを出しています。しかし彼らはカントを消化できず、便秘と腹痛に悩んでいます」と書いたあと、フィヒテの名は伏せたまま次のように続けている。「いま存命中の最も偉大な形而上学的思想家はきわめて大衆的な著述家の一人です。このことは兄さんも、レーベルク〔アウグスト・ヴィルヘルム〕が槍玉に挙げられているあの有名な論考〔『フランス革命に関する一般民衆の判断を是正するための寄与』〕から見て取れるはずです。『学者の使命』についての講義におけるあの人の心奪われる雄弁をシラーの凝った文体の長広舌と比較してみてください。あの人は、ハムレットがかくあらんと欲して虚しく溜め息をつくような、そんな人物です。彼の公的生活の一つ一つがこう告げているように思えます。これがひとかどの男というものだと。」

(34) Hegel: Vorlesungen über die Ästhetik I. Werke, Bd.13, S.382f.
(35) Ebd., S.128f.
(36) Ebd., S.129f.

(37) Ebd., S.130.

(38) ヨーゼフ・ケルナーは一九三五年、彼が発見・校訂したシュレーゲルのイェーナ大学講義『超越論的哲学』に他の数篇の作品を加え、これを『フリードリヒ・シュレーゲル新哲学論集』(Friedrich Schlegel. Neue philosophische Schriften. Frankfurt a.M., 1935.)の表題のもとに、『フリードリヒ・シュレーゲルの哲学的修業時代』と題する長大な解説的序文を付して出版したが、この序文の中でケルナーはシュレーゲルとヘーゲルとの思想的類縁性についての一考察を述べている。(S.88ff.)

彼はまず、両者相互の影響関係は簡単に確定できる問題ではないとした上で、ヘーゲルの学説は、「シュレーゲルが予感し、希求しながら、達成するには到っていなかった」あの「循環の哲学」、すなわち「一切のものが一切のものと不可分に結合している」全体性、「ある純粋に無媒介的なもの」が絶対的な始まりを成すのではなく、「最初のものが最後のものともなれば、最後のものが最初のものともなる」ような、それ自体が一個の循環であるような「全体性の哲学」にほかならず、そしてまたシュレーゲルがすでに哲学の領域において「市民権」を与えていた「矛盾」概念にも、ヘーゲルはその論理学の中に然るべき場所を指定し、それを思考にとっても存在にとっても本質的、かつ必然的なものとして認知しているという事実を指摘し、さらに何よりもまずヘーゲル哲学が「シュレーゲルの哲学とまったく同様、本質的に歴史的であり、それ自体が歴史哲学だった」ことを特筆すべき類似点の一つに数え、その例証として「人間精神の本来的な発生論的展開は、実際、哲学にとって最高の課題であるだろう」というシュレーゲルの命題を挙げ、これはヘーゲルの一八〇七年の『精神現象学』の一節ではなく、紛れもないシュレーゲルの一八〇五年の講義〔ケルン私講義『哲学の展開十二講』〕の一節」(KA XII, S.275.)であることを強調している。

ただしケルナーは、ヘーゲルは彼の哲学的方法を「一八〇一年の初めにイェーナで行われたフリードリヒ・シュレーゲルの短い講義」から得ているという、かの匿名批評家の示唆——一八二九年に世に出た無署名の文書『ヘーゲルの学説、あるいは絶対的知と近代汎神論』の中でシュレーゲルは「ベルリンの高名な哲学者ヘーゲルの先駆者、いや、直接の教師」と呼ばれている——を、「ヘーゲルは当時すでに三十一歳で、未刊行だったとはいえ実り豊かなその初期作品においてすでに彼の体系の基礎を築いていた」ことを考えれば、「ほとんど信じるに足りない」憶測であるとして退け、「論ずるにも値しない」として一蹴しているヘーゲル学者ローゼンクランツの見解を支持している。だが一方でケルナーは、ヘーゲルが自分の哲学的思弁の不明確な、あるいは不透明な部分を矯正するために、その講義内容に賛同するか異論を持つかはともかく、目標を同じくするように見えるあの「教師」の思想を受け入れただろうことは充分に考えられ得るとし、しかもこれはけっして小さいことではなく、ヘーゲルの後年の毒舌をもってしてもこのことへの反証とはなり得ないだろうとし、さらに語を継いで、そもそも「剽窃」の問題では、例えばシェリングに対してもきわめて寛大だったシュレーゲルが、ヘーゲルに対しても、個人的な好悪はともかく、その著作に関してあらぬ嫌疑をかけるようなことはなかったはずであると保証している。

ケルナーはさらにこの両思想家の後年の険悪な関係を辿ったあと、次のような言葉でこの項を閉じている。「ヘーゲルの嘲笑が正当であるのは、シュレーゲルの膨大な、しかも深い洞察に貫かれた哲学的諸論考のうちそのほとんどが、彼の、そしてまたヘーゲルの生前には（一般性の少ない僅かなものを除けば）刊行されていないに等しく、そのため彼の大言壮語や辛辣な弁舌の後ろ楯として役立ってくれそうな彼自身の業績がなかったという限りでのことである。しかしヘーゲルの批判は、これをシュレーゲルが生涯かけて思考の最高の問題のために捧げた誠実な，だがついに実ることなく終わったあの努力と対決させるなら、甚だしく不当である。残念ながら、ヘーゲルの見解がすでにさまざまな事実によって論駁されてしまっている時代になっても、彼の悪意に満ちた言説が受け売りされ、こんにちに到っても一向に変わっていないのが実情である。」

このケルナーの慨嘆は一九三五年のものだが、筆者はこう付言したい。この一般情勢は二〇一六の現在においても本質的にはまったく変わっていない、いや、情勢はむしろ悪化していると。なぜならエルンスト・ベーラー編纂になる『フリードリヒ・シュレーゲル原典批判全集』が、少なくとも彼の全著作（講義類を含む）の刊行を完了している現在においてさえも、読まれること甚だ少ないという状況に変化の兆しは認められないからである。確かにシュレーゲル研究は、少なくともドイツにおいては、幾多の成果を挙げてはいる。しかしヘーゲルとの対決という切所は、すでに決着済み——「ヘーゲルの見解」は「すでにさまざまな事実によって論駁されてしまっている」——として、軽く回避されてしまうのが、いかにも今目的な現実である。

(39) Hegel: Vorlesungen über die Geschichte der Philosophie I, Werke. Bd.20, S.415f.
(40) Über Jacobi. KA VIII, S.593,595.
(41) Philosophie des Lebens. KA X, S.15ff.
(42) Philosophie der Sprache und des Wortes. KA X, S.383-397.
(43) Ebd., S.510-514.
(44) H. Lüdecke: Ludwig Tieck und die Brüder Schlegel. S.184.
(45) August Wilhelm Schlegel's sämmtliche Werke, Hg. von Eduard Böcking. Leipzig, 1846. Neudruck; Hildesheim, New York, 1971. Zweiter Teil, viertss Buch, S.234.
(46) クラウス・ペーターは、一九七三年刊行の『批評としての観念論――フリードリヒ・シュレーゲルの未完結世界の哲学』の中で、マルクス主義陣営からのラディカルなロマン主義断罪の実例としてヴォルフガング・ハーリヒの批判を挙げている。ハーリヒによれば、イェーナ・ロマン派は「反逆的な身振りを示しながら、その実、本質的には反動的な文学運動であって、この運動にとってフィヒテの哲学の真面目な進歩的内実は根本において無縁かつ理解し得ないもの」だったに違いないのだから、「マルクス主義者」たる者は、フランス革命をゲーテの『ヴィルヘルム・マイスター』とフィヒテの『知識学』と並べて「当代の最大の傾向」であるとするフリードリヒ・シュレーゲルの有名な『アテネーウム断章』(AF 216)を、「ロマン派の最も輝かしい批判的頭脳」が残したアフォリズムとして引証するようなことからは手を引くべきである。「明るいところで見れば」とハーリヒは総括する。「それは実際にそう思われているほど意味深くも、含蓄に富んでもおらず、また進歩的でもない。このアフォリズムに独特の革命的内容を与えているかに見えるフランス革命への信条告白は、ドイツの初期ロマン主義者たちの似而非ラディカリズムがすべてそうだったように、社会的、政治的関係において完全に無責任だったがゆえに不真面目なものだった」のであり、「社会的に根無し草のボヘミアン、芸術的美食家の精神、いかなる社会的責任も嘲笑し、鏡に映った自分の姿にうっとり見とれ、放縦に生を蕩尽する個人主義の精神が、イェーナにおいて自我の哲学を独占し、道徳的には仮借のない、政治的には革命的な、ジャコバン的に民主主義的な、世界の改革を意図するフィヒテの行為への意志を、誰も太刀打ちできないソフィスティックな手品によって主観的な気紛れや恣意の幾ばくかの弁明の具たらしめようとしたのである。」（In: Jean Pauls Kritik des philosophischen Egoismus.）――この引用のあと、ペーターは、「ハーリヒはヘーゲルの判決を、そして驚くべきことにキェルケゴールの判決をも継承している。これら両人もまたシュレーゲルの不真面目さを難詰していたのだった」と慨嘆している。（Klaus Peter: Idealismus als Kritik. Friedrich Schlegels Philosophie der unvollendeten Welt. Stuttgart, Berlin, Köln, Mainz, 1973, S.118 f. ―― 因みにペーターの言説は、「哲学は一つの改革を構成すべきである」というフリードリヒ・シュレーゲルのイェーナ大学講義『超越論的哲学』を締め括るテーゼを、「哲学を理性全体に対する革命」へと回帰せしめようとしたアドルノの批判主義と直結させて、この視点からフリードリヒ・シュレーゲルの哲学を十九・二十世紀の「生の哲学」やディルタイの「世界観学」との類縁性を強調する一連の、例えばヨーゼフ・ケルナーやケルナーの衣鉢を継ぐエルンスト・ベーラーに代表されるシュレーゲル研究の傾向を、「シュレーゲルを最終的にブルジョワ的学問の伝統に組み入れる」ものでしかないとして切り捨てるきわめてイデオロギー論争的色彩の濃いものであるだけに、かえって先のハーリヒの正統マルクス主義的言説へのペーターの批判的対応は重い手応えを感じさせるものがある。

（47） Behler: Hegels Polemiken gegen die Ironie. S.117.「フリードリヒ・シュレーゲルに言及するたびに、激しい反感がヘーゲルを苛立たせた。」（W. Dilthey: Leben Schleiermachers. S.205.）

（48） Ebd., S.117.

第五章　秘儀としての観念論、あるいは「超越的曲線」

（1） Abschluß des Lessing-Aufsatzes. KA II, S.415. 文中の「超越的曲線」は、transcendente Linie の訳語だが、前文で曲

線であることが明らかなので、こだわらず「曲線」とした。

(2) Ernst und Falk, Bruchstück eines dritten Gesprächs über Freimaurerei. KA III. S.94-102.

(3) Über die Form der Philosophie. Ebd., S.97-102.

(4) Signatur des Zeitalters. KA VII, S.502f., 527f.

(5) Transcendentalphilosophie. KA XII, S.79, 25, 21, 63f., 56.

(6) Reise nach Frankreich. KA VII, S.61f., 63f., 75f.

(7) シュレーゲルのサンスクリット語学習は、一八〇三年の春、英国海軍士官でカルカッタの「ベンガル・アジア協会」会員アレグザンダー・ハミルトンの指導で開始され、一八〇四年四月のケルン移住までの九ヵ月足らずで打ち切られたが、この短期間に彼はこのインド古語の文法の基礎を習得し、『ラーマーヤナ』、『マヌの法典』、『バガヴァッド・ギーター』、『シャクンタラー』からの翻訳断片を相当数残している。(KA VIII, S.CLXXXIXf.u.327ff.)

(8) Geschichte der europäischen Literatur. KA XI, S.136.

(9) Gespräch über die Poesie. KA II, S.319.

(10) Über die Form der Philosophie. KA III, S.97.

(11) Über das Studium der griechischen Poesie. KA I, S.223f.

(12) Gespräch über die Poesie. KA II, S.314.

(13) Über das Studium der griechischen Poesie. KA I, S.357f.

(14) Gespräch über die Poesie. KA II, S.315.

(15) Über die Unverständlichkeit. KA II, S.366.

(16) Über die Form der Philosophie. KA III, S.98.

(17) Propädeutik und Logik. KA XIII, S.282ff.

(18) この循環運動が、ケルン私講義『哲学の展開』の第五講『自然論』から第六講『人間論』を経て第七講『神性論』に到って一応の完結を見るこの時期のシュレーゲルの歴史観の基底を成している。（KA XII, S.409-480, KA XIII, S.3-62）

（19）Über die Form der Philosophie. KA III, S.98.

（20）Ebd., S.99f.

（21）Novalis Schriften, 5 Bde. Hg. von Paul Kluckhohn und Richard Samuel et al. Darmstadt, 1960ff. Bd.3, S.493.

（22）フリードリヒ・グンドルフが一九三〇年刊行の論集『ロマン主義者たち』の第一章『フリードリヒ・シュレーゲル』の中でいみじくも『神話論』に与えた「秘法伝授的長広舌」（mystagogische Redeschwall）という形容語—— Friedrich Gundorf: Romantiker. Berlin, 1930, S.61. ——によって特徴づけられるような神秘主義的傾向は、これ以後いよいよ濃密の度を加えてゆき、たとえば一八二三年の『コンコルディア』所載論文『魂について』（Von der Seele. KA VIII, S.597ff.）に到ってはほとんど神智学的法悦の域にまで達する。

（23）PL X-374, 375.

（24）Geschichte der europäischen Literatur. KA XI, S.4.

（25）Ebd., S.8f.

（26）Ebd., Anm.242, S.306.

（27）Ernst Behler: Der Wendepunkt Friedrich Schlegels. In: Philosophisches Jahrbuch der Görres-Gesellschaft, 64.Jg. München, 1956. S.249.

（28）Geschichte der europäischen Literatur. KA XI, S.117.

（29）Ebd., S.117.

（30）Ebd., S.25.

（31）Über das Studium der griechischen Poesie. KA I, S.351.

（32）Geschichte der europäischen Literatur. KA XI, S.26ff.

（33）Ebd., S.107, 27.

(34) Ebd., S.107ff.
(35) Über die Sprache und Weisheit der Indier. KA VIII, S.205.
(36) Ebd., S.207,199, 217./ Die Entwicklung der Philosophie in zwölf Büchern. KA XII. S.220f.
(37) Gespräch über die Poesie. KA II, S.319.
(38) Lüdeke : Ludwig Tieck und die Brüder Schlegel. S.140.
(39) Die Entwicklung der Philosophie in zwölf Büchern. KA XIII, S.31ff. 36ff., 48ff.
(40) Helmuth von Glasenapp: Das Indienbild deutscher Denker. Stuttgart, 1960. S.29.
(41) Ernst Behler: Das Indienbild der deutschen Romantik. In: Germanisch-Romanische Monatsschrift, Bd.XVIII. 1968. S.28.
(42) Heinrich Heine: Die romantische Schule. Sämtliche Schriften, Hg.von.Klaus Briegleb. Darmstadt,1971. Bd.3. S.409f.
(43) Vorlesungen und Fragmente zur Literatur.1.Teil Orientalia. KA XV, S.XXXVIIIf. Vgl. Über die Sprache und Weisheit der Indier. KA VIII, S.CCVI.
(44) Über die Sprache und Weisheit der Indier. KA VIII, S.315.
(45) Immanuel Kant: Kritik der praktischen Vernunft. Werke in 6 Bdn, Hg.von Wilhelm Weischedel. Darmstadt,1963.Bd.4. S.300.
(46) Ders.: Kritik der Urteilskraft, Werke. Bd.5, S.417.
(47) Die Entwicklung der Philosophie in zwölf Büchern. KA XII, S.286ff.
(48) Ebd., S.291.
(49) Johann Gottlieb Fichte: Erste Einleitung in die Wissenschaftslehre. Ausgewählte Werke in 6 Bdn. Hg.von Fritz Medicus. Darmstadt,1962. Bd.3. S.11.
(50) Friedlich Wilhelm Joseph Schelling: Ideen zu einer Philosophie der Natur. SW I/2, S.85, 59.
(51) Novalis: Die Lehrlinge zu Sais. Schriften Bd.1, S.82, 94f.

（52） Friedlich Schiller: Das verschleierte Bild zu Sais. Sämtliche Werke. Hg. von G.Fricke u. H.G. Göpfert. München, 1965. Bd.1.S.226.

（53） Charakteristik des Plato. KA XI S.118-125. / Philosophie des Plato. KA XII, S.207-226.

この両プラトン論は、インド思想との比較によるプラトン解釈が前者に欠けている点を除けば、内容の上でも記述の上でもほとんど違いがなく、しかも後者が前者を組み込んで敷衍するというかたちをとっているため、ここでは両論一体のものとして扱う。

（54） プラトンの二元論をいわば生の哲学の一元論へと解消せしめるために導入されるベーメの「根源原理」は、両プラトン論のいずれにも登場するが、ケルン私講義『哲学の展開十二講』第一講の『哲学の歴史的特性描写』においては、インド思想との比較によるプラトン解釈に続く箇所で言及される。（KA XII, S.219）

（55） Die Entwicklung der Philosophie in zwölf Büchern. KA XII, S.222.

（56） Ebd., S.221ff.

シュレーゲルの『インド人の言語と叡知について』はすでにこの分野でのその後の諸研究によって「凌駕」されてしまっており、いまはただ「歴史的事跡」としてのみ言及されるにすぎないという事実（U. Struc: Zu Friedrich Schlegels orientalistischen Studien, 1970）は、確かにこの時期のシュレーゲル研究における不安定要素の一つである。われわれがシュレーゲルの「解釈」によってインドを誤認し、この誤認を経由してプラトンをも誤解するという危険は避けられないだろうからである。しかしこのことを折り込み済みの留保事項として読む限り、「その後の諸研究によって越えられてしまって」いる「インド論」も、そしてこれと結びついたかたちで扱われている「プラトン論」も、思想家フリードリヒ・シュレーゲルの精神の景観を展望する妨げにはならないだろう。

（57） Theorie der Entstehung der Welt. Die Entwicklung der Philosophie in zwölf Büchern. KA XII, S.429ff.

（58） KA XIII, S.62.

（59） Ebd., S.59ff.

(60) Transcendentalphilosophie. KA XII, S.36.
(61) Vom Charakter der Protestanten. KA III, S.85-94.
(62) Lessing : Die Erziehung des Menschengeschlechts. Werke, Bd.8. S.508ff.
(63) Vom Charakter der Protestanten. KA III, S.93.
(64) Die Entwicklung der Philosophie in zwölf Büchern. KA XII, S.282.

第六章　法衣のデミウルゴス——ある世界生成論の曲折と挫折

(1) Theorie der Entstehung der Welt. Die Entwicklung der Philosophie. in zwölf Büchern. KA XII, S.429-480.
(2) Transcendentalphilosophie. KA XII, S.79.
(3) Entwicklung der Philosophie in zwölf Büchern. KA XII, S.141, 240.
(4) Rede über die Mythologie. KA II, S.315. この「観念論」の精神に浸透された「新しい実在論」の成立およびその伝達のための唯一可能な「機関」をシュレーゲルは「観念的なものと実在的なものとの調和に基づく詩」に求め（KA II, S.315）、この意味において「完成された観念論は詩である」（PL VII-27）と定義している。
(5) Propädeutik und Logik. KA XIII, S.280-288.
　この「発生論的法則」、あるいは「普遍的な現存在法則」についてシュレーゲルはもう一つのケルン私講義『哲学の展開十二講』の第五講『自然の理論』の『世界生成論』に先立つ冒頭部分で、次のように解説している。

「世界、あるいは生成の総体（Inbegriff des Werdens）は自我であり」、これが「世界自我」の見地、すなわち「世界と自然」を哲学的に考察するに当たってわれわれが依拠する見地である。ところで「世界自我」を哲学的に考察するということは、「世界自我を構成する」ということである。しかるにこの課題、すなわち「世界自我の始まり」を起点としてその無限の生成過程の全域を構成するという課題を達成するための唯一可能な方法は、それが「発生論的」であるということである。「世界自我」の発生論的構成ないしは歴史的構成という哲学の部門は、「世界生成論」（Kosmogonie）と呼ぶことができるだろう。（S.409f.）――ところでこのような「構成」を可能ならしめる前提条件は、何よりもまず「存在」（Sein）の概念――例えば「自我の外にあるもの」として捉えられる限りでの「非我」の概念――を成り立ち得ない誤謬概念として排除すること、次いで「一切は生成である」という「永遠の生成」の概念を、「有限的なもの」と「無限なるもの」とを仲介し、両者の間のすべての抗争を廃棄するために不可欠なものとして想定すること、それゆえ「世界自我」の考察、すなわち「世界自我の発生論的構成」に当たっては、「精神」と「悟性」からではなく、「純粋意欲」と「愛」から出発しなければならないこと、すなわち「憧憬」がこの「構成」、すなわち「全体概念構築」の源泉と見なされねばならないことである。（S.410f.）――次に、いかなる生成・発展も最後には目標に到達せざるを得ない。しかし目標が達成され、しかも生成が更なる生成として必然的であるならば、生成にはそれ以上の上昇も進展も不可能であるのだから、「生成そのものの出発点、ただし変化した出発点」へと跳び帰るか、その「対立者」へ跳び移るかの選択しか残されていない。これは「形而下的法則」であるばかりでなく、「生成の必然性」に基づく「普遍的な形而上学的法則」でもある。「始まりへの帰還」は、ただ「全体」、すなわち「世界と自然」にのみ適合するが、しかし諸個体がその完成において再び「全体」へ関与する場合には、この法則は諸個体にも適用される。「対立者への飛躍」は、「全体」に対しては適合しない。「全体」はいかなる「対立者」も持たないからである。これはもっぱら個々の存在者にのみ妥当するのであって、もしある活動が極限に達したなら、この活動の「対立者への飛躍」は、個体にとっては、例えば「死」ということになるだろう。（S.417）――ところで「生成」の概念のもとにおいては、いかなる「法則」も、「法則」とのいかなる「対立」も絶対的ではない。そこには「絶対的法則」も「絶対的対立」もあり得ない。「生成の根本概念」は、一切の「法則」、一切の「対立」が派生的、従属的なものでしかなく、それゆえいかなる「永遠の絶対的法則」もあり得ないことを帰結する。いかなる「法則」も「対立」も派生的かつ被制約的であるがゆえに、それらは常に「暫定的」でしかなく、「目的への過渡と手段」でしかない。「世界は体系ではなく歴史である。」（S.417f.）――

（6）ここまで『世界生成論』の前半部の概略。KA XII, S.429-446.

（7）Ebd., S.451.

（8）Ebd., S.448.

「火」と「水」という世界生成の両根源要素の闘争による「大地の有機的組成」の段階的発展史として描かれる「世界自我」の自己実現的生成過程――無限空間に漂う無機的群塊に始まり、鉱物、植物、動物を経て人間へと到る「世界自我」の生成過程を辿る一連の論述における特質的な点は、シュレーゲルが「植物界」を「より高次の領域」への一つの「逸脱」、一つの「エピソード」と見ていることである（S.470）。すなわち形成ないしは造形の点で「最高の完全性」を具現している「植物」――その一切を挙げて「光の精神」の圧倒的優位のもとに「最高の多様性、発展、美の無限の充溢」に捧げられている「植物」――「大地の自己再生産」のより高い段階への上昇のためには不可欠な機能である「随意的運動」と「感覚諸器官」を犠牲にしてまでも、あの両根源要素の高次の段階において初めて開花する「自由な遊戯的創造力」によって可能となる「外的諸形式の驚嘆すべき多様性と華麗さ」を具現している「植物」（S.465）は、有機的組織の点では植物より高次の段階にあり、その組織のすべてが常に何らかの目的のための道具としての機能を果たすように形成されている「動物」――「世界の有機的生成の地上における最終目的は動物に到って初めて達成される」（S.465f.）――をその「形態の美」という点で遙かに凌駕している。「自然の装い、飾り」である「植物」によっては「大地の本来の目的」は達成され得ない、というよりはむしろ阻止されるとさえ言える（S.468）のだから、「大地」は「植物」においていわば「その本来の目標を飛び越え、その力の赴くままに更に高次のもの」――「自分には高すぎて到達することもできず、また到達しようとも思っていなかった高次のもの」――を目指してしまったかのようである（S.466）。世界の有機的形成という「大地」の本来の目的は、「粗野な物質性」が再び「植物」におけるよりも優勢となる「動物」に到って初めて達成されるとするならば、「内的な有機的組織」の点では「動物」に遙かに劣っている「植物」において、「大地」は「外的造形の多様性と美」という点で「世界生成」の最高の頂を極めたと言えるだろう（S.465f.）というのが、植物界を世界生成過程における一つの「逸脱」と見るシュレーゲルの「植物特殊論」の概略だが、このことから彼は、このような「逸脱」ないしは「不規則性」は、「自然的」

ではあっても「必然的」ではなく、それゆえ「大地」が「鉱物界」からただちに「完全性の低い動物界」へと移行してしまい、いかなる「植物」も生み出さなかったという場合も考えられるし、また、「大地」の本来の目的である「動物界」が「植物界」を飛び越えて「鉱物界」に直結しているような「天体」があっても不思議はないと結論づけている。

因みに、無機的な群塊（単なる「要素的なもの」の集合体）からの分離として開始される「大地」の有機的形成の最低段階を形成する「鉱物」の始原的様態を、シュレーゲルは「原石」（Urstein）と呼び、次のような自然哲学的思弁を展開している。あの両根源要素である「水」と「火」とを同時に含みながら、この両根源要素の凝縮と硬直によって石化したのが「原石」だが、この両根源要素の闘争は、両者の普遍的な無限の力という点においては対等でありながら、それらの「沈殿作用」、すなわち「石化」の過程においては一方が他方に対して優勢であることは当然あり得るのだから、両根源要素の闘争の様相はいわば「干潮と満潮」のごときものと考えられ、この干満の遅速によって両者の間に「不等性」が生じることもまた当然あり得る。だが個々の場合に推定されるこの「不等性」にもかかわらず、全体として見れば両者の根源的な「対等性」は回復され、維持されると見てよい。ところで「原石」への両要素の「硬直化」の瞬間は、突如として「無限の速さ」をもって生じる最も厳密な意味での「瞬間」である。このことから諸惑星の核が、この「硬直化の瞬間」に両要素のうちのどちらが優勢であるかによって互いに異なるものとなっても不思議はない。それゆえ天体の間にこの点での相違が支配することも大いにあり得る。とすればある星は「より火的」であり、他の星は「より水的」であると言えるかもしれない。このアナロギーに従えば、われわれの「地球」は「水的な星」と推定できるだろう。」（S.472f.）——

（9） Ebd., S.448.
（10） Ebd., S.452f.
（11） KA XIII, S.5.
（12） Ebd., S.13f.
（13） Ebd., S.23f.
（14） Ebd., S.28.

(15) Ebd., S.31.
(16) Ebd., S.35.
(17) Ebd., S.33.
(18) Ebd., S.38f.
(19) Ebd., S.37.
(20) Ebd., S.38.
(21) Ebd., S.38.
(22) Ebd., S.42f.
(23) Ebd., S.43f.
(24) Ebd., S.44.
(25) Ebd., S.46.
(26) Ernst Behler: Der Wendepunkt Friedrich Schlegels. S.251.
(27) Ebd., S.249.
(28) ケルン私講義『哲学の展開十二講』の校訂を担当したジャン－ジャック・アンステットも同講義における『世界生成論』へのベーメの「紛うかたなき」影響を指摘しているが、しかしこの指摘は同講義第一講の『哲学の歴史的特性描写』の、例えば「その哲学の形式は宗教的、内容は哲学的、精神は文学的である」というシュレーゲル自身のベーメ評（KA XII, S.260.）に沿うかたちでの文体論に終始している。
(29) KA XII, S.253.
(30) Ebd., S.256f.
(31) Ebd., S.257.
(32) Ebd., S.259.

(33) Ebd., S.258.

(34) Ebd., S.257.

(35) Ebd., S.259.

(36) Ebd., S.259.

(37) Ebd., S.257.

(38) Ebd., S.258.

(39) Ebd., S.259.

(40) Ebd., S.258.

(41) [Über F.H. Jacobi: Von den göttlichen Dingen und ihrer Offenbarung, 1812]. KA VIII, S.456.

(42) Mysterium Pansophikum. Oder Gründlicher Bericht von dem Irdischen und Himmlischen Mysterio, 1620. Jacob Böhme: Sämtliche Schriften, Faksimile-Neudruck der Ausgabe von 1730 in elf Bänden, neu herausgegeben von Will-Erlich Peuckert. Stuttgart, 1957. Bd.4, S.97ff.

(43) De signatura rerum. Oder Von der Geburt und Bezeichnung aller Wesen 1622. Jakob Böhme: Sämtliche Schriften, Bd. 6, S.49.（訳語等に関しては、『キリスト教神秘主義著作集』第13巻（教文館）所収の同書（南原実訳）を参照した。

(44) Geschichte der europäischen Literatur. KA XI, S.120f. / Die Entwicklung der Philosophie in zwölf Büchern. KA XII, S.215f.

(45) Die Entwicklung der Philosophie in zwölf Büchen KA XII, S.218f.

(46) Geschichte der europäischen Literatur. KA XI, S.122f.

(47) Ebd., S.123.

(48) Ebd., S.124. / KA XII, S.225.

(49) KA XII, S.477.

（50） Ebd. S.475.「無」を不毛の暗黒としか見ないシュレーゲルの場合、「憧憬の最初の動きは何ものからも導出され得ない」（Die erste Regung der Sehnsucht kann aus nichts abgeleitet werden）を、「無から導出され得る」と読むことはできない。

（51） Mysterium Pansophicum, S.97ff. 訳語、訳文に関しては『ドイツ神秘主義叢書』第9巻（創文社）『ベーメ小論集』（薗田坦、松山泰國、岡村康夫訳）を参照した。

（52） Propädeutik und Logik, KA XIII, S.358.

（53） Über die Sprache und Weisheit der Indier, KA VIII, S.243.

（54） Friedrich Schlege's sämmtliche Werke. 10 Bde.Wien, 1820–1825. ――後期シュレーゲルの機関誌『コンコルディア』（一八二〇－一八二三年）とほぼ同時進行的に計画・刊行されたこの自選全集は、問題のケルン私講義ばかりでなく、古代ギリシャ文学に関する諸作を除く初期の作品、例えば『共和制の概念についての試論』、シラーの『ホーレン』誌への書評を含む初期の、例えばレッシング、ヤコービ、フォルスターらに関する諸論評、『リュツェーウム断章集』、『アテネーウム断章集』、『ルツィンデ』等の野心作のほとんどすべてを廃棄処分に付した。

（55）「誤解を避けるために一言述べておかねばならないが、自明のことながら先の全集においても除外された二つの作品、『ルツィンデ』と『哲学講義一八〇四年－一八〇六年』――一八三六年－一八三七年にヴィンディッシュマンによってボンで刊行――は、本全集にも収録されなかった。著者自身がこれらの作品を、一八二二年から一八二五年にかけて本人によって刊行された最初の全集版に採用することをよしとしなかったからである。――編集者」Fried. v. Schlegel's sämmtliche Werke. Zweite Original-Ausgabe. Im Verlage bei Ignaz Klang. Wien, 1846. Bd.1, S.VIf.

（56） KA XII, S.454-480.

「時間の完成」と「永遠性」との関係についてシュレーゲルは、「永遠性」が「世界の開始」に先行していたのかという問いを掲げ、「創造に先立つ永遠性」と「世界創造後の永遠性」とを区別したスコラ哲学に対して、「創造に先立つ永遠性」なるものが存在するだろうか、すなわち、ある直線の一方の末端が「無限」であるような「時間」が存在するだろうか、「空間」の産出に「何らかの永遠性」が先行していたのだろうかという疑問を投げかけ、「空間の創造」以前には「時間」も

「尺度」も存在しなかったし、また「時間」そのものが「世界」と共に生じ、展開したのだから、「時間」に先立ついかなる「時間」も、それゆえいかなる「永遠性」も考えられないと結論づけ、その上で「完成された時間」と「未完成の時間」とを区別する。シュレーゲルによれば、世界生成の過程においてその「沈殿物」として発生するすべての「固執性」と「硬直性」が解体・消滅すると共に「現在の国」――「大地」の根源要素である「固執と硬直性」の国――もまた解体・消滅し、ここに「過去」と「未来」とが結ばれて、一切の「時間」が「永遠性」へと浄化されるとき、「時間は完成される」のであって、この「完成された時間」の概念は、スコラ的な「永遠性」、すなわち、いかなる「時間」も「尺度」もそれに対応していないような「時間」としての「事前の永遠性」が「消極的」な概念でしかないのに対して、すぐれて「積極的」な概念である。「創造」には「時間」も「永遠性」も先行しない。しかし「時間の無限の萌芽」は存在し、「世界」の開始と共に初めてこの萌芽もまた展開し始めたのである。そしてこの「時間の無限の萌芽」を「永遠性」と呼ぶならば、「事前の永遠性」なるものもあり得たと言えるかもしれない。そもそも「空間」は一個の「無限の生産物」であって、徐々に生み出され、展開されてゆくものだから、このような「生産」に関与している「時間」を「事前の永遠性」と見ることは可能であるし、このような発展を「無限の系列」とも「無限の過程」とも見ることはできるだろう。また「憧憬」の開始を、たとえそれが「無限に微弱なもの」ではあっても、「無」から生じたものとは見ずに、「自己自身を自己の対象と共に生み出すもの」と見ることもできるはずである。いずれにせよ「空虚と空無の中へ踏み迷う危険を冒すことなしに、憧憬の最初の動きを踏み越えることはできない」(S.476-477)というのが、「初めに憧憬ありき」で開始される『世界生成論』におけるシュレーゲルの「時間論」の絶対的見地である。

シュレーゲルはまた、一八二八年の十二月に始まる最後の未完の公開講義『言語と言葉の哲学』の第四講においても「永遠性」と「時間」との関係について述べている。それによれば、「永遠性」は通常、「一切の時間の全的な廃絶、完全な不在、無条件的な否定」であると説明され、かつ理解されているが、その場合、「生と一切の生きた現存在の全的否定」が同時に含意されるから、そこには「徹底的に空虚な存在ないしは本来の無」という無意味な概念しか残らず、イギリスの詩人〔バイロン〕の表現を借りるならば、そこは「目に見える闇」とも言うべきあの「空虚な否定一般、とりわけ絶対的な時間否定」のもたらす「捉え難い無の永遠の深淵」となる。これに対して「永遠性」を「充溢した、完璧に包括的な、充分に完成された時間」と考えるならば、あるいは「単に外部へ向かっての無限の時間、すなわち、始まりも終わりもなく前進する時間であるばかりでなく、内的にも無限であるような時間」と考えるならば、「永遠性」の概念は多少なりと明確かつ正しく捉えられたことになり、その場合、「無限に生き生きとした、徹頭徹尾澄明な現在とこの現在の至福の感情」のうちに、「過去全体」が、それゆえ「未来全体」もまた、「現在」そのものと同様、生き生きと、明るく、否、「現前的」なものとなるだろう。そのとき「時間」は「まったき永遠性における内的生の脈動」以外の何ものでもないだろう。「至福」とはまさにそのような状態以外の何ものでもなく、そして「まったき時間」の概念もまた、そのようなかたちでしか考えられないあの「至福」の状態と完全に一体的である。（KA X, S.381）

(57) Entwicklung des innern Lebens. I. Von der Seele. KA VIII, S.597-616.

(58) 第1・2節、Ebd., S.597-603.

(59) 第3・4・5節、Ebd., S.604-612.

(60) 第6節、Ebd., S.612-616,

(61) Philosophie der Sprache und des Wortes. KA X, S.336.

(62) Ebd., S.336.

(63) Ebd., S.340f.

(64) Ebd., S.330f.

(65) Ebd., S.349f.

(66) Ebd., S.410f., 415f.

(67) Ebd., S.419. Vgl. Faust, 1. Teil, 3456.

(68) Ebd., S.424ff. この種の三重構造としてシュレーゲルは第二講で「神、魂、精神」、「精神、魂、身体」、「精神、魂、感覚(Sinn)」を挙げている。（Ebd., S.337.）

（69） Ebd., S.430. ベーメは「四つのアルファベットの言語樹」を想定し、「すべての言語の根幹」を成し、「神の奇蹟」として「神秘」そのものによってしか理解されない隠れた「自然言語」を第一の、「神秘を開示し、大枝小枝をもつ樹」であるヘブライ語を第二の、「果実とあらゆる装飾」を持ち、「知を語り出る樹」としてのギリシャ語を第三の、多民族言語として「力と徳を具えた樹」としてのラテン語を第四のアルファベットと呼び、これに「一切のアルファベットの開示者」である「神の精神」としての「第五のアルファベット」を加えたものを根源的な「主要言語」とし、ここから七十二の諸言語が派生するとしている。（Mysterium Pansophicum, S.105f.）

（70） Ebd., S.427.

（71） シュレーゲルはここで諸言語におけるアルファベットにも言及し、「文字」とは本来「綜合的なもの」である「音節」のいわば「化学的分解」の産物であり、諸言語のアルファベットはこの「化学的分解の諸体系」にほかならないとし（Ebd., S.432ff.）、これら字母体系全体に「霊的息吹の漂い」、「高次の霊気」として「精神的高揚」を与える「気音」が、言語における「音楽的魂の原理」であり、これが「魂に満ちた歌声」である「母音」と、言語の「質料的要素」として多様な性格的描写に寄与する「子音」と共に形成する字母の「三重性」を、「内的生の音節」のすべてを構成する「意識のアルファベット」における「三位一体性」に対応させ（Ebd., S.434ff.）、そして最後に哲学が「高次の生の内的経験学」として、与えられた「高次」のものを純粋に「言語」によって把握し、適正な文法的連関のもとに表現することをその本来の課題とする限りにおいて、真の思考は、「言語へと達した生」の自己認識のうちで完全に文法的性格を帯びざるを得ず、こうして成立した「高次の論理学」は「生きた思考の内的言語の規則ないしは適正な文法」以外の何ものでもない（Ebd., S.451.）とする総括をもって、この一連の思弁的言語論を閉じている。

（72） Ebd., S.344.

（73） Ebd., S.342.

（74） Philosophie des Lebens. S.15ff.

この総括は、カント以外に実名の記載はないが、フィヒテ、シェリング、ヘーゲルの順を踏んでの記述であることは明らかである。なおヘーゲルとバイロンとのこのような対比は、すでに一八一七年の一連の断章において暗示されている。――「精神の本質を成しているのは、対立するものの止揚とか否定（ヘーゲルによればだが）ではなく、天命（Göttliche Sendung）である。――人間の使命は、自己の精神の天命を把握し、自己の天職を達成し、そして自己の魂を救済することであって、この最後の点において人間はある程度自己自身の魂に対する司祭、助力者、救済者の地位を代行し、専有している。」（PL Beil.X-196）――「否定の体系は、無神論や自我と自己の神格化（フィヒテのそれ）よりも一段と悪質である。〔それは〕否定の精神の本来の神格化、それゆえ実際、哲学的悪魔主義とでも言えるものだろう。」（PL Beil.X-197）――「無の廃棄（神性の真の概念に従えば）とはまさしく啓示にほかならず、これこそがその根本概念である。」（PL Beil.X-198）――また、一八一六年の断章には「現代哲学」の代表的思想家たち（ヘーゲルは除外されている）についての短評を綴ったものが見出される。例えば「ヤコービは唯心論者の素質を持ちながら、性格の弱さによって実在論へと沈んでいった。カントはその心情において時代の唯物論的偏見と唯物論への迷信からついに逃れられなかった。フィヒテは確かに実在論と唯物論を否定しようとしたが、唯心論へは赴かず、にもかかわらず執拗に、変わることなく観念論に固執し続けた。シェリングは実在論から出発して、幾つかの道で観念論を求め、いまや神話論を通して唯心論へと接近した。かくして近代ドイツ哲学の四派の巨頭は多様な関係において対立し合っているのである。」（PL Beil.X-180.）――「この四人の最も卓越したスコラ哲学者たち――カント、フィヒテ、ヤコービ、シェリング――は同時にまたいまだに抽象的で分裂した意識のうちに囚われている四大思想家である。」（PL Beil. X-181）――さらにその前年の一八一五年の断章の一つには次のような激しい言葉が記されている。「われわれがいま最も恐れなければならない偽哲学の変種は唯物論や自然哲学ではなく、本来の無神論である理性狂の破壊的な炎である。――何といっても明らかなことは、高次の自然哲学は段階的にキリスト教に接近してゆく（シェリングにおけるように）ということ、しかもそれは学問的に一層歴然たるかたちをとって現れているということである。」（PL Beil.X-157）

（75）Philosophie der Sprache und des Wortes. KA X, S.389.

直接の名指しは避けながらも、後期三公開講義に時として噴出するこの種のヘーゲル批判の基本形は、すでに一八一七年

の幾つかの実名明記の断章に見出される。（前註参照）

（76） Rede über die Mythologie. KA II, S.311-328.

（77） Rede über die Mythologie und symbolische Anschauung. Friedrich Schlegel's sämmtliche Werke. Wien, 1823. Bd.5, S.261-285. 本稿での引用は『アテネーウム稿』を底本に『ヴィーン改訂稿』を脚註として編纂されたエルンスト・ベーラーの『原典批判全集』（KA II）に拠っている。

（78） KA II, S.316.

（79） Philosophie der Sprache und des Wortes. KA X, S.385.

（80） Ebd., S.469f.

（81） Ebd., S.385f.

（82） Ebd., S.472f.

（83） Ebd., S.470.

（84） Studien zur Geschichte und Politik, KA VII, S.XL.

第七章　インドとヘブライとの狭間で——幻想の言語起源論と言語ピラミッド論

（1） Die Entwicklung der Philosophie in zwölf Büchern. KA XII, S.410.

（2） Ebd., S.418.

（3） Ebd., S.420.

（4） Vorlesungen über Universalgeschichte. KA XIV, S.3.

（5） Die Entwicklung der Philosophie in zwölf Büchern. KA XIII, S.34.

（6） Vorlesungen über Universalgeschichte. KA XIV, S.27.

（7） Die Entwicklung der Philosophie in zwölf Büchern. KA XII, S.475.

（8） Philosophie der Geschichte. KA IX, S.5.

（9） Ebd., S.24.

（10） Ludwig Tieck und die Brüder Schlegel. Hg.von H. Lüdeke. Frankfurt a.M., 1930. S.140.

（11） Geschichte der europäischen Literatur. KA XI, S.24.

三神一体像と三位一体とのこの符合については、後期三講義の一つ『歴史の哲学』ではより慎重な姿勢と表現が目立つようになる。なおパリ私講義ではインド三神の名は挙げられていない。この点に関しては、Orientalische Gedanken 1805 [I-88]. Vorlesungen und Fragmente zur Literatur. Erster Teil Orientalia, KA XV-1, S.17f. / Philosophie der Geschichte. KA IX, S.99.

（12） Orientalia. KA XV-1, S.IX.

（13） Ebd., S.XXXVIII.

（14） Über die Sprache und Weisheit der Indier. KA VIII, S.295f.

因みに、一八二三年の研究ノート『オリエンターリア』には『インド論の改訂版のために』と題する、明らかにこの一八〇八年の『インド人の言語と叡知について』の加筆ないしは補説を念頭に置いた次のような覚書が見出される。「改訂版では神エホバ、あるいはモーセの啓示――インドの原初世界解明のための鍵としてのモーセの啓示についてという特別の一稿が加えられることになるだろう。（モーセの啓示との関係において、あるいはまたモーセの啓示の立場から。）――この稿の各章は大要以下のようになるだろう――神エホバ――アダムとイヴ――カイン――セツとエノク――ノア――セムとメルキセデク――おおよそケトラの子供たちに到るまで。カナン人以前にパレスティナに住んでいたエナクの子孫。」（KA XV-1, S.116.）

（15） Geschichte der alten und neuen Literatur. KA VI, S.98.

(16) Ebd., S.100.

(17) Jean-Jacques Anstett: Mystisches und Okkultistisches in Friedrich Schlegels spätem Denken und Glauben. S.134f.

(18) Geschichte der alten und neuen Literatur. KA VI, S.104.

(19) Philosophie der Geschichte. KA IX, S.148

(20) Über die Sprache und Weisheit der Indier. KA VIII, S.114f.

(21) Fragmente zur Geschichte und Politik III. KA XXII, S.376.

(22) Philosophie der Geschichte. KA IX, S.139ff. /Fragmente zur Geschichte und Politik III. KA XXII, S.390f.

(23) Philosophie der Sprache und des Wortes. KA X, S.359ff.

(24) Philosophie der Geschichte. KA IX, S.142. シュレーゲルはこの時期、「インド・ヨーロッパ語族」を「インド・ギリシャ語族」と書いている。

(25) Über die Sprache und Weisheit der Indier. KA VIII, S.167ff.

(26) Ebd., S.169ff.

(27) Ebd., S.153ff.

(28) Vorlesungen über die Universalgeschichte. KA XIV, S.6.

(29) Ebd., S.14.

(30) Ebd., S.31ff.

(31) Orientalische Gedanken 1805 [I-24]. KA XV-1, S.6.

(32) Über die Sprache und Weisheit der Indier. KA VIII, S.15

(33) Orientalische Gedanken 1805 [I-142]. KA XV-1, S.23.

(34) Ebd., [I-41]. S.7f.

なお『研究ノート』の編纂者オッペンベルクは索引の部でシュレーゲルが言及している文献、翻訳、辞書・辞典類の一覧表を作成しているが、それらの著者、訳者、編者だけでもほぼ二四五名を数える。

(35) Orientalia. KA XV-1, S.XI.
(36) Orientalia, 1806 [II-54]. KA XV-1, S.41.
(37) [Über] J.G.Rhode's Über den Anfang unserer Geschichte und die letzte Revolution der Erde 1819. KA VIII, S.509f.
(38) Ebd., S.510ff.
(39) Ebd., S.509-515.
(40) Ebd., S.513ff.
(41) Ebd., S.496.
(42) Philosophie der Geschichte. KA IX, S.139ff.
(43) Ebd., S.140ff.
(44) Ebd., S.143f.
(45) Fragmente zur Geschichte und Politik III. KA XXII, S.390f.
(46) Ebd., S.407f.
(47) Ebd., S.428.
(48) Ernst Behler: Der Wendepunkt Friedrich Schlegels. S.249
(49) Jean-Jacques Anstett: Mystisches und Okkultistisches in Friedrich Schlegels spätem Denken und Glauben. S.144ff.
(50) Orientalia. Indische Untersuchungen 1823 [IV-37]. KA XV-I, S.104.
(51) Philosophie der Geschichte. KA IX, S.141f.
(52) Ebd., S.148.
(53) Ebd., S.150.
(54) Ebd., S.96f.

(55) Brief an A.W. Schlegel vom 13. Jan. 1829. Ludwig Tieck und die Brüder Schlegel. S.184.
この容赦のない批評は、シュレーゲルの急死を伝える手紙の後半にある。

(56) Orientalia. Indische Untersuchungen 1823 [IV-58]. KA XV-I, S.110f.

(57) Philosophie der Sprache und des Wortes. KA X, S.359f.

(58) Ebd., S.361.

(59) Ebd., S.361f.

(60) Ebd., S.362ff.

(61) Ebd., S.369f.

(62) Ebd., S.372.

(63) Ebd., S.373.

(64) Ebd., S.371.

(65) Ebd., S.372.

(66) Ebd., S.374.

(67) Ebd., S.373.

(68) シュレーゲルは『インド人の言語と叡知について』第一部の第六章『類縁諸言語の差異性と若干の興味深い中間諸言語について』の中で、近代インド学の拠点となったカルカッタの「ベンガル・アジア協会」の初代会長で『シャクンタラー』の最初の翻訳者、サンスクリットとギリシャ語との類縁関係を推定し、のちのインド・ヨーロッパ語族研究の基礎を築いたイギリス人ウィリアム・ジョーンズ（一七四六－一七九四）の研究の姿勢について次のように述べ、彼自身の実証的歴史家としての用心深さの一端を示している。「私はこの章をウィリアム・ジョーンズへの回顧によって締め括ろう。彼はラテン語、ギリシャ語、ドイツ語、ペルシャ語がインド語と類縁的であること、そしてそれらの諸語がインド語から派生したものであることを実証することによって先ずは言語学に、次いでそれまでは一切が暗く混乱していた最古の諸民族の歴史に光を投じたのである。しかし彼がこの類縁性を、それがきわめて希薄である若干の他の言語群にまで押し広げ、さらに膨大な数の諸言語をインド、アラブ、タタールの語族という三つの主要分枝へと還元し、そして彼自身は何よりもまずアラブ語とインド語との全面的な相違をきわめて見事に確定しておきながら、それにもかかわらず最後には、単に統一性のために一切を一つの共通の源泉から導出しようとしたのであって、この点に関してわれわれはこの卓越した人物に従うことができなかったが、お手許の拙論を注意深く検討してみてくださる人ならば、私の見解に賛同していただけるだろうと思う。」（KA. VIII, S.189.)

因みにイギリス人チャールス・ウィルキンス（一七四九－一八三六）が『ヴァガヴァッド・ギーター』の翻訳を発表したのが一七八五年であり、その四年後の一七八九年にウィリアム・ジョーンズは『シャクンタラー』の翻訳をカルカッタの『近代インド学（サンスクリット研究）』誌に発表している。

（69）Ursula Struc: Zu Friedrich Schlegels orientalistischen Studien. In: Z.f. deutsche Philologie, 1970. S.114.

（70）Ernst Behler: Das Indienbild der deutschen Romantik. In: Germanisch=Romanische-Monatsschrift, 1968, S.28.

（71）Orientalia. KA XV-1, S.XVI.

（72）Ebd., S.XXXVII.

（73）Ebd., S.XXXIX.

（74）Ernst Behler: KA VIII, S.CLIf.

（75）Orientalia. KA XV-1, S.XLI.

（76）Jean-Jacques Anstett: Mystisches und Okkultistisches in Friedrich Schlegels spätem Denken und Glauben. S.149.

（77）KA XI, S.24ff. パリ私講義におけるインド神話への「熱狂」については、本論第五章『秘儀としての観念論』第二節中の当該箇所（241頁以下）を参照されたい。

（78）Philosophie der Geschichte. KA IX, S.104f.

（79）Philosophie der Sprache und des Wortes. KA X, S.506f, 509f.

（80） Rede über die Mythologie. KA II, S.319f.

「どんなにか新しい詩文学の源水がインドからわれわれのもとへと流れ込んでくることだろう。〔……〕われわれは**最高度にロマン的なもの**を東洋に求めなければならない。もしわれわれがまずもってこの源流から汲み取ることができるならば、現在のわれわれにとってかくも魅惑的な南国の輝きを見せているスペインの文学でさえも、ただの西洋的で貧弱なものに思われてくるだろう。」

（81） 筆者はここで岸本道夫氏の労作『ユーラシア語族の可能性』（神戸学術出版、一九七一年）の「あとがき」の前半を引用する誘惑を抑えることができない。「僅僅百頁に充たないこの小冊子に盛られているも〔の〕は、ただ一つのヴィジオンであって、精密な論証は求むべくもない。そのようなヴィジオンにも、もし何ほどかの価値があるとするならば、それはこのヴィジオンが、おそらくは、ヨーロッパの学者には絶対に見られることのない、すなわち多分日本でなければ抱懐することのできないヴィジオンであるという所にあろう。」そしてこれに続く、「二十世紀の半ば過ぎに、一日本人の抱いた渺たる一ヴィジオン」という岸本氏の言葉は、十九世紀の初頭に日本からすればこの大陸の遙か西の外れに住んだ一ドイツ人の抱いた「渺たる一ヴィジオン」とその精神において——その研究方法における時代的懸隔はともかく（この点についての言及は筆者の能力を越えている）——互いに深く絡み合うものがあるからである。フリードリヒ・シュレーゲルは彼自身の「渺たる一ヴィジオン」を、『インド人の言語と叡知について』の第三部『歴史的理念』第四章『東洋およびインド研究一般、その価値と目的について』を締め括る茫洋たる一文にまとめている。

「諸民族の歴史の中でアジア人とヨーロッパ人とはただ一つの大きな家族を形成し、アジアとヨーロッパは不可分の全体を成しているのだから、われわれはあらゆる文化的諸民族の文学を一つの絶え間のない発展、深く結び合ったただ一つの建物、ただ一つの形成物として、ただ一つの大いなる全体として眺めるべきだろう。そうすれば一面的で偏狭な見解の少なからざるものがおのずと消滅してゆき、多くの事柄がこうした相互の繋がりの中で初めて理解可能なものとなり、すべてのものがこうした光の中で新たな姿を見せて立ち現れて来るだろう。」（KA VIII, S.315.）

終章　シュレーゲル・コントラ・シュレーゲル、あるいはせめぎ合う両神話論

（1）Kritische Friedrich-Schlegel-Ausgabe（KA）. Hg. von Ernst Behler unter Mitwirkung von Hans Eichner und Jean-Jacques Anstett. Paderborn, München, Wien, 1958ff.

（2）Friedrich Schlegel's sämmtliche Werke, 10 Bände. Wien, 1822-1825 .

（3）Signatur des Zeitalters. KA VII, S.517.

（4）Über das Studium der griechischen Poesie. KA I, S.224, 269ff.

（5）Fried v. Schlegel's sämmtliche Werke. Zweite Original-Ausgabe. Wien, 1846.

（6）Friedrich Schlegel's Philosophische Vorlesungen aus den Jahren 1804-1806. Nebst Fragmenten vorzuglich philosophisch-theologischen Inhalts. Aus dem Nachlaß des Verewigten herausgegeben von C.J.H. Windischmann, 2 Bände. Bonn, 1837, 1838.

（7）Fried. v. Schlegel's sämmtliche Werke. Zweite Original-Ausgabe. Bd.I, S.VIf.

（8）Friedrich Schlegel 1794-1802. Seine prosaischen Jugendschriften. 2 Bände. Hg. von Jakob Minor. Wien, 1882. 2. Aufl., 1906. Bd.I, S.VIII.

ミーノアは、この二巻本の「首尾如何」によるとしながらも、当時すでに「入手困難」となっていた『オイローパ』誌（一八〇三年）の「インドへの熱狂的な言及」を含む諸論と、同じくすでに「ほとんど所在不明」となっていたシュレーゲル自身の編纂になる『レッシング著作集』（一八〇四年）への「序論的論評」数篇を念頭に「第三巻」を想定し、これをもってシュレーゲルの初期著作全集を締め括るつもりだったらしいが、実現には到らなかった。

（9）Ebd., S.122.

（10）Ernst Behler: Die neue Friedrich Schlegel-Ausgabe. In: Die neue Rundschau. Frankfurt a. M., 1959. S.118.

Ders.: Die Geschichte der Friedrich Schlegel-Ausgabe. In: Athenäum, Jahrbuch für Romantik. Paderborn, 1998. S.221.

(11) Ders.: Die Geschichte der Friedrich Schlegel-Ausgabe, S.220.

(12) Ders.: Die neue Friedrich Schlegel-Ausgabe, S.122.

(13) Ders.: Die Geschichte der Friedrich Schlegel-Ausgabe, S.217f.

(14) Ders.: Die neue Friedrich Schlegel-Ausgabe, S.121.

(15) Ders.: Die Geschichte der Friedrich Schlegel-Ausgabe, S.228.

(16) Ders.: Die neue Friedrich Schlegel-Ausgabe, S.122.

(17) この両版相剋のディレンマを一挙に乗り越えてしまおうとするかに見えるのがミヒャエル・エルゼッサーである。彼は一八〇〇年の『アテネーウム』誌廃刊後に行われたフリードリヒ・シュレーゲルのイェーナ大学講義『超越論的哲学』の独自編集版（Philosophische Bibliothek, Bd.416, 1991）の解説的序文において、シュレーゲルが「カトリック信仰の超正統的擁護論者」となったのちにもなお、その「初期の根本思想」を「教義上の正統派的概念性のマント」の下に隠して貫いているとする視点、すなわち「シュレーゲルは概念上確立された正統的教義の諸定式に、実質的内容の点では、初期ロマン主義から援用された独自の解釈を施している」とする視点に立って、この大学講義の解説のために役立つと思われる資料を初期、後期の別なく投入し、さらにこの講義においてはまだ具体的には現れていないヘーゲルとの確執の問題をも先取りするかたちでシュレーゲルの後期思想圏へと踏み込んでゆく姿勢を見せている。ところでこの資料の投入という点で『神話論』の扱い方を見ると、エルゼッサーが引用している四箇所のうち、二箇所は『アテネーウム版・神話論』（KA II, S.316, S.318）、他の二箇所はベーラー全集版の「脚註」（KA II, S.315ff. Anm. 11.）、すなわち『ヴィーン版・神話論』（W., S.268）からのものであり、しかもこの引用箇所の選択に関してはいかなるコメントも付されていない。このような両版無差別の引用方式は、エルゼッサーがベーラー編纂の『アテネーウム版・神話論』に付された「脚註」（KA, Anm.）を、この『アテネーウム版・神話論』に対する、この『アテネーウム版・神話論』執筆当時のシュレーゲルの批判的自註と誤認しているのではないかという疑念を呼びかねない一種異様な逸脱的混同である。シュレーゲルの初期の思想の本質は後期の思想のうちにもその根幹として貫かれているという、それ自体は大いに検討に値するエルゼッサー独自の視点から、『ヴィーン版』の加筆・修正箇所を『アテネーウム版』の「脚註」にまわし、これに『アテネーウム版』のより深められた理解に資するための、いわば「アウグスティヌス的告白」の意味を含んだ「相互証明的」な役割を担わせるというベーラーの編集理念とはまさに逆方向の捉え方の可能性を示唆しようとしたのであれば、尚更もってエルゼッサーは彼が引用箇所に付した「脚註」（Anm.）が一八二三年の『ヴィーン版』の加筆・修正箇所であることを明記すべきだったのであり――ベーラーはこの箇所を「W」の記号で明示している――、それを怠っての無差別引用は無用の誤解と混乱を引き起こす原因ともなるだろう。いずれにせよ同じ論脈の中で『アテネーウム版』と『ヴィーン版』との質的段差を無視した両版からの無差別引用は、それへの明確な理由付けがない限り、テクスト濫用の誹りを免れないだろう。

（18） Rede über die Mythologie. KA II, S.311-328.
Rede über die Mythologie und symbolische Anschauung. W., Bd.5, S.261-285.

一八〇〇年刊行の『アテネーウム』誌第三巻第一輯、第二輯に連載された問題の『詩文学についての会話』の構成は、第一章『詩芸術の歴史』、第二章『神話についての講話』（『神話論』）、第三章『ロマーンについての手紙』、第四章『ゲーテの初期および後期の作品における相異なる様式についての試論』の四篇が、各論に対する若い男女数人による討論をいわばプロムナードとして連結されてゆくというものだが、ハンザー版の一冊本『フリードリヒ・シュレーゲル批評論集』（Friedrich Schlegel. Kritische Schriften. München, 1964）の編者ヴォルフディートリッヒ・ラッシュは、その後註でこの討論に参加した登場人物の一人一人に当時のイェーナの文学サークルの仲間たちの特徴を識別することができるとし、例えばアマーリエにカロリーネ・シュレーゲルの、マルクスにアウグスト・ヴィルヘルム・シュレーゲルの、ルドヴィーコにフィヒテないしはシェリングの、アントーニオにシュライエルマッハーの面影を見ることができるとしている。因みに『神話についての講話』（『神話論』）の朗読者であるルドヴィーコは、何人かの登場人物の特徴が寸描されているこの『詩文学についての会話』の導入部に当たる箇所で、「その革命的な哲学によって大いに破壊の威力を誇示して見せるのを好む」青年として描かれている。フィヒテの観念論を「革命の原理」と捉えていた（『神話論』）この時期のシュレーゲルの認識からすれば、この青年のモデルにフィヒテを想定することは一応考えられなくはないが、しかし「フィヒテの観念論の胎内からこの観念論の精神に浸透されつつ誕生する新しいスピノザ的実在論」として構想される「神話的原世界」という『神話論』の基本構造からすれば、この時期、批判主義（観念論）の信奉者として独断論（実在論）との対決姿勢を崩さぬまま、スピノザの実在論的世界を「知的直観の客観化」と読み替えることによって、観念論の精神にくまなく浸透された実在論的自然という名状し難い全一的地層へ降り立ち（『独断論と批判主義に関する哲学的書簡』Philosophische Briefe über Dogmatismus und Criticismus, 1795. SW I/1, S.284.）、このような超越論的スピノザ主義とも言うべき精神と自然の渾然一体的融合に基づく独自の自然哲学——「自然は可視的な精神であり、精神は不可視の自然である」（『自然哲学考案』Ideen zu einer Naturphilosophie als Einleitung in das Studium dieser Wissenschaft, 1797. SW I/2, S.56）——を構想していたシェリングのほうが、ルドヴィーコ役にはより相応しい人選であると言えるだろう。

(19) KA II, S.312.
(20) Ebd., S.312.
(21) Ebd., S.314.
(22) Ebd., S.314f.
(23) Ebd., S.315.
(24) Ebd., S.316.
(25) Ebd., S.317.
(26) Ebd., S.317.
(27) Ebd., S.319.
(28) Ebd., S.321.
(29) Ebd., S.316f./ W., S.268.
(30) Ebd., S.317./ W., S.269.

（31）Ebd., S.317./ W., S.269.
（32）Ebd., S.319./ W., S.272.
（33）Ebd., S.321.
（34）Ebd., S 313f./ W., S.263f.
（35）Über die Unverständlichkeit. KA II, S.366.
（36）KA II, S.315f.（Anm.11）, W., S.266f.

ここで確認しておかねばならないのは——特に『ヴィーン版・神話論』での加筆・修正箇所が「脚註」にまわされている現在のベーラー全集版でしか読むことのできない人々の陥りかねない錯覚を防ぐためにも——、この長文の加筆が『ヴィーン版・神話論』の論者の「註」ではなく、歴とした「本文」であるということである。エルンスト・ベーラー編纂になる『原典批判全集版』は、すでに述べたように、その第二巻収録の一八〇〇年刊行の初出の『アテネーウム版・神話論』を原テクストとして採用し、一八二三年刊行の『自選全集版』（ヴィーン版）収録の『神話論』における修正、削除、加筆等の箇所は「ヴァリアンテ」の名のもとに、原テクストへの「脚註」の地位にまわされている。だがこの『ヴィーン版』脚註方式は、とりわけ目下の両『神話論』対比の観点から見るとき、ベーラーの期待に反して、けっして適切とは言い難い側面を持っている。なぜならこの「脚註」は、註（17）ですでに指摘したようにこの脚註に先立って『ヴィーン版』を明示する「W」印が付されているにもかかわらず、あたかも『アテネーウム版・神話論』へのシュレーゲル自身の「脚註」、しかも『アテネーウム版・神話論』執筆当時の批判的自註であるかのように読まれてしまう危険を孕んでいるからである。先に指摘したエルゼッサーの例がその典型だが、特にこの甚だしく整合性に欠ける『ヴィーン版』の長文の加筆の中から初期シュレーゲルの思想の根幹を成す最も重要な一節、すなわちスピノザの「神秘論」とフィヒテの『知識学』とをそれぞれ「あらゆる神秘主義の普遍的な基礎」、「一切の学問にとっての完成された形式」と見なすというあの一節を、エルゼッサーは『アテネーウム版』からではなく、わざわざ『ヴィーン版』から、それもわざわざ「脚註」からと明記して（KA II, S.316f. Anm. 11.）引用しているのである。

(37) Ebd., S.321f.（Anm.1）/ W., S.274f.

(38) W., S.262f.

(39) KA II,S.318f./ W., S.271f.

(40) Ebd., S.319f.

(41) W., S.272f.

(42) KA II, S.320.（Anm.3）/ W., S.273f.

(43) Ebd., S.325./ W., S.280.

(44) Ebd., S.322./ W., S.278.

(45) Ebd., S,325./ W., S.280.

(46) Ebd., S.325./ W., S.279f.

(47) Ebd., S.327./ W., S.282.

(48) Ebd., S.324./ W., S.278.

(49) Ebd., S.324./ W., S.279.

(50) Ebd., S.324./ W., S.279.

(51) Transcendentalphilosophie. KA XII, S.94.

(52) Geschichte der europäischen Literatur. KA XI, S.10.

(53) KA II, S.326./ W., S.281.

(54) この点についての例証は、補論（四）『ディテュランボス——ニーチェとの類縁性』を参照されたい。

(55) KA II, S.326./ W., S.281f.

(56) Ebd., S.327./ W., S.285.

(57) Propädeutik und Logik. KA XIII, S.361f.

（58） Friedrich Heinrich Jacobi: Über die Lehre des Spinoza, in Briefen an Herrn Moses Mendelssohn, 1785. Werke. in 6 Bdn. Leipzig, 1812ff./Darmstadt, 1968. Bd. IV/1, S.54f.

（59） シェリングは一八〇九年刊行の『人間的自由の本質』（Philosophische Untersuchungen über das Wesen der menschlichen Freiheit.）の中で、彼自身の汎神論的根本思想を、世間に流布している意味での汎神論では断じてないが、それがたとえ「汎神論」ないしは「汎神論的」と呼ばれることを阻止し得ないとしても、敢えてそれを阻止する必要など断じて認めないという強硬姿勢を貫くかたちで展開してゆくのだが、この展開の過程で常に問題となり、場合によっては曲解の対象ともなるだろう「絶対者」の概念について、そうした「最高の諸概念」に対してさえも「明晰な理性的洞察」が可能でなければならないと主張し、「あり得べきいかなる誤謬（本来的に精神的な対象における）を立証する場合にも、理性だけで完全に充分」であり、哲学的体系を判定するに際して「異端審問官づら」はまったく不要である（SW I/7, S.409, 412.）と書くのである。またその三年後の一八一二年にもシェリングは、自分の「絶対的同一性の体系」を「スピノザ主義と同じもの」と見なし、これを「無神論」と位置づけようとしたヤコービの『神的諸事物について』（一八一一年）への論駁の中で、ヤコービが「まるで本職の大異端審問官よろしくの権威を私に対して見せつけようとしているからには」、自分としてもそれなりの「防衛策」を講じなければならないと反撃している。（F.W.J. Schellings Denkmal der Schrift von Göttlichen Dingen des Herrn Friedrich Heinrich Jacobi. SW I/8, S.35.）

（60） Hegel: Vorlesungen über die Geschichte der Philosophie III. Werke. Bd.20, S.165.

（61） Ebd., S.160, 167.

（62） Jacobi: Über die Lehre des Spinoza. Werke. Bd. IV/1, S.51ff.

（63） Goethe: Werke. Hamburg, 1959. Bd.1, S.46.

（64） Schelling: Über das Verhältniß des Realen und Idealen in der Natur oder Entwicklung der ersten Grundsätze der Naturphilosophie an den Principien der Schwere und des Lichts. SW I/2. S.359, 364, 369, 372, 377, 378.

（65） この部分の論脈はこうである。「万物は神のうちに包含されているという理論」がスピノザの「体系全体の根拠」であるというのであれば、「この理論そのものがまずもって生命を吹き込まれ、抽象性から引き離されなくてはならない。そうしてこそ初めてこの理論は何らかの理性体系の原理となり得るからである」と述べた上で、シェリングは「硬直したスピノザ主義」——「自由」を否定し、「意志」さえも他の事物と同様に規定された事象として捉えるスピノザの「決定論的体系」——を、「何よりもまず暖かい愛の息吹によって魂を吹き込まれねばならないピュグマリオンの彫像に、あるいはむしろ「個性的で生き生きとした相貌が現れ出ていること少なければ少ないほど、それだけいっそう神秘的に見える最古の神々の像」に擬している。(SW I/7, S.349.)

(66) Die Entwicklung der Philosophie in zwölf Büchern. KA XII, S. 211.

(67) Novalis: Schriften. Bd.3, S.493.

(68) Schelling: System des transcendentalen Idealismus. SW I/3, S.349, 625, 628, 630.

(69) KA II, S.322./ W., S.276.

(70) Vom Charakter der Protestanten. KA III, S.89.

(71) Galerie von Bildnissen aus Rahel's Umgang und Briefwechsel. Hg. von K.A. Varnhagen von Ense. Erster Teil. Leipzig, 1836. S.226ff. Zitiert aus: Ralph-Rainer Wuthenow, Revolution und Kirche im Denken Friedrich Schlegels. In: Deutscher Katholizismus und Revolution im frühen 19. Jahrhundert. Hg. von Anton Rauscher. München, Paderborn, Wien, 1975. S.13.

第二部　補論

補論（一）　ゲオルク・ジンメルの「生の哲学」との類縁性

(1) Georg Simmel: Lebensanschauung. Gesamtausgabe in 24 Bdn. Hg. von Otthein Rammstedt. Frankfurt, a.M.,1989ff. Bd.16, S,229.

(2) Ebd., S.234.
(3) Ebd., S.228-234.
(4) Transcendentalphilosophie. KA XII, S.39ff.
(5) Ebd., S.54.
(6) Ebd., S.58.
(7) Ebd., S.54.
(8) Die Entwicklung der Philosophie in zwölf Büchern. KA XII, S.446.
(9) Transcendentalphilosophie. KA XII, S.11.
(10) Ebd., S.36.
(11) Ebd., S.77.
(12) Ebd., S.79.
(13) Ebd., S.54.
(14) Ebd., S.75.
(15) Ebd., S.77.
(16) Ebd., S.79.
(17) Ebd., S.36.
(18) Simmel: Der Konflikt der modernen Kultur. Gesamtausgabe, Bd.16. S.183-207.
(19) Simmel: Lebensanschauung. Ebd., S.225.
(20) Simmel: Der Konflikt der modernen Kultur. Ebd., S.183.
(21) Ebd., S.192.
(22) Simmel: Lebensanschauung. Ebd., S.298f.

(23) Ebd., S.306f.

(24) Ebd., S.308.

(25) Transcendentalphilosophie. KA XII, S.41.

(26) Ebd., S.74.

(27) Ebd., S.86.

(28) Simmel: Lebensanschauung. Gesamtausgabe, Bd. 16, S.218-222.

(29) Die Entwicklung der Philosophie. KA XII, S.409.

(30) Transcendentalphilosophie. KA XII, S.74.

(31) Ebd., S.36.

(32) Ebd., S.86.

(33) Josef Körner: Friedrich Schlegel, Neue philosophische Schriften. Frankfurt a.M.,1935. S.114.

(34) Alfred Schlagdenhauffen: Die Grundzüge des Athenaeum. In: Z.f. deutsche Philologie. Berlin, Bielefeld, München, 1970. S.27ff.

アルフレート・シュラークデンハウフェンは、一九三五年のヨーゼフ・ケルナーの言及に先んじて、その前年の一九三四年に発表された『フリードリヒ・シュレーゲルと彼のグループ――《アテネーウム誌》の思想綱領』(Frédéric Schlegel et son Groupe. La Doctrine de L'Athenaeum)において、フリードリヒ・シュレーゲルを「十九世紀において勝利を収めるに到った活力論的理念の第一級の代表者の一人」と位置づけ、「ベルグソンとジンメルの生の哲学の基幹である生命の躍動は、あの『アテネーウム』誌創刊の時期以来のフリードリヒ・シュレーゲルの思想の根幹を成していたものと比べることができるように思われる」と書いて、いちはやくシュレーゲルとこの仏独両思想家との類縁性を指摘しているが、その三十五年後の一九六九年、この「旧稿」をもとに新たに稿を起こし、「当時用いられていた歴史的・発生論的方法がもはや使えなくなっていることは明らかだが、その本質的な部分をより簡潔に書き改めてみるのも無駄ではないだろう」として書き下ろしたのが、前記論考『《アテネーウム》誌の根本特徴』である。旧稿の題名、および改稿に到る経緯については、新稿の脚註による。また、旧稿の訳出箇所は、エルンスト・ベーラーがその全集版第十八巻『哲学的修業時代』（Philosophische Lehrjahre）の解説的序文十八頁の脚註から転用した。ベーラーはこの引用箇所に続けて、シュラークデンハウフェンはこの旧論考において、シュレーゲルとベルグソンとの独特な類縁性を、シュレーゲルの「機知」、「体系の発生論的把握」、「カオスについての特殊な定義」、そしてまた「相互関係」（reciprocité）という視点からも強調していると述べている。

（35）Ebd., S.30f.

（36）Ebd., S.31.

（37）Ebd., S.34.

（38）Ebd., S.27f.

補論（二）　フリードリヒ・シュレーゲルの「エンツィクロペディー」概念をめぐる二篇の論考

（1）Hans-Joachim Heiner: Das Ganzheitsdenken Friedrich Schlegels. Stuttgart, 1971. / Ernst Behler: Friedrich Schlegels Enzyklopädie der literarischen Wissenschaften im Unterschied zu Hegels Enzyklopädie der philosophischen Wissenschaften. Bonn, 1982/Paderborn, München, Wien, Zürich, 1988. S.251ff.

（2）Friedrich Schlegels 》Philosophie der Philologie《. Mit einer Einleitung herausgegeben von Josef Körner（Prag）. In: Logos. Internationale Zeitschrift für Philosophie der Kultur. Mai 1928. Tübingen.

　この遺稿断章集の表題『文献学の哲学』は、フリードリヒ・シュレーゲルが一七九七年八月の終わり頃、『哲学年鑑』の編集者ニートハマーに宛てた手紙の中で、近々『文献学の概念』と題する原稿を送ることができそうだが、それは自分にとって「比較的長い一連の哲学的論考」の開始となるもので、そうした論考が集まって一つの「完璧な文献学の哲学」を形作ることになるだろうと書いていることに由来していると見てよい。ところでケルナーはフリードリヒ・シュレーゲルに代わって初めて世に問うこととなったこの遺稿断章集のために付した序文を、フリードリヒ・シュレーゲルの一連の文献学的模索の歴史的意義を強調することから始めている。

「十九世紀の名誉称号である近代の歴史的・哲学的研究は、ドイツ・ロマン主義の最も価値ある、最も永続的な成果である。精神的なものの一切を掴み取り、精神それ自体の本質と変化と作用とを把握しようとするあの時代の倦むことを知らぬ貪欲さが、最後には精神生活の新しい学問、とりわけ言語（フリードリヒ・シュレーゲルは言語を《人間精神の本質の豊かさのすべてがそこに開示される最も偉大な芸術作品》と呼んでいる）と言語芸術とに関する学問に大いなる利益をもたらした。

ロマン主義の指導者たちは哲学的研究の中から生まれ出たのであり、彼らは哲学的方法を宇宙の認識に適用することによってロマン主義的思考法を創出したのだった。《彼らの世界考察は》と、S・フォン・レンピッキは卓抜な機知をもって言っている、《一種の解釈学である》と。

彼らはしかしかつて哲学的解釈学を認識論と形而上学へと拡張したように、今度は拡張から再び収縮へと向かい、哲学的思弁において獲得した成果を本来の解釈学的案件へと還元したのである。こうして文献学の哲学が要請されたのであって、ロマン主義世代の中でそのために必要とされる両刀遣い的才能を具えていたフリードリヒ・シュレーゲルがここでもまた先頭に立ったのである。」——

（3） Hans-Joachim Heiner: Das Ganzheitsdenken Friedrich Schlegels. S.114, S.4f.

この点でハイナーの論考は、「文献学の哲学」を「哲学的思弁」と「解釈学」との綜合の試みとして捉えるという方向において、ケルナーの示唆に従ったものと言えるだろう。

（4） Ebd., S.4-9.

（5） Die Entwicklung der Philosophie in zwölf Büchern. KA XIII, S.23f.

（6） Heiner: Das Ganzheitsdenken Friedrich Schlegels. S.57-81.

（7）Ebd., S.19f.
（8）Ebd., S.21.
（9）Ebd., S.57.
（10）Behler: KA XI, S.273f.
（11）Behler: Friedrich Schlegels Enzyklopädie der literarischen Wissenschaften im Unterschied zu Hegels Enzyklopädie der philosophischen Wissenschaften. S.251.
（12）Ebd., S.236-240.
（13）Ebd., S.240-251.

補論（三）　楕円の思想、スピノザとフィヒテの綜合、あるいはフィヒテの中のスピノザ

（1）Transcendentalphilosophie. KA XII, S.32.
（2）Ebd., S.5f.
（3）Fichte: Grundlage der gesamten Wissenschaftslehre. Ausgewählte Werke in 6 Bdn. Hg.von Fritz Medicus. Darmstadt, 1962. Bd.1. S.285-317.（Gesamtausgabe I/91-123.）
（4）Spinoza: Ethica. Opera-Werke in 2 Bdn. Hg.von Konrad Blumenstock. Darmstadt, 1967. Bd.2. S.84ff. 邦訳として畠中尚志訳『エチカ』（岩波文庫）第一部を参照した。
（5）Transcedentalphilosophie. KA XII. S.6.
（6）Ebd., S.25.
（7）Ebd., S.7.

(8) Die Entwicklung der Philosophie in zwölf Büchern. KA XII, S.337f.
(9) Ebd., S.133.
(10) Grundlage der gesamten Wissenschaftslehre. Ausg. Werke, Bd.1, S.315. (I/121.)
(11) Ebd., S.294f. (I/100.)
(12) Ebd., S.449. (I/256.)
(13) Ebd., S.351. (I/156.)
(14) Fichte: Erste Einleitung in die Wissenschaftslehre. Ausg. Werke, Bd.3, S.10. (I/426.)
(15) Jakobi: Jacobi an Fichite. Werke in 6 Bdn. Darmstadt, 1968. Bd.Ⅲ, S.12.
(16) Grundlage der gesamten Wissnschaftslehre. Ausg. Werke, Bd.1, S.317. (I/123.)
(17) Ebd., S.467. (1/275.)
(18) Fichte: Darstellung der Wissennschaftslehre. Ausg. Werke, Bd.4, S.89. (II/89.)
(19) Jacobi: Über das Lehre des Spinoza. Werke. in 6 Bdn. Darmstadt, 1968. Bd.Ⅳ/1, S.54.
(20) Herder: Gott, oder Einige Gespräche. SWS, XVI, S.496.
(21) Goethe: Briefe. Hamburg, 1962, Bd.1, S.488. / Werke. Hamburg, 1961, Bd.XI, S.395.
(22) Grundlage der gesamten Wissenschaftslehre. Ausg. Werke, Bd.1, S.483. (I/292.)
(23) Über die Mythologie. KA II, S.315.
(24) Grundlage der gesamten Wissenschaftslehre. Ausg. Werke, Bd.1, S.451. (I/258.)
(25) Ebd., S.472f. (I/280f.)
(26) Ebd., S.486. (I/294.)
(27) Ebd., S.483. (I/291.)
(28) Ebd., S.493f. (I/302.)

（29）Ebd. S.468f.（I/276f.）

（30）Ebd., S.495f.（I/304f.）

（31）Ethica, Opera-Werke, Bd.2, S.87.

（32）Fichte: Zweite Einleitung in die Wissenschaftslehre. Ausg.Werke, Bd.3, S.44.（I/460.）

（33）Transcendentalphilosophie. KA XII, S.17.

（34）Ebd., S.11.

（35）Grundlage der gesamten Wissenschaftslehre. Ausg. Werke, Bd.1, S.473.（I/281.）

（36）Schelling: Philosophische Briefe über Dogmatismus und Criticismus. SWI/1, S.301f.

（37）Schelling: Philosophische Untersuchungen über das Wesen der menschlichen Freiheit. SWI/7, S.356.

（38）Philosophische Briefe über Dogmatismus und Criticismus. SW I/1, S.290.

（39）Rede über die Mythologie. KA II, S.315.

（40）Die Entwicklung der Philosophie in zwölf Büchern. KA XII, S.151.

（41）Jacobi an Fichie. Werke, Bd.Ⅲ, S.3-57.

（42）Friedrich Daniel Ernst Schleiermacher: Über die Religion. Philosophische Bibliothek Bd.563. Hamburg, 2004, S.22-31.

（43）Ebd., S.31.

（44）Ebd., S.71.

（45）この点については、本論第一章『予見的批評』第三節を参照されたい。

（46）Theorie der Entstehung der Welt. Die Entwicklung der Philosophie in zwölf Büchern. KA XII, S.329-480. この点については、本論第六章『法衣のデミウルゴス』第一節を参照されたい。

補論（四）ヘルダーの遺産、見送る者と引き継ぐ者

（1）Herder: Gott, oder Einige Gespräche. SWS XVI. S.456.

（2）Transcendentalphilosophie. KA XII, S.11.

（3）Über das Studium der griechischen Poesie. KA I, S.356.

（4）Rede über Mythologie. KA II, S,214.

（5）Herder: Eine Metakritik zur Kritik der reinen Vernunft. Erster Theil: Verstand und Erfahrung. Zweiter Theil: Vernunft und Sprache. 1799./Kalligone. 1800.

（6）Kalligone. SWS XXII, S.11.

（7）Heinrich Klairmont: Metaphysik ist Metaphysik, Aspekt der Herderschen Kant-Kritik. In: Idealismus und Aufklärung, Stuttgart, 1988. S.179ff.

（8）Rudolf Haym: Herder. Bd.2, S.735.

（9）Kalligone. SWS XXII. S.7.

（10）Ebd., S.4-14.

（11）Eine Metakritik zur Kritik der reinen Vernunft. SWS XXI, S.12.

（12）Brief an J.W.L.Gleim vom 3. Juni 1799. Herders Briefe. Hg.von Wilhelm Dobbek. Weimar, 1959. S.400.

（13）Brief an seinen Sohn August, im Sommer 1800. Ebd., S.409.

（14）Brief an seinen Sohn August, 1800. Ebd., S.410.

（15）Über die Unverständlichkeit. KA II, S.366.

（16）Eine Metakritik zur Kritik der reinen Vernunft. SWS XXI, S.10.

(17) Brief an Jacobi vom 10. Dezember 1798. Herders Briefe, S.389.
(18) Eine Metakritik zur Kritik der reinen Vernunft. SWS XXI, S.171.
(19) Kalligone. SWS XXII, S.280f.
(20) Ebd., S.110.
(21) Ebd., S.163.
(22) Eine Metakritik zur Kritik der reinen Vernunft. SWS XXI, S.42.
(23) Herder: Ideen zur Geschichte der Menschheit. SWS XIII, S.145.
(24) Gott, oder Einige Gespräche. SWS XVI, S.456.
(25) Ebd., S.453.
(26) Ebd., S.451.
(27) Herder: Vom Erkennen und Empfinden der menschlichen Seele. SWS VIII, S.178.
(28) Gott, oder Einige Gespräche. SWS XVI, S.541.
(29) Ebd., S.540.
(30) Ebd., S.539.
(31) Ebd., S.487.
(32) Ebd., S.542.
(33) Ebd., S.540.
(34) Ebd., S.563.
(35) Ebd., S.567.
(36) Ebd., S.570.
(37) Ebd., S.548.

(38) Ebd., S.456.

(39) Propädeutik und Logik. KA XIII, S.263.

(40) Rede über die Mythologie. KA II, S.318.

(41) Transcendentalphilosophie. XII, S.79.

(42) Die Entwicklung der Philosophie in zwölf Büchern. KA XII, S.267.

(43) Ebd., S.270f.

(44) Transcendentalphilosophie. KA XII, S.41.

(45) Die Entwicklung der Philosophie in zwölf Büchern. KA XII, S.340.

(46) Ebd., S.339.

(47) Ebd., S.354.

(48) Ebd., S.408.

(49) Ebd., S.408.

(50) Ebd., S.349.

(51) Ebd., S.418.

(52) Ebd., S.422.

(53) Ebd., S.423.

(54) Fichte: Erste Einleitung in die Wissenschaftslehre. Ausg. Werke, Bd.3, S.6. (I/422.)

(55) Kant: Kritik der praktischen Vernuft. Werke. Bd,4, S.300.

(56) Philosophie des Lebens. KA X, S.4.

(57) Kant: Zum ewigen Frieden. Ein philosophischer Entwurf. Werke. Bd.6, S.206f.

(58) Versuch über den Begriff des Republikanismus. KA VII, S.17.

（59）Transcendentalphilosophie. KA XII, S.49ff., S.71f.
（60）Kalligone. SWS XXII, S. 109f.
（61）Ebd., S. 280f.
（62）A.F.Bernhardi: Verstand und Erfahrung. Eine Metakritik zur Kritik der reinen Vernunft von J.G. Herder. In: drittem Band des Athenaeum, S.268ff.
（63）Kalligone. SWS XXII, S. 93f.
（64）Jacobi: Jacobi an Fichte, Werke Bd. III, S.44.
（65）Brief an seinen Sohn August, 1800. Herders Briefe. S.410.
（66）Gott, order Einige Gespräche. SWS XVI, S.491.
（67）Die Entwicklung der Philosophie in zwölf Büchern. KA XII, S. 337ff.
（68）Vom Erkennen und Empfinden der menschlichen Seele. SWS VIII. S.169f.

補論（五）ディテュランボス、憑依と狂気、ニーチェとの交差

（1）Friedrich Gundolf: Romantiker. Berlin, 1930. S.30.
（2）Ernst Behler: Die Auffassung des Dionysischen durch die Brüder Schlegel und Friedrich Nietzsche. In: Nietzsche-Studien, Bd.12, Berlin, 1983. S.348f.
（3）Vom ästhetischen Werte der griechischen Komödie. KA I, S.19f.（『ヴィーン版』での加筆・修正箇所はすべて「脚註」にまわされている。）
（4）Ebd. S.21.

(5) Ebd., S.23.
(6) Ebd., S.30f.
(7) Ebd., S.22.
(8) Nietzsche: Die Geburt der Tragödie. KSA (Kritische Studienausgabe. München, 1980) I, S.28f., 26.
(9) August Wilhelm Schlegel: Vorlesungen über die dramatischen Künste und Poesie.
(10) Nietzsche: Die Geburt der Tragödie. KSA I, S.28f.
(11) Geschichte der Poesie der Griechen und Römer. KA I, S.403.
(12) Ebd., S.404.
(13) Ebd., S.399.
(14) Ebd., S.399f.
(15) Ebd., S.402f.
(16) Ebd., S.411.
(17) Ebd., S,408ff.
(18) Ebd., S.413.
(19) Ebd., S.412.
(20) Ebd., S.407.
(21) Ebd., S.423.
(22) Ebd., S.409.
(23) Ebd., S.408.
(24) Ebd., S.397.
(25) Ebd., S.424.

(26) Ebd., S.408.
(27) Ebd., S.409.
(28) Nietzsche: Die Geburt der Tragödie. KSA I, S.73.
(29) Ebd., S.64.
(30) KA I, S.298.
(31) KSA I, S.40.

補論（六）「ヘーゲルの鉄槌」をめぐる応酬

(1) Ernst Behler: Hegels Polemiken gegen die Ironie. In: Ironie und literarische Moderne. Hg.von Ernst Behler. Paderborn, München, Wien, Zürich, 1997. S.117.

ベーラーが引用しているヘーゲルに対するオスカル・ヴァルツェルの批判的発言は、概略、以下のような文脈の中でなされている。ヴァルツェルは一九三八年に書かれた論考『方法とは？ フリードリヒ・シュレーゲルにおけるイロニーとゾルガーにおけるイロニー』（Methode? Ironie bei Friedrich Schlegel und bei Solger）において、フリードリヒ・シュレーゲルに対する誤認ないしは誤解の根本要因の一つとして、一八〇八年から翌年にかけて行われたアウグスト・ヴィルヘルム・シュレーゲルのヴィーン公開講義『演劇芸術と文学について』に関するゾルガーの一連の批判的論評をフリードリヒ・シュレーゲルのイロニーそのものに加えられた批判へと「読み替えよう」とした研究者たちの意図的な逸脱を挙げ、ヘーゲルをこのような逸脱の元凶的存在と位置づけ、「ヘーゲルによって初期フリードリヒ・シュレーゲルの哲学的志向についての《まったく誤った観念》が哲学の記述の中に持ち込まれた」とするヴィルヘルム・ディルタイの概嘆を引用する。そしてヘーゲルにおける先の意図的な読み替えの一例としてヴァルツェルは、ヘーゲルが一八二一年刊行の『法哲学の基礎』の脚註の一つでゾルガーのイロニーに言及する際にも、それをフリードリヒ・シュレーゲルのイロニーとの対比においてしか問題にしていない点を指摘し、イロニーの概念を「あの自己自身を最高のものとして自覚する主観性」の高みにまで押し上げてしまったフリードリヒ・シュレーゲルに対して、このようなイロニーの概念規定からは程遠いゾルガーの「より良き感覚」はそこにもっぱら「本来の弁証法的なもの、思弁的考察の脈動という側面」のみを確保しようと努めたのだったとする予断的な捉え方から脱することができなかったがために、ヘーゲルはゾルガーがアウグスト・ヴィルヘルム・シュレーゲルのヴィーン公開講義に関する論評において展開している諸概念についても「完全な整合性」を見出すことができないと書かざるを得なかったのであると結論づける。

次いでヴァルツェルは、これに続く同書本文のある箇所で「付言」としてヘーゲルがカントの『単なる理性の限界内での宗教』において良心に対置されている「単なる思惑の正しさ」を表現する「蓋然論」(Probabilismus)の概念を援用しつつフリードリヒ・シュレーゲルのイロニーを再度槍玉に挙げている一連の論述の跡を追う。ヘーゲルによればこのような「蓋然論」においては一切が「主観」ないしは「主観の確信」に依存しているのだから、いかなる「即自的かつ向自的に正しいもの」も消滅してしまい、これに代わって全権を掌握するのが、「恣意のみが支配するという意識」としての「イロニー」である。本来はフィヒテの哲学に由来するものでありながら、当のフィヒテにあっては実践哲学の原理とはなり得なかったこのような「主観の恣意」という「特殊な自我性」を、フリードリヒ・シュレーゲルは善と美に関して「神」として立てたのであって、その結果、客観的に善なるものはただ「私の確信の形成物」たるにすぎないもの、もっぱら「私」によって拠り所を得るにすぎないもの、その出現も消滅も「主人であり支配者」である「私」の一存に従属するにすぎないものとなり果てる。「かくして」、とヘーゲルは続ける、「私」は「茫漠たる空間の上をさまざまな形態を呼び出したり破壊したりしながら漂うことになる。このような主観性の冠絶した見地は、信仰の真面目さが滅んでしまい、そんなものはただ一切の事物の無価値のうちにしか本質を持たなくなってしまっている高度の教養時代においてのみ成り立つのである」と。このヘーゲルの告発的な論調に対して、ヴァルツェルもまた同様に告発的な口調で応じる。「ヴィルヘルム・ディルタイを引き合いに出すだけで充分だろうか。それともこのような逸脱に対しては私までも論駁を加えねばならないのだろうか。そこで言われていることは、先に私が引用したフリードリヒ・シュレーゲルのイロニーについての諸命題とまったく噛み合っていない。空を斬ったも同然と言いたい。にもかかわらずヘーゲルの言葉の背後に何らかの正当な核心を探りたいと思う人には、ヘーゲルの攻撃はフリードリヒ・シュレーゲルとは別の誰かほかの人々に向けられたものではないのかと考えてみることをお勧めしたい。ヘーゲルはゾルガーのイロニーに対して中途半端に肯定的な態度をとるという失策によって少なからず苦渋を味わう羽目になったと見てよいだろう。」――

次いでヴァルツェルは一八二八年の『ゾルガー書評』におけるヘーゲルのフリードリヒ・シュレーゲル批判の論跡を辿ったあと、以下のような言葉で彼の論考を締め括る。「ヘーゲルという一人の大物が盲目的な憎悪からフリードリヒ・シュレーゲルのロマン主義的イロニーに向かって妄言を吐いたのだ。このことはまたゾルガーのイロニーについてのヘーゲルの論述にも芳しくない影響を及ぼしている。あれ以来こんにちに到るまで、ヘーゲルの誤認は正しい洞察を妨げてきた。正しい洞察が勝利を得るのは、研究が多少なりとも《より方法的》なものとなる時である。」――

因みにヴァルツェルが「先に私が引用したフリードリヒ・シュレーゲルのイロニーについての諸命題」として挙げているのは、「ソクラテスのイロニー」が「伝達の不可能性と不可欠性」に関わる根本問題を内在させている「擬装」の一形態として扱われている『リュツェーウム断章』(LF 108)、イロニーの精神を「超越論的な喜歌劇」という芸術的高揚の孕む二重性のうちに眺めようとした同断章(LF 42)、『アテネーウム』誌所載の論文『ゲーテの《マイスター》について』においてイロニーの本来の姿が問われている箇所、「超越論的文学」ないしは「文学の文学」の概念の導入によってイロニーが「芸術的反省」と「美的自己映像」の問題に組み込まれてゆく『アテネーウム断章』(AF 238)、そして『アテネーウム』誌最終巻所載の論考『難解ということについて』の中で「イロニーの全体系」が例証的に記述されている箇所である。

(2) Behler: S.138.

(3) Ebd., S.140.

(4) Ebd., S.125f.

(5) Ebd., S.129.

（6） Ebd., S.141f.

（7） Ebd., S.143f.

（8） Ebd., S.146.

これら一連の論述の中でベーラーはイェーナ大学講義『超越論的哲学』について、「この講義においてシュレーゲルはもはやフィヒテの立場を代弁していない。彼はすでに一七九七年にこの立場を捨て去っている」と書き、この一文への脚註でこの事実は彼の手紙によって立証できるとし、次のように述べている。「一七九七年一月三十日、それゆえイェーナに到着して五箇月後、シュレーゲルはドレースデンのクリスティアン・ゴットフリート・ケルナー宛の手紙の中で、自分は『知識学』から決定的に手を切りはしたが、しかし人間フィヒテにはますます興味を持つようになっていると書き、また、それに先立つ前年九月三十日付けの同じケルナー宛の手紙でもシュレーゲルはフィヒテの哲学に対する原則的な異論を表明している。」(Ebd., S.143.)

（9） Ebd., S.149.

（10） Ebd., S.115.

（11） Karl Heinz Bohrer: Die Kritik der Romantik. Der Verdacht der Philosophie gegen die literarische Moderne. Frankfurt a.M., 1989. S.7f.

（12） Ebd., S.19.

（13） Ebd., S.139.

（14） Ebd., S.143f.

（15） Ebd., S.145f.

（16） Ebd., S.147f.

（17） Ebd., S.148.

（18） Ebd., S.148f.

(19) Ebd., S.149f.
(20) Ebd., S.150f.
(21) Ebd., S.151f.
(22) Ebd., S.152f.
(23) Ebd., S.153.
(24) Ebe., S.155.
(25) Ebd., S.154.
(26) Ebd., S.155ff.
(27) Ebd., S.143-145. / Ernst Behler: Hegels Polemiken gegen die Ironie, S.119-125.
(28) Bohrer: S.139.
(29) Ebd., S.154.
(30) Behler: S.123f.
(31) Ebd., S.136.
(32) Ebd., S.138.
(33) Bohrer: S.149f.
(34) Ebd., S.9.
(35) Hegel: Solgers nachgel. Schriften und Briefwechsel. Werke, Bd.17, S.212f.
(36) Ebd., S.213f.
(37) Ebd., S.214f
(38) Bohrer: S.155.
(39) Ebd., S.157.

(40) この点については本論第一章『予見的批評』を参照されたい。
(41) Transcendentalphilosophie. KA XII, S.10.
(42) Ebd., S.39.
(43) Bohrer: S.143.
(44) Ebd., S.151.
(45) Ebd., S.25f.
(46) LF 7. この問題については本論第四章『ヘーゲルの鉄槌』第三節を参照されたい。
(47) Bohrer: S.145.
(48) Ebd., S.149.
(49) Ebd., S.301.
(50) Über die Unverständlichkeit. KA II, S.363-372. 詳細は本論第三章『鉄のやすり』第二節を参照されたい。
(51) Bohrer: S.301.
(52) Ebd., S.62.
(53) Abschluß des Lessing-Aufsatzes. KA II, S.409.
(54) Bohrer: S.24.
(55) Ebd., S.14.
(56) Hegel: Vorlesungen über die Ästhetik I. Werke, Bd.13, S.142.
(57) Bohrer: S.154.
(58) Hegel: Solgers nachgel. Schriften und Briefwechsel. Werke, Bd.11, S.267.
(59) Bohrer: S.148f.
(60) 『シュルレアリスム宣言』の冒頭部、引用は巌谷国士訳（岩波文庫）による。なお、シュルレアリスムについては、特に「自動記述」については、同訳書の解説および同訳者の著書『シュルレアリスムとは何か』（筑摩書房）を参考にした。

（61）〔筆者激白〕ボーラーがヘーゲルのフリードリヒ・シュレーゲル批判に対する反証として引用しているフリードリヒ・シュレーゲルのテクストの極端な乏しさについては本文（523頁）ですでに指摘したところだが、これらの引用テクストの出典がエルンスト・ベーラーを編集主幹とする『原典批判全集版』（全三十五巻、うち著作部門二十二巻）ではなく、この『ベーラー全集版』がまだ準備段階にあった一九五六年に刊行され、一九六四年に増補再版されたヴォルフディートリヒ・ラッシュの編纂になる一巻本の選集『フリードリヒ・シュレーゲル批評論集』（Friedrich Schlegel. Kritische Schriften. München.）――これはその後一九七一年に縮刷ポケット版『フリードリヒ・シュレーゲル文学論集』（Friedrich Schlegel. Schriften zur Literatur.）と名を変える――であることも併せ指摘しておかねばならない。ボーラーの『ロマン主義批判』が刊行された一九八九年には、一九五八年に発行が開始された前記『ベーラー全集版』はすでにフリードリヒ・シュレーゲルのほとんどすべての主要作品（膨大な遺稿断章集を含む）を網羅したかたちで世に出ている。にもかかわらずボーラーはこの『ベーラー全集版』には目もくれず、ひたすら全六五〇頁にも満たない一巻本『ラッシュ選集版』――ボーラーは一九七一年版を使用と記しているが、縮小方向を辿っていた『ラッシュ選集版』の新刊が一九六四年の増補版を越えるものでないことは明らかである――に固執する。確かにこの選集版はその基幹を成すフリードリヒ・シュレーゲルの初期の主要作品、すなわち『リュツェーウム断章集』、『アテネーウム断章集』（抜粋）、『イデーエン断章集』、『ギリシャ文学研究論』（抜粋）、それにコンドルセの『人間精神の進歩の歴史的展望の素描』、シラーの『ホーレン』誌、シュライエルマッハーの『宗教論』、ティークの『ドン・キホーテ』の翻訳等についての一連の論評、次いで『ヤコービの《ヴォルデマル》』、『ゲオルク・フォルスター』、『レッシングについて』、『ゲーテの《マイスター》について』、『詩文学についての会話』、『難解ということについて』（以上の作品列挙の順序は『ラッシュ版』による）といった諸作に関してはすべて初出のテクストに基づくヤーコプ・ミーノアの校訂版（Friedrich Schlegel. 1794-1802. Seine prosaischen Jugendschriften. 2 Bde. Wien, 1882.）を底本としており、この点では同じく『ミーノア版』をほとんどそのまま――正書法上ないしは編集上の若干の異同を除き――踏襲している『ベーラー全集版』と些かの違いもない。であれば引用テクストは両版いずれを使用しても同じではないかと開き直られれば話はそれまでだが、しかしロマン主義再評価の一環としてフリードリヒ・シュレーゲルをヘーゲルからカール・シュミットに到る延々一世紀以上にも及ぶ執拗なシュレーゲル・バッシングの歴史的呪縛から解き放とうとする大がかりなプロジェクトの基本資料として採用、援用されるべきフリードリヒ・シュレーゲルのテクストのすべてを、初期には手厚く、一八〇四年刊行のフリードリヒ・シュレーゲル自身の編纂になる三巻本の『レッシング選集』に付された一連のレッシング論、一八〇六年に発表されたゴシック建築を経めぐる書簡体の『旅日記』を除けば、中期、後期にはきわめて手薄な、というのは一八〇八年の『インド人の言語と叡知について』や一八一二年のヴィーン公開講義『古代・近代文学史』からの一摘みの抜粋、それに一八二〇年創刊のフリードリヒ・シュレーゲル最後の機関誌『コンコルディア』所載の短い論評『ラマルィティーヌの宗教詩について』がいわば付録として連なっている程度の『ラッシュ選集版』――編者ラッシュ自身の言葉を借りるなら、「ハンディな一冊」(第二版への後書き)――によって賄おうとする姿勢はいかにも軽いと言わねばならない。しかもボーラーの『ラッシュ選集版』への執着が、この選集版にはフリードリヒ・シュレーゲルの思想形成の中核を成し、かつまたその特質的な表現でもあったと見なければならない『アテネーウム断章集』全四五一篇中の約七割強の三一九篇しか収録されていないことを承知の上でのことだったとすれば、ボーラーの研究姿勢の軽さはまさに別枠的に強調されねばならないだろう。さらに追いすがって言えば、すでに『ベーラー全集版』第十八巻には収録されており、また、いずれは未刊行の同十九巻その他の巻にも収録されることになる遺稿断章集や、ハンス・アイヒナー編の『文学ノート』(Literary Notebooks)がいかに興味をそそる重要資料を提供するものであろうと、それらは「ミーノアの徹底した校訂によって浮き彫りにされている批評家としてのフリードリヒ・シュレーゲル像に決定的な変化をもたらすものではない」というラッシュの言葉(第二版への後書き)は、「われわれの『選集』」に「根強い支持」を表明してくれている一般読者層か、フリードリヒ・シュレーゲルに関心を持ち始めた学生たちに向かってのものと読むべきであって――私事にわたるが、学生時代の筆者にフリードリヒ・シュレーゲルの著作を系統立って読み進む最初のきっかけを与えてくれたのがほかならぬこの『ラッシュ選集版』である――、ラッシュのこの言葉を真に受けて、自分の哲学を「諸断章の体系、諸構想の進展」(PI II-857)と呼んだフリードリヒ・シュレーゲルの思想の森の新たな局面へと誘ってゆくに違いないさまざまな未開の通路を予感させ予測させる前記遺稿断章群のすべてを平然と無視してかかる単純な研究者はまずないだろう。それゆえ初期ロマン主義の思想的胎動の中から後期ロマン主義、キェルケゴール、ニーチェ、ベンヤミンを経て、あるいはボードレールやアポリネールを経てシュルレアリスムへという遠大なパースペクティヴ、すなわち、ほかならぬフリードリヒ・シュレーゲルがフリードリヒ・シュレーゲル自身を越え出てゆく過程のうちにその最初の契機が見出されるはずであるとする見地に立って「近代美学」の「新たなカテゴリー」の歴史的ないしは脱歴史的進展のスカラーとも言うべきパースペクティヴを描き見せること——例えばこの『ロマン主義批判』において、例えば同様の歴史的展望に立って起草されたと見てよいもう一つの野心作『突発性——美的仮象の瞬間に』(Plötzlichkeit. Zum Augenblick des ästhetischen Scheins.1981.) において——を、自己の研究課題の基本路線と捉えていたカール・ハインツ・ボーラーほどの広域的な精神的視界を具えた独創的な研究者が、初期フリードリヒ・シュ1レーゲルの諸作、とりわけその初期諸断章の編集に当たっては『ミーノア版』を一歩も出ようとしない『ラッシュ選集版』、というよりは『ラッシュ抜粋版』一冊で事足れりとし、これらの初期諸断章を押し包み、それらの行間をいわば無調整の思想のカオスによって充満させているその幾層倍とも知れぬ遺稿断章群のすべてを収録している『ベーラー全集版』には一瞥すら与えないというのであれば——実際、ボーラーの『ラッシュ選集版』への偏愛というより偏執は、彼の他の著作、例えば『ロマン派の手紙——美的主観性の成立』(Der romantische Brief. Entstehung der ästhetischen Subjektivität. 1987.) や『告別——悲哀の理論』(Der Abschied. Theorie der Trauer. 1996.) においても頑として貫かれている——、当然、この徹底した無視の理由について明快かつ率直な見解の表明がボーラーに求められて然るべきである。

因みにボーラーが『ロマン主義批判』に登場させている他の詩人、思想家たちの引用テクストの出典、例えばシラー、ハイネ、ヘーゲル、ニーチェのそれは、いずれも五巻本、六巻本、二十巻本、十五巻本の「全集版」ないしは「全著作集版」である。(Friedrich Schiller: Sämtliche Werke [5 Bde.]. Hg. von Gerhard Fricke und Herbert G.Göpfert. München, 1975./ Heinrich Heine: Sämtliche Schriften [6 Bde.]. Hg.von Klaus Briegleb. München, 1971./ G.W.F.Hegel: Werke [20 Bde]. Auf der Grundlage der Werke von 1832-1845 neu edierte Ausgabe. Redaktion Eva Moldenhauer und Karl Markus Michel.

Frankfurt a.M. 1981ff./ Friedrich Nietzsche: Sämtliche Werke. Kritische Studienausgabe [15 Bde]. Hg. von Giorgio Colli und Mazzino Montinari. München, 1980.）——これに対してフリードリヒ・シュレーゲルの引用テクストの出典としてボーラーが座右に用意したのは、重ねて繰り返すが、「ハンディ」な一巻本『ラッシュ選集版』ただ一冊である。

さらに一例を加えておこう。一九八三年に刊行されたボーラー自身の編集による論集『神話とモデルネ』（Mythos und Moderne. Frankfurt a.M.）の一篇として書かれたボーラー自身の論考、『フリードリヒ・シュレーゲルの《神話についての講話》』がそれである。「フリードリヒ・シュレーゲルの《神話についての講話》（一八〇〇年）は、美学を仲介項とした最初の神話論の試みである」という書き出しで始まるこの論考の趣旨を、ボーラー自身の掲げる論題とその論脈に沿って概括すれば、フリードリヒ・シュレーゲルの『神話論』は「古代的なものの再構成」ではなく「神話の文化的機能の理論」とも言うべきものであり、しかも同時にそれはまた「無からの創造である」がゆえに、「その理論的記述それ自体が新しい神話」でなければならず、従ってこの記述の究極の根底を成すカテゴリーは「事実史ないしは文学史の——例えばギリシャ神話等の——すなわち歴史哲学的反省のそれではなく、時期、状況、現在といった主観的に位相づけられた時間カテゴリー」、すなわち「超越論的主観そのもの」であり、従ってまた「新しい神話の理想型」は「純粋な詩学理論」として姿を現すことになるというものだが、このようなフリードリヒ・シュレーゲルの『神話論』に対する新たな方向づけと解釈学的空間策定のためにボーラーが使用しているフリードリヒ・シュレーゲルのテクストは、主題となっている『神話についての講話』以外には数篇の『アテネーウム断章』（『イデーエン』断章を含む）、『難解ということについて』（奇妙なことに、ここからの引用一箇所だけはなぜか『ベーラー全集版』を参照せよと註記されている）、それに『ギリシャ文学研究論』、『共和制の概念についての試論』、『コンドルセ論』からの数行という、ここでもまた『ラッシュ選集版』に収録されたもののみに限られ、例外としてハンス・アイヒナー編の『文学ノート』からの引用が一箇所あるだけである。フリードリヒ・シュレーゲルの『神話論』は「純粋な詩学理論」として扱われるべきであるとする持論を展開するに際して、使い方によってはこの「詩学理論」の更なる展開のためのいわば手つかずの無調整素材の宝庫であるかも知れない『ベーラー全集版』の第十六巻（一九八一年）——前記アイヒナー編の『文学ノート』のすべてを含む——と第十七巻（一九九一年）を構成する膨大な数の遺稿断章群『詩と文学のための断章集』は、ここでもまた見事なまでに無視されている。この初期ロマン主義思想の根幹を成しているフリードリヒ・シュレーゲルの『神話論』への新たな読解視点によってロマン主義概念にこの概念そのものを遙かに越えて伸び広がってゆく可能的活動空間を用意しようとする遠大なプロジェクトとは裏腹に、『ラッシュ選集版』所載の使い勝手のよい幾つかの限られた断章やその他の初期論文の、これまた使い勝手のよい幾つかの限られた言説や命題の引用を唯一の拠り所として自分のまわりに張りめぐらした勝手知ったる狭い既成世界の堡塁の中に息を殺して立て籠もり（としか筆者には思えない）、フリードリヒ・シュレーゲルの解放と再評価を謳い上げながら、フリードリヒ・シュレーゲルに関するテクストの扱いはこの程度で充分であると言わんばかりに旧態依然たる読解水準の枠組みから一歩も出ようとしないカール・ハインツ・ボーラーのまさに見事なまでに、というよりはほとんど絶望的なまでに不可解な研究姿勢は、『ベーラー全集版』に対する妥協し難い編集上の疑義、ないしは何らかの抜き難い個人的反感のごときものを想定することなしには到底理解できるものではない。前者が原因であるならば、くどいようだがそれを明言すべきであり、そしてもし仮にも後者が原因だとするなら、筆者、何をか言わんやである。いずれにせよ、「ヘーゲルは果してフリードリヒ・シュレーゲルを読んだのか、読んだとすれば、どこをどう読んだのかという疑念を隠さなかったボーラー自身にもまったく同じ疑念がつき纏うのではないか」と筆者がフリードリヒ・シュレーゲルをして慨嘆させざるを得なかったゆえんである。

蛇足ながら『ベーラー全集版』の刊行が軌道に乗り始めた一九六〇年代後半以降に書かれたドイツにおけるフリードリヒ・シュレーゲルに関する見るべき論文のすべてはほとんど例外なく、『ミーノア版』を初期作品の定本として含むフリードリヒ・シュレーゲルの既刊・未刊の全著作、および百冊に近い遺稿の「雑記帳」にぎっしりと書き込まれていた「覚え書き」のすべてを含む全断章群を網羅した『ベーラー全集版』を基礎文献として用いている。『ミーノア版』はその画期的な歴史的使命を果たし終えてこれに吸収され、そして一巻本『ラッシュ選集版』はすでにこうした趨勢の中で自然消滅的に不要となって久しい。（なお『ベーラー全集版』成立の経緯については、第一部『本論』終章の『シュレーゲル・コントラ・シュレーゲル』を参照されたい。）

補論（七）　シェリングとの競合、「無底」の深淵を挟んで

（1）Schelling: Philosophische Untersuchungen über das Wesen der menschlichen Freiheit und damit zusammmenhängenden Gegenstände. SW I/7, S.356.

（2）Philosophische Lehrjahre. PL V-1174, KA XVIII, S. 415.

（3）Philosophische Untersuchungen über das Wesen der menschlichen Freiheit. SW I/7. S.395.

（4）いわゆる「イェーナ・ロマン派グループ」の中での友好関係が概してそうだったように、この両人の同士的蜜月もかなり微妙なものだったと見なければならない。それどころかシェリングとフリードリヒ・シュレーゲルとの関係がそもそもの初めから波瀾含みのものだったことは、若い二人の出会い前後のやや緊迫した空気を伝えているフリードリヒ・シュレーゲルとノヴァーリスとの手紙のやり取りからも容易に想像される。シェリングの『自然哲学』がしばしば話題となり、この気鋭の哲学者との出会いが間近かに予感されていた一七九七年、この三歳年下の若者への関心を抑え切れずにいたノヴァーリスが同年六月十四日付けのフリードリヒ・シュレーゲル宛の手紙で、「シェリングは力量において君の好敵手と言えるだろう。彼はたぶん明確さの点で君にまさるかもしれない――だが彼の領域は君に比べていかにも狭い」と書き送ったのに対して、フリードリヒ・シュレーゲルは一週間後の六月二十一日付けの返信で、「いままでのところ残念ながら私はフィヒテには及ばないが、同じくらいの力量の差でシェリングにはたちまさっている」と書き、また、同年十二月二十六日付けの手紙でノヴァーリスがシェリングと知り合えたことの喜びを伝え、「私は彼が非常に気に入った――彼のうちにはほんものの宇宙的傾向が――真の放射力が――すなわちある一点から無限の中へと出てゆくものがある。彼は詩的センスにも恵まれているようだ」と書いているのに対して、フリードリヒ・シュレーゲルは翌一七九八年――この年、彼はドレースデンでシェリングと知り合う――の八月二十日付けのノヴァーリス宛ての手紙の中で、「シェリングについて君に語るほどのことはまだそんなにない。だが彼との会話が私にとって格別おもしろいものになるとは思えない。とはいえ彼に会えたことはよかっ

た」とこともなげに片付け、この同じく三歳年下の「好敵手」に対して油断なく距離を置くことを忘れていない。(Friedrich Schlegel und Novalis. Biographie einer Romantikerfreundschaft in ihren Briefen. Hg.von Max Preitz. Darmstadt, 1957)――このシェリングとの出会いの年、シュレーゲルは兄アウグスト・ヴィルヘルムと『アテネーウム』誌を創刊し、その第一巻第二輯に発表された『断章集』の一つ(AF 105)で、シェリングの哲学を「批判を経た神秘主義」と呼び、その落ち行く先は、アイスキュロスの『プロメテウス』と同様、「底無しの奈落」であると予告するのである。

(5) Schelling: Ideen zu einer Philosophie der Natur als Einleitung in das Studium dieser Wissenschaft. SW I/2, S.12.

(6) Ebd., S.20.

(7) Ebd., S.39.

(8) Ebd., S.55.

(9) Ebd., S.56.

(10) Über das Studium der griechischen Poesie. KA I, S.357f.

(11) Jacobi: Über die Lehre des Spinoza, in Briefen an Herrn Moses Mendelssohn, 1789. Werke in 6 Bdn. Darmstadt, 1968. Bd.IV/1, S.51-56.

一八〇三年十一月四日付けの手紙による報告という体裁で書かれているこの場面での一連の会話は、概略、以下のようなものである。

「七月五日の午後」、ようやく念願かなってレッシングを「初めてわが腕に抱く」機会を得たヤコービは、翌朝、ヤコービの部屋を訪れたレッシングに何か読むものはないかとせがまれて、ゲーテの詩『プロメテウス』を渡し、これを一読したレッシングから、はからずも彼の熱烈なスピノザ讃美の信条吐露に驚かされることとなる。

私:「この詩をご存知でしたか。」

レッシング:「一度も読んだことがありませんでした。しかし良い詩だと思います。」

私:「それなりにね。私もそう思います。でなければあなたにお見せしたりはしなかったでしょう。」

レ：「私の思うところは違います……この詩の依って立つ視点、それは私自身の視点でもあります……神性についての正統的な諸概念は、私にとってはもはや不要です。そういうものには我慢できません。ヘン・カイ・パン！　私が知っているのはこれだけです。この詩の狙いもそこにあります。この詩が大いに気に入ったと、はっきり申し上げておきましょう。」
私：「するとあなたはスピノザにかなり賛同なさっておられるわけですね。」
レ：「私が誰かの名に託して自分を呼ばねばならなくなったら、それ以外の人物を私は知りません。」
私：「スピノザは私にとっても充分に貴重です。ですがわれわれが彼の名のもとに見出すのは何かしら不吉なものです！」
レ：「そうでしょうとも！……まあ……ではなんなりとお好きなように。」——

そしてその翌朝、レッシングが私の部屋に現れて、またヘン・カイ・パンの話がしたいと持ちかけ、きのうは驚かせたようだと言う。不意打ちを食らって、周章狼狽の態でしたと私。まさかレッシングがスピノザ主義者、汎神論者だったとは、まったく想像を越えることでした。しかもそれをのっけから、あけすけに打ち明けられたのですから、これは驚き以上です。私がここにやって来たのも、実を言うと、スピノザにどう立ち向かえばよいかということであなたの助言が欲しかったからなのです。するとあなたはスピノザのことをご存知なわけですねとレッシング。まあ、ごく僅かな人達が知っている程度にですがと私。だとするとあなたに助言などできませんねとレッシング。そしていっそあなたはスピノザの信奉者になったらどうですと勧めたあと、レッシングは、スピノザの哲学のほかにいかなる哲学もないと断言する。それに対してそうかもしれませんがと応じた私が、決定論者がおのれの実効性を発揮しようとすれば、宿命論者たらざるを得ず、その余のことはすべてこの一事からおのずと帰結されるのですと答えると、レッシングは、われわれは分かり合えそうだと応じ、そうなるとますますあなたがスピノザ主義の精神を、と言ってもスピノザの意に沿ったものとしてのそれだが、どう捉えているのか聞きたくなると迫ったので、私は以下のように語った。それは「無からは何も生じない」(a nihilo nihil fit）という古来の命題以外の何ものでもありません。この命題をスピノザは哲学するカバラ主義者たちや彼以前の誰よりも抽象的な諸概念に従って考察し、その結果、このような抽象的な諸概念に従って眺めるとき、無限者のうちでのどんな生起によっても、また、無限者のうちでのどんな変化によっても、無から何かが措定されてしまうのを発見したがために、スピノザは無限者から有限者へのいかなる移行も、そしてまたおよそ一切の超越因（causas transitorias）、副次因（causas secundarias）、あるいは遠因（causas remotas）といったものも拒絶し、流出する唯一者の代わりに内在的な叡知的唯一者（Ensoph）を、すなわち内在的な、永遠に自己のうちにあって移ろわぬ世界原因を措定したわけですが、このような世界原因が、それをそのすべての帰結と併せ考えたとき——「一にして同一なるもの」（Eins und dasselbe）ということになるのだろうと思うのです。」——

(12) Goethe: Dichtung und Wahrheit. Werke. Hamburg, 1959, Bd.X, S.49.
(13) Goethe: Werke. Bd.I, S.46.
(14) KA XXIII, S.248.
(15) Rezension der vier ersten Bände von F.J. Niethammers philosophischem Journal, 1797. KA VIII, S.24.
(16) Schelling: Philosophische Briefe über Dogmatismus und Criticismus. SW I/1, S.284.
(17) Ebd., S.336.
(18) Ebd., S.284.
(19) Ebd., S.290.
(20) Ebd., S.301.
(21) Ebd., S.308-311.
(22) Ebd., S.330f.
(23) Ebd., S.313-316.
(24) Ebd., S.317-320.
(25) Ebd., S.326.
(26) Philosophische Untersuhungen über das Wesen der menschlichen Freiheit. SW I/7, S.350.
(27) Ebd., S.384.

(28) Ebd., S.382.
(29) Ebd., S.350.
(30) Ebd., S.356f.
(31) Rede über die Mythologie. KA II, S.312.
(32) Ebd., S.319.
(33) Ebd., S.314.
(34) Ebd., S.315.
(35) Ebd., S.317.
(36) Ebd., S.321.
(37) Ebd., S.315.
(38) Schelling: System des transcendentalen Idealismus. SW I/3, S.629.
(39) Schelling: Philosophie der Kunst. SW V. S.405f.
(40) Ebd., S.416.
(41) Rede über die Mythologie. KA II, S.319.
(42) Philosophie der Kunst. SW V, S.414.
(43) 例えば一八〇三年から一八〇七年の間に書かれたとされる、次のような覚書が残されている。「A＝Aである。なぜならA＝Aで、A＝Aだからである。A＝A、B＝B、ゆえにA＝Bである。これがシェリングの論理である。」(PL Beil. VIII-58)
(44) シェリングとフリードリヒ・シュレーゲルとの間に表立った論戦が展開されたことはない。シュレーゲルのシェリング論はおおむね好意的であり、名指しの批評のごときものはまずない。シェリングも公然とシュレーゲルに挑んだことはなく、相手の挑発を感じた場合でも、反応は遠慮がちでさえある。あらゆる相違点にもかかわらず、そしてまたフリードリヒの義姉カロリーネ問題をめぐる確執にもかかわらずと付け加えてもよいが、十八世紀末ドイツの思想界に若くして名をなしたこの詩的・哲学的両人格——一八〇〇年刊行の『超越論的観念論の体系』の中で「われわれが自然と呼んでいるものは、神秘な不思議の書物の中に封じ込められた一篇の詩である」と書き、「客観世界はただ根源的な、未だ無意識的な精神の詩である」と書いたシェリングと、同じ一八〇〇年に始まるイェーナ大学講義『超越論的哲学』の中で「観念論は自然を一個の芸術作品とも一篇の詩とも見なす。人間はいわば世界を詩作するのだが、彼はそのことにすぐには気がつかないだけである」と述べたシュレーゲルとが、両者の根源的な類縁性の自覚の中で、絶えず一触即発の危機を孕ませながら、互いに失ってはならぬ相手であることを共に認め合っていたことは間違いない。シュレーゲルが読むことのできなかったフィヒテ宛のシェリングの手紙、シェリングが目にすることのできなかったシュレーゲルの膨大な遺稿断章『哲学的修業時代』は、こうした両者の間の不穏な平和をきわどく証言している。そしてこのきわめて微妙な両者の関係の中心には常にスピノザが見え隠れしている。両者を強く結び付けたのも、激しく離反させたのも、共にスピノザ問題であるとさえ言えるだろう。

(45) Philosophische Untersuhungen über das Wesen der menschlichen Freiheit. SW I/7, S.338.

(46) Über die Sprache und Weisheit der Indier. KA VIII, S.243.

(47) Aus Schleiermacher's Leben in Briefen. Hg.von L. Jonas u.W. Dilthey. Berlin, 1860-63/1974. Bd.III, S.314.

(48) Philosophische Untersuhungen über das Wesen der menschlichen Freiheit. SW I/7, S.348f.

(49) Ebd., S.349f.

(50) Ebd., S.352f.

(51) Die Entwicklung der Philosophie in zwölf Büchern. KA XII, S.446. この項、『本論』第六章『法衣のデミウルゴス』275頁参照

(52) Philosophische Untersuhungen über das Wesen der menschlichen Freiheit. SW I/7, S.390f.

(53) Ebd., S.393f.

(54) Ebd., S.391ff.

（55）　フリードリヒ・シュレーゲルの『超越論的哲学』を引っ提げての登壇を知って急遽旅先からイェーナに駆け戻ったというシェリングは、講義開講四日目の一八〇〇年十月三十一日付けのフィヒテ宛の手紙で、自分がこれ以上旅行を続けられなくなったのは、自分の留守中にフリードリヒ・シュレーゲルが「超越論的学問」を「自分に代わって引き継ぐつもり」になっていると聞き、もしこれを放置すればこの学問の「揺るぎなく基礎づけられた土台」は破壊され、「真の学問的精神」に代わってシュレーゲル一派の「詩的・哲学的ディレッタンティズム」が学生たちの間にまで「感染」してゆくのを許すという結果を招き、とてものことに拱手傍観しているわけにはゆかなくなったからだと書いたあと、次のように続ける。「フリードリヒ・シュレーゲルは私が帰る前に、しかも内密にかなりの数の予約聴講者を募っていました。しかし私が行った四回の講義によって彼はすでに打倒され、とうに葬り去られています。これは言ってみれば自業自得でもあります。ほかならぬここでもまた彼は自分の殻から抜け出せず、文字通りの世迷い言を述べ立てたのですから。当代の人々の中ではあなただけが綜合的方法を体得しているというかつての〔彼〕の言葉もいまでは、綜合的方法はこれまでほとんど試みられたことがなく、それを完全に達成できるのは自分〔フリードリヒ・シュレーゲル〕以外にはないという言葉に取って代わりました。――しかしその同じ文脈で彼はこうも明言しているのです、体系を望むことは無意味であると。」(Fichte-Schelling, Briefwechsel. Einleitung von Walter Schulz. Frankfurt a.M. 1968.)

何よりもまず、「私が行った四回の講義によって彼はすでに打倒され、とうに葬り去られています」とシェリングがこの手紙で断言しているような「四回の講義」なるものは、現在に到っても確認されておらず、また、「綜合的方法」による「超越論的哲学」の体系的構築を達成できるのは自分ただ一人だと豪語しながら、その同じ文脈で「体系を望むことは無意味である」と平然と言ってのけるフリードリヒ・シュレーゲルのいわば二枚舌的論理を難詰するシェリングのこの手紙での発言を誘発するような箇所は、文字通りのかたちではフリードリヒ・シュレーゲルの講義のどこにも見当たらないことから、シェリングが果してこのフリードリヒ・シュレーゲルのイェーナ大学講義に出席していたのかという疑惑は打ち消し難く残り、その資料的信憑性を著しく減殺することは否めない。しかしこれを、シェリングの眼には明らかに同じ年の三月に刊行された自著『超越論的観念論の体系』の向こうを張っての大学デビューによって突如哲学の聖域に闖入してきたとしか映らなかったに違いない旧知の門外漢——とはいえこの時期すでに数々の古典文献学的論考や多方面にわたる文学的・哲学的・歴史的・政治的諸論評、機関誌『アテネーウム』の創刊、そして大いに世を騒がせたロマーン『ルツィンデ』等々によって著述家としての地歩を固めつつあった新進気鋭の門外漢——へのライヴァル意識の激発と見るならば、この手紙には、一人一人が一匹狼的な自負と野心に燃え立っていた当時のイェーナの「猛り立つ若者たち」、「気の触れたユピテルたち」（ヘルダー『カリゴーネ』）が醸し出す強烈な精神の息吹と体臭とを感じさせるという意味での状況証拠的価値は充分あると言えるだろう。

(56) Transcendentalphilosophie. KA XII, S.105.

フリードリヒ・シュレーゲルにおいても「魔術」の概念は、イェーナ大学講義『超越論的哲学』を締め括る最終命題が示しているように、「悪しき原理」と結びついた否定的概念ではない。このことは同講義の前後に書かれた幾つかの断章によっても明らかである。「真の魔術は、神性へと向かう想像力をもって行う実験である。」(PL V-131) ——「魔術とは、すなわち諸精神の王国における神的なものの技法である。」(PLV-259) ——「すべての形而上学は神智学をもって終わる（アリストテレスとプラトン）。ここでの最終命題は——実在論である。芸術論における第一命題は観念論化された実在論——最終命題は、魔術において再度実在論化された観念論である。(PLV-680) ——「魔術は絶対的観念論であり、神智学は絶対的実在論である。」(PL V-794) ——「哲学の傾向は絶対的実在論への志向である。観念論は絶対的実在論であり、これが観念論のための最良の呼び名である。」(PLV-1174) ——シュレーゲルはこれらの断章によって「絶対的観念論」としての「魔術」を「絶対的実在論」としての「神智学」から区別しながらも、「哲学の傾向は絶対的実在論を志向する」という大前提に基づいて、「魔術」をこの最終的な「絶対的実在論」の中に組み入れ、こうして「神智学」と一体化した「絶対的実在論的観念論」としての「魔術」のうちに彼の哲学（スピノザの実在論とフィヒテの観念論との綜合）の最終的帰結を見ようとするのである。——このような「神的な魔術」に通じる概念である「神智学」について、シュレーゲルは前記のイェーナ大学講義において、「実在性を自己のうちで合一しているようなある絶対的叡知」を想定する観念論との同質性に言及しているが、この講義の前後に書かれた断章の中には、この神の直接知とその法悦を説く神秘主義思想への積極的な共感が表明されているものも少なくない。「絶対的客観とは、同時に再び主観でもあるような客観、すなわち神のみである。神智学はそれゆえ絶対的哲学である。」（PL III-561）――「観念論の帰着するところ無であるということは、観念論が根本において神智学であるという命題と同義である。すべての哲学はネガティヴな神智学であり、これに対して詩文学はポジティヴな神智学であると言えるかもしれない。」（PL V-468）――「最高のポテンツにおける真の直観が神智学である」（PL V-765）――「自己を神智学にまで高めた物理学者と数学者だけが哲学者と見なされ得るのではないだろうか。」（PL VI-96）――そして四年後のパリ・ケルン私講義の時期になると、この時期のいつ頃のものかは特定できない断章の一つで、シュレーゲルは「最高の観念論には神智学以上に相応しい名称はない」（PL Beil.VIII-75）と断定するまでになるのである。因みにシェリングに関しては、例えば、「すでにまったく哲学の限界の外にあるシェリングの観念論=実在論は、調和の秘儀、諸理念の魔術と関わっている」（PL IV-1335）という断章が残されているが、これは、「真の善」は「ある神的な魔術（eine göttliche Magie）」によってのみ実現されるという秘儀的命題をその宗教的・道徳的実践の根底に据えている『自由論』の本質的性格を的確に言い当てたものと言えるだろう。

（57）Philosophische Untersuhungen über das Wesen der menschlichen Freiheit. SW I/7, S.409f.

（58）Vorlesungen über die deutsche Wissenschaft und Literatur von Adam Müller. In: Rezensionen in den Heidelbergischen Jahrbüchern（1808）. KA III, S.156.

（59）Philosophische Untersuhungen über das Wesen der menschlichen Freiheit. SW I/7, S.409f.

（60）Ebd., S.412.

（61）Ebd., S.416.

（62）Vom Charakter der Protestanten. KA III, S.89.

（63）Jacobi: Jacobi an Fichte, Werke, Bd.III, S.12.

（64）Transcendentalphilosophie. KA XII, S.26.

（65）Die Entwicklung der Philosophie in zwölf Büchern. KA XII, S.429ff.

(66) Ebd., KA XIII, S.62.
(67) Propädeutik und Logik. KA XIII, S.359.
(68) Ebd., S.362.
(69) Schelling: Darstellung meines Systems der Philosophie. SW I/4, S.114-125.
(70) Schelling: Zusatz zur Einleitung. SW I/2, S.62.
(71) Ebd., S.66.
(72) Ebd., S.68.
(73) Ebd., S.73.
(74) Schelling: Über das Verhältniß des Realen und Idealen in der Natur. SW I/2, S.364.
(75) Ebd., S.369.
(76) Ebd., S.372.
(77) Ebd., S.359.
(78) Ebd., S.361.
(79) Schelling: Ideen zu einer Philosophie der Natur als Einleitung in das Studium dieser Wissenschaft. SW I/2, S.55.
(80) Über das Verhältniß des Realen und Idealen in der Natur. SW I/2, S.362.
(81) Ebd., S.374.
(82) Ebd., S.377.
(83) Ebd., S.378.
(84) Philosophische Untersuhungen über das Wesen der menschlichen Freiheit. SW I/7, S.356f.
(85) Ebd., S.357.
(86) Ebd., S.356.

(87) Ebd., S.357.
(88) Ebd., S.372.
(89) Ebd., S.373.
(90) Ebd., S.386.
(91) Über das Verhältniß des Realen und Idealen in der Natur. SW I/2, S.375.
(92) Philosophische Untersuhungen über das Wesen der menschlichen Freiheit. SW I/7, S.357.
(93) Ebd., S.357ff.
(94) Ebd., S.411.
(95) Ebd., S.358.
(96) Ebd., S.359.
(97) Ebd., S.406ff.
(98) Philosophische Briefe über Dogmatismus und Criticismus. SW I/1, S.301f.

どこに住んでも、そこを異邦と感じてしまう人間がいる。どこにも落ちつける場所がなく、常に脱出への願望に苛まれる。彼はこの願望を「無限なるものへの憧憬」と呼び、この身を焦がす憧憬を、イロニーに託して「自己創造と自己破壊との絶え間のない交替」（AF 51）と言い表し、例えばこんなふうに書く。

「［……］だが時にはこの領域の中へ、時にはこれとはまるで別世界のように異なるある領域の中へと、思いのままに身を移すこと、しかも単に悟性や想像力のみによってではなく、全霊をもってそこへ身を移すこと、時には自己の本質のこの部分を、時にはあの部分を自由に断念して、ある別の部分に自己を完全に限定すること、ある時にはこの個体の中に、ある時には別の個体の中に自己の一にして全なるものを求め、かつ見出して、他のすべての個体を意図的に忘れ去ること、このようなことができるのは、いわば幾多の精神を、そしてもろもろの人格の全体系を自己の内部に含んでいるような精神だけである。そしてこのような精神の内部では、いわば一つ一つのモナドの中で胚胎しているはずのあの宇宙がすでに成長し、成熟しているのである。」（AF 121）

あるいはこんなふうにも書く。

「普遍性とは一切の形式、一切の素材の相互飽和である。これが調和に達するのはただ文学と哲学との結合によってのみ可能である。孤立した文学や哲学の作品は、たとえどれほど普遍性と完全性を具えていても、究極の綜合を欠いているように思われる。それは調和という目標に密着しながらも結局未完成に終るのである。普遍的精神の生命は内面的革命の切れ目のない鎖である。一切の個体、すなわち根源的にして永遠の個体がこの精神のうちに生きている。この精神は真の多神論者であり、オリュンポス全体をわが身のうちに含んでいる。」(AF 451)

そしてこんなふうにも書く。

「真に自由で教養ある人間は、随時、哲学的にであれ文献学的にであれ、批評的にであれ文学的にであれ、歴史的にであれ修辞学的にであれ、古代的にであれ近代的にであれ、あたかも楽器を調律するように、いつでも、またどんな音程にでも、心の赴くままに自分自身を調律することができなければならないだろう。」(LF 55)

あるいはまた、

「真に教養ある人間は一人のおとなであると同時に一人のこどもでもなければならない」(PL II-822) とも。

こういう一向に腰の定まらない、それでいて無闇に饒舌で小難しい哲学用語、というよりは独りよがりの詩的・哲学的混成語を振り回して悦に入っている(としか思えない)、欲張りで、この世の、いやこの宇宙の一切合切を独り占めにしないとおさまらない、そのくせそれが自分の能力に余ると知れば、今度はそうした自分の無力を得意の「イロニー」を持ち出して、欲求の必然性と実現の不可能性との永遠の乖離などと尤もらしく言い繕う術にも習熟し、しかもそれを鼻にかけている(としか思えない)人間を、堅実を旨とする世間は、「結局はものにならない男」、「ものの役には立たない男」と呼ぶ。絶え間なく足を踏み外してゆく(かに見える、あるいはそう見せたがるとしか思えない)この種の無責任な虻蜂取らずの人生を忌み嫌うのが世間という名の法廷だからである。一七九八年刊行の『アテネーウム』誌第一巻第二輯に発表されたフリードリヒ・シュレーゲルの「断章集」の「小賢しく、断定的で辛辣、かつ一面的な筆法」に「肉体的な苦痛を覚える」とまで書いたフリードリヒ・シラー(一七九八年七月二十三日付けのゲーテ宛の手紙）と、この種の「短い言葉」に嫌悪と侮蔑もあらわに「精神」のかけら一つない「空疎な形式」というレッテルを貼りつけたゲオルク・ヴィルヘルム・フリードリヒ・ヘーゲル（一八〇二年の『哲学的批評一般の本質、別してこの批評と哲学の現状との関係について』）は、この世間という俗世の法廷の反感と拒絶反応を、高貴にして偉大であるべき文学と哲学の両領域の高みから声高に代弁している。

ばかりではない。このフリードリヒ・シュレーゲル嫌悪と忌避、蔑視と排除の法廷は、「哲学はイロニーの本来の故郷である」（LF 42）とか「イロニーはパラドックスの形式である」（LF 48）などといった、いかにも気の利いたふうな「短い言葉」を振りかざして哲学の領域の中へ踏み込んできた一介の文士の聖域侵犯の冒涜行為に対するヘーゲルの「告発」が、そのほぼ一世紀後の一九一九年に現れたカール・シュミットの『政治的ロマン主義』において最終判決を言い渡されて結審を見るに到るまでドイツ文学史・思想史記述の基層の一つとして生き続けてきたのである。結審とはすなわち、ヘーゲルがフリードリヒ・シュレーゲルをフィヒテ流の「自我の絶対的主観性」の出口無しの魔圏の中で「自己創造と自己破壊との絶え間のない交替」という「イロニー」の無限運動の無限遊戯にうつつを抜かして「実体的なもの」、「即自的かつ向自的に真実であるもの」を何一つ生み出すことなく疲弊してゆく精神的自閉症患者として描いて見せた（『美学講義』）とすれば、この論法をそのまま引継いで、ヘーゲル言うところの自閉的体質をロマン主義一般に共通する「機会原因論的精神構造」という新たな鋳型の中へ溶かし込み、この特異な視点から、マルブランシュの学説の本来の意味においては「神」が占めるべきはずの最高の座を「歪曲されたフィヒテ」の名において簒奪した「ロマン主義的自我」の絶対的主観性をもって宇宙の詩的・哲学的創造の主体、少なくともその創造の唯一の契機であると確信、あるいは勘違いしたまま、この疑似生産的主観性の幻想に浸りつつ何一つ「実質的なもの」を作り出すことも、いや、それに触れることさえできずに終わった「哀れむべき市民階級の文筆家」、しかもその身は安全な「警察国家」の城壁の内側に置きながら「遠く隔たった」対岸の革命の嵐に奮い立つ自分自身に感動し、フランス革命をゲーテの『ヴィルヘルム・マイスター』とフィヒテの『知識学』と並べて「当代の最大の傾向」などと書き立てながら、実際は、彼がかくも自画自賛するところの「革命」の帰結が「一冊の雑誌」(『アテネーウム誌』)の刊行でしかなかったということの自覚すら持たなかった甘ったれの、権力筋から大目に見てもらえていたからこその革命論者でしかなかった軟弱文士フリードリヒ・シュレーゲルの正体を暴き、嘲罵と共に世の晒し者にするという意味での結審である。

ばかりではない。カール・シュミットのこの激越にして過酷なロマン主義批判の記念碑的論争書は、一九一九年の初版以来、一九二五年の増補版、一九六八年の決定版を経て一九八二年の第四版刊行へと版を重ねながら読み継がれてゆく。その間、一九二〇年には、ヴァルター・ベンヤミンの学位論文『ドイツ・ロマン主義における芸術批評の概念』が刊行され、次いで一九二八年には、『ロゴス』誌上にヨーゼフ・ケルナー校訂によるフリードリヒ・シュレーゲルの遺稿断章集『文献学の哲学』が発表され、さらにその四年後の一九三二年には、「われわれはフリードリヒ・シュレーゲルに返済しなければならない多くの負債を抱えている」という贖罪的告白と共に、この不当に誤解され続けてきたロマン派の思想家の「総合的な記述と新たな評価」への提言を含むエルンスト・ローベルト・クルツィウスの『フリードリヒ・シュレーゲルとフランス』が書かれ、そのまた三年後の一九三五年には、ヨーゼフ・ケルナーによってある古書店のカタログ中に偶然発見されたフリードリヒ・シュレーゲルの幻のイェーナ大学講義『超越論的哲学』が、これに他の数篇の哲学論文と遺稿断章集を加えた『フリードリヒ・シュレーゲル新哲学論集』として刊行され、こうしてフリードリヒ・シュレーゲルへの関心の埋もれ火が徐々に掻き起こされてゆき、やがてこれらの努力の成果は第二次世界大戦後の一九五八年に開始されるエルンスト・ベーラーを主任編集者とする『フリードリヒ・シュレーゲル原典批判全集』の刊行となって結実して、フリードリヒ・シュレーゲル研究にまったく新たな局面と潮流とを作り出し、その赴くところ、一時は「フリードリヒ・シュレーゲル・ルネサンス」が喧伝されるほどの市場の賑わいを見せるに到っていたにもかかわらずである。

これがフリードリヒ・シュレーゲルの現実、その生前、死後、現在に到るまで、いや、現在に到ってもなお執拗に追いすがって離れようとしないフリードリヒ・シュレーゲルの永遠の現実であり、それゆえまたフリードリヒ・シュレーゲル読解をその根底において同様に執拗に規定し続けてゆくに違いない永遠の現実である。カール・シュミットの『政治的ロマン主義』は、ヘーゲルの憤懣と怒りの告発をより洗練された文体、より断固たる論調の中で増幅させながら継承しつついまなお生きている。筆者の見る限り、無傷で生きている。無傷で生きているのは、筆者の知る限り、フリードリヒ・シュレーゲルのためにこの強烈な論客の攻撃に真っ向勝負を挑んだ研究者が皆無だからである。ヴィルヘルム・ディルタイやオスカル・ヴァルツェルらの批判を後ろ盾に、そしてヴァルター・ベンヤミンの読解を導きの星としながら、その『ロマン主義批判』（一九八九年）によって公然と反ヘーゲル的・反カール・シュミット的ロマン主義擁護論を打ち出したカール・ハインツ・ボーラーでさえ、同書の『カール・シュミット』の章を、「権威主義的な、次いでファッシズム的な国家体制を築くためにその鋭利な洞察力を駆使してきたドイツの思想家が、この企図をロマン主義に対する戦術的意図に基づく攻撃によって開始していることは、やがて支配的となってゆく研究の動向によってロマン主義がその反動的ないしは非合理主義的精神性という意味において要請されるようになるとはいえ、理性の特別なイロニーである」という、カール・シュミットの前歴への一太刀をもって開始している割りには、全体の論調は婉曲かつ当世学者風に手堅く及び腰で、カール・シュミットの荒々しい論陣の中へ一気に踏み込んでゆく胆力にも迫力にも欠けている。

カール・シュミットの『政治的ロマン主義』はいまなお論駁されていない。なぜか。論駁することができないからである。なぜ論駁することができないのか。論駁することができないからである。この循環――その的確無比な鉄壁の論理と、「ロマン主義は、とりわけフリードリヒ・シュレーゲルは鼻持ちならない!」という一切の論証を越え、それゆえ一切の論駁を寄せつけない論者自身の徹底的に個人的な「世界観感情」の絶対的な正当性への確信とが一体化するところに成立する特権的な循環――これが他に懸絶したカール・シュミットの強さである。かくしてフリードリヒ・シュレーゲルの全人格の上に理不尽かつ容赦なく振り下ろされるカール・シュミットの鉄槌は、これを例えば「詩学的視点」ないしは「美的カテゴリー」の欠落に起因する誤認ないしは誤解によるものとして論駁するボーラーの反撃(『ロマン主義批判』)の次元を遙かに越えて圧倒的であり、しかも敢えて論駁を続けようとすれば、論駁者自身を滑稽な立場に追い込まずにはおかない詐略に満ちている。例えばフリードリヒ・シュレーゲルのイロニーを、フリードリヒ・シュレーゲルの言葉通りに「神聖な真面目さ」であると一途に信じている(としか思えない)ボーラーの生真面目な反論(同書)に対しては、カール・シュミット操るところの全方位適用可能な反撃装置、あの逆転と逆ねじの罠が至る所に仕掛けられている新・「機会原因論」のからくりによって、当のフリードリヒ・シュレーゲル自身から笑い飛ばされるという結末が怠りなく用意されているはずである。

この詐略から逃れる道はただ一つしかない。それはカール・シュミットによって完膚無きまでに叩きのめされたフリードリヒ・シュレーゲルの一切合切を、むろんカール・シュミット流に改造された「機会原因論」という天才的な装置もろとも、そっくり貰い受けることである。そうすれば第一級のイロニーの精通者であるカール・シュミット――そうでなければ『政治的ロマン主義』のような痛烈な反語的論法に満ちた逸品が書けるはずがない――の有無を言わさぬ攻撃に必ずや強烈な親近感を抱いたに違いなく、その舌鋒の餌食となることにむしろ爽快な愉悦をすら覚えたに違いない（と筆者はこの論争書を読むたびに想像の翼を羽ばたかせたものだが）フリードリヒ・シュレーゲルは、自分を取り押さえるべく考案された新・「機会原因論」という名の万能のプロテウス捕獲装置への心底からのオマージュとして、冒頭の引用断章の一つ――「真に自由で教養ある人間は、随時、哲学的にであれ文献学的にであれ、批評的にであれ文学的にであれ、歴史的にであれ修辞学的にであれ、古代的にであれ近代的にであれ、あたかも楽器を調律するように、いつでも、またどんな音程にでも、心の赴くままに自分自身を調律することができなければならないだろう」――を繰り返したあと、このいわばフリードリヒ・シュレーゲル自身の「機会原因論」パロディーをこう締め括ったかも知れない、「それゆえ真に自由で教養ある人間は、時にはヘーゲルの激怒の旋法にも、時にはカール・シュミットの嘲罵の旋法にも随時、心の赴くままに自分自身を調律することができなければならないだろう」と。

時に応じてフリードリヒ・シュレーゲルを自作自演し――なぜならそこには徹頭徹尾フリードリヒ・シュレーゲルに扮したカール・シュミットしかいないからである――、かつまた平然とそれを叩き潰して見せるほどにロマン主義的身振りとイロニーとに精通していながら、そういう自分の身振りを断固として拒否して見せる技をも身につけていたカール・シュミットの比類ない二枚腰的論法とその圧倒的な魅力、これが筆者のフリードリヒ・シュレーゲル読解の原点の一つ、まさに名状し難い原点の一つであることを、この場を借りて――というのは本論集の『本論』第四章の『ヘーゲルの鉄槌』および『補論』（六）の『「ヘーゲルの鉄槌」をめぐる応酬』では本来触れるべくして触れる機会を得ず、あるいはそのごく片鱗に触れるに留めざるを得なかったカール・シュミットのためにこの『結語』を借りてという意味だが――告白しておかねばならない。そしてやや図に乗って筆者の乏しい想像力をさらに羽ばたかせるなら、「わが生涯の師表」と仰ぐレッシングの「イロニー」のうちに真の論争精神の発露を見、「すぐに手放すくらいなら軽々しく武器を執るな」という教訓をそこから学び取ったと書く（『プロテスタントの性格について』）フリードリヒ・シュレーゲルにとって真の天敵と呼び得る相手は、生前にはヘーゲル、死後にはカール・シュミットだけだったのではないのかという想定——そう考える以外に一介の「法螺吹き」（ヘーゲル）、一介の「プチブル文士」（カール・シュミット）に対する両思想家の幾世代を跨ぐあまりに執拗かつ根深い嫌悪と憎悪の連携を説明することはできない——は、あらゆるフリードリヒ・シュレーゲル擁護論の正当性と妥当性とを遙かに凌ぐ説得力をもって筆者を限りなく楽しませる。ただ筆者が遺憾とする点は、ヘーゲルもカール・シュミットもまるで申し合わせたようにフリードリヒ・シュレーゲルのどの「レッシング論」の前にも足を止めた形跡がないということである。

ところでこれとは別に、と言うのはヘーゲル＝カール・シュミット流の有無を言わさぬ鉄槌の乱打とは別に、個人的な好悪を離れたより公正かつ客観的なフリードリヒ・シュレーゲル評価を意図するものだっただけに、心ならずも一層強固な、そして同様に論駁し難い鉄槌ならぬ鉄の鋳型を用意してしまったのがニコライ・ハルトマンである。フリードリヒ・シュレーゲルの死後一世紀になろうとする一九二三年、すでにロマン主義に対してもフリードリヒ・シュレーゲル個人に対しても直接的な同世代的反感や偏見から抜け出していたと見られるこの思想家は、過去を振返って眺め渡す者の寛容と余裕とをもって次のように書いている。「彼は精神的なものの他の一切の形式に対する芸術の絶対的優位を主張する点で典型的なロマン主義者である。しかしさればといって彼は生来の芸術家ではない。芸術家であるには彼のうちなる哲学的反省があまりに強すぎる。哲学的反省は芸術家に対して解体的、破壊的に作用する。文学と哲学とのまったき統一が生の目標として彼の眼前に漂っている。しかしそれを実現する能力は彼には与えられていない。彼は偉大な芸術作品も厳密な学説も生み出さなかった。」

『哲学の歴史』第八巻として刊行された『ドイツ観念論の哲学』第一部の『カント』、『フィヒテ』、『シェリング』

の章に続く『ロマン主義者たちの哲学』の第三節においてニコライ・ハルトマンがフリードリヒ・シュレーゲルの特質に与えた右の総括は、ただ一箇所を除けば、これ以上簡潔かつ的確にフリードリヒ・シュレーゲルの全本質を描き得た言葉はないと言えるだろう。その一箇所とは、フリードリヒ・シュレーゲルが「偉大な芸術作品も厳密な学説も生み出さなかった」という一節であり、これをハルトマンは「芸術と哲学とが渾然一体となっている作品を生み出さなかった」と修正し、その上でそのような哲学と一体化した芸術作品や芸術と一体化した哲学体系、あるいは哲学体系がそのまま一個の芸術を構成しているような作品を生み出す能力を与えられている人間が果して存在するだろうかと付言すべきだったということである。むろんハルトマンはこの批判的論述に続いて、フリードリヒ・シュレーゲルが彼自身の根源的欲求を充足させる独特の表現形式を見出していること、その特筆すべき実例として一七九七年の『リュツェーウム断章集』、一八〇〇年の『アテネーウム断章集』や『イデーエン断章集』、そして一八〇一年の論集『特性描写と批評』を挙げることを忘れてはいない。

だがハルトマンの総括は、彼が「偉大な芸術作品」か「厳密な学説」かのいずれにしか存在価値を認めない、あるいは認めたがらない、あるいは認めると困る世界の代弁者として発言していることを抗い難く示している。そしてこのハルトマンの見地は、彼の発言から一世紀に近い年月を経た現在――従来の領域概念そのものが端的に一個の疑問符であると主張されるまでになっている現在においてすらも、現役の芸術家や思想家、詩人、作家たちの舞台裏の修羅場を一歩離れれば、哲学と文学、学術と芸術という不輸不入の領域分断、領域固執の現状にさしたる変化は見られない。依然として遮断機は常に下りる用意を怠っていない。何といっても哲学研究者と文学研究者、その他の各種学術研究者、各種芸術研究者がそれぞれ自分の持ち場を守りつつ、あるいは全うしていると信じつつ生活しており、またそうした人々の分業的活動に沿って各種機関――大学、各種研究会、図書館、出版社等々――が、現在の文化的・

社会的液状化状況への自覚の深浅には関わりなく、業務分担しつつ機能しているのがこの世界の実相である。領域混淆の理想型は、領域あってこそのそれである。国境あってこその国際交流である。パスポートは常に携帯することが要求される。国境の流動的状況、混淆状態も、たちまち専門領域化されて「学際」という領域概念に特殊化されて固定する。固定するとは、そこにその筋の「専門家」を名乗る学者・研究者たちが犇き集まって一種の疑似独立国家を形成するということである。哲学体系の構造的瓦解、小説概念の破綻などといった題目が喧しく議論されていてもたかが知れている。研究者と称する人々にとって前者の問題は依然として哲学領域内での、後者の問題は依然として文学領域内での、あるいは両者に跨がる新興領域としての学際領域内での専権事項であることに変わりはなく、出版業者も一般読者層もまたそうでなくては困るという仕組みに変わりはない。こうした内実の変化ないしは崩れに追いつかない、あるいは追いつくことに及び腰の旧態依然たる社会の仕組みの中で、いや、そうした永劫不変の現実の中で、誰かがフリードリヒ・シュレーゲルに代わって、「哲学と詩文学が切り離されている限りでは、なされ得ることはすべてなされ、完成されている。ゆえにいまや両者を合一すべき時である」（ID 108）と唱え、このような芸術的（文学的）創造と哲学的創造の根源的同一性の深い予感に満たされつつ、両世界の境界の消滅と共に顕現するであろうところの根源的創造の、芸術であると同時に哲学でもあり、それゆえもはやそのいずれでもないもの、それゆえまさしく名状し難いもの、捉え難いものとしての「何ものか」を求め続け、このような「神的文学の頂は、宇宙の描写でもなくてはならない。この描写はしかしもはや文学でも哲学でもなく、両者二つながらのものである」（PL IV-219）と書き、「私が本当に生きるとき、私にとってどんな対象も世界へと広がってゆき、そしてこのあらゆる対象中の対象が私にとって世界そのものとなる。この世界、あの世界ではなく、真に全的な世界となるのである」（PL IV-292）と主張してみても、それはどちらの問題か、哲学で扱われるべき問題か、それとも文学に相応しい問題かと、戸惑った反応が返ってくるのは眼に見えている。そこで「普遍性とは一切の形式、一切の素材の相互飽和である。これが調和に達するのはただ文学と哲学との結合によってのみ可能である。孤立した文学や哲学の作品は、たとえどれほど普遍性と完全性を具えていても、究極の綜合を欠いているように思われる。それは調和という目標に密着しながらも結局未完成に終るのである。普遍的精神の生命は内面的革命の切れ目のない鎖である。一切の個体、すなわち根源的にして永遠の個体がこの精神のうちに生きている。この精神は真の多神論者であり、オリュンポス全体をわが身のうちに含んでいる」という冒頭断章の一篇を反復強調してみても、人は問わずにはいられないだろう、このような「精神」からそもそもどんな作品が、いや、どんな超作品が、いや、むしろどんな非作品――一個の作品でありながら、いかなる作品でもないような「作品」、一個の体系でありながら、いかなる体系でもないような「体系」が期待できるだろうかと。むろんここで問われている「作品」なるものが文学的な哲学体系でも哲学的な文学作品でもないこと、例えば詩的・哲学的混成語で綴られた呪文めいた、いわば形而上学的宇宙詩のごときものでもないことは、「厳密に考えれば、学問的な詩というような概念は、詩的な学問のそれと同様に背理である」（LF 61）ことを痛切に自覚していたフリードリヒ・シュレーゲルにとって議論の埒外だったはずである。

となればこんな人間に生まれついた男、哲学と文学とを完全に一体的なものとして掴み取ろうとして哲学と文学との、あるいは学問と芸術との狭間に落ちてあがいている男に安住の住処などあろうはずがない。彼はほとんどあらゆる分野に首を突っ込み、そこを引っ掻き回し（と冷笑する人々のかき鳴らす楽器の執拗な鈍い響きがフリードリヒ・シュレーゲルの歴史的評価の通奏低音である）、少なくともその分野での喧しい刺激者としてそれなりの役割を果たしてはいる。だがどの分野にも彼は腰を据えなかった。というよりもともと据えるべき腰を持たなかったと言うほうが適切である。彼は冒頭の引用断章の言葉通り、「随時、哲学的にであれ文献学的にであれ、批評的にであれ文学的にであれ、歴史的にであれ修辞学的にであれ、古代的にであれ近代的にであれ、あたかも楽器を調律するように、いつでも、またどんな音程にでも、心の赴くままに自分自身を調律することができなければならない」とする振幅常ならざる越境衝動に駆られながら人間形成の幻想の未来の夢に身を託している。彼は古典文献学に没頭する一時期を持ったが、ついに専門家としての古典文献学者にはならなかったし、なろうともしなかった。彼は彼の古典文献学研究の成果の一つである『ギリシャ文学研究論』を武器として近代ヨーロッパ文化の現状批判に打って出るという持ち前の論争的姿勢によってこの学問領域を越えてゆく。そうでなくとも自分の文献学考案である『文献学のために』の中に「私の古典古代研究の理論は一篇の文献学的ロマーンである」(FPL III-220) などという一節を差し挟まずにはいられない人間を、とりわけこの領域には数多く蟠踞して監視の目を行き届かせている研究者たち、ニーチェの『悲劇の誕生』を目の敵にしたヴィラモーヴィッツ゠メレンドルフの仲間たちが同学者として歓迎するはずがない。その彼は彼で自分が全霊をもって没頭したサンスクリット研究をその成果である『インド人の言語と叡知について』の刊行と共に放擲し(彼はこの記念すべき著書を『自選全集版』にすら収録しなかった)、黎明期のインド学のドイツにおける牽引者としての名誉を、一八一八年にボン大学教授としてドイツにおける最初のサンスクリット学講座を開設した兄アウグスト・ヴィルヘルムに惜しげもなく譲ってしまう。それどころか彼は晩年に開始される右の『自選全集版』の編纂に当たって彼の青春の記念碑とも言うべき初期作品の大部分を平然と廃棄処分に付してしまうのである。

さらに先のハルトマンの総括の文脈に沿って言えば、「現世」に生きるフリードリヒ・シュレーゲルの不幸は、彼もまた現世の分類方式の掟に従って夥しい詩を書き、一篇のロマーンを書き、数篇の戯曲を書き、数度にわたって雑誌を編集し、数々の論評を手掛け、あまつさえ哲学、歴史、文学等に関する幾多の公開・非公開の講義までこなすほかなかったことであり、それらのすべてが「文学と哲学とのまったき統一」を達成されるべき理想として遙かな彼方に漂わせながら「偉大な芸術作品」でも「厳密な学説」でもなかったというハルトマンの指摘を裏書きするものとなったことである。しかし彼の不幸を一層決定的にしたのは、彼の身柄が「ドイツ文学」という専門領域に登録されてしまったことであり、ハルトマンの指摘がここでは一層厳しく、執拗に追いすがってくるだろうということである。その上さらに「詩的・哲学的ディレッタンティズム」という、かつてイェーナ大学講義『超越論的哲学』に投げつけられたシェリングの冷笑的な短評（一八〇〇年十月三十一日付けのフィヒテ宛の手紙）が、フリードリヒ・シュレーゲルは「哲学的にもディレッタント」であり、「文学的にもディレッタント」であるという、すでに暗黙の了解事項となっていた哲学・文学両領域に跨がる共通認識を一層強固なものとすることに貢献したはずである。それどころかフリードリヒ・シュレーゲル再評価の名のもとに彼の個々の業績、例えば批評理論や解釈学への寄与を殊更に強調する研究者たちさえも、この共通認識は受け入れざるを得なかったはずである。このことがフリードリヒ・シュレーゲル読解の宿命的な足枷となることが分かっていたにもかかわらずである。

確かにいわば戦後の解禁とさえ呼び得るようなフリードリヒ・シュレーゲル研究への熱気は、新たなフリードリヒ・シュレーゲル読解の地平を探りつつ堅実かつ綿密な、さまざまな角度からのフリードリヒ・シュレーゲル世界の解明への積極的な参加を証明する幾多の秀逸な試論を生み出してはきたが、そのいずれもが——あの共通認識にもかかわらず、一個の論文としての一貫性と自立性を保持しようとする限り——この変転常なき永遠のディレッタントの思想世界の一角、一点、すなわち彼が彼の精神の多島海遍歴の途上で逗留したその時々の寄港地の一つに取りつき、そこをあたかもフリードリヒ・シュレーゲルの確固たる専門領域の一つであるかのように扱うというかたちを取らざるを得ず、それゆえ自分の哲学を「その中心が到るところにあり、その円周はどこにもない円」（『超越論的哲学』）に譬えたフリードリヒ・シュレーゲルの無限円とそこに充満する無限数の中心点で出来上がっている、あるいは永遠に出来上がりつつある、あるいは永遠に出来上がることのない世界の中をフリードリヒ・シュレーゲルと共にフリードリヒ・シュレーゲル的に迷走することに厳しい歯止めを掛け、論文の自己完結性を死守せざるを得ない。これが先の共通認識と表裏一体を成しているフリードリヒ・シュレーゲル読解の足枷である。

だがそうした新しい研究者たちの中にあって、この足枷の重さ、と言うよりは足枷を外された時の浮遊状態の不安を、フリードリヒ・シュレーゲルの思考の回路の中に踏み迷って道を見失った時の自身の困惑と絡めて率直に打ち明けているのがハンス＝ヨアヒム・ハイナーである。彼は一九七一年に書かれた『フリードリヒ・シュレーゲルの全体性思考』の中で、自分の諸断章は「エンツィクロペディー的体系を念頭に構想されている」のだから、それらは「調和的に形作られた有機的全体」を成すものであるというフリードリヒ・シュレーゲル自身の定義を信じて彼の断章、例えば「イロニー」に関わる断章を読もうとする読者を捉える違和感――「この忌ま忌ましい奴らはどこでどう繋がっているんだ」という違和感――に自分の体験を重ね合わせて描いている。まず「イロニーは化学的独創性である」（PL IV-465）という定義にその読者が満足するはずがない。そこで彼はフリードリヒ・シュレーゲルの別の断章にこの定義の説明を求めて、例えば「イロニーは永遠の敏捷性の、無限に豊かなカオスの明断な意識である」（ID 69）という一節に遭遇する。だが当然のことながら彼は「敏捷性」と「カオス」と「独創性」の概念それぞれの意味を問い、改めてこれらの新しい概念と「イロニー」との意味連関を探らねばならない。すると「敏捷性」は「エネルギー」（PL V-344）を、「実践」と「革命」（PL V-241）を示唆していることが分かる。だがこの「革命」は「宗教」の概念（PL V-502）へ、そしてさらに「アラベスク」の概念（PL II-380）（「革命はこの時代の悲劇的アラベスクである」）へと誘導してゆく。こうして諸概念の連鎖は閉じられることなく、どこまでもどこまでも、まるで逃げ水のように際限なく流動してゆき、時にはそこそこの意味連関の中で、時にはまったく意味不明の接合状態の中で互いにもつれ合い、繋がり合っているのである。フリードリヒ・シュレーゲルの「イロニー」というプロテウスの尻尾を捕まえて本音を吐かせようとして、お前の発想の中心はどこにあるのか、そもそもお前の発想に中心というものがあるのかと問い詰めることがいかに虚しい努力であるかをこの挿話的な実例は見事に、そしてやるせなく描いている。それどころかハイナーにとっての当面の問題である「エンツィクロペディー」にしても、「諸芸術と諸学問との有機的全体」というこの概念の実態を追求しようとすれば、「すべての芸術と学問とを一つにするような学問が、すなわち神的なるものを産出する技法であるような学問があるとすれば、それは魔術以外のいかなる名称によっても表示され得ないものであるだろう」（『超越論的哲学』）という命題に誘導されて、ここでもまた魔術概念のさまざまな切れ端が「神的なるもの」の概念と結びついて散らばっている諸断章の迷路の中へ踏み迷ってゆくほかないのである。

実際、一九八四年に書かれた『フリードリヒ・シュレーゲルの歴史哲学（一七九四年から一八〇八年）、政治的ロマン主義への一寄与』の著者クラウス・ベーレンスがこの論考の序文を、「フリードリヒ・シュレーゲルとその作品を相手にしようとするどんな試みも、《彼の本質と活動の中心は一体どこにあったのか、そもそも彼の創作活動の価値はどこに求めればよいのか》というヨーゼフ・ケルナーの『フリードリヒ・シュレーゲル新哲学論集』への解説的序文における問い掛けと対決することになる」という一文をもって開始せざるを得なかったことは象徴的である。ケルナーの問い掛けそのものが、そんな中心などあるはずがないと言っているに等しいからである。そもそも至る所にある中心などもはや中心ではないのだから、ある一点だけを中心と考え、そこを立論の根拠として築き上げられた論文の専門的な自己完結性が高度であればあるほど、すなわち論文としての質が高ければ高いほど、それは領域輻輳的なフリードリヒ・シュレーゲル世界の多義性と多層性の渦の中でいよいよその孤立性を鮮明に立証することになるということである。フリードリヒ・シュレーゲルは書いている、「真の中央とはただ、われわれが熱狂やエネルギーの逸脱した軌道からそのつど常に回帰して行くところであって、いつまでも離れずに留まっているようなところではない。そもそも絶対的な分離はすべて枯渇して、自己破壊へと向かうものだが、他方、人生そのものを低俗な手仕事のように孤立させ、制限してしまう分離もまたこの上なく愚かしい分離である。なぜなら人間的生の真の本質はあらゆる力の全体性、完全性、自由な活動性のうちにこそあるのだから。自分のうちに蠢くものをまったく持っていない者は、むろん誤った道を歩くこともない。しかしただ一点にのみへばりついている者は理性を持った牡蠣以外の何ものでもない。だがある精神がたくさんの対象の中に真に適切なるものを見出し、それをその妨げとなるあらゆる環境から分離し、この対象の内面へと自分を沈潜させ、それを自分にとって一つの世界、すなわち言葉や作品の中で描きたいと思うような一つの世界へと育ててゆくような、そのような分離はまったく別物である。このような精神はある類縁的な対象から他の対象へと引き寄せられながら、絶えず前進してゆき、それでいてあの中心点に絶えず忠実であり続け、いよいよ豊かになってこの中心点へと回帰してゆくのである。」（『哲学について、ドロテーアへ』）――

　いやしくもフリードリヒ・シュレーゲルから「理性を持った牡蠣」と呼ばれることに多少なりともこだわりを持ちつつフリードリヒ・シュレーゲルについて何事かを書き連ねようとする者はどのような書き手でなければならないかということが、フリードリヒ・シュレーゲルを読むということの根本問題でなければなるまい。ここで求められているのは、何よりもまずフリードリヒ・シュレーゲルの世界をあるがままに、とはすなわち、一点から一点へと飛び石伝いに――というのは連想的、非論証的にということだが――自由に跳ね飛んでゆくようなフリードリヒ・シュレーゲルの思考の回路を壊さずにフリードリヒ・シュレーゲルと共に辿り、フリードリヒ・シュレーゲルと共に描き出すことは可能だろうか、可能だとすれば、いかにして可能だろうかと問うことから出発しなければならないということである。そしてこの問いに十全に応えるためには、何よりもまず一点中心的な研究姿勢という牢固として抜き難い伝統的な「学術的」手法を捨ててかかること、そしてフリードリヒ・シュレーゲルをしてフリードリヒ・シュレーゲルについてフリードリヒ・シュレーゲル流に自由に語らしめること以外に別段の方策はなさそうである。この大まかな「非学術的」見地に立って、彼が成し遂げたもの、同じことだが彼が成し遂げ得なかったもの、彼がやりかけたまま放り出してしまったもの、それゆえいまはほとんど誰からも相手にされなくなっているもの、その価値をもはや誰からも認めてもらえなくなっているもの、要するに止めどなく溢れ、湧き出てくる切れ切れの断章的想念の収拾不可能な雑踏の中で――「私は断章的体系家にしてロマン主義哲学者にして体系的批評家である」(PL II-815)――「私の哲学は諸断章の体系、諸構想の進展である」(PL II-857)――世間と協調することも時代と歩調を合わせることも生来苦手だった、いや、自分自身とうまく折り合ってゆくことさえ不得手だった一人の不器用な人物、熱狂と冷却の振幅の過度に激しかった一人の人物が書き残した世界探索の足跡のすべて――「私はともかくも徹底して一人の著述家である」と宣言し、この決意を、「生きるということは書くことだ、人間の唯一の使命は神性の思想を造形精神の石筆で自然という石版に刻み込むことだ」というノヴァーリスの言葉に託しつつ、「書くということを取り巻いて漂う永遠性の薄明を通して」やって来る「秘密の魔法」の導きのままに人間の精神的生のあらゆる領域にそのつど「全霊をもって」没頭し(『哲学について、ドロテーアへ』)、そのつどの目まぐるしく変転する景観の最も忠実な記述者であろうとしながら、天界、地界の各地を転々と渡り歩き、それゆえいかなる滞在地においても、いかなる完成された独自の「芸術作品」も「厳密な学説」も残すことなく終わった一人の類例のない人物の世界探索の足跡のすべて――を、再度本人と共に辿り、本人と共に追体験し、この世に言う「結局はものにならなかった」、「ものの役には立たなかった」一人の思想家の、これまた世に言う出来損ないの果実、シェリング言うところの「詩的・哲学的ディレッタンティズム」のいかがわしい混成物の幾つか――例えばその『古代ギリシャ論』、その『古代インド論』、その『歴史理論』、その『イロニー理論』、その『批評理論』、その『ロマーン理論』、その『超越論的哲学』、その『世界生成論』、その『言語起源論』、その『言語ピラミッド論』等々——を、『フリードリヒ・シュレーゲルの「生の哲学」の諸相』というやや古めかしい表題のもとに掻き集めて出来上がったのが本書である。

ここで『補論一』において論及されているフリードリヒ・シュレーゲルとゲオルク・ジンメルとの「内的類縁性」について一言すれば、というのは私事にわたるということだが、筆者がゲオルク・ジンメルと出会ったのは、筆者がフリードリヒ・シュレーゲルと出会ったのとほぼ時を同じくしている。フリードリヒ・シュレーゲルとジンメルとの「内的類縁性」の発見は分析の結果ではない。それは一挙に到来したいわば無媒介的な根源的直観のなせる業である。筆者が一九七〇年に発表されたアルフレート・シュラークデンハウフェンの『アテネーウム誌の根本特徴』にこの直観の業の傍証を見出し、理解とは「予見」にほかならないことの実証に心踊る一瞬を体験したのは、その数年後のことである。筆者にとってジンメルはわが内なる伴侶であり続けてきた。それは同時に彼の思想の源流がフリードリヒ・シュレーゲルのそれと通底していることをも意味している。本書の題名『フリードリヒ・シュレーゲルの「生の哲学」の諸相』に関して言えば、ジンメルの「生の形而上学」はフリードリヒ・シュレーゲルの思想世界の「発生論的」記述のためのいわば補助線の役割を与えられているにすぎない。だがジンメルの思考の軌道を追うときには、今度はフリードリヒ・シュレーゲルの思考のそれが絶えず見え隠れしながら並走する補助線としての役割を果たすのである。このような両思想家の相互証明的な関係性の深さは、ジンメルが初期ロマン主義時代の精神的生の状況を辿るに当たって、先のフリードリヒ・シュレーゲルの言葉——「ただ一点にのみへばりついている者は理性を持った牡蠣以外の何ものでもない」——を引用していることからも明らかである。彼は一九一七年に発表した『社会学の根本問題』第四章『十八・十九世紀の生の直観における個人と社会』の中で書いている。

「ロマン主義的精神は、もろもろの矛盾し合う対立物――そのどれもが体験されたものとなる瞬間に絶対的なもの、完了したもの、自足したものとして現れては、次の瞬間には克服されてゆく、そうしたもろもろの矛盾し合う対立物の際限のない連鎖を余すところなく感じ尽くし、こうしてあるものが他のものに対して次々に他者となってゆくことのうちに、これらすべての個々のものの《自己》を初めて全的に享受するのである。《ただ一点にのみへばりついている者は理性を持った牡蠣以外の何ものでもない》とフリードリヒ・シュレーゲルは言っている。ロマン主義者の生は、気分と責務、確信と感情といった自分のもろもろの矛盾し合う対立物のプロテウス的な変転の継起性の中へ社会的現象という並存性を移入するのであって、このような社会的現象の中で各個人は他の個人との差異によって、彼の本質と彼の活動の個人的な唯一性によって初めて彼の生存の意味――社会的であると共に個人的でもある意味――を見出すのである。」――

　このゲオルク・ジンメルと先に言及したカール・シュミット――この組み合わせがいかに奇妙に見えようとも、筆者をフリードリヒ・シュレーゲル遍歴――中心は何処にもあって何処にもなく、円周すら定かに見えない円の内側をフリードリヒ・シュレーゲルと共にその外側への越境願望に突き動かされながら迷走するいつ終わるとも知れぬ堂々巡りの旅――へと絶えず促し続ける拍車となったのがこの二人の根源的思想家だったことは紛れもない事実である。一人は濃い思想的な血の繋がりによってフリードリヒ・シュレーゲルの最も良き理解者たり得たでもあろう同質の社会学者であり、もう一人は互いの思想的基盤の根源性――穏やかに理解し合うなどという「博愛精神の甘いシロップ」（『レッシングについて』）のまったく通用しない根源性――のゆえに絶対に両立不可能な相手の存在を徹底的に叩き潰す以外に自己の正当性を立証し得ないことを本能的に知っていた、これまた同質の、だが逆縁の政治学者である。本論集においてはほとんど論述の埒外に置かれていたカール・シュミットのために『結語』の前半においていささかの紙数を割いたゆえんである。

最後に『補論』で扱われているフィヒテ、ヘーゲル、シェリングについて一言しておきたい。これらいわゆるドイツ観念論哲学の担い手たちの研究者にとってフリードリヒ・シュレーゲルの一切は今も昔もいわば路傍に積み上げられた古書・雑本の山でしかない。全然無視してかかっても自分たちの研究には何ら支障を来たさない。だがフリードリヒ・シュレーゲルの研究者にとっては、フィヒテもシェリングもヘーゲルも一緒に抱え込まなくてはならない一個の複合的な「問題性」である。それはこちらを時には迷惑顔に、時には腹立たしげに振り向いて見せるだけのこれら同時代の哲学者たちの思想の森の中へこちらから縺れ込むようにして強引に関係を迫るという種類の、相手にとっては煩わしいだけの問題性である。それにしても一介の「詩的・哲学的ディレッタント」のために三人の偉大な「本職」の哲学者に対して三方面作戦を敢行しなければならないのは、思うだに気骨の折れる話である。ならば止すがいいというのが、右の三大哲学者たちを専門に取り扱う研究者たちの大集団が発する異口同音の返事であるだろう。これらの哲学専門家たちが何よりも嫌うのが、こうした多方面作戦に付きものの煩雑な混戦的様相だからである。それはフリードリヒ・シュレーゲルの思考と書法とがその対象の如何に関わりなく常に巻き起こす一種の雑学的状況である。実際、彼言うところの「イロニー」と「機知」の渦巻く雑学的状況――「哲学はイロニーの本来の故郷である」――がフリードリヒ・シュレーゲルの思考の常態である。「すべての機知は普遍的哲学の原理にして機関であり、また、すべての哲学は普遍性の精神、永遠に混合と分離を繰り返すあらゆる学問の中の学問、いわば論理的化学以外の何ものでもないのだから、あの絶対的な、熱狂的な、徹頭徹尾質料的な機知――この分野での達人がスコラ的散文の両巨頭ベイコンとライプニッツであり、前者はその最初の一人、後者はその最大の一人だったわけだが――の価値と尊厳は測り知れない。」(AF 220) ――フィヒテもシェリングもヘーゲルも共にこうした雑学的状況の中へ引きずり込んでしまうのが、フリードリヒ・シュレーゲルの思想体質を特徴づける雑学的精神――これをシュレーゲルは「結合術的精神」(kombinatorischer Geist) と呼ぶ――である。このような雑学的状況、雑学的精神を厭い、そこに一種の衛生学的嫌悪さえも覚える折り目正しい研究者たちの大集団がドイツ観念論哲学研究の主たる担い手であることは、たぶん今も昔も変わらない。それはフリードリヒ・シュレーゲルばかりでなく、フリードリヒ・シュレーゲルの研究者をも寄せつけない、多勢を恃んでの無関心という鉄壁であり、それに向かってはフリードリヒ・シュレーゲル自慢の機知論もイロニー論もいわば引かれ者の小唄にすぎないだろう。とはいえ右の三人のドイツ観念論哲学の代表者たちをめぐる本論集での『補論』三篇は、筆者にとって筆者なりのフリードリヒ・シュレーゲル像を曲がりなりにも仕上げるためには避けて通れない関門だったことに変わりはない。筆者願わくば、前記三人のいずれかをその専門領域とする研究者諸兄の中に、フリードリヒ・シュレーゲルの存在を思想史上の単なる路傍の一エピソードとして冷やかに、時には面白可笑しく眺めやるだけでなく、ドイツ観念論哲学の周囲に張りめぐらされた分厚い研究業績の堡塁の中へこの同時代の異分子――哲学と文学との渾然一体を要求し、しかも「哲学とは、その中心が至るところにあり、その円周はどこにもない一つの円である」(『超越論的哲学』) などという古来のトポスを尤もらしく振り回して憚らない、いつになっても大人になりきれない永遠に青っぽい異分子――「真に教養ある人間は一人のおとなであると同時に一人のこどもでもなければならない」――を、研究の新たな地平の開墾のための一摘まみの化学肥料として試験的に使ってみるのも一興と考える人々が僅かなりと名乗り出てこられる日のやがて来たらんことを、である。

＊

本論集の成立と構成についてはすでに『凡例』で述べた通りだが、大幅な、場合によってはほとんど改作に近い加筆、修正を施すといった編集作業は、出版社との暗黙の約束の期限を大きく越える三年半の歳月を要したが、御茶の水書房はこの遅延をおおらかに許容されたばかりでなく、当初の予想を大幅に上回る量の原稿の整理、当方の機器の不備、不具合等による無用な時間の浪費――この点に関しては真先に印刷所の方々のなみなみならぬご苦労に対してお詫びと謝意を申し述べねばならない――、そしてまた、数回にわたる面倒な校正にも寛大かつ誠実かつ綿密に対応してくださった。本書の完成はひとえに同書房の橋本盛作社長以下編集部の方々、とりわけ本書をご担当くださった小堺章夫氏の熱意あるご尽力の賜物である。末尾ながら記してこれらの方々に深く感謝の意を表する次第である。

二〇一七年一月三十日

酒田　健一

著者紹介

酒田健一（さかた・けんいち）

1934年生、1965年早稲田大学大学院文学研究科ドイツ文学専攻博士課程修了、
早稲田大学文学部教授を経て、現在、早稲田大学名誉教授

〔主要訳書〕
アルマ・マーラー編著『グスタフ・マーラー　回想と手紙』
（白水社、1973年。1999年『マーラーの思い出』と改題復刊）
クルト・ブラウコプフ著『マーラー　未来の同時代者』（白水社、1974年）
「ジンメル著作集第12巻『橋と罪』（共訳）（白水社、1976年）
酒田健一編『マーラー頌』（白水社、1980年）
ハンス－ヨアヒム・シュルツェ編『原典資料でたどるバッハの生涯と作品』
（「バッハ叢書第10巻『バッハ資料集』」）（白水社、1983年）
ラルフ・ヴィーナー編著『笑うショーペンハウアー』（白水社、1998年）
フリードリヒ・シュレーゲル著『イェーナ大学講義『超越論的哲学』』訳・註解
（御茶の水書房. 2013年）

フリードリヒ・シュレーゲルの「生の哲学」の諸相

2017年４月10日　第１版第１刷発行

著　者　酒田健一
発行者　橋本盛作
発行所　株式会社 御茶の水書房
〒113-0033 東京都文京区本郷5-30-20
電話 03-5684-0751

Printed in Japan　　組版・印刷／製本　東港出版印刷株式会社

ISBN978-4-275-02057-4 C3010

人名索引

〔ア行〕

〔カ行〕

コンドルセ、マリ・ジャン・アントワーヌ（Condorcet, Marie Jean Antoine） 10, 351, 655, 658

〔サ行〕

シェイクスピア、ウィリアム（Shakespeare, William） 71, 94, 109, 110, 115, 140, 183, 198, 379, 467, 515, 516
シェジ、アントワーヌ - レオナール・ド（Chézy, Antoine-Léonard de） 10
シェーラー、マックス（Scheler, Max） 406
シェリング、フリードリヒ・ヴィルヘルム・ヨーゼフ（Schelling, Friedrich Wilhelm Joseph） 39, 204, 214, 216, 255, 294, 295, 304, 345, 381〜383, 386, 415, 417, 433, 446, 455, 473, 541〜552, 554〜565, 567, 569, 570〜578, 584, 585, 586, 604, 620, 621, 632, 635, 636, 660, 661, 664, 665, 666, 668, 678, 683, 687, 690
シャウムブルク、カール〔社〕（Schaumburg, Carl） 5, 352
シャンツェ、ヘルムート（Schanze, Helmut） 412
ジャン・パウル（Jean Paul） 453
シュトゥルク、ウルズラ（Struc, Ursula） → オッペンベルク - シュトゥルク
シュテフェンス、ヘンリク（Steffens, Henrik） 455
シュミット、カール（Schmitt, Carl） 159, 501, 526, 528, 529, 656, 673〜678, 689
シュライエルマッハー、フリードリヒ・ダーニエル・エルンスト（Schleiermacher, Friedrich Daniel Ernst） 123, 124, 126, 448, 449, 470, 557, 584, 591, 592, 593, 631, 655
シュラークデンハウフェン、アルフレート（Schlagdenhauffen, Alfred） 406〜409, 638, 639, 688
シュレーゲル、アウグスト・ヴィルヘルム（Schlegel, August Wilhelm） 6, 10, 22, 123, 124, 133, 179, 182, 183, 203, 218, 235, 344, 345, 351, 353, 408, 410, 422, 423, 479, 485, 546, 602, 631, 649, 650, 661, 682
シュレーゲル、カロリーネ（Schlegel, Caroline） 631, 665
シュレーゲル、ドロテーア（Schlegel, Dorothea） 12, 582, 686, 687
ジョーンズ、ウィリアム（Jones, William） 323, 626, 627
シラー、フリードリヒ（Schiller, Friedrich） 10, 199, 200, 205, 211, 256, 302, 589, 602, 617, 655, 657
ジンメル、ゲオルク（Simmel, Georg） 22, 393, 395, 396, 399, 401〜404, 406, 409, 410, 638, 672, 688, 689

〔タ行〕

〔ナ行〕

〔ハ行〕

〔マ行〕

〔ヤ行〕

〔ラ行〕

参考文献

フリードリヒ・シュレーゲルに関する基礎文献

Friedrich Schlegel's sämmtliche Werke, 10 Bde. Wien, 1822-1825.

Frid.v. Schlegel's sämmtliche Werke, 15 Bde. Zweite Original-Ausgabe, Wien.1846.

Friedrich Schlegel 1794-1802, Seine prosaischen Jugendschriften, 2 Bde. Hg. von Jakob Minor. Wien, 1882. / 2.Aufl. 1906.

Kritische Friedrich-Schlegel-Ausgabe, 35 Bde. Hg. von Ernst Behler unter Mitwirkung von Jean-Jacques Anstett und Hans Eichner. Paderborn-München-Wien, 1958ff.

Philosophische Vorlesungen, insbesondere über Philosophie der Sprache und des Wortes. Von Friedrich von Schlegel. Geschrieben und vorgetragen zu Dresden im December 1928 und in den ersten Tagen des Jahres 1829. Mit dem Bildnisse des Verfassers. Wien, 1830. Bey Carl Schaumburg und Compagnie.

Friedrich Schlegel's Philosophische Vorlesungen aus den Jahren 1804 bis 1806. Nebst Fragmenten vorzüglich philosophisch-theologischen Inhalts. Aus den Nachlaß des Verewigten herausgegeben von C. J. H. Windischmann. 2 Bde. Bonn, 1836-37.

Friedrich Schlegel. Von der Seele. Mit einer Einführung herausgegeben von Günther Müller. Augsburg-Köln, 1927.

Friedrich Schlegels 》Philosophie der Philologie《. Mit einer Einleitung herausgegeben von Josef Körner. In: Logos Bd.XVII, Heft 1. Tübingen, 1928.

Friedrich Schlegel. Neue philosophische Schriften. Erstmals in Druck gelegt, erläutert und mit eienr Einleitung in Fr. Schlegels philosophischen Entwicklungsgang versehen von Josef Körner. Frankfurt a.M., 1935.

Lyceum der schönen Künste. Ersten Bandes, erster und zweiter Theil. Berlin, 1797. Nachdruck: Nendeln/Liechtenstein,1971.

Athenaeum. Eine Zeitschrift. Herausgegeben von August Wilhelm Schlegel und Friedrich Schlegel. 3 Bde. Berlin, 1798-1800. Nachdruck: Darmstadt, 1960.

Charakteristiken und Kritiken. Von August Wilhelm Schlegel und Friedrich Schlelgel. Königsberg, 1801.

Europa. Eine Zeitschrift. Herausgegeben von Friedrich Schlegel. 2 Bde. Frankfurt a.M., 1803-1805. Nachdruck: Darmstadt, 1963.

Lessings Gedanken und Meinungen aus dessen Schriften zusammengestellt und erläutert von Friedrich Schlegel. 3 Teile. Leipzig, 1804.

Deutsches Museum. Eine Zeitschrift. Herausgegeben von Friedrich Schlegel, 4 Bde. (erstes bis zwölftes Heft.) Wien, 1812-1813. Nachdruck: Darmstadt, 1975.

Concordia. Eine Zeitschrift. Herausgegeben von Friedrich Schlegel. 6 Hefte. Wien, 1820-1823. Nachdruck: Darmstadt, 1967.

Friedrich Schlegel, Schriften und Fragmenten. Ein Gesamtbild seines Geistes. Zusammengestellt und eingeleitet von Ernst Behler. Stuttgart, 1956.

Friedrich Schlegel, Literary Notebooks 1797-1801. Herausgegeben und eingeleitet von Hans Eichner. London, 1957. Nachdruck: Frankfurt a.M.- Berlin-Wien, 1980.

Friedrich Schlegel, Kritische Schriften. Hg.von Wolfdietrich Rasch. München, 1964.

Friedrich Schlegel, Transcendentalphilosophie. Eingeleitet und mit Erläuterungen versehen von Michael Elsässer. (P.B., Bd.416), Hamburg, 1991.

Friedrich Schlegel, Kritische Schriften und Fragmente. Studienausgabe, 6 Bde. Hg. von Ernst Behler und Hans Eichner. Paderborn-München-Wien, 1988.

Friedrich Schlegel, Schriften zur kritischen Philosophie 1795-1805. Mit einer Einleitung und Anmerkungen. Hg. von Andreas Arndt und Jure Zovko. (P.B.. Bd.591) Hamburg, 2007.

Friedrich Schlegels Briefe an seinen Bruder August Wilhelm. Hg. von Oskar F. Walzel. Berlin, 1890.

Caroline. Briefe aus der Frühromantik. 2 Bde. Nach Georg Waitz vermehrt herausgegeben von Erich Schmidt. Bern, 1970.

Aus Schleiermacher's Leben. In Briefen. 4 Bde. Hg. von L. Jonas und W. Dilthey. Berlin, 1860-1863. Nachdruck: Berlin- New York, 1974.

Kriesenjahre der Frühromantik, Briefe aus dem Schlegelkreis, Bd. 1,2. Herausgegeben und kommentiert von Josef Körner. Brün-Wien-Leipzig, 1936. 2.Aufl. Bern-München, 1969. Bd. 3 (Kommentar), Bern, 1958.

Der Briefwechsel Friedrich und Dorothea Schlegels, 1818-1820, während Dorotheas Aufenthalt in Rom. Hg.von Heinrich Finke. München, 1923.

Briefe von und an August Wilhelm Schlegel. Gesammelt und erläutert durch Josef Körner. Zürich-Leipzig-Wien, 1930.

Ludwig Tieck und die Brüder Schlegel. Briefe mit Einleitung und Anmerkungen. Hg. von H. Lüdeke. Frankfurt a.M., 1930.

Schiller und die Romantiker. Briefe und Dokumente. Herausgegeben und eingeleitet von Hans Heinrich Borcherdt. Stuttgart, 1948/1959.

Friedrich Schlegel und Novalis. Biographie einer Romantikerfreundschaft in ihren

Briefen. Aufgrund neuer Briefe Schlegels. Hg.von Max Preitz. Darmstadt, 1957.

その他の基礎文献

Böhme, Jakob: Sämtliche Schriften, Faksimile-Neudruck der Ausgabe von 1730 in elf Bdn., neu herausgegeben von Will-Ehrlich Peuckert. Stuttgart, 1957. Vierter Band (Mysterium Pansophikum. Oder Gründlicher Bericht von dem Irdischen und Himmlischen Mysterio [1620]) und sechster Band (De signatura rerum. Oder Von der Geburt und Bezeichnung aller Wesen [1622]).

Dilthey, Wilhelm: Die geistige Welt. Einleitung in die Philosophie des Lebens. Erste und zweite Hälften. Gesammelte Schriften. Bd.V., VI. Stuttgart, 1957-8/1964.

Fichte, Johann Gottlieb: Ausgewählte Werke in 6 Bdn. Hg.von Fritz Medicus. Leipzig, 1910ff. Nachdruck: Darmstadt, 1962.

Fichte, Johann Gottlieb: Ueber Geist und Buchstab in der Philosophie. In einer Reihe von Briefen. 1794. (Phil.Journal Bd.9. 1798.) In: Fichte Werke. Hg.von Immanuel H. Fichte. Nachdruck der Ausgabe Berlin 1845-46. Berlin, 1971. Bd.8.

Fichte-Schelling Briefwechsel. Einleitung von Walter Schulz. Frankfurt a.M., 1968.

Goethe, Johann Wolfgang von: Werke, 14 Bde. Hamburg, 1948-1960.

Goethe, Johann Wolfgang von: Briefe, 4 Bde. Hamburg, 1962ff.

Hegel, Georg Wilhelm Friedrich: Werke in 20 Bdn. Herausgegeben auf der Grundlage der Werke 1832-1845 von Eva Moldenhauer und Karl Markus Michel. Frankfurt a.M., 1970ff.

Herder, Johann Gottfried: Sämtliche Werke, 33. Bde. Hg.von Bernhard Suphan. Berlin, 1877-1913. Nachdruck: Hildesheim, 1967.

Herder, Johann Gottfried: Herders Briefe. Ausgewählt, eingeleitet und erläutert von Wilhelm Dobbek. Weimar, 1959.

Jakobi, Friedrich Heinrich: Werke, 6 Bde. Leipzig, 1812 ff. Nachdruck: Darmstadt, 1968.

Kant, Immanuel: Werke in 6 Bdn. Hg.von Wilhelm Weischedel. Darmstadt, 1966.

Kierkegaard, Søren: Über den Begriff der Ironie (aus dem Dänischen übersetzt von Emmanuel Hirsch unter Mitarbeit von Rose Hirsch). Köln, 1961.

Leibniz, Gottfried Wilhelm: Philosophische Schriften. Studienausgabe (Zweisprachige Ausgabe). 5 Bde. Herausgegeben und übersetzt von Hans Holz et al., Darmstadt, 1959-1965.

Lessing, Gotthold Ephraim: Werke, 8 Bde. Hg.von Herbert G. Göpfert. München-

Darmstadt, 1970ff.

Lessing, Gotthold Ephraim: Ernst und Falk. Mit den Fortsetzungen Johann Gottfried Herders und Friedrich Schlegels. Herausgegeben und mit einem Nachwort versehen von Ion Contiades. Frankfurt a.M., 1968.

Novalis: Schriften. 5 Bde. Hg.von Paul Kluckhohn und Richard Samuel et al. Stuttgart, Darmstadt, 1960ff.

Museum der Alterthums-Wissenschaft. Herausgegeben von Friedrich August Wolf und Philipp Buttermann. Erster Band. Berlin, 1807.

Schelling, Friedrich Wilhelm Joseph: Ausgewählte Werke, 10 Bde. Darmstadt, 1960ff .

Schelling, Friedrich Wilhelm Joseph: Über das Wesen der menschlichen Freiheit. Einleitung und Anmerkungen von Horst Fuhrmans. Reclam-Stuttgart, 1964.

F. W. J. Schelling, Briefe und Dokumente. Bd.2, 1775-1803, Zusatzband. Hg.von Horst Fuhrmans. Bonn, 1973.

August Wilhelm Schlegel's sämmtliche Werke, 16 Bde. Hg.von Eduard Böcking. Leipzig, 1846ff. Nachdruck: Hildesheim-New York, 1971.

Schlegel, August Wilhelm: Kritische Schriften und Briefe. 7 Bde. Hg.von Edgar Lohner. Stuttgart, 1962 ff.

Schiller, Friedrich: Sämtliche Werke. 5 Bde. Hg.von Gerhard Fricke und Herbert G. Göpfert. München, 1965-59.

Schiller, Friedrich: Briefe. München, 1955.

Schleiermacher, Friedrich Daniel Ernst: Über die Religion. Mit einer Einleitung herausgegeben von Andreas Arndt. (P.B., Bd.563) Hamburg, 2004.

Schleiermacher, Friedrich Daniel Ernst: Friedrich Schleiermachers Dialektik. Hg. von Rudolf Odebrecht. Leipzig, 1942. Nachdruck: Darmstadt, 1976.

Schleiermacher, Friedrich Daniel Ernst: Hermeneutik und Kritik. Herausgegeben und eingeleitet von Manfred Frank. Frankfurt a..M., 1977.

Simmel, Georg: Gesamtausgabe 34 Bde. Hg.von Otthein Rammstedt. Frankfurt a.M., 1989ff.

Solger, Karl Wilhelm Ferdinand: Vier Gespräche über das Schöne und die Kunst. Berlin, 1815. Nachdruck: München, 1971.

Solger, Karl Wilhelm Ferdinand: Philosophische Gespräche. Berlin, 1817. Nachdruck: Darmstadt, 1972.

Solger, Karl Wilhelm Ferdinand: Solger's nachgelassene Schriften und Briefwechsel. 2 Bde. Hg. von Ludwig Tieck und Friedrich von Raumer. Leipzig, 1826. Nachdruck:

Heidelberg, 1973.

Solger, Karl Wilhelm Ferdinand: Vorlesungen über Ästhetik. Leipzig, 1829. Nachdruck: Darmstadt, 1962.

Spinoza: Opera-Werke. 2 Bde. Bd.1: Hg.von Günter Galwick. Bd.2: Hg.von Konrad Blumenstock. Darmstadt, 1967-79.

Tieck, Ludwig: Erinnerungen aus dem Leben des Dichters nach dessen mündlichen und schriftlichen Mittheilungen von Rudolf Köpfke. Leipzig, 1855. Nachdruck: Darmstadt, 1970.

第二次文献

Allemann, Beda: Ironie und Dichtung. Stuttgart, 1969.

Anstett, Jean-Jacques: Mystisches und Okkultistisches in Friedrich Schlegels spätem Denken und Glauben. In: Z.f.d.P. (Zeitschrift für deutsche Philologie), Bd.88, Sonderheft: Friedrich Schlegel und die Romantik. Berlin, 1970.

Arendt, Dieter: Der 》Poetische Nihilismus《 in der Romantik. 2 Bde.Tübingen, 1972.

Arndt, Andreas: "Philosophie der Philologie". Historisch-kritische Bemerkungen zur philosophischen Bestimmung von Editionen. In: editio. Internationales Jahrbuch für Editionswissenschaft. Hg.von Winfried Woesler. Tübingen, 1997.

Barth, Andreas: Inverse Verkehrung der Reflexion. Ironische Textverfahrung bei Friedrich Schlegel und Novalis. Heidelberg, 2001.

Behler, Ernst: Der Wendepunkt Friedrich Schlegels. Ein Bericht über unveröffentlichte Schriften Friedrich Schlegels in Köln und Trier. In: Philosophisches Jahrbuch der Görres-Gesellschaft, 64.Jg. Freiburg-München, 1956.

Ders.: Friedrich Schlegels Theorie der Universalpoesie. In: Jahrbuch der deutschen Schillergesellschaft, 1.Jg. Stuttgart, 1957.

Ders.: Die neue Friedrich Schlegel-Ausgabe. In: Die neue Rundschau. Frankfurt a. M., 1959.

Ders.: Zur Theologie der Romantik. Das Gottesproblem in der Spätphilosophie Friedrich Schlegels. In: Hochland, 52.Jg. München und Kempten, 1959-60.

Ders.: Friedrich Schlegel und Hegel. In: Hegel-Studien, Bd.2. Bonn, 1963./ Hegel und Friedrich Schlegel. In: Studien zur Romantik und zur idealistischen Philosophie. Paderborn-München-Wien-Zürich, 1988.

Ders.: Friedrich Schlegel in Selbstzeugnissen und Bilddokumenten. Reinbek b.Ham-

burg, 1966/1996.

Ders.: Die Theorie der romantischen Ironie im Lichte der handschriftlichen Fragmente Friedrich Schlegels. In: Z.f.d.P. Bd.88, Sonderheft: Friedrich Schlegel und die Romantik. Berlin, 1970.

Ders.: Das Indienbild der deutschen Romantik. In Germanisch-Romanische Monatsschrift, Bd.18. Heidelberg, 1968.

Ders.: Klassische Ironie, romantische Ironie, tragische Ironie. Zum Ursprung dieser Begriffe. Darmstadt, 1972.

Ders.: Die Geschichte des Bewußtseins. Zur Vorgeschichte eines Hegelschen Themas. In: Hegel-Studien, Bd.7. Bonn, 1972.

Ders.: Nietzsches Auffassung der Ironie. In: Nietzsche-Studien. Bd.4. Berlin-New York, 1975.

Ders.: Nietzsche und die frühromantische Schule. In: Nietzsche-Studien, Bd.7. Berlin-New York, 1978.

Ders.: Friedrich Schlegels "Rede über die Mythologie" im Hinblick auf Nietzsche. In: Nietzsche-Studien, Bd.8. Berlin-New York, 1979.

Ders.: Friedrich Schlegels Enzyklopädie der literarischen Wissenschaften im Unterschied zu Hegels Enzyklopädie der philosophischen Wissenschaften. In: Hegel-Studien Bd.17. Bonn, 1982. / In: Studien zur Romantik und zur idealistischen Philosophie. Paderborn-München-Wien-Zürich, 1988.

Ders.: Die Auffassung des Dionysischen durch die Brüder Schlegel und Friedrich Nietzsche. In: Nietzsche-Studien, Bd.12. Berlin-New York, 1983. / Die Theorie des Dionysischen bei den Brüdern Schlegel und bei Friedrich Nietzsche. In: Studien zur Romantik und zur idealistischen Philosophie. Bd.2. Paderborn-München-Wien -Zürich, 1993.

Ders.: Friedrich Schlegels Theorie des Verstehens. In: Die Aktualität der Frühromantik. Paderborn-München-Wien-Zürich, 1987.

Ders.: Grundlagen der Ästhetik in Friedrich Schlegels frühen Schriften. In: Philosophisch-literarische Streitsachen. Hg.von Walter Jaeschke und Helmut Holzhey. Bd.1. [Früher Idealismus und Frühromantik. Der Streit um die Grundlagen der Ästhetik (1795-1805)]. Hamburg, 1990.

Ders.: Friedrich Schlegels Vorlesungen über Transzendentalphilosophie, Jena 1800-1801. In: Philosophisch-literarische Streitsachen. Hg.von Walter Jaeschke. Bd. 2. [Transzendentalphilosophie und Spekulation. Der Streit um die Gestallt einer

Ersten Philosophie (1799-1807)]. Hamburg, 1993.

Ders.: Friedrich Schlegels späte Idealismuskritik und das Thema der 》Göttlichen Dinge《. In: Philosophisch-lilterarische Streitsachen. Hg.von Walter Jaeschke. Bd. 3. [Religionsphilosophie und spekulative Theologie. Der Streit um die göttlichen Dinge (1799-1812)]. Hamburg, 1994.

Ders.: Hegels Polemiken gegen die Ironie. In: Ironie und literarische Moderne. Paderborn-München-Zürich, 1997.

Ders.: Die Geschichte der Friedrich-Schlegel-Ausgabe. In: Athenäum, Jahrbuch für Romantik, 8.Jg. Paderborn-München-Wien-Zürich, 1998.

Behrens, Klaus: Friedrich Schlegels Geschichtsphilosophie (1794-1808). Ein Beitrag zur politischen Romantik. Tübingen, 1984.

Belgardt, Raimund: "Romantische Poesie" in Friedrich Schlegels Aufsatz 〉über das Studium der griechischen Poesie〈 (1967). In: Friedrich Schlegel und die Kunsttheorie seiner Zeit. Hg.von Helmut Schanze. Wege der Forschung, Bd. 609. Darmstadt, 1985.

Benjamin, Walter: Der Begriff der Kunstkritik in der deutschen Romantik. Bern, 1920./ Gesammelte Schriften, Bd.I-1. Frankfurt a.M., 1974.

Best, Otto F.: Der Witz als Erkenntniskraft und Formprinzip. Darmstadt, 1989.

Bohrer, Karl Heinz: Plötzlichkeit. Zum Augenblick des ästhetischen Scheins. Frankfurt a.M., 1981.

Ders.: Friedrich Schlegels Rede über die Mythologie. In: Mythos und Moderne, Begriff und Bild einer Rekonstruktion. Frankfurt a.M., 1983.

Ders.: Der romantische Brief. Entstehung der ästhetischen Subjektivität. Frankfurt a.M., 1987.

Ders.: Die Kritik der Romantik. Der Verdacht der Philosophie gegen die literarische Moderne. Frankfurt a.M., 1989.

Ders.: Der Abschied. Theorie der Trauer. Frankfurt a.M., 1996.

Brauers, Claudia: Perspektiven des Unendlichen. Friedrich Schlegels ästhetische Vermittlungstheorie. Berlin, 1996.

Briegleb, Klaus: Ästhetische Sittlichkeit, Versuch über Friedrich Schlegels Systementwurf zur Begründung der Dichtungskritik. Tübingen, 1962.

Brinkmann, Richard: Romantische Dichtungstheorie in Friedrich Schlegels Frühschriften und Schillers Begriffe des Naiven und Sentimentalischen. Vorzeichen einer Emanzipation des Historischen (1958). In: Wege der Forschung,

Bd. 609. Darmstadt, 1985.
Brüggemann, Fritz: Die Ironie als entwicklungsgeschichtliches Moment. Jena, 1909. Nachdruck: Darmstadt, 1976.
Bürger, Peter: Zur Kritik der idealistischen Ästhetik. Frankfurt a.M., 1983.
Clairmont, Heinrich: "Metaphysik ist Metaphysik" Aspekte der Herderschen Kant-Kritik. In: Idealismus und Aufklärung. Hg.von Christoph Jamme und Gerhard Kurz. Stuttgart, 1988.
Curtius, Ernst Robert: Friedrich Schlegel und Frankreich. In: Kritische Essays zur europäischen Literatur. Bern, 1932./1954.
Dannenberg, Matthias: Schönheit des Lebens. Eine Studie zum "Werden" der Kritikkonzeption Friedrich Schlegels. Würzburg, 1993.
Dierkes, Hans: Literaturgeschichte als Kritik. Untersuchungen zu Theorie und Praxis von Friedrich Schlegels frühromantischer Literaturgeschichtsschreibung. Tübingen, 1980.
Dyck, Joachim: Bildung als Universalgeschichte. Die kritische Friedrich-Schlegel-Ausgabe. In: Z.f.d.P. Bd.88, Sonderheft: Friedrich Schlegel und die Romantik. Berlin, 1970.
Eichner, Hans: Friedrich Schlegels Theorie der romantischen Poesie (1956). In: Wege der Forschung, Bd. 609. Darmstadt, 1985.
Ders.: Friedrich Schlegels Theorie der Literaturkritik. In: Z.f.d.P. Bd.88, Sonderheft: Friedrich Schlegel und die Romantik. Berlin, 1970.
Elsässer, Michael: Friedrich Schlegels Kritik am Ding. Hamburg, 1994.
Frank, Manfred: Das Probelm 》Zeit《 in der deutschen Romantik. Zeitbewustsein und Bewustsein von Zeitlichkeit in der frühromantischen Philosophie und in Tiecks Dichtung. Paderborn-München-Wien-Zürich, 1990.
Fuhrmans, Horst: Schellings Philosophie der Weltalter. Düsseldorf, 1954.
Gebhardt, Peter: Friedrich Schlegel und Ansätze. Aspekte zur Literaturkritik und literarische Wertung (1979). In: Literaturkritik und literarischen Wertung. Hg.von Peter Gebhardt. Wege der Forschung, Bd.334. Darmstadt, 1980.
Glasenapp, Helmuth von: Das Indienbild deutscher Denker. Stuttgart, 1960.
Ders.: Indische Geisteswelt, 2 Bde. Hanau, 1986.
Gundorf, Friedrich: Friedrich Schlegel. In: Romantiker. Berlin, 1930.
Halfwassen, Jens: Idee, Dialektik und Transzendenz. Zur Platondeutung Hegels und Schellings am Beispiel ihrer Deutung des Timaios. In: Platon in der abendlän-

dischen Geistesgeschichte. Hg.von Theo Kobusch und Burkhard Mojsisch. Darmstadt, 1997.

Hammacher, Klaus: Jacobis Schrift "Von den göttlichen Dingen." In: Religionsphilosophie und spekulative Theologie. In: Philosophisch-literarische Streitsachen. Hg.von Walter Jaeschke. Bd.3. [Der Streit um die göttlichen Dinge (1799- 1812]. Hamburg, 1994.

Hartmann, Nicolai: Die Philosophie des deutschen Idealismus. 1.Teil.1923. 2.Teil 1929. Zweite und unveränderte Auflage. Berlin, 1960.

Heimrich, Bernhard: Fiktion und Fiktionsironie in Theorie und Dichtung der deutschen Romantik. Tübingen, 1968.

Heiner, Hans-Joachim: Das Ganzheitsdenken Friedrich Schlegels. Wissenssoziologische Deutung einer Denkform. Stuttgart, 1971.

Henel, Heinrich: Friedrich Schlegel und die Grundlagen der modernen literarischen Kritik (1945/1980). In: Wege der Forschung, Bd. 609. Darmstadt, 1985.

Haym, Rudolf: Die romantische Schule. Ein Beitrag zur Geschichte des deutschen Geistes. Berlin, 1870. Nachdruck: Darmstadt, 1961.

Ders.: Herder nach seinem Leben und seinen Werken. 2 Bde. Halle, 1877/1885. Nachdruck: Berlin, 1958.

Hillebrand, Bruno: Theorie des Romans. München, 1972.

Hillmann, Heinz: Schläft ein Lied in allen Dingen? Zur Bildlichkeit der deutschen Roman. In: Z.f.d.P. Bd.88, Sonderheft: Friedrich Schlegel und die Romantik. Berlin, 1970.

Hogrebe, Wolfram (Hg.): Fichtes Wissenschaftslehre 1794. Philosophische Resonanzen. Frankfurt a. M., 1995

Höltenschmidt, Edith: Die Mittelalter-Rezeption der Brüder Schlegel. Paderborn-München-Wien-Zirich, 2000.

Huch, Richarda: Die Romantik. Tübingen, 1951.

Iber, Christian: Frühromantische Subjektkritik. In: Fichte-Studien, Bd.12. Amsterdam-Atlanta, 1997.

Imle, Fanny : Friedlich von Schlegels religiösen Entwicklung von Kant zum Katholizismus. Paderborn, 1927.

Immerwahr, Raymond: Die Subjektivität oder Objektivität von Friedrich Schlegels poetischer Ironie. (1951). In: Wege der Forschung, Bd. 609. Darmstadt, 1985.

Ders.: Die symbolische Form des 'Briefes über den Roman'. In: Z.f.d.P. Bd.88,

Sonderheft: Friedrich Schlegel und die Romantik. Berlin, 1970.
Japp, Uwe: Theorie der Ironie. Frankfurt a.M.,1983.
Kluckhon, Paul: Das Ideengut der deutschen Romantik (1941). Tübingen, 1966.
Kobusch, Theo: Die dialogische Philosophie Platons (nach Schlegel, Schleiermacher und Solger). In: Platon in der abendländischen Geistesgeschichte. Hg.von Theo Kobusch und Burkhard Mojsisch. Darmstadt, 1997.
Körner, Josef: Friedrich Schlegels katholisches Glaubensbekenntnis? In: Hochland, 15.Jg. Kempten und München, 1917-1918.
Ders.: Das Problem Friedrich Schlegels. In: Germanisch-Romanische Monatsschrift, 16.Jg. Heidelberg, 1928.
Ders.: Friedrich Schlegels philosophische Lehrjahre. Einleitung zu: Friedrich Schlegel, neue philosophische Schriften. Frankfurt a.M., 1935.
Ders.: Niebelungenforschung der deutschen Romantik (1911). Darmstadt, 1968.
Ders.: Romantiker und Klassiker (1924). Darmstadt, 1971.
Kohlschmidt, Werner: Form und Innerichkeit. Bern, 1955.
Korff, Heinrich August: Geist der Goethezeit. 5 Bde. (1923ff.). 7. unveränderte Auflage. Leipzig, 1964.
Krämer, Hans: Fichte, Schlegel und der Infinitismus in der Platondeutung. In: Deutsche Vierteljahrsschrift für Literaturwissenschaft und Geistesgeschichte, 62. Jg. Stuttgart, 1988.
Krause, Peter D.: Unbestimmte Rhetorik. Friedrich Schlegel und die Redekunst um 1800. Tübingen, 2001.
Krüger, Johanna: Friedrich Schlegels Bekehrung zu Lessing. Weimar, 1913 / Hildesheim, 1978.
Lauth, Reinhard: Fichtes Verhältnis zu Jacobi unter besonderer Berücksichtigung der Rolle Friedrich Schlegels in dieser Sache. In: Friedrich Heinrich Jacobi. Hg. von Klaus Hammacher. Frankfurt a.M., 1971.
Martin, Alfred von: Romantischer "Katholizismus" und katholische "Romantik". In: Hochland, 23.Jg. Kempten und München, 1925-6.
Ders.: Romantische Konversationen. In: Logos, Bd.17. Tübingen, 1928.
Mennemeier, Franz Norbert: Friedrich Schlegels Poesiebegriff dargestellt anhand der literaturkritischen Schriften. München, 1971.
Ders.: Unendliche Fortschreitung und absolutes Gesetz. Das Schöne und das Häßliche in der Kunstauffassung des jungen F.Schlegel (1967). In: Wege der Forschung, Bd.

609. Darmstadt, 1985.

Ders.: Friedrich Schlegels frühromantisches Literatur-Programm. In: Idealismus und Aufklärung. Hg.von Christoph Jamme und Gerhard Kurz. Stuttgart, 1988.

Michel, Willy: Ästhetische Hermeneutik und frühromantische Kritik. Friedrich Schlegels fragmentarische Entwürfe, Rezensionen, Charakteristiken und Kritiken (1795-1801). Göttingen, 1982.

Nüsse, Heinrich: Die Sprachtheorie Friedrich Schlegels. Heidelberg, 1962.

Oesterle, Günter: Friedrich Schlegels Entwurf einer Theorie des ästhetisch Häßlichen. Ein Reflexions-und Veränderungsversuch moderner Kunst (1977). In: Wege der Forschung, Bd. 609. Darmstadt, 1985.

Ostermann, Friedrich: Die Idee des Schöpferichen in Herders Kalligone. Bern und München, 1968.

Pesch, Ludwich: Die romantische Rebellion in der modernen Literatur und Kunst. München, 1962.

Peter, Klaus: Idealismus als Kritik. Friedrich Schlegels Philosophie der unvollendeten Welt. Stuttgart-Berlin-Köln-Mainz, 1973.

Ders.: Friedrich Schlegel. Stuttgart, 1978.

Ders.: Friedrich Schlegls Lessing. Zur Kontinuität der Aufklärung in der Romantik. In: Identitätskriese und Surrogatidentitäten. Zur Wiederkehr einer romantischen Konstellation. Frankfurt a.M.-New York, 1989.

Petersen, Julius: Wesenbestimmung der deutschen Romantik (1926). Darmstadt, 1968.

Polheim, Karl Konrad: Studien zu Friedrich Schlegels poetischen Begriffen (1961) . In: Wege der Forschung, Bd. 609. Darmstadt, 1985.

Ders.: Die Arabeske. Ansichten und Ideen aus Friedrich Schlegels Poetik. München -Paderborn-Wien, 1966.

Ders.: Friedrich Schlegels "Lucinde". In: Z.f.d.P. Bd.88, Sonderheft: Friedrich Schlegel und die Romantik. Berlin, 1970.

Radrizzani, Ives: Zur Geschichte der romantischen Ästhetik. Vom Fichtes Transzendentalphilosophie zu Schlegels Transzendentalpoesie. In: Fichte-Studien, Bd.12. Amsterdam-Atlanta, 1997.

Rehm, Walther: Der Todesgedanke in der deutschen Dichtung vom Mittelalter bis zur Romantik (1928). Darmstadt, 1967.

Reibnitz, Barbara von: Ein Kommentar zu Friedrich Nietzsche "Die Geburt der Tragödie aus dem Geiste der Musik" (Kapitel 1-12). Stuttgart, Weimar, 1992.

Röttgars, Kurt: Fichtes Wirkung auf die Frühromantiker, am Beispiel Friedrich Schlegels. Ein Beitrag zur "Theoriepragmatik". In: Deutsche Vierteljahrsschrift für Literaturwissenschaft und Geistesgeschichte, 51.Jg. Stuttgart, 1977.

Rothermel, Otto: Friedrich Schlegel und Fichte. Gießen 1934/1968.

Santoli, Vittorio: Philologie, Geschichte und Philosophie im Denken Friedrich Schlegels (1930/1971). In: Wege der Forschung, Bd. 609. Darmstadt, 1985.

Schanze, Helmut: Romantik und Aufklärung, Untersuchungen zu Friedrich Schlegel und Novalis. Nürnberg, 1966.

Ders.: Friedrich Schlegels Theorie des Romans (1968/1974). In: Wege der Forschung, Bd. 609. Darmstadt, 1985.

Schlagdenhauffen, Alfred: Die Grundzüge des Athenaeum. In: Z.f.d.P. Bd.88, Sonderheft: Friedrich Schlegel und die Romantik. Berlin, 1970.

Schmitt-[Dorotić] Carl: Politische Romantik. München und Leipzig, 1919 /1925/1963 /1982.

Schnyder, Peter: Die Magie der Rhetorik. Poesie, Philosophie und Politik in Friedrich Schlegels Frühwerk. Padarborn-München-Wien-Zürich. 1999.

Scholtz, Gunter: Die Philosophie Schleiermachers. Darmstadt, 1984.

Ders.: Herder und die Metaphysik. In: Philosophisch-literarische Streitsachen. Hg.von Walter Jaeschke, Bd.2 [Transzendentalphilosophie und Spekulation]. Hamburg, 1993.

Schreckenberg, Willy: Friedrich Schlegels "Signatur des Zeitalters".In: Die neue Ordnung. Zeitschrift für Religion, Kultur, Gesellschaft. 1.Jg. Heidelberg, 1946-47.

Stael, Anne Germaine de : Über Deutschland. Frankfurt a.M., 1985.

Stein, Klaus: Fichte, Schlegel, Nietzsche und die Moderne. In: Fichte-Studien, Bd.13. Amsterdam-Atlanta, 1997.

Strohschneider-Kohrs, Ingrid: Die romantische Ironie in Theorie und Gestaltung. Tübingen, 1960.

Struc-Oppenberg, Ursula: Quellenstudien zu Friedrich Schlegels Übersetzungen aus dem Sanskrit. Marburg, 1965.

Dies.: Zu Friedrich Schlegels orientalischen Studien. In: Z.f.d.P. Bd.88, Sonderheft: Friedrich Schlegel und die Romantik. Berlin, 1970.

Summerar, Stefan: Wirkliche Sittlichkeit und ästhetische Illusion. Die Fichterezeption in den Fragmenten und Aufzeichnungen Friedrich Schlegels und Hardenbergs. Bonn, 1974.

Szondi, Peter: Friedrich Schlegel und die romantische Ironie. Mit einer Beilage über Tiecks Komödien (1954/1978). In: Wege der Forschung, Bd. 609. Darmstadt, 1985.

Thalmann, Marianne: Romantik in kritischer Perspektive. Zehn Studien. Heidelberg, 1976.

Timm, Hermann: Die Heilige Revolution. Schleiermacher-Novalis-Friedrich Schlegel. Frankfurt a.M., 1978.

Walzel, Oskar: Methode? Ironie bei Friedrich Schlegel und bei Solger (1938). In: Wege der Forschung, Bd. 609. Darmstadt, 1985.

Wanning, Berbeli: Statt Nicht-ich — Du! Die Umwendung der Fichtischen Wissenschaftslehre ins Dialogische durch Novalis (Friedrich von Hardenberg). In: Fichte-Studien, Bd.12. Amsterdam-Atlanta, 1997.

Weber, Heinz-Dieter: Friedrich Schlegels "Transzendentalpoesie". München, 1973.

Windelband, Wilhelm: Geschichte der neueren Philosophie. 2 Bde. Leipzig, 1922.

Windisch, Ernst: Geschichte der Sanskrit-Philologie und indischen Altertumskunde. Strasburg, 1917.

Wuthenow, Ralph-Rainer: Revolution und Kirche im Denken Friedrich Schlegels. In: Deutscher Katholizismus und Revolution im frühen 19.Jahrhundert. Hg.von Anton Rauscher. München-Paderborn-Wien, 1975.

Zander, Helmut: Geschichte der Seelenwanderung in Europa. Darmstadt, 1999.

Zovko, Jure: Verstehen und Nichtverstehen bei Friedrich Schlegel. Zur Entstehung und Bedeutung seiner hermeneutischen Kritik. Stuttgart-Bad Cannstatt, 1990.

邦文文献

『ベーメ小論集』（ドイツ神秘主義叢書 9)、ヤーコプ・ベーメ著、薗田担、松山康國、岡村康夫訳、創文社、1994 年

『アウローラ』（ドイツ神秘主義叢書 8)、ヤーコプ・ベーメ著、薗田担訳、創文社、2000 年

『ヤコブ・ベーメ』(キリスト教神秘主義著作集 13)、薗田担訳 教文館、1989 年

フリードリヒ・シュレーゲル『ルツインデ』、薄井敏夫譯、『コギト』第十五號、1933 年

——『ルチンデ』、江澤譲爾譯、春陽堂、1934 年

——『フラグメンテ』——『文芸のリツェウム」より——薄井敏夫譯、『コギト』第二十二、二十三、二十四號、1934 年

――『ロマン派文学論』、山本定祐訳、冨山房百科文庫 17 、1978 /1999 年
――『ルツィンデ』、平野嘉彦訳、『ドイツ・ロマン派全集』第十二巻（『シュレーゲル兄弟』）、国書刊行会、1990 年
――『アテネーウム断章』、山本定祐訳、同全集
――『ギリシャ文学研究論』序、山本定祐訳、同全集
――『哲学の発展　意識の理論としての心理学』、松田　隆之訳、同全集
――『言語と言葉の哲学』抄、松田隆之訳、同全集
――『共和制概念試論　カント『永遠平和のために』への応答』、山本定祐編訳、『ドイツ・ロマン派全集』第二十巻（『太古の夢、革命の夢』）、国書刊行会、1992 年
アウグスト・ヴィルヘルム・シュレーゲル『詩、韻律、言語についての書簡』、薗田宗人訳、『ドイツ・ロマン派全集』第十二巻（『シュレーゲル兄弟』）、国書刊行会、1990 年
――『芸術学序説』、薗田宗人訳、同全集
スピノザ『エティカ』（上、下）、畠中尚志訳、岩波書店、1951 年
ライプニッツ『単子論』、河野與一訳、岩波書店、1964 年
フィヒテ『全知識学の基礎』（上、下）、木村基衛訳、岩波書店、1949 年
シェリング『人間的自由の本質』、渡邊二郎訳（『世界の名著』43）、中央公論社、1980 年
ヘーゲル『精神現象学』、樫山欽四郎訳、（『世界の大思想』12）河出書房新社、1966 年
ヘーゲル『エンチュクロペディー』、樫山欽四郎、川原栄峯、塩谷竹男訳、河出書房新社、1987 年
ヘーゲル『美学講義』（上、中、下）、長谷川宏訳　作品社、1995-1996 年
ヘーゲル『哲学史講義』（上、中、下）、長谷川宏訳、河出書房新社、1992-1993 年
『ヘーゲル批評集』、海老澤善一訳編、梓出版社、1992 年
『ヘーゲル批評集』II、海老澤善一訳編、梓出版社、2000 年
シュライエルマッハー『解釈学の構想』、久野明、大野雅郎訳、以文社、1984 年
キェルケゴール『イロニーの概念』（上、下）、飯島宗享、福島保夫訳、白水社、1966 年
『ジンメル著作集』全十二巻、白水社、1976-1981 年
ヴァルター・ベンヤミン『ドイツ・ロマン主義における芸術批評の概念』、浅井健二郎訳　筑摩書房、2001 年
カール・シュミット『政治的ロマン主義』、大久保和朗訳、みすず書房、1970 年
カール・ケレーニー『ディオニューソス』、岡田素之訳、白水社、1993 年
『レッシングとドイツ啓蒙――レッシング宗教哲学の研究――』、安酸敏眞著、創文社、1998 年

参考文献

ヴィンフリート・メニングハウス『無限の二重化』、伊藤秀一訳、法政大学出版局、1992 年
『ヘーゲルとドイツ・ロマン主義』、伊坂青司著、御茶の水書房、2000 年
『ドイツ・ロマン主義研究』、伊坂青司、原田哲史編、御茶の水書房、2007 年